John Owen
Mai 2013.

MIL A MWY O EMYNAU

Llyfrau diweddar yr awdur:

Duw ar Waith – Y Newyddion Da yn ôl Marc
Mudiad Addysg Gristnogol Cymru (1990)

Mil a Mwy o Ddyfyniadau
Gwasg Gomer, Llandysul (2007)

Mil a Mwy o Weddïau
Cyhoeddiadau'r Gair, Bangor (2010)

Teach Yourself *Essential Welsh Dictionary*
Hodder Education, Llundain (2010)

Mil a Mwy o Emynau
Casglwyd gan: Edwin C Lewis

Golygydd: Rhidian Griffiths
Golygydd Cyffredinol: Aled Davies

Mae'r cyhoeddwyr yn dymuno cydnabod yn ddiolchgar gymorth
Adrannau Golygyddol ac Ariannol Cyngor Llyfrau Cymru
Argraffwyd a Rhwymwyd yn y Deyrnas Gyfunol.

Cyhoeddwyd gan:
Cyhoeddiadau'r Gair, Cyngor Ysgolion Sul,
Ael y Bryn, Chwilog, Pwllheli LL53 6SH
www.ysgolsul.com

Mil a Mwy o Emynau

Edwin C. Lewis

Cyhoeddiadau'r Gair

Canwch i'r Arglwydd gân newydd, canwch
ei glod o eithaf y ddaear.

(Eseia 42.10)

Mi ganaf â'r ysbryd, ond mi ganaf â'r
deall hefyd.

(1 Corinthiaid 14:15)

Cyfarchwch eich gilydd â salmau ac emynau
a chaniadau ysbrydol; canwch a
phynciwch o'ch calon i'r Arglwydd.

(Effesiaid 5:19)

CYNNWYS

RHAGAIR

MAE emyn yn gân grefyddol o foliant, o weddi neu o fyfyrdod a genir gan Gristion i Dduw. Dywed Bernard Lord Manning, 'Yr emyn a rydd i'r Anghydffurfiwr yr hyn a rydd y litwrgi i'r Anglicanwr.'[1] Â Harri Williams ymlaen ymhellach ac ychwanega, 'Yn yr emyn y gall (yr Anghydffurfiwr) fynegi ei gredo, cyffesu ei feiau, gweddïo am faddeuant, a chanu am brif wyliau'r calendr eglwysig.'[2]

'Priodas calon dyn â Duw yw emyn,'[3] medd Ben Bowen, a thystia O. M. Edwards mai 'Emynau Cymru yw gogoniant ei llenyddiaeth.'[4] Meddai W. Rhys Nicholas, 'Ymateb yr enaid unigol i gariad rhyfeddol, yr anfeidrol Dduw, a hwnnw'n brigo mewn mawl a mawrhad yw gwir emyn.'[5]

Yr emyn cyntaf yn y casgliad hwn yw 'Emyn Mawl Mair' – *Magnificat,* ymateb gorfoleddus y Forwyn Fair i newyddion syfrdanol yr angel Gabriel: bod Duw Hollalluog wedi ei dewis hi i roi genedigaeth i Iesu, Mab Duw.[6]

Gwelir salmau hefyd yn y casgliad. Bu Llyfr y Salmau (i'r Iddewon, 'llyfr emynau'r Ail Deml'[7]) o ddefnydd cyson mewn gwasanaethau Cristnogol o gyfnod yr Eglwys Fore hyd y presennol. O ran y salmau, ceir enghreifftiau o waith Edmwnd Prys, *Salmau Cân* (1621) yn ogystal â throsiadau diweddar Gwynn ap Gwilym, *Salmau Cân Newydd* (2008).

Trefnwyd yr emynau yn ôl eu cyfnod, a lluniwyd mynegeion cyflawn ar gyfer eu geiriau cyntaf; eu teitlau; yr emynwyr a'r cyfieithwyr; a geiriau cyntaf pob carol.

Erys ein hemynyddiaeth o hyd yn rhan annatod o'n hetifeddiaeth ogoneddus a chyfoethog.

Edwin C. Lewis

---

[1] (1892 – 1941); [2] *Y Traethodydd,* Hydref 1961; [3] *'Pantycelyn', Cofiant a Barddoniaeth Ben Bowen* (1904); [4] *Cymru'r Plant* (1906), t. 49' [5] *Emynau a Thonau Mawl* (1991); [6] Luc 1: 46–55; [7] Chwedl Julius Wellhausen (1844–1918).

EMYN MAWL MAIR

Magnificat

Magnificat anima mea Dominum

O F'ENAID cân, mawrha yr Arglwydd Dduw,
Bydd lawen ynddo, dy Waredwr yw;
Y nerthol Iôr, wnaeth bethau mawr i Mair
Am iddi gredu yn ei sanctaidd air.

Bendigaid ffrwyth ei chroth a ddaeth i'th ran,
Mae ef yn gryf, er nad wyt ti ond gwan;
Dy Frenin yw, ni raid it fod yn drist,
Ac ni fydd diwedd ar deyrnasiad Crist.

O oes i oes, i'r rhai a'i hofnant ef,
Trugaredd Duw sy'n ddinacâd o'r nef;
Ei gadarn fraich sy'n dymchwel beilchion byd,
Dyrchafu'r gwylaidd y mae ef o hyd.

Mae'n porthi'n hael newynog rai o'i stôr,
Ond troi'r goludog wna heb ddim o'i ddôr;
A chofio mae ei addewidion mawr
I'n tadau ac i ninnau'r plant yn awr.

O f'enaid, cân, boed it yn ôl ei air,
Bydd gaeth i'r Arglwydd, gwyn dy fyd fel Mair,
Mawrha y Tad a'r Mab yn ddiwahân,
Ac arnat beunydd doed yr Ysbryd Glân.[1]

DYFNALLT MORGAN (1917 – 94)

[1] Gweler Efengyl Luc 1: 46 – 55

EMYN

MAE'n dod â diod awen — at enau
Saint Iôn yn eu hangen,
Y fawlgan hoff, fel gwin hen
O nod y Wir Winwydden. [1]

O. M. LLOYD (1910 – 80)

[1] Buddugol yn yr Eisteddfod Genedlaethol – Aberafan a'r Cylch 1966

YR EMYNAU

Mae'n debyg y bu lle amlwg i ganu yng ngwasanaethau crefyddol Cristnogion yng nghyfnod yr Eglwys Fore. O'r dwyrain daeth emynyddiaeth Gristnogol i'r gorllewin. Emrys o Milan a roddodd ffurf a sylfaen i holl emynyddiaeth gynnar Eglwys y Gorllewin gyda'i emynau Lladin. Cafwyd nifer o emynwyr Lladin ar ei ôl. Rhan o'n cyfoeth Cristnogol yw'r emynau hyn.

Emrys o Milan (340 – 97)

Esgob Milan o 374, bu am weddill ei oes yn arweinydd yr Eglwys uniongred. Gwir sylfaenydd emynyddiaeth y Gorllewin.

NADOLIG
Veni, Redemptor gentium

O TYRED, Brynwr pobloedd byd,
A dangos d'eni o forwyn ddrud;
I'r oesoedd boed yn syndod byw:
Fel hyn y gweddai geni Duw.[1]

Fe ddaw fel gŵr o'i 'stafell gu –
O'r neuadd freiniol, fawr ei bri –
Fel cawr o ddyblyg ansawdd ef,
Yn dod i redeg gyrfa gref.[2]

Yn gydradd Un â'r Tad y'th wnaed,
Tydi mewn gwisg o gnawd a gwaed !
Cryfha â'th rinwedd di dy hun
Wendidau mawrion marwol ddyn.[3]

Disgleirio'n llachar mae dy grud:
Y nos a rydd ei golau drud
A phell uwch dynol eglurhad
Tywynned ffydd â'i lewyrch mad.[4]

cyf. 1 T. H. PARRY-WILLIAMS (1887 – 1975)
2,3,4 IFOR L. EVANS (1897 – 1952)

EMYN HWYROL
O lux beata, Trinitas

O LEUNI sanctaidd, Drindod lân,
Deyrnasol Undod diwahân –
Tra cilia'r haul mewn fflamau rhudd,
I'n c'lonnau dyro olau ffydd.

I ti bob bore canwn glod,
I ti bob hwyr mae'n gweddi'n dod;
Cydganwn, ag erfyniol lef,
Ogoniant byth i Frenin nef.

cyf. IFOR L. EVANS

Venantius Fortunatus (*c.* 530 – 609)

Brodor o'r Eidal ac yn efrydydd yn Ravenna. Ordeiniwyd yn offeiriad yn Poitiers, Ffrainc ac yn ddiweddarach bu'n Esgob Poitiers.

DIODDEFAINT
Vexilla Regis prodeunt

B ANERI'R Brenin â ymla'n
Llewyrcha'r groes â chyfrin dân;
Mae Awdur cnawd, mewn cnawd ei hun,
Yn hongian draw ar grocbren blin.

Er gwaredigaeth dynol ryw
Offrymir nawr yr aberth byw;
Mae dŵr a gwaed yn ffrydio'n lli
I olchi'n holl bechodau ni.

O goeden deg, addurnir di
Â phorffor breiniol uchel Ri,
A'th foncyff, etholedig bren,
Sancteiddir ef gan Frenin Nen.

Ar dy ganghennau, gwyn dy fyd,
Fe hongia'r oesol wobor brid;
Ac ar dy fantol, hyfryd bren,
Daeth rhwysg y rheibiwr mawr i ben.

O allor wych, O Aberth gwiw,
Gogoniant dioddefaint byw!
Goddefa bywyd farwol braw',
Drwy angau bywyd newydd ddaw.

O groes, ein hunig obaith gwir
Yn awr y dioddefaint hir!
Cyfiawnder rho i'r ffyddlon rai,
I'r euog maddau eu holl fai.

I ti, O Drindod, uchel Dduw,
Cydganed byth bob enaid byw:
Dy ddeiliaid, rhydd drwy rin y groes,
Rheola di hyd ddiwedd oes!

cyf. IFOR L. EVANS

DIODDEFAINT

CÂN, FY NHAFOD AM YR ORNEST
Pange, lingua, gloriosi

CÂN, fy nhafod, am yr ornest,
  Gornest ogoneddus iawn;
Ac uwch arwydd croes yr Iesu
  Bloeddia'r fuddugoliaeth lawn;
Ceidwad byd a'i rhoes ei hunan,
  Gan orchfygu un prynhawn.

Duw, pan dwyllwyd gynt ein cyndad,
  O'i dosturi dwfn at ddyn,
Pryd y profai'r ffrwyth niweidiol,
  Gan ddwyn angau arno'i hun,
Ebrwydd drefnai'r groes i wella
  Drygau'r marwol bren bob un.

Gwaith ein hiachawdwriaeth drefnai
  Arfaeth nef, y lle a'r awr,
Dyfais Duw a lwyr ddymchwelai
  Dwyll y temtiwr oll i lawr,
Ac fe ddygai falm i'r clwyfau
  Gawsom gan ein gelyn mawr.

Pan o'r diwedd daeth cyflawnder
  Amser gosodedig Duw,
Wedi'i anfon oddi uchod
  Ganed Ceidwad dynol-ryw,
Ac o Fair Fendigaid Forwyn
  Gyda ni y daeth i fyw.

cyf. WILLIAM MORGAN ('Penfro' 1846 – 1918)

CREAWDWR NEF A THIR A MÔR
Quem terra, pontus, aethera

CREAWDWR nef a thir a môr,
Ill tri yn datgan clod yr Iôr;
Cynhaliwr byd trwy nerth ei air
Sy'n awr yn Blentyn mynwes Mair.

Mae Lluniwr haul a lleuad wen,
Ei weision ufudd yn y nen;
Yn awr gan Fair o dan ei bron:
Difesur fraint a ddaeth i hon!

Mor fendigedig ydyw'r Fam,
Esgorodd ar ei Mab di-nam;
Ac yntau, Iôr y cread mawr,
Yn gorffwys yn ei chôl yn awr!

Bendigaid yw gan angel lef,
Bendigaid trwy Lân Ysbryd nef;
Bendigaid fydd hi ym mhob oes,
Trwy'r dwyfol Fab i'r byd a roes.

Y clod a'r mawl, y parch a'r bri,
O Fab y Forwyn, fo i ti,
Ynghyd â'r Tad a'r Ysbryd Glân:
Un Drindod sanctaidd ddiwahân.

cyf. WILLIAM HENRY HARRIS ('Arthan' 1884 – 1956)

Grigor Fawr (540 – 604)

Pab a etholwyd yn 590. Un a gymerodd ddiddordeb mawr yng ngwaith Cristioneiddio barbariaid. Ef a anfonodd Awstin i Loegr. Roedd yn un o Ddoethuriaid mawr yr Eglwys ac yn sylfaenydd y gwasanaeth eglwysig. Cofir amdano a chlywir hyd heddiw ei Ganu Grigoraidd.

EMYN BOREOL
Ecce iam noctis tenuatur umbra

WELE gysgodion hirnos yn diflannu,
Cochi mae'r wawrddydd fydoedd â'i goleuni;
Nawr â'n holl nerthoedd unwn i foliannu
Duw hollalluog.

Arglwydd trugarog, Duw'r holl greadigaeth,
Dymchwel ein gwendid, dyro iachawdwriaeth
Ac, mewn tangnefedd, rho in etifeddiaeth
Teyrnas y nefoedd.

Gwna hyn oll drosom, O anfeidrol Dduwdod,
Tad, Mab ac Ysbryd, fendigedig Drindod:
Drwy'r ddaer a'r nefoedd seinied yn ddiddarfod
Fawl dy ogoniant!

cyf. IFOR L. EVANS

EMYN HWYROL
Te lucis ante terminum

CYN terfyn golau dydd, O Dduw,
Greawdwr byd, ein gweddi clyw;
Bydd inni'n gadarn Geidwad mawr
Ar hyd y nos o awr i awr.

Breuddwydion drwg, O ymlid draw,
Rhag ofnau'r nos bydd di gerllaw;
A sathr y gelyn trwy dy ras
Rhag llygru'r corff gan bechod cas.

O gwrando'n gweddi, dirion Dad,
Trwy Iesu Grist, yr Un Mab rhad,
Sydd gyda thi a'r Ysbryd Glân:
Un Duw tragwyddol diwahân.

Anhysbys (7fed ganrif)
cyf. WILLIAM HENRY HARRIS ('Arthan' 1884 – 1956)

Rabanus Maurus (776 – 856)

Mynach Benedictaidd a etholwyd yn archesgob Mainz yn yr Almaen. Diwinydd a fu hefyd yn un o athrawon blaenaf ei oes.

YSBRYD CRIST, SANCTEIDDIA FI

Anima Christi, sanctifica me,[1]
Corpus Christi, salva me

ENAID fy Mhrynwr, pura 'nghalon i,
O gorff yr Iesu, aros gyda mi;
O boed fy nhrochi yn y dwyfol waed,
A golch fi, ddŵr o'i ystlys ef a gaed.

[1] Yn aml lleolir y weddi hon ar ddechrau'r bedwaredd ganrif ar ddeg. Mae'n debyg ei bod ar gael yn gynharach na hynny. Priodolir hi i Rabanus Maurus.

O'r blaen a ddug, boed nerth a nawdd i mi,
Fendigaid Iesu, clyw ac ateb di;
Cysgoda fi a'm cuddio yn dy glwyf,
Fel na'th adawaf innau byth tra bwyf.

Amddiffyn fi rhag anfad elyn dyn,
A phan fwy'n trengi, cymer fi dy hun,
Gad imi ddyfod fry i'th uchel fraint,
I'th ganmol yn dragywydd gyda'th saint.

cyf. T. GWYNN JONES (1871 – 1949)

HENFFYCH SEREN FOROEDD
Ave, maris stella

AFE, seren foroedd,
Dirion Fam ein Duw,
Ddedwydd borth y nefoedd,
Fythol forwyn wiw.

Drwy yr Afe gynta'
Ganodd Gabriel
Pan droes enw Efa
Dy dangnefedd ddêl.

Datod rwymau'r caethion,
Pâr oleuni i'r dall,
Eiriol am fendithion,
Chwâl ddrygioni'r Fall.

Mam wyt ti, a throsom
Gwrendy ef dy gri,
A oddefodd erom
Ei eni'n fab i ti.

Forwyn ddihefelydd
Y dyneraf un,
Ninnau, yn eneidrydd,
Gwna ni'n lân a chun.

Pura ni a'n llesu,
Cadw ein ffordd yn iawn
Fel pan welom Iesu
Y cydlawenhawn.

I Dduw'r Tad bid moliant,
I Grist, uchaf clod,
Ac i'r Ysbryd Gwirsant,
Tri yn Un erioed.

Anhysbys o'r nawfed ganrif
cyf. SAUNDERS LEWIS (1893 – 1985)

Emyn Mawr y Sulgwyn

TYRD YSBRYD GLÂN I'N C'LONNAU NI
Veni Creator Spiritus, Mentes tuorum visita

TYRD, Ysbryd Glân, i'n c'lonnau ni
A dod d'oleuni nefol;
Tydi wyt Ysbryd Crist, dy ddawn
Sy fawr iawn a rhagorol.

Llawenydd, bywyd, cariad pur
Ydyw dy eglur ddoniau;
Dod eli i'n llygaid, fel i'th saint,
Ac ennaint i'n hwynebau.

Gwasgara di'n gelynion trwch
A heddwch dyro inni;
Os t'wysog inni fydd Duw Nêr
Pob peth fydd er daioni.

Dysg in adnabod y Duw Dad,
Y gwir Fab rhad a thithau
Yn un tragwyddol Dduw i fod,
Yr hynod dri Phersonau;

Fel y molianner ym mhob oes
    Y Duw a roes drugaredd,
Y Tad, y Mab, a'r Ysbryd Glân:
    Da datgan ei anrhydedd.

Llyfr Gweddi Gyffredin (1664)
cyf. o'r Saesneg gan ROWLAND FYCHAN (*c.*1587 – 1667)

Pierre Abélard (1079 – 1142)

Mab i deulu bonheddig yn Llydaw. Roedd yn Athro nodedig mewn athroniaeth a diwinyddiaeth. Cymysglyd fu ei fywyd. Aeth fel Abad i Fynachlog Sant Gilda, Llydaw, a chofir yn bennaf amdano heddiw fel un o emynwyr mawr y Gorllewin.

O MOR ARDDERCHOG ANEIRIF SABOTHAU
O quanta qualia sunt illa sabbata

O MOR ardderchog aneirif Sabothau
Ddethlir am byth yn y nefol neuaddau!
Gwobor i'r cyfiawn a hedd i'r blinedig –
Un fydd y cyfan yn Nuw bendigedig.

Wir gartref nefol, Caersalem yw'r ddinas!
Llawen yw'r heddwch tragwyddol o'i chwmpas!
Yno mae'r weithred yn un â'r dymuniad,
Yno mae'r wobor tu hwnt i'r disgwyliad.

Traethwch, os medrwch, chwi lu'r cyfranogion,
Lluniwch ogoniant eich cartref yn Seion:
'Fath ydyw'r Brenin, ei neuadd a'i gyntedd,
'Fath yw eich gorffwys, eich hedd a'ch gorfoledd?

Yma ein gorchwyl yw codi'n calonnau
Beunydd mewn hiraeth am wlad ein gweddïau
Fel, mewn alltudiaeth, y bwriom ni gipdrem
O ddinas Babilon fri i Gaersalem.

Yno, yn rhydd o bob erchyll dreialon,
Canwn mewn sicrwydd ganiadau hoff Seion;
Clyw'r hil gadwedig, rho iddi'n dragywydd
Roddion dy ras a'th drugaredd, O Arglwydd!

cyf. IFOR L. EVANS

Adam o Sant Victor (bu farw 1142)

Mynach yn Abaty Sant Victor ym Mharis. Ystyrir gan rai mai ef yw prif emynydd Lladin yr Oesoedd Canol. Un o'i gampweithiau yw emyn mawreddog y Pasg:

EMYN AR GYFER Y PASG
Salve dies dierum gloria

HENFFYCH fore gogoniant bythol ddydd!
Fore dedwydd: Y Crist buddugol sydd;
Fore teilwng o lawen undeb ffydd;
Fore cynta'!

Golau dwyfol i'r deillion oll a gaed;
Crist orchfygodd, mae Satan dan ei draed;
Trechodd angau; cysonodd yn ei waed
Ddaer a gwynfa.

Atgyfododd, yn rhydd o Uffern ddu,
Adnewyddwr ffaeledig ddynol lu;
Ar ei ysgwydd yn dwyn ei ddafad gu
Draw i'r nefoedd.

Heddwch fyddo i ddyn a'r nefol gôr!
Pob digonedd a geir yn helaeth stôr.
Mawl a'th erys, fuddugol Arglwydd Iôr,
Mawl yr oesoedd!

cyf. IFOR L. EVANS

Thomas Acwin (1227 – 74)

Eidalwr ysgolheigaidd a wrthododd bob dyrchafiad eglwysig. Ymunodd ag Urdd Dominig (Y Brodyr Duon). Mae ganddo le pwysig iawn yn hanes Athroniaeth Ddiwinyddol ac fel awdur rhai emynau da iawn.

EMYN Y CYMUN
ADDOLWN DI, GUDDIEDIG DDUWDOD MAWR
Adoro te devote, latens Deitas

ADDOLWN di, guddiedig Dduwdod mawr
Sydd yma yn dy sacrament yn awr;
Diffygia'n holl synhwyrau yn dy ŵydd
Ond rhown i ti ein cred a'n croeso rhwydd.

O ryfedd goffa'i werthfawr angau ef:
Gwir fara'r bywyd ddaeth i lawr o'r nef;
O boed i'n henaid wledda arnat ti,
A thithau, Grist, fo'n werthfawr byth i ni.

Tydi, y ffynnon fawr ei rhin a gaed,
Nyni sy'n aflan golch yn ffrwd dy waed;
O'th werthfawr waed mae un diferyn drud
Yn Iawn digonol dros holl feiau'r byd.

O Grist, tydi sy nawr ynghudd dan len,
Ein gweddi gwrando tra bôm is y nen:
Gad inni uchod weld heb len dy wedd
A'th lân ogoniant byth yng ngwlad yr hedd.

cyf. WILLIAM HENRY HARRIS ('Arthan' 1884 – 1956)

EMYN Y CYMUN
Adoro te devote, latens Deitas

MOLAF di yn wylaidd, O guddiedig Dduw!
Celaist di dy hanfod mewn elfennau byw.
Wrth dy weld yn eglur methu wnâi fy mryd –
Llwyr ymrydd fy nghalon ynot ti o hyd.

'Chuddiwyd ar y croesbren ond dy Dduwdod mawr,
Dy ddynoliaeth hefyd gelir yma'n awr:
Yn y ddau y credaf: gofyn wnaf i'm Pen
A ofynnodd iddo'r lleidyr ar y pren.

Hyfryd goffadwriaeth angau'n Harglwydd cu!
Bara'r bywyd ydyw, bywyd rydd i mi.
Rho i'm bryd lluddedig ymborth yn dy wedd,
A gwybodaeth felys ynddi byth a fedd.

Ffynnon lân y gwynfyd, Iesu, Arglwydd mad,
Golcha fi, yr aflan, yn dy werthfawr wa'd!
Gylch diferyn bychan holl drigolion byd
Byth yn lân, O Arglwydd, o'u pechodau i gyd.

Iesu, 'rwy'n dy weled yma'n awr dan len;
Hiraeth mawr sydd arnaf am dy weld uwchben!
Pryd, O, pryd caf olwg gyflawn ar dy wedd
Ac, wrth weld, gael cyfran yn dy nefol wledd?

cyf. IFOR L. EVANS

Ceir yr enghreifftiau cynharaf o emynau Cymraeg yn y gwasanaeth litwrgaidd Gwassanaeth Meir *a gyfieithiwyd yn y bedwaredd ganrif ar ddeg o* Officium Parvum Beatae Mariae Virginis, *sy'n cynnwys yn ogystal: Salmau, Y Fawlgan Leiaf,* Ave Maria, Pater Noster, *Y Credo . . .*

Ave verum corpus natum

HENFFYCH well, wir Gorff a anwyd
  Gynt o Fair, y Forwyn bur,
A thros ddynion a offrymwyd
  Ar y groes dan hoelion dur;
Yno tarddodd bywiol ffrydiau
  Dŵr a gwaed o'th ystlys di,
Iesu hoff, yn awr ein hangau,
  Bydd yn ymborth gwiw i ni;
    O Geidwad cu, y Gair,
    Fwyn Fab y Forwyn Fair!

cyf. Y Casglyddion, *Emynau'r Eglwys* (1941)

Ave Maria

Daw'r rhan gyntaf o'r emyn hwn o'r bedwaredd neu'r bumed ganrif; ychwanegwyd y gweddill tua'r bymthegfed ganrif.

O HENFFYCH Fair, lawn gras a bri,
Yn wir mae'r Arglwydd gyda thi;
Bendigaid wyt ymhlith dy ryw,
Bendigaid ffrwyth dy groth ydyw
Anfarwol, annwyl Iesu gwiw.
O sanctaidd Fair, a Mam ein Duw,
Eiriola drosom, a pharha
Yn daer hyd at ein hawr ola'.

efel. Y Golygydd

Sarum Primer (1558)

Cyfrol arbennig a ddefnyddiwyd yn rheolaidd yn litwrgi cadeirlan Caersallog ac yn cynnwys salmau, cantiglau a gweddïau ar gyfer gwasanaethau Cymun, Boreol Weddi, Hwyrol Weddi . . .

DUW FO YN FY MHEN

DUW fo yn fy mhen ac yn fy holl feddyliau;
Duw fo yn fy nhrem ac yn fy mwriadau;
Duw fo yn fy ngheg ac yn fy ngeiriau;
Duw fo yn fy mron a'm holl serchiadau;
Duw ar ddiwedd f'oes a thrwy gysgod angau.

efel. Y Golygydd

Edmwnd Prys (1544 – 1623)

Archddiacon Meirionnydd, bardd a dyneiddiwr a dderbyniodd ei addysg uwch yng Ngholeg Ioan Sant, Caergrawnt. Urddwyd yn offeiriad yno ym 1568 ac etholwyd yn Gymrawd ei hen goleg ym 1570 ac yn un o Bregethwyr y Brifysgol ym 1575. Roedd yn ysgolhaig gwych ac yn brydydd o gryn gamp. Erbyn heddiw, am ei Salmau Cân *(1621) y cofir amdano yn bennaf. Fe'u cyhoeddwyd yn atodiad i drydydd argraffiad y* Llyfr Gweddi Gyffredin *(1621), a hwn fu unig lyfr emynau y Cymry hyd y ddeunawfed ganrif.*

SALM 13

PA hyd, fy Arglwydd Dduw di-lyth,
Ai byth yr wyf mewn angof?
Pa guddio'r wyt, O Dduw, pa hyd,
Dy lân wynepryd rhagof?

Pa hyd y rhed meddyliau tro
Bob awr i flino 'nghalon?
Pa hyd y goddefaf y dir,
Tra codir fy nghaseion.

O Arglwydd, edrych arnaf fi
  A chlyw fy ngweddi ffyddlon;
Agor fy llygaid, rhag eu cau
  Yng nghysgfa angau dicllon.

Pe llithrwn ddim, rhag maint yw'r llid,
  Fe ddwedid fy ngorchfygu,
A llawen fyddai fy holl gas;
  Dal fi â'th ras i fyny.

Minnau'n dy nawdd a rois fy ffydd
  A'm holl lawenydd eithaf;
Canaf i'm Duw a'm helpiodd i,
  Gwnaf gerddi i'r Goruchaf.

SALM 23

YR Arglwydd yw fy Mugail clau,
  Ni ad byth eisiau arnaf;
A gorwedd gaf mewn porfa fras,
  Ar lan dwfr gloywlas araf.

Fe goledd f'enaid, ac a'm dwg
  'R hyd llwybrau diddrwg, cyfion,
Er mwyn ei enw mawr di-lys
  Fe'm tywys ar yr union.

Pe rhodiwn, 'd ofnwn ddim am hyn,
  Yn nyffryn cysgod angau;
Wyt gyda mi, â'th nerth a'th ffon;
  On'd tirion ydyw'r arfau?

Gosodaist ti fy mwrdd yn fras
  Lle'r oedd fy nghas yn gweled;
Olew i'm pen, a chwpan llawn,
  Daionus iawn fu'r weithred.

O'th nawdd y daw y doniau hyn
  I'm canlyn byth yn hylwydd;
A minnau a breswyliaf byth,
  A'm nyth yn nhŷ yr Arglwydd.

SALM 61

ERGLYW, O Dduw, fy llefain i
  Ac ar fy ngweddi gwrando!
Rhof lef o eitha'r ddaear gron
  A'm calon yn llesmeirio.

Dwg fi i dollgraig uwch na mi
  Ac iddi bydd i'm derbyn,
Cans craig o obaith, tŵr di-fost
  Im fuost rhag y gelyn.

O fewn dy babell y bydd byth
  Fy nhrigfan dilyth, dedwydd,
A'm holl ymddiried a fyn fod
  Yng nghysgod dy adenydd.

SALM 84

DY babell di, mor hyfryd yw,
  O Arglwydd byw y lluoedd;
Mynych chwenychais weled hon,
  Rhag mor dra thirion ydoedd.

Mae f'enaid i, fy Iôn, mewn blys,
  I'th gysegr lys dueddu;
Fy nghalon i, a'm holl gnawd yw
  Yn Nuw byw'n gorfoleddu.

Aderyn to a gafodd dŷ,
  A'r wennol fry i'w chywion
Le wrth dy allor di i'w trin,
  Fy Nuw a'm Brenin tirion.

Gwyn fyd yr hwn drig yn dy dŷ,
  Caiff dy foliannu ddigon;
Ac ynot ti sy'n cadarnhau,
  A'th lwybrau yn ei galon.

Ânt rhagddynt bawb o nerth i nerth,
  Nes cael yn brydferth ddyfod
I ymddangos i Dduw ger ei fron,
  Yn Seion, ei breswylfod.

Gwell yw na mil un dydd i'th dŷ,
  Am hynny mwy dewisol
Im fod ar riniog y drws tau,
  Na phlasau yr annuwiol.

Sef haul a tharian yw Duw mad,
  A rydd rad a gogoniant;
Ni lestair ef ddaioni maith
  I'r rhai a berffaith rodiant.

O Arglwydd Dduw y lluoedd mawr,
  Anfon i lawr dy gymod;
Dedwydd yw'r dyn a roddo'i gred
  A'i holl ymddiried ynod.

SALM 100

I'R Arglwydd cenwch lafar glod,
  A gwnewch ufudd-dod llawen fryd;
Dowch o flaen Duw â pheraidd dôn,
  Drigolion daear fawr i gyd.

Gwybyddwch mai efe sydd Dduw,
  A'n gwnaeth ni'n fyw fel hyn i fod;
Nid ni ein hun; ei bobl ŷm ni,
  A defaid rhi' ei borfa a'i nod.

O ewch i'w byrth â diolch brau,
Yn ei gynteddau molwch ef;
Bendithiwch Dduw'r hwn sydd erio'd
Rhowch iddo glod drwy lafar lef.

Can's da yw'r Arglwydd, Awdur hedd,
Da ei drugaredd a di-lyth;
A'i lân wirionedd inni roes,
O oes i oes a bery byth.

SALM 113

CHWI weision Duw, molwch yr Iôn,
Molwch ei enw â llafar dôn,
bendigaid fyddo'i enw ef.
O godiad haul hyd fachlud dydd,
Mawr enw'r Iôn moliannus fydd
yn y byd hwn ac yn y nef.

Dyrchafodd Duw uwch yr holl fyd,
A'i foliant aeth uwch nef i gyd,
pwy sy gyffelyb i'n Duw ni?
Yr hwn a breswyl yn y nef,
I'r ddaear hon darostwng ef:
gwŷl ef ein cam, clyw ef ein cri.

Yr hwn sy'n codi'r tlawd o'r llwch
A'r rheidus o'i ddiystyrwch
i'w gosod uwch penaethiaid byd,
I'r amhlantadwy mae'n rhoi plant,
Hil teg a thylwyth a llwyddiant;
am hyn moliennwch Dduw i gyd.

SALM 121

DISGWYLIAF o'r mynyddoedd draw;
Ble daw im help 'wyllysgar?
Yr Arglwydd, rhydd im gymorth gref,
Hwn a wnaeth nef a daear.

Dy droed i lithro, ef nis gad,
   A'th Geidwad fydd heb huno;
Wele dy Geidwad, Israel lân,
   Heb hun na hepian arno.

Ar dy law ddeau mae dy Dduw,
   Yr Arglwydd yw dy Geidwad;
Dy lygru ni chaiff haul y dydd,
   A'r nos nid rhydd i'r lleuad.

Yr Iôn a'th geidw rhag pob drwg,
   A rhag pob cilwg anfad;
Cei fynd a dyfod byth yn rhwydd:
   Yr Arglwydd fydd dy Geidwad.

SALM 150

MOLWCH Dduw yn ei gysegr len,
   Sef ei ffurfafen nerthol;
Molwch ef am gadernid llym,
   Ac amlder grym rhagorol.

Rhowch ar lais utgorn y mawl hyn,
   Ar nabl, telyn, tympan;
Molwch chwi ef â llawnglod clau,
   A thannau, pibell, organ.

Ar y symbalau, molwch ef,
   A'r rhain â'i llef yn seingar;
O molwch ef â moliant clau
   Ar y symbalau llafar!

Pob peth, moliannent un Duw byth,
   Sydd ynddynt chwyth y bywyd;
Rhoent gydgerdd foliant i barhau,
   Clodforwn ninnau hefyd.

Rhys Prichard ('Yr Hen Ficer' 1579 – 1644)

Ar ôl astudio yng Ngholeg Iesu, Rhydychen, daeth yn Ficer Llanymddyfri ym 1602, ac yn Ganghellor Tyddewi ym 1626. Pryderodd ynglŷn â chyflwr moesol ei blwyfolion uniaith, a chyfansoddodd lawer o benillion syml i ddysgu iddynt hanfodion 'Y Ffydd'.

Cyhoeddwyd casgliadau o'r penillion gan Stephen Hughes rhwng 1659 a 1681. Bu Canwyll y Cymru *cyn bwysiced i'r werin â chyfieithiad* Taith y Pererin *gan John Bunyan.*

CLYWCH ADRODD MAWR GARIAD

CLYWCH adrodd mawr gariad Mab Duw at y byd
Pan ddaeth ef o'r nefoedd i'n prynu mor ddrud,
Er peri ichwi gofio am gariad Mab Duw
A'i foli'n wastadol tra fyddoch chwi byw.

Gwyrthiau tra gwerthfawr a wnaeth lawer pryd,
I ddangos mai Iesu oedd Ceidwad y byd,
Ni chredai'r Iddewon na'i wyrthiau na'i wir,
Ond ceisio'i fradychu ar fôr ac ar dir.

Er maint oedd ei gystudd a'i gamwedd a'i gur,
Pan hoeliwyd ef felly ag hoelion o ddur;
Ni 'gorodd ei enau, ni holodd paham,
Mwy na'r oen dan law'r cneifiwr, er maint oedd ei gam.

Ac felly bu farw Mab Duw ar y groes,
Wrth ddwyn ynddo'i hunan y blinder a'r loes;
A'r poenau a'r penyd a'r dial i gyd,
Oedd Duw yn ei ofyn am bechod y byd.

Fe ddygodd ar grogbren ein pechod bob un,
Fe'n golchodd o'n beiau trwy'i wir waed ei hun,
Fe'n gwnaeth ni'n frenhinoedd a 'ffeiriaid i Dduw:
Moliannwn ni'r Iesu tra fyddom ni byw.

Gogoniant a gallu a diolch bob pryd
A fyddo i'r lân Drindod am ein prynu mor ddrud;
A mawr glod a moliant i'n Prynwr a'n Pen,
A dweded pob Cristion yn wastad – Amen![1]

Rowland Fychan (*c.* 1587 – 1667)

Bu'n Eglwyswr pybyr, yn fardd, yn gyfieithydd medrus ac yn filwr yn ei ddydd. Mawr fu dylanwad ei gyfieithiad mwyaf adnabyddus: Yr Ymarfer o Dduwioldeb *(1628), sef ei drosiad o* The Practice of Piety *gan Lewis Bayly, Esgob Bangor.*

LLEF YR EDIFEIRIOL

NA thro dy wyneb, Arglwydd glân,
  Oddi wrth un truan agwedd,
Y sydd o flaen dy borth yn awr
  Mewn cystudd mawr yn gorwedd.

Yr wyf yn gorwedd wrth dy ddôr,
  Atolwg, agor imi;
Er bod fy muchedd yn ddi-rôl;
  'Rwy'n edifeiriol, gweli.

Na alw monof fi gerbron,
  I roddi union gyfrif;
Yr wy'n cydnabod, fy Nuw hael,
  Y bywyd gwael oedd gennyf.

Felly y deuaf at dy borth,
  I ddisgwyl cymorth ddigon,
Sef dy drugaredd i lanhau
  Fy holl welïau budron.

---

[1] Dyma chwe phennill: 1, 11, 19, 21, 23, 28 o'r wyth pennill ar hugain o 'Adroddiad o gariad Crist at y byd': *Canwyll y Cymru* (argraffiad 1696)

Trugaredd, f'Arglwydd, heb ddim mwy,
  Yw'r cwbwl 'rwy'n ei geisio;
Trugaredd yw fy newis lwydd,
  Trugaredd, f'Arglwydd, dyro!

J. MARCKANT (*fl.* 1560)
cyf. Rowland Fychan

Robert Vaughan, Hengwrt (1592 – 1667)

Y mwyaf o hynafiaethwyr y Dadeni Cymreig. Ef hefyd oedd crëwr y llyfrgell wychaf a gasglwyd gan unrhyw Gymro erioed.

CYFANRWYDD CRIST

CRIST yn cyfodi yr awr hon
  oddiwrth y meirwon oesau,
Ni bydd ef marw fyth ond hyn
  fe dynnodd golyn angau.

Cans fel y dug farwolaeth faith
  fe dynnodd ymaith bechod,
Ac fel y mae fo heddiw'n fyw
  mae'n byw i Dduw nef uchod.

Felly meddyliwch chwithau'ch bod
  yn feirw i bechod aflan,
A'ch bod yn fyw mewn modd di-drist
  i Dduw trwy Grist ei hunan.

Cyfododd Crist o feirw i fyw
  a blaenffrwyth yw'n dragywydd
Y rhai a hunasant oll
  er daed eu digoll grefydd.

Trwy ddyn y daeth mawr anap trwm
  a marwol godwm diffaith;
Trwy ddyn hefyd mawr ei rad
  mae ailgyfodiad eilwaith.

Megis yn Adda pawb sy gaeth
  dan bwys marwolaeth gnawdol,
Felly yng Nghrist ein Harglwydd Dduw
  mae pawb yn byw'n dragwyddol.[1]

Morgan Llwyd (1619 – 59)

Bardd, cyfrinydd, diwygiwr ac un o brif awduron Cymru. Ganed yng Nghynfael-fawr, plwyf Maentwrog. Ym 1635 cafodd dröedigaeth trwy bregethu Walter Cradock, ciwrad eglwys Wrecsam. Yn ddiweddarach, daeth i gysylltiad â rhai o arweinwyr crefyddol a gwleidyddol y Rhyfel Cartref. Daeth dan ddylanwad y Crynwyr, plaid y Bumed Frenhiniaeth a chyfriniaeth yr Almaenwr Jacob Boehme.

Ysgrifennodd lawer: trodd nifer o'r salmau a rhannau o Ganiad Solomon ar gân, a lluniodd amryw o emynau gwreiddiol. Cyhoeddodd lawer o bamffledi a llyfrau ac yn eu plith y clasur Llyfr y Tri Aderyn *(1653).*

SALM 121

DYRCHAFU wnaf drwy ffydd wrth raid
  fy llygaid i'r mynyddoedd
o'r lle y daw im help mewn pryd –
  mewn adfyd a blinderoedd.

Fy help mi wn a ddaw yn rhwydd
  oddi wrth yr Arglwydd hawddgar,
yr hwn drwy waith ei ddwylaw ef
  a greodd nef a daear.

[1] *Y Casglwr*, Mawrth 1981 (diweddarwyd yr orgraff)

Dy droed i lithro byth ni ad
  dy Geidwad fydd heb huno
ac wele Geidwad Israel lân –
  heb hun na hepian arno.[1]

Efe a'th gynnal tra f'och byw
  Jehofah yw dy Geidwad
o'i gariad hefyd fe fyn fod –
  yn gysgod i ti'n wastad.

Yr haul liw dydd ni'th dery di
  na'r nos mo oerni lleuad
ni ddaw it niwed nos na dydd –
  yr Arglwydd fydd dy Geidwad.

HIRAETH AM BARADWYS

FY enaid, cyfod, cân i Dduw,
  I'th wreiddyn byw a'th ffynnon,
Ysgwyd oddi wrthyt yr holl lwch,
  Y tristwch a'r amheuon.

Dod heibio'r holl feddyliau gwael
  Sy'n mynnu cael dy lethu;
Nerth Duw, a gododd Grist yn glau,
  A'th gyfyd dithau i fyny.

Duw, gad i'th enw gael y clod,
  N'ad orfod dy drugaredd,
N'ad elyn hyll i lawenhau,
  N'ad finnau'n anghyfannedd.

---

[1] 'Byddai'n syndod pe na byddai Morgan Llwyd yn adleisio *Salmau Cân* Edmwnd Prys gan eu bod ill dau'n mydryddu'r un testun Beiblaidd. Mae Salm 121, pennill 3 yn atgynhyrchu Edmwnd Prys, ar wahân i ychydig fanion . . .' R. Tudur Jones, *Gweithiau Morgan Llwyd o Wynedd*, Cyfrol 3 (1994).

Fe roddes Duw im adain ffydd,
  Fel hedydd mi ehedaf
I fyny ato ef, fy Nhad,
  I mewn i'r wlad oruchaf.

Lle ni ddaw byth y cwestiwn pam,
  Na chŵyn na cham na chwmwl,
Lle nid oes ofal yn y byd,
  Na phwys na phenyd meddwl.

FY NUW CUSANA FI Â'TH FIN

FY Nuw, cusana fi â'th fin,
  Melysach yw dy serch na'r gwin,
Di yw anwylyd f'enaid i.

Aroglau d'ennaint, hyfryd yw,
Dy enw a wna y marw yn fyw;
Fe hoffa'r gwir forynion di.

O dywed imi ple ŷ'th gawn
Yn porthi'r nefol braidd brynhawn?
Ni byddaf lonydd nes dy gael.

O pam y troi di heibio fi?
Chwant f'enaid yw dy fynwes di;
Rwy'n ffyddlon er fy mod i'n wael.

BENDITH MEWN TRALLOD

YR ydym yma yn dy ŵydd
  O Arglwydd, danfon fendith,
Ac Ysbryd Crist, i'n helpu ni
  I'th geisio di'n ddiragrith.

Y mae'n heneidiau gwan eu hwyl
  Yn chwennych disgwyl arnat;
Ti elli'n tynnu o'n holl ddrwg
  Trwy Grist – mae'n golwg atat.

Gwna'n dda bob gair addewaist ti,
  Ac arnom ni disgleiria;
Ac i'th holl bobloedd danfon lwydd;
  I'r farn, O Arglwydd, brysia.

Ellis Wynne (1671 – 1734)

Ganed yn y Las Ynys, ffermdy nid nepell o Harlech. Bu yng Ngholeg Iesu, Rhydychen tua 1691. Urddwyd yn offeiriad Anglicanaidd. Cyhoeddodd Rheol Buchedd Sanctaidd *(1701), sef ei gyfieithiad o* The Rule and Exercise of Holy Living *gan Jeremy Taylor. Ym 1709 cyhoeddwyd* Gweledigaetheu y Bardd Cwsc *ac ym 1710 cafwyd argraffiad diwygiedig o'r Llyfr Gweddi Gyffredin. Roedd Ellis Wynne nid yn unig yn llenor crefyddol, ond yn y modd y defnyddiai'r Gymraeg yr oedd yn athrylith.*

Dyma'i emyn mwyaf adnabyddus:

YR ATGYFODIAD A'R BYWYD

MYFI yw'r atgyfodiad mawr,
  Myfi yw gwawr y bywyd;
Caiff pawb a'm cred, medd f'Arglwydd Dduw,
  Er trengi, fyw mewn eilfyd.

A'r sawl sy'n byw mewn ufudd gred
  I mi, caiff drwydded nefol,
Na allo angau, brenin braw,
  Ddrwg iddaw yn dragwyddol.

Yn wir, yn wir, medd Gwir ei hun,
  Pob cyfryw ddyn sy'n gwrando
Fy ngair, gan gredu'r Tad a'm rhoes,
  Mae didranc einioes ganddo.

A wnêl ei orau i ufuddhau,
  Trwy ffydd, i'm geiriau hyfryd,
Ni ddaw i farn, ond trwodd aeth
  O angau caeth i fywyd.

Na fyddwn anobeithiol drist
  Am weision Crist a hunant;
O'r corff gorffwysant gydag ef
  Yng nghartref y gogoniant.

Dafydd Jones o Gaeo (1711 – 77)

Emynydd a phorthmon, dyn a gafodd ychydig o addysg ffurfiol ac eto yn meddu ar ddawn i drafod geiriau. Cyhoeddwyd ei emyn cyntaf: 'Ymdeithydd wy'n y byd,' yn y bumed ran o Aleluia *(1747), sef casgliad o emynau William Williams, Pantycelyn. Ei waith pwysicaf oedd trosi i Gymraeg rhywiog a chanadwy emynau a salmau Isaac Watts (1674 – 1748). Cyhoeddodd hefyd gasgliad o'i emynau ef ei hun dan y teitl* Difyrrwch i'r Pererinion *(1763, 1764, 1770). Cenir nifer o'i emynau o hyd: 'O Arglwydd, galw eto', 'Wele, cawsom y Meseia', 'Pererin wy'n y byd' . . .*

HIRAETH AM Y NEFOEDD

CAERSALEM, dinas hedd,
  O na bawn yno'n byw;
O hyd cawn weled gwedd
  A llewyrch wyneb Duw;
Mae weithiau'n dywyll arna' i nawr,
Fy haul nid â byth yno i lawr.

Mae pechod, elyn cry'
  Yn fy amgylchu'n awr,
A myrdd o elynion sy
  Am gael fy mhen i lawr:
Ond ofer yw eu gwaith yn wir,
Mi gaf goncwero cyn bo hir.

Ond och, pa beth wyf i,
  Bechadur gwael di-rym,
I ymladd â'r fath lu
  O elynion llewaidd llym?
Ond er fy mod fy hun mor wan,
Mae un sy gryfach ar fy rhan.

Am hyn ni lwfwrhaf,
  Er twymed ydyw'r dydd,
Ymlaen, ymlaen mi af,
  Gorchfygu wnaf drwy ffydd;
Mi fynnaf ben Goliath lawr
Er maint ei rym a'i ymffrost mawr.

Yn Nuw ymddiried 'rwy'
  Am arfau, nerth, a sgil;
Fe'm dygodd eisioes trwy
  Do, gyfyngderau fil:
Hyderus eto wyf trwy ffydd,
Yn nerth fy Nuw caf gario'r dydd.

Daw gyda fi o hyd,
  Trwy ganol dŵr a thân,
Nes iddo'm dwyn trwy'r byd,
  I'r nefoedd fry yn lân;
Mae wedi rhoi'r addewid ddwys,
Ar air fy Nuw mae'm hollol bwys.

Caf weld f'Anwylyd cu,
  Pan elwy' draw i dre,
Yr hwn o'i gariad fu
  Yn dioddef yn fy lle;
Caf weld yr Iesu, digon yw,
Mae'r Oen a laddwyd yno'n fyw.

GWAHODDIAD I'R WLEDD

CLYWCH genhadon Duw yn galw,
  Bechaduriaid, heddiw dewch
I briodas Mab y Brenin:
  Croeso dibrin ganddo gewch;
Dewch yn glau, mae'n hwyrhau,
Cyn y caffo'r drws ei gau.

Pob peth ar ei fwrdd sydd barod,
  Swper beraidd wedi'i thrin,
Gwledd o basgedigion breision
  A phuredig loyw win;
Weithian dewch, a bwytewch,
Gwledd o gariad yma gewch.

Pallu dyfod mae'r gwŷr llawnion
  A'u hesgusion ofer iawn;
Ac er dyfod lluoedd lawer
  Nid yw'r bwrdd ddim hanner llawn;
Brenin Ne', gwawdd mae fe,
Ato i'r wledd mae eto le.

Dewch y tlodion, cloffion, deillion,
  A'r efryddion rai di-nerth,
Na chaed tlodi'ch cadw allan,
  Dewch heb arian ac heb werth;
Mae fo'n hael, i rai gwael,
Na bo ganddynt ddim i'w gael.

Ceisiwch wisgoedd y briodas,
  Hardd ac addas fydd y rhain,
Pur gyfiawnder y Meseia,
  Gwynion glân o liain main;
Rhain a'ch dyd, na boch fud,
Ac a guddia'ch brychau i gyd.

Dewch, afradlon blant tuag adre,
  Wedi crwydro mewn gwlad bell;
Ymadewch â'r moch a'r cibau,
  Chwi gewch wledd a gwisgoedd gwell,
Dewch bob gradd, mae'n eich gwadd,
A'r llo pasgedig wedi'i ladd.

Y SABOTH

GWAITH hyfryd iawn a melys yw
Moliannu d'enw di, O Dduw;
Sôn am dy gariad fore glas,
A'r nos am wirioneddau'th ras.

Melys yw dydd y Saboth llon,
Na flined gofal byd ein bron:
O na bai 'nghalon i mewn hwyl
Fel telyn Dafydd ar yr ŵyl.

Yn Nuw fy nghalon lawenha,
Bendithio'i waith a'i air a wna:
Mor hardd yw gwaith dy ras, O Dduw!
A'th gyngor di, mor ddwfwn yw.

Ond mi gaf ogoneddus ran,
Pan buro gras fy enaid gwan;
Mae gwir lawenydd uwch y nen,
Fel olew pur i lonni'm pen.

Caf weld a chlywed yno 'nghyd,
Oll a ddymunais yn y byd;
A'm henaid a gaiff felys waith,
Yn y tragwyddol fywyd maith.

ISAAC WATTS (1674 – 1748)
cyf. Dafydd Jones o Gaeo

SALM 100

I'R Arglwydd cenwch lawen gân,
  Pob gwlad, rhowch fawl i'w enw glân;
Danfoned Prydain, yn ddi-fraw,
Yr adain dros y moroedd draw.

Gwas'naethwch, bobloedd, ger ei fron,
Mewn ofn, a gwir lawenydd llon:
Gwybyddwch mai'r Arglwydd sydd Dduw;
Efe all ladd, a gwneud yn fyw.

Â'i ddirfawr nerth, heb gymorth dyn,
O'r pridd fe'n lluniodd bob yr un:
A phan aem ffwrdd fel defaid ffôl,
I'w gorlan, ef a'n dwg yn ôl.

I'th byrth â diolch gân ni ddawn,
Cyfodi'n llef i'r nef a wnawn:
Doed pobloedd, o bob iaith sy'n bod,
I lenwi'th dai â'n llafar glod.

D'arglwyddiaeth di sydd dros y byd;
Tragwyddol yw dy gariad drud:
Saif dy wirionedd byth heb 'sgoi
Pan beidio'r haul a'r lleuad droi.

CARIAD CRIST AT BECHADURIAID

O GWELWN gariad Crist mor fawr,
  At bryfed gwael heb fri;
O'r hardd ogoniant disgyn lawr
  I wisgo'n natur ni.

Aeth hefyd dan ein cosb a'n bai,
  Bu farw yn ein lle;
I'n codi ni o ddyfnder gwae
  I uchder gwynfyd Ne'.

Ein cymryd ni wnaeth brenin Nef
  Yn briod iddo'i hun;
Nawr asgwrn ŷn o'i asgwrn ef
  A chnawd o'i gnawd ef ŷn.

Gwahanu'r sawl wnaeth Duw yn un
  Sydd orchwyl mawr rhy drwm;
Mae'n henaid eisioes wrtho 'nglŷn,
  Ni ddetyd neb o'r clwm.

Mae'n henwau'n sgrifenedig fry
  Yn rhôl y bywyd mawr;
Ni ddichon Satan a'i holl lu
  Oddi yno'u tynnu i lawr.

Er tloted ydym ni yn awr,
  Er gwaeled yw ein gwedd;
Mae inni etifeddiaeth fawr
  Yr ochor draw i'r bedd.

Plant ydym eto dan ein ho'd
  Yn disgwyl am y stad;
Mae'r etifeddiaeth inni'n dod
  Wrth destament ein Tad.

Am hynny blant, na fyddwn drist,
  Yn hytrach llawenhawn:
Cydetifeddion ŷm â Christ,
  Rhan o'i ogoniant cawn.

ANGEN Y CRISTION AM RAS

O IESU'M nerth a'm nawdd
  Fy nghymorth hawdd ei gael
Mewn hyder mi ddof atat ti,
  Gwrandäwr gweddi'r gwael;
Disgwyliaf wrth dy borth
  Am gymorth yn ddi-feth,
I allu gwneuthur yn ddilys
  D'ewyllys ymhob peth.

Mae arna'i eisiau nerth
  I ymwadu â fi fy hun,
I sathru lawr bob gelyn serth,
  Pleserau'r cnawd a'i wŷn:
Nerth hefyd i barhau
  Yn ffyddlon ddyddiau f'oes
I ddiodde pob peth er dy fwyn
  Heb rwgnach dwyn dy groes.

Mae arna'i eisiau'n wir
  Cael golwg glir yn glau
I weld y drwg o'dd yma draw
  Pan fo gerllaw'n nesáu:
Ac ysbryd cadarn hy
  I'w wrthwynebu wrth raid,
A chalon i weddïo o hyd
  Bob ennyd yn ddi-baid.

Mae arna' i eisiau sêl
  I 'nghymell at dy waith,
Nid rhag ofn y gosb a ddêl
  Nac am y gyflog chwaith,
Ond gwir ddymuniad llawn
  Dyrchafu'th gyfiawn glod,
Am iti wrthyf drugarhau
  Ac edrych arna' i erio'd.

Mae eisiau arnaf fi
  Dy nabod di yn fwy,
A gweld mor bur yw'th natur lân,
  Mor frwnt fy hunan wy'.
Mae arna' i eisiau'n wir
  Cael gweld fy eisiau'n well,
Pob peth sydd eisiau arnaf i
  Pan fyddych di ymhell.

DILYN ÔL Y PRAIDD

PERERIN wy'n y byd,
  Ac alltud ar fy hynt
Sy'n ceisio dilyn ôl y praidd,
  Y tadau sanctaidd gynt;
I 'mofyn gwlad sy well
  Er 'mod i 'mhell yn ôl,
Trwy gymorth gras, ymlaen mi af,
  Dilynaf innau'u hôl.

Hen Abram uniongred
  Tad y ffyddloniaid gwiw,
Adawai'i wlad ei hun yn rhwydd
  Wrth arch ei Arglwydd Dduw.
Aeth tua'r Ganaan wych
  Heb edrych yn ei ôl:
Trwy gymorth gras, ymlaen mi af,
  Dilynaf innau'u hôl.

At batriarchiaid hen,
  Had Abraham ei hun
A'u canlynasant ef trwy ffydd
  Yn ufudd cymaint un,
I 'mofyn dinas glyd
  Gan ado'r byd ar ôl:
Trwy gymorth gras, ymlaen mi af,
  Dilynaf innau'u hôl.

A Moses yr un modd
  Wrthododd bri a braint;
Dewisai'n hytrach ddirmyg Crist
  A bywyd trist y saint,
Cans gweled 'roedd trwy ddrych
  Y wobr wych sy'n ôl:
Trwy gymorth gras, ymlaen mi af,
  Dilynaf innau'u hôl.

A'r hen broffwydi o'r bron
  A'r apostolion hy,
A holl ddisgyblion Iesu glân
  A aeth o'r blaen yn llu,
Y rhai y darfu'r byd
  Eu cyfri i gyd yn ffôl:
Trwy gymorth gras, ymlaen mi af,
  Dilynaf innau'u hôl.

Nawr gorffwys maent yn wir
  Oddi wrth eu llafurwaith,
Yn moli'r Oen o fewn y llen,
  Eu dwyn i ben eu taith,
Trwy holl anialwch serth
  Y byd a'i drafferth ffôl:
Trwy gymorth gras, ymlaen mi af,
  Dilynaf innau'u hôl.

Ces innau 'ngalw i ma's
  O'r Aifft ddiras mi wn;
Nid yw fy etifeddiaeth i
  'Rwy'n credu o'r byd hwn,
Mae gyda'r duwiol rai
  Sydd â'u gorffwysfa'n ôl:
Trwy gymorth gras, ymlaen mi af,
  Dilynaf innau'u hôl.

Os rhaid ymdrechu dro,
  Milwrio a chario'r groes,
A mynd dan wawd a gwg y byd,
  Dros ennyd fer fy oes;
Caf goron gyda'r saint,
  Tragwyddol fraint sy'n ôl:
Trwy gymorth gras, ymlaen mi af,
  Dilynaf innau'u hôl.

Y CRISTION YN MORIO TUAG ADRE

YMDEITHYDD wy'n y byd,[1]
  Fel rhai o'm tadau gynt,
Sy'n morio lawer pryd
  Yn erbyn glaw a gwynt:
Mae ngolwg wiw tua'r hyfryd wlad
Lle mae fy Nhad a'm ffrinds yn byw.

Hen Abraham aeth o'r blaen
  A'r holl brif seintiau gwych
Tua Salem ddinas lân,
  Ei gweled o'ent trwy ddrych;
Mae rhain i gyd nawr gyda'u Duw
Mewn hedd yn byw. O gwyn eu byd!

Trwy ddyrys fôr y byd
  'Rwy innau'n teithio'n dynn,
Tuag at fy nghartre clyd
  Sydd fry ar Seion fryn:
O hyfryd le! Pwy awr, pwy bryd
Caiff f'enaid drud fynd yno i dre?

Mae'r tonnau lawer gwaith,
  A'r stormydd maith eu stŵr
Yn curo f'enaid llaith,
  Nes byddo dan y dŵr;
Ond Iesu ddaw, ac yn y man
Fe'm cod i'r lan â'i gadarn law.

Drachefn yr ydwy'n gry',
  'N ymroi drafaelu yn iach,
Y dehau wynt a fu
  Yn chwythu ar f'enaid bach;
Tua Salem lân, er gwaetha'r hin
A'r stormydd blin, mi af ymlaen.

---

[1] Hwn oedd yr emyn cyntaf a gyhoeddwyd o waith Dafydd Jones o Gaeo. Ymddangosodd yn *Aleluia,* casgliad o emynau William Williams (ac eraill) ym 1747.

Pan fyddo hi yn awyr glir,
  'Rwy'n gweld trwy ddrych difreg
Rai mannau o Salem dir,
  A'm hetifeddiaeth deg;
A'r olwg hon trwy gwrs fy nhaith
Ddoed f'enaid llaith i fynd yn llon.

Er bod y ffordd yn faith,
  A rhwystrau eto 'mlaen,
Caf orffen ar fy nhaith,
  A landio i Salem lân;
Marwolaeth ddaw, caf fynd heb ble
Yn iach i dre yr ochor draw.

Ac yno gwyn fy myd
  Tu draw i'r byd a'r bedd,
Caf yno fyw o hyd
  Mewn hawddfyd ac mewn hedd,
Yn canu'n bur i'r Iesu mwyn,
Am iddo'm dwyn i Salem dir.

Morgan Rhys (1716 – 79)

Ganed yng Nghil-y-Cwm, Sir Gaerfyrddin. Am ei emynau y cofir amdano, emynau yn mynegi profiad ysbrydol dwfn, ac ynddynt ceir lle amlwg i berson Crist. Byrdwn crefydd ei gyfnod oedd tynged yr enaid unigol yn hytrach nag agwedd gymdeithasol yr Efengyl. Gwelwyd adlewyrchiad o'r cefndir hwnnw yn yr emynau, a chafodd yntau ei danio gan ysbryd y deffroad Methodistaidd a ymledai drwy'r fro yn ei ddydd. Cyhoeddwyd ei gasgliad cyntaf o emynau: Golwg o Ben Nebo, ar Wlad yr Addewid *yn 1755, ac fe'i dilynwyd gan nifer o gasgliadau bychain.*

DEUWCH HOLL HILIOGAETH ADDA

DEUWCH, holl hiliogaeth Adda,
  I glodfori'n Ceidwad mawr:
Gwisgodd natur wael pechadur,
  Rhyfeddod nef a daear lawr.
    Dyma'r Alffa,
  A'r Omega mawr yn ddyn.

Er bod lluoedd o angylion
  Yn ei foli yn gytûn
Yn eithafoedd tragwyddoldeb
  Cyn ei wisgo â natur dyn,
    'Roedd ei galon
  Gydag annheilwng lwch y llawr.

Peraidd canodd sêr y bore
  Ar enedigaeth Brenin ne':
Y doethion a'r bugeiliaid hwythau
  Teithient i'w addoli e':
    Gwerthfawr drysor
  Yn y preseb Iesu gaed.

Dyma y newyddion hyfryd
  Glywyd gan angylion Duw,
Fod y Ceidwad wedi'i eni
  I golledig ddynol-ryw;
    Ffyddlon Gyfaill,
  Bechaduriaid, molwn ef.

Dyma'r Bachgen aned i ni:
  Mab a roddwyd in gan Dduw;
Efe yw'r unig un arfaethwyd
  I waredu dynol-ryw
    O'r trueni
  Mawr cwympasom iddo oll.

Ei enw galwyd yn Rhyfeddol:
  I dragwyddoldeb felly bydd;
Fe broffwydodd y proffwydi,
  Cyn ei ddyfod, am ei ddydd:
    Cawd in Geidwad,
  Gorfoleddwn ynddo ef.

Tad Tragwyddol yw ei enw,
  Tywysog y Tangnefedd yw;
Creawdwr mawr y bydoedd ydyw
  A Chynhaliwr dynol-ryw;
    Hollalluog,
  Daeth i farw yn ein lle.

Dyma Geidwad i'r colledig,
  Meddyg i'r gwywedig rai;
Dyma Un sy'n caru maddau
  I bechaduriaid mawr eu bai:
    Diolch iddo,
  Byth am gofio llwch y llawr.

Brenin tragwyddoldeb ydyw,
  Llywodraethwr dae'r a ne';
Byth ni wêl hiliogaeth Adda
  Geidwad arall ond efe:
    Mae e'n ddigon,
  Y tragwyddol fywyd yw.

GWAHODDIAD YR EFENGYL

HILIOGAETH Adda, dewch
  I foli Iesu mawr,
Mae drws y bywyd heb
  Ei gaead hyd yn awr;
Trugaredd rad i ddynol-ryw,
Sy'n cael ei chynnig in gan Dduw.

Dewch, bechaduriaid mawr,
  Ffieiddia' sy'n y byd:
Trugaredd sydd gan Dduw
  I chwi, er oedi cyd:
Ni chofia ef eich mynych fai,
Gall gwaed y Groes eich llwyr lanhau.

Dewch, hen wrthgilwyr trist,
  At Iesu Grist yn ôl:
Mae'i freichiau'n awr ar led,
  Fe'ch derbyn yn ei gôl;
Mae Duw yn rhoddi eto'n hael
Drugaredd i droseddwyr gwael.

Dewch, hen ac ieuainc, dewch
  At Iesu, mae'n llawn bryd:
Rhyfedd amynedd Duw
  Ddisgwyliodd wrthym cyd;
Aeth yn brynhawn, mae yn hwyrhau;
Mae drws trugaredd heb ei gau.

Mae tragwyddoldeb maith
  Ymron â'n llyncu i gyd:
Ni welir dim o'n hôl
  Ar fyrder yn y byd;
Ein llety byth a'n cartref yw,
Ni awn ar fyrder iddo i fyw.

O wynfydedig awr!
  Pa hyd y deui i ben
Cawn hedeg uwch y sêr
  I entrych nefoedd wen?
Ffarwél i fyd y cystudd mawr:
Nesáu mae'r wynfydedig awr.

Mae'n Priod uwch y nen,
  A brodyr yno lu:
Mil mwy disgleiriach ŷnt
  Na sêr y nefoedd fry;
Maent yn eu lle, heb symud mwy,
Ar fyr awn ninnau atynt hwy.

Ni welsom yma rai
  Yn glwyfus ar y llawr
Sydd heddiw'n canu'n iach
  Yn nhragwyddoldeb mawr;
Maent oll yn gweld yr addfwyn Un
Ar bren-dioddef brynodd ddyn.

Fe dywylla'r heulwen fawr
  Wrth weld y dyrfa hon
A'i Brenin mawr yn dod
  I farnu'r ddaear gron;
A Seion Dduw, heb boen na phwn,
Fydd oll yn iach y bore hwn.

Gwae holl addolwyr cnawd,
  Gelynion Iesu Grist,
Hwy daflir oll pryd hyn
  I'r pydew tywyll trist;
Ond gwyn ei fyd pob llesg a gwan
Sy â'r Oen a laddwyd iddo'n rhan.

EIN GOBAITH YN Y GROES

FYTH, fyth rhyfedda'r cariad
  Yn nhragwyddoldeb pell
A drefnodd yn yr arfaeth
  Im etifeddiaeth well
Na'r ddaear a'i thrysorau,
  A'i brau bleserau 'nghyd;
Fy nghyfoeth mawr ni dderfydd
  Yw Iesu, Prynwr byd.

Ar noswaith oer fe chwysai
  Y gwaed yn ddafnau i lawr,
Ac ef mewn ymdrech meddwl
  Yn talu'n dyled fawr;
Fe yfai'r cwpan chwerw
  Wrth farw ar y pren;
Palmantodd ffordd i'r bywyd
  O'r ddaear hyd y nen.

Rhyfedda'r fuddugoliaeth
  Ar ben Calfaria fry:
Wrth farw, fe goncwerodd
  Fy holl elynol lu;
Caethiwodd bob caethiwed,
  Rhodd roddion i'w holl saint,
Ni fedr neb tafodau
  Fynegi fyth eu maint.

CADW'R LLWYBR CUL

GWNES addunedau fil
  I gadw'r llwybr cul
    Ond methu'r wy';
Breswylydd mawr y berth,
Chwanega eto nerth
I ddringo'r creigiau serth
    Heb flino mwy.

Gelynion lawer mil
Sy oddeutu'r llwybyr cul
    A minnau'n wan;
Dal fi â'th nerthol law
Rhag cwympo yma a thraw:
Ymhob rhyw drallod ddaw
    Bydd ar fy rhan.

Er nad wyf i ond gwan,
Os deil fy Nuw fi lan
    Ni'm maeddir ddim;
Mae nerth fy Iôr yn fwy
Na'u holl fyddinoedd hwy,
Ni roddant imi glwy'
    Er maint eu grym.

HELAETHU TERFYNAU'R DEYRNAS

HELAETHA derfynau dy deyrnas
  A galw dy bobol ynghyd,
Datguddia dy haeddiant anfeidrol
  I'r eiddot, Iachawdwr y byd;
Cwymp anghrist a rhwyga ei deyrnas,
  O brysied a deued yr awr,
Disgynned Jerwsalem newydd
  I lonni trigolion y llawr.

Eheda, Efengyl, dros wyneb
  Y ddaear a'r moroedd i gyd,
A galw dy etholedigion
  O gyrrau eithafoedd y byd;
O brysia'r cyfarfod heb lygredd
  Na rhyfel na chystudd na phoen,
Dydd Jwbil yr etholedigion
  A chydetifeddion â'r Oen.

Gwneir diwedd ar holl demtasiynau
  Ac ofnau priodferch yr Oen:
Yr hyn sydd yn farwol a lyncir
  Yn haeddiant ei lafur a'i boen;
Hi wisgir ag anllygredigaeth,
  Gŵn gwyn o gyfiawnder y saint,
Ni fedr y ddaear a'r nefoedd
  Fynegi'n dragwyddol ei braint.

Fydd yno ddim byth ond dyrchafu
  Creawdwr yn Dduw ac yn ddyn,
Y nefoedd i gyd yn ymgrymu,
  Rhyfeddu a charu'n gytûn
Yr hwn sydd yn eistedd ar orsedd
  Gogoniant yng nghanol y nef:
Gwyn fyd, medd fy enaid lluddiedig,
  Ga' i hedeg i'r man y mae ef.

MAWL I'R OEN

HOSANNA, Halelwia!
  I'r Oen fu ar Galfaria;
Gorffennwyd iachawdwriaeth dyn,
  Efe ei hun yw'r noddfa:
  Tragwyddol ddiolch iddo
  Am faddau a thosturio;
Anfeidrol fraint i lwch y llawr
  Fod croeso'n awr ddod ato.

  Mae'n achub hyd yr eitha'
  Y pechaduriaid mwya';
Fe drefnwyd ffordd i gadw dyn
  Gan Dri yn Un Jehofa;
  Anturiwn ninnau arno,
  Mae'r Iesu'n achub eto,
A chroeso i bechaduriaid mawr
  Bob munud awr ddod ato.

O AM Y PURDEB SY'N PARHAU

MAE dedwydd awr yn dyfod
  Caiff pechod farwol glwy':
Daw'r Jiwbil fawr i'm gwared,
  Ffarwél gaethiwed mwy;
Ca' i 'ngwisgo'n anllygredig
  Ar ddelw 'Mhrynwr gwyn,
Cyhuddwr, f'annwyl frodyr,
  A gaeir yn y llyn.

Ymado wnaf â'r babell
  'Rwy'n trigo ynddi nawr,
Colofnau'r tŷ ddatodir,
  Fe gwympir oll i'r llawr;
Â pob gwahanglwyf ymaith,
  Glân fuddugoliaeth mwy:
'Rwy'n canu wrth gofio'r bore
  Na welir arnaf glwy'.

Gwyn fyd y rhai a hunodd
  Yng nghariad Duw a'i hedd,
Sy'n canu'n anllygredig
  Yr ochor draw i'r bedd;
Fy mhechod oll a'm llygredd
  O Arglwydd, tyn o'r gwraidd,
Addfeda f'enaid athrist
  'Fynd adref at dy braidd.

Mae f'hiraeth am ymddatod,
  Fynd at fy annwyl Frawd;
'Rwy'n un o'r etifeddion
  Ni byddaf mwy yn dlawd;
Ces ran o'r nefol drysor
  Mae rhagor eto'n ôl,
Caf dreulio tragwyddoldeb
  Mewn undeb yn ei gôl.

Y RHYFEDDOD DIDDARFOD

O AGOR fy llygaid i weled
  Dirgelwch dy arfaeth a'th air,
Mil gwell i mi gyfraith dy enau
  Na miloedd o arian ac aur;
Y ddaear â'n dân a'i thrysorau,
  Byth geiriau fy Nuw sydd yr un;
Y bywyd tragwyddol yw 'nabod
  Fy Mhrynwr yn Dduw ac yn ddyn.

Rhyfeddol i Alffa ac Omega,
  Creawdwr y ddaear a'r ne',
Gymeryd ein natur a'n tlodi,
  A marw ar bren yn ein lle:
Dyrchafer ei enw'n dragwyddol
  Gan bob rhyw genhedlaeth ac oes,
Cydganwn y ddaear a'r nefoedd
  Am angau anfeidrol y groes.

Ni gawsom y gwerthfawr Feseia,
  Ymgeledd y clwyfus a'r gwan,
Rhodd yn ewyllysgar ei hunan
  I'r tlawd a'r colledig yn rhan:
Trugarog Samaritan annwyl,
  Sy'n rhwymo archollion y gwael,
Pob peth angenrheidiol fy enaid
  Sydd ynddo byth imi i'w gael.

Efe sydd yn cau ac yn agor,
  Efe sydd yn lladd a bywhau;
Yr enaid mae ef yn ei glwyfo,
  Mae'n sicr o ddod i'w iacháu:
I ddatod gweithredoedd y diafol
  Daeth Brenin y nefoedd i'r llawr,
Cwymp, f'enaid, ym mreichiau trugaredd,
  Mae'n fodlon dy dderbyn yn awr.

RHINWEDD MARWOLAETH YR OEN

O GARIAD, O gariad anfeidrol ei faint,
Fod llwch mor annheilwng yn cael y fath fraint;
Cael heddwch cydwybod, a'i chlirio drwy'r gwaed,
A chorff y farwolaeth, sef pechod, dan draed.[1]

Ni allai'r holl foroedd byth olchi fy mriw,
Na gwaed y creaduriaid er amled eu rhyw;
Ond gwaed y Meseia a'i gwella'n ddi-boen:
Rhyfeddol yw rhinwedd marwolaeth yr Oen.

Cydganed y ddaear a'r nefoedd ynghyd
Ogoniant tragwyddol i Brynwr y byd;
Molianned pob enaid fy Arglwydd ar gân
Am achub anhydyn bentewyn o'r tân.

[1] Anhysbys yw awdur y pennill, 'O gariad, O gariad . . .' Ymddangosodd yng nghasgliad Robert Jones, Rhos-lan: *Grawn Syppiau Canaan* (1795). Morgan Rhys yw awdur gweddill yr emyn.

Mae'r Jwbil dragwyddol yn awr wrth y drws,
Fe gododd yr heulwen, ni gawsom y tlws;
Daw gogledd a dwyrain, gorllewin a de,
Yn lluoedd i foli Tywysog y ne'.

YMBIL AM FADDEUANT

PECHADUR wyf, O Arglwydd,
  Sy'n curo wrth dy ddôr;
Erioed mae dy drugaredd
  Ddiddiwedd imi'n stôr:
Er iti faddau beiau
  Rifedi'r tywod mân,
Gwn fod dy hen drugaredd
  Lawn cymaint ag o'r blaen.

Dy hen addewid rasol
  A gadwodd rif y gwlith
O ddynion wedi eu colli
  A gân amdani byth;
Er cael eu mynych glwyfo
  Gan bechod is y nen,
Iacheir eu clwyfau mawrion
  Â dail y bywiol bren.

Gwasgara'r tew gymylau
  Oddi yma i dŷ fy Nhad,
Datguddia imi beunydd
  Yr iachawdwriaeth rad,
A dywed air dy hunan
  Wrth f'enaid clwyfus, trist
Dy fod yn maddau 'meiau
  Yn haeddiant Iesu Grist.

DYMA'R CYFAILL GORAU

WEL dyma'r Cyfaill gorau ga'd,
Mae gan mil gwell na mam a thad,
  Ym mhob caledi ffyddlon yw:
Mae'n medru maddau a chuddio bai
Ac o'i wir fodd yn trugarhau
  Wrth bechaduriaid gwael eu rhyw.

O ddyfnder dae'r i eitha'r nef
'Does gyfaill tebyg iddo ef
  Yn gwybod fy ngwendidau i gyd:
Ac eto yn maddau i mi'n hael,
Y mwyaf o bechaduriaid gwael:
  Wel, dyma Geidwad f'enaid drud.

Anturia, f'enaid, arno mwy,
Ac aros yn ei ddwyfol glwy';
  Gall lwyr ddileu dy ffiaidd fai
A'th arwain trwodd yn ei law
I'r dedwydd fywyd mawr a ddaw,
  Yng ngwedd ei wyneb lawenhau.

Wel, f'enaid, cân tra fyddost byw,
Heb dewi'n beraidd i Fab Duw,
  Am ei dosturi it erio'd;
O rhyfedd ei amynedd mawr,
At un o bryfed gwael y llawr!
  Rho iddo mwy dragwyddol glod.

Fy enaid, glyned wrth ei air
Nes i mi gael y delyn aur
  I'w foli byth ymhlith y byw;
Uwch cyrraedd pechod, poen a loes,
Teyrnasu byth trwy waed y groes,
  Yn gyd-etifedd â Mab Duw.

Rhyfedd i mi, bechadur gwael,
Gael Iesu'r trysor gwerthfawr hael,
  Heb ddim daioni yno' i'n bod:
Ac eto pob daioni i mi
Sy 'nghadw yn fy Ngheidwad cu:
  Byth iddo ef y byddo'r clod.

William Williams (Pantycelyn: 1717 – 91)

Emynydd pwysicaf Cymru, bardd, llenor, pregethwr teithiol, a sefydlydd ac arolygydd seiadau Methodistaidd. Ynghyd â Howel Harris a Daniel Rowland yr oedd yn un o dri arweinydd Methodistaidd Cymru.

Cyhoeddodd gasgliad o emynau, Aleluia *(1744) ac ychwanegodd chwe rhan arall rhwng 1744 a 1749. Dilynodd hyn â nifer o weithiau eraill:* Hosanna i Fab Dafydd *(1751 a 1754);* Rhai Hymnau a Chaniadau Duwiol *(1759);* Caniadau y rhai sydd ar y Môr o Wydr *(1762);* Ffarwel Weledig *(1766);* Gloria in Excelsis *(1771 a 1772) . . . Yr oedd hefyd yn ysgrifennwr rhyddiaith o fri a bu iddo gyhoeddi yn agos i bedwar ugain o lyfrau a phamffledi yn ystod ei oes. Cydnabyddir taw ef yw tad yr emyn Cymraeg.*

Does dim cadw i'w gydwladwyr ei urddo â'r teitl anrhydeddus: 'Y Pêr Ganiedydd'.

DUW YM MHOPETH

AF ymlaen, a doed a ddelo,
  Tra fo hyfryd eiriau'r nef
Yn cyhoeddi iachawdwriaeth
  Lawn, o'i enau sanctaidd ef;
Nid yw grym gelyn llym,
At ei ras anfeidrol ddim.

Ef yw f'unig wir anwylyd,
  Y ffyddlonaf un erioed,
Ac mi seinia' i maes tra fyddwyf,
  Ei anfeidrol ddwyfol glod;
Neb ond fe, is y ne',
Yn fy nghalon i gaiff le.

Minnau ganaf am ei enw,
  Ac a draethaf mwy ar led,
Nad oes neb ond ef yn deilwng
  Fyth o'm cariad i a'm cred;
Mwy na'r ne' yw efe,
Arall ni all lanw'i le.

GOGONIANT YR OEN, AC YMBIL AM RAS

ANGYLION doent yn gyson,
  Rifedi gwlith y wawr,
Rhoent eu coronau euraidd
  O flaen y fainc i lawr;
A chanent eu telynau
  Ynghyd â'r saint yn un:
Fyth, fyth ni chanant ddigon
  Am Dduwdod yn y dyn.

Ni fuasai gennyf obaith
  Am ddim ond fflamiau syth,
Y pryf nad yw yn marw,
  A'r t'wyllwch dudew byth,
Oni buasai'r hwn a hoeliwyd
  Ar fynydd Calfari,
O ryw anfeidrol gariad
  I gofio amdanaf fi.

Rwy'n edrych arnaf fy hunan
  Â rhyw gasineb mawr,
Mwy diddim, mwy disylwedd
  Na phryfed mân y llawr;
'D oes ond yr aberth hwnnw
  Wnawd ar Gaersalem fryn
A'm crea oll yn newydd,
  A'm golch i oll yn wyn.

Ti, Farnwr byw a meirw,
  Sydd ag allweddau'r bedd,
Terfynau eitha'r ddaear
  Sy'n disgwyl am dy hedd;
'D yw gras i ti ond gronyn,
  Mae gras ar hyn o bryd
Ryw filoedd maith o weithiau
  I mi yn well na'r byd.

O flaen y fainc rhaid sefyll,
  Ie, sefyll cyn bo hir;
Nid oes a'm nertha yno
  Ond dy gyfiawnder pur;
Myfi anturia'n eon
  Drwy ddyfroedd a thrwy dân,
Heb olau a heb lewyrch,
  Ond dy gyfiawnder glân.

Os ei di i chwilio 'nghalon,
  Ni chei di yno fawr
Ond beiau maith mor amled
  Â gwlith y bore wawr;
Pechodau o'r dechreuad,
  Rhai nawr ac yn y man
Sydd yn cytuno â'i gilydd
  I wasgu'm henaid gwan.

Yn natur fy ngweddïau
  A'm dyletswyddau mae
Rhyw fryniau o anghrediniaeth,
  Rhyw fôr o lwfrhau;
Y weithred gas ei chanmol
  Yn uchel iawn gan ddyn,
Mae torf o lygredd ynddi
  I weld i mi fy hun.

Am hyn bydd imi ymwadu
  Â'r cwbwl yn gytûn,
Bob cylch o ddyletswyddau
  Goreudeg hardd yn un;
Yn angau'r groes yn unig
  Mae'm iachawdwriaeth lawn,
Ac am y groes mi ganaf
  O fore hyd brynhawn.

Myfi abertha'r cyfan
  Yn union i dy wa'd,
A thynna'r balm oddi wrtho
  'Rwy'n disgwyl gwir iachâd;
Nid oedd o dan yr heulwen,
  Nid oedd o dan y ne'
Ddim allsai faddau pechod
  Yn unig ond efe.

FFYDDLONDEB CRIST

ANTURIAF at ei orsedd fwyn
  Dan eithaf tywyll nos;
Ac mi orffwysaf, doed a ddêl,
  Ar haeddiant gwaed ei groes.

Mae ynddo drugareddau fil,
  A chariad heb ddim trai,
A rhyw ffyddlondeb fel y môr
  At ei gystuddiol rai.

Mi rof ffarwél i bob rhyw chwant,
  Pob pleser is y nen;
Ac yr wy'n cymryd Iesu o'm bodd
  Yn Briod ac yn Ben.

Ni welaf wrthych mewn un man,
  O'r ddaear las i'r ne',
A dâl ei garu tra fwyf byw,
  Yn unig ond efe.

CARIAD AT YR ANWELEDIG

ANWELEDIG! 'Rwy'n dy garu,
  Rhyfedd ydyw nerth dy ras;
Tynnu f'enaid i mor hyfryd
  O'i bleserau penna' ma's;
Ti wnest fwy mewn un munudyn
  Nag a wnaethai'r byd o'i fron –
Ennill it eisteddfod dawel
  Yn y galon garreg hon.

'Chlywodd clust, ni welodd llygad,
  Ac ni ddaeth i galon dyn
I ddychmygu nag i ddeall
  Natur dy hanfod di dy hun;
Eto 'rydwyf yn dy garu'n
  Fwy na dim sydd is y rhod,
A thu hwnt fy nghlust a glywodd
  Neu a welais eto erio'd.

Uchder nefoedd yw dy drigfan,
  Llawer uwch na meddwl dyn,
Minnau mewn iselder daear,
  Bechadurus, waelaf un;
Eto agosach wyt i'm henaid,
  A'th gyfeillach bur yn fwy
A chan' gwell, pan fyddost bellaf,
  Na'u cyfeillach bennaf hwy.

Clustiau cnawd ni allant glywed
  Fythol, dy leferydd pur,
Eto nabod 'rwyf dy feddwl,
  A d'amcanion sanctaidd, gwir;
Nawr 'rwyf yn ymddiried ynot,
  Ac yn pwyso ar dy ras,
Lawer mwy nag ymddiriedaf
  Yn y cyfaill gorau ma's.

Glynu wrthyt mae fy nghalon
  Fel ei noddfa gadarn, glyd;
Ac rwy'n ffeindio ynot ffynnon
  O gysuron dirgel, drud;
Dyma'r dyfroedd a'm diddana,
  Dyma'r dyfroedd hyfryd flas
A wna i mi'n ddiddig, diddig
  Dreulio'm dyddiau oll i ma's.

'Rwyf fi'n dyfod at dy orsedd
  O ryw hyder cryf yn llawn,
Ac yn edrych ar dy hanfod,
  Fy hapusrwydd fore a nawn:
Ac mae'r olwg hynny'n creu
  Yn fy ysbryd ryw gryfhau,
Gan roi clwyf ar fy mhechodau
  Yn dy wyddfod sy'n gwanhau.

Llawen wyf fi fod dy hanfod
  Fawr yn ddedwydd ynddo'i hun,
Ac na raid i ti ymddiried
  Mewn creadur unrhyw lun;
O teyrnasa fel y mynnost,
  Doed dy amcan mawr i ben,
Swnied pawb mewn nef a daear
  Halelwia fyth! Amen.

Minnau, bryfyn gwael o'r ddaear,
  Rof fy llais ymhlith y llu:
Saint, cerwbiaid ac angylion
  A'r seraffiaid bywiog fry;
O na chawn ni ymgymysgu
  Â sêr y bore mewn un dôn,
Rhown fy llais i mewn i'r anthem,
  Am ddioddefaint addfwyn O'n.

ARWEINIAD DRWY'R ANIALWCH

ARGLWYDD, arwain drwy'r anialwch
  Fi, bererin gwael ei wedd,
Nad oes ynof nerth na bywyd,
  Fel yn gorwedd yn y bedd:
    Hollalluog
  Ydyw'r un a'm cwyd i'r lan.

Myfi grwydrais hir flynyddau,
  A heb weled codi'r wawr;
Anobeithiais, heb dy allu,
  Ddod o'r anial dir yn awr;
    Tyrd dy hunan,
  Dyna'r pryd y dof i maes.

Rho'r golofn dân y nos i'm harwain,
  A rho'r golofn niwl y dydd;
Dal fi pan fwy'n teithio'r mannau
  Geirwon yn fy ffordd y sydd
    Rho im fanna
  Fel na bwyf yn llwfwrhau.

Agor y ffynhonnau melys
  Sydd yn tarddu o'r graig i ma's;
'R hyd yr anial mawr canlyned
  Afon iachawdwriaeth gras;
    Rho im hynny:
  Dim i mi ond dy fwynhau.

Pan fwy'n myned drwy'r Iorddonen,
  Angau creulon yn ei rym,
Ti est drwyddi gynt dy hunan,
  Pam yr ofnaf bellach ddim?
    Buddugoliaeth!
  Gwna i mi weiddi yn y llif.

Mi ymddiriedaf yn dy allu,
  Mawr yw'r gwaith a wnest erioed:
Ti gest angau, ti gest uffern,
  Ti gest Satan dan dy droed:
    Pen Calfaria,
  Nac aed hwnnw byth o'm cof.

GWEDDI PERERIN

ARGLWYDD, edrych ar bererin
  Sy'n mynd tua'r Baradwys well,
Ac yn ofni sŵn llifogydd
  Ond eu clywed draw o bell;
'D wyf ond gwan, dal fi i'r lan,
Gwna fi'n goncrwr yn y man.

Ar y tyle serth llithredig
  Dal fi'n gadarn â dy law;
N'ad im golli 'ngolwg fymryn
  Ar y bryniau hyfryd draw;
Sanctaidd wlad, tŷ fy Nhad,
Pwrcas perffaith dwyfol wa'd.

Rho i mi ddrachtio'r dyfroedd bywiol
  Sydd yn atal llwfrhau,
Ac yn creu ysbrydoedd cadarn,
  Hyd y diwedd i barhau;
Gloyw nant ylch i bant
Euogrwydd, ac a ladd y chwant.

Dŵr a dorrodd dan y trothwy
　Wna i mi gerdded yn y bla'n,
A gwrth'nebu'r cenllysg mwyaf,
　Maeddu'r tonnau, maeddu'r tân;
Nid oes dim o'r fath rym
Ag yw dy Ysbryd sanctaidd im.

Ac os rhoi i mi'r dŵr bywiol,
　Hwnnw dardd ohono' i ma's
Megis afon faith, nofiadwy,
　Pur effeithiau'r dwyfol ras;
Cysur gwir, heddwch pur,
Rhan o wleddoedd Canaan dir.

MYFYRIO AM GRIST A'I GROES

ARNAT, Iesu, boed fy meddwl,
　Am dy gariad boed fy nghân,
Dyged sŵn dy ddioddefiadau
　Fy serchiadau oll yn lân:
　　Mae dy gariad
　Uwch y clywodd neb erioed.

O na chawn ddifyrru 'nyddiau
　Llwythog tan dy ddwyfol gro's,
A phob meddwl wedi ei glymu
　Wrth dy Berson ddydd a nos:
　　Byw bob munud
　Mewn tangnefedd pur a hedd.

Mae rhyw hiraeth ar fy nghalon
　Am ddihengi o dwrf y byd,
A gweld dyddiau colla' i 'ngolwg
　Ar bob tegan ynddo ynghyd:
　　Cael ymborthi
　Fyth ar sylwedd pur y nef.

Iesu'n ffrind, a Iesu'n briod,
Iesu'n gariad uwch pob rhai,
Fe yn broffwyd i fy nysgu,
Fe yn 'ffeiriad faddau 'mai:
Tan ei gysgod
Mi goncwerwn feiau heb rif.

Os efe saif o fy ochor,
Ofna' i mo 'ngelynion ddim,
Er eu cynddeiriogrwydd creulon,
Er eu dyfais, er eu grym:
Trech yn hollol
Ydyw concwest Calfari.

CLODFORWCH DDUW

CLODFORWCH bawb ein Harglwydd Dduw,
Doed dynol-ryw i'w ganmol;
Ei hedd, fel afon fawr, ddi-drai,
A gaiff ddyfrhau ei bobol.

Uwch nefol len mae tanllyd lu
Yn ei foli yn dragywydd;
Nef, daear, dŵr, pob creadur byw,
All ddweud mai da yw'r Arglwydd.

Ei air a'i amod cadw wna,
Byth y parha'i ffyddlondeb;
Nes dwyn ei braidd o'u poen a'u pla,
I hyfryd dragwyddoldeb.

Ni altra ddim, er gweled bai
O fewn i'w rai anwyla';
Byth cofia waed Tywysog nen,
A'i boen ar ben Calfaria.

Pan ballo ffafr pawb a'u hedd,
Duw o'i drugaredd odiaeth,
Yn Dad, yn Frawd, yn Ffrind a fydd
Ar gyfyng ddydd marwolaeth.

Y gwaredigion ga's rhyddhau
   O'u carchar a'u cadwynau;
Dadseinient gân drwy'r nef a'r llawr
   Am ei fawr ryfeddodau.

Rhai fel yn feirw fu yn hir
   Mewn tywyll dir yn trigo,
Yn griddfan dro, heb lewyrch gras,
   I ddod i ma's oddi yno.

Mewn pydew dwfn du hwy gaed,
   Yn rhwym eu traed a'u dwylo;
Dan bŵer Satan fore a hwyr,
   Nes cael eu llwyr anrheithio.

Fel cadarn wedi yfed gwin
   Yng ngwasg ei glun a'i gleddau,
Daeth tirion Frenin nef o'i blas
   I rwygo teyrnas angau.

Trodd Iesu i maes yr arfog, cry'
   O'r neuadd bu'n lletya;
Y carcharorion ddaeth o'u pla,
   O canent Alelwia!

CRIST YN ANGAU

COFIA, f'enaid, cyn it dreulio
   D'oriau gwerthfawr yn y byd,
Cyn ehedeg ffwrdd oddi yma,
   P'un ai cest y trysor drud?
Ym mhwy ardal bydd fy llety?
   Fath pryd hynny fydd fy ngwedd?
P'un ai llawen neu gystuddiol
   Byddaf y tu draw i'r bedd?

Pan fo'r llygaid yma'n tywyllu,
Yn eu pyllau'n llechu i lawr,
Troi oddi amgylch wrth ymdrechu
Â galluoedd angau mawr:
P'odd dioddefaf y fath gystudd?
Pwy adfera'r colled hyn
Oni chaf guddio 'mhen yng nghlwyfau
'R Oen fu ar Galfaria fryn?

Iesu hawddgar, 'rwy'n dy ddewis;
Nerth i ddilyn ôl dy dro'd!
Yna caiff fy enaid hedeg
I'r hapusrwydd uwch y rhod;
Tra fo'm pridd yn mynd i ymgymysg
Â'r hyn y gwnaethpwyd ef ryw bryd,
Llewyrch wyneb Duw ddisgleiria
Rannau f'enaid oll i gyd.

Wedi'm golchi oddi wrth sorod
Pechod ffiaidd drwg ei ryw,
Fel drych golau i dderbyn delw
Holl sancteiddrwydd pur fy Nuw;
Nid rhaid teithio'r ddaear mwyach,
Ymhlith pryfed gwael y llawr,
Ond disgleirio ymhlith myrddiynau
Gylch yr orsedd fel y wawr.

GWEDDI AM LWYR LANHAD

CUDD fy meiau rhag y werin,
Cudd hwy rhag cyfiawnder ne';
Cofia'r gwaed unwaith a gollwyd
Ar y croesbren yn fy lle:
Yn y dyfnder
Bodd y cyfan sy yno' i'n fai.

N'ad fi i wneuthur llys na llety,
Pleser i mi ddydd a nos,
Ond difyrru'm henaid yno
Ar gyfiawnder pur y gro's:
Llawn orfoledd
Bob munudyn yw'th fwynhau.

Rho gydwybod wedi ei channu'n
Beraidd yn y dwyfol wa'd,
Cnawd a natur wedi darfod,
Clwyfau wedi cael iachâd:
Minnau'n aros
Yn fy ninas fore a nawn.

Rho fy nwydau fel cantorion
Oll yn chwarae eu bysedd cun
Ar y delyn sydd yn seinio
Enw Iesu mawr ei hun:
Neb ond Iesu
Fo'n ddifyrrwch ddydd a nos.

Gwna ddistawrwydd ar ganiadau
Cras, afrywiog, hen y byd;
Diffodd dân cynddeiriog natur
Sydd yn difa gras o hyd,
Fel y gallwyf
Glywed pur ganiadau'r nef.

CYFARWYDDYD YN YR ANIALWCH

CYFARWYDDA f'enaid, Arglwydd,
Pan wy'n teithio 'mlaen ar hyd
Llwybrau culion, dyrys, anodd
Sydd i'w cerdded yn y byd:
Cnawd ac ysbryd yn rhyfela,
Weithiau cariad, weithiau cas,
Ton ar don sydd yn gorchuddio
Egwyddorion nefol ras.

Weithiau torf yr ochr aswy,
   Weithiau torf yr ochr dde;
Ffaelu â deall p'un sy'n canlyn
   Hyfryd lwybrau Brenin ne';
Drysu mewn rhyw fyfyrdodau,
   Methu cael y gwir yn lân,
Ymbalfalu wrthyf fy hunan
   A heb symud cam ymla'n.

Cul yw'r llwybr imi gerdded,
   Is fy llaw mae dyfnder mawr,
Mae arnaf ofn yn fy nghalon
   Rhag i'm troed i lithro i lawr:
Yn dy law y gallaf sefyll,
   Yn dy law y dof i'r lan,
Yn dy law fyth ni ddiffygiaf
   Er nad ydwyf fi ond gwan.

Arglwydd, datrys glymau dyrys,
   Clymau wneuthum i fy hun,
Ac ni feddaf ddim goleuni
   Ddyfod allan fyth o'r un:
Perffaith gyfan anwybodus
   Wyf o'r cwbl is y nen,
Bydd i mi ymhob rhyw ddrysni
   Fyth yn Arglwydd ac yn ben.

Wrth dy orsedd 'rwyf yn cwympo,
   Annheilyngaf ddyn erio'd,
Mewn anwiredd y'm cenhedlwyd,
   Mewn anwiredd mynnaf fod;
Darfu'm nerth, a darfu'm golau,
   Darfu'm haeddiant yn gytûn,
Mae'm hapusrwydd oll yn gorffwys
   Ar a wisgodd natur dyn.

Nertha'm henaid egwan bellach
　Deithio'n fanwl lwybr cul,
Ac na byddo im gael fy nifa
　Gan bicellau'r ddraig a'i hil;
Cadw yn gywir fy ngherddediad,
　Na ogwyddwyf ar un llaw
Nac i garu y creadur,
　Na'i ffieiddio trwyddo draw.

Na foed gelyn i mi yn unlle,
　'N fwy na'm hunan is y rhod,
Lled na'r moroedd gwna fy nghariad
　A'm tosturi'n wastad fod;
Dysg fi ddweud, a dysg fi wneuthur,
　Dysg fi gymdeithasu'n llwyr,
Dysg fi drefnu fy meddyliau
　O foreddydd hyd yr hwyr.

Dysg fi gerdded trwy'r afonydd,
　Ac na'm hofnir gan y llif,
Na bwy'n ildio gyda'r tonnau,
　Temtasiynau fwy na rhif;
Cadw 'ngolwg ar y bryniau
　Uchel, hardd, tu draw i'r dŵr,
Cadw 'ngafael yn yr afon
　Ar yr Iesu'r blaenaf ŵr.

Ond i demtasiynau'm ganwyd,
　Cefais hyn gan arfaeth rad;
A'r un arfaeth a ordeiniodd
　I fy ngolchi yn y gwa'd.
Temtasiynau! 'R ŷch chwi'n aml,
　Eto 'r ŷch chwi'n gymorth im
I chwanegu'm ffydd a'm cariad,
　Eilwaith i chwanegu 'ngrym.

Oni bai miloedd o elynion
Sydd yn curo o bob tu,
Oddi mewn ac oddi allan,
Diau cysgu buaswn i;
Torf a thorf yn gwasgu arnaf,
Ac yn gweiddi am fy ngwa'd,
Sydd yn dodi'm henaid orffwys
Yn yr iachawdwriaeth rad.

Am fy mod i yn y rhyfel,
Yn y rhyfel nos a dydd,
Dyna pam yr wy'n hiraethu
Cymaint am gael cario'r dydd;
Maith rifedi fy ngelynion
Wnaeth i'm henaid ganu'n llyn,
A fy nghwympo 'r hyd y creigydd,
Wnaeth im frefu am Seion fryn.

O anialwch maith o ddrysni!
O afonydd mawr eu grym!
Pa faint o amser roddwyd i chwi
Fod yn ddigalondid im?
Derfydd t'wyllwch, derfydd galar,
Derfydd pechod o bob rhyw,
Nid yw'r wlad caf ynddi drigo
Ddim ond presenoldeb Duw.

YR ARGLWYDD YW FY NERTH

CYMER, Iesu, fi fel 'rydwyf,
Fyth ni alla' i fod yn well;
Dy allu di a'm gwna yn agos,
Fy ewyllys i yw mynd ymhell:
Yn dy glwyfau
Bydda' i'n unig fyth yn iach.

Mi ddiffygiais deithio'r crastir,
  Dyrys anial wrthyf fy hun,
Ac mi fethais â choncwero
  O'm gelynion lleiaf, un:
    Mae dy enw
  Yn abl rhoddi'r cryfa' i ffoi.

Gwaed dy groes sy'n codi i fyny
  'R eiddil yn goncwerwr mawr;
Gwaed dy groes sydd yn darostwng
  Cewri cedyrn fyrdd i lawr:
    Gad im deimlo
  Awel o Galfaria fryn.

Mwy yw dy eiriau ar y croesbren,
  Geiriau gwerthfawr, geiriau drud,
Mwy yw'r sillaf leia' ohonynt
  Na'm holl ddyletswyddau i gyd:
    'Drychaf yno,
  Yno mae fy nerth a'm grym.

Clywed dy riddfannau chwerwon
  Wnaiff i'm henaid lawenhau;
Teimlo'th gariad wna i'm gelynion
  Cynddeiriocaf lwfrhau;
    Yna, yna
  Mae fy nhrigfa fyth i fod.

CEISIO DUW YN UNIG

'CHEISIAIS, Arglwydd, ddim ond hynny,
  Dim ond treulio'm dyddiau i ma's
I dy garu a'th ryfeddu,
  Ac ymborthi ar dy ras:
    Dyna ddigon,
  'Cheisiaf nabod dim ond hyn.

Dal fy llygad, dal heb wyro,
Dal ef ar d'addewid bur,
Dal fy nhraed heb gynnig ysgog
Allan o dy gyfraith bur:
Boed dy orchmynion
I mi yn gysur ac yn hedd.

O darfydded imi garu
Unrhyw bleser is y ne',
A darfydded im fyfyrio
Ar un gwrthrych yn dy le:
Aed fy ysbryd
Oll o'i fron yn eiddot ti.

Rho'r tymherau, rho'r grasusau
Yn fy enaid bach ynghyd,
Roddaist ti i'th rai anwylaf
Oll yn rhad o ddechrau byd:
Dedwydd, dedwydd
Fyddaf byth tra nef yn bod.

Os rhaid dwyn y groes dymhestlog,
A'r cystuddiau sydd o'i hôl,
O gad i mi, Iesu, orffwys
Yna yn dy gynnes gôl;
Ym mhob cystudd
Dwg fy meichiau oll dy hun.

CYNHALIAETH Y PERERINION

CHWI bererinion glân
Sy'n mynd tua'r Ganaan wlad,
Ni thariaf innau ddim yn ôl,
Dilynaf ôl eich tra'd;
Nes elwy' i Salem bur,
Mewn cysur llawn i'm lle:
O ffrind troseddwyr, moes dy law,
A thyn fi draw i dre'.

Mi ges arwyddion gwir
O gariad pur fy Nuw;
Ei ras a'i dawel, hyfryd hedd
I'm henaid, rhyfedd yw;
Ymhell o'r babell hon
Mae 'nghalon gydag e':
O ffrind troseddwyr . .

Mae'r manna wedi ei gael
Mewn dyrys anial dir;
Ymborthi gaf, ond mynd ymlaen,
Ar ffrwythau'r Ganaan bur;
Mae yno sypiau grawn
Yn llawn o fewn i'r lle:
O ffrind troseddwyr . . .

Mi fentra 'mlaen yn hy
Gan gyrchu at y nod;
Mi gefais, do, im ffyddlon dyst,
Fe archodd Crist im ddod;
Fy mhechod ymaith tyn,
Mae'n eiriol yn y ne'
O ffrind troseddwyr . . .

F' hyfrydwch yw dy waith,
A'm pleser yn y byd;
Mae hiraeth llwyr yn f'enaid llaith
Am weld dy wyneb-pryd;
Cael hefyd roi fy mhwys
A gorffwys ar dy dde:
O ffrind troseddwyr . . .

Wrth feddwl am y wlad
A ragbar'tow'd i'r plant,
A chyflawn degwch tŷ fy Nhad,
Mae ar fy nghalon chwant
I landio uwch y nen
Tu draw'r Iorddonen gre':
O ffrind troseddwyr . . .

'Rwy'n gweled, trwy fy Nuw,
Concwera' i fyd a chnawd:
O dan ei aden gwnaf fy nyth,
Ni fyddaf byth yn dlawd;
Mae'm hetifeddiaeth wych
O fewn i entrych ne':
O ffrind troseddwyr . . .

CWMNI DUW YN DIRYMU CYSTUDD

CHWILIO amdanat, addfwyn Arglwydd,
Mae fy enaid, yma a thraw;
Teimlo 'mod i'n berffaith ddedwydd
Pryd y byddi di gerllaw:
Gwedd dy wyneb
Yw fy mywyd yn y byd.

Heddwch perffaith yw dy gwmni,
Mae llawenydd ar dy dde;
Ond i ti fod yn bresennol,
Popeth sydd yn llanw'r lle:
Ni ddaw tristwch,
Fyth i'th gwmni tra bo nef.

Yn y ffwrnais danllyd, greulon,
Os tydi a ddaw ymla'n,
'Does ond heddwch a mwyneidd-dra
A thiriondeb yn y tân:
Gwên dy gariad
Wna bob cystudd yn ddi-rym.

Ti wy'n 'mofyn, Arglwydd, tyred,
Ymhob trallod bydd gerllaw;
Dilyn fi, 'rwy'n ofni yma,
Dilyn fi, 'rwy'n ofni draw:
Dan dy adain
Mi edrycha'n wyneb llu.

GWERTH CARIAD CRIST

DA yw y groes, y gwaradwydd,
  Y gwawd, a'r erlid trist
Y dirmyg a'r cystuddiau
  Sydd gyda Iesu Grist;
Cans yn ei groes mae coron,
  Ac yn ei wawd mae bri,
A thrysor yn ei gariad
  Sy fwy na'n daear ni.

CARIAD YN CARIO'R DYDD

DACW gariad, dacw bechod,
  Heddiw'ch dau ar ben y bryn;
Hwn sy'n gryf, hwn acw'n gadarn:
  Pwy enilla'r ymgyrch hyn?
    Cariad, cariad
  Wela' i'n berffaith gario'r dydd.

Dringaf fyny i'r Olewydd
  I gael gweled maint fy mai;
Nid oes arall is yr wybren
  Fan i'w weled fel y mae.
    Annwyl f'enaid
  Yno yn chwysu dafnau gwaed.

Gweld yr hwn fu yn prynu im bardwn,
  Prynu pardwn maith y byd,
Gweld ei wallt a gweld ei wisgoedd,
  Gweld ei ruddiau yn waed i gyd;
    Fe fy mhechod
  Yrrodd allan ddwyfol waed.

Pechod greodd ynddo'r poenau,
  Pechod roddodd arno'r pwn,
Pechod barodd iddo ochain;
  Fy unig haeddiant i oedd hwn.
    O na welwn
  Fore fyth na phechwn mwy.

Profed hwnnw nad yw'n medru
  Caru Prynwr mawr y byd,
Beth o'r dŵr a'r gwaed a lifodd
  Gyda'r bicell fawr ei hyd;
    Hwn sy'n magu
  Fflamiau o gariad heb ddim trai.

Cariad oll i mi oedd yno,
  Chwer'der ydoedd i fy Nuw,
Lle dioddefodd un diwrnod
  Boenau o amrywiol ryw;
    O'r winwydden
  Gwasgwyd pechod i mi yn win.

CARIAD YN DISGLEIRIO AR Y GROES

DACW gariad nefoedd wen
  Yn disgleirio ar y pren;
Dacw daledigaeth lawn
I ofynion trymion iawn;
Iesu gollodd ddwyfol wa'd,
Minnau gafodd wir iachâd.

Wele'r llwybr heddiw'n glir
Tua Chanaan hyfryd dir:
Y mae'r faner fawr ymla'n,
Fy holl elynion cwympo wnan';
Rhed yr oriau eu rhif i ma's,
Caf fynd trwy'r Iorddonen las.

Wele'r Ganaan hyfryd wiw,
Dyma'r ardal caf fi fyw:
Gwlad heb ofid, gwlad heb wae,
Gwleddoedd hyfryd i barhau;
Dwyfol gariad, dwyfol hedd,
Ga' i fwynhau tu draw i'r bedd.

Na ddoed gwael wrthrychau'r byd
Fyth i gartrefu yn fy mryd;
Digon, fy enaid, digon yw
Myfyrdodau dwyfol friw:
Mae mwy pleser yn dy glwy'
Na'u llawenydd pennaf hwy.

Iesu gollodd ddwyfol wa'd,
Minnau gafodd wir iachâd;
Darfu ymffrost fawr y byd,
Iesu biau'r clod i gyd;
Wrth ei draed dymunwn fyw,
Holl hapusrwydd fy enaid yw.

HYFRYDWCH Y NEFOEDD

DACW'R hyfryd fan ca' i drigo,
   Gwn ca' i drigo cyn bo hir,
Draw i'r bryniau oer tymhestlog,
   Yn y sanctaidd hyfryd dir:
Gwela' i nawr fore wawr
Glir, o dragwyddoldeb mawr.

O ddwyreindir gras mae'n tywynnu
   Lle mae teml fawr fy Nhad,
Lle mae'r arch, a lle mae'r manna,
   Lle mae'r drugareddfa rad;
Un prynhawn chwerw gawn,
Yno wedyn dihengi wnawn.

Ni gawn yno weld a garwn,
   Mewn gogoniant llawer mwy
Nag y gwelsom e' ar y croesbren
   Dan ei farwol ddwyfol glwy';
Lluoedd mawr sydd yn awr
Yn ei garu bob yr awr.

Ni gawn weld a'i carodd yma,
  Yn y man yr ochr draw,
Oll yn gwledda ar ei gariad,
  T'lynau euraidd yn eu llaw;
Oll yn un, a chytûn,
Yn moli'r Duwdod yn y dyn.

NERTH I'R GWEINIAID

DARFU fy nerth, 'rwy'n llwfwrhau,
  O gwêl yn glau f'anghenrhaid;
Nerth mawr difesur, fel y môr,
  A feddi'n stôr i'r gweiniaid.

Ti'm tynnaist i o ganol tân,
  A mi o'r bla'n yn ofni;
Gwna hynny eto'r funud hon,
  Mae f'enaid bron â threngi.

Mi bwysaf atat eto'n nes;
  Pa les im ddigalonni?
Mae sôn amdanat ym mhob man
  Yn codi'r gwan i fyny.

DIOGELWCH YNG NGHRIST

DEUED Satan â'i holl rwydau,
  Deued â'i bicellau tân,
Casgled gyfoeth mawr y ddaear,
  A gosoded hwy o'm bla'n;
    Byth ni'm temtia,
  Tra fo'm henaid yn dy gôl.

Doed eilunod o bob rhywiau,
  Doed y gwrthrych teca'i bryd,
Doed pleserau gwag brenhinoedd
  I anturio denu 'mryd;
    Ofer hynny
  Tra fo gennyf wrthrych mwy.

Ni all hwnnw, bai fy meiau,
Sydd yn bostio'i anferth rym,
Os tydi amgylchi f'enaid,
Wneuthur unrhyw niwed im;
Rho dy Ysbryd
Ac mi goncra' feiau fyrdd.

GWAHODDIAD I'R WLEDD

DEUWCH, hil syrthiedig Adda,
Daeth y Jwbil fawr o hedd;
Galw'r ydys bawb o'r enw
I fwynhau tragwyddol wledd;
Bwrdd yn llawn, yma gawn,
O foreddydd hyd brynhawn.

Dewch y deillion, dewch y cloffion,
Dewch y gwywedigion rai,
Ymadewch o'r blaen ag oeddech
Yn cael pleser i'w fwynhau;
Chwi gewch win, nefol rin,
Yma i'w yfed yn ddi-brin.

Ceisiwch wisgoedd y briodas,
Gwisgoedd hyfryd, hardd eu lliw;
Nid oes enw teilwng arnynt
Ond cyfiawnder pur fy Nuw;
Lliain main ydyw'r rhain
Sydd yn cuddio pob rhyw staen.

Dyma'r wledd y cewch ddanteithion,
Yma cewch faddeuant rhad;
Yma cewch chwi brofi'r cariad,
Hedd yn nofio yn y gwa'd:
Dewch yn awr, dyrfa fawr,
Ac eisteddwch yma i lawr.

Yma cewch chwi weld y ffynnon,
  Dŵr a gwaed yn afon fawr,
O'r archollion wnaeth y bicell
  Ar Galfaria'n dod i lawr;
Cewch lanhad a iachâd,
Cewch eich beiau dan eich tra'd.

Chwi gewch yfed yn ddiofn,
  Chwi gewch fwyta yn ddi-drai,
Pob rhyw beth ddymuno'ch calon
  Chwi gewch yno i'w fwynhau;
Gydag e' hyfryd le
Byth o fewn terfynau'r ne'.

GWEDDI AM FENDITHION GRAS

DISGYN, Iesu, o'th gynteddoedd
  Lle mae moroedd mawr o hedd;
Gwêl bechadur sydd yn griddfan
  Ar ymylon oer y bedd:
    Rho i mi brofi
  Pethau nad adnabu'r byd.

Rho oleuni, rho ddoethineb,
  Rho dangnefedd fo'n parhau,
Rho lawenydd heb ddim diwedd,
  Rho faddeuant am bob bai;
    Triged dy Ysbryd
  Yn ei deml dan fy mron.

Ynot mae fy iachawdwriaeth,
  Ynteu yn wir mi lwfrhawn;
Ac mae'r poenau a ddioddefaist
  Ar Galfaria yn berffaith Iawn
    Dros bechodau'r
  Pechaduriaid dua' eu lliw.

Yn y ffynnon hon agorwyd
  Yn dy ystlys ar y pren,
'Rwyf yn dod â'm gwisg yn fudr
  Idd' i'w channu'n awr yn wen;
    Mi ddof allan
  Fel yr eira ar y bryn.

MAWL I IESU

'DOES gyffelyb iddo ef
Ar y ddaear, yn y nef;
Trech ei allu, trech ei ras
Na dyfnderau calon gas,
A'i ffyddlondeb sydd yn fwy
Nag angheuol, ddwyfol glwy'.

Caned cenedlaethau'r byd
Am ei enw mawr ynghyd;
Aed i gyrrau pella'r ne',
Aed i'r dwyrain, aed i'r de;
Bloeddied moroedd gyda thir
Ddyfnder iachawdwriaeth bur.

Na foed undyn is y rhod
Heb ddatseinio i maes ei glod;
Na foed neb is awyr las
Heb gael prawf o'i nefol ras;
Doed y ddaear fawr yn gron,
Yfent ddŵr y ffynnon hon.

Deffro, f'enaid, edrych draw,
Gwêl Galfaria bell gerllaw;
Dacw'r hoel a'r bicell fain,
Dacw'r goron bigog ddrain
Nawr yn gorwedd ar ei ben;
Cryned dae'r a dued nen!

Wele f'Arglwydd sydd mewn poen,
Ffrind troseddwyr, addfwyn Oen;
Poen i angau, poen at wa'd,
Balm o Gilead ry iachâd;
Ti, Ffisigwr, perffaith Dduw,
Geidw f'enaid bach yn fyw.

O dy glwyfau rhed i ma's
Afon ddwyfol, loyw, las,
Sydd yn achub, sy'n iacháu,
Myrddiwn o'r aflanaf rai;
Ac yn rhoddi cyflawn hedd
I rai tlota' erioed eu gwedd.

Na foed dafan fyth o'r gwa'd
Gollwyd ar Galfaria'n rhad,
Fynd yn ofer, mwy ei bris
Na'r ffurfafen faith, fe wys;
Dyma'r trysor mwyaf drud,
Gwell na'r nefoedd, gwell na'r byd.

HIRAETH AM RYDDID

DROS bechadur buost farw,
   Dros bechadur, ar y pren,
Y dioddefaist hoelion llymion,
   Nes it orfod crymu pen;
Dwed i mi, ai fi oedd hwnnw
   Gofiodd cariad rhad mor fawr –
Marw dros un bron â suddo
   Yn Gehenna boeth i lawr?

Dwed i mi, a wyt yn maddau
   Cwympo ganwaith i'r un bai?
Dwed a ddeui byth i galon
   Na all gynnig 'difarhau?
Beth yw pwysau'r beiau mwyaf
   A faddeui? O ba ri'?
Pa un drymaf yw fy mhechod
   Ai griddfannau Calfari?

Arglwydd, rhaid i mi gael bywyd;
  Mae fy meiau yn rhy fawr,
Fy euogrwydd sy'n cydbwyso
  Â mynyddoedd mwya'r llawr:
Rhad faddeuant, gwawria bellach,
  Gwna garcharor caeth yn rhydd,
Fu'n ymdreiglo mewn tywyllwch,
  Nawr i weled golau'r dydd.

DUW YNG NGOLEUNI'R GROES

DUW, er mor eang yw dy waith,
Yn llanw'r holl greadigaeth faith,
'Does dim drwy waith dy ddwylo oll
At gadw dyn fu gynt ar goll.

Dyma lle mae d'anfeidrol ras
Hyd eitha' yn cael ei daenu i ma's;
A holl lythrennau d'enw gawn
Yn cael eu dangos yma'n llawn.

Ar Galfari, rhwng dae'r a nef,
Llewyrchodd ei ogoniant ef;
Un haul ymguddiodd y prynhawn,
A'r llall a wnawd yn eglur iawn.

Nid oedd ond gwaed 'sgrifennai i gyd
Ddyfnderoedd sy'n anfeidrol lid;
Nid oedd ond gwaed osodai i ma's
Derfynau'r gwaredigol ras.

Pa ddawn sydd yn y Duwdod mawr
Nad yw'n ysgrifen yma i lawr?
Beth allsai ddangos pwy wyt ti
Yn well nag angau Calfari?

A ddywed dysg, y funud hon,
Neu holl resymau'r byd o'i fron,
P'un ynteu ai doethineb llym
Neu gariad yno oedd fwya' ei rym?

Mi wela' gariad yma 'nghyd,
A dicter ac anfeidrol lid,
Yn gwaedu ei Fab i'r llawr yn lli'
I wneuthur pleser i myfi.

O fyrddiwn ryfeddodau'r groes!
Dioddefodd f'Arglwydd angau loes!
Caru hyd at ddioddef llid,
Caru a marw yr un pryd!

Fy ysbryd a fy mywyd drud
Sy'n cael ei faeth oddi yma i gyd;
Y dŵr a'r gwaed ddaeth yma'n lli'
Yw nerth a gallu'm hysbryd cu.

Dymunwn roi dy glod i ma's
Mewn iaith nas deall daear las,
O flaen y fainc ymhlith y llu
O seintiau ac angylion fry.

CARIAD CRIST

ENYNNAIST ynof dân,
  Berffeithiaf dân y nef,
Na all y moroedd mawr
  I ddiffodd mohono ef;
Mae'th lais, mae'th wedd, mae gweld dy waed
Yn troi 'ngelynion dan fy nhraed.

Mae caru 'Mhrynwr mawr,
  Mae edrych ar ei wedd,
Y pleser mwya' nawr
  Sy gael tu yma i'r bedd:
O gariad rhad, O gariad drud,
Sydd fil o weithiau'n fwy na'r byd.

Wel dyma'r gwrthrych cun,
A dyma'r awr a'r lle,
Cysegra' i fy hun
Yn gyfan iddo fe;
Ffarwél, ffarwél bob eilun mwy,
Mae cariad Iesu'n drech na hwy.

Er cymaint ydyw grym
Teganau maith y byd,
Parodrwydd Satan faith
Eu galw hwynt ynghyd,
Ond llawer mwy na fedd y nef
Sy o bleser yn ei gwmni ef.

MAWL AM IACHAWDWRIAETH

FY Nuw, fy Nhad, fy Iesu,
Boed clod i'th enw byth,
Boed dynion yn dy foli
Fel rhif y bore wlith;
O na bai gwellt y ddaear
Oll yn delynau aur
I ganu i'r hwn a anwyd
Ym Methlem gynt o Fair.

O Iesu, pwy all beidio
Â'th ganmol ddydd a nos?
A phwy all beidio â chofio
Dy farwol, ddwyfol lo's?
A phwy all beidio â chanu
Am iachawdwriaeth rad
Ag sydd yn teimlo gronyn
O rinwedd pur dy wa'd?

O Arglwydd, rho im dafod
  Na thawo ddydd na nos
Ond dweud wrth bob creadur
  Am rinwedd gwaed y gro's;
Na ddelo gair o'm genau
  Yn ddirgel nac ar go'dd
Ond am fod Iesu annwyl
  Yn wastad wrth fy modd.

YR HEN DRUGAREDDAU

FY Nuw, fy Nuw, fy Mhriod wyt a'm Tad,
  Fy ngobaith oll, a'm iachawdwriaeth rad,
Ti fuost noddfa gadarn i myfi,
Gad imi eto weld dy wyneb di.

Nac aed o'th gof dy ffyddlon amod drud,
Yn sicir wnaed cyn rhoi sylfeini'r byd;
Ti roist im yno drysor maith di-drai;
Gad imi heddiw gael dy wir fwynhau.

O cofia'r hedd rai prydiau roist i lawr
I'm henaid trist mewn cyfyngderau mawr,
O edrych eto, mae fy enaid gwan
Gan syched mawr ar drengi yn y fan.

Nid rhaid it ond dywedyd gair o hedd,
Fy syched a dry'n dawel nefol wledd;
Fe dderfydd gofid, derfydd pob rhyw wae,
Fy nhristwch lyncir yn dy wir fwynhau.

NEB OND IESU

FFOED negeseuon gwag y dydd,
  Trafferthion o bob rhyw,
Ac na pharhaed o dan y nef
  Ond cariad pur fy Nuw.

Aed tegwch pryd a'i gariad ffwrdd,
   A'i swynion aed yn ddim;
Ni welaf heddiw is y nef
   Ond cariad Iesu o rym.

Meddiannodd ef â'i ddwyfol ras
   Fy holl serchiadau'n un;
Na chaed o fewn i'm hysbryd fod
   Neb ond fy Iesu ei hun.

Iesu sy'n fwy na'r nef ei hun,
   Yn fwy na'r ddaear las,
Ac Iesu'n unig fydd fy oll
   Fyth, fyth o hyn i ma's.

Cyflawnder nerth, cyflawnder gras,
   Cyflawnder nef y nef,
Uwch deall seraffim a saint,
   Sy'n trigo ynddo ef.

LLEF YR ARGLWYDD

GOLWG, Arglwydd, ar dy wyneb
   Sydd yn codi'r marw o'r bedd;
Mae agoriad nef ac uffern
   Yna i'w deimlo ar dy wedd;
Gair dy ras, pur ei flas,
Nawr a ddetgly 'nghalon gas.

Arglwydd, danfon dy leferydd
   Heddiw yn ei rwysg a'i rym;
Dangos fod dy lais yn gryfach
   Nag all dyn wrthsefyll ddim;
Cerdd ymla'n, nefol dân,
Cymer yma feddiant glân.

Dere bellach, dere yn ebrwydd,
   Ac anadla'r gwyntoedd cry'
Sydd yn nerthu'r pererinion
   I wynebu g'lynion hy;
Yn gwneud grym Satan lym
Mewn munudyn fynd yn ddim.

GORCHUDD AR DY BETHAU

GORCHUDD ar dy bethau mawrion
   Yw teganau gwag y byd;
Cadarn fur rhyngof a'th ysbryd
   Yw'm pleserau oll i gyd;
Gad im gloddio trwy'r parwydydd
   Tewon trwodd at fy Nuw,
I gael gweld trysorau gwerthfawr
   Fedd y ddaear ddim o'u rhyw.

N'ad fi daflu golwg cariad
   Ar un gwrthrych is y rhod,
Na gwneud gwrthrych i fy ngobaith
   O greadur sydd yn bod:
Cadw 'ngolwg wan i fyny
   Yn syml atat ti dy hun,
Heibio barch, a heibio amarch,
   Heibio i ddaear, heibio i ddyn.

Gad fi ganfod a diystyru
   'R holl greadigaeth faith i gyd,
Yn y nefoedd ac yn uffern,
   Yn y moroedd, yn y byd,
Fel yn hollol analluog
   Wneuthur da neu niwed im,
Nes bo rhain yn cael eu danfon
   Trwy'th gydsyniad a dy rym.

Wrth fy ochor bydd i'm harwain,
   Ymhob drysni rho dy law,
Gad im aros tan dy gysgod,
   Cafod yma, cafod draw.
Atat 'rwyf yn ffoi am noddfa
   Rhag y drygau sydd o'm hôl;
Cymer fi, Dywysog Bywyd,
   Dwg fi yn dy ddwyfol gôl.

DIODDEFAINT CRIST A'I ATGYFODIAD

GWÊL ar y croesbren acw
   Gyfiawnder mawr y ne',
Doethineb a thrugaredd
   Yn gorwedd mewn un lle,
A chariad anfesurol
   Yn awr i gyd yn un
Fel afon fawr, lifeiriol
   Yn rhedeg at y dyn.

Cynefin iawn a dolur
   A Gŵr gofidus fu,
Er dwyn tangnefedd rhyfedd
   Ac iechyd llawn i ni;
Fe ddygodd ein doluriau
   A'n clwyfau bob yr un,
Drwy rym tragwyddol gariad,
   O fewn ei gorff ei hun.

Ac yna atgyfododd
   Yn ogoneddus iawn.
Daeth bore teg a hyfryd
   'Nôl stormus, ddu brynhawn:
Fe dorrodd rym yr angau,
   Agorodd ddrysau'r bedd,
Palmantodd ffordd o'r ddaear
   Yn awr i ganol hedd.

Y mae ef heddiw'n eistedd
  Ar ei orseddfainc fawr,
Yn Arglwydd ac yn Geidwad
  I weiniaid gwael y llawr;
Ei hun mae'n llywodraethu
  Y dyfnder mawr a'r nef,
A therfyn eitha'r ddaear
  Sydd dan ei ofal ef.

Grym cariad yn y Duwdod
  Oedd gwisgo natur dyn,
A chariad ddioddefodd
  Ei loesau bob yr un;
A chariad anorchfygol
  Yn wenfflam gadarn gref,
Sy'n anfon pob rhyw roddion
  I'w holl gariadau ef.

DUW EIN CYNHALIWR

GWNA, Arglwydd, fi'n golofn gry',
Sefydlog yn dy deml di,
I lynu wrthyt ti yn lân
Ymhob rhyw drallod fawr a mân.

Dal fi, fy Nuw, dal fi i'r lan,
'N enwedig dal fi lle 'rwy'n wan;
Dal fi yn gryf, nes mynd i ma's
O'r byd sy'n llawn o bechod cas.

Gwna fi'n gyfoethog ymhob dawn,
Gwna fi fel halen peraidd iawn,
Gwna fi fel seren olau wiw
Ddisgleirio yn y byd 'rwy'n byw.

Dysg fi mewn gorthrymderau trist
I bwyso ar f'anwylaf Grist;
Dysg fi wrth fynd o'r byd i ma's
I gario'r dydd ar angau glas.

Dysg fi, fy Nuw, dysg fi pa fodd
I ddweud a gwneuthur wrth dy fodd;
Dysg fi ryfela â'r ddraig heb goll,
A dysg fi goncro'm pechod oll.

Dysg fi i ymddiried yn fy Nêr
Mewn gorthrymderau rif y sêr;
Dysg fi i rodio tra fwy' byw,
'Fewn golwg lawn o'r wlad ca' i fyw.

Tra caffwyf rodio'r ddaear hon
Rho'th hedd fel afon dan fy mron:
Ac yn y diwedd moes dy law
I'm ledo mewn i'r nefoedd draw.

HAWDDGARWCH IESU

GWYN a gwridog, hawddgar iawn
  Yw f'Anwylyd;
Doniau'r nef sydd ynddo'n llawn,
  Peraidd, hyfryd:
Daear faith ac uchder ne'
  Fyth ni ffeindia
Arall tebyg iddo fe:
  Halelwia!

Dygodd f'enaid ar ei ôl
  Yn dra rhyfedd;
Minnau orffwysaf yn ei gôl
  Hyd y diwedd;
Ffowch, greaduriaid o bob rhyw,
  Mwy ni chara'
Wrthrych arall ond fy Nuw:
  Halelwia!

Ynddo ei hunan mae yn llawn
Bob trysorau:
Dwyfol, berffaith, werthfawr Iawn
Am fy meiau;
Gwir ddoethineb, hedd a gras
Gwerthfawroca',
Nerth i hollol gario'r ma's:
Halelwia!

Dyma sylfaen gadarn, gre'
Trwy fy mywyd;
Credu, ac edrych arno fe
Yw fy ngwynfyd;
Ynddo bellach trwy bob pla
Y gobeithia';
Ac mewn rhyfel canu wna':
Halelwia!

IESU EI HUN YN DDIGON

GWYN a gwridog yw fy Arglwydd,
Gwyn a gwridog yw ei wedd:
Brenin y brenhinoedd ydyw
Yma a thu draw i'r bedd;
Mae dy degwch
Wedi'm hennill ar dy ôl.

Can ffarwél i bopeth arall,
'Rwyt ti'n ddigon mawr dy hun;
Derfydd nefoedd, derfydd daear,
Derfydd tegwch wyneb dyn:
Sawl dy gaffo,
Gaiff y cwbwl oll yn un.

Sawl dy gaffo gaiff bleserau,
Pleser yma is y rhod,
Ei ddyfnderoedd ni ddeallodd
Cnawd na rheswm eto erio'd;
O gad imi,
Imi yn fuan dy fwynhau.

Paid â'm gadael yn yr anial
    Dyrys mawr wrthyf fy hun;
'Rwyt ti'n nabod aml ofnau
    A gwendidau natur dyn;
        Dal dy afael,
    Y mae'r gelyn mawr gerllaw.

Mae dy wedd yn drech na'r fyddin
    O elynion mawr eu grym;
Nid oes yn y nef a'r ddaear
    Saif o flaen dy wyneb ddim:
        Gair o'th enau
    A wna'r dywyll nos yn ddydd.

YR ENW ANWYLAF

IESU, difyrrwch f'enaid drud
    Yw edrych ar dy wedd,
Ac mae llythrennau d'enw pur
    Yn fywyd ac yn hedd.

A than dy adain dawel, bur
    Yr wy'n dymuno byw,
Heb ymbleseru fyth mewn dim
    Ond cariad at fy Nuw.

O cau fy llygaid rhag im weld
    Pleserau gwag y byd,
Ac imi wyro byth oddi ar
    Dy lwybrau gwerthfawr, drud.

'Does gennyf ond dy allu mawr
    I'm nerthu i fynd ymla'n;
Dy iachawdwriaeth yw fy ngrym,
    Fy nghoncwest, a fy nghân.

Melysach nag yw'r diliau mêl
    Yw munud o'th fwynhau,
Ac nid oes gennyf bleser sydd
    Ond hynny yn parhau.

A phan y syrthio sêr y nen
   Fel ffigys ir i'r llawr,
Bydd fy niddanwch heb ddim trai
   Oll yn fy Arglwydd mawr.

TRYSORAU'R GROES

IESU ei hunan yw fy mywyd,
   Iesu'n hongian ar y groes;
Y trysorau mwyaf feddaf
   Yw ei chwerw angau loes;
Gwacter annherfynol ydyw
   Meddu daear, da, na dyn;
Colled, ennill popeth arall
   Oni enillir di dy hun.

Dyma ddyfnder o drysorau,
   Dyma ryw anfeidrol rodd,
Dyma wrthrych ges o'r diwedd
   Ag sy'n hollol wrth fy modd;
Nid oes syched arnaf mwyach
   Am drysorau gwag y byd,
Popeth gwerthfawr a drysorwyd
   Yn fy Mhrynwr mawr ynghyd.

Mi orffwysa' fy enaid bellach
   Ar yr annherfynol stôr,
Ac mi ganaf yn y dymestl
   Ar y graig sydd yn y môr;
Dyma'r fan na feiddia Satan,
   Uffern ddwfn, fawr, a'r bedd,
Er eu dyfais faith a'u rhuad,
   I derfysgu dim o'm hedd.

Do, mi ddringais uwch y gwyntoedd
Wedi bod mewn stormydd mawr,
Dinas noddfa ges o'r diwedd
Mewn ardaloedd uwch y llawr;
Gobaith cadarn patriarchiaid,
Craig yr oesoedd gynt a fu,
Wnaeth yr arfaeth faith, ddiddechrau,
Nawr sy'n fywyd i myfi.

IESU'N DDIGON

IESU, IESU, 'rwyt ti'n ddigon,
'Rwyt ti'n llawer mwy na'r byd;
Mwy trysorau sy'n dy enw
Na thrysorau'r India i gyd:
Oll yn gyfan
Ddaeth i'm meddiant gyda'm Duw.

Y mae gwedd dy wyneb grasol
Yn rhagori llawer iawn
Ar bob peth a welodd llygad
Ar hyd wyneb daear lawn:
Rhosyn Saron,
Ti yw tegwch nef y nef.

Tarian gadarn yw dy enw
Pan fo'r gelyn yn nesáu;
Angau ei hunan sydd yn ofni,
Angau sydd yn llwfrhau:
Ti goncweraist,
'Does ond canu nawr i mi.

Nis gall fy enaid, er ei gyrraedd,
Fyth i geisio cyrraedd mwy
Nag sydd wedi ei roi ynghadw
Yn y dwyfol farwol glwy':
Cariad, cariad
Nad oes dyfnder iddo'n bod.

Dyma'r beger gyfoethogwyd,
  A'r carcharwr wnaed yn rhydd,
Ddoe oedd yn y pydew obry,
  Heddiw yma'n canu'n rhydd:
    Nid oes genny'
  Ddim ond diolch tra fwy' byw.

IESU, LLAWNDER MAWR Y NEFOEDD

IESU, llawnder mawr y nefoedd,
  Gwrando lef un eiddil, gwan,
Sydd yn gorwedd wrth dy orsedd,
  Ac yn codi ei lef i'r lan;
Mae 'ngelynion heb rifedi
  Yn fy nghuro o bob tu,
Ac nid oes a all fy achub
  Is y nefoedd ond tydi.

Yn dy haeddiant 'rwyf yn gyfiawn,
  Yn dy oleuni gwela' i'n glir,
Yn dy wisgoedd dwyfol disglair
  Bydda' i'n ogoneddus bur;
Yn dy iachawdwriaeth gyflawn,
  Er mor wanned wyf yn awr,
Ceir fy ngweled ryw ddiwrnod
  Yn disgleirio fel y wawr.

Dwed y gair, fy addfwyn Iesu,
  Yna f'enaid lawenha,
Gair o addewid ca' i fy mhuro
  O bob pechod, o bob pla;
Gwrendy f'enaid mewn distawrwydd
  Ar dy adlais distaw, main,
Ac fe neidia o orfoledd
  Pan y clywo'th nefol sain.

Mae dy lais yn rhoi distawrwydd
Ar holl fwrfais wag y byd,
Yn gwastatu pob rhyw derfysg
Fago nwydau croes ynghyd;
Y mae'r gwynt yn troi i'r deau,
Ac mae'r hin yn dawel iawn,
Pan fo'm Duw'n cyhoeddi heddwch,
Er mor arwed fu'r prynhawn.

CYFLAWNDER CRIST

IESU, nid oes terfyn arnat,[1]
Mae cyflawnder mawr dy ras
Yn fwy helaeth, yn fwy dwfn
Ganwaith nag yw 'mhechod cas;
Fyth yn annwyl
Meibion dynion mwy a'th gâr.

Mae angylion yn cael bywyd
Yn dy ddwyfol nefol hedd,
Ac yn sugno eu holl bleserau
Oddi wrth olwg ar dy wedd;
Byd o heddwch
Yw cael aros yn dy ŵydd.

Ti faddeuaist fil o feiau
I'r pechadur gwaetha' ei ryw;
Arglwydd, maddau eto i minnau
Ar faddeuant 'rwyf yn byw:
Dy unig haeddiant
Yw 'ngorfoledd a fy ngrym.

Heddiw 'rwyf fi'n frwnt o newydd,
Rhaid fy ngolchi heddiw'n wyn
Yn yr afon ag wna'r aflan
Fel yr eira ar y bryn;
Dim nis canna,
Ond dy ddwyfol nefol waed.

[1] Llinell fwyaf emynyddiaeth Cymru, ym marn y Cyn-Brifathro J. D. Vernon Lewis.

Nid oes ddofa fy nghydwybod
    Ond cyfiawnder mawr y nef:
Ac ni thâl rhoi aberth arall
    Is y nefoedd iddo ef;
        Maddau, f'Arglwydd,
    Gwrando'r griddfan ar y groes.

IESU, FFYNNON BYWYD

IESU, ti yw ffynnon bywyd,
    Bywyd dedwydd i barhau;
Pob cysuron is y nefoedd
    Ynot ti dy hun y mae:
Ni all croes, na gwae, na chystudd
    Wneuthur niwed iddynt hwy
Gafodd nerth i wneud eu noddfa
    Yn dy ddwyfol, farwol glwy'.

Dyna'r man na ddaw euogrwydd,
    Dyfais Satan fyth na chwant:
Awel nef sydd yno'n cadw
    Pob rhyw ddrygau oll i bant;
Nid oes rhuad môr na'i donnau,
    Na thymhestloedd o un rhyw,
Ond rhyw bur dangnefedd hyfryd
    Yn archollion f'annwyl Dduw.

Dring, fy enaid, i'th orffwysfa
    Uwch y gwynt tymhestlog o'r;
Maes o sŵn rhuadau'r llewod,
    Maes o gyrraedd tonnau'r môr;
Mi gaf yno, dan bob blinder,
    Hyfryd dreulio 'nyddiau ma's,
Heb gael briw na chlais nac archoll
    Gan ryw neb elynion cas.

GRYM CARIAD

MAE fy nghalon am ehedeg
  Unwaith eto i fyny fry,
I gael profi'r hen gymdeithas
  Gynt fu rhyngof a thydi;
Mi a grwydrais anial garw,
  Heb un gradd o olau'r dydd;
Un wreichionen o dy gariad
  Wna fy rhwymau oll yn rhydd.

Ni raid i mi guddio'th gariad,
  Fel cariadau gwag y byd,
Mi gyhoedda' o flaen y werin
  Dy fod wedi dwyn fy mryd;
Mae dy enw mawr mor werthfawr,
  Ni chywilyddia' ohono mwy,
Mae dy gariad pur mor gryfed,
  Anorchfygol yw ei glwy'.

Pe bai'r holl gystuddiau mwyaf
  Yn gwasgu ar fy enaid gwan,
A'r gelynion oll yn rhwystro
  'R nefol dân i godi i'r lan,
Pan ddechreuo nid oes terfyn;
  Cadarn natur cariad yw
Sydd yn ddistaw fynd â'r enaid
  Ohono ei hun i fynwes Duw.

Mae fy nghalon yn 'sgrifennu
  Ac yn adrodd wrthi ei hun
Enw hyfryd a rhinweddol
  Duw yn gwisgo natur dyn:
Iachawdwriaeth, iachawdwriaeth
  Iachawdwriaeth werthfawr iawn
Ydyw enw fy Ngwaredwr
  Gennyf fore a phrynhawn.

YMDDIRIEDWN, ARGLWYDD!

MAE pererinion draw o'm blaen
Yn canu'r anthem bur,
A heddiw'n edrych, fel o bell,
Ar ddrysni'r diffaith dir.

Maent hwy'n rhyfeddu'r dwyfol ras
A'u nerthodd ar eu taith;
A chanu cariad addfwyn Oen
Ffyddlonaf yw eu gwaith.

O nertha finnau i edrych draw,
Heb ŵyro o un tu,
Nes imi gyrraedd mewn i byrth
Caersalem newydd fry.

Rho'r delyn euraid yn ein llaw,
Ac yn ein hysbryd dân,
Ac ym mheryglon anial dir
Erfyniau pur a chân.

Ni awn fel hyn yng ngwres y nef,
Fel un lluosog lu,
Drwy demtasiynau heb ddim rhif
I mewn i'r nefoedd fry.

BYDDIN BRENIN NEF

MAE'R Brenin yn y bla'n,
'Rŷm ninnau oll yn hy,
Ni saif na dŵr na thân
O flaen fath arfog lu;
Ni awn, ni awn dan ganu i'r lan,
Cawn weld ein concwest yn y man.

Ni welir un yn llesg
  Ym myddin Brenin nef
Cans derbyn maent o hyd
  O'i nerthoedd hyfryd ef;
Ni gawn, ni gawn y gloyw win
Melys ei ryw, sancteiddiol rin.

Dechreued tafod mwy,
  Os tafod fedr gân,
Na foed ond dwyfol glwy'
  Holl ddyddiau'i oes o'i fla'n:
Fe gawd, fe gawd o'r diwedd fraint
Na phrofodd seraffim ei maint.

Gerwbiaid, dewch ymla'n,
  Edrychwch yma lawr,
Ar dewynion uffern dân
  Yng nghanol nef yn awr:
Pob un yn gweld ei hyfryd wlad
A phyrth sancteiddiol tŷ ei Dad.

Fe ddarfu'r ofn du,
  'R euogrwydd cas a'r braw,
Pan welsom aberth fu
  Ar ben Calfaria draw:
Fe dalwyd iawn ar bren mor ddrud,
Oedd fwy na holl ffieidd-dra'r byd.

Un sillaf ar y groes
  O enau Crëwr byd,
Yn nyfnder angau loes
  Sydd fwy na 'meiau i gyd:
"O maddau, 'Nhad, i'm heiddo i,
Lema, lema, sabachthani."

LLAWNDER A LLAWENYDD CRIST

MAE'R Iesu'n fwy na'i roddion,
Mae ef yn fwy na'i ras,
Yn fwy na'i holl weithredoedd
O fewn ac o'r tu fa's;
Pob ffydd a dawn a phurdeb,
Mi lefa' amdanynt hwy,
Ond arno'i hun yn wastad
Edrycha' i'n llawer mwy.

Gweld wyneb fy Anwylyd
Wna i'm henaid lawenhau
Drwy'r cwbwl ges i eto
Neu fyth gaf ei fwynhau;
Pan elont hwy yn eisiau,
Pam byddaf fi yn drist
Tra caffwyf weled wyneb
Siriolaf Iesu Grist?

MAE'R NEFOEDD YNGHLO

MAE'R nefoedd ynghlo oddi wrthyf ers tro,
Di guddiaist dy wynepryd, f'Anwylyd, do, do.

Mae 'fynydd tua'r nen gymylau uwchben;
Nawr rhyngof fi beunydd a'm Llywydd mae llen.

Lle anial yw'm gwlad, p'odd bydda' i byw, Nhad?
Cans tlawd yw fy annedd heb rinwedd dy wa'd.

Mae 'nghalon i'n friw, mewn syched 'rwy'n byw,
Am yfed o'r dyfroedd sy'n nefoedd fy Nuw.

O Arglwydd, fy Naf, bryd, dywed, y caf
Weld gwedd dy wynepryd, haul hyfryd yr haf?

Cof gennyf fi'r pryd y buom ni 'nghyd
Yn rhodio mewn cariad uwch cyrraedd y byd.

Tyrd, sathra di'r llu uffernol rai sy
Yn atal fy enaid rhag hedeg fry, fry.

Hiraethu 'rwy'n brudd am fwyfwy o ffydd,
A gallu i wrthsefyll ac ennill y dydd.

Fy enaid dan wae, mewn syched y mae
Drachefn am brofi dy hedd, a'th fwynhau.

Duw ffyddlon erio'd y credais dy fod,
Dy heddwch fel afon yn dirion im dod.

GWAREDIGAETH TRWY GRIST

MEWN anialwch 'rwyf yn trigo,
  Temtasiynau ar bob llaw,
Heddiw tanllyd saethau yma,
  'Fory, tanllyd saethau draw;
Minnau yn gorfod aros yno
  Yn y canol, rhwng y tân;
Tyrd, fy Nuw, a gwêl f'amgylchiad,
  Yn dy allu dere ymla'n.

Marchog, Iesu, yn llwyddiannus,
  Gwisg dy gleddau yng ngwasg dy glun;
Ni all daear dy wrth'nebu
  Chwaith nac uffern fawr ei hun:
Mae dy enw mor ardderchog,
  Pob rhyw elyn gilia draw;
Mae dy arswyd drwy'r greadigaeth,
  Tyrd am hynny maes o law.

Tyn fy enaid o'i gaethiwed,
  Gwawried bellach fore ddydd,
Rhwyga'n chwilfriw ddorau Babel,
  Tyn y barrau heyrn yn rhydd;
Gwthied caethion yn finteioedd
  Allan, megis tonnau llif,
Torf a thorf, dan orfoleddu,
  Heb na diwedd fyth na rhif.

Mi debygaf clywaf heddiw
Sŵn caniadau draw o bell,
Torf yn moli am waredigaeth,
Ac am ryddid llawer gwell;
Gynau gwynion yw eu gwisgoedd,
Palmwydd hyfryd yn eu llaw,
A hwy ânt gyda gogoniant
Mewn i'r bywyd maes o law.

Minnau bellach orfoleddaf
Fod y Jwbil fawr yn dod,
Y cyflawnir pob sillaftyn
A lefarodd Iesu erio'd;
De a gogledd yn fyrddiynau
Ddaw o eithaf tywyll fyd,
Gyda dawns ac utgyrn arian,
Mewn i Salem bur ynghyd.

NERTH A HYFRYDWCH YNG NGHRIST

MI af ymlaen yn nerth y nef
Tua'r paradwysaidd dir,
Ac ni orffwysaf nes cael gweld
Fy etifeddiaeth bur.

Mae llais yn galw i maes o'r byd
A'i bleser o bob rhyw;
Minnau wrandawa'r hyfryd sŵn,
Llais fy Anwylyd yw.

'Dwy'n gweld ar aswy nac ar dde,
'Mhlith holl wrthrychau'r byd,
Ddim dâl ymddiried yn ei nerth
Na rhoddi arno 'mryd.

Iesu yw tegwch mawr y byd
A thegwch penna'r nef,
Ac y mae'r cwbwl sydd o werth
Yn trigo ynddo ef.

A boed fy mhleser bellach byth
O dan ei adain wiw;
Na foed difyrrwch gennyf mwy
Mewn dim ond yn fy Nuw.

Y GROES A'R EIRIOLAETH

MI dafla' 'maich oddi ar fy ngwar[1]
Wrth deimlo dwyfol loes;
Euogrwydd fel mynyddoedd byd
Dry'n ganu wrth dy groes.

Os edrych wnaf i'r dwyrain draw,
Os edrych wnaf i'r de,
Ymhlith a fu, neu ynteu ddaw,
'Does debyg iddo fe.

Fe roes ei ddwylo pur ar led,
Fe wisgodd goron ddrain
Er mwyn i'r brwnt gael bod yn wyn
Fel hyfryd liain main.

Esgyn a wnaeth i entrych nef
I eiriol dros y gwan;
Fe sugna f'enaid innau'n lân
I'w fynwes yn y man.

Ac yna caf fod gydag ef
Pan êl y byd ar dân,
Ac edrych yn ei hyfryd wedd,
Gan' harddach nag o'r bla'n.

---

[1] Un o emynau enwocaf Pantycelyn. Yn ôl Syr John Morris-Jones, hwn yw un o delynegion perffeithiaf yr iaith.

ANCHWILIADWY OLUD CRIST

Y cyfoeth imi dda'th,
Nid oes o'i fath na'i ryw,
'Tifeddiaeth hyfryd rad,
Pereiddiaf wlad fy Nuw;
Mwy nid oes dim o dan y nef,
All fy ngwahanu i oddi wrtho ef.

O uchder heb ei faint,
O ddyfnder heb ddim rhi',
O led a hyd heb fath
Yw'n hiachawdwriaeth ni!
Pwy ŵyr, pwy ddwed, seraff neu saint,
O'r ddae'r i'r nef beth ydyw 'mraint?

Mae'r ddaear a'i holl swyn
Oll yn diflannu nawr;
A'i themtasiynau cry'
Sy'n cwympo'n llu i'r llawr;
Holl flodau'r byd sydd heb eu lliw;
'Does dim yn hyfryd ond fy Nuw.

Mae haul a sêr y rhod
Yn darfod o fy mla'n;
Mae twllwch dudew yn dod
Ar bopeth hyfryd glân:
Fy Nuw ei Hun sy'n hardd, sy'n fawr,
Ac oll yn oll mewn nef a llawr.

Ti Iesu yw ein Duw,
Ydyw caniadau'r nef,
A'r anthem gyda blas,
Sy'n mynd i'w glustiau ef;
'Does seraff un, angel na saint,
Nad iachawdwriaeth yw eu braint.

'Does terfyn o un tu
  Yn eu llawenydd hwy,
Môr yw diderfyn sy
  Bob terfyn yn mynd trwy:
Paradwys wiw, hyfrytaf le,
A phren y bywyd yw efe.

MI GES GONCWEST

MI ges goncwest heb ddymuno,
  Ar y pechod gwaetha' ei ryw,
Gelyn mwy nag i fy enaid,
  Oedd ef i ogoniant Duw;
    Enw fy Arglwydd
  Gaffo'r clod o oes i oes.

N'ad i'm beiau cas eu natur
  Byth i ddyfod yn eu hôl;
Na foed i mi gymryd pleser
  O un natur yn fy nghôl:
    Ti dy hunan,
  Llanw le holl ddelwau'r byd.

Boed fy nghalon iti'n deml,
  Boed fy ysbryd iti'n nyth,
Ac o fewn y drigfan yma
  Aros, Iesu, aros byth:
    Gwledd wastadol
  Fydd dy bresenoldeb im.

Awr o dy gymdeithas felys,
  Awr o weld dy wyneb-pryd
Sy'n rhagori fil o weithiau
  Ar bleserau gwag y byd:
    Mi ro'r cwbl
  Am gwmpeini pur fy Nuw.

Datrys, datrys fy nghadwynau,
Gad i'm hysbryd fynd yn rhydd;
'Rwyf fi'n blino ar y tywyllwch,
Deued, deued golau'r dydd:
Yn y golau
Mae fy enaid wrth ei fodd.

Gwawrddydd, gwawrddydd yw fy mywyd,
Gweld y wawrddydd, 'rwyf yn iach:
Mi arhosaf hyd nes delo –
Hi ddaw, hi ddaw 'mhen gronyn bach:
Dere, dere,
Im gael gweld fy ngwlad fy hun.

Y NOS A GERDDODD YMHELL

MI wela'r cwmwl du
Yn awr ymron â ffoi,
A gwynt y gogledd sy
Ychydig bach yn troi:
'N ôl tymestl fawr daw yn y man
Ryw hyfryd hin ar f'enaid gwan.

Ni phery dim yn hir
O'r ddu dymhestlog nos;
Ni phwyntiwyd oesoedd maith
I neb i gario'r gro's;
Mae'r hyfryd wawr sy'n codi draw
Yn dweud bod bore braf gerllaw.

Mi welaf olau'r haul
Ar fryniau tŷ fy Nhad,
Yn dangos imi sail
Fy iachawdwriaeth rad:
Fod fy enw fry ar lyfrau'r nef,
Ac nad oes dim a'i blotia ef.

Ac er im flwyddi hir
  I deithio'r anial nos,
Ac yfed llawer dracht
  O gwpan chwerw'r gro's;
Diodde'r iau ydoedd fy ngrym,
Ac nid aiff fy niodde'n ddim.

Y pwn oedd ar fy ngwar
  A ysgafnhaodd fy Nuw,
Ac mi ges fendith lawn
  Ar gystudd dua' ei ryw;
Fy ngweddi daer a drodd y rhod,
Gwnaeth fêl o'r gwenwyn chwerwa' erio'd.

Melys fel diliau mêl
  A maethlon eu iachâd
Yw holl geryddon nef
  A gwialenodiau 'Nhad:
Pob croes, pob gwae, pob awel gref
Sydd yn aeddfedu saint y nef.

IESU'R TRYSOR PENNAF

NI feddaf ar y ddaear fawr,
  Ni feddaf yn y ne'
Neb ag a bery'n annwyl im
  Yn unig ond efe.

Mae ynddo'i hunan drysor mwy
  Nag sy'n yr India lawn;
Fe brynodd imi fwy na'r byd
  Ar groesbren un prynhawn.

Fe brynodd imi euraid wisg
  Drwy ddioddef marwol glwy',
A'i angau ef a guddia 'ngwarth
  I dragwyddoldeb mwy.

O na allwn rodio er ei glod
Ac iddo bellach fyw,
A phob anadliad fynd i maes
I ganmol gras fy Nuw.

FFYDDLONDEB CRIST

NI fethodd gweddi daer erioed
Â chyrraedd hyd y nef,
Ac mewn cyfyngder, f'enaid, rhed
Yn union ato ef.

Ac nid oes cyfaill mewn un man
Cyffelyb iddo'n bod,
Pe baem yn chwilio'r ddaear faith
A holl derfynau'r rhod.

Ymhob rhyw ddoniau mae e'n fawr,
Anfeidrol yw ei rym,
Ac nid oes pwysau ar ei ras
Na'i haeddiant dwyfol ddim.

Mae ei ffyddlondeb fel y môr,
Heb fesur a heb drai,
A'i drugareddau hyfryd sy'n
Dragywydd yn parhau.

CARIAD CRIST

NI ganwn am gariad Creawdwr yn ddyn,
Enynnodd cyn oesoedd o fewn iddo'i hun;
Ni chwilia na cherwb na seraff na saint
Na'i ddyfnder na'i uchder na 'hangder ei faint.

Rhyfeddod angylion yng nghanol y nef,
Rhyfeddod galluoedd a thronau yw ef;
Diffygia'r ffurfafen a'i sêr o bob rhyw
Cyn blinwyf i ganu am gariad fy Nuw.

Ble, Arglwydd, dechreuaf? Pwy ochr, pwy du?
Ai yn nhragwyddoldeb neu Galfari fry?
Diddechrau, diddiwedd, anfeidrol a rhad
Yw cariad a brynwyd â dim ond â gwa'd.

Edrychwch ar gariad yn dioddef pob gwae,
Trwy ddirmyg a gwradwydd fyth, fyth yn parhau;
Yn profi o'r bustl a'r finegr sur,
Yn llonydd dan hoelion, dan hoelion o ddur.

Fy enaid, gwêl gariad yn fyw ar y pren,
Ac uffern yn methu darostwng ei ben;
Er marw fy Iesu, er hoelio fy Nuw,
Parhaodd ei gariad drwy angau yn fyw.

O ryfedd ddoethineb – rhyfeddod ei hun –
A ffeindiai'r fath foddion i brynu'r fath un;
Fy Iesu yn marw, fy Iesu oedd Dduw,
Yn marw ar groesbren i minnau gael byw.

HAWDDGARWCH CRIST

NI welodd llygad dyn erio'd,
Ni chlywodd clust o dan y rhod
  Am neb cyffelyb iddo ef:
O Rosyn Saron hardd ei liw:
Pwy ddyd i maes rinweddau 'Nuw?
  Efe yw bywyd nef y nef.

Mae yn ei glwyfau drysor drud
I faddau beiau penna'r byd,
  O flaen yr orsedd bura' sydd;
Ni all euogrwydd yno ddim,
Fe gyll holl ddeddfau Seinai'u grym,
  Maddeuant perffaith garia'r dydd.

Fe ddaw diwrnod, doed pan ddêl,
A'r llygaid yma'u hunain gwêl
  Pan ymddangoso ei fawredd ef:
Mewn rhwysg a harddwch, parch a bri,
Ymhlith cwmpeini aneirif ri'
  Fydd yn rhyfeddod nef y nef.

O f'enaid, edrych arno nawr,
Yn llanw'r nef, yn llanw'r llawr,
  Yn holl ogoniant dŵr a thir;
Nid oes, ni fu erioed, ni ddaw,
O'r dwyrain i'r gorllewin draw,
  Gyffelyb i'm Hanwylyd pur.

Mi garaf fy Anwylyd mwy,
Ddioddefodd drosof farwol glwy',
  Agorodd ffynnon loyw, fyw
I olchi'r holl archollion wnaed
Gan bechod cas, o'm pen i'm traed,
  Y dyfroedd dardd dan groes fy Nuw.

DUW A DIGON

O AM nerth i dreulio'm dyddiau
  Yng nghynteddoedd tŷ fy Nhad,
Byw ynghanol y goleuni,
  Tywyllwch obry dan fy nhra'd;
Byw heb fachlud haul un amser,
  Byw heb gwmwl, byw heb boen,
Byw ar gariad anorchfygol,
  Pur y croeshoeliedig Oen.

Dyro olwg ar dy haeddiant,
  Golwg ar dy deyrnas rad,
Brynwyd imi ac a seliwyd,
  Seliwyd imi â dy wa'd:
Rho im gyrchu tuag ati,
  Peidio fyth â llwfrhau;
Ar fy nhaith, ni cheisiaf gennyt
  Ond yn unig dy fwynhau.

Ac ni cheisiaf drysor arall,
Ond tydi tra fwy'n y byd;
'Rwyt ti'n ddigon byth dy hunan,
Dim ond ti a lanw'm bryd:
Nid oes cystudd fyth wna niwed
Pan fwy'n pwyso ar dy rym;
Hebot, nid oes rhwyd gan Satan
Na wna'n rhywfodd niwed im.

Gyda thi mi af drwy'r fyddin,
Gyda thi mi af drwy'r tân;
Nid ofnaf ymchwydd yr Iorddonen
Ond i ti fynd o fy mla'n;
Ti yw'm hamddiffynfa gadarn,
Ti yw 'Mrenin a fy Nhad,
Ti dy hunan oll yn unig
Yw fy iachawdwriaeth rad.

ANGAU'R GROES

O IACHAWDWRIAETH gyflawn,
Anfeidrol led a hyd,
Mae'n fwy na'r nef ei hunan,
Mae'n llawer mwy na'r byd;
Mae'n drysor anchwiliadwy
O berlau drud o'r bron,
'Docs dim yn gymar iddi
Sydd ar y ddaear gron.

O enw ardderchocaf
Yw enw marwol glwy',
Caniadau archangylion
Fydd y fath enw mwy;
Bydd yr anfeidrol ddyfais
O brynedigaeth dyn
Gan raddau filoedd yno
Yn cael ei chanu'n un.

Fe ddaeth i wella'r archoll
   Drwy gymryd clwyf ei hun,
Etifedd nef yn marw
   I wella marwol ddyn;
Yn sugno i maes y gwenwyn
   A roes y sarff i ni,
Ac wrth y gwenwyn hwnnw
   Yn marw ar Galfari.

Bechadur, gwêl e'n sefyll
   Yn llonydd ar y groes,
Clyw'r griddfan sy'n ei enaid
   Dan ddyfnder angau loes;
O gwrando ar ei riddfan:
   Mae pob ochenaid ddrud
Yn ddigon mawr o haeddiant
   Ei hun i brynu byd.

CARIAD DUW

O FOROEDD o ddoethineb
   Oedd yn y Duwdod mawr,
Pan fu'n cyfrannu ei gariad
   I dlodion gwael y llawr;
A gwneuthur ei drugaredd,
   A'i faith dosturi 'nghyd
I redeg megis afon
   Lifeiriol dros y byd.

Duw, cariad yw ei hunan;
   Ble bynnag rhedo'i fryd,
Mae anfeidroldeb eang
   Yn cerdded trwyddo i gyd;
Mewn gweithred o drugaredd
   Mae ef yn llawenhau;
Ac yn faddeuwr pechod
   Yn cael ei alw mae.

Rhyw ddyfnder maith o gariad,
   Lled, annherfynol hyd,
A redodd megis dilyw
   Diddiwedd dros y byd;
Yn ateb dyfnder eithaf
   Trueni dynol-ryw;
Cans dyfnder eilw ar ddyfnder
   Yn arfaeth hen fy Nuw.

O gariad heb ei gymar!
   A dyna'r testun sy
Yn llanw holl ganiadau
   Angylaidd sanctaidd lu;
Anfeidrol ras amdano,
   Pe na foliannai dyn,
Clodforai'r bydoedd mudion
   Yn ddiau bob yr un.

Y WLAD BELL

O FY enaid, gorfoledda,
   Er mai tristwch sy yma'n llawn;
Edrych tros y bryniau mawrion
   I'r ardaloedd hyfryd iawn;
      Uwch tymhorol
   Feddiant mae fy nhrysor drud.

Gwêl tu hwnt i fyrdd o oesoedd,
   Gwêl hapusrwydd maith y nef;
Edrych ddengmil eto 'mhellach,
   Digyfnewid fyth yw ef;
      Tragwyddoldeb,
   Hwn sy'n eiddo im fy hun.

'Rwyf yn edrych ar y cwbl
   Ag sydd yn y bydoedd draw;
Pethau pell yn bethau agos,
   Pethau fu yn bethau ddaw;
      Môr heb waelod
   O bleserau ddaeth i'm rhan.

Nid oes terfyn ar fy ngobaith,
　　Cyrraedd mae ymlaen o hyd;
Gyda'r Duwdod mae'n cydredeg,
　　Dyddiau'r ddau sy'n un ynghyd;
　　　Annherfynol
　　Ydyw fy llawenydd mwy.

Anfeidroldeb maith ei hunan
　　Sydd yn awr yn eiddof fi;
Yn rhad y ca's ei roddi imi
　　Ar fynyddau Calfari;
　　　Tyrd yn fuan,
　　Hyfryd haf o berffaith hedd.

IACHAWDWRIAETH GADARN

O IACHAWDWRIAETH gadarn,
　　O iachawdwriaeth glir,
'Fu dyfais o'i chyffelyb
　　Erioed ar fôr na thir;
Mae yma ryw ddirgelion,
　　Rhy ddyrys ŷnt i ddyn,
Ac nid oes all eu datrys
　　Ond Duwdod mawr ei hun.

'Does unpeth ennyn gariad
　　Yn fflam angerddol gref,
Addewid neu orchymyn,
　　Fel ei ddioddefaint ef;
Pan roes ei fywyd drosom
　　Beth all ef ballu mwy?
Mae myrdd o drugareddau
　　Difesur yn ei glwy'.

Nid baich yw credu ynddo,
Y pleser penna'n fyw;
Nid baich yw taer weddïo,
Wrth gredu gwrendy Duw;
Nid baich yw gweithio drosto,
Nid baich yw canu'i glod,
Cans cariad wna fe'n bleser
Hyfryta' fu erio'd.

O ras di-drai, diderfyn,
Tragwyddol ei barhad;
Yng nghlwyfau'r Oen fu farw
Yn unig mae iachâd:
Iachâd oddi wrth euogrwydd,
Iachâd o ofnau'r bedd;
A chariad wedi ei wreiddio
Ar sail tragwyddol hedd.

IESU'R MEDDYG GWELL

O IESU mawr, y Meddyg gwell,
Gobaith yr holl ynysoedd pell,
Dysg fi i seinio i maes dy glod,
Mae digyfnewid wyt erio'd.

O hoelia 'meddwl ddydd a nos,
Crwydredig, wrth dy nefol gro's;
A phlanna f'ysbryd yn y tir
Sy'n llifo o lawenydd pur.

Fel bo fy nwydau drwg yn lân
Yn cael eu difa â'r nefol dân,
A chariad yn melysu'r groes
Drwy olwg ar dy farwol loes.

Ti fuost farw, rhyfedd yw,
Er mwyn dy elynion i gael byw;
Derbyn i'th gôl, a rho ryddhad
I'r sawl a brynaist â dy wa'd.

Doethineb anfesurol sy,
A gallu anfeidrol ynot ti;
A phob cyflawnder sy'n dy ran
Sy'n eisiau ar fy enaid gwan.

Fe gaiff dy enw annwyl glod
Pan ddarffo i'r ddae'r a'r nefoedd fod,
Am achub un mor wael ei lun
Na allsai ei achub ond dy hun.

GOSOD FI MEGIS SÊL AR DY GALON

O IESU'R Archoffeiriad mawr,
Rho f'enw ar dy fraich i lawr;
Rho eilwaith, mewn llythrennau clir,
Ef ar dy ddwyfron sanctaidd bur.

Fel deued arnaf bob rhyw dro,
Fyth gallwyf fod o fewn dy go',
Na byddo arnaf unrhyw faich
Ond fyddo'n pwyso ar dy fraich.

Na bo na phoen, na chystudd nwyf,
Na phrofedigaeth fyth na chlwyf,
Na dim och'neidiau, na dim dir,
Ond pwyso ar dy galon bur.

Fel gallwyf fyth yn sicr fod
Yn briod ffyddlon dan dy nod;
Ac na bo unrhyw ofn mwy,
Yn ddirgel yn rhoi i mi glwy'.

A gwna fy nghariad innau'n rhydd
I redeg atat ti bob dydd;
A gwisgo d'enw sanctaidd llon,
Fel seren ddisglair ar fy mron.

A dod fy nghalon wag yn llawn
O'th gariad peraidd, fore a nawn;
Câr dithau finnau yn ddi-drai,
A'r undeb yma fyth barhau.

GEIRIAU IESU

O LLEFARA, addfwyn Iesu,[1]
Mae dy eiriau fel y gwin,
Oll yn dwyn i mewn dangnefedd
Ag sydd o anfeidrol rin;
Mae holl leisiau'r greadigaeth,
Holl ddeniadau cnawd a byd,
Wrth dy lais hyfrytaf, tawel
Yn distewi a mynd yn fud.

Nis gall holl hyfrydwch natur,
A'i melystra pennaf ma's,
Fyth gymharu â lleferydd
Hyfryd pur maddeuol ras:
Gad im glywed sŵn dy eiriau,
Awdurdodol eiriau'r nef,
Oddi mewn yn creu hyfrydwch
Nad oes mo'i gyffelyb ef.

Dwed dy fod yn eiddo imi
Mewn llythrennau eglur clir;
Tor amheuaeth sych, digysur,
Tywyll, dyrys, cyn bo hir;
'Rwy'n hiraethu am gael clywed
Un o eiriau pur y ne'
Nes bo ofn du a thristwch
Yn dragwyddol golli eu lle.

[1] Disgwyl llais Duw yn neges holl-gynhwysol ei Fab y mae'r emyn.

LLEDAENU'R EFENGYL

O NA foed ardal cyn bo hir,
O'r dwyrain i'r gorllewin dir,
Na byddo'r iachawdwriaeth ddrud
Yn llanw cyrrau'r rhain i gyd.

Dewch, addewidion, dewch yn awr,
Dihidlwch eich trysorau i lawr;
Myrddiynau ar fyrddiynau sydd
Yn disgwyl am y bore ddydd.

Doed gogledd, de a dwyrain pell
I glywed y newyddion gwell,
Ac eled sŵn Efengyl gras
Yn gylch oddeutu'r ddaear las.

ENW'R ADDFWYN OEN

O NEFOL addfwyn Oen,
Sy'n llawer gwell na'r byd,
A lluoedd maith y nef
Yn rhedeg arno eu bryd,
Mae'th ddawn a'th ras a'th gariad drud
Yn llanw'r nef, yn llanw'r byd.

Noddfa pechadur trist
Dan bob drylliedig friw
A phwys euogrwydd llym
Yn unig yw fy Nuw;
'Does enw i'w gael o dan y nef
Yn unig ond ei enw ef.

Ymgrymed pawb i lawr
I enw'r addfwyn O'n,
Yr enw mwyaf mawr
Erioed a glywyd sôn:
Y clod a'r nerth, y gallu a'r bri
Fo byth i enw'n Harglwydd ni.

Dioddefodd hoelion dur,
  Fe gollodd ddwyfol wa'd;
Gwnaeth ni'n offeiriaid pur
  'Wasnaethu ei annwyl Dad;
Brenhinoedd ŷm o ddwyfol ryw,
Perthynas agos iawn i'n Duw.

Cawn goronau cyn bo hir,
  Oll fel ei goron ef,
A gweld ei ogoniant pur
  Yn ddisglair yn y nef;
A seinio ei glod a'i ryfedd waith
I eithaf tragwyddoldeb maith.

GWEDDI AM SANCTEIDDRWYDD

O SANCTEIDDIA f'enaid, Arglwydd,
  Ymhob nwyd ac ymhob dawn;
Rho egwyddor bur y nefoedd
  Yn fy ysbryd llesg yn llawn:
    N'ad fi grwydro
  Draw nac yma o fy lle.

Llwybr cul gwna yn llwybr esmwyth,
  Tyle serth yn wastad iawn,
Cyfyngderau chwith a chroesau
  O ddiddanwch pur yn llawn;
    Edrych drwyddynt
  I fynyddau tŷ fy Nhad.

Ti dy hunan all fy nghadw
  Rhag im wyro ar y dde,
Rhedeg eilwaith ar yr aswy,
  Methu cadw llwybrau'r ne':
    O tosturia,
  Mewn anialwch 'rwyf yn byw.

Planna'r egwyddorion hynny
    Yn fy enaid bob yr un,
Ag sydd megis peraroglau
    Yn dy natur di dy hun;
        Blodau hyfryd
    Fo'n disgleirio dae'r a nef.

Fel na chaiff o'r pechod atgas,
    Mwg na tharth y pydew mawr,
I fy nallu ar y llwybr,
    Na fy nhaflu fyth i lawr:
        Gwna im gerdded
    Union ffordd wrth olau dydd.

CYDGERDDWN GYDA'R YSBRYD

O TYRD ar frys, Iachawdwr mawr,
Disgynned d'Ysbryd yma i lawr;
Rho nerth i bawb o deulu'r Tad
Gydgerdded tua'r hyfryd wlad.

Cyd-fynd o hyd dan ganu 'mla'n,
Cyd-ddioddef yn y dŵr a'r tân,
Cydgario'r groes, cydlawenhau,
A chydgystuddio dan bob gwae.

Duw, tyrd â'th saint o dan y ne',
O eitha'r dwyrain pell i'r de,
I fod yn dlawd, i fod yn un,
Yn ddedwydd ynot ti dy hun.

Un llais, un sŵn, un enw pur
O'r gogledd fo i'r dwyrain dir,
O fôr i fôr, o gylch y byd,
Sef enw Iesu oll i gyd.

CRIST FY NHŴR

O TYRED, addfwyn Oen,
Iachawdwr dynol-ryw,
At wael bechadur sydd dan boen
Ac ofnau'n byw:
O helpa'r llesg yn awr
I ddringo o'r llawr yn hy,
Dros greigiau geirwon serth, i'r lan
I'r Ganaan fry.

Mae'r gelyn llym o hyd
Yn leflo ei danllyd sa'th,
A minnau'n ofni ca' i ryw bryd
I deimlo ei brath;
O fewn dy fynwes bur
Dwg fi i dir fy ngwlad,
I gael meddiannu'r 'ddewid wir
A brynodd gwa'd.

O dal fi, 'rwyf heb rym,
Yr ochor hyn na thraw:
Os sefyll wnaf, ni safaf ddim
Ond yn dy law:
Addewid nefoedd faith
Yw'm cymorth perffaith wir
Na chyfeiliornaf ar fy nhaith
I Salem bur.

Yn eithaf grym y dŵr,
A'r tonnau'n curo i lawr,
Tywysog nefoedd yw fy nhŵr,
A'm Ceidwad mawr;
Fe ddeil fy mhen i'r lan,
Cans ffrind i'r gwan yw ef;
Fe'm dwg o'm cystudd yn y man
I deyrnas nef.

Dewch bellach yn eich grym,
  Elynion llym yn haid,
Er maint eich nifer, 'faeddwch ddim
  O'r dwyfol blaid;
Â'r lluoedd ar eu taith
  Trwy'r dyfroedd maith ymla'n
I'r wlad sy'n llifo o fêl a llaeth,
  Y Ganaan lân.

RHINWEDDAU'R GROES

O TYRED, Arglwydd mawr,
  Dihidla o'r nef i lawr
  Gawodydd pur;
Fel byddo'r egin grawn,
Foreddydd a phrynhawn,
I darddu yn beraidd iawn
  O'r anial dir.

Mae peraroglau'th ras
Yn taenu o gylch i ma's
  Awelon hedd;
Estroniaid sydd yn dod
O'r pellter eitha' erio'd
I gwympo wrth dy dro'd
  A gweld dy wedd.

Mae tegwch dy wyneb-pryd
Yn maeddu oll i gyd
  Sy ar ddaear las;
Mae pob rhyw nefol ddawn
Oll yno yn gryno llawn
Yn tarddu yn hyfryd iawn
  O'th glwyfau ma's.

Arhosaf ddydd a nos
Byth bellach tan dy gro's
I'th lon fwynhau;
Mi wn mai'r taliad hyn
Wnawd ar Galfaria fryn
A'm canna i oll yn wyn
Oddi wrth fy mai.

Yn nyfnder dŵr a thân
Calfaria fydd fy nghân,
Calfaria mwy,
Y bryn ordeiniodd Duw
Yn nhragwyddoldeb yw,
I godi'r marw yn fyw
Trwy farwol glwy'.

Mi af bellach tua'r wlad
Bwrcaswyd im â gwa'd,
'Rwy' yn nesáu:
Caf yno oll i'm rhan
Sydd eisiau ar f'enaid gwan,
A hynny yn y man
I'w wir fwynhau.

CYNHALIAETH DDIHAFAL IESU

O TYRED, Arglwydd, saf wrth raid
Yn awr o blaid y gwan,
Mi soddaf mewn dyfnderoedd du
Oni ddeli di fi i'r lan.

Mae nerth dy ras yn llawer mwy
Na'm beiau i oll o'r bron;
Dy hyfryd wên sy'n abal lladd
'R euogrwydd tan fy mron.

Ni all fy meiau, er eu rhif
A'u cynddeiriogrwydd cas,
Eu sgil, eu dyfais faith, a'u grym,
I faeddu dim o'th ras.

Mae ynot foroedd pur di-lyth,
Heb ddiffyg fyth na thrai,
O gariad anghymharol cu
Fyth fythoedd i barhau.

O tywallt hwn i'm henaid gwan
Sy'n fynych tan ei boen,
Yn methu credu i'w faeddu'n rhad
Yng ngwerthfawr wa'd yr Oen.

DEISYF YR YSBRYD

O YSBRYD sancteiddiolaf,
Anadla arna' i lawr
O'r cariad anchwiliadwy
Sy 'nghalon Iesu mawr;
Trwy haeddiant Oen Calfaria,
Ac yn ei glwyfau rhad,
'Rwy'n disgwyl pob rhyw ronyn
O burdeb gan fy Nhad.

O Ysbryd pur nefolaidd,
Cyn elwy' i lawr i'r bedd,
Trwy ryw athrawiaeth hyfryd,
Gad imi brofi o'th hedd:
Maddeuant, O maddeuant,
Maddeuant cyfan rhad,
Yw'r cyntaf peth a geisiaf
Yr awron yn y gwa'd.

CYFLAWNDER CRIST IESU

O'R diwedd fe iachawyd fy nghlwy'
Na lwfrhaed credadun mwy;
Ei air a saif a'i 'ddewid wen,
Er oedi yn hir a ddaw i ben.

Dyma gyfarfod hyfryd iawn,
Myfi yn llwm a Iesu'n llawn;
Myfi yn dlawd heb feddu dim,
Ac yntau'n rhoddi pob peth im.

Y bywyd wyf fi nawr yn byw,
Sy'n meddu hapusrwydd o bob rhyw;
Hapusrwydd yw, O dywedwch pwy
A weliff ddiwedd arno mwy?

Mae'n brysio at bryd i ganu'r gân,
Concwest gelynion fawr a mân;
Cannir ni yn wyn, ni fyddwn iach
O'n pechod oll 'mhen gronyn bach.

Yn awr mae'r dyddiau'n wir nesáu,
At dragwyddoldeb sy'n parhau;
Un funud at y llall heb ble,
Sy'n mynd â'm henaid tua thre'.

Na frysiwn mwy, credwn yn glau,
Mewn gwaredigaeth yn nesáu;
Gwelwn arwyddion braf o'r dydd,
Mewn corff ac enaid fynd yn rhydd.

Trwsiwn ein lampau, rhown ein stên
Yn llawn o olew hyd yr ên;
Na chysgwn mwy, ond 'drychwn draw,
Fe waedda'r Priodfab maes o law.

NEF Y NEFOEDD

OS yw tegwch d'wyneb yma
Yn rhoi myrdd i'th garu nawr,
Beth a wna dy degwch hyfryd
Yna'n nhragwyddoldeb mawr?
Nef y nefoedd
A'th ryfedda fyth heb drai.

Pa fath uchder fydd i'm cariad,
Pa fath syndod y pryd hyn,
Pryd y gwelwyf dy ogoniant
Perffaith, llawn ar Seion fryn?
Anfeidroldeb
O bob tegwch maith yn un.

Pa feddyliau uwch eu deall
A gaf ynof fi fy hun
Wrth ystyried bod y Duwdod
Perffaith, pur a minnau'n un?
Dyma gwlwm
Nad oes iaith a'i dyd i maes.

Cwlwm wnaed yn nhragwyddoldeb,
Sicr, cadarn, mawr ei rym;
Ni all myrddiwn o flynyddoedd
Dorri hwn, na'i ddatod ddim:
Gwna, fe bery
Tra parhao Duw mewn bod.

GWEDDI AM BRESENOLDEB DUW

PAM y caiff bwystfilod rheibus
Dorri'r egin mân i lawr?
Pam caiff blodau peraidd, ieuainc
Fethu gan y sychder mawr?
Dere â'r cafodydd hyfryd
Sy'n cynyddu'r egin grawn,
Cafod hyfryd yn y bore
Ac un arall y prynhawn.

Gosod babell yng ngwlad Gosen,
Dere, Arglwydd, yno dy hun,
Gostwng o'r uchelder golau,
Gwna dy drigfan gyda dyn;
Trig yn Seion, aros yno
Lle mae'r llwythau'n dod ynghyd,
Byth na 'mad oddi wrth dy bobl
Nes yn ulw yr elo'r byd.

Blinais ar afonydd Babel,
　　Nid oes yno ond wylo i gyd;
Llais telynau hyfryd Seion
　　Sydd yn gyson dynnu 'mryd:
Tyrd â ni yn dorf gariadus
　　O gaethiwed Babel fawr,
Ac nes bôm ar fynydd Seion
　　N'ad ni osod glin i lawr.

Dacw'r Brenin yn ei degwch,
　　Wele ei Briod wrth ei glun;
Gwedd ei wyneb sy'n rhagori
　　'Mhell ar wedd wynepryd dyn:
Dyma ddydd – dydd ei ddyweddi –
　　Dyma'r briodasol wledd,
Dyma'r dydd caiff pererinion
　　Yfed o'i dragwyddol hedd.

HYDER YN YR EIRIOLWR

PECHADUR wyf, da gŵyr fy Nuw,
Llawn o archollion o bob rhyw,
Yn byw mewn eisiau o waed y gro's
Bob munud awr o'r dydd a'r nos.

Yng nghanol cyfyngderau caeth
A myrddiwn o ofidiau maith,
Gad imi roddi pwys fy mhen
I orffwys ar dy fynwes wen.

O cofia fi gerbron y Tad,
A dangos iddo werth dy wa'd;
O pledia'n awr yng nghanol ne'
I ti roi'th fywyd yn fy lle.

Ti'm ceraist i, O ryfedd waith!
Mewn amryw o gyflyrau maith;
O câr fi eto, tra ynof chwyth,
A châr fi'n nhragwyddoldeb byth.

O cadw fi yn dy gof bob awr,
Wrth bledio yng nghanol nef, yn awr;
Dwg f'enw mewn llythrennau llawn
O flaen y fainc yn eon iawn.

Gad imi dreulio'm dyddiau i gyd
I edrych ar dy wyneb-pryd,
A difyrru'm hoes o awr i awr
I garu fy Eiriolwr mawr.

Yng nghanol cyfyngderau du
Yn agos atat cadw fi;
Rho i'm henaid gwan ei felys hun
Byth rhwng dy ddwyfron di dy hun.

N'ad bechod bellach roi imi glwy',
Nac ofn angau 'mlino mwy;
Gwna fi'n gyfarwydd iawn o hyd
Â'r llwybrau'r ochor draw i'r byd.

Yn angau ddydd bydd im yn Ffrind,
A gad fy enaid atat fynd;
Saf ar fy neau, a phledia'n gry'
Bod gen i hawl i'r nefoedd fry.

O cofia fi pan fwy'n y bedd,
A chasgla'm llwch i'r lan mewn hedd;
O arddel fi'n y farn a ddaw,
A gosod fi ar dy ddeau law.

ARWEINIAD YR YSBRYD

PERERIN wyf mewn anial dir
  Yn crwydro yma a thraw,
Ac yn rhyw ddisgwyl bob yr awr
  Fod tŷ fy Nhad gerllaw.

Ac mi debyga' clywa' i sŵn
   Nefolaidd rai o'm bla'n
Wedi concwero, a mynd trwy
   Dymhestloedd dŵr a thân.

Tyrd, Ysbryd Sanctaidd, ledia'r ffordd,
   Bydd imi'n niwl a thân:
Ni cherdda' i'n gywir hanner cam
   Nes elost o fy mla'n.

Mi wyra' weithiau ar y dde,
   Ac ar yr aswy law:
Am hynny, arwain gam a cham
   Fi i'r baradwys draw.

Mae hiraeth arna' i am y wlad
   Lle mae torfeydd di-ri'
Yn canu'r anthem ddyddiau eu hoes
   Am angau Calfari.

DEWIS IESU

'RWY'N dewis Iesu a'i farwol glwy'
   Yn Frawd a phriod imi mwy;
Ef yn Arweinydd, ef yn Ben,
I'm dwyn o'r byd i'r nefoedd wen.

Wel dyma Un, O dwedwch ble
Y gwelir arall fel efe,
A bery'n ffyddlon im o hyd
Ym mhob rhyw drallod yn y byd?

Pwy wrendy riddfan f'enaid gwan?
Pwy'm cwyd o'm holl ofidiau i'r lan?
Pwy garia 'maich fel Brenin ne'?
Pwy gydymdeimla fel efe?

Wel ynddo ymffrostiaf innau mwy;
Fy holl elynion, dwedwch, pwy
O'ch cewri cedyrn, mawr eu rhi',
All glwyfo mwy f'Anwylyd i?

DYFNDEROEDD YR IACHAWDWRIAETH

'RWY'N dy garu er nas gwelais;
Mae dy gariad fel y tân;
Nis gall nwydau cryfa' f'natur
Sefyll mymryn bach o'th fla'n;
Fflam angerddol,
Rywbryd ddifa'm sorod yw.

Pell uwch geiriau, pell uwch deall,
Pell uwch rheswm gorau'r byd,
Yw cyrhaeddyd perffaith gariad,
Pan enynno yn fy mryd:
Nid oes tebyg
Gras o fewn y nef ei hun.

Rhaid im adael ei ddirgelion
Hyfryd, heb eu chwilio ma's,
Am nas galla'i, maent mor ddwfn
Ag yw gwaelod cefnfor glas:
Tragwyddoldeb,
Yw ei orseddfainc ddi-drai.

Mi gaf ieithoedd, mi gaf ddeall,
Mi gaf yno berffaith ras
I gael ffeindio hen ddyfnderoedd
Pen Calfaria yn well i ma's:
Tyred, wyntoedd,
I gael chwythu'r nos i bant.

Yno caf fi ddweud yr hanes
    P'odd y dringodd eiddil gwan
Trwy afonydd, a thros greigydd
    Dyrys, anial, serth i'r lan:
        Iesu ei hunan,
    Gaiff y clod trwy eitha'r nef.

Nid oes yno ddiwedd canu,
    Nid oes yno ddiwedd clod,
Nid oes yno ddiwedd cofio
    Pob cystuddiau a fu'n bod;
        Byth ni dderfydd
    Canmol Duw yn nhŷ fy Nhad.

Dechrau canu, dechrau canmol,
    Ymhen mil o filoedd maith,
Iesu, bydd y pererinion
    Hyfryd draw ar ben y daith;
        Ni cheir diwedd
    Fyth ar sŵn y delyn aur.

CARIAD DUW, FFLAM ANGERDDOL

'RWY'N dy garu, ti a'i gwyddost,
    'Rwy'n dy garu, f'Arglwydd mawr,
'Rwy'n dy garu yn anwylach
    Na'r gwrthrychau ar y llawr:
        Darllen yma
    Ar fy ysbryd waith dy law.

Nid oedd dim o fewn y ddaear,
    Nid oedd dim o fewn y nef,
Nid oedd bys wnâi'r fath adeilad
    'N unig ond ei fysedd ef;
        Dymuniadau
    Ŷnt a ddaeth o fynwes Duw.

Fflam o dân o ganol nefoedd
Yw, ddisgynnodd yma i'r byd,
Tân i losgi'm natur gyndyn,
Tân i lanw'm eang fryd;
Hwn ni ddiffodd
Tra parhao Duw mewn bod.

F'enaid gwag oedd gynt yn crwydro
Weithiau i'r dwyrain, weithiau i'r de,
Nid oedd dim a'i gwnâi e'n esmwyth
'N unig ond ei gariad e';
Anfeidroldeb
Allsai'm llanw i oll yn llyn.

Oni bai'th fod di'n lân dy hunan,
Arglwydd i mi yn ddigon mawr,
Mi addolwn ac a garwn
Greaduriaid gwag y llawr;
D'ardderchowgrwydd
Barodd im ddod ar dy ôl.

Ble enynnodd fy nymuniad?
Ble ca's fy serchiadau i dân?
Ble daeth hiraeth im am bethau
Oeddwn yn casáu o'r bla'n?
Iesu, Iesu,
'R cwbl ydyw gwaith dy law.

Dymuniadau pell eu hamcan
Wy' yn eu teimlo yno' i 'nglŷn;
Dacw'r ffynnon bur tarddasant,
Anfeidroldeb mawr ei hun;
Dyma 'ngobaith
Bellach byth cânt i barhau.

CARIAD AT GRIST

'RWY'N edrych dros y bryniau pell
Amdanat bob yr awr;
Tyrd, fy anwylyd, mae'n hwyrhau
A'm haul bron mynd i lawr.

Trodd fy nghariadau oll i gyd
Nawr yn anffyddlon im,
Ond yr wyf finnau'n hyfryd glaf
O gariad mwy ei rym!

Cariad na 'nabu plant y llawr
Mo'i rinwedd nac mo'i ras,
Ag sydd yn sugno'm serch a'm bryd
O'r creadur oll i ma's.

O gwna fi'n ffyddlon tra fwy' byw,
A'm lefel at dy glod,
Ac na fo pleser fynd â 'mryd
A welwyd is y rhod.

Tyn fy serchiadau'n gryno iawn
Oddi wrth wrthrychau gau
At yr un gwrthrych ag sydd fyth
Yn ffyddlon yn parhau.

'Does gyflwr tan yr awyr las
'Rwy ynddo yn chwennych byw;
Ond fy hyfrydwch fyth gaiff fod
O fewn cynteddau'm Duw.

Fe ddarfu blas, fe ddarfu chwant
At holl bosïau'r byd:
Nid oes ond gwagedd heb ddim trai
Yn rhedeg trwyddo i gyd.

DYHEAD YR ENAID EDIFAR

TYRED, Iesu, i'r anialwch
At bechadur gwael ei lun,
Ganwaith ddrysodd mewn rhyw rwydau,
Rhwydau weithiodd ef ei hun;
Llosg fieri sydd o'm cwmpas;
Rho fi sefyll ar fy nhra'd,
Moes dy law, ac arwain trosodd
F'enaid gwan i dir ei wlad.

Manna nefol sy arnaf eisiau,
Dŵr rhedegog, gloyw, byw
Sydd yn tarddu o tan riniog
Teml sanctaidd, bur fy Nuw.
Golchi'r aflan, cannu'r Ethiop,
Gwneud yr euog brwnt yn lân,
Ti gei'r clod ryw fyrdd o oesoedd
Nôl i'r ddaear fynd yn dân.

Fyth ni allsai'm dyletswyddau,
Fyth ni allsai ffrwyth y bru,
Mil o nentydd maith o olew,
Foddio dim ohonot ti,
Dengmil hyfryd o fyheryn,
Neu ynteu'r peraroglau mân,
Nac un dim o tan y nefoedd
Allai olchi'r brwnt yn lân.

Ar dy allu 'rwy'n ymddiried;
Mi anturia', doed a ddêl,
Dreiddio trwy'r afonydd dyfnion,
Mae dy eiriau oll tan sêl;
Fyth ni fetha gredo ynot,
Safodd un erioed yn ôl;
Mi â 'mlaen, a doed a ddelo,
Graig a thyle, ar dy ôl.

CARIAD AT GRIST

WRTH droi fy ngolwg yma i lawr
I gyrrau'r holl greadigaeth fawr,
Gwrthrych ni wêl fy enaid gwan
Ond Iesu i bwyso arno'n rhan.

Dewisais ef, ac ef o hyd
Ddewisa' i mwy tra fwy'n y byd;
Can gwynfyd ddaeth i'm henaid tlawd –
Cael Brenin nefoedd imi'n Frawd.

'Nghysuron oll oddi wrtho dardd;
Mae'n Dad, mae'n Frawd, yn Briod hardd;
F'Arweinydd llariaidd tua thref,
F'Eiriolwr cyfiawn yn y nef.

Fe gara' i bellach tra fwy' byw,
'N fwy na'r creaduriaid o bob rhyw;
Er gwaetha' dae'r ac uffern drist,
F'Anwylyd i fydd Iesu Grist.

O pam yr wyt, fy enaid, clyw,
Am grwydro 'mhell oddi wrth fy Nuw?
Ni che's fath bleser tan y ne'
A gefais yn ei gariad e'.

Melys fel manna'r nefoedd fry
Yw hyfryd hedd f'Anwylyd cu;
Mwynhad o'i gariad ef a'i ras
Na'r diliau mêl sy'n well ei flas.

SYLLU AR Y GROES

WRTH edrych, Iesu, ar dy groes,
A meddwl dyfnder d'angau loes,
Pryd hyn 'rwyf yn dibrisio'r byd
A'r holl ogoniant sy ynddo i gyd.

N'ad fi ymddiried tra fwyf byw
Ond yn dy angau di, fy Nuw;
Dy boenau a dy farwol glwy'
Gaiff fod yn ymffrost imi mwy.

Myfi aberthaf i dy glod
Bob eilun sydd o dan y rhod,
Ac wrth fyfyrio ar dy waed
Fe gwymp pob delw tan fy nhraed.

Gwelwch yn nwylo 'Mhrynwr pur,
Ac yn ei draed ef, hoelion dur!
Edrychwch ar y wayw-ffon
Yn torri'r archoll dan ei fron!

Dyma'r lle yr ydoedd ar brynhawn
Rasusau yn disgleirio'n llawn:
Mil o rinweddau yn gytûn
Yn prynu'r gwrthgiliedig ddyn.

Poen a llawenydd tan y loes,
Tristwch a chariad ar y groes;
Ble bu rhinweddau fath y rhain
Erioed o'r blaen tan goron ddrain?

Pam cara' i'r byd a'i dda yn hwy,
On'd dyma wrthrych llawer mwy?
A dâl ei garu tra ynof chwyth,
A thragwyddoldeb wedyn byth.

Pe byddai'r byd yn eiddof i
A'r holl deganau ynddo sy,
On'd diflas yw eu pleser hwy
Wrth brofi pleser canmil mwy?

A chariad mor anfeidrol yw,
Mor llawn o haeddiant o bob rhyw,
Na feiddiaf lai, er dŵr na thân,
Na rhoi fy mywyd iddo'n lân.

ISAAC WATTS (1674 – 1748)
efel. WILLIAM WILLIAMS

TRYSORAU FFYDD

Y CYSUR i gyd
Sy'n llanw fy mryd
Fod gennyf drysorau
Uwch gwybod y byd;
Ac er bod hwy 'nghudd,
Nas gwêl hwynt ond ffydd,
Ceir eglur ddatguddiad
Ohonynt ryw ddydd.

Rhodd ŷnt ro'wd yn rhad
Gan Iesu a'n Tad,
A brynwyd yn gyfiawn
Trwy gleisiau a gwa'd;
Fel b'ai gennym ble
A haeddiant i'r ne'
Trwy rinwedd y poenau
Ddioddefodd efe.

Anfeidrol oedd llid
Creawdwr y byd
Yn erbyn y pechod
Sy'n damnio o hyd;
Ond Tywysog a ga'd
A gollodd ei wa'd,
Fe brynodd faddeuant
A heddwch y Tad.

Ffordd wnaethpwyd yn llyn
Ar Galfari fryn,
I sicrach paradwys
Nag gollsom cyn hyn;
Ac yno ni gawn
I yfed yn llawn
O wleddoedd y bywyd,
Heb fore na nawn.

CRIST YN GYSGOD

Y MAE syched ar fy nghalon
Heddiw am gael gwir fwynhau
Dyfroedd hyfryd ffynnon Bethlem,
Dyfroedd gloyw sy'n parhau;
Pe cawn hynny,
'Mlaen mi gerddwn ar fy nhaith.

Y mae gwres y dydd mor danbaid,
Grym fy nwydau fel y tân,
A gwrthrychau gwag o'm cwmpas
Am fy rhwystro i fynd ymla'n;
Rho im gysgod,
Addfwyn Iesu, ganol dydd.

Dyma'r man dymunwn aros,
O fewn pabell bur fy Nuw,
Uwch terfysgoedd ysbryd euog
A themtasiwn o bob rhyw,
Dan awelon
Peraidd, hyfryd tir fy ngwlad.

DYDD IESU

Y MAE'R dyddiau'n dod i ben,
Halelwia!
Y dyrchefir Brenin nen,
Halelwia!
Fe â dwyfol angau drud,
Halelwia!
Drwy ardaloedd pella'r byd,
Halelwia!

Fe bregethir Iesu a'i ras,
Halelwia!
Yn yr India eang fras,
Halelwia!
Fe â sŵn yr utgorn clir,
Halelwia!
I'r gorllewin anial dir,
Halelwia!

Minnau gredaf yn fy Nuw,
Halelwia!
A fu farw nawr sy fyw,
Halelwia!
Ac er mwyn ei chwys a'i waed,
Halelwia!
Ca' i ngelynion dan fy nhraed,
Halelwia!

Fe ddaw amser casglu 'nghyd,
Halelwia!
O ardaloedd pella'r byd,
Halelwia!
Ni thrig un o'i blant yn ôl,
Halelwia!
Dwg fyrddiynau ar ei ôl,
Halelwia!

CYFOETH YR YMGNAWDOLIAD

YMHLITH holl ryfeddodau'r nef
Hwn yw y mwyaf un –
Gweld yr anfeidrol, ddwyfol Fod
Yn gwisgo natur dyn.

Mae mil o filoedd ger ei fron
Yn treulio amser maith,
A byth heb golli'r cariad pur,
Na'r pleser yn y gwaith.

Ni chaiff fod eisiau fyth, tra bo
    Un seren yn y nef,
Ar neb o'r rhai a roddo'u pwys
    Ar ei gyfiawnder ef.

Doed y trueiniaid yma 'nghyd,
    Finteioedd heb ddim rhi';
Cânt eu diwallu oll yn llawn
    O ras y nefoedd fry.

Fe ylch ein beiau i ffwrdd â'i waed,
    Fe'n canna oll yn wyn,
Fe'n dwg o'r anial maith i maes,
    I ganu ar Seion fryn.

CWYMP EDEN A CHODIAD CALFARIA

YN Eden, cofiaf hynny byth,
Bendithion gollais rif y gwlith;
    Syrthiodd fy nghoron wiw.
Ond buddugoliaeth Calfari
Enillodd hon yn ôl i mi,
    Mi gana' tra fwy' byw.

Ar Galfari, yng ngwres y dydd,
Y cawd y gwystyl mawr yn rhydd
    Trwy golli gwaed yn lli';
Nawr dim heb dalu, rhoddwyd Iawn
Nes clirio llyfrau'r nef yn llawn,
    Heb ofyn dim i mi.

Ffydd, dacw'r man, a dacw'r pren
Yr hoeliwyd arno D'wysog nen
    Yn wirion yn fy lle;
Y ddraig a 'sigwyd gan yr Un,
Cans clwyfwyd dau, concwerodd Un,
    A Iesu oedd efe.

Dafydd William Llandeilo-fach, Talybont (1721? – 94)

Emynydd, pregethwr ac athro yn ambell un o ysgolion cylchynol Griffith Jones. Cyfansoddodd dros gant o emynau a chyhoeddodd nifer o gasgliadau ohonynt rhwng 1760 a 1787: Golwg y Ffyddloniaid ar Degwch a Gogoniant Iesu Grist *(1760);* Gorfoledd ym Mhebyll Seion *(c. 1760 – 62, 1777, 1778);* Argraffiad llawn *(1782) a (1786);* Joy in the Tents of Zion *(1779); yna cyfrol:* Telynau i Blant yr Addewid *(1782);* Gwin i'r Diffygiol *(c.1785 – 86);* Hymnau Priodferch y Brenin Alpha *(c. 1787)* . . .

ANGHREDINIAETH

ANGHREDINIAETH, gad fi'n llonydd,
  Onid e mi godaf lef
O'r dyfnderoedd, lle 'rwy'n gorwedd,
  I fyny'r lan i ganol nef;
Brawd sydd yno'n eiriol drosof,
  Nid wy'n angof nos na dydd,
Brawd a dyr fy holl gadwynau,
  Brawd a ddaw â'r caeth yn rhydd.

'Chydig ffydd, ble 'rwyt ti'n llechu?
  Cymer galon, gwna dy ran;
Obaith egwan, ble 'rwyt tithau?
  Tyn dy gledd o blaid y gwan:
Anghrediniaeth, ffo o'r llwybyr,
  Nid rhaid imi frwydro'n hir;
Er mai eiddil yw fy enw
  Eto i gyd 'rwy'n ennill tir.

Anghrediniaeth, er dy waetha,
  Mae tŷ Dafydd yn cryfhau,
A thŷ Saul, er maint ei werin,
  Bob munudyn yn gwanhau:
Mi wela' ronyn trwy'r cymylau
  Fy Iesu a'i gerbydau gwych,
Cadarn, ffyddlon Archoffeiriad,
  Fy ofnau ffy wrth sŵn ei glych.

Derfydd cario arfau rhyfel,
  Derfydd griddfan dan y gro's;
Cyfyd heulwen, na fachluda,
  Na chwmwl du na hwyrol nos:
Er bod llydan draeth a che'nfor,
  Angau, dyffryn tywyll, gwn,
Clod am Iesu'n Arch i'n cadw,
  I groesi'r ce'nfor garw hwn.

LLAWN HYDER FFYDD

AM Seion gwlad fy ngenedigaeth
  Mae rhyw hiraeth yn fy ngwraidd,
Am fod gyda'r hil frenhinol,
  Hyfryd waredigol braidd;
Draw i'r ce'nfor mawr a'r tonnau
  Lle na chlywa' i saeth na briw,
Yn moli'r Oen fu farw drosof
  Ac er fy mwyn i, eto'n fyw.

Mi welaf fry uwchlaw ffurfafen
  Wlad oleuwen fel yr haul,
Hedd yn llanw'r holl heolydd,
  Pwrcas clwyfau Adda'r ail;
Af trwy'r hafan, nid oes ofan
  Dim o lif yr afon fawr,
Fe arfaethwyd arch i'm cadw
  Cyn creu nef na daear lawr.

Yn y dyfroedd tonnog garw
  Mi wela'r Iesu'n bennaf gŵr,
Ar fy ysbryd mae e'n gwenu,
  Mae yn torri grym y dŵr:
Tra fo i yma'n gallu anadlu
  Byth mi seinia' iddo glod:
Halelwia! Halelwia!
  Mi glywa'r gwaelod dan fy nhro'd.

FFYDD Y CREDADUN MEWN GWEDDI

DUW, llefara wrth fy ysbryd
  Air yn ddirgel er dy glod;
Dan y groes, ac yn y gofid
  Nerth i'r egwan wyt ti erio'd.
Dyro i mi adain eryr
  I hedeg tua'r Ganaan wlad,
A ffyddiog undeb â dy Berson
  Sydd uwch cyrraedd cig a gwa'd.

Nid oes gennyf ond dy hunan
  Yn arweinydd ffyddlon im;
Dan dy gysgod mae fy noddfa
  Yn y storom fwya'i grym:
Cadw 'ngolwg ar yr hafan
  Lle mae'm tynfa, doed a ddêl;
Tiroedd hyfryd yr addewid,
  Gwlad yn llifo o laeth a mêl.

Yn y dyfroedd mawr a'r tonnau,
  Nid oes neb a ddal fy mhen
Ond fy annwyl Briod Iesu
  A fu farw ar y pren:
Cyfaill yw yn afon angau
  A ddal fy mhen i uwch y don:
Golwg arno wna i mi ganu
  Yn yr afon ddwfwn hon.

O fy enaid disgwyl ronyn,
  Paid er dim â llwfwrhau,
Er mynd trwy lawer brwydyr galed,
  Mae'r frwydyr olaf yn nesáu.
Caf gyfarfod â'm cyd-filwyr
  Aeth trwy'r frwydyr o fy mla'n,
Yn seinio'r hyfryd fuddugoliaeth
  O un galon, a'r un gân.

BREINTIAU'R YSBRYD

DUW rho 'mi awel canu,
   Duw rho 'mi ysbryd briw;
Os caf i ond dy Ysbryd
   Y nefoedd fawr a glyw;
Dy Ysbryd wna i mi seinio,
   Nefolaidd gân a lef,
Heb flino na diffygio,
   Wrth gynnes awel nef.

Dy Ysbryd sy'n diddanu,
   Dy Ysbryd ddaw â gwres,
Dy Ysbryd ddaw â'm henaid
   I'r nefoedd wen yn nes,
Dy Ysbryd sy'n goleuo,
   Dy Ysbryd sy'n bywhau,
Dy Ysbryd sydd yn puro,
   Sancteiddio, a dwfrhau.

Dy Ysbryd sydd yn cynnal
   Y baban gwan ei ras;
A finnau yw un o'r rheini
   Sy'n ofni colli'r ma's;
Dy Ysbryd sy'n gwasgaru
   Y tew gymylau mawr,
'Rwyf finnau yng ngrym yr Ysbryd
   Yn gadarn fel y cawr.

Dy Ysbryd sy'n datguddio
   Rhyw hardd drysorau drud,
Na chenfydd llygaid natur,
   Cuddiedig iawn i'r byd;
Dy Ysbryd sydd yn ennyn
   Pur gynnes nefol dân,
Dy Ysbryd pur yn unig
   Sydd yn melysu 'nghân.

Y BRAWD FFYDDLON

HOSANNA, Halelwia!
  Fe anwyd Brawd i ni;
Fe dalodd ein holl ddyled
  Ar fynydd Calfari;
Hosanna, Halelwia!
  Brawd ffyddlon diwahân;
Brawd erbyn dydd o g'ledi,
  Brawd yw mewn dŵr a thân.

Brawd annwyl sy'n ein cofio
  Mewn oriau cyfyng, ca'th;
Brawd llawn o gydymdeimlad –
  Ni chlywyd am ei fath;
Brawd cadarn yn y frwydyr,
  Fe geidw'i frodyr gwan;
Yn dirion dan ei adain
  Fe ddaw â'r llesg i'r lan.

Hosanna, Halelwia!
  Yr Iesu yw'r Brawd di-frad,
Hosanna, Halelwia!
  Fe'n golchodd yn ei wa'd;
Hosanna, Halelwia!
  Mae'r ffordd tu fewn i'r llen,
Hosanna, Halelwia!
  O'r ddae'r i'r nefoedd wen.

Hosanna, Halelwia!
  Fe dderfydd cario'r gro's,
Hosanna, Halelwia!
  Cawn hyfryd ddydd heb nos;
Hosanna, Halelwia!
  Gwnawd Iesu a ninnau'n un,
Hosanna, Halelwia!
  Mae'n gadarn Graig ddi-grŷn.

CYFOETH CARIAD DUW

MI ganaf am dy gariad,
  Mi ganaf am dy waith,
Mi ganaf yn dragwyddol
  Am Iachawdwriaeth faith;
Y cariad mawr anhraethol
  A roddodd i mi le,
Does arall dâl ei garu
  Yn unig ond efe.

Mae pabell Duw yn disgyn
  Ar ddynion fel o'r bla'n,
Mae'n gyrru'r holl elynion
  I gilio, fawr a mân;
Mae Duw'n rhoi ysbryd newydd,
  Mae Duw'n rhoi ysbryd rhydd,
Mae Duw'n rhoi calon hefyd,
  I'w foli nos a dydd.

Mae bywyd yn dy eiriau,
  Mae bywyd yn dy waith,
Oddi wrthyt ti mae bywyd
  Yn dod i'm henaid llaith;
Mae gronyn bach ohono
  Yn gwneud im lawenhau
Wrth feddwl am y bywyd
  Sydd eto i barhau.

O'i gariad rhad fe'm tynnodd
  I o'r tywyllwch du,
A'm caru mae hyd yma,
  Er gwaetha' uffern lu;
Fe'm carodd i yn gynta'
  Cyn imi'i garu 'rio'd,
A'i gariad sydd yn para,
  I'w enw byth bo'r clod.

GWERTH AWELON YR YSBRYD GLÂN

O ARGLWYDD, dyro awel,
A honno'n awel gref,
I godi f'ysbryd egwan
O'r ddaear hyd y nef;
Yr awel sy'n gwasgaru
Y tew gymylau mawr;
Mae f'enaid am ei theimlo:
O'r nefoedd doed i lawr.

Disgynned awel rymus
O'r nef i'r ddaear gron,
Ceir clod i gyd i'th enw
Yng ngwres yr awel hon;
Disgwyliaf wrth dy orsedd
Am awel fry o'r nen,
A godo'm henaid egwan
O'r ddae'r i'r nefoedd wen.

Awelon mynydd Seion
Sy'n cynnu nefol dân,
Awelon mynydd Seion
A nertha 'nghamre 'mla'n,
Wrth awel mynydd Seion
Mi ganais beth cyn hyn,
Mi ganaf eto ronyn
Yng ngwres ei dwyfol rym.

Awelon mynydd Seion
A'm cod o'r llaid i'r lan,
Pan chwytho rhain yn rymus
Yn hwyliau f'enaid gwan,
Awelon mynydd Seion
A ddaw ag awyr glir,
Ffarwél awelon oerllyd
'Nôl mynd i Ganaan dir.

IACHAWDWRIAETH DRWY IESU GRIST

O FY enaid, tro dy olwg,
  Gwêl yn amlwg ben y bryn,
Lle bu'r Iesu, y cyfaill ffyddlon,
  Dan yr hoelion dur cyn hyn,
Talodd yno swm y ddyled
  Â gwerthfawr waed ei galon friw!
Yr Oen dieuog yno'n marw,
  A finnau'r euog yn cael byw.

Dacw Angau wedi ei faeddu,
  Dacw'r Ddraig a'i phen yn friw,
Dacw'r Gelyn wedi ei ddala,
  Dacw'r faner hardd ei lliw,
Dacw'r frwydyr wedi ei hennill,
  Er cadernid grym y tân,
Gan yr Iesu'r Brawd anwyla',
  Halelwia fy enaid cân.

Dyma gariad heb ddim gwaelod,
  Dyma gariad heb ddim trai;
Dyma gariad di-gyffelyb,
  Dyma gariad sy'n parhau,
Dyma gariad a fy nghynnal
  Tra bo ynof anal chwyth:
Dyma gariad wnaeth i'm henaid
  Ddechrau'r gân na dderfydd byth.

Seraffiaid ac Angylion cenwch,
  Datseiniwch fawl fy Anwylyd cu,
Pan ddelwyf innau trwy'r Iorddonen,
  Mi ganaf cuwch â neb o'r llu:
Os y pechaduriaid penna'
  A rydd Hosanna ucha' eu cân,
Myfi yw'r pennaf un o'r rheiny,
  Waith hyn rhaid i mi gael y bla'n.

'DYWEDWCH FAINT Y DUWDOD'

YR un a aned yn y preseb
  Roddodd fod i'r cyfan sy,
Yr haul a'r lleuad a'r planedau,
  A sêr golau y wybr fry;
Y ddaear faith yw gwaith ei ddwylo,
  'Rwy am fentro dweud yn hy,
Y môr diwaelod ac uffern isod,
  Dywedodd, boed, a felly bu.

O ddirgelwch maith duwioldeb,
  Duw mewn undeb yn y cnawd.
Aeth tan ddyled 'r holl ffyddloniaid,
  Llwyr fodlondeb ynddo cawd;
Ni arbedwyd dim o'i fywyd,
  Er bod y gallu yn ei law,
I roddi einioes ac i'w chadw,
  Bu farw ar Galfaria draw.

Yr oedd ei gariad wedi tarddu
  Cyn sylfaenu'r ddaear hon,
Yr oedd e'n gwybod pa mor belled
  'R elai'r archoll tan ei fron;
Fe ddaeth i lawr i ganol gofid,
  Mae fy mywyd ynddo ef;
Yr unig wrthrych o addoliad
  Dynion ac angylion nef.

Nid wy'n ceisio noddfa arall,
  Nac yn deall un i'w gael:
Pan elo'r byd yn wenfflam olau
  Ond yng nghlwyfau'r Iesu hael;
Dyna'r man y byddaf ddiogel
  Ac yn dawel yn ei gôl,
Deued gwyntoedd, deued stormydd
  Byth ni'm chwythir yn fy ôl.

Er bod gelynion wrth ei swyddau
    Yn gwau rhwydau i'm henaid gwan,
Nid wy'n ofni'r cryfa' ohonynt
    Mi gaf ddianc yn y man;
I maes o dir y cawr anobaith
    A'r holl drafferth yn y byd;
Lle ni ddaw gelyn byth i'm blino
    Nac ychwaith i sugno 'mryd.

John Thomas, Rhaeadr Gwy (1730 – 1804?)

Emynydd a aned yn ardal Myddfai, Caerfyrddin. Bu'n was am ychydig yng nghartref Griffith Jones, Llanddowror. Trefnodd Howel Harris addysg rad iddo yn Nhrefeca, a bu'n athro teithiol am gyfnod ar ôl hynny, ac yn gynghorwr gyda'r Methodistiaid. Ym 1761 trodd at yr Annibynwyr ac ordeiniwyd ef yn weinidog ym 1767 yn Rhaeadr Gwy.

Ei brif waith llenyddol yw Rhad Ras *(1810). Daw'r emyn isod o'r bumed ran o* Caniadau Seion *a gyhoeddwyd ganddo mewn chwech o rannau rhwng 1759 a 1786.*

HYDER, NEU LAWENHAU MEWN GORTHRYMDERAU

BETH yw'r ofn sy yn fy nghalon
    Am drallodion eto i ddod?
'R un yw f'Arglwydd cadarn ffyddlon,
    Ef a'm cynnal er ei glod:
        Ym mhob stormydd,
    Dal i fyny f'enaid gwan.

Pe dôi cad elynion cedyrn,
    Yn fy erbyn eto'n llu;
Mae o'm hochor un cadarnach,
    Danfon gymorth oddi fry:
        Buddugoliaeth
    Trwy eiriolaeth Iesu caf.

Pe bai arna' i'r byd yn gwgu,
  Heb le genny' ar ddaear las;
Uffern greulon arna' i'n rhuo,
  Rhyfel o'r tu fewn tu fa's:
    Ym mhob stormydd,
  Gelli wneud im lawenhau.

Pe dôi newyn blin a noethni,
  Pe dôi cleddau angau llym;
A'm holl ffryns i gyd yn cefnu,
  Arglwydd, 'rwyt ti'n ddigon im:
    Gwên dy wyneb,
  Ar fy enaid, digon yw.

Rho dy gwmpni, Arglwydd imi,
  'Cheisia' i ond cael dy fwynhau;
Yna dim nid rhaid im ofni,
  Yn dy ras caf ymgryfhau:
    Halelwia,
  Canaf yn y dŵr a'r tân.

Hwylia f'ysbryd tua'r bywyd,
  'Does dim gwynfyd ar y llawr;
Gwynt a gwagedd heb ddim sylwedd,
  Fry mae'm hetifeddiaeth fawr:
    Tân dy gariad
  Fo'n fy nofiad tua thre'.

ATGYFODIAD CRIST

'NÔL marw Brenin hedd,
  A'i ffrins i gyd yn brudd,
A'i roi mewn newydd fedd,
  Cyfodai'r trydydd dydd:
Boed hyn mewn cof gan Israel Duw:
Mae'r Oen a laddwyd eto'n fyw!

Pan godai Mab y Dyn
　　Trwy'i Dduwdod allu mawr,
Y ceidwaid bob yr un
　　Fel meirw'n cwympo i lawr:
Er maint oedd sgil uffernol gryw,
Mae'r Oen a laddwyd eto'n fyw!

Y Meichiau aeth yn rhydd
　　'N ôl rhoddi taliad llawn.
Duw yn cyhoeddi sydd:
　　'Mi gefais ynddo Iawn.'
Gwnaeth ffordd yn rhydd i fynd at Dduw:
Mae'r Oen a laddwyd eto'n fyw!

Galarwyr Seion sydd
　　Â'ch taith trwy ddŵr a thân,
Pam byddwch mwyach brudd?
　　Eich galar, troer yn gân.
O cenwch, etholedig ryw:
Mae'r Oen a laddwyd eto'n fyw!

Os temtasiynau ar go'dd
　　Ddaw'ch cwrddyd fwy na mwy,
Fe'i temtiwyd e 'r un modd,
　　Fe'ch cynorthwya trwy:
Brawd erbyn dydd caledi yw:
Mae'r Oen a laddwyd eto'n fyw!

WELE'R DYDD YN GWAWRIO DRAW

WELE'R dydd yn gwawrio draw,
Amser hyfryd sy gerllaw;
Daw'r cenhedloedd yn gytûn
I ddyrchafu Mab y Dyn.

Gwelir teyrnas Iesu mawr
Yn ben moliant ar y llawr;
Gwelir tŷ ein Harglwydd cu
Goruwch y mynyddoedd fry.

Gwelir pobloedd lawer iawn
Yn dylifo ato'n llawn;
Cyfraith Iesu gadwant hwy,
Ac ni ddysgant ryfel mwy.

Yna clywir yn y nef
Fawl i'r Oen ag uchel lef:
'Aeth teyrnasoedd byd a'u bri
Oll yn eiddo'n Harglwydd ni!'

Benjamin Francis (1734 – 99)

Bardd, emynydd ac yn weinidog gyda'r Bedyddwyr yn Lloegr am flynyddoedd lawer. Er hynny cadwodd gysylltiad â Chymru gan bregethu ac ysgrifennu yn Gymraeg. Cyhoeddodd ddau gasgliad o emynau Cymraeg yn dwyn yr un teitl Aleliwia *(1774, 1786) yn ogystal â nifer o gyhoeddiadau Saesneg.*

MOLI IESU

DEFFRO 'nghalon, deffro 'nghân
 I ddyrchafu
Clodydd pur yr Arglwydd glân,
 F' annwyl Iesu;
Uno wnaf â llu y nef
 Â'm holl awydd
I glodfori'i enw ef
 Yn dragywydd.

Crist yw 'Mhrynwr, Crist yw 'Mhen,
 A'm Hanwylyd,
Crist yw f'etifeddiaeth wen,
 Crist yw 'mywyd,
Crist yw 'ngogoneddus nef
 Annherfynol:
Gwleddaf ar ei gariad ef
 Yn dragwyddol.

CANLYN YR OEN TRWY WARADWYDD

DILYNAF fy Mugail o'm modd,
  Trwy amarch a gw'radwydd y byd;
A dygaf ei ddirmyg ar g'oedd,
  Gan gyrraedd tua'r nefoedd o hyd:
Mi rodiaf, drwy gymorth ei ras,
  Y llwybr a gerddodd fy Nghun:
Nid rhyfedd os gwawdir y gwas,
  Fe wawdiwyd fy Arglwydd ei hun.

'Does arnaf fi g'wilydd o'i groes,
  Ei groes yw fy nghoron a 'nghlod:
Ei fywyd i'm gwared a roes,
  A'm Ceidwad a'm carodd erio'd:
Dioddefodd e' w'radwydd a phoen,
  A'r felltith ar Galfari fryn;
F'anrhydedd yw canlyn yr Oen,
  Yr Oen a ddioddefodd fel hyn.

Af allan yn wrol ar ôl
  Canlynwyr yr Oen ga's ei ladd;
Dibrisiaf ddiystyrwch y ffôl,
  Er uched a gwyched ei radd:
Os rhaid mynd i'r carchar a'r tân,
  Golygaf fy Nghapten a'm Pen;
Aeth ef trwy waeth dirmyg o'm blaen,
  Tywalltodd ei waed ar y pren.

Ond O, y gogoniant a'r hedd,
  A'r dirfawr orfoledd o hyd,
Sy'n aros tu arall i'r bedd,
  Ei ffyddlon ganlynwyr i gyd!
Ei dagrau a'u gw'radwydd a dry
  I fôr o lawenydd ar frys;
Anfeidrol eu gwynfyd hwynt fry,
  Yn nheyrnas eu Harglwydd a'i lys.

YMBIL DROS WEINIDOGION

DUW, gwisg dy weinidogion oll
   Yn ddiogel â'th gyfiawnder;
Pob dawn ysbrydol iddynt rho
   A chryfder o'r uchelder.

Rho ysbryd gras a gweddi gref
   A'th hoff dangnefedd iddynt;
A chysur dy efengyl gu
   A gaiff ei draethu ganddynt.

Yn hael disgynned, megis gwlith,
   Dy nefol fendith arnynt;
A dyro hynod lwyddiant hir
   I'r gair a heuir ganddynt.

Cydweithia'n gryf â'th weision gwael,
   Moes iddynt hael gysuron:
A gwna hwy'n ddoeth i droi'r digred,
   A gwylied y duwiolion.

Y CYNHAEAF

GOFALA Duw a Thad pob dawn
   Yn dyner iawn amdanom:
Mae'n tai yn llawn o'i roddion rhad,
   O boed ei gariad ynom.

Y cynnar law a'r tyner wlith,
   Diferant fendith unwedd;
Y ddaear, rhydd ei ffrwythau da,
   A'r haul, cyfranna'i rinwedd.

Am ffrwythau hael y flwyddyn hon
   A'i mawrion drugareddau,
Moliannwn enw Duw bob dydd,
   Gan iawn ddefnyddio'i ddoniau.

DYDD YR ARGLWYDD

HEDDIW cododd Crist o'r bedd –
Awdur ein tragwyddol hedd,
Wedi'n prynu ar y pren
I feddiannu'r nefoedd wen:
Talodd ef ein dyled fawr,
Rhyddion ydym ninnau nawr;
Fe ysigodd Had y wraig,
Trwy ei rym, holl allu'r ddraig.

Fe bwrcasodd Iesu mad,
Â'i rinweddol aberth rhad,
Deyrnas nefoedd deg i ni;
O mor ddrud ein braint a'n bri:
Cawn ar fyr gyfarfod fry,
Gyda'r glân gadwedig lu;
Lle mae holl angylion nef
Byth yn moli ar lafar lef.

MOR HAWDDGAR YW DY BEBYLL

MOR deg dy bebyll di, O Dduw,
Mor hawddgar yw'th gynteddoedd!
Nid oes fath gu balasau gwych
Tu yma i entrych nefoedd.

Preswylfa hardd y Brenin mawr
Yw Seion werthfawr beunydd:
Ac yno bydd ei orsedd lân
A'i drigfan yn dragywydd.

Mae un diwrnod yno'n well
Na mil ym mhabell gwagedd:
Cawn yn dy dŷ gysuron da,
Gwir felys, a gorfoledd.

Gwyn fyd a drig o fewn dy dŷ,
Gan dy foliannu beunydd;
Cânt wisgo hardd ogoniant fyth,
A'u derbyn i'th lawenydd.

LLAWENYCHU YN NUW

YMLAWENHAF yn Nuw
  Tra byddwyf byw'n y byd,
Er maint yw 'nhristwch mawr,
  A'm gofid nawr i gyd;
A gwir fwynhad o'i hyfryd hedd
I'm henaid tlawd sydd hynod wledd.

Ei fawr drugaredd ef
  A'i fwyn dangnefedd yw
Fy nghysur melys gwir
  Tra bwyf ar dir y byw;
A'm trigfa lon, yn hyn o wlad,
Yw annwyl dŷ fy nefol Dad.

Fy Nhad, fy Nuw, fy Nef,
  O clyw fy llef a'm cwyn;
Cysura fi o hyd
  Â'th hoff wynepryd mwyn;
A dwg fi'n deg i'th nefol dŷ
Byth ger dy fron i'th garu fry.

Dafydd Morris, Tŵr-Gwyn (1744 – 91)

Ganed yn Lledrod, Ceredigion a dechreuodd bregethu gyda'r Methodistiaid Calfinaidd ym 1765 yng ngwres y Diwygiad. Datblygodd yn bregethwr grymus. Cyhoeddodd gasgliad o emynau ym 1773: Can y Pererinion Cystuddiedig ar eu taith tua Seion. *Ym 1774 derbyniodd alwad i fugeilio seiat Tŵr-Gwyn, yng ngwaelod Sir Aberteifi.*

CYHOEDDI'R CYMOD

ARGLWYDD grasol, dyro gymorth
  I gyhoeddi eto i ma's
Ddyfnder calon dyn truenus,
  A dyfnderoedd golud gras:
    Fel bo dyfnder
  Byth am ddyfnder yn cael sôn.

Dyro d'Ysbryd i lefaru
  Ac i wrando d'eiriau pur,
Boed dy lewyrch nefol hyfryd
  A'th arddeliad ar y gwir:
    O amlyga
  Anorchfygol nerth dy ras!

PARHAU HYD Y DIWEDD

DYRO nerth i bara'n ffyddlon
  Hyd y diwedd, Iesu cu;
Er bod pechod, er bod Satan
  Yn fy nghuro o bob tu:
    Hollalluog,
  Dal fy ysbryd llesg i'r lan.

GWEDDI AM NAWDD DWYFOL

FY Nuw, gad imi brofi
  Dy nawdd a'th nefol hedd:
Yr hyn wyt yn eu rhoddi
  I'th saint tu yma i'r bedd;
Fy enaid fawr chwenychodd
  Gael dy gymdeithas di,
Drwy'r hwn a ddioddefodd
  Un waith ar Galfari.

Rho olwg ar dy allu
  I'm cynnal trwy fy oes,
Fel na bo achos ofni
  Y cryf gorwyntoedd croes;
Fy enaid eiddil cynnal
  I deithio yn y bla'n
Ar hyd y dyrys anial,
  Nes dod i Salem lân.

Edward Williams (**'Iolo Morganwg'** 1747 – 1826)

Bardd, hynafiaethydd ac un o brif sefydlwyr yr Undodiaid yn Ne Cymru. Ymhlith cyhoeddiadau lawer, lluniodd ryw dair mil o emynau yn ystod ei oes. Credo grefyddol sy'n gwadu athroniaeth y Drindod a duwdod Iesu Grist yw Undodiaeth. Mae nifer o'r emynau yn sôn am Grist, er enghraifft: athro dwyfol; ei Fab Rhad; fab Duw . . . athro cywir inni; Iesu Grist ein hathro mawr; mab dy gariad; mab ei fynwes ef; pen athro; Tywysog Hedd . . .

CRIST YR UNIG WIR ATHRO

AWN bawb at Grist am addysg rad
Yn neddfau Duw'r goruchel Dad;
Athrawiaeth ei wirionedd ef
A'n dwg yn iach i deyrnas nef.

Lle'r oeddem ar gyfeiliorn oll
A'n hymgyrch tyn hyd eitha'r coll,
Danfonodd Duw, 'n drugarog Dad,
I ni'n waredwr ei Fab Rhad.

Gair Iesu Grist yw'r nefol wir,
Gair iachawdwriaeth i bob tir;
Bendithion ynddo rif y gwlith,
Mae'n air y bywyd yn ein plith.

Gan ado'n daearoldeb ffôl
Gwnawn gyngor hwn, awn ar ei ôl;
Ni cheir fyth allan ffyrdd y nef
Ond yn ei olau disglair ef.

Boed serch pob enaid, nefol Dad,
Ar addysg dirion dy Fab Rhad,
Boed oll o'n rhodiad yn ei wawl
A thrwyddo fyth boed iti'r mawl.

Thomas Charles o'r Bala (1755 – 1814)

Un o arweinwyr pwysicaf y Methodistiaid Cymraeg. Awdur toreithiog, pamffledi, catecismau . . . Ei brif waith gwreiddiol yw Y Geiriadur Ysgrythyrawl *(4 cyfrol: 1805, 1808, 1810, 1811).Yn dilyn llwyddiant dihafal Ysgolion Cylchynol Griffith Jones, Llanddowror ac yn ymwybodol o ymdrechion Robert Raikes o Gaerloyw, ynghyd â sefydlu Cymdeithas yr Ysgol Sul yn Llundain ym 1785, sbardunwyd Thomas Charles i arwain a threfnu Ysgolion Sul yn gyntaf ymhlith y Methodistiaid. Lledaenodd a llwyddodd y mudiad yn rhyfeddol.*

HYDER PERERIN CYSTUDDIOL

DYFAIS fawr tragwyddol gariad
Ydyw'r iachawdwriaeth lawn;
Cyfamod hedd yw'i sylfaen gadarn,
'R hwn ni dderfydd byth mo'i ddawn;
Dyma'r fan y gorffwys f'enaid,
Dyma'r fan y bydda' i byw,
Mewn tangnefedd pur, heddychol,
'Mhob rhyw stormydd gyda'm Duw.

Syfled iechyd, syfled bywyd,
Cnawd a chalon yn gytûn,
Byth ni syfla amod heddwch,
Hen gytundeb Tri yn Un:
Dianwadal yw'r addewid,
Cadarn byth yw cyngor Duw,
Cysur cryf sy i'r neb a gredo
Yn haeddiant Iesu i gael byw.

Bûm yn wyneb pob gorchymyn,
Bûm yn wyneb angau glas;
Gwelais Iesu ar Galfaria
Yn gwbl wedi cario'r ma's;
Mewn cystuddiau 'rwyf yn dawel,
Y fuddugoliaeth sydd o'm tu;
Nid oes elyn wna im niwed,
Mae'r ffordd yn rhydd i'r nefoedd fry.

Pethau chwerwon sydd yn felys
A'r t'wyllwch sydd yn olau clir;
Mae 'nghystuddiau imi'n fuddiol,
Ond darfyddant cyn bo hir;
Cyfamod hedd bereiddia'r cwbl,
Cyfamod hedd a'm cwyd i'r lan
I gael gweld f'etifeddiaeth,
A'i meddiannu yn y man.

Gwelais 'chydig o'r ardaloedd
'R ochor draw i angau a'r bedd;
Synnodd f'enaid yn yr olwg,
Teimlais annherfynol hedd;
Iesu brynodd imi'r cwbl,
Gwnaeth â'i waed anfeidrol Iawn;
Dyma rym fy enaid euog
A fy nghysur dwyfol llawn.

Wedi cefnu pob rhyw stormydd,
A'r tonnau mawrion oll ynghyd,
Tybiais fy mod yn y porthladd,
Tu draw i holl ofidiau'r byd.
'O fy Nhad,' medd f'enaid egwan,
'A gaf fi ddyfod i dy gôl,
A chanu'n iach i bob rhyw bechod,
A'm cystuddiau i gyd ar ôl?'

'Hust fy mhlentyn, taw, distawa,
Gwybydd di mai Fi sydd Dduw;
Ymdawela yn f'ewyllys,
Cred i'm gofal tra fych byw;
Os rhaid ymladd â gelynion
Fi dy nerth fydd o dy blaid;
Er gwanned wyt, cei rym i sefyll
A Fi'n gymorth wrth bob rhaid.'

Bodlon ddigon, doed a ddelo,
Ond dy gael di imi'n Dduw;
Rhoist dy Fab i brynu 'mywyd
Trwy ddioddef marwol friw;
Mi lecha'n dawel yn ei gysgod,
Yng nghysgod haeddiant dwyfol glwy',
Darfyddaf byth ag oll sydd isod,
Ac ymhyfrydaf ynot mwy.

Edrych 'rwyf ar hynny beunydd,
Ac yn hiraethu am yr awr
Pryd y derfydd im â phechod
Ac y caf roi 'meichiau lawr,
Y caf ddihuno â dy ddelw,
Pan gaf weld dy wyneb gwiw,
Pan gaf foli byth heb dewi,
A bod yn debyg i fy Nuw.

Fy natur egwan sydd yn soddi
Wrth deimlo prawf o'th ddwyfol hedd,
Ac yn boddi gan ryfeddod
Wrth edrych 'chydig ar dy wedd;
O am gorff, a hwnnw'n rymus,
I oddef pwys gogoniant Duw,
Ac i'w foli ef heb dewi,
A chydag ef dragwyddol fyw.

David Thomas (**'Dafydd Ddu Eryri'** 1759 – 1822)

Llenor, athro beirdd ac ysgolfeistr. Ganed yn y Waunfawr, Caernarfon. Bu'n rhan o'r Gwyneddigion am gyfnod, ac yn ddylanwad ar ysgrifennu barddoniaeth yn y mesurau caeth. Gwrthwynebodd syniadau a damcaniaethau rhyfedd Iolo Morganwg a William Owen Pughe.

GWEDDI FOREOL

DYRCHAFWN glod yn awr drwy ffydd
  Am olau dydd naturiol,
Gan foli Duw, ein nefol Dad,
  Am bob rhyw rad ysbrydol.

Mae golau dydd a thywyll nos
  Yn dangos gallu dwyfol;
Pob peth o dan ac uwch y rhod
  Sy'n dweud am Fod anfeidrol.

Mae'n tywallt arnom, fawr a mân,
  Fendithion glân Rhagluniaeth:
Mae'n cynnig i holl bobloedd byd
  Ei dirion iachawdwriaeth.

Am hynny rhown ein hufudd gred
  A'n holl ymddiried ynddo;
Cawn felly nawdd ein Tad o'r nef,
  A chydag ef orffwyso.

UN OLWG

RHYFEDDOL oedd y cariad
  At wael golledig ddyn:
Rhy fach o le i'w gynnwys
  Oedd mynwes Duw ei hun:
Fe redodd yn llifeiriol
  O'r nefoedd wen i lawr,
I achub myrdd myrddiynau
  O bechaduriaid mawr.

Un olwg ar yr Iesu
  Ar fynydd Calfari,
A dodda'r galon galed
  Sydd dan fy nwyfron i;
Distawa'r holl daranau
  A'r holl fygythion gaed;
A dwys euogrwydd pechod
  Symudir drwy y gwaed.

Thomas Lewis, Talyllychau (1760 – 1842)

Thomas Lewis a gyfansoddodd yr emyn un pennill isod. Gof oedd yn ardal Talyllychau, ac yn ôl Gomer M. Roberts hwn yw yr emyn anwylaf yn y Gymraeg.

Mae'n debyg bod pennill arall i'r emyn ar lafar gwlad yn ardal Thomas Lewis, y gof. Nid oes sicrwydd pendant ynglŷn â'i awduraeth.

COFIO'R DIODDEFAINT

WRTH gofio'i riddfannau'n yr ardd,
A'i chwŷs fel defnynnau o wa'd,
Aredig ar gefn oedd mor hardd,
A'i daro â chleddyf ei Dad,
A'i arwain i Galfari fryn,
A'i hoelio ar groesbren o'i fodd;
Pa dafod all dewi am hyn?
Pa galon mor galed na thodd?

Wrth gofio am goron o ddrain,
Fe folir am finegr sur,
Fe genir am bicell mor fain,
Clodforir am hoelion o ddur:
Bydd anthem yn dechrau o hyd
I Brynwr y byd yn ddi-boen,
Gan saint a seraffiaid ynghyd,
Yn bloeddio mai teilwng yw'r Oen.[1]

[1] Anhysbys.

William Hughes, Dinas Mawddwy (1761 – 1826)

Ganwyd yn Rhos-cyll-bach, plwyf Llanystumdwy, Sir Gaernarfon. Dechreuodd bregethu yn y Capel Mawr, Llŷn. Urddwyd yn weinidog gan yr Annibynwyr yn Caewigin ym 1789. Symudodd i Ddinas Mawddwy ym 1797 ac yno bu am weddill ei oes. Wynebodd lawer siom a thrallod ond parhaodd drwy'r cyfan 'yn weinidog da i Iesu Grist.' [1]

OLEW GYDA'R LAMP

ARGLWYDD, paid â gadael imi
Ymfoddloni heb y gwir;
Lamp heb olew a ddiffodda
Yn y treial mawr cyn hir;
Rho im olew
Yn fy llester gyda'm lamp.

DYRCHAFU'R FANER

DUW galluog yw dy enw,
Anfon heddiw gymorth llawn
I gyhoeddi Mab dy gariad,
A rhinweddau'i ddwyfol Iawn;
Nes i'r atsain
Lawenhau eneidiau trist.

Heddiw dyro rym i seinio
Utgorn iachawdwriaeth fawr,
Nes i gaerau anghrediniaeth
Gael eu dryllio hyd y llawr:
Fry dyrchafer
Baner ddisglair Calfari.

[1] Ef hefyd oedd ymysg yr olaf i gael ei garcharu am bregethu'r Efengyl yn yr awyr agored yn y gogledd – yn Llanrwst.

YMADAEL Â'R DRWG A CHEISIO'R DA

LLWYR adawn ein ffyrdd drygionus
  A'n meddyliau drwg eu rhyw;
A dychwelwn at yr Arglwydd,
  Llawn o drugarowgrwydd yw;
    Hael Arbedwr,
  Rhyfedd dyner, ydyw Duw.

Awn ymlaen i geisio Iesu,
  Tra mae ef yn awr i'w gael;
I rodfeydd ei ras mae'n dyfod,
  Lle mae'n hynod iawn o hael:
    Diolch iddo,
  Mae yn gwrando cwyn y gwael.

MOLWN YR ARGLWYDD, NEF A LLAWR

O'R fath lawenydd sy
  Drwy lys y nefoedd fry,
Gan seintiau ac angylion glân;
  Heb lygredd, briw na phoen,
  Yn moli'r addfwyn Oen
Ar nefol, gu, dragwyddol gân.

  Cydunwn ninnau nawr
  Â'r nefol dyrfa fawr
I roi y clod byth iddo ef,
  Am iddo'n caru'n rhad
  A'n prynu trwy ei wa'd
I gael mwynhad o freintiau'r nef.

Edward Jones, Maes-y-plwm (1761 – 1836)

Bardd ac emynydd. Ganed yn Llanrhaeadr yng Nghinmeirch, Dinbych, ond bu'n byw am y deugain mlynedd olaf o'i fywyd ym Maes-y-plwm. Cyhoeddodd Caniadau Maes-y-plwm *(1857);* Hymnau . . . ar Amryw Destunau ac Achosion *(1810, 1820, 1829) . . . Cenir rhai o'i emynau ag afiaith o hyd.*

MAWREDD DUW

MAE'N llond y nefoedd, llond y byd,
   Llond uffern hefyd yw;
Llond tragwyddoldeb maith ei hun,
   Diderfyn ydyw Duw;
Mae'n llond y gwagle yn ddi-goll,
Mae oll yn oll, a'i allu'n un,
Anfeidrol annherfynol Fod
   A'i hanfod ynddo'i hun.[1]

Anfesuredig yw ei ras
   Un addas yw i ni;
Ni a welsom ac a glywsom sôn
   Am droeon Un yn DRI:
Ac fel y clywsom, felly y mae,
I ninnau'n rhyfedd yn parhau,
Yn ddigyfnewid i'w fwynhau
   Er cymaint beiau'r byd.

Un hunanfodol ydoedd ef,
   Cyn llunio nef na llawr;
Yn nhragwyddoldeb maith yn ôl,
   Yn Dduw anfeidrol fawr:
Heb ddechrau dyddiau iddo yn bod,
Na diwedd einioes chwaith i ddod:
Tragwyddol a rhyfeddol Fod,
   Yn Drindod uniawn drefn.

[1] 'Nid oes bennill mwy aruchel yn llenyddiaeth y byd. Ni ellid dim mwy arswydus na mwy cysurlawn.' Pennar Davies, *Cudd fy Meiau*, gol. R. Tudur Jones (1998).

'Does neb drwy'r nefoedd hawddgar, heb
    Ei bresenoldeb rhydd;
Pob angel, seraff, a phob sant
    A'i gwelant yn ddi-gudd:
Mae pob un yno yn ei ŵydd,
Yn canu'n llafar gyda llwydd,
Ac yn mawrhau eu syml swydd,
    Gael moli'r Arglwydd mawr.

'Rŷm ninnau i gyd drwy'r byd, heb ball,
    Hawdd ddeall, yng ngŵydd Duw;
Oll yn ymsymud dan y rhod,
    Yn bod, ac ynddo'n byw:
Nis gallwn wneud mewn dirgel le,
Un math o fai nas gwêl efe,
Drwy'r byd yn awr, ac yn y ne',
    Mae, wele, ar un waith.

Ein holl feddyliau, da a drwg,
    Sydd amlwg iddo ef;
A phob uchenaid ddistaw iawn
    Fe'i clyw, mor llawn â'r llef:
Fe edwyn galon dyn heb goll,
Ai fwriad oll, ofered yw:
Mae'r chwant yn weithred cyn ei gwneud,
    Hawdd dweud, yng nghyfrif Duw.

Clyw, f'enaid tlawd, mae gennyt Dad
    Sy'n gweld dy fwriad gwan,
A Brawd yn eiriol yn y nef
    Cyn codi o'th lef i'r lan:
Cred nad diystyr gan dy Dad
Yw gwrando gwaedd dymuniad gwiw,
Pe byddai d'enau yn rhy fud
    I'w dwedyd gerbron Duw.

Pan fyddwyf mewn rhyw ddirgel fan
  Yn griddfan dan y groes,
Bron methu cerdded llawer cwm
  Gan faich rhy drwm yn f'oes;
Daw weithiau feddwl imi fod
Mab Duw i'm canfod ym mhob cell,
Na chaf ddihoeni felly o hyd;
  Y gwawria bywyd gwell.

AM Y CYFAMOD GRAS

CYFAMOD hedd, cyfamod cadarn Duw,
Ni syfl o'i le, nid ie a nage yw,
Cyfamod gwir, ni chyfnewidir chwaith;
Er maint eu pla, daw tyrfa i ben eu taith.

Cyfamod rhad, o drefniad Un yn Dri,
Hen air y llw a droes yn elw i ni;
Mae'n ddigon cry' i'n codi i fyny'n fyw,
Ei rym o hyd yw holl gadernid Duw.

Cyfamod pur, ni n'widir yn y ne',
I ddamnio'r plant, os llithrant hwy o'u lle,
Fe saif ei dir, ni syflir byth mo'i sail:
Mae'n amod hedd, ar rinwedd Adda'r Ail.

'Does bwlch yn hwn, fel modrwy'n grwn y mae,
A'i glwm mor glos, heb os nac oni bai;
Ni all y plant ddim gwerthu eu meddiant mwy:
Mae gan Dduw gylch, a'u deil, o'u hamgylch hwy.

Cyfamod llawn, da, union, ydyw oll,
Ei seinio wnaed, a'i selio â gwaed di-goll,
Fe saif ei sêl byth yn ddiogel dda;
'Does dim mewn bod, mae'n hynod, a'i gwanha.

Fe syrthiodd Pen cyfamod Eden, do;
Ni safai'n syth, bydd tristwch byth o'r tro;
Ond saif yr Ail, a'i gadarn sail ni syrth,
Gwnaed uffern gas ei phwrpas gyda'i phyrth.

Tra safo yn siŵr y Pen amodwr mawr,
Y plant nid ânt, ni lithrant byth i lawr
Er mynd i'r bedd, a'u gwedd yn ddigon gwael,
Dwed wrth eu llwch, 'Dowch, codwch, rhaid eich cael.'

Cyfamod cry', pwy ato a ddyry ddim?
'Deill byd na bedd chwaith dorri ei ryfedd rym;
Diysgog yw hen arfaeth Duw o hyd;
Nid siglo mae, fel gweinion bethau'r byd.

Er llithro i'r llaid, a llygru defaid Duw,
Cyfamod sy i'w codi i fyny'n fyw;
A golchi i gyd eu holl aflendid hwy,
A'u dwyn o'r bedd, heb ddim amhuredd mwy.

Hymnau ... ar Amryw Destynau ac Achosion (1810)

Thomas William (1761 – 1844)

Adnabyddir fel Thomas William, Bethesda'r Fro, y capel Annibynnol lle bu'n weinidog am flynyddoedd maith. Cyhoeddodd dri chasgliad o emynau: Llais y Durtur yn y Wlad *(1812),* Perl mewn Adfyd : neu Ffynnon yn Nyffryn Baca *(1814), a* Dyfroedd Bethesda *(1824). Ystyrir ei emyn, 'O'th flaen, O Dduw, 'rwy'n dyfod' yn un o emynau gorau'r iaith Gymraeg ac mae 'Adenydd colomen pe cawn' yn un o'r emynau mwyaf poblogaidd sy gennym.*

ADENYDD COLOMEN PE CAWN

ADENYDD colomen pe cawn,
  Ehedwn a chrwydrwn ymhell,
I gopa bryn Nebo mi awn
  I olwg ardaloedd sydd well;
A'm llygaid tu arall i'r dŵr,
  Mi dreuliwn fy nyddiau i ben
Mewn hiraeth am weled y Gŵr
  Fu farw dan hoelion ar bren.

Ni allaf tra bwyf yn y cnawd
  Ddim diodde'r caniadau sydd fry,
Na llewyrch wynepryd fy Mrawd –
  Mae'n llawer rhy ddisglair i mi;
'N ôl hedeg a gadael fy nyth,
  A chuddio fy mhabell o glai,
Bydd digon o nefoedd dros byth
  Ei weled ef fel ag y mae.

Mi 'rosaf wrth ochr y dŵr
  Nes mynd o'r anialwch yn lân,
Fy ngobaith yw concwest y Gŵr
  A rydiodd yr afon o'm bla'n;
Mae'n olau, fe rwygwyd y llen,
  Fe gododd ein Harglwydd i'r lan;
Mae'n sicir os cododd y Pen
  Fe gwyd yr aelodau'n y man.

Mae Bugail y defaid yn fyw
  A'i braidd sydd i gyd yn ei gôl;
Yn ardal y meirw nid yw
  Duw'r heddwch a'i dygodd yn ôl;
Y plant roddwyd iddo fe 'gyd,
  Un ewin ohonynt ni choll;
Fe ddywed yn niwedd y byd,
  Mi'u cedwais, ac wele hwynt oll.

CARIAD DIGYMAR

F'ENAID, gwêl i Gethsemane,
  Edrych ar dy Brynwr mawr
Yn yr ing a'r ymdrech meddwl,
  Chwys a gwaed yn llifo i lawr.
Dyma'r cariad mwyaf rhyfedd,
  Mwyaf rhyfedd fu erioed!

Yn yr ardd, pan ddaliwyd Iesu,
   Fe atebodd drosom ni,
"Gadewch iddynt hwy fynd ymaith,
   Yn eu lle cymerwch fi!"
Dyma'r cariad mwyaf rhyfedd,
   Mwyaf rhyfedd fu erioed!

PREN Y BYWYD

MAE Pren y Bywyd wedi'i gael
   Wrth law mewn anial dir,
Yn plygu'i frig er cymell pawb
   I fwyta'i ffrwythau pur.

Pan ddelo misoedd cystudd oer
   Ceir ffrwyth ar hwn o hyd,
A dail y Pren a lwyr iachâ
   Ein holl ddoluriau i gyd.

Tu yma i'r afon, os mor dda
   Yw'r ffrwyth ar Iesu gawn:
Yr ochor draw fe fydd yn well,
   Yn well o lawer iawn.

CYFFES A DYHEAD Y PECHADUR

O'TH flaen, O Dduw, 'rwy'n dyfod
   Gan sefyll o hirbell;
Pechadur yw fy enw,
   Ni feddaf enw gwell;
Trugaredd 'rwy'n ei cheisio,
   A'i cheisio eto wnaf,
Trugaredd imi dyro,
   'Rwy'n marw onis caf.

Pechadur wyf, mi welaf,
  O Dduw, na allaf ddim:
'Rwy'n dlawd, 'rwy'n frwnt, 'rwy'n euog,
  O bydd drugarog im;
Mae'n debyg na bydd gennyf,
  Drwy 'mywyd hyd y bedd,
O hyd ond gweiddi, 'Pechais!'
  Nid wyf yn haeddu hedd.

Mi glywais gynt fod Iesu,
  A'i fod ef felly nawr,
Yn derbyn publicanod
  A phechaduriaid mawr;
O derbyn, Arglwydd, derbyn
  Fi hefyd gyda hwy,
A maddau'r holl anwiredd,
  Heb gofio'r camwedd mwy.[1]

Y GŴR WRTH FFYNNON JACOB

Y GŴR wrth Ffynnon Jacob
  Eisteddodd gynt i lawr,
Dramwyodd drwy Samaria,
  Mae'n tramwy yma nawr;
'Roedd syched arno yno,
  Am gael eu hachub hwy,
Mae syched arno eto
  Am achub llawer mwy.

[1] Ym marn W. Rhys Nicholas dyma un o emynau gorau'r iaith Gymraeg.

Goleua'n meddwl ninnau,
I weld dy ddawn, O Dduw,
A phwy sy'n galw arnom
I yfed dyfroedd byw;
A gadael ein pydewau
A'n dwfr lestri'n hun,
I yfed dyfroedd gloywon
O ffynnon Mab y Dyn.

Efe yw dŵr y bywyd,
A'i hyfo, gwynfyd hwy;
Traid[1] o bydewau eraill
Ymofyn dyfroedd mwy:
Bydd dwfr ffynnon Bethlem
I'r rhai y daeth i'w rhan,
Yn ffynnon o ddŵr bywiol,
Yn tarddu byth i'r lan.

David Charles (1762 – 1834)

Emynydd a aned yn Llanfihangel Abercywyn, Sanclêr, Caerfyrddin, yn frawd i Thomas Charles. Fe'i hordeiniwyd yn weinidog gyda'r Methodistiaid Calfinaidd ym 1811. Cyhoeddwyd casgliadau o'i bregethau (1840) a (1860), a bu gydag eraill yn gyfrifol am lunio cyfansoddiad a Cyffes Ffydd *yr enwad ym 1823. Erys nifer o'i emynau yn boblogaidd iawn o hyd.*

COFIA FI

I FYNY at fy Nuw,
Fy enaid, cwyd dy lef,
Heibio yr euraid lu
I eithaf nef y nef:
Gostwng dy glust o'r bryniau fry,
O Arglwydd grasol, cofia fi!

[1] Gwelir y ffurf yma yng ngwaith Morgan Rhys, William Williams ac eraill o emynwyr y ddeunawfed ganrif: *ni thraid, ni'th raid, thraid, traid* ≡ nid rhaid.

'Rwy' yma yn wael fy ngwedd,
  Yn euog ac yn wan,
Gelynion creulon sy'n
  Fy amgylchu ym mhob man:
Bydd i mi'n blaid i goncro'r llu,
O Arglwydd grasol, cofia fi!

Yn wyneb uffern dân,
  Ac angau mawr ei rym,
Rho i mi nerth wrth raid,
  Bydd di yn nodded im:
Yn nyfroedd cry'r Iorddonen ddu,
O Arglwydd grasol, cofia fi!

AM GARIAD CRIST

MAE cariad rhad ein Iesu cu
Yn ffyddlon iawn, fel angau'n gry',
Yn uwch nag uchder nen i'r llawr,
Yn ddyfnach na'r dyfnderoedd mawr.

Yng ngrym ei gariad dwyfol rhad
Y daeth o fynwes bur ei Dad,
I glymu'n natur wael ei llun,
Yn un â'i Berson mawr ei hun.

Ein dyled fawr oedd fwy ei rhi'
Na deall yr angylion fry;
Talodd yn llwyr, daeth â rhyddhad,
A chyfiawn hawl i'r nefol wlad.

Caru'i ddyweddi nawr mae ef
Yn ddigyfnewid yn y nef;
Ac yn ei chur a'i dwfn bla
Achub a chydymdeimlo wna.

PERFFEITHRWYDD IESU

MAE holl berffeithiau maith Jehofa
Yn yr Iesu ardderchoca';
Cariad, hedd, a bythol fywyd
Sy'n tywynnu o'i wynepryd.

Tremio fyny ar ei Berson
Y mae'r seintiau ac angylion;
Suddo wedyn i ddiddymdra,
Yno'n seinio: Halelwia!

Cuddio'u hunain â'u hadenydd,
Ymgrymu gyda nefol g'wilydd;
Â'u huchaf gân byth ni fynegant
Y filiynfed o'i ogoniant.

Ei hedd sydd gyflawn fel y moroedd,
Dros ehangder maith y nefoedd;
Gwynfyd, gwynfyd, fyrdd o weithiau,
Bawn i fry ar ben fy siwrnai.

CRIST YN GRAIG

RHYW Ŵr, – rhyfeddol Ŵr yw ef
Sydd i mi'n lloches gadarn gref;
Fel uchel graig fy nghysgod fydd
Rhag marwol wres y poethlyd ddydd.

Yr hynod graig, ein Iesu cu
Sy'n llawer uwch na'r nefoedd fry;
O dano ef y llecha' i'n glyd
Ym mhob rhyw stormydd yn y byd.

Fe draw'd y graig, mae ffrydiau hon
Yn oeri'r llosgfa dan fy mron;
Fe draw'd y graig, a'i dyfroedd pur
Yw'm cysur yn yr anial dir.

Yn holltau'r graig fy nhrigfa fydd,
Trwy ryfedd faith dragwyddol ddydd;
Caf yma hyfryd wedd fy Nuw,
Disgleiriad ei berffeithiau gwiw.

ABERTH CRIST

WEL dyma ffrind na thraethir byth mo'i glod,
Er gwaeled wyf, fe'm carodd cyn fy mod;
Ei enaid rodd yn bridwerth i'm rhyddhau,
Trwy rin ei waed y caf fy llwyr lanhau.

Nid dwyfol lid, yn afon ddofon gref,
Allasai fyth ddiffodd ei gariad ef;
Trwy ing a chur a gwaeau heb ddim rhi'
Agorodd ffordd mewn i'r Baradwys fry.

Jonathan Powell, Rhos-meirch (1764 – 1823)

Ganed yn Nefynnog, Brycheiniog. Dechreuodd bregethu ym Morgannwg ac yn Rhaeadr Gwy, Maesyfed. Urddwyd ef ym 1790. Ymhen wyth mlynedd, oherwydd trafferthion diflas, symudodd i ofalu am eglwysi Rhos-meirch a Chapel Mawr, Môn. Yno, bu â rhan mewn sefydlu amryw o eglwysi (ar y pryd cofrestrwyd 28 o leoedd i Annibynwyr i addoli ar yr ynys). Roedd yn ŵr dawnus a galluog ac yn emynydd o gryn fri. Ymhlith pethau eraill, ym 1796 cyhoeddodd lyfryn o emynau o'i waith ei hun: Llawenydd yn Nglyn Wylofain.

DUW'R BENDITHION

DUW'R bendithion yw dy enw,
Yn cyfrannu'n helaeth iawn;
'Nôl cyfrannu yn y bore,
Rhoddi eilwaith y prynhawn:
Dyro fendith
Eto'n rhagor yma i lawr.

Mil a Mwy o Emynau

Mil o filoedd, myrdd myrddiynau,
  A fu'n disgwyl wrth dy ddôr;
Ac er rhoddi'n helaeth iddynt
  Para'n gyflawn mae dy stôr:
    Rho i ninnau
  Fendith newydd, nefol Dad.

ER DAIONI

GORTHRYMDER ar orthrymder
  Sy 'nglyn wylofain trist;
Ac ergyd ar ôl ergyd
  I wir ganlynwyr Crist;
Ond eto wedi'r cyfan
  Pob ergyd sy'n ei le,
Yn dwyn y gwaredigion
  Nes, nes i deyrnas ne'.

Rhyfeddol fydd yr olwg
  Pan ddelo'r dorf i dre'
O'r dwyrain a'r gorllewin,
  O'r gogledd dir a'r de;
A'u cystudd wedi darfod,
  A'u tannau oll yn dynn,
Yn canu am y goncwest
  Gawd ar Galfaria fryn.

Christmas Evans (1766 – 1838)

Ganed mewn bwthyn o'r enw Esgair Wen ym mhlwyf Llandysul. Dan ddylanwad Dafydd Dafis, Castell Hywel dysgodd ddarllen y Beibl Cymraeg mewn mis, ac yntau yn 17 oed. Dechreuodd bregethu. Yn 23 oed aeth i Lŷn a bu yno'n bregethwr teithiol llwyddiannus. Yna derbyniodd ofalaeth dros gynulleidfaoedd y Bedyddwyr yn Sir Fôn. Wedi hynny bu'n weinidog yng Nghaerffili (1826 – 28), Caerdydd (1828 – 32) a Chaernarfon (1832 – 38).

BEDYDD

AF ar ôl yr apostolion,
   Aeth yn ffyddlon o fy mla'n;
Rhai a gladdwyd yn y dyfroedd
   Fel gorch'mynnodd Iesu glân;
Rhai yn Ainon, gerllaw Salim,
   Rhai yn yr Iorddonen fawr;
O am nerth i barchu geiriau
   Brenin nef a daear lawr.

Draw yn afon yr Iorddonen,
   Gyda thoriad nefol wawr,
Y bedyddiwyd ein Pen Capten
   Gyda thorf aneirif fawr;
Yna llefodd Tad y deyrnas:
   "Fe'm bodlonwyd ynddo ef."
Codir miloedd o'r tomenni,
   'N etifeddion nef y nef.

Y GORCHFYGWR

DACW ŵr yn dod o Edom
   Ac o Bosra'n goch gan waed!
Angau hyf a myrdd o ddreigiau
   'N gelaneddau dan ei draed!
Dychwel mae o Aceldama,
   Ar ei glun mae'i gleddyf llym;
A than lawryf buddugoliaeth,
   Mae'n ymdeithio yn ei rym.

Dyma'r Llew o Jwda heddiw,
   Ar ôl dryllio barrau'r bedd,
Wedi croesi y gagendor,
   Delw conc'rwr yn ei wedd:
Dos ymlaen, Orchfygwr dwyfol!
   Marchog mewn gogoniant mawr;
Llanw'r ddaear â dy foliant,
   Mae dy harddwch fel y wawr.

√ O DDUW, CYDNABYDDWN DY FAWREDD

’RHWN sy’n gyrru’r mellt i hedeg,
Ac yn rhodio brig y don,
Ac yn mesur holl ddyfnderau
Temtasiynau’r ddaear hon,
’Rwyt ti’n drech na’r gwynt a’r storom!
Hwylia eiddil llesg ymlaen,
Gyda’r awel denau, effro
O Galfaria, fel o’r blaen!

BRAICH GYNHALIOL DUW

Y FRAICH fu’n hollti’r môr
Sy nawr yn dal y gwan,
A throi’r Iorddonen gref
I lifo tua’r lan;
Mae dwyfol rym ym mraich fy Nuw,
I faeddu’m beiau cryfa’u rhyw.

Gelynion rif y dail
Sydd am fy nghael i lawr,
O fewn, o faes bob dydd,
Fel tonnau’r moroedd mawr:
O dal, fy Nuw, fy mhen i’r lan,
Caf fuddugoliaeth yn y man.

Martha Llwyd, Llanpumsaint (1766 – 1845)

Codwyd Martha Williams yn Llanpumsaint, sydd ond chwe milltir o Gaerfyrddin. Priododd â Dafydd Llwyd y gof ym 1785, a chodwyd naw o blant iddynt ar aelwyd Glanyrafon, eu cartref yn y pentre. Bregus fu iechyd Martha am flynyddoedd lawer. Er na fedrai gerdded, mynnai fynd i’r capel cyfagos, a châi ei chario yno’n gyson gan ddau o’r aelodau. Yn ei gwendid y bu’r emynyddes yn ysgrifennu. Ychydig o’i gwaith erbyn hyn sydd ar gof a chadw.

YR ARFAETH

YN nhragwyddoldeb bore
Draw yn yr arfaeth fawr,
Cyn gosod dyn yn Eden,
Cyn llunio lloer na llawr,
Fe drefnwyd yno Feichiau
Rhwng y Personau'n un,
I wisgo cnawd, a'i eni
I dalu dyled dyn.

Bydd miloedd yn ei ganmol
Am ethol draw cyn bod
Yr haul na'r lloer na'r ddaear,
Na seren yn y rhod;
A dewis yno Geidwad
O drefniad Tri yn Un,
Mor rhyfedd yn yr arfaeth
Ddarpariaeth Duw at ddyn.

CADW'R SABOTH

CADW'R Saboth a'i sancteiddio,
Cofia, f'enaid, hyn o waith,
Cadw'm geiriau a'm meddyliau
Maes o gonglau'r ddaear faith:
Cadw'm golwg ar dy ddeddfau,
Myfyrio ar dy farwol glwy',
Hyd nes gwawrio'r hyfryd fore,
Heb un diwedd arno mwy.

CRI AM ADFYWIAD

MAE fy nghalon yn hiraethu
  Am gael gweled eto'r wawr,
Rhwygo teyrnas y tywyllwch,
  A gweld caerau'n dod i lawr,
Gweled Iesu a'i ogoniant
  Yn ben moliant yn y byd,
A gweld miloedd dirifedi'n
  Dod i garu'r Iesu 'nghyd.

Y CWYMP A'R CODIAD YNG NGHRIST

RHYW awel chwithig chwythodd,
  Fe syrthiodd dyn i lawr,
Aeth gyda'r brofedigaeth
  Heb obaith iddo fawr;
A'i holl hiliogaeth ynddo
  Fel deilen yn gytûn,
A phob gorchymyn roddwyd,
  Fe'u torrwyd bob yr un.

Ym Methlem fe gyflawnwyd
  Yr hen addewid fawr,
A gafwyd gynt yn Eden,
  Pan syrthiodd dyn i lawr:
Fe'i rhoddwyd inni yno,
  Do, ar gyfamod gwell,
I godi epil Adda
  Oedd wedi syrthio 'mhell.

PENARGLWYDDIAETH DUW

GWNAETH Duw y greadigaeth
O'i benarglwyddiaeth fawr,
A phopeth cynwysedig,
Gweledig ar y llawr:
Blynyddau llawn o ddyddiau,
Tymhorau yn gytûn,
A phopeth i'w ryfeddu
Sy'n drysu synnwyr dyn.

DIOGELWCH TREFN GRAS

CADERNID y cyfamod,
Parhad â gras y nef,
A'r fuddugoliaeth nerthol,
A grym y ddwyfol lef,
A goruchwyliaeth rasol
Y digyfnewid Dduw,
Sy'n ddigon imi farw,
A digon imi fyw.

MAWL AM DREFN Y CADW

I DDUW bo'r clod yn gryno,
Am achub rhai mor ddu,
Aent ar y gefnffordd lydan
I uffern dân yn llu,
Am alw, ac am olrhain
Ar hyd y ddaear las,
Ac am y rhagorfreintiau
Sy'n y cyfamod gras.

GWEDDI AM GYNHALIAETH YSBRYDOL

IESU tirion, Brenin Seion,
Rho dy gymorth, rho dy hedd,
I deithio'n addas lwybrau'r ddinas,
Tra bwy'r ochr hyn i'r bedd.
Dal fy mhen i'r lan wrth farw,
Cadw 'ngolwg ar y wlad
Roddwyd imi mewn addewid
Trwy fodlonrwydd llawn y Tad.

GALW PECHADURIAID

BRYSIWCH, brysiwch, bechaduriaid,
Dewch drueiniaid o bob gradd,
Mewn i'r arch i gael dihangfa,
Mae'r gwir Noah yn eich gwa'dd:
Chwi gewch yma lechu'n dirion
Gydag etifeddion ffydd,
A'ch diogelu rhag y dilyw
Pryd y delo'r garw ddydd.

DYDD Y FARN

GWELIR myrdd â'u gwedd yn salw,
Pryd y delo'r dilyw tân,
Myrdd yn boddi, myrdd yn marw,
Myrdd pryd hynny'n duo'u gra'n;
Myrdd yn wylo ac ochneidio,
Eisiau bod mewn duwiol barch
I gael noddfa a dihangfa
Gyda Noah yn yr arch.

Robert Williams ('Robert ap Gwilym Ddu' 1766 – 1850)

Ganed ym mhlwyf Llanystumdwy. Roedd yn fardd ac emynydd neilltuol. Ni dderbyniodd fedydd ac ni fu'n aelod eglwysig. Gwelir prif ffynhonnell ei waith yn Gardd Eifion *(1877) a chylchgronau ei gyfnod:* Seren Gomer; Greal y Bedyddwyr; Y Brython . . . *Ei emyn enwocaf yw: 'Mae'r gwaed a redodd ar y groes'. Erys rhai o'i englynion ymhlith goreuon yr iaith.*

CALFARIA

CALFARIA gaiff ei gofio
  Pan losgo'r ddaear lawr;
A'r tâl a roes yr Iesu
  Gaiff ei ryfeddu'n fawr;
Rhyw dyrfa lân ddiflino
  A seiniant, 'Iddo ef!'
Calfaria fydd y testun
  Ar delyn aur y nef.

Calfaria gaiff ei gofio
  Pan d'wyllo haul y nen,
A threulio maith flynyddau
  Y byd a'i oesau i ben;
Rhyw lawen Halelwia
  Am ben Calfaria fydd;
Pryd hyn bydd plant y tonnau
  Dros byth o'u rhwymau'n rhydd.

Calfaria nid anghofir
  Tra gwelir ôl y gwaed
Yn clirio'r holl gysgodau
  Trwy'r gwyrthiau mawr a gaed;
Calfaria ydyw'r anthem
  Gan luoedd Salem lân,
A phoenau'r gwaith gorffennol
  Fydd eu tragwyddol gân.

Ar fryn yng ngwlad Jwdea,
   Jehofa mawr ei hun
A safodd dros bechadur,
   Oen Duw yn natur dyn!
Pan rifwyd ar y Meichiau
   Ein holl gamweddau ni,
Archollwyd dan yr hoelion
   Ei fron ar Galfari.

ATGYFODIAD CRIST

   CYFODODD Brenin hedd,
      Iachawdwr dynol ryw,
   Mewn gogoneddus wedd
      O'r tywyll fedd yn fyw;
Ein bywiol Ben esgynnodd fry,
Goruwch pob llu, tu draw i'r llen.

   Daw'r saint o rwymau'r bedd
      Ar wedd eu Priod cu,
   I lawn dragwyddol wledd
      Mewn gwir orfoledd fry;
Dyrchafant draw o'r dyfnder cudd,
Cânt ddod yn rhydd, mae'r dydd gerllaw.

   O rwymau angau caeth
      Yn rhydd y daeth Mab Duw;
   Gorchfygu'r bedd a wnaeth
      Mewn buddugoliaeth wiw:
Derbyniodd ef bob gallu mawr,
Trwy'r ddaear lawr, yn awr o'r nef.

   Pan losgo'r ddaear lawr,
      A'i mawredd o bob rhyw,
   Fe genir am yr awr
      Daeth ef o'i fedd yn fyw:
Bydd cof am hon gan ddisglair lu
Aneirif fry, byth ger ei fron.

MYFYRDOD

FY Mrenin, fy Mhrynwr,
Gwiw rad, a'm Gwaredwr,
Fy nodded, fy nyddiwr, llywiawdwr pob lles,
Yn ddiddan dros ddynion
Tywelltaist, do, heilltion
Ddiferion o finion dy fynwes.

Dy gariad, Oen gwirion,
At annoeth blant dynion,
Swydd annwyl, sydd union arwyddion o ras;
I'n dwyn o law angau,
Ni allodd picellau
Na phoenau, dialeddau, dy luddias.

Drwy ystyr ei dristyd
A'i boenau bob ennyd,
Fu'n dirwyn yn ddiwyd ei fywyd i fedd,
Mi glywaf yn ddilys
Ei lef yn wylofus
Dan bwysau anghymwys fy nghamwedd.

Pe byddai fy mhechod
Cyn amled â'r tywod,
Neu sêr y nef uchod, nid gormod y gwaith
I ti Hollalluog,
Er mwyn yr Eneiniog,
Ei faddau, Iôr enwog, ar unwaith.

Dod imi lawenydd
A heddwch na dderfydd,
A gafael o'r newydd, ar grefydd y groes;
A chynnal fi'n effro
Tra bwyf yn ymdeithio
N'ad imi drwm huno drwy'm heinioes.

GOGONIANT BYTH I'N HARGLWYDD IESU

GOGONIANT byth i'r annwyl Un
   A dynnodd golyn angau;
Ysbeiliodd uffern fawr ei grym,
   A rhyddion ydym ninnau.

Gorchfygodd Iesu ar brynhawn
   Y ddraig a'i llawn gynllwynion;
A'i waed a roddes i'n glanhau,
   A'n cannu ninnau'n wynion.

O dewch, angylion, pam na ddewch,
   Yn llawen trewch eich tannau:
A boed i sain Calfaria fryn
   Ailennyn eich telynau.

Datseinied grymus anthem gref
   Organau'r nef ogoned,
I enw'r Duwdod yn y Dyn,
   Pob dawn yn un enynned.

CARIAD CRIST

MAE cariad Crist uwchlaw pob dawn;
   Pwy ŵyr ei lawn derfynau?
Ni chenfydd llygaid cerub craff
   Na seraff ei fesurau.

Mae hyd a lled ei gariad ef
   Uwch nef y nef yn llifo,
A dyfnach yw na llygredd dyn,
   Heb drai na therfyn arno.

Mae'r hyd a'r lled a'r uchder maith
   Mewn perffaith gydweithrediad
I'w gweld yn amlwg ar y bryn,
   A'r gwaed yn llyn o gariad.

Y cariad oedd er cyn creu dyn,
Erioed heb un dechreuad,
Sydd yn dragwyddol i barhau,
A'i ddyddiau heb ddiweddiad.

Y GÂN NEWYDD

MAE'R gwaed a redodd ar y groes
O oes i oes i'w gofio;
Rhy fyr yw tragwyddoldeb llawn
I ddweud yn iawn amdano.

Prif destun holl ganiadau'r nef
Yw 'Iddo ef' a'i haeddiant;
A dyna sain telynau glân
Ar uchaf gân gogoniant.

Mae hynod rinwedd gwaed yr Oen,
A'i boen wrth achub enaid,
Yn seinio'n uwch ar dannau'r nef
Na hyfryd lef seraffiaid.

'Mhen oesoedd rif y tywod mân
Ni bydd y gân ond dechrau:
Rhyw newydd wyrth o'i angau drud
A ddaw o hyd i'r golau.

Ni thraethir maint anfeidrol werth
Ei aberth yn dragywydd,
Er treulio myrdd o oesoedd glân,
Ni bydd y gân ond newydd.

Nid yw caniadau'r nef yn awr
Ond megis gwawr yn torri,
Yr hon, fel amnaid fechan iawn,
Arddengys lawn oleuni.

Pan ddelo torf y cystudd mawr
  O'r anial dirfawr yno,
Dylenwir croth pob dwyfol dant
  Ag uwch ogoniant iddo.

Er adrodd sain pob dosbarth glân
  Ar ddirfawr gân ddiddarfod,
Ni bydd eu dawn ond isel fri
  Am waed i olchi pechod.

NEFOEDD

NEF yw i'm henaid ym mhob man
Pan brofwyf Iesu mawr yn rhan,
A'i weled ef â golwg ffydd
Dry'r dywyll nos yn olau ddydd.

Mwynhad o'i ras maddeuol, mawr,
Blaen-brawf o'r nef yw yma'n awr;
A darllen f'enw ar ei fron
Sy nefoedd ar y ddaear hon.

Ac er na welaf ond o ran,
Ac nad yw profiad ffydd ond gwan,
Y defnyn bach yn fôr a fydd,
A'r wawr a ddaw yn berffaith ddydd.

EMYN O FLAEN PREGETH

O FRENIN nef a daear lawr,
  Mor werthfawr yw dy wedd;
Rho i ni brawf ar hyn o bryd
  O'th nefol hyfryd hedd.

Goleua di ein deall gwan
  Ymhob rhyw ran o'th waith;
Amlyga nawr i'th annwyl blant
  Dy fawr ogoniant maith.

O cryned, Arglwydd, ger dy fron,
Dy holl elynion cas,
A llwydda hefyd yma nawr
Wirionedd mawr dy ras.

Anwylaf Dad: O arddel di!
Y genadwri hon,
Nes llanwo gwir wybodaeth glau
Holl gyrrau'r ddaear gron.

GOLUD DIRMYG CRIST

PA fodd y meiddiaf yn fy oes
Dristáu na grwgnach dan y groes,
A minnau'n gwybod am y fraint,
Mai'r groes yw coron pawb o'r saint?

Mae dirmyg Crist yn well i mi
Na holl drysorau'r byd, a'i fri:
Ei wawd fel sain berseiniol sydd,
A'i groes yn fywyd imi fydd.

Nid yw blinderau'r saint i gyd,
A'u croesau beunydd yn y byd,
Ond megis dim wrth gyfyng awr
A thost arteithiau'r Ceidwad mawr.

Dilynwn ninnau ôl ei draed,
Ei lwybr sydd yn goch o waed;
Gan gyfri'r groes, os rhaid ei dwyn,
Yn wir orfoledd, er ei fwyn.

Mae'n rhaid i hunan gwag ein hoes
A'n hymffrost grynu wrth ei groes;
Holl rwysg y byd ac uchder dyn,
I lawr y bwrir hwynt bob un.

Er dechrau'r byd o oes i oes
Proffwydo wnaed am waed y groes;
A'r holl aberthau gynt fu'n bod
Oedd yn ei ddangos ef i ddod.

Na rwgnach mwy, fy enaid prudd,
Tra byddo nerth yn ôl y dydd;
Er mynych riddfan dan yr iau,
Mae'r dydd i'w symud yn nesáu.

O dan y groes ymlaen yr awn,
Y groes ddywedodd ef a gawn;
Ond dyma gysur, f'enaid gwan:
Try'r groes yn goron yn y man.

MAWRHYDI A DAROSTYNGIAD CRIST

RHYFEDDOD oedd, rhyfeddod yw!
Ai'r unig ddyrchafedig Dduw,
Gwir wrthrych mawl seraffiaid gwych,
A welaf draw yn waelaf drych?

Rhyfeddod iawn i'r nefol lu
Oedd gweled eu Creawdwr cu
Yn gwisgo natur wan ei rhyw,
Yn waelaf ddyn, – anwylaf Dduw.

Os rhyfedd gan angylion nef
Oedd gweld ei bur ddynoldeb ef,
Mae myrdd o ryfeddodau mwy
Yn rhinwedd glân ei farwol glwy'!

Ni all angylion nefoedd lon,
Cerwbiaid a seraffiaid hon,
Ac epil Adda oll yn un,
Fynegi doniau Mab y Dyn.

Uwchlaw gofidiau byd o boen,
Fe ddwg y bendigedig Oen
Ei brynedigion oll, ryw ddydd,
O bob rhyw loes, i'r einioes rydd.

O am y ddedwydd, ddedwydd awr
Pan ddyddio tragwyddoldeb mawr!
Cawn wledda fyth ar rin ei glwy',
A dechrau mawl heb ddiwedd mwy!

CARIAD TRI YN UN

TRAGWYDDOL gariad Tri yn Un,
  I gadw dyn colledig,
A ogoneddwyd ar y pren
  Gan Iesu bendigedig.

Ei einioes lân a roes i lawr,
  Dan bwys ein dirfawr bechod;
Fe brynodd inni wir ryddhad
  Trwy waed y rhad gyfamod.

Trwy rinwedd pur ei aberth rhad,
  Gerbron y Tad mae'n eiriol;
Yn haeddiant ei gyfryngdod ef
  Fe wrendy'n llef gystuddiol.

Anfarwol gôr y nef i gyd
  Yn hyfryd seinia'i foliant;
O llanwn ninnau yn ddi-drai
  Y ddaear â'i ogoniant.

GOLWG AR Y GOGONIANT NEFOL

TRWY gywir ffydd, O esgyn f'enaid cu,
  Gwêl dy breswylfod uwch yr wybren fry;
Ni ddeall dyn, ac ni all tafod chwaith,
Fyth adrodd maint ei phur ogoniant maith,
Teyrnasu mae yr Iesu yn fuddugol,
Angau a'r bedd orchfygwyd yn dragwyddol.

Un gofid trwm, na chystudd trist, na chur,
Ni ddaw i byrth y lân breswylfa bur,
Na chlwy' na braw i'r saint, i'w blino mwy;
Yr annwyl Oen a sych eu dagrau hwy:
Eu galar maith a'u chwerwon ddwys riddfannau
Yno a dry yn hyfryd bêr ganiadau.

Mae afon bur yn dod o'r orsedd wiw,
A dyfroedd bywiol hon rhinweddol yw:
Yno mae hyfryd bren y bywyd cu,
A'i ffrwythau ef sy wledd dragwyddol fry:
Teyrnasu mae yr Iesu yn fuddugol,
Angau a'r bedd orchfygwyd yn dragwyddol.

Dafydd Morys (*fl.* 1773)

Codwyd y tri emyn sy'n dilyn o'i lyfr: Cân y Pererinion Cystuddiedig ar eu Taith tua Seion *(1773)*

DI FUOST YN YR ARDD FY NUW

DI fuost yn yr ardd, fy Nuw,
   Yn chwysu'r dŵr a'r gwa'd;
Fel gall'swn i aflanaf ddyn
   Yn hollol gael iachad.

Mewn cariad, Iôn, y dest ti lawr
   I'r ddae'r o entrych ne';
Mewn cariad est o'r preseb gwael
   I farw yn fy lle.

Mewn cariad gwisgaist goron ddrain,
   Y fantell goch, a'r cur;
Mewn cariad cymraist bigau main,
   A'r hoelion llymion dur.

Daeth iachawdwriaeth gyda'r gwaed
   A lifodd ar y pren,
Gorffennaist iachawdwriaeth rad,
   Agoraist ddrws y nen.

PAM DIGALONNI, F'ENAID GWAN

PAM digalonni, f'enaid gwan,
Er cwrdd â chroesau ym mhob man?
Fe aeth yr Iesu ei hun o'r bla'n,
I dorri grym y dŵr a'r tân.

Rhai aethant maes o'u gwae a'u poen,
Orchfygant trwy nerth gwaed yr Oen,
Aethant i mewn i'r gwledydd pur,
I gael mwynhau llawenydd gwir.

Maent nawr yn gweld wyneb eu brawd
A'u nerthodd hwy trwy lid a gwawd,
Cânt eu foliannu'n beraidd byth
Heb sôn am bechod yn eu plith.

Fy enaid, paid â grwgnach mwy,
Yn hytrach, cana glod i'w glwy',
Er bod mewn carchar cul a braw,
Cei lanio ar fyr yr ochr draw.

RHYFEDDOL YW DY ENW MAWR

RHYFEDDOL yw dy enw mawr,
  Anfeidrol yw dy rym,
Nid oes un gelyn ar y llawr
  A saif i'th erbyn ddim.

Di faeddaist angau ac uffern ddu,
  Ar ben Calfaria draw;
Di brynaist heddwch llawn i mi:
  O Iesu, moes dy law.

Datguddia imi'r heddwch hwn
  Yng nghanol rhyfel poeth,
Lleiha fy maich, esmwytha 'mhwn,
  'Rwy'n ffôl, O gwna fi'n ddoeth.

O dwg fi i garu pethau'r nef,
A darfod mwy â'r llawr,
Ac na bo gennyf gyfaill mwy,
Ond fy Iachawdwr mawr.

Joseph Harris (**'Gomer'** 1773 – 1825)

Ganed yn Llantydewi, Cas-blaidd, yn Sir Benfro. Bu'n weinidog diwyd a diddorol gyda'r Bedyddwyr yn Abertawe. Cychwynnodd Seren Gomer, *y papur newydd Cymraeg wythnosol cyntaf, ym 1814. Roedd yn awdur toreithiog hefyd.*

Y DRINDOD SANCTAIDD

CYDUNED nef a llawr
I foli enw'r Tad,
Yr hwn a roes y Mab i'n dwyn
I baradwysaidd wlad.

Molianned pawb y Mab
Am roi ei einioes ddrud
Yn aberth o anfeidrol werth
Dros bechod euog fyd.

Dyrchafed peraidd fawl
Heb baid i'r Ysbryd Glân,
Am ddeffro'r plant a'u cadw oll
Rhag mynd i uffern dân.

Am bob achubol ddawn
Rhown glod a mawl di-flin
I'r Tad, a'r Mab, a'r Ysbryd Glân,
Anfeidrol Dri yn Un.

Y BUGAIL DA

LLAIS mwyn y Bugail Da
  A rydd im hedd di-lyth;
'Does delyn yn y nef all wneud
  Peroriaeth gystal fyth.

  Adnebydd ef ei braidd,
  Mae'r defaid yn ei law;
Cânt oll feddiannu bywyd pur
  Yn nhragwyddoldeb draw.

  Ânt bawb o nerth i nerth
  Nes cyrraedd Seion lân;
Gogoniant pur gorona'u pen,
  Tragwyddol fydd eu cân.

GWLEDD YR EFENGYL

MI af at borth y nef
  Am fendith fwya'n bod,
Mae'r Brenin mawr ei hun
  Yn ceisio gennyf ddod;
Mawr eisiau cael sydd arnaf fi,
Ac eisiau rhoi ar Iesu sy.

Ei awydd ef am roi,
  A'm hawydd i am gael,
A'n dwg ein dau ynghyd –
  Dduw mawr a thruan gwael;
Mae ynddo stôr o ras di-drai
Sy'n fwy na llond fy llester brau.

Dewch, bechaduriaid, dewch
  Yn dyrfa fawr ddi-ri'
At orsedd freiniol nef,
  Mae croeso nawr i chwi;
Ar anghrediniaeth na wrandewch,
'R hwn biau'r wledd sy'n dwedyd, 'Dewch!'

GWEDDI AM DDIDWYLLEDD

O ARGLWYDD, gwêl dy was,
A phrawf fy nghalon i;
Os gweli ynof anwir ffordd,
I'r uniawn tywys fi.

Os oes rhyw bechod cudd
Yn llechu dan fy mron,
O chwilia 'nghalon drwyddi oll,
A llwyr sancteiddia hon.

Yn Isräeliad gwir
Gwna fi, heb dwyll na brad;
A'm prif hyfrydwch yn fy Nuw,
A'm cân am gariad rhad.

BENJAMIN BEDDOME (1717 – 95)
cyf. GOMER

Peter Jones ('Pedr Fardd' 1775 – 1845)

Ganed ym mhlwyf Garn Dolbenmaen, Sir Gaernarfon. Roedd yn fardd amlwg yn ifanc ac enillodd ei gerddi nifer o wobrau eisteddfodol. Ymunodd â'r Methodistiaid Calfinaidd. Ym 1823 cyhoeddodd gasgliad o farddoniaeth, Mêl Awen *ac ym 1830* Crynhoad o Hymnau. *Cyfrannodd lu o emynau eraill i gyfnodolion. Bu'n gefnogwr brwd i'r mudiad cenhadol a lluniodd emynau am ledaeniad byd-eang yr Efengyl. Erys rhai o'i emynau yn boblogaidd o hyd.*

O RYFEDD RAS

DAETH ffrydiau melys iawn
Yn llawn fel lli
O ffrwyth yr arfaeth fawr
Yn awr i ni;
Hen iachawdwriaeth glir
Aeth dros y crindir cras;
Bendithion amod hedd:
O ryfedd ras!

Cymerodd Iesu pur
        Ein natur ni,
Enillodd ef i'w saint
        Bob braint a bri;
Gadawai'r nef o'i fodd,
Cymerodd agwedd gwas;
Ffrwyth y cyfamod hedd:
        O ryfedd ras!

Yn rawnwin ar y groes
        Fe droes y drain,
Caed balm o archoll ddofn
        Y bicell fain;
Dechreuwn fawl cyn hir
Na flinir ar ei flas,
Am Iesu'r aberth hedd:
        O ryfedd ras!

IACHAWDWRIAETH RAD

MAE'R iachawdwriaeth rad
    Yn ddigon i bob rhai;
Agorwyd ffynnon er glanhad
    Pob pechod cas a bai.

    Daw tyrfa rif y gwlith
    Yn iach trwy rin y gwaed:
Pwy ŵyr na byddaf yn eu plith,
    Yn lân o'm pen i'm traed?

    Er lleted yw fy mhla,
    Er dyfned yw fy mriw,
Y balm o Gilead a'm hiachâ –
    Mae Crist yn Feddyg gwiw.

    Dan bwys euogrwydd du
    Edrychaf tua'r groes
Lle llifodd gwaed fy Mhriod cu;
    Anfeidrol Iawn a roes.

PWY FEL EFE

UN a gefais imi'n gyfaill,
Pwy fel efe!
Hwn a gâr yn fwy nag eraill,
Pwy fel efe!
Cyfnewidiol ydyw dynion
A siomedig yw cyfeillion;
Hwn a bery byth yn ffyddlon,
Pwy fel efe!

F'enaid, glŷn wrth Grist mewn cyni,
Pwy fel efe!
Ffyddlon yw ymhob caledi,
Pwy fel efe!
Os yw pechod yn dy ddrysu,
Anghrediniaeth am dy lethu,
Hwn a ddichon dy waredu,
Pwy fel efe!

Dy gamweddau a ddilea,
Pwy fel efe!
Dy elynion oll, fe'u maedda,
Pwy fel efe!
Cei bob bendith iti'n feddiant,
Hedd a chariad a'th ddilynant,
Crist a'th arwain i ogoniant,
Pwy fel efe!

Câr yr hwn sy'n llawn o gariad,
Pwy fel efe!
Byth ni'th adael di'n amddifad,
Pwy fel efe!
Bwrw arno dy holl ofal,
Dilyn ef drwy ddyrys anial,
Dan dy feichiau hwn a'th gynnal,
Pwy fel efe!

Brawd yw Iesu mewn cyfyngder,
        Pwy fel efe!
Cyfaill yw a lŷn bob amser,
        Pwy fel efe!
Diogel fyddaf dan ei aden
Ac wrth rodio'r hen Iorddonen
Yn dy law af drwyddi'n llawen,
        Pwy fel efe!

Yn y tywyll fedd fe'm cofia,
        Pwy fel efe!
Am fy llwch fe lwyr ofala,
        Pwy fel efe!
Egyr ef ei hun fy ngharchar,
Myn fy nghorff o waelod daear,
Ar ei wedd yn bur a hawddgar,
        Pwy fel efe!

MARIANNE NUNN (1778 – 1847)
efel. PEDR FARDD (1775 – 1845)

Ann Griffiths, Dolwar Fach (1776 – 1805)

Un o emynwyr enwocaf y genedl. Yn ei hieuenctid cynnar, bywyd tawel digyffro cefn gwlad y cyfnod hwnnw oedd ganddi. Cafodd dröedigaeth dan bregethu Benjamin Jones, Pwllheli, ac ymunodd â Seiat Fethodistaidd Pontrobert ym 1797. Cadwyd llawer o'i hemynau ar gof ei morwyn Ruth a briododd John Hughes. Testun y mwyafrif o'r emynau yw Person Crist a'r mwynhad o'i gwmni.

PABELL Y CYFARFOD

DYMA babell y cyfarfod,
        Dyma gymod yn y gwa'd,
Dyma noddfa i lofruddion,
    Dyma i gleifion feddyg rhad;
Dyma fan yn ymyl Duwdod
    I bechadur wneud ei nyth,
A chyfiawnder pur Jehofa
    Yn siriol wenu arno byth.

Pechadur aflan yw fy enw,
  O ba rai y penna'n fyw;
Rhyfeddaf fyth, fe drefnwyd pabell
  Im gael yn dawel gwrdd â Duw:
Yno mae, yn llond ei gyfraith,
  I'r troseddwyr yn rhoi gwledd;
Duw a dyn yn gweiddi, "Digon"
  Yn yr Iesu, 'r aberth hedd.

Myfi anturiaf yno yn eon,
  Teyrnwialen aur sydd yn ei law
Wedi ei hestyn at bechadur,
  Llwyr dderbyniad pawb a ddaw;
Af ymlaen dan weiddi, "Maddau",
  Af a syrthiaf wrth ei draed,
Am faddeuant, am fy ngolchi,
  Am fy nghannu yn ei waed.

O am ddyfod o'r anialwch
  I fyny fel colofnau mwg,
Yn uniongyrchol at ei orsedd,
  Mae yno'n eistedd heb ei wg;
Amen diddechrau a diddiwedd,
  Tyst ffyddlon yw, a'i air yn un,
Amlygu y mae ogoniant Trindod
  Yn achubiaeth damniol ddyn.

CRIST Y FFORDD

ER mai cwbwl groes i natur
  Yw fy llwybyr yn y byd,
Ei deithio a wnaf a hynny'n dawel
  Yng ngwerthfawr wedd dy wyneb-pryd;
Wrth godi'r groes ei chyfri'n goron,
  Mewn gorthrymderau llawen fyw,
Ffordd yn uniawn, er mor ddyrys,
  I ddinas gyfaneddol yw.

Ffordd a'i henw yn "Rhyfeddol",
  Hen, a heb heneiddio, yw;
Ffordd heb ddechrau, eto'n newydd,
  Ffordd yn gwneud y meirw'n fyw;
Ffordd i ennill ei thrafaelwyr,
  Ffordd yn Briod, ffordd yn Ben,
Ffordd gysegrwyd, af ar hyd-ddi
  I orffwys ynddi draw i'r llen.

Ffordd na chenfydd llygad barcut,
  Er ei bod fel hanner dydd,
Ffordd ddisathar anweledig
  I bawb ond perchenogion ffydd;
Ffordd i gyfiawnhau'r annuwiol,
  Ffordd i godi'r meirw'n fyw,
Ffordd gyfreithlon i droseddwyr
  I hedd a ffafor gyda Duw.

Ffordd a drefnwyd cyn bod amser
  I'w hamlygu wrth angen rhaid,
Mewn addewid gynt yn Eden,
  Pan gyhoeddwyd had y wraig;
Dyma seiliau'r ail gyfamod,
  Dyma gyngor Tri yn Un,
Dyma'r gwin sy'n abal llonni,
  Llonni calon Duw a dyn.

GWNA FI FEL PREN PLANEDIG, O FY NUW

GWNA fi fel pren planedig, O fy Nuw,
Yn ir ar lan afonydd dyfroedd byw,
Yn gwreiddio ar led, a'i ddail heb wywo mwy,
Ond ffrwytho dan gawodydd dwyfol glwy.

Gwlad dda, heb wae, gwlad wedi ei rhoi dan sêl,
Llifeirio mae ei ffrwyth o laeth a mêl,
Grawnsypiau gwiw i'r anial dir sy'n dod,
Gwlad nefol yw, uwchlaw mynegi'i chlod.

Jehofa yw, yn un â'i enw pur,
Cyflawnwr gwiw ei addewidion gwir;
Mae'n codi ei law, cenhedloedd ddaw i ma's,
Nodedig braw o'i rydd anfeidrol ras.

Cenhadon hedd, mewn efengylaidd iaith,
Sy'n galw i'r wledd dros fôr yr India faith;
Caiff Hotentots, Goraniaid dua' eu lliw,
Farbaraidd lu, eu dwyn i deulu Duw.

RHAGFLAS

MAE sŵn y clychau'n chwarae
Wrth odrau Iesu mawr
Ac arogl y pomgranadau
I'w clywed ar y llawr;
Maddeuant i bechadur
Yn effeithio i fwynhad,
Er mwyn yr aberth difai
A lwyr fodlonai'r Tad.

ADNABOD DUW

MAE'R Duw anfeidrol mewn trugaredd,
Er mai Duw y cariad yw,
Wrth ei gofio, imi'n ddychryn,
Imi'n ddolur, imi'n friw;
Ond ym mhabell y cyfarfod,
Mae Fe yno'n llawn o hedd,
Yn Dduw cymodlon wedi eistedd,
Heb ddim ond heddwch yn ei wedd.

Yno mae fy mwyd a 'niod,
Fy noddfa a'm gorffwysfa wiw,
Fy meddyginiaeth a fy nhrysor,
Tŵr cadarn anffaeledig yw;
Yno mae fy holl arfogaeth
Yn wyneb fy ngelynion cas,
Mae 'mywyd yno yn guddiedig
Pan wy'n ymladd ar y ma's.

Cael Duw'n Dad, a Thad yn noddfa,
  Noddfa'n graig, a'r graig yn dŵr,
Mwy nis gallaf ei ddymuno
  Gyda mi mewn tân a dŵr;
Ohono ef mae fy nigonedd,
  Ynddo trwy fyddinoedd af,
Hebddo, eiddil, gwan a dinerth,
  A cholli'r dydd yn wir a wnaf.

YMHYFRYDU YNG NGHRIST A'I GROES

MAE'r dydd yn dod i'r had brenhinol gael mordwyo tua'u gwlad,
O gaethiwed y priddfeini i deyrnasu gyda'u Tad;
Eu ffydd tu draw a dry yn olwg, a'u gobaith eiddil yn fwynhad,
Annherfynol fydd yr anthem, dyrchafu rhinwedd gwerthfawr wa'd.

Mae fy nghalon am ymadael â phob rhyw eilunod mwy,
Am fod arna i'n sgrifenedig ddelw gwrthrych llawer mwy,
Anfeidrol deilwng i'w addoli, ei garu, a'i barchu, yn y byd,
Bywyd myrdd o safn marwolaeth a gafwyd yn ei angau drud.

Arogli'n beraidd mae fy nardus wrth wledda ar y cariad rhad,
Sêl yn tanio'n erbyn pechod, caru delw sancteiddhad;
Torri ymaith law a llygad ynghyd ag uchel drem i lawr,
Neb yn deilwng o'i ddyrchafu, onid Iesu'r brenin mawr.

O am fywyd o sancteiddio sanctaidd enw pur fy Nuw,
Ac ymostwng i'w ewyllys a'i lywodraeth tra fwyf byw;
Byw dan addunedu a thalu, byw dan ymnerthu yn y gras
Sydd yng Nghrist yn drysoredig, i orchfygu ar y ma's.

Addurna'm henaid ar dy ddelw, gwna fi'n ddychryn yn dy law,
I uffern, llygredd, annuwioldeb, wrth edrych arnaf i gael braw;
O am gymdeithasu â'r enw, ennaint tywalltedig yw,
Yn hallt i'r byd, gan bêr aroglau o hawddgar ddoniau eglwys
  Dduw.

CARIO'R GROES, A PHARA I'W CHODI

NI ddichon byd a'i holl deganau
Fodloni fy serchiadau nawr,
A enillwyd, a ehangwyd
Yn nydd nerth fy Iesu mawr;
Ef, nid llai, a all eu llenwi
Er mor ddiamgyffred yw,
O am syllu ar ei Berson,
Fel y mae yn ddyn a Duw.

O na chawn i dreulio 'nyddiau
Yn fywyd o ddyrchafu ei waed,
Llechu'n dawel dan ei gysgod,
Byw a marw wrth ei draed;
Cario'r groes, a phara i'w chodi,
Am mai croes fy Mhriod yw,
Ymddifyrru yn ei Berson,
A'i addoli byth yn Dduw.

ADNABOD DUW

O AM dreiddio i'r adnabyddiaeth
O'r unig wir a'r bywiol Dduw,
I'r fath raddau a fo'n lladdfa
I ddychmygion o bob rhyw;
Credu'r gair sy'n dweud amdano
A'i natur ynddo amlwg yw,
Yn farwolaeth i bechadur
Heb gael Iawn o drefniad Duw.

Yn yr adnabyddiaeth yma
Mae uchel drem yn dod i lawr,
Dyn yn fach, yn wael, yn ffiaidd,
Duw'n oruchel ac yn fawr;
Crist yn ei gyfryngol swyddau,
Gwerthfawr anhepgorol yw,
Yr enaid euog yn yr olwg
A'i gogonedda megis Duw.

RHYDDID A MADDEUANT TRWY GRIST

O AM gael ffydd i edrych
Gyda'r angylion fry
I drefn yr iachawdwriaeth,
Dirgelwch ynddi sy;
Dwy natur mewn un Person
Yn anwahanol mwy,
Mewn purdeb heb gymysgu
Yn eu perffeithrwydd hwy.

O fy enaid, gwêl addasrwydd
Y Person dwyfol hwn,
Dy fywyd mentra arno
A bwrw arno'th bwn;
Mae'n ddyn i gydymdeimlo
Â'th holl wendidau i gyd,
Mae'n Dduw i gario'r orsedd
Ar ddiafol, cnawd a byd.

Rhyw hiraeth sy am ymadael
Bob dydd â'r gwaedlyd fa's,
Nid â'r arch, nac Israel,
Ond hunanymchwydd cas;
Cael dod at fwrdd y Brenin,
A'm gwadd i eiste'n uwch,
A minnau, wan ac eiddil,
Am garu yn y llwch.

Er cryfed ydyw'r stormydd
Ac ymchwydd tonnau'r môr,
Doethineb ydyw'r peilat,
A'i enw'n gadarn Iôr;
Er gwaethaf dilyw pechod
A llygredd o bob rhyw,
Dihangol yn y diwedd
Am fod yr arch yn Dduw.

GWELEDIGAETH GYNHALIOL

RHYFEDD, rhyfedd gan angylion,
  Rhyfeddod fawr yng ngolwg ffydd,
Gweld Rhoddwr bod, Cynhaliwr helaeth
  A Rheolwr pob peth sydd,
Yn y preseb mewn cadachau
  A heb le i roi ei ben i lawr,
Ac eto disglair lu'r gogoniant
  Yn ei addoli'n Arglwydd mawr.

Pan fo Sinai i gyd yn mygu
  A sŵn yr utgorn uwcha' ei radd,
Caf fynd i wledda tros y terfyn
  Yng Nghrist y Gair heb gael fy lladd;
Mae ynddo'n trigo bob cyflawnder,
  Llond gwagle colledigaeth dyn;
Ar yr adwy rhwng y ddwyblaid
  Gwnaeth gymod trwy ei offrymu ei hun.

Ef yw'r Iawn fu rhwng y lladron,
  Efe ddioddefodd angau loes,
Efe a nerthodd freichiau ei ddienyddwyr
  I'w hoelio yno ar y groes;
Wrth dalu dyled pentewynion,
  Ac anrhydeddu deddf ei Dad,
Cyfiawnder, mae'n disgleirio'n danbaid
  Wrth faddau yn nhrefn y cymod rhad.

O f'enaid, gwêl y fan gorweddodd
  Pen brenhinoedd, Awdwr hedd,
Y greadigaeth ynddo'n symud,
  Yntau'n farw yn y bedd;
Cân a bywyd colledigion,
  Rhyfeddod fwya' angylion nef;
Gweld Duw mewn cnawd a'i gydaddoli
  Mae'r côr, dan weiddi 'Iddo Ef!'

Diolch byth, a chanmil diolch,
Diolch tra bo ynof chwyth,
Am fod gwrthrych i'w addoli
A thestun cân i bara byth;
Yn fy natur wedi ei demtio,
Fel y gwaela' o ddynol-ryw,
Yn ddyn bach, yn wan, yn ddinerth,
Yn anfeidrol wir a bywiol Dduw.

Yn lle cario corff o lygredd,
Cyd-dreiddio â'r côr yn danllyd fry
I ddiderfyn ryfeddodau
Iachawdwriaeth Calfari;
Byw i weld yr Anweledig,
Fu farw ac sy'n awr yn fyw;
Tragwyddol anwahanol undeb
A chymundeb â fy Nuw.

Yno caf ddyrchafu'r Enw
A osododd Duw yn Iawn,
Heb ddychymyg, llen na gorchudd,
A'm henaid ar ei ddelw'n llawn;
Yng nghymdeithas y dirgelwch,
Datguddiedig yn ei glwy',
Cusanu'r Mab i dragwyddoldeb
Heb im gefnu arno mwy.

GWERTHFAWROGIAD

RHYFEDDA fyth, briodas-ferch,
I bwy yr wyt yn wrthrych serch;
O cenwch, waredigol hil,
Rhagori y mae Fe ar ddeng mil.

CRIST OLL YN HAWDDGAR

WELE'N sefyll rhwng y myrtwydd
   Wrthrych teilwng o fy mryd,
Er mai o ran yr wy'n adnabod
   Ei fod uwchlaw gwrthrychau'r byd:
      Henffych fore,
   Y caf ei weled fel y mae.

Rhosyn Saron yw ei enw,
   Gwyn a gwridog, teg o bryd,
Ar ddeng mil y mae'n rhagori
   O wrthrychau penna'r byd:
      Ffrind pechadur,
   Dyma ei beilat ar y môr.

Beth sy imi mwy a wnelwyf
   Ag eilunod gwael y llawr?
Tystio rwyf nad yw eu cwmni
   I'w gystadlu â Iesu mawr:
      O am aros
   Yn ei gariad ddyddiau f'oes.

DYLANWAD IESU WRTH LYN BETHESDA

Y MAE dyfroedd iachawdwriaeth
   A'u rhinweddau mewn parhad,
Y mae ynddynt feddyginiaeth
   Anffaeledig ac yn rhad;
Deuwch, gleifion codwm Eden,
   I ddefnyddio'r dyfroedd hyn;
Ni bydd diwedd byth ar rinwedd
   Sylwedd mawr Bethesda lyn.

David George Jones, Llanarthne (1780 – 1879)

BYDD MYRDD O RYFEDDODAU

BYDD myrdd o ryfeddodau
Ar doriad bore wawr
Pan ddelo plant y tonnau
Yn iach o'r cystudd mawr;
Oll yn eu gynau gwynion
Ac ar eu newydd wedd,
Yn debyg idd eu Harglwydd
Yn dod i'r lan o'r bedd.

Thomas Jones, Rhiw-sôn (1782 – 1869)

Bardd gwlad o ardal y Dre-wen ger Castellnewydd Emlyn, ac yn emynydd neilltuol. Gosodai'r neges mewn un pennill yn hytrach na chyfansoddi dau neu dri o benillion eraill ar yr un testun. Cyhoeddodd Hymnau Newyddion a gyfansoddwyd i blant yr Ysgolion Sabathol ac eraill *(1837).*

Y CARIAD TRAGWYDDOL

CLOD am dragwyddol gariad,
A bwriad Tri yn un,
Y cyngor hedd a'r arfaeth,
Er iachawdwriaeth dyn;
Yr uno â dynoliaeth,
Gael trefen ddoeth i ben,
A marw o fodd ei galon
Rhwng lladron ar y pren.

LLAIS EFENGYL

MI ges haf a thymor hyfryd,
  Ddyddiau 'mywyd ar y llawr,
Llais Efengyl glywais gyntaf,
  Llais Efengyl glywaf nawr;
Beth sydd gennyf wedi elwa?
  Duw tosturia wrtho i'n rhad,
Gyda byw yn sŵn y moddion
  Golch fy nghalon yn y gwa'd.

COFIO CALFARIA

NAC aed Calfaria fynydd
    Byth o'm cof,
Na loesion mawr fy Arglwydd
    Byth o'm cof,
Nac aed y bigog goron,
Na'r waywffon na'r hoelion,
Na'r marw rhwng y lladron
    Byth o'm cof;
Na'r dydd agorwyd ffynnon
    Byth o'm cof!

ARGLWYDD, DERE YMA YN DY RYM

WELE eto un Gymanfa,
  Wele dyrfa fawr ynghyd,
Heb dy hunan mawr, O Arglwydd,
  Ofer fydd ein gwaith i gyd;
Mae'r fath ffordd o'r glust i'r galon
  Nad â doniau dynion ddim;
Hen agorwr calon Lydia,
  Dere yma yn dy rym.

BENDIGEDIG FYDDO'N HARGLWYDD

YN ein hisel radd fe'n cofiodd,
   A dioddefodd farwol glwy',
Er mwyn cadw dyn colledig,
   Bendigedig fyddo mwy;
Ar ei annwyl ben bo'r goron,
   Medd fy nghalon ar y llawr,
Ac mi 'molaf eto'n rhagor,
   Os caf fynd i'r neithior fawr.

Evan Evans (**'Ieuan Glan Geirionydd'** 1795 – 1855)

Ganed mewn tyddyn ar lan afon Geirionydd, Trefriw. Roedd ei dad, Robert, yn fardd gwlad. Cafodd ei addysg yn ysgol yr eglwys yn Nhrefriw ac yn ysgol rad Llanrwst. Dychwelodd i weithio ar y fferm cyn mynd i gadw ysgol yn Nhal-y-bont. Bu'n gyfieithydd ac is-olygydd y cylchgrawn Goleuad Gwynedd. *Yn dilyn ei lwyddiant eisteddfodol yn Wrecsam ym 1820, cafodd ei annog i fynd yn offeiriad yn Eglwys Loegr. Urddwyd yn ddiacon ym 1826 a bu'n giwrad yng Nghaer a'r Rhyl. Cofir amdano'n bennaf am ei gerddi rhydd a'i emynau.*

'FY NHAD SYDD WRTH Y LLYW'

AR fôr tymhestlog teithio 'rwyf
   I fyd sydd well i fyw
Gan wenu ar ei stormydd oll –
   Fy Nhad sydd wrth y llyw.

Drwy leoedd geirwon, enbyd iawn
   A rhwystrau o bob rhyw,
Y'm dygwyd eisoes ar fy nhaith –
   Fy Nhad sydd wrth y llyw.

Er cael fy nhaflu o don i don
  Nes ofni bron cael byw,
Dihangol ydwyf hyd yn hyn –
  Fy Nhad sydd wrth y llyw.

Ac os oes stormydd mwy yn ôl
  Ynghadw gan fy Nuw,
Wynebaf arnynt oll yn hyf –
  Fy Nhad sydd wrth y llyw.

A phan fo'u hymchwydd yn cryfhau,
  Fy angor sicir yw
Y do'n ddiogel trwyddynt oll –
  Fy Nhad sydd wrth y llyw.

I mewn i'r porthladd tawel, clyd
  O sŵn y storm a'i chlyw,
Y caf fynediad llon ryw ddydd –
  Fy Nhad sydd wrth y llyw.

GLAN YR IORDDONEN

AR lan Iorddonen ddofn
  'Rwy'n oedi'n nychlyd,
Mewn blys mynd trwy, ac ofn
  Ei stormydd enbyd:
O na bai modd i mi
Osgoi ei hymchwydd hi
A hedfan uwch ei lli
  I'r Ganaan hyfryd.

Wrth gofio grym y dŵr
  A'i thonnog genlli,
A'r mynych rymus ŵr
  A suddodd ynddi,
Mae braw ar f'enaid gwan
Mai boddi fydd fy rhan
Cyn cyrraedd tawel lan
  Bro y goleuni.

Ond pan fwy'n gweled draw
    Ar fynydd Seion,
Yn iach, heb boen na braw,
    Fy hen gyfeillion,
Paham yr ofnaf mwy?
Y Duw a'u daliodd hwy
A'm dyga innau drwy
    Ei dyfroedd dyfnion.

SAMUEL STENNETT (1727 – 1795)
efel. IEUAN GLAN GEIRIONYDD

NA WRTHOD FI

AT un a wrendy weddi'r gwan
    'Rwyf yn dyrchafu 'nghri;
Ym mhob cyfyngder, ing, a phoen,
    O Dduw, na wrthod fi.

Er mor annheilwng o fwynhau
    Dy bresenoldeb di,
A haeddu 'mwrw o ger dy fron,
    O Dduw, na wrthod fi.

Er bod yn euog o dristáu
    Dy Ysbryd Sanctaidd di,
A themtio dy amynedd mawr,
    O Dduw, na wrthod fi.

Er mwyn dy grog a'th angau drud
    Ar fynydd Calfari,
A'th ddwys eiriolaeth yn y nef,
    O Dduw, na wrthod fi.

A'r pryd y deui yr ail waith
    Mewn mawredd, parch a bri,
I farnu'r byw a'r marw 'nghyd,
    O Dduw, na wrthod fi.

THOMAS HAWEIS (1734 – 1820)
efel. IEUAN GLAN GEIRIONYDD

'GORFFENNWYD'

CLYWCH leferydd gras a chariad
  O Galfaria'n seinio sydd;
Wele'r cedyrn greigiau'n hollti,
  Haul yn t'wyllu ganol dydd:
    'Fe orffennwyd!'
  Dwys ddolefa'r Prynwr mawr.

O'r trysorau anchwiliadwy
  A gynhwysir yn y Gair:
Môr diderfyn o fendithion
  I rai tlodion ynddo gair:
    'Fe orffennwyd!'
  Ni bydd eisiau aberth mwy.

Atgyweirier pob rhyw delyn
  Drwy y ddaear faith a'r nef,
Er cyd-daro'r anthem newydd
  Heddiw a gyhoeddodd ef:
    'Fe orffennwyd!'
  Dyma gân na dderfydd byth!

JONATHAN EVANS (1749 – 1809)
efel. IEUAN GLAN GEIRIONYDD

DIOLCHGARWCH AM Y CYNHAEAF

CYDFOLIANNWN Dduw ein Ceidwad,
  Rhoddwn iddo barch a bri,
Taena drosom adain cariad,
  Ei rad rodd yw'n bywyd ni;
    Caed cynhaeaf
  O haelionus law ein Duw.

Trwy ei rad feunyddiol roddion
  Y mae'n porthi'n bywyd brau;
Boed y genau gyda'r galon
  Yn ei ganmol a'i fawrhau;
    Diolch iddo
  Am dymhoraidd ffrwythau'r maes.

Treulio rhoddion Duw bendigaid
Er ei glod y bôm bob un;
Cael ei ras i borthi'r enaid
Rydd ddiddanwch pur i ddyn,
Pur ddiddanwch
Na ddaw terfyn arno byth.

GAIR AR ÔL CYFEILLION

MAE 'nghyfeillion adre'n myned
Draw o'm blaen o un i un,
Gan fy ngadael yn amddifad,
Fel pererin wrtho'i hun.

Wedi bod yn hir gyd-deithio
Yn yr anial dyrys maith,
Gormod iddynt oedd fy ngado
Bron ar derfyn eitha'r daith.

Wedi dianc uwch gelynion,
Croesau, a gofidiau fyrdd,
Maent hwy'n awr yn gwisgo'r goron
Ac yn cario'r palmwydd gwyrdd.

Byddaf yn dychmygu, weithiau,
Fry eu gweld yn Salem lân,
Ac y clywaf, ar rai prydiau,
Atsain odlau pêr eu cân.

Ond mae'r amser bron â dyfod
Y caf uno gyda hwy,
Yn un peraidd gôr diddarfod,
Uwchlaw ofn ymadael mwy.

'COFIA YN AWR DY GREAWDWR'

O DEWCH, ieuenctid hoff, yn awr
I arddel enw'r Iesu mawr:
Mae Duw yn galw ar eich ôl
Fod tragwyddoldeb maith yn ôl.

Nid yw pleserau penna'r byd
Ond twyll a gwagedd oll i gyd;
Mor fyr yw mwyniant pechod ffôl
Wrth dragwyddoldeb maith sy'n ôl!

Pa beth i chwi, heb Dduw a'i hedd,
Fydd harddwch corff a thegwch gwedd,
Pan ddêl yr alwad ddwys i'ch nôl
I'r tragwyddoldeb maith sy'n ôl?

Cysegrwch heddiw flodau'ch oes
I'r hwn fu farw ar y groes;
A chwi gewch orffwys yn ei gôl
Yn nhragwyddoldeb maith sy'n ôl.

CYFAILL A LŶN

Y MAE Un uwchlaw pawb eraill
Drwy'r greadigaeth fawr i gyd,
Sydd yn haeddu ei alw'n Gyfaill,
Ac a bery'r un o hyd:
Brawd a anwyd inni yw
Erbyn cledi o bob rhyw.

Ni all meithder ffordd nac amser
Oeri dim o'i gariad ef:
Mae ei fynwes byth yn dyner,
A'i gymdeithas byth yn gref:
Ni all dyfroedd angau llym
Ddiffodd ei angerddol rym.

Ym mha le y ceir, er chwilio,
   Neb yn caru fel efe?
P'le mae'r cyfaill, er ein hachub,
   A roi'i fywyd yn ein lle?
Nid oes debyg iddo ef
Drwy y ddaear faith a'r nef!

Pan fo pawb yn cefnu arnom
   Yn y dyffryn tywyll du;
Pan fo pob daearol undeb
   Yn ymddatod o bob tu;
Saif e'n ffyddlon y pryd hyn,
Ac a'n dwg yn iach drwy'r glyn.

A phan ymddangoso eilwaith
   Yng ngogoniant pur ei Dad,
Gyda'i holl angylion sanctaidd,
   Mewn anrhydedd a mawrhad,
Fe geir gweld mai'r un fydd ef
Er mynd heibio'r byd a'r nef.

JOHN NEWTON (1725 – 1807)
efel. IEUAN GLAN GEIRIONYDD

Y Geirgrawn (1796)

IESU, CYFAILL F'ENAID CU

IESU, cyfaill f'enaid cu,
Gad i mi i'th fynwes ffoi
Tra bo'r dyfroedd o bob tu
   A'r tymhestloedd yn crynhoi;
Cudd fi, O fy Ngheidwad, cudd,
   Oni chilio'r storom gref,
Yn arweinydd imi bydd,
   Nes im ddod i borthladd nef.

Noddfa arall, gwn, nid oes
  Ond tydi, i'm henaid gwan;
Ti, fu farw ar y groes,
  Yw fy nghymorth i a'm rhan;
Ynot, f'annwyl Iesu, mae
  F'holl ymddiried tra bwyf byw;
Nerth rho imi i barhau
  Nes dod adref at fy Nuw.

Pob peth ynot, Iesu, mae;
  Mwy na phopeth ynot sydd;
Cyfod di'r syrthiedig rai,
  Ac i'r cleifion meddyg bydd;
I'r gwangalon cysur rho,
  Deillion tywys yn dy ffyrdd;
Ninnau yn dragwyddol rown
  Ar dy ben fendithion fyrdd.

Gras sydd ynot fel y môr,
  Gras i faddau ac iacháu;
Boed i'w ffrydiau, Arglwydd Iôr,
  O bob pechod fy nglanhau;
Ffynnon bywyd ydwyt ti,
  Rho im gysur ar fy nhaith;
Tardd o fewn fy nghalon i,
  Tardd i dragwyddoldeb maith.

CHARLES WESLEY (1707 – 88)
cyf. JOHN HUGHES (1776 – 1843), Aberhonddu ?

Morris Davies (1796 – 1876)

EI ANNWYL ŴYN

BUGAIL Israel sydd ofalus
  Am ei dyner annwyl ŵyn;
Mae'n eu galw yn groesawus,
  Ac yn eu cofleidio'n fwyn.

'Gadewch iddynt ddyfod ataf
   Ac na rwystrwch hwynt,' medd ef,
'Etifeddiaeth lân hyfrytaf,
   I'r fath rai yw teyrnas nef.'

Deuwn, Arglwydd, â'n rhai bychain,
   A chyflwynwn hwynt i ti;
Eiddot mwyach ni ein hunain
   A'n hiliogaeth gyda ni.

Dewch, blant bychain, dewch at Iesu,
   Ceisiwch wyneb Brenin nef;
Hoff yw'ch gweled yn dynesu
   I'ch bendithio ganddo ef.

PHILIP DODDRIDGE (1702 – 51)
cyf. MORRIS DAVIES (1796 – 1876)

GWYNFYDEDIG

GWYN fyd y rhai, medd f'Arglwydd Iôn,
   Sy'n dlodion yn yr ysbryd;
Hwy biau'r deyrnas nefoedd bur,
   Er maint eu cur a'u hadfyd.

Gwyn fyd y rhai'n galaru sy,
   Am eu diddanu canant;
Gwyn fyd y werin lariaidd, wâr,
   Y ddaear etifeddant.

Gwyn fyd, mewn newyn sy, bob cam
   Â syched am gyfiawnder;
Cânt eu diwallu oll yn llawn,
   Yn raslawn o'r uchelder.

Gwyn fyd y trugarogion rai,
   Cânt yn ddi-drai drugaredd;
Gwyn fyd y pur o galon yw,
   Cânt weled Duw gogonedd.

Gwyn fyd y tangnefeddwyr gwiw,
    Yn blant i Dduw fe'u gelwir;
Ac ynddynt, yn egwyddor gref,
    Ei anian ef adweinir.

Gwyn fyd y rhai, am air y gwir
    Erlidir gan genhedloedd;
Fe'i gwnaed yn etifeddion gras,
    Eiddynt yw teyrnas nefoedd.

Er mwyn eu Harglwydd, gwyn eu byd
    Os hefyd hwy a geblir;
Eu braint sy fawr, a'u gwobr a fydd
    Y dydd y'u hanrhydeddir.

Ynghanol llid, mewn hyder llawn,
    Boent lawen iawn a hyfryd;
Daw gwaredigaeth cyn bo hir
    I'w dwyn i dir y bywyd.

Aeth saint a hen broffwydi gynt
    Drwy gyfrwng helynt adref;
Mawr iawn y fraint o'u dilyn fry,
    Er iddynt felly ddioddef.[1]

M. D. (Morris Davies, tebygol)
Y Drysorfa, Gorffennaf 1844

[1] Yn seiliedig ar Efengyl Mathew 5 : 3 – 12.

William Williams ('Gwilym Cyfeiliog' 1801 – 76)

Bardd a aned yn Llanbryn-mair. Eisteddfodwr brwd a meistr ar yr englyn. Ar ôl iddo farw cyhoeddwyd casgliad o'i gerddi: Caniadau Cyfeiliog *(1878).*

TREFN I FADDAU PECHOD

CAED trefn i faddau pechod
Yn yr Iawn:
Mae iachawdwriaeth barod
Yn yr Iawn:
Mae'r ddeddf o dan ei choron,
Cyfiawnder yn dweud, Digon!
A'r Tad yn gweiddi, Bodlon!
Yn yr Iawn;
A Diolch byth, medd Seion,
Am yr Iawn.

Yn awr, hen deulu'r gollfarn,
Llawenhawn:
Mae'n cymorth ar Un cadarn,
Llawenhawn:
Mae galwad heddiw ato,
A bythol fywyd ynddo;
Ni chollir neb a gredo,
Llawenhawn,
Gan lwyr ymroddi iddo,
Llawenhawn.[1]

William Griffith (1801 – 81)

Ganed yn Llanfaglan, Sir Gaernarfon. Fe'i hordeiniwyd gyda'r Annibynwyr, fel John ei dad. Ym 1822 fe'i sefydlwyd yn weinidog eglwys yr Annibynwyr yng Nghaergybi ac yno yr arhosodd am weddill ei fywyd.

[1] Emyn poblogaidd adeg Diwygiad 1859.

ACHUB YN AWR!

DISGYN, Iôr, a rhwyga'r nefoedd,
   Tywallt Ysbryd gras i lawr;
Disgyn fel y toddo'r bryniau,
   Diosg fraich dy allu mawr;
Rhwyga'r llenni, ymddisgleiria
   Ar dy drugareddfa lân;
Rho dy lais a'th wenau tirion,
   Achub bentewynion tân.

Ti achubaist y rhai gwaethaf,
   Annheilyngaf a fu'n bod;
Achub eto, achub yma,
   Achub finnau er dy glod.
Ti gei'r mawl pan danio'r ddaear
   A phan syrthio sêr y nen:
Ti gei'r enw yn dragwyddol,
   Ti gei'r goron ar dy ben.

Ebenezer Thomas ('Eben Fardd' 1802 – 63)

Bardd, emynydd ac eisteddfodwr llwyddiannus. Ymgartrefodd yng Nghlynnog Fawr a bu'n ddiwyd yno. Ystyrid ef yn ei oes fel un o brif feirdd Cymru.
Amser trallodus iawn oedd ei flynyddoedd olaf: bu farw dwy o'i dair merch, ei wraig Mary, ei fab deunaw oed, a chyfaill mynwesol iddo, o'i flaen. Er hyn i gyd dengys ei emyn, 'O fy Iesu bendigedig', ei ffydd ddiysgog yng nghadernid ei Arglwydd.

DUW DIGON

MAE gennyf ddigon yn y nef
   Ar gyfer f'eisiau i gyd;
Oddi yno mae y tlawd a'r gwael
   Yn cael yn hael o hyd.

O law fy Nuw fe ddaw'n ddi-feth
Fy mywyd i a'm nerth,
Fy iechyd, synnwyr, a phob peth,
Fy moddion oll, a'u gwerth.

O law fy Nuw y daw, mi wn,
Bob cymorth heb nacáu:
Holl drugareddau'r bywyd hwn
A'r gallu i'w mwynhau.

Y Duw a roes im nawdd o'r nen
Mewn llawer bwlch a fu,
Efe yw'r Duw a ddeil fy mhen
Yn yr Iorddonen ddu.

Ymhob cyfyngder, digon Duw:
Fy eisiau, ef a'i gwêl;
Efe, i farw ac i fyw,
A fynnaf, doed a ddêl.

PWYSO AR IESU

O FY Iesu bendigedig,
Unig gwmni f'enaid gwan,
Ymhob adfyd a thrallodion
Dal fy ysbryd llesg i'r lan;
A thra'm teflir yma ac acw
Ar anwadal donnau'r byd
Cymorth rho i ddal fy ngafael
Ynot ti, sy'r un o hyd.

Rhof fy nhroed y fan a fynnwyf
Ar sigledig bethau'r byd,
Ysgwyd mae y tir o danaf,
Darnau'n cwympo i lawr o hyd;
Ond os caf fy nhroed i sengi
Yn y dymestl fawr a'm chwyth,
Ar dragwyddol graig yr oesoedd,
Dyna fan na sigla byth.

Pwyso'r bore ar fy nheulu,
  Colli'r rheini y prynhawn;
Pwyso eilwaith ar gyfeillion,
  Hwythau'n colli'n fuan iawn;
Pwyso ar hawddfyd – hwnnw'n siglo,
  Profi'n fuan newid byd:
Pwyso ar Iesu, dyma gryfder
  Sydd yn dal i'r pwysau i gyd.

AR DDECHRAU OEDFA

O UCHEL ganwn ddiolch pêr,
Anthemau mawl i'r dwyfol Nêr;
Uwch, uwch y dylem seinio'n llon
I Graig ein hiechyd ger ei fron.

Nesawn â diolch clau i'w ŵydd,
I'w ganmol am ei roddion rhwydd:
A rhown yn llawen ag un llef
Y mawl sydd deilwng iddo ef.

O down, ymgrymwn oll ar frys
Mewn parch a gwylder yn ei lys:
Gostyngwn ar ein gliniau i lawr,
Yn enw ein Cyfryngwr mawr.

CADARN I IACHÁU

OS ydwyf wael fy llun a'm lliw,
  Os nad yw 'mriw'n gwellhau,
Af at y Meddyg mawr ei fri,
  Sy'n gadarn i iacháu.

O'm pen i'm traed rwy'n glwyfus oll,
  Pob archoll yn dyfnhau:
Neb ond y Meddyg Da i mi,
  Sy'n gadarn i iacháu.

Os wyf heb rym i ddim sydd dda,
  Dan bwys fy mhla'n llesgáu,
Rhydd Iesu gryfder i'r di-rym;
  Mae'n gadarn i iacháu.

O ddydd i ddydd caf nerth i ddal;
  Mae'i ras yn amalhau:
Am hyn nid anobeithiaf ddim,
  Mae'n gadarn i iacháu!

TRUGAREDD YW'R TESTUN

TRUGAREDD a ddug o dir estron
  Y truan afradlon i'w fro,
Pan ydoedd ar drengi o eisiau
  Ymhell o'i chyffiniau ar ffo.
Trugaredd â modrwy addurnodd
  Yr adyn na haeddodd un hedd:
Trugaredd i'r tŷ a'i gwahoddodd,
  Trugaredd arlwyodd y wledd.

Trugaredd sy'n galw y gelyn
  Ystyfnig a chyndyn a chas,
At orsedd y nefoedd i blygu,
  A chanu i'r Iesu a'i ras.
Trugaredd yw testun y nefoedd,
  Trugaredd wnaeth luoedd yn lân;
Trugaredd yw gwledd y pechadur,
  Ei obaith, ei gysur a'i gân.

William Rees ('Gwilym Hiraethog' 1802 – 83)

Ganed yn Llansannan, Sir Ddinbych. Ym 1831 sefydlwyd yn weinidog ym Mostyn gyda'r Annibynwyr. Ymhen rhyw ddeuddeng mlynedd aeth i fugeilio eglwysi yn Lerpwl. Ef oedd Llywydd cyntaf Undeb yr Annibynwyr. Roedd yn fardd, yn emynydd, yn llenor ac yn olygydd gweithgar. Sefydlodd bapur newydd yn Lerpwl ym 1843: Yr Amserau. *Ei emyn enwocaf yw: 'Dyma gariad fel y moroedd'. Teimlai'r Dr Pennar Davies taw hwn oedd yr emyn mwyaf oll yn y Gymraeg.*

MOLWCH YR ARGLWYDD

FY enaid, deffro di
Ar dân i foli Duw;
Bendithia'i enw am ei ddawn,
Dy ddyled gyfiawn yw.

Tylwythau'r ddaear faith,
Pob llwyth ac iaith ynghyd,
Aberthwch iddo foliant glân
Mewn hyfryd gân i gyd.

O dewch i mewn i'w byrth,
A dygwch ebyrth byw
O foliant am ei ddoniau mad
A'i rad i ddynol-ryw.

Tragwyddol pery hedd
Ei fawr drugaredd gun;
A'i bur wirionedd sy'n parhau
O hyd drwy'r oesau'r un.

DIGRIFWCH PUR Y NEF

AM waith ei gariad ar y groes,
Moliennir ef o oes i oes,
Tra byddo cyfrif oesau'n bod:
Digrifwch pur y nef, a'i gwaith
Hyd eithaf tragwyddoldeb maith
Fydd edrych arno a chanu'i glod.

CARIAD TRI YN UN

CARIAD Tri yn Un
At yr euog ddyn:
Cariad heb ddechreuad arno,
Cariad heb ddim diwedd iddo;
Cariad gaiff y clod
Tra bo'r nef yn bod.

Cariad Duw y Tad,
Rhoes ei Fab yn rhad
A'i draddodi dros elynion
I'w gwneud iddo yn gyfeillion;
Cariad gaiff y clod
Tra bo'r nef yn bod..

Cariad Iesu mawr,
Daeth o'r nef i lawr
I gyflawni hen amcanion
Gras yn iachawdwriaeth dynion;
Cariad gaiff y clod
Tra bo'r nef yn bod.

Cariad Ysbryd Duw,
Mawr, anfeidrol yw;
Gwneuthur cartref iddo'i hunan
Yn y galon euog, aflan;
Cariad gaiff y clod
Tra bo'r nef yn bod.

HOLLTAU'R GRAIG

PAN oedd Sinai yn melltennu,
A'r taranau'n rhwygo'r nen,
Cwmwl tanllyd y melltithion
Ar ymrwygo uwch fy mhen,
Nef a daear yn fy ngwrthod,
A'm cydwybod fel y ddraig,
Cefais loches rhag y ddrycin
Yn nhawelwch holltau'r Graig.

Dyma'r fan y gwnaf fy noddfa,
Yma llecha f'enaid gwan:
Pan fo'r gwynt a'r tonnau'n curo,
Holltau'r graig yw'r unig fan:
Rhued byd ac uffern greulon
Yn eu llid i'm herbyn mwy,
Minnau'n holltau'r Graig a ganaf,
Ac nid ofnaf monynt hwy.

CARIAD FEL Y MOROEDD

DYMA gariad fel y moroedd,
Tosturiaethau fel y lli:
T'wysog bywyd pur yn marw,
Marw i brynu'n bywyd ni.
Pwy all beidio â chofio amdano?
Pwy all beidio â thraethu'i glod?
Dyma gariad nad â'n angof
Tra bo nefoedd wen yn bod.

Ar Galfaria yr ymrwygodd
Holl ffynhonnau'r dyfnder mawr,
Torrodd holl argaeau'r nefoedd
Oedd yn gyfan hyd yn awr:
Gras a chariad megis dilyw
Yn ymdywallt yma 'nghyd,
A chyfiawnder pur a heddwch
Yn cusanu euog fyd.

David Charles (1803 – 80)

Unig fab David Charles (1762 – 1834). Etholwyd yn flaenor yn eglwys Heol-dŵr, Caerfyrddin. Fe'i hordeiniwyd yn weinidog yn sasiwn Dowlais yn 1851. Daeth yn arweinydd blaenllaw gyda'r Methodistiaid. Cyfansoddodd a throsodd lawer o emynau, ac y mae nifer ohonynt mewn bri o hyd.

PREGETHU'R ATGYFODIAD

CYFODED Haul disglair cyfiawnder
   Ar dywyll ardaloedd y byd;
A boed i'r anialwch ar fyrder
   Flodeuo fel rhosyn i gyd;
A chlywir llais dynion yn lluoedd
   (Fel cyfarch yr adar y dydd,)
Yn canmol Goleuni'r cenhedloedd
   A gododd i'w gosod yn rhydd.

O Saboth odiaethol dy oriau,
   Dydd gweiniaid gorfoledd a gras,
Dos, ymwel â'r broydd a'r bryniau
   Na phrof'sant erioed o dy ras;
Dos, ymwel, cyhoedda wiw godiad
   Mwyn Geidwad o waelod ei fedd;
Dwg dorf o estroniaid i brofi
   O'i gariad hyfrydlon a'i hedd.

ADDOLI ARGLWYDD Y TŶ

GWELD tyrfa yn addoli
   Yr Arglwydd yn ei Dŷ
Yw'r olwg fwyaf hyfryd
   O dan y nefoedd sy;
Cydganu wnânt yn gyson
   A chydweddïo Duw,
A dysgu rhodio'r llwybyr
   I fyned ato i fyw.

Ac yno bûm yn fynych,
Ac eto af yn llon;
Cans yno yn fy ngolwg
Mae nefoedd fechan bron:
'Does fwyniant dan yr wybren
Nac un difyrrwch fydd
Yn ddigon i fy atal
Fwynhau y sanctaidd ddydd.

O Arglwydd da, argraffa
Dy wirioneddau gwiw
Yn rymus ar fy meddwl,
I aros tra bwyf byw;
Mwy parchus boed dy ddeddfau,
Mwy annwyl nag erioed,
Yn gysur i fy nghalon,
Yn llusern i fy nhroed.

Myfyrdod am Gyfryngwr,
A phethau dwyfol, drud,
Fo'n llanw 'nghalon wamal
Yn felys iawn o hyd;
A bydded prawf maddeuant,
Yr heddwch sydd trwy'r Iawn,
Gartrefol yn fy mynwes
O fore hyd brynhawn.

ISAAC WATTS (1674 –1748)
cyf. DAVID CHARLES

MAWL I'R DRINDOD

MOLIENNWCH Dduw sy'n rhoi pob dawn,
Chwi holl breswylwyr daear lawn;
Y nefol gôr, dyrchefwch gân
I'r Tad, i'r Mab, a'r Ysbryd Glân.

THOMAS KEN (1637 – 1711)
cyf. DAVID CHARLES

MAWL I DDUW

TYDI wyt deilwng o fy nghân,
Fy Nghrëwr a fy Nuw;
Dy ddoniau o fy amgylch maent
Bob munud 'rwyf yn byw.

Mi glywa'r haul, a'r lloer, a'r sêr,
Yn datgan dwyfol glod;
Tywynnu'n ddisglair wyt o hyd,
Trwy bopeth sydd yn bod.

O na foed tafod dan y rhod
Yn ddistaw am dy waith;
Minnau fynegaf hyd fy medd
Dy holl ddaioni maith.

Diolchaf am dy gariad cu
Yn estyn hyd fy oes;
Diolchaf fwy am Un a fu
Yn gwaedu ar y groes.

Diolchaf am gysuron gwiw
Wyf beunydd yn mwynhau;
Diolchaf fwy am Brynwr trist,
I mi gael llawenhau.

Mi a ddyrchafaf i dy glust
Fy annheilyngaf gân;
Ond ti gei'r clod yn llawer gwell
'Nôl 'r elo'r byd ar dân.

Josiah Jones, Gomer, Ohio, U.D.A. (1807 – 87)

YSBRYD GWEDDI

O AM ysbryd i weddïo,
  Byw dan geisio Iesu gwiw;
Gorsedd gras yw ne'r credadun,
  Ar ei ddeulin gyda'i Dduw;
Arglwydd cu, rho i mi
Anian ceisio gennyt ti.

Cydymbiliwn ar ein gliniau
  Am weniadau'r Ysbryd Glân;
O am deimlo yn bresennol
  Bur effeithiau'r nefol dân:
Rhown ein llef tua'r nef
Am ei ddylanwadau ef.

Lewis Edwards (1809 – 87)

Ganed ym Mhwll Cenawon, Penllwyn, Ceredigion. Aeth i Brifysgol Llundain am gyfnod byr ac yna i Brifysgol Caeredin ym 1833. Enillodd radd M.A. yno. Fe'i hordeiniwyd gan y Methodistiaid Calfinaidd ym 1842 (ac yntau oedd y pregethwr Methodist cyntaf ag M.A.). Ef oedd un o'r rhai a sefydlodd Y Traethodydd *ym 1845. Llwyddodd gyda David Charles Davies (1812 – 78) i sefydlu ysgol yn y Bala i baratoi gweinidogion ar gyfer yr enwad. Fe'i hanrhydeddwyd gan Brifysgol Caeredin â gradd D.D. ym 1865.*

EIN CADARN DŴR YW DUW A'I RAD

EIN cadarn dŵr yw Duw a'i rad,
  Ein tarian a'n hamddiffyn;
Efe a'n gwared rhag pob brad,
  Er maint yw llid y gelyn.
Hen frenin uffern ddu
A ddaeth â'i ffyrnig lu;
Mewn nerth a dichell mawr,
Mae'n ymarfogi'n awr,
  Ni fedd y byd ei gydradd.

Gwan lewyrch ddaw o allu dyn,
Mewn trallod blin mae'n diffodd;
Ond drosom mae'r addasaf Un,
A Duw ei hun a'i trefnodd.
Pwy yw? medd calon drist;
Ei enw yw Iesu Grist,
Tywysog lluoedd nef,
Ac nid oes neb ond ef
A lwydda yn yr ymgyrch.

A phe bai'r byd yn ddiafliaid oll,
Yn gwylied i'n traflyncu,
Ni raid i'n hyder fynd ar goll,
Ni allant ein gorchfygu.
Tywysog y byd hwn
Sy'n llawn cynddaredd, gwn;
Ond niwed o un rhyw
Ni all; – ei ddedfryd yw
Mai Gair ein Duw a'i trecha.

Y Gair er gwaethaf uffern gref
Un funud nid yw'n oedi;
Ond llwyddo wna amcanion nef,
Bys Duw sydd yn mynegi.
Ein bywyd rhown yn rhwydd,
A gwraig a phlant o'n gŵydd;
Yn hir ni chaem hwynt mwy;
O'u cacl ni clwant hwy;
Ond dinas Duw a erys.

MARTIN LUTHER (1483 – 1546)
cyf. LEWIS EDWARDS

John Williams (**'Glanmor'** 1811 – 91)

Clerigwr, hynafiaethydd, bardd a llenor. Ganed yn y Foryd ger y Rhyl. Dechreuodd ei yrfa fel ysgolfeistr ac ymhen deunaw mlynedd fe'i hordeiniwyd yn offeiriad. 'Roedd yn eisteddfodwr brwd ac yn feirniad. Bu'n rheithor ym Môn (1883 – 91).

CAERSALEM NEWYDD

Y LÂN Gaersalem newydd,
   A'i disglair berlog byrth,
Ni syflir yn dragywydd,
   Un maen o'r mur ni syrth:
Ei sail yw Craig yr oesoedd,
   A'i theml yw Duw ei hun:
I hon y dwg brenhinoedd
   Eu teyrnged yn gytûn.

Ei theg heolydd euraid
   A rodia seintiau fyrdd,
Yn ei hawelon balmaidd
   Y chwery'r palmwydd gwyrdd:
Lle tardd ffynhonnau gwynfyd
   Tragwyddol hedd a hoen,
Grisialaidd ddyfroedd bywyd
   O orsedd Duw a'r Oen.

Y ddinas fawr ysblennydd
   Lle trig nefolion glân,
Neuaddau y llawenydd,
   Diderfyn wledd a chân:
Dan gysgod pren y bywyd
   Yn dwyn ei ddeuddeg ffrwyth,
A'i ddail yn rhoddi iechyd
   I bob rhyw iaith a llwyth.

Y lân Gaersalem newydd,
Sy'n dod o'r nef i lawr,
Goleua yr holl wledydd,
A lleinw'r ddaear fawr:
I'w phyrth daw'r holl genhedloedd,
A'u mawl dros dir a thon,
A Brenin y brenhinoedd
Deyrnasa byth yn hon.

YMLAEN, YMLAEN MARCHOGA NAWR

YMLAEN, ymlaen marchoga nawr,
Clyw groch Hosanna'r dyrfa fawr;
O addfwyn Iesu, dos ymlaen
Dros gangau gwŷdd a gwisgoedd taen.

Ymlaen, ymlaen mewn breiniol fri
A llariaidd rwysg, i'th angau di;
O Grist, gorchfyga yn dy rym
Bechodau'r byd ac angau llym.

Ymlaen, ymlaen, O frenin mawr!
Mae'r nefoedd oll yn plygu nawr,
Gan syllu a rhyfeddu'n fud
Gerbron anfeidrol aberth drud.

Ymlaen, ymlaen mewn rhwysgedd clau,
Mae'r ymdrech olaf yn nesáu;
Y Tad ar berlog orsedd sy
Yn disgwyl ei eneiniog fry.

Ymlaen, ymlaen mewn breiniol fri
A llariaidd rwysg, i'th angau di;
O plyg dy ben i farwol boen,
Dring orsedd Duw, ddihalog Oen.

H. H. MILMAN (1791 – 1868)
cyf. JOHN WILLIAMS

William Jones ('Ehedydd Iâl' 1815 – 99)

Ganed yng Nghefn Deulin, Derwen, Sir Ddinbych. Aeth yn naw mlwydd oed yn was ffarm. Yn bedair ar hugain oed cafodd dröedigaeth. Tua 1850 cymerodd denantiaeth Tafarn y Gath, ffarm ger Llandegla. Ymhen wyth mlynedd yno trowyd y dafarn yn ffermdy, ac yno bu'n ffermio am yn agos i hanner canrif. Penodwyd yn Flaenor gyda'r Wesleaid, yn athro Ysgol Sul ac yn bregethwr cynorthwyol. Bu'n ffarmwr da ac yn fardd llwyddiannus. Cyhoeddwyd casgliad o'i gerddi: Blodau'r Iâl *(1898).*

EMYN

TI'R hwn ddywedaist, 'Bydded!'
  Uwchben y gwagle mawr,
Nes aeth pob peth a welir
  I'w lle, mewn nef a llawr;
O anfon air cyffelyb
  I ni yn awr o'r nef,
Fel caffom ddechrau'r moddion
  Yn sŵn dy rymus lef.

Yr Ysbryd anffaeledig
  A fyddo inni'n llyw,
Efe all ddenu'r galon
  At 'ddyfnion bethau Duw';
Hwn sydd yn perarogli
  Y weddi daer a'r gân,
Coroned ein cyfarfod
  Â dawn yr Ysbryd Glân.

ER NAD YW 'NGHNAWD OND GWELLT

Y NEFOEDD uwch fy mhen
  A dduodd fel y nos,
Heb haul na lleuad wen
  Nac unrhyw seren dlos,
A llym gyfiawnder oddi fry
Yn saethu mellt o'r cwmwl du.

Cydwybod euog oedd
  Yn rhuo dan fy mron,
Mi gofia'i chwerw floedd
  Tra ar y ddaear hon,
Ac yn fy ing ymdrechais ffoi,
Heb wybod am un lle i droi.

Mi drois at ddrws y ddeddf
  Gan ddisgwyl cael rhyddhad;
Gofynnais iddi'n lleddf
  Roi imi esmwythâd,
'Ffo am dy einioes,' ebe hi,
'At Fab y Dyn i Galfari.'

Gan ffoi, ymdrechais ffoi
  Yn sŵn taranau ffroch,
Tra'r mellt yn chwyrn gyffroi
  O'm hôl fel byddin goch;
Cyrhaeddais ben Calfaria fryn,
Ac yno gwelais Iesu gwyn.

Er nad yw 'nghnawd ond gwellt
  A'm hesgyrn ddim ond clai,
Mi ganaf yn y mellt,
  Maddeuodd Duw fy mai:
Mae craig yr oesoedd dan fy nhraed
A'r mellt yn diffodd yn y gwaed.

D. Silvan Evans (1818 – 1903)

Ysgolhaig, geiriadurwr, golygydd a chasglwr chwedlau gwerin; a brodor o Lanarth, Ceredigion. Bu'n pregethu'n aml mewn eglwysi Annibynnol. Yna aeth i Goleg Dewi Sant, Llanbedr Pont Steffan ac fe'i hordeiniwyd yn offeiriad. Gwasanaethodd mewn sawl plwyf yng ngogledd Cymru. Bu hefyd yn Ganghellor Bangor.

EMYN Y PASG

CYFODODD Crist yr Arglwydd!
Y newydd rhown ar daen;
Chwilfriwiodd rwymau'r beddrod,
Er sicred oedd y maen;
Gorchfygodd nerthoedd angau
Ar fore'r trydydd dydd:
Enillodd fuddugoliaeth,
A dug y caeth yn rhydd.

Cyfododd ef! Cyfododd!
Er ein tragwyddol hedd;
Ble mae dy golyn, angau,
A'th fuddugoliaeth, fedd?
Caethgludodd ef gaethiwed,
Dug inni roddion rhad;
A daeth i wawrio arnom
Oleuni'r nefol wlad.

Cyfododd ef! Cyfododd!
Agorodd byrth y nen;
Esgynnodd mewn mawrhydi
I'r llys tu fewn i'r llen;
Ar orsedd ei ogoniant
Teyrnasu mae yn awr;
Y nefoedd gorfoledded
A llawenhaed y llawr.

Y DOETHINEB GORAU

DA iawn i ŵr yw dwyn yr iau
Ac ufuddhau yn fore,
A chanlyn Crist, gan godi'r groes,
Yng ngrym ei oes a'i ddyddiau.

Gan fod y nos yn agosáu,
A'r oes mor frau a phrysur,
Paham y safwn yn ddi-fudd
Ar hyd y dydd yn segur?

I winllan Crist yn siriol awn,
   A'i waith cwplawn yn ufudd,
Gan ryngu bodd ein Perchen mawr
   Nes dyfod awr diwedydd.

Ffyrdd crefydd sydd yn hyfryd iawn,
   A'u llwybrau'n llawn o heddwch;
Ein tywys wnânt trwy'r anial dir
   I wlad y gwir hyfrydwch.

YSBRYD GWEDDI

LLANWER ni ag ysbryd gweddi,
   Ysbryd llawn o daerni dwys,
Ysbryd gofyn hyd nes derbyn
   Y bendithion mwya'u pwys:
Ysbryd llawn o deimlad bywiog
   Lanwo galon pawb o'r byw:
Boed yn amlwg ar eneidiau
   Weithrediadau Ysbryd Duw.

GWIR WERTH CROES CRIST

MAE dirmyg Crist a'i groes i mi
   Yn fwy o fri ac urddas
Na'r holl drysorau sy'n y byd
   A chyfoeth drud pob teyrnas.

Cyd-deimlo mae ein Ceidwad ni
   Â'r rhai sy dani'n griddfan;
Fe gludodd ef ei groes cyn hyn
   I ben y bryn ei hunan.

Mae nerth wrth raid i'r teulu mwyn
   Sydd yn ei dwyn yn ufudd;
Ac oddi mewn y nefol gaer
   Cânt wenwisg glaer a phalmwydd.

Ffordd gul y groes yw ffordd y nef,
    A'r pur dangnefedd hyfryd;
Hon ydyw'r ffordd a'n dwg cyn hir
    Yn iach i dir y bywyd.

Ar fyr cawn etifeddu'r wlad
    Lle mae ein Tad yn llywydd,
Ymhell uwch cyrraedd unrhyw loes,
    Trwy rinwedd croes ein Harglwydd.

DISGYNIAD YR YSBRYD

O DISGYN, fwyn golomen hardd,
    Prydferthwch gardd Paradwys,
I lawr i'n plith yr oedfa hon,
    Ac yn ein calon gorffwys.

Sancteiddia'n serch, a chod ein bryd
    Uwchlaw y byd yn gyfan;
A gwna'n calonnau caled ni
    Yn demlau i ti dy hunan.

John Roberts (**'Ieuan Gwyllt'** 1822 – 77)

Cerddor a golygydd a fu'n weinidog gyda'r Methodistiaid Calfinaidd ym Merthyr Tudful ac yn Llanberis rhwng 1859 a 1869. Sefydlodd nifer o gylchgronau, a mawr fu dylanwad ei gyfrol Llyfr Tonau Cynulleidfaol *(1859) ar ddatblygiad canu cynulleidfaol Cymru. Gosododd eiriau Cymraeg i gasgliad o donau Ira David Sankey yn ei lyfr* Swn y Juwbili *(1874), a thros y blynyddoedd gwerthwyd mwy na 400,000 o gopïau. O blith ei donau mwyaf adnabyddus gosodir 'Moab' ymhlith emyn-donau mwya'r byd.*

EISIAU IESU

MAE d'eisiau di bob awr,
    Fy Arglwydd Dduw,
Daw hedd o'th dyner lais
    O nefol ryw.

Mae d'eisiau, O mae d'eisiau,
Bob awr mae arnaf d'eisiau,
Bendithia fi, fy Ngheidwad,
Bendithia nawr.

Mae d'eisiau di bob awr,
Trig gyda mi,
Cyll temtasiynau'n grym
Yn d'ymyl di.

Mae d'eisiau di bob awr,
Rho d'olau clir,
Rho imi nerth, a blas
Dy eiriau gwir.

Mae d'eisiau di bob awr,
Sancteiddiaf Ri,
Yn Iesu gwna fi'n wir
Yn eiddot ti.

ANNIE S. HAWKS (1835 – 1918)
cyf. IEUAN GWYLLT

ARGLWYDD, DYMA FI

MI glywaf dyner lais
Yn galw arnaf fi
I ddod a golchi 'meiau i gyd
Yn afon Calfari.

Arglwydd, dyma fi
Ar dy alwad di,
Canna f'enaid yn y gwaed
A gaed ar Galfari.

'Rwy'n dod yn euog wael,
Dan bla a dirfawr glwy';
Ti a'm hiachâ, a byddaf lân,
Heb un brycheuyn mwy.

Yr Iesu sy'n fy ngwadd
I dderbyn gyda'i saint
Ffydd, gobaith, cariad pur a hedd
A phob rhyw nefol fraint.

Yr Iesu sy'n cryfhau
O'm mewn ei waith drwy ras;
Mae'n rhoddi nerth i'm henaid gwan
I faeddu 'mhechod cas.

Tystiolaeth gadarn sydd
I'r galon ffyddlon, bur,
Caiff pob rhyw air ddadleua ffydd
Ei lwyr gyflawni'n wir.

Gogoniant byth am drefn
Y cymod a'r glanhad;
Derbyniaf Iesu fel yr wyf
A chanaf am y gwa'd.

LEWIS HARTSOUGH (1828 – 1919)
cyf. IEUAN GWYLLT

'RWY'N CARU DWEUD YR HANES

'RWY'N caru dweud yr hanes
Am fawrion bethau'r nef,
Am Iesu a'i ogoniant,
A'i ryfedd gariad ef:
'Rwy'n caru dweud yr hanes,
Hen hanes cariad drud,
Mae'n llanw 'nymuniadau
Mae'n hollol ddwyn fy mryd.

'Rwy'n caru dweud yr hanes,
Ac yn y nef yn gynnes
Caf ddweud yr hen, hen hanes,
Am Iesu a'i werthfawr waed.

’Rwy’n caru dweud yr hanes,
  Mwy rhyfedd yw y gwaith
Na dim erioed a welwyd
  Trwy’r nef a’r ddaear faith;
’Rwy’n caru dweud yr hanes,
  O gymaint wnaeth i mi!
A dyna pam ’rwy’n caru
  Ei adrodd wrthyt ti.

’Rwy’n caru dweud yr hanes,
  Mor felys yw i’m bryd!
A phob tro gwnaf ei adrodd
  Melysach yw o hyd:
’Rwy’n caru dweud yr hanes
  Wrth rai na chlywsant sôn
Am ffordd yr iachawdwriaeth
  Trwy werthfawr waed yr O’n.

’Rwy’n caru dweud yr hanes,
  Mae’r rhai yn awr a’i gŵyr
Mewn syched eto’n gwrando,
  Heb flino bore a hwyr;
A phryd yr af i’r nefoedd,
  Y newydd, newydd gân
Fydd dweud yr hen, hen hanes
  Oedd annwyl im o’r blaen.

ARABELLA KATHERINE HANKEY (1834 – 1911)
efel. IEUAN GWYLLT

Thomas Levi (1825 – 1916)

Gweinidog gyda’r Methodistiaid Calfinaidd. Ganed ym Mhenrhos, Ystradgynlais, a bu’n gweithio yng ngwaith haearn Ynyscedwyn yn fachgen wyth oed. ’Roedd yn awdur toreithiog. Ysgrifennodd a chyfieithodd lu o lyfrau, cyfansoddodd lawer o emynau, a chydweithiodd gyda Joseph Parry ynglŷn â ‘Cantata yr Adar’, ‘Cantata Joseph’ . . .

Ei brif waith llenyddol oedd cychwyn a golygu’r misolyn Trysorfa’r Plant *am hanner canrif. Bu i gylchrediad y cylchgrawn gyrraedd 44,000 y mis.*

IESU'R BUGAIL MWYN

ARGLWYDD Iesu'r Bugail mwyn,
Edrych ar dy annwyl ŵyn;
Dyro arnom ni dy nod,
Ac i'th gorlan gad in ddod:
Buost farw drosom ni –
Dwg ni yn dy fynwes gu.

Arglwydd Iesu'r Bugail mwyn,
Gwrando'n wastad ar ein cwyn:
Os daw drygau o un rhyw,
Bydd yn Geidwad, bydd yn Dduw:
Er mai ieuanc ŷm mewn oed,
Ni ddilynwn ôl dy droed.

Arglwydd Iesu'r Bugail mwyn,
Ti, O Dduw, wnei gydymddwyn;
Maddau'n holl bechodau'n rhad,
Golch ni yn dy werthfawr wa'd:
Yna cawn dy foli fry
Ar hen anthem Calfari.

MAE POPETH YN DDA

ER garwed y gwyntoedd, er dued y nen,
Er amled y tonnau orchuddiant fy mhen,
Cynhyrfed y moroedd, terfysged y byd,
Yr Iesu yw Arglwydd y cyfan i gyd.

Mae popeth yn dda,
Mae popeth yn dda,
Â'r Iesu'n fy ngharu
Mae popeth yn dda.

Os dirgel Ragluniaeth ddwg angau i'm cwrdd,
A chymryd fy ffrindiau anwylaf i ffwrdd,
A'm gadael fy hunan yn unig a thlawd,
Bydd Iesu yn aros yn Geidwad a Brawd.

Pan ddof yn y diwedd at derfyn y daith,
A glyn cysgod angau yn dywyll a maith,
Yn nyfroedd yr afon fy nghynnal a wna,
A dwedaf fan honno fod popeth yn dda.

IESU'N FY NGHARU

IESU'N fy ngharu, hyn sydd yn hyfryd,
Iesu Grist ydyw gobaith fy mywyd:
  Er fod gwyntoedd mawrion i'm herbyn,
  Er mor arw ydyw y ddrycin,
  Iesu geidw fy llong rhag y dibyn;
Af yn ddiogel i'r Ganaan hyfryd,
Iesu Grist ydyw Ceidwad fy mywyd.

Iesu'n fy ngharu, O fel mae'n hoffi
Rhoi trugaredd i blant y trueni!
  Diolch, diolch, byth am ein cofio,
  Diolch, diolch, mwy a fo iddo!
  Yn y nef bydd y gân yn ddiflino:
Iesu'n fy ngharu, hyn sydd yn hyfryd,
Iesu Grist ydyw gobaith fy mywyd.

CAWN LANIO DRAW

MELYS yw meddwl ar ganol y môr,
Cawn lanio draw,
Diogel a fyddwn yn llaw'r cadarn Iôr,
  Cawn lanio draw;
Er bod y tonnau yn curo yn gry',
Er bod hi'n nosi, a'r awyr yn ddu,
Eto, nid ofnwn, ein Duw sydd o'n tu,
  Cawn lanio draw.

Llawn yw ein hwyliau, mae'r awel yn gref,
   Cawn lanio draw,
Morio yr ydym i borthladd y nef,
   Cawn lanio draw;
Daliwn yn wrol, ni gawn cyn bo hir
Olwg o bell drwy y niwl ar y tir,
Dacw fe nawr yn y golwg yn wir,
   Cawn lanio draw.

Myned i'r porthladd dan ganu a wnawn,
   Cawn lanio draw,
Myned i ddinas y nefoedd a gawn,
   Cawn lanio draw;
Bloeddiwn yn uchel ein diolch i Dduw,
Bloeddiwn ganiadau, ein dyled ni yw,
Darfu peryglon, a ninnau sy'n fyw,
   Cawn lanio draw.

Y MILWR BYCHAN

'RWYF finnau'n filwr bychan
   Yn dysgu trin y cledd
I ymladd dros fy Arglwydd
   Yn ffyddlon hyd fy medd.
Pererin bychan ydwyf
   Yn cychwyn ar ei daith,
O arwain, Arglwydd grasol,
   Hyd dragwyddoldeb maith.

Iesu cu, bydd gyda ni,
   Tra fo sŵn y rhyfel;
Heb un cledd, canu wnawn mewn hedd
   Yn y nefoedd dawel.

A Christion bychan ydwyf
   Yn credu'n Iesu Grist;
Dod ras im, O Waredwr,
   Rhag suddo i ofnau trist.
Mae nwylo bach yn weiniaid,
   Ond dyro, Iesu cu,
Ryw waith, er gwanned ydynt,
   I'w wneuthur drosot ti.

A phan fo'r rhyfel drosodd,
   A'm bywyd bach ar ben,
O dwg fi adref, Arglwydd,
   I fro Caersalem wen;
Lle nad oes dim ond canu,
   Heb neb yn dwyn y cledd
A chwarae'r aur delynau
   Mewn cariad pur a hedd.

MAE IESU ETO'N FYW

YR Iesu atgyfododd
   Yn fore'r trydydd dydd;
'N ôl talu'n llwyr ein dyled
   Y Meichiau ddaeth yn rhydd:
Cyhoedder heddiw'r newydd
   I bob creadur byw,
Er marw ar Galfaria
   Fod Iesu eto'n fyw.

Yr Iesu atgyfododd
   Mewn dwyfol dawel hedd,
Dymchwelodd garchar angau
   A drylliodd rwymau'r bedd:
Fe ddaeth ag agoriadau
   Holl feddau dynol-ryw
I fyny wrth ei wregys,
   Mae'r Iesu eto'n fyw.

Yr Iesu atgyfododd,
  Nid ofnwn angau mwy,
Daeth bywyd annherfynol
  O'i ddwyfol, farwol glwy';
Datgenwch iachawdwriaeth
  Yn enw Iesu gwiw;
Mae'r ffordd yn rhydd i'r nefoedd,
  A'r Iesu eto'n fyw.

Ellis Roberts (**'Elis Wyn o Wyrfai'** 1827 – 95)

Bardd a llenor. Ganed yn Llwyn Gwalch, Llandwrog. Yn 23 oed aeth ymlaen i Gaernarfon i'w hyfforddi fel athro ysgol. Yn hwyrach, ac yntau yn 36 oed, fe'i hordeiniwyd yn offeiriad gyda'r Eglwys Sefydledig. Golygodd Yr Haul, *cylchgrawn eglwysig rhwng 1885 a 1895, a* Hymnau yr Eglwys *(1892). Bu hefyd yn Ganon Llanelwy.*

GOGONIANT YR ATGYFODIAD

HWN yw yr hyfryd fore ddydd
Y daeth ein Ceidwad mawr yn rhydd;
Cydlawenhaed pob enaid trist
Y bore dedwydd cododd Crist.

Bodlonwyd holl ofynion llawn
Y gyfraith yn ei berffaith Iawn;
Caed cymod dros bechadur trist,
Cyflawnwyd popeth – cododd Crist.

Goleuni ddaeth ar byrth y bedd,
Dynoliaeth bur, â newydd wedd,
A ddaw i lan o'r carchar trist
I fywyd dedwydd – cododd Crist.

Gwrandewch, y nefoedd; ddaear, clyw,
Dy feirwon eto a fydd byw;
Preswylwyr llwch marwolaeth drist,
Deffrowch a chenwch – cododd Crist.

William Thomas, Gwynfe (1828 – 99)

Y CYNHAEAF

ARGLWYDD graslon a thrugarog,
 Gwrthrych moliant nef a llawr,
Tad a Rhoddwr holl fendithion
 Trwy'r cyfanfyd eang, mawr;
Ti yn rhoddi, ninnau'n derbyn,
 Rhoddwn ninnau, derbyn di
Ddiolchgarwch am fendithion
 Dy ragluniaeth, yn ddi-ri'.

Duw'r tymhorau a'r elfennau,
 Tad y trugareddau i gyd,
Ti sy'n cynnal a rheoli
 Pob rhyw fod ym mhob rhyw fyd;
Am dy dadol gymwynasau
 Rhoddwn iti gynnes gân,
Derbyn dithau'n diolchgarwch
 Am dy roddion mawr a mân.

Ti fendithiaist gnwd ein meysydd,
 Rhoddaist i ni law a gwres,
Mwydo'n daear â chafodau
 Wnest yn dirion, er ein lles;
Peraist ti i'r egin dyfu,
 Ac aeddfedu yn eu bryd,
Ninnau nawr i ti gyflwynwn
 Ddiolchgarwch yma 'nghyd.

O dy flaen 'rŷm yn ymddangos
 Heddiw yn dy sanctaidd dŷ,
Er cyflwyno'n mawl mewn diolch
 Am dy ddoniau mawr i ni;
Cadarnheaist ffon ein bara,
 Megis manna i ni bob dydd,
Ac am hynny mewn llawenydd
 Rhoddwn i ti foliant rhydd.

Bendigedig fyddo'th enw,
   Moliant rhoddwn oll i ti,
Am dy drugareddau gwerthfawr:
   Pwy na wna dy ganmol di?
Byrddau llydain dy ragluniaeth
   Huliaist i ni eto'n llawn,
Yn eu canol ninnau ganwn
   Ddiolchgarwch fore a nawn.

Ti fu'n rhoddi had i'r heuwr,
   A rhoi bara i'r bwytawr,
Ti fu'n llwytho y cymylau,
   A dihidlo'r glaw i lawr;
Ti fu'n peri i'r had egino,
   Ac aeddfedu yn eu bryd,
Argraff d'enw fel Duw'r cariad
   Ar ein byd a'r meysydd ŷd.

O'th ddaioni ti goronaist
   Flwyddyn arall eto i ni,
Am i ti goroni'r flwyddyn,
   Ninnau a'th goronwn di;
Ger dy fron gan deimlo'n dyled,
   Ymostyngwn hyd y llawr,
Gan offrymu'n mawl a'n diolch
   Trwy haeddiannau'r aberth mawr.

Cofiaist eto waith dy ddwylo
   Mewn trugaredd amlwg iawn,
Rhoddaist dymor hau a medi,
   Rhoddaist ysguboriau llawn;
Arddwyr, heuwyr, a medelwyr,
   A bwytawyr yn gytûn,
A'th glodforwn am it gofio'th
   Hen gyfamod gyda dyn.

William Williams, Tryddyn ('Gwilym ap Gwilym Lleyn' 1830 – 1901)

DIOLCHGARWCH AM Y CYNHAEAF

DEUWN, Arglwydd, i'th gynteddau,
  Ac ymgrymwn ger dy fron;
Er rhoi iti aberth moliant
  Am gynhaea'r flwyddyn hon;
Gweddus yw, Arglwydd Dduw,
I ni foli'th enw gwiw.

Yn lle newyn du ac eisiau,
  Llawnder welir yn ein gwlad;
O dy law haelionus, dirion,
  Y daeth hyn, O nefol Dad;
Gweddus yw, Arglwydd Dduw,
I ni foli'th enw gwiw.

Beth a dalwn i ti, Arglwydd,
  Am dy ddoniau ymhob modd?
Nerth rho inni yn wastadol
  Ar eu pwys i ryngu'th fodd;
Gweddus yw, Arglwydd Dduw,
I ni foli'th enw gwiw.

David Howell ('Llawdden' 1831 – 1903)

Ganed yn Nhre-os, Llan-gan, Bro Morgannwg. Bu'n giwrad yng Nghastell-nedd ac yn ficer ym Mhwllheli, Caerdydd, Wrecsam a Gresford ac yna yn Ddeon Tyddewi. Roedd yn bregethwr tanllyd ac yn ddarlithydd ar emynyddiaeth Gymreig.

HAEDDIANT CRIST

O FY Arglwydd! O fy Mhrynwr!
O fy Ngheidwad! O fy Nuw!
Ti, fy Iesu, yw fy nghwbwl,
Ar dy haeddiant 'rwyf yn byw.
Ffrwyth dy boen, a gwerth dy aberth,
Rhinwedd Iawnol dwyfol waed,
Dyma wraidd fy holl orfoledd,
Dyma'r Graig sydd dan fy nhraed.

William Thomas ('Islwyn' 1832 – 78)

Gweinidog gyda'r Methodistiaid Calfinaidd a bardd. Ganed ger Ynys-ddu, wrth droed mynydd Islwyn, Sir Fynwy.

Tua'r ugain oed syrthiodd mewn cariad ag Ann Bowen, merch ifanc o Abertawe. Ym 1853 pan oeddent ar fin priodi bu farw Ann. Dylanwadodd y golled yn drwm ar ei fywyd a'i waith. Canlyniad uniongyrchol y drychineb fu iddo lunio dwy gerdd ar yr un teitl: Y Storm. *Y cerddi hyn a wnaeth enw iddo fel bardd. Dechreuodd bregethu gyda'r Methodistiaid Calfinaidd ac ordeiniwyd ef yn Llangeitho ym 1859. Ni bu erioed yn fugail eglwys. Cyhoeddodd ddwy gyfrol o gerddi:* Barddoniaeth *(1854) a* Caniadau *(1867). Lluniodd gerddi cynganeddol ar gyfer eisteddfodau.*

Y NEFOEDD

GWÊL uwchlaw cymylau amser,
O fy enaid, gwêl y tir
Lle mae'r awel fyth yn dyner,
Lle mae'r wybren fyth yn glir;
Hapus dyrfa
Sydd yn nofio yn ei hedd.

Gwêl a chred! Mae yna drigfan,
  Oes, a choron deg i ti:
Golud hon ni threulir allan,
  Gwêl a chais ei golud hi,
    A deilyngwyd
  Yn yr ardd drwy iawnol chwys.

Ynddi tardd ffynhonnau bywyd,
  Trwyddi llif afonydd hedd,
I ddyfrhau ei broydd hyfryd,
  Ac i anfarwoli'i gwedd;
    Iachawdwriaeth
  Ar ei glan anedlir mwy.

Saethau'r bedd ni allant esgyn
  I'w hagosaf dalaith hi,
Ac ni faidd y marwol elyn
  Sengi ar ei rhandir fry;
    Cartref bywyd,
  Cartref anfarwoldeb yw.

Troir awelon glyn marwolaeth
  Oll yn hedd tu yma i'r fan,
Try holl ocheneidiau hiraeth
  Yn anthemau ar y lan;
    Syrth y deigryn
  Olaf i'r Iorddonen ddu.

Nid oes yno neb yn wylo,
  Nid oes yno neb yn brudd;
Troir yn fêl y bustl yno,
  Yno rhoir y caeth yn rhydd;
    Hapus dyrfa
  Sydd â'u trigfa yno mwy.

Iachawdwriaeth ar ei hawel
  Lif, a chyfoeth o fwynhad;
Mae ei hanthem fyth yn uchel,
  A'i thrysorau fyth yn rhad,
    A'i gogoniant
  Yn disgleirio fel yr haul.

Mae fy nghalon brudd yn llamu
  O orfoledd dan fy mron,
Yn y gobaith am feddiannu
  'R etifeddiaeth ddwyfol hon;
    Hapus dyrfa
  Sydd â'u hwyneb tua'r wlad.

'ARWAIN FI'

O ARWAIN fi i'th nefol ffyrdd,
Yng nghanol temtasiynau fyrdd;
Yn awr y brofedigaeth ddu,
Dragwyddol Ysbryd, arwain fi.

Pererin wyf ymhell o'm gwlad,
A'm golwg ar drigfannau 'Nhad;
Pererin rhwng gelynion lu –
Dad pererinion, arwain fi.

O arwain fi hyd lwybrau hedd,
Yn llawen mwyach hyd fy medd:
Drwy'r olaf brofedigaeth ddu
Yn orfoleddus arwain fi.

Richard Davies ('Mynyddog' 1833 – 77)

Bardd a aned yn Llanbryn-mair, ac yn enwog fel canwr ac arweinydd eisteddfodau. Cyhoeddwyd pedair cyfrol o'i gerddi: Caneuon Mynyddog *(1866),* Yr Ail Gynnig *(1870),* Y Trydydd Cynnig *(1877),* Pedwerydd Llyfr Mynyddog *(1882). Cydweithiodd hefyd â'r Dr Joseph Parry a lluniodd libreto'r opera* Blodwen *(1878).*

Y GWAREDWR GRASLON

DAETH Gwaredwr gwiw i ddynion,
O newydd da!
Sych dy ddagrau, gaethferch Seion,
O newydd da!
Chwyth yr utgorn ar dy furiau,
Gwisga wên a sych dy ddagrau,
Gorfoledda yn ei angau,
O newydd da.

Daeth o uchder gwlad goleuni,
O gariad mawr!
I ddyfnderoedd o drueni,
O gariad mawr!
Rhodiodd trwy anialwch trallod,
Ac o'i fodd fe yfai'r wermod
Roddodd dyn yng nghwpan pechod,
O gariad mawr.

Trefnodd ffordd i gadw'r euog,
O ryfedd ras!
Trefnodd fara i'r anghenog,
O ryfedd ras!
Yn y ffynnon ar Galfaria
Gylch yr aflan, ac fe'i gwisga
Â chyfiawnder fel yr eira,
O ryfedd ras!

Clywch ei lais, holl gyrrau'r ddaear,
  Dewch ato Ef!
Syllwch ar ei wenau hawddgar,
  Dewch ato Ef!
Cewch, ond derbyn ei ymgeledd,
Nerth i ddringo o bob llygredd,
A chewch goron yn y diwedd,
  Dewch ato Ef!

CRI AM WRANDAWIAD

YN y llwch, Waredwr hael,
Wele fi, bechadur gwael;
Pan fwy'n codi gwylaidd lef
Edifeiriol tua'r nef,
Mewn tosturi, Iesu mawr,
Cofia euog deulu'r llawr;
Oddi ar dy orsedd fry,
Gwrando'n rasol ar fy nghri.

Er mwyn dyfal weddi ddrud
A wnaed gynt dros euog fyd,
Er mwyn ing yr ardd, a'r cur
A gaed dan yr hoelion dur,
Er mwyn clwyfau dwfn a loes,
Er mwyn haeddiant marw'r groes,
Edrych, Arglwydd, arnaf fi,
Gwrando'n rasol ar fy nghri.

Ti, y gwelir daear gron
Oll yn plygu ger ei fron,
Ti, a ddrylliodd gadarn rym
Angau cryf a'i gleddyf llym,
Ac a daflodd byrth y nen
Yn agored led y pen,
D'wysog bywyd, Iesu cu,
Gwrando'n rasol ar fy nghri.

ROBERT GRANT (1779 – 1838)
cyf. RICHARD DAVIES ('MYNYDDOG')

D. R. Thomas, Archddiacon Trefaldwyn (1833 – 1916)

Y CYNHAEAF

CHWI ddiolchgar bobol, dewch,
Mewn sain moliant llawenhewch;
Caed y cnwd mewn addas hin,
Cyn ystormydd gaeaf blin:
Duw ofalodd yn ddi-baid
I gyflenwi eich holl raid,
Dewch! O dewch i'w demel lân,
Cyd-ddyrchefwch iddo gân.

Maes i godi ffrwyth i Dduw,
Clod a mawl a diolch gwiw,
Ydyw'r ddaear – ynddi mae
Ŷd ac efrau wedi'u hau:
Pan aeddfedo'r had, ar awr
Ddwys yr atgyfodiad mawr,
Arglwydd Bywyd, gad i ni
Fod yn sanctaidd gnwd i ti.

HENRY ALFORD (1810 – 1871)
cyf. D. R. THOMAS

William Thomas ('Gwilym Marles' 1834 – 79)

Ganed yn Glan Rhyd y Gwiail ger Brechfa, Sir Gaerfyrddin. Addysgwyd yng Nghіoleg Caerfyrddin a Phrifysgol Glasgow, lle'r enillodd M.A. Aeth i Goleg Caerfyrddin yn Annibynnwr a daeth oddi yno'n Undodwr. Ymsefydlodd yn weinidog ar eglwysi Undodaidd Bwlch y Fadfa a Llwynrhydowen. Roedd yn ddiwygiwr cymdeithasol, llenor ac ysgolfeistr, ac yn athro preifat i 'Islwyn'.
(Er cof am Gwilym Marles, ewythr ei dad, y cafodd Dylan Thomas ei enw canol Marlais.)

DEISYFIAD

AR daith y byd, ai byr ai hir,
  Duw, boed dy wir i'm tywys;
Fy nef ddaearol ar bob cam
  Fo meddwl am dy 'wyllys.

Cartrefed yn fy nghalon barch
  At bob rhyw arch o'th eiddo;
Y drwg mor barod i mi sydd,
  Dysg fi bob dydd i'w ado.

Fy nhraed cyfeiria di yn rhwydd
  Hyd ffordd dyletswydd danbaid:
Gwrandawaf fyth dy dirion lais
  Ag eithaf cais fy enaid.

Rho im ymochel rhag pob drwg,
  Ai cudd ai amlwg fyddo;
A diosg bob rhyw drachwant ffôl
  O'th hedd yn ôl a'm cadwo.

Y melys brawf o'r nefol wledd
  Sy'n dy dangnefedd perffaith,
Boed imi, O Dad, o'th rad dy hun,
  Trwy rodio'n un â'th gyfraith.

Am lewyrch pêr dy gariad maith
  Ar daith y byd presennol,
I ti, O Dduw pob byw a bod,
  I ti boed clod tragwyddol.

Evan Herber Evans D.D. (1836 – 96)

Gweinidog Annibynnol a phrifathro Coleg Diwinyddol Bala-Bangor. Ganed ger Castellnewydd Emlyn. Bu'n gweithio mewn siopau dillad yn Rhydlewis, Pontypridd, Merthyr Tudful a Lerpwl. Dan ddylanwad y Dr John Thomas a'i eglwys, Y Tabernacl, Lerpwl, dechreuodd bregethu ym 1857. Bu mewn colegau yn Abertawe ac Aberhonddu ac ordeiniwyd ef yn Libanus, Treforys ym 1862. Symudodd i Salem, Caernarfon ym 1865, lle bu weddill ei oes fel gweinidog hyd nes y penodwyd ef yn brifathro ym 1891. Bu'n Llywydd Undeb yr Annibynwyr (1885), ac yna ym 1892 yn Llywydd Undeb Cynulleidfaol Lloegr a Chymru. Ef oedd golygydd Y Dysgedydd *o 1880 hyd ei farwolaeth. Pregethwr oedd yn gyntaf, yn olaf, ac yn bennaf.*

DAL FI'N AGOS AT YR IESU

DAL fi'n agos at yr Iesu,
Er i hyn fod dan y groes;
Tra yn byw ym myd y pechu,
Canlyn dani bura f'oes;
Os daw poen, ac ing, a th'wyllwch,
Rho im argyhoeddiad llwyr,
Wedi'r nos a'r loes a'r trallod,
Bydd goleuni yn yr hwyr.

Dysg im edrych i'r gorffennol,
Hyn a ladd fy ofnau i gyd;
Dy ddaioni a'th drugaredd
A'm canlynant drwy y byd:
Os daw deigryn, storm a chwmwl,
Gwena drwyddynt oll yn llwyr;
Enfys Duw sy'n para i ddatgan:
Bydd goleuni yn yr hwyr.

Tywys di fi i'r dyfodol,
   Er na welaf fi ond cam;
Cariad Duw fydd eto'n arwain,
   Cariad mwy na chariad mam:
Mae Calfaria'n profi digon,
   Saint ac engyl byth a'i gŵyr;
Er i'r groes fod yn y llwybr,
   Bydd goleuni yn yr hwyr.

J. Spinther James (**'Spinther'** 1837 – 1914)

Hanesydd y Bedyddwyr. Ganed yn Nhal-y-bont, Ceredigion. Bu'n fugail ac yn borthmon cyn iddo fynd yn löwr yn Aberdâr ym 1854. Mynychodd gapel Penpound a daeth dan ddylanwad yr enwog Ddr Thomas Price. Fe'i hordeiniwyd ym 1861. 'Roedd yn bregethwr huawdl, yn areithydd grymus ac yn awdur toreithiog. Cyfansoddodd emynau, ysgrifennodd erthyglau, ond ei waith pwysicaf oedd pedair cyfrol Hanes y Bedyddwyr yng Nghymru *(1892 – 1907).*

BENDIGEDIG FYDDO'R IESU

BENDIGEDIG fyddo'r Iesu!
Yr hwn sydd yn ein caru,
Ein galw o'r byd a'n prynu,
Ac yn ei waed ein golchi
   Yn eiddo iddo'i hun.

      Halelwia!
      Moliant iddo byth, Amen.

Bendigedig fyddo'r Iesu!
Yr hwn sydd iddo'n credu
A gaiff ei ras i'w nerthu;
Mae'r hwn sydd yn gwaredu
Yn aros fyth yr un.[1]

Bendigedig fyddo'r Iesu!
Fe welir ei ddyweddi
Heb un brycheuyn arni
Yn lân fel y goleuni
    Ar ddelw Mab y Dyn.

Y BUGAIL DA

FY Mugail da, dy lais o hyd
A glywir uwch holl leisiau'r byd,
Yn galw'r praidd i'th gorlan glyd;
    Fy Mugail da, 'rwy'n dod.

Mi grwydrais drwy anialwch maith,
Yn wan a llesg ar ddyrys daith;
Ond adre nawr, dan lawer craith,
    Fy Mugail da, 'rwy'n dod.

Mae nawr yn hwyr a'r nos gerllaw,
A sŵn gelynion oddi draw
A leinw 'nghalon wan â braw,
    Fy Mugail da, 'rwy'n dod.

Rho glywed eto'r hyfryd lais
Yn falm i wella 'nghlwyf a'm clais;
Rho im dy nod, O gwrando 'nghais,
    Fy Mugail da, 'rwy'n dod.

---

[1] Ysgrifennwyd yr ail bennill hwn gan W. Rhys Nicholas (1960).

EMYN HWYROL

Y DYDD aeth heibio weithian,
O Iesu, molwn di;
Heb dramgwydd, ni erfyniwn,
Boed oriau'r nos i ni;
Gad inni dan dy adain fod,
A chadw ni drwy'r nos sy'n dod.

Am freintiau'r dydd aeth heibio,
Yn ddidwyll molwn di;
Boed sanctaidd, ni erfyniwn,
Holl oriau'r nos i ni;
Gad inni dan dy adain fod,
A chadw ni drwy'r nos sy'n dod.

Drwy gydol oriau'r t'wyllwch,
Ein Ceidwad ydwyt ti:
Yn effro ac yn cysgu,
O Iesu, cadw ni:
Gad inni dan dy adain fod,
A chadw ni drwy'r nos sy'n dod.

Byr ddiwrnod yw ein bywyd,
Fe ddaw'r nos dywyll, ddu;
Drwy ddyffryn cysgod angau,
O Iesu, arwain ni:
Gad inni dan dy adain fod,
A chadw ni drwy'r nos sy'n dod.

ANATOLIUS (9fed ganrif)
efel. SPINTHER

Arthur Rowlands (**'Ab Uthr'** 1838 – 1924)

CREDAF CAF FY MYWYD

O'R dyfnder atat llefaf,
O fy Nuw,
A'm pechod cyfaddefaf,
O fy Nuw;
Wrth gofio'r Iawn a dalwyd
Ar groesbren dros yr hollfyd,
A'th addewidion hyfryd,
O Fy Nuw,
Mi gredaf caf fy mywyd,
O fy Nuw.

Anrhaethol yw fy hiraeth
Yn fy ing,
Am ffiol iachawdwriaeth
Yn fy ing;
Er trymed yw fy nghlefyd,
Anfeidrol ras a'm cyfyd
I fythol nefol wynfyd
Heb fy ing;
Mi gredaf caf fy mywyd
Heb fy ing.

Sarah Jane Rees (**'Cranogwen'** 1839 – 1916)

BENDITHION JEHOFA

AFON gref lifeiriol
Yw tangnefedd Duw,
Beunydd yn orchfygol
Ar rwystrau o bob rhyw;
Perffaith, eto'n lletach
Tra mewn anial fyd,
Perffaith, eto'n ddyfnach
Ar ei chwrs o hyd.

A bwyso ar Jehofa
Bendigedig fydd;
Heddwch a gorffwysfa
Iddo'n sicr sydd.

Yn ei law fendigaid
Yn ddiogel iawn,
Nis gall gelyn niwaid
Fore na phrynhawn;
Ni ddaw ton o flinder,
Ni ddaw cysgod cwyn,
Ni ddaw chwa o bryder
Byth i frig eu llwyn.

Daw y gwin a'r wermod
Oddi wrth ein Tad,
Gwylir hynt y gafod
Gan haul cariad rhad;
Ymddiriedwn iddo
Wneud a fynno o hyd:
Y llwyra' i bwyso arno
A'i ca' yn orau i gyd.

Jane Ellis (*fl.* 1840)

Dyma wraig o ardal yr Wyddgrug. Cyhoeddodd y trydydd argraffiad o'i gwaith: Casgliad o hymnau, carolau, a marwnadau, a gyfansoddwyd ar amrywiol achosion *yn 1840. Cafwyd yn y llyfr 51 o gerddi yn cynnwys canu personol a chanu o'r galon gan un yn proffesu ffydd Fethodistaidd y cyfnod. Ni wyddys fawr o fanylion ynglŷn â'i bywyd. Cynhwysir yn yr Adran Garolau ei charol odidog (chwe phennill), 'O deued pob Cristion'. Cymharer y gwreiddiol â'r fersiwn a ymddangosodd (heb enw), rhif 1174 yn y* Caniedydd Cynulleidfaol Newydd *(1921), ac mewn llawer casgliad oddi ar hynny.*

MAE GENNYF ACHOS I'TH RYFEDDU

MAE gennyf achos i'th ryfeddu
  Am drugareddau'th aswy law;
O rho im roddion dy ddeheulaw
  A'm dwg i trwy'r Iorddonen draw;
Er imi gwrdd â myrdd o elynion,
  O rai creulon bob yr awr,
Ond cael llechu tan dy adain
  Mi ddof allan fel y wawr.

Trwy dy waed ti olchaist aflan
  Er mor ddued oedd ei liw,
Ti ddychwelaist yr afradlon,
  Ti gyfodaist feirw'n fyw;
Dyma finnau wedi 'nghlwyfo
  Yn greulon gan bicellau'r ddraig
Ac nid oes im feddyginiaeth
  Ond yn unig Had y Wraig.

O rho im adnabod olew
  O dy eiddo'n trin fy nghlwy',
Dyna'm gwna yn hollol dawel,
  Nid oes arnaf eisiau mwy
Ond nerth i fyw i'm Harglwydd Iesu
  A heddwch erbyn dydd a ddaw;
Deued tonnau o'r man lle delont,
  Cadw f'ysbryd yn dy law.[1]

NID YDWYF FI OND EIDDIL GWAN

NID ydwyf fi ond eiddil gwan,
Ond digon yw fy Nuw i'm rhan;
Trwy haeddiant mawr ei gariad gwir
Fe'm dwg yn iach o'r anial dir.

[1] Canu personol, canu profiad, canu o'r galon a'r enaid yw canu Jane Ellis.

Er cael blinderau yn y byd
A themtasiynau blin o hyd,
Er gorfod mynd drwy boen a braw
Dihangol fyddaf yn dy law.

O NA FEDRWN GADW'M HYSBRYD

O NA fedrwn gadw'm hysbryd
I fyfyrio pethau'r bywyd,
Ac am boen ein Harglwydd Iesu
Pan oedd ar y pren yn prynu.

Er gorfod yfed cwpan chwerw
Fe fu'n ffyddlon hyd ei farw;
Fe gadd y ddeddf ei chwbl daliad:
Y goron byth fo ar ben ein Ceidwad.

Wrth feddwl am y noswaith rewlyd
Bu'n yr ardd a'i chwys yn waedlyd,
Mae fy enaid yn hiraethu
Am gael cymorth i'w was'naethu.

Rwy'n cofio am ei 'madrodd tyner
Pan oedd ei enaid mewn cyfyngder,
Tan lid ei dad am feiau dynion
Dwedai ei fod yn gwbl foddlon.

TARFEDIG WYF FI

TARFEDIG wyf fi
Ond Bugail wyt ti,
O dychwel fi eto a gwrando fy nghri,
A golcha fi'n wyn
Yn afon y bryn:
Ti gei y moliant tragwyddol am hyn.

Un aflan wyf fi
Ond ffynnon wyt ti
A'i ffrydiau yn golchi, er cysur i mi;
O dychwel fi'n awr
O'r twllwch sydd fawr
A dyro im nabod rhyw ronyn o'r wawr.

Marweiddiad i'm cnawd
Yw cofio am y Brawd
A fu ar Galfaria tan boeredd a gwawd:
Ei nabod yn rhan
A'n cyfyd i'r lan
O ganol fy ofnau, er nad wyf ond gwan.

Drws y defaid yw fe
Fford union i'r ne',
Na ad im gymeryd gau noddfa'n ei le;
O am nabod gwir ffydd
A'r cariad mawr sydd
Ar bob temtasiynau yn ennill y dydd.

WEL DYMA FORE SABATH NEWYDD

WEL dyma fore Sabath newydd
'N ôl treulio'n ofer lawer un,
O Arglwydd, dyro gymorth heddiw
I ogoneddu Mab y Dyn;
Mae fe'n Gyfaill dâl ei garu
A rhoddi iddo berffaith glod,
Fe fu ar y pren yn dioddef
Dros fy meiau cyn fy mod.

WRTH EDRYCH AR YR ARFAETH FORE

WRTH edrych ar yr arfaeth fore
   Lle trefnwyd ffordd i gadw dyn,
Rhoes Duw ei unig Fab i ddioddef
   Poenau miloedd arno'i hun.
Yr wyf yn mynd i fôr o syndod
   Wrth edrych ar y cariad mawr:
Synnaf fwy gan mil o weithiau
   Os cedwir finnau, llwch y llawr.

Y pridd sy'n dew a'r clai sy'n domlyd
   Ar hyd fy llwybrau o ddydd i ddydd,
Chwythed awel o'r uchelder
   Yr hon a wna fy nhraed yn rhydd
Fel y delwy' i deithio'n gyflym,
   Mae'r gawod frwmstan yn nesáu,
Arglwydd, dyro im ddod yna
   Cyn y caffo'r drws ei gau.

John Athanasius Jones, Abertawe ('Athan Fardd'
1840 – 92)

CYMUNDEB Y SAINT

ARGLWYDD, yn dy bresenoldeb,
   Wele'r llwythau wedi cwrdd,
A danteithion anfarwoldeb,
   I'w diwallu ar y bwrdd;
      O'n meddyliau,
      O'n meddyliau,
   Ymlid ffug deimladau ffwrdd.

Gwerth marwolaeth fawr Calfaria
   Ddygo'r ddaear wrth dy draed,
I fwynhau y dwyfol fara
   Drwy'r anfeidrol Iawn a gaed;
      Bythol wynfyd,
      Bythol wynfyd,
   Yma rydd mewn môr o waed.

Gras Calfaria, mewn gogonedd,
　Leinw ddyfnder angen dyn,
Mae yn cynnwys holl ddigonedd
　Dwyfol arfaeth Iôr ei hun;
　　Aberth Iesu,
　　Aberth Iesu,
　Tyn y nef a ninnau'n un.

Ar Galfaria y dadlennwyd
　Cyfoeth ei ogoniant ef,
A phan waeddodd Iôr, 'Gorffennwyd!'
　Codai'r meirw 'ngrym y llef,
　　A chofleidiai,
　　A chofleidiai
　Dyn a daear Frenin nef.

Y DYN DEDWYDD

GWYN fyd yr enaid sydd yn byw
　Yn llewyrch seren ffydd,
Caiff hwnnw bresenoldeb Duw,
　Draw mewn tragwyddol ddydd.

Gorfoledd diflanedig yw
　Holl greadigaeth dyn,
Ond profa enaid plentyn Duw
　Bêr ffrwythau'r nef ei hun.

Cymylau guddiant loywaf sêr,
　Gogoniant gwag y byd,
Ond ar ffurfafen meibion Nêr
　Mae'r haul i'w weld o hyd.

Mi welaf etifeddiaeth lân
　Tu draw i'r byd a'r bedd,
Lle troir cwynfannau oll yn gân
　A phoenau'n fythol hedd.

William Emlyn Jones (1841 – 1914)

'Bugail gofalus, pregethwr huawdl, arweinydd diogel a gwir fonheddwr'. Dyna'r geiriau ar Dabled Goffa ar wal Capel y Tabernacl, Treforys. Ganed yng Nghastellnewydd Emlyn. Aeth yn fachgen ifanc 17 oed gyda'i weinidog John Williams ar daith bregethu i'r gogledd ym 1860. Pregethodd am y tro cyntaf o bulpud Aberdyfi. Fe'i hordeiniwyd yn 24 oed. Ym 1869 derbyniodd alwad i Libanus, Treforys. Ym 1872 adeiladwyd y Tabernacl, y capel mwyaf yn y wlad, am fod Libanus yn rhy fychan i gynnwys yr eglwys a'r gynulleidfa. Ymddiddorodd mewn emynyddiaeth a bu'n aelod o bwyllgor nifer o gasgliadau'r Annibynwyr: Y Salmydd *(1892),* Y Caniedydd Cynulleidfaol *(1895) a* Caniedydd yr Ysgol Sul *(1899).*

GAIR GRYMUS YR ARGLWYDD

CYNHYRFAI'R storm, a rhuai'r lli;
Mewn pryder 'roedd dy weision cu;
Ond cysgu'n dawel 'roeddit ti,
        Arglwydd Iôr!

'Cadw ni, Arglwydd!' oedd eu cri;
'Yn ein cyfyngder achub ni!'
Fe aeth dy air yn drech na'r lli –
        'Gosteg, fôr!'

Distawai'r gwynt; âi'r dyfnder mawr,
Fel baban bach, i gysgu'n awr;
Gwrandawai'r don, wrth suddo i lawr,
        Air yr Iôr.

Pan dduo'r nen, a'r gwynt a'r lli
Yn curo arnom o bob tu,
Dwed eto, rhag ein colli ni –
        'Gosteg, fôr!'

GODFREY THRING (1823 – 1903)
cyf. W. EMLYN JONES

YMDAITH CRIST

IESU Grist o'r nef a ddaeth,
    Halelwia!
I Galfaria fryn yr aeth,
    Halelwia!
Marw wnaeth dros euog fyd,
    Halelwia!
Rhodder iddo'r clod i gyd,
    Halelwia!

Rhoddodd Iawn ar bren y groes,
    Halelwia!
I'n rhyddhau o feiau'n hoes,
    Halelwia!
Llawen floeddied nef a llawr,
    Halelwia!
Teilwng wyt, O Geidwad mawr,
    Halelwia!

Yn lle'r groes, cadd orsedd wen,
    Halelwia!
Yn y nef mae nawr yn Ben
    Halelwia!
Ffrwyth ei farw leinw'r nef,
    Halelwia!
Fe ddaw'r dydd diwellir ef,
    Halelwia!

Daniel Thomas, Cwmbwrla ('Pabellwyson' 1842 – 1914)

Brodor o Gwmbwrla, Abertawe, yn flaenor yn y Babell, eglwys y Methodistiaid Calfinaidd, yn ganwr gwych ac yn adroddwr campus. Mae ei weithiau i'w cael yn: Cathlau Byrion *(1855),* Tannau Byrion *(1909)* a Ceinion Pabellwyson *(1912).*

HOFF YW'R IESU O BLANT BYCHAIN

HOFF yw'r Iesu o blant bychain,
Llawn o gariad ydyw ef;
Mae yn gwylio drostynt beunydd,
Ar ei orsedd yn y nef.

Mae'n fy ngharu; 'rwyf yn gwybod
Mai ei eiddo byth wyf fi;
Mae'n fy ngharu, diolch iddo,
Prynodd fi ar Galfari.

Os gofynnwch pam 'rwy'n hapus:
Iesu sy'n ein caru ni,
Ac yn galw'n dirion arnom,
'Dowch blant bychain ataf fi.'

Gwybod 'rwyf y gwrendy'r Iesu
Weddi plant o orsedd nef:
Deuwch, deuwch oll dan ganu,
Gyda'n gilydd ato ef.

H. A. VOKE (1883 – ?)
cyf. DANIEL THOMAS, Cwmbwrla ('Pabellwyson')

R. I. Jones, Tremadog (*fl.* 1843)

DIOLCHGARWCH AM Y CYNHAEAF (I)

CLODFORWN enw'r Arglwydd Dduw,
Ein Crëwr a'n Cynhaliwr yw,
Mae'n llywodraethu ar bob peth,
O oes i oes, heb arno feth.

Y tir a'i gynnyrch, eiddot yw,
Ti sy'n diwallu pob peth byw,
O'th 'wyllys da mae'r cwbl yn dod
Heb inni haeddu dim erio'd.

Ymwelaist, do, yn dirion iawn
Gan lwytho'n gwlad â lluniaeth llawn;
Bendithiaist a darperaist ŷd
A hyfryd hin i'w gasglu 'nghyd.

Am hynny, deffro f'enaid, cân,
Molianna enw'r Arglwydd glân;
Llef am ei ras ar bwys ei rodd
I 'mroddi i fyw i ryngu ei fodd.

DIOLCHGARWCH AM Y CYNHAEAF (II)

LLANW 'nghalon â dy foliant,
  Dy glodfori fyddo 'ngwaith,
Ymarweddu er d'ogoniant,
  Oes o ddiolch fyddo 'nhaith,
    Nid oes gennyf,
    Nid oes gennyf
  Ddim, ond a gyfrenni di.

Diolch iti am gyfrannu
  Ffrwyth toreithiog yn ei bryd,
Ac am hyfryd hin i gasglu
  Y bendithion hynny 'nghyd,
    Nid ein haeddiant,
    Nid ein haeddiant
  Na'n teilyngdod ni oedd hyn.

Gan it roddi in gynhaliaeth
  At gyfreidiau natur wael,
Nertha ninnau i roi'n calonnau,
  Ti yn gyfiawn haeddai'u cael:
    Cymer feddiant,
    Cymer feddiant
  O fy nghalon, Iesu mawr.

DIOLCHGARWCH AM Y CYNHAEAF (III)

O DOWN, clodforwn enw Duw,
Ymgrymwn i'w fawrhydi,
Nawr ger ei fron, bob enaid byw,
Ein dyled yw ei foli.

Ei eiddo ef yw'r ddaear gron,
A chynnyrch hon i'w meddu;
Gan hynny gorfoledded dyn:
Yr Arglwydd sy'n teyrnasu!

Y mae y ddaear heddiw'n llawn
O'th dyner iawn drugaredd:
Diferu braster yn ddi-au
Y mae dy lwybrau'n rhyfedd.

Er inni haeddu, Iôr, dy wg,
Am ein holl ddrwg amcanion;
Ond o'th drugaredd a'th fawr ddawn
Mae'r fro yn llawn o'th roddion.

Tydi a roddaist yn ddi-au
Iawn adeg hau a medi:
Bendithiaist a ffrwythlonaist gnwd
O'r ddaear frwd i'n llonni.

Agoraist o'th ddaioni nawr
Ffenestri mawr y nefoedd;
A glawiaist in fendithion pur
Eleni i'r ydlannoedd.

Boed in, O Dduw, dy foli'n ffraeth
Am it mor helaeth ddarpar,
Rho galon a gwefusau pur,
A gwna ni'n wir ddiolchgar.

O dysg ni fyw i ryngu'th fodd
Ar bwys dy roddion, Arglwydd;
Dy ogoneddu tra fôm byw,
Cans hynny yw'n dyletswydd.

Duw, goddef di ein diolch gwael,
  Boed iddo gael derbyniad;
A maddau ein gwendidau trist
  Yn enw Crist ein Ceidwad.

DIOLCHGARWCH AM Y CYNHAEAF (IV)

YMGRYMWN oll o flaen
  Yr unig uchel Dduw!
Yr hwn sy'n ysol dân,
  Iôr dyrchafedig yw;
Mae yn anfeidrol uwch mewn bri
Na'n bendith na'n moliannau ni.

Aberthau diolch boed
  Yn ein calonnau ni,
Mae'r achos mwya' 'rioed,
  Ei roddion sy'n ddi-ri';
Cyfrannu wnaeth heb ddannod im
A minnau 'rioed heb haeddu dim!

Coroni'r flwyddyn hon
  Â'i fawr ddaioni wnaeth,
Holl gynnyrch daear gron
  O'i fendith ef y daeth;
O na foliannem enw Duw
Am ei ddaioni i ddynol-ryw.

Pa beth a dalwn ni
  I'r Arglwydd am ei ddawn?
Ei roddion sydd heb ri'
  I rai annheilwng iawn;
Rhesymol inni bellach yw
Ei wasanaethu tra fôm byw.

Watkin Hezekiah Williams (**'Watcyn Wyn'** 1844 – 1905)

Ganed yng Nghwmllynfell, Sir Gaerfyrddin. Yn wyth oed aeth i weithio yn y pwll glo, ac i blith criw o feirdd a llenorion. Enillodd y Goron (1881) a'r Gadair (1885) yn yr Eisteddfodau Cenedlaethol hynny. Roedd yn fardd enwog yn ei ddydd. Fe'i hordeiniwyd gyda'r Annibynwyr ym 1894, ond nis sefydlwyd yn weinidog ar eglwys. Agorodd Ysgol y Gwynfryn yn Rhydaman a fu'n enwog fel athrofa i baratoi bechgyn ifainc ar gyfer y weinidogaeth. Ymhlith ei gyhoeddiadau mae cyfrolau o farddoniaeth: Caneuon *(1871),* Hwyr Ddifyrion *(1883),* Cân a Thelyn *(1895), cyfieithiad o emynau Sankey dan y teitl* Odlau'r Efengyl *a dwy nofel a ysgrifennodd ar y cyd ag Elwyn Thomas.*

LLE MAE DAU NEU DRI

ADDEWIDION Duw i gyd,
O mor werthfawr yn y byd;
Ar y geiriau mawr eu gwerth
Pwyso wnawn, o nerth i nerth:
Pan fo cwmni'r ffyddlon rai
Wedi mynd yn llai a llai,
Duw addawodd wrthym ni
Fod lle byddo dau neu dri.

Cilied daear, palled dyn,
Mae addewid Duw yr un;
Dyma'r pryd cawn deimlo gwerth
'Nid trwy lu, ac nid trwy nerth':
Ysbryd Duw sy'n gwneud y gwaith,
Gwenau Duw yw golau'r daith:
Ffyddlon yw ein Harglwydd ni,
Mae lle byddo dau neu dri.

DIOLCHGARWCH

ARGLWYDD grasol, dy haelioni
Sy'n ymlifo drwy y byd
A'th drugaredd sy'n coroni
Dyddiau'r flwyddyn ar ei hyd;
Dy ddaioni, dy ddaioni,
Leinw'r ddaear fawr i gyd.

Daw y nef â'i thrugareddau,
Fel y golau glân bob dydd,
A'i bendithion i'n hanheddau
Yn sirioli bywyd sydd;
O'th gynteddau, o'th gynteddau,
Rhoddwn ninnau foliant rhydd.

Meysydd llawnion sy'n ymdonni
Dan awelon cariad byw,
Wyneb daear sy'n ymlonni
Dan dywyniadau heulwen Duw:
Mawl yn cronni, mawl yn cronni
Ym mynwesau dynol-ryw.

Plyged dwyfol ymweliadau
Liniau filoedd ger dy fron;
Plyged diolch ein serchiadau
I'th addoli'r funud hon;
Dy weniadau, dy weniadau
Sy'n adlonni'r byd o'r bron.

GOFYN BENDITH

BENDITHIA'TH roddion, Arglwydd Iôr,
Sydd yma ar ein bwrdd yn stôr,
Cydganwn ninnau byth i ti
Am bob trugaredd ddaw i ni.

CYNNIG DIOLCH

DIOLCHWN iti, Arglwydd Dduw,
Am dy fendithion o bob rhyw;
Am fara'r corff, ac ar bob pryd
Am fara'r bywyd yn y byd.

J. A. Jackson (1845 – 75)

'Roedd John Arthur Jackson yn Eglwyswr ac yn hanu o Landybïe. Aeth i Goleg y Drindod, Caerfyrddin a chafodd swydd athro ym Mhwllheli. Ym 1868 aeth i Goleg Llanbedr Pont Steffan ac fe'i hordeiniwyd yn giwrad y dref. Ym 1872 symudodd i Lanelwy yn arolygwr ysgolion yr esgobaeth. 'Roedd yn bregethwr gwych ac yn llenor amryddawn.

SÔN AM Y GARAWYS

DEUGAIN nydd a deugain nos
   Yn yr anial temtiwyd di;
Deugain nydd a deugain nos
   Yr ymprydiaist drosom ni.

Tanllyd ydoedd haul y dydd,
   Gwlith y nos yn oer a thrwm;
Ac ymysg gwylltfilod rhydd,
   Llawr y graig dy wely llwm.

Ninnau ddysgwn er dy fwyn
   Rywfaint o'th ddisgybliad trist:
Nerth drwy ympryd gawn i ddwyn
   Gofid fel gofidiau Crist.

Cnawd ac ysbryd llesg a ball
   Dan demtasiwn Satan hy;
Ti a drechaist lid y Fall,
   Yn dy nerth mae'r gwan yn gry'.

Felly cawn ni ddwyfol hedd,
  Cysur a llawenydd mawr;
Ac angylion claer eu gwedd
  I'n gwas'naethu, dônt i lawr.

Cadw ni, Waredwr gwir,
  Wrth dy ystlys yn dy dŷ;
Cawn ar ôl yr ympryd hir
  Gadw Pasg tragwyddol fry.

G. H. SMYTTAN (1822 – 70)
cyf. J. A. JACKSON

UN SYLFAEN FAWR YR EGLWYS

UN sylfaen fawr yr Eglwys
  Yr Arglwydd Iesu yw,
Ei greadigaeth newydd
  Drwy ddŵr a gair ein Duw;
Ei briodasferch sanctaidd
  O'r nef i'w cheisio daeth,
Â'i waed ei hun fe'i prynodd,
  A'i bywyd ennill wnaeth.

Fe'i plannwyd drwy'r holl wledydd,
  Ond un, er hyn i gyd,
Ei sêl, un ffydd, un Arglwydd,
  Un bedydd drwy'r holl fyd;
Un enw glân folianna,
  Un ymborth ynddi gawn,
Gan gyrchu at un gobaith
  O ddoniau'r nef yn llawn.

Er yma'n nod i ddirmyg,
  Â'i phen dan lawer ton,
Gan sismau yn rhwymedig
  A brad yn clwyfo'i bron,
Gweddïau gwylwyr Sïon
  Ddyrchafa'n gryf, 'Pa hyd?'
A ber fydd nos wylofain,
  Gorfoledd leinw'r byd.

Yng nghanol gorthrymderau
  A thwrf rhyfeloedd mawr,
Hiraethu mae am weled
  Tangnefedd ar y llawr,
Nes troi ei ffydd yn olwg
  I lonni'i llygaid prudd,
A'r Eglwys filwriaethus
  Yn ogoneddus fydd.

Ond yma mae mewn undeb
  Â Duw, y Tri yn Un,
Mewn dirgel, hardd gymundeb
  Â seintiau'r nef ynglŷn:
O deulu glân a dedwydd!
  O Arglwydd, nertha ni
I esgyn gyda'r Iesu
  I'th bresenoldeb di.

SAMUEL JOHN STONE (1839 – 1900)
cyf. J. A. JACKSON

William Lewis ('Gwilym Berw' 1845 – 1917)

TYRD ATOM, YSBRYD SANCTAIDD

TYRD, Ysbryd Sanctaidd, oddi fry,
Gwna ein calonnau iti'n dŷ;
Â'th ras cysegra ni bob un
Yn fywiol deml i ti dy hun.

Rho in dywalltiad helaeth iawn
O nefol rin dy ddwyfol ddawn;
Doethineb, nerth, goleuni clir,
Llawn hyder ffydd, a chariad gwir.

O rho dy fendith ar dy waith,
A rho dy wyneb ar ein taith,
Nes uno gyda'r sanctaidd lu,
I'th foli byth mewn gwynfyd fry.

I'r Drindod sanctaidd ddiwahân,
Y Tad, a'r Mab, a'r Ysbryd Glân,
Rhown glodydd gwiw ag uchel lef,
Ein dyled yw ei ganmol ef.

David Adams, Hawen (1845 – 1923)

Awdur diwinyddol a brodor o Dal-y-bont, Ceredigion. Ar ôl cyfnod fel athro ysgol ac ennill gradd Prifysgol Llundain, fe'i hordeiniwyd yn weinidog gyda'r Annibynwyr yn Hawen a Bryngwenith. Roedd yn brif ladmerydd y ddiwinyddiaeth newydd a gychwynnodd yn yr Almaen. Symudodd i Fethesda, Sir Gaernarfon ym 1888 ac oddi yno i Grove Street, Lerpwl ym 1895. Cyhoeddodd Paul yng Ngoleuni'r Iesu *(1897). Etholwyd yn gadeirydd Undeb yr Annibynwyr ym 1913. Ei lyfr olaf oedd* Yr Eglwys a Gwareiddiad Diweddar *(1914).*

GAIR DUW

O AROS ynof, Ddwyfol Air,
    I'm dysgu ac i'm harwain i;
Llawenydd nefol imi bair
    Dy wenau, a'th gymdeithas di.

D'oleuni pur – tywynnu wnaed
    Fel gallwyf rodio'm ffordd heb goll:
Bydd di yn llusern i fy nhraed,
    Yn llewyrch ar fy llwybrau oll.

Mae d'eisiau arnaf pan fo'm bron
    Gan boen a phryder yn llesgáu:
O'th fewn caf lais fy Mhrynwr llon,
    I wneud i'm henaid lawenhau.

Os byth cyrhaeddaf adref fry –
    I'r dedwydd le yn ne' fy Naf,
Mwyn blethu d'addysgiadau di
    Mewn newydd gân o foliant wnaf.[1]

ANHYSBYS
cyf. DAVID ADAMS ('Hawen')

O DDUW, BENDITHIA'N GWLAD

O DDUW, bendithia'n gwlad,
Amddiffyn hi rhag brad
        Ar fôr a thir:
Boed dy gyfiawnder di
Yn darian iddi hi;
Rhag llid gelynion lu
        Bydd iddi'n fur.

I'n teyrn bydd di, O Dduw,
Yn nodded ac yn Llyw
        Ei gred a'i foes;
Yn gadarn sail ei sedd
Boed iawnder pur a hedd,
Heb ofni clwyf un cledd
        Ar hyd ei oes.

Yn ffyddlon byth i'r gwir,
Mewn iaith a gwaith yn bur,
        Gwna ni, O Dduw!
Gwna ddeiliaid pob rhyw wlad
Yn blant i ti, ein Tad!
I'n byd dwg hedd di-frad,
        A'n gweddi clyw.

[1] Mynnai'r Prifathro J. D. Vernon Lewis mai hwn oedd yr unig emyn myfyriol yn y llyfr emynau.

O IESU, DYRO'R FYWIOL FFYDD

O IESU, dyro'r fywiol ffydd
   A'm gwna yn un â thi;
Mi ynot ti, a thithau fyth
   Yn aros ynof fi.

Pâr imi fod yn gangen fyw,
   Yn ffrwythlon yn barhaus;
Fy mywyd oll fo'n glod i'm Duw,
   Hyn, Iesu, yw fy nghais.

Rho imi nerth dy fywyd di,
   Rhag imi fyth lesgáu:
Rho deimlo rhin dy gariad cu
   Yn fywyd i'm cryfhau.

Ar hyd fy oes yn un â thi,
   Yn nerth dy Ysbryd Glân,
Dwg fi i'th gartref at y llu,
   I'th garu'n ddiwahân.

James Davies (**'Iago ap Dewi'** *fl.* 1850)

Gwerinwr diwylliedig o Lanllawddog, Caerfyrddin. Gweithiwr diflino, ac er na chafodd fawr o addysg ffurfiol, bu cylchgronau'r cyfnod a'r eisteddfodau lleol yn dipyn o fudd iddo. Dengys ei gyfrol Myfyrdodau Barddonol *(1858) ei ddoniau amlwg fel bardd ac emynydd.*

CYFARFOD GWEDDI

AT dy orsedd, Arglwydd grasol,
   Ni anturiwn, er mor wael;
Mae trugaredd a maddeuant
   Gennyt ti yn rhad i'w cael:
Rho dy Ysbryd Glân i'n tywys
   Nawr yn isel ger dy fron,
Fel y caffom ein bendithio
   Yn yr oedfa newydd hon.

Nerth i ofyn pob bendithion,
   Trwy gyfryngdod Iesu mawr;
Yn ei enw glân a'i haeddiant
   Wele ni yn dod yn awr;
Nid ŷm yn teilyngu'th roddion,
   Nac yn haeddu gwrando'n cwyn,
Ond bu'n Ceidwad dan y felltith –
   Rho dy fendith er ei fwyn.

GWEDDI'R ARGLWYDD

EIN Tad, yr hwn wyt yn y nef,
Dy enw glân sancteiddier ef,
   A deled dy Efengyl wiw;
D' ewyllys wneler mwy o hyd,
Fel yn y nef trwy'r ddae'r i gyd,
   Gan bawb sydd yn y byd yn byw.

Boed i ni gael o bryd i bryd
Ein hymborth gennyt ti o hyd;
   Dysg ni i fyw er clod i ti:
A maddau ein dyledion mawr,
Fel y maddeuwn ninnau nawr
   I bawb sydd yn ein dyled ni.

I brofedigaeth na ddwg ni,
Ein cadw gaffom gennyt ti,
   Oddi wrth bob drwg ar unrhyw dro;
Cans eiddot ti yw'r deyrnas fyth,
Nerth a'r gogoniant yn ddi-lyth,
   Hyd yn oes oesoedd, felly bo.

DAIONI RHAGLUNIAETH DUW

GWNAETH yr Arglwydd bethau mawrion,
Ei weithredoedd oll sydd union;
Amlwg yw ei faith ragluniaeth
Trwy holl gyrrau'r greadigaeth.

O'i ddaioni mawr diderfyn
(Sydd yn wastad yn ein canlyn)
Gwelir ni er maint ein beiau
Eto 'ngwlad y trugareddau.

Nos a dydd mae yn gofalu
Am ei eiddo, gan ddarparu
Ar eu cyfer hwyr a bore,
Brawf o'i gariad, gwêl ymhob lle.

Er nad ydym wedi haeddu
Un drugaredd na daioni,
Derbyn 'rŷm o'i law haelionus
Ddydd a nos yn dra chysurus.

O am gymorth i'w was'naethu,
Ofni'i enw mawr a'i barchu,
Ac i fyw yn agos ato
Tra bôm yn y byd yn teithio.

DIOLCH AM Y BEIBL

RHOWN glod a mawl i'r Arglwydd Dduw
Â chalon gynnes – teilwng yw,
Am Air ei ras, O werthfawr rodd,
I'n dysgu i rodio wrth ei fodd.

Yn ei oleuni disglair cawn
Weld gras a chariad Duw yn llawn,
Fel afon fawr, lifeiriol, gref
A darddodd yn ei fynwes ef.

Rhown barch i'r Gair – mor werthfawr yw!
Myfyriwn ynddo tra fôm byw;
Yn ei oleuni awn ymla'n,
Nes tirio fry yng ngwlad y gân.

YR IACHAWDWRIAETH

TRIGOLION daear faith i gyd,
Dewch i ryfeddu'r aberth drud,
Mab Duw ei hun o'r nef a ddaeth
I'n gwared ni, rai oedd yn gaeth;
O'r nef fe ddaeth i'r ddaear lawr;
Wel dyma gariad rhyfedd fawr!
Boed iddo'r clod â llafar lef
Gan holl drigolion dae'r a nef.

Dewch yn gytûn i foli'r O'n,
Am waed y groes boed peraidd sôn;
Cydganwn am ei boen a'i gur,
Y goron ddrain a'r hoelion dur;
Mae'n haeddu'r clod trwy'r ddae'r a'r nen
Am ddod i ddioddef ar y pren;
Cyduned pawb trwy'r ddaear faith
I'w foli beunydd am ei waith.

Thomas Jones, Abertawe (1850 – 1937)

Masnachwr, Ynad Heddwch a diacon yn Eglwys Gynulleidfaol Heol Walter, Abertawe. Cyfieithodd nifer o emynau Saesneg i'r Gymraeg.

CANLYN IESU

MAE'R byd i gyd yn brydferth
A llawen iawn i mi,
Yr haul sydd yn disgleirio
Yn y ffurfafen fry;
Mi wn y byddaf ddedwydd
Tra'n teithio yn y byd,
Oblegid canlyn Iesu
Wnaf o hyd.

Pererin bychan ydwyf
  Yn cychwyn ar fy nhaith,
Mae lliaws yn proffwydo
  Y methaf lawer gwaith;
Dywedant fod helbulon
  A thrallod yn y byd,
Ond mi ganlynaf Iesu,
  Gwnaf o hyd.

Ac fel pererin bychan,
  Beth bynnag ddaw i'm rhan,
Mi af at Iesu'n union,
  Mae'n hoffi nerthu'r gwan;
Mewn galar, sych fy nagrau
  A bydd yn noddfa glyd,
Mi a ganlynaf Iesu,
  Gwnaf o hyd.

Nid ofnaf ddrygau mwyach,
  Ond teithiaf yn ddi-fraw,
Yr Iesu a'm harweinia
  Yn dyner yn ei law:
Nid ofnaf angau creulon
  Yn ei gymdeithas ef;
Trwy'r glyn canlynaf Iesu
  Fry i'r nef.

ANNA BARTLETT WARNER (1827 – 1915)
cyf. THOMAS JONES, Abertawe

Evan Rees (**'Dyfed'** 1850 – 1923)

Ganed yng Nghas-mael, Sir Benfro. Yn wyth oed aeth i weithio i bwll glo Blaen-gwawr, Aberdâr. Symudodd i Gaerdydd, dechreuodd bregethu ac ym 1884 fe'i hordeiniwyd yn Sasiwn Tai-bach gyda'r Methodistiaid Calfinaidd. Treuliodd 40 mlynedd yn pregethu ond ni chymerodd ofal eglwys. Roedd yn fardd o fri ac enillodd Gadair yr Eisteddfod Genedlaethol bedair o weithiau rhwng 1881 a 1901. Bu'n Archdderwydd o 1905 hyd 1923. Cyhoeddodd lawer ac yn eu plith Caniadau Dyfedfab *(1879)* a Gwaith Barddonol Dyfed *(1903).*

HEDD, PERFFAITH HEDD

HEDD, perffaith hedd, mewn byd o bechod du?
Mae gwaed yr Oen yn sibrwd hedd i ni.

Hedd, perffaith hedd, mewn dyletswyddau lu?
Tangnefedd geir wrth ddilyn Iesu cu.

Hedd, perffaith hedd, dan groesau o bob rhyw?
Tangnefedd sydd o hyd ar fynwes Duw.

Hedd, perffaith hedd, a cheraint hoff ymhell?
Mae gofal Iesu'n ddiogelwch gwell.

Hedd, perffaith hedd, heb un dyfodol fraw?
Mae Iesu'n eistedd ar yr orsedd draw.

Hedd, perffaith hedd, yn wyneb angau du?
Diddymwyd angau gan yr Iesu cu.

Mae'n ddigon byth, yn wyneb byd a bedd,
Fod Iesu'n galw i'w dragwyddol hedd.

E. H. BICKERSTETH (1825 – 1906)
efel. EVAN REES ('Dyfed')

PEN CALFARIA

I GALFARIA trof fy wyneb,
Ar Galfaria gwyn fy myd,
Y mae gras ac anfarwoldeb
  Yn diferu drosto i gyd;
    Pen Calfaria,
  Yno, f'enaid, gwna dy nyth.

Yno clywaf yn yr awel
  Salmau'r nef yn dod i lawr,
Ddysgwyd wrth afonydd Babel
  Gynt yng ngwlad y cystudd mawr;
    Pen Calfaria
  Gydia'r ddaear wrth y nef.

Dacw enaid lleidr aflan,
Wedi crino 'ngwres y fflam,
O'i gadwynau'n dianc allan,
Ac i'r nef yn rhoddi llam:
Pen Calfaria
Fydd ei gân dragwyddol mwy.

Pan yn nyffryn cysgod angau,
Pan yn griddfan dan fy mhwn,
Mae Calfaria'n ddigymylau,
Dwyfol ddydd fedyddia hwn;
Pen Calfaria
Weddnewidiodd groes fy Nuw.

Bu ei ben dan gwmwl unwaith,
Cwmwl o ddigofaint llawn,
Ond am byth diflannodd ymaith
O flaen haul digonol Iawn;
Pen Calfaria,
Ni ddaw nos i'w gopa mwy.

Dringo'r mynydd ar fy ngliniau
Geisiaf, heb ddiffygio byth,
Tremiaf trwy gawodydd dagrau
Ar y groes yn union syth,
Pen Calfaria
Dry fy nagrau'n ffrwd o hedd.

COFIO'R GWAED

NI gofiwn y gwaed
A'r cymod a gaed
I godi pechadur
Am byth ar ei draed;
Er garwed y loes
A dirmyg yr oes,
Mae'r nef yn y golwg
Yn ymyl y groes.

Ni gofiwn yr Oen
A drodd yn ei boen
Yr anial difywyd
Yn wynfyd a hoen;
Mae'r ffordd ar ei hyd
Yn gariad i gyd,
A bywyd yn olau
Ar feddau y byd.

Ni gofiwn yr Iawn
A dalwyd yn llawn,
A chanu yn wyneb
Cyfiawnder a wnawn.
Ni dderfydd ein llef
O fawl iddo ef,
Yn wynion ein gynau
Yng nghanol y nef.

AR Y MÔR MAWR

UNIG ydwyf ar y tonnau
Fel pererin gwael ei lun;
A fy ngobaith am y glannau,
Arglwydd, ynot ti dy hun;
Mae dy gwmni
Yn dangnefedd ar y lli.

Gad i'm hysbryd sylweddoli
Mai tydi sydd wrth y llyw,
Ac ar bob cynhyrfus genlli'
Llawen ganaf, 'Digon yw';
Diogel ydwyf
Gyda thi ar frig y don.

Nid oes daear yn y golwg
Ond mae'r nef o hyd yn glir,
A chysuron gras mor amlwg
Ar y môr ag ar y tir;
Nid oes yma
Ond y nef yn dal yr un.

Ymddiriedaf yn dy gyngor
Ar fy nhaith i'r gwledydd draw:
Ti sydd yn rheoli'r cefnfor,
Ac mae'r stormydd yn dy law;
Plyg y tonnau
Mewn addoliad ger dy fron.

Pan fo'r tonnau'n ymgynhyrfu
A'r elfennau'n anghytûn,
Melys cofio fod yr Iesu
Wedi rhodio'r môr ei hun;
Gair o'i enau
Drodd y storm yn salm o hedd.

Er i'r gwyntoedd ruo'n uchel,
Cysgai yn y storom gref;
Gallaf finnau gysgu'n dawel
Bellach yn ei gysgod ef;
Gair o'i enau
Sy'n gostegu'r môr o hyd.

Nid oes imi waredigaeth,
Ond ohonot ti, fy Iôr;
Ynot gwelaf iachawdwriaeth
Ddyfnach, lletach fyth na'r môr;
Gad im nofio
Annherfynol foroedd gras.

Moroedd cariad, moroedd bywyd,
Moroedd o dragwyddol hedd;
Moroedd pur, di-drai o wynfyd,
A'u ceulannau heb un bedd;
Stormydd angau
Wedi llwyr ddistewi byth.

AGOR INNI'R YSGRYTHURAU

YSBRYD sanctaidd, dyro'r golau
   Ar dy eiriau di dy hun,
Agor inni'r ysgrythurau,
   Dangos inni Geidwad dyn;
Gweld yr Iesu, dyna ddigon
   Ar y ffordd i enaid tlawd,
Dyma gyfaill bery'n ffyddlon
   Ac a lŷn yn well na brawd.

O sancteiddia'n myfyrdodau
   Yn dy wirioneddau byw;
Crea ynom ddymuniadau
   Am drysorau meddwl Duw;
Bydd dy hunan yn arweinydd,
   Heb un cwmwl ar dy wedd,
Bydd yn gennad o ladmerydd
   Ar rodfeydd efengyl hedd.

John Evan Davies (**'Rhuddwawr'** 1850 – 1929)

Gweinidog gyda'r Methodistiaid Calfinaidd a llenor. Ganed ym Maes-yr-adwy, Llanfynydd. Graddiodd ym Mhrifysgol Glasgow. Bu'n weinidog yn Llanelli, Llundain (Capel Jewin), Llandeilo a Llanelli (Capel Newydd). Bu'n Llywydd Sasiwn y De, a Llywydd y Gymanfa Gyffredinol. Ysgrifennodd lawer i'r Geninen *a chyhoeddodd ddetholiad o'i farddoniaeth yn* Blodau'r Grug. *Enillodd y Goron yn Eisteddfod Genedlaethol Llanelli ym 1903.*

BYWYD FY MYWYD I

UN cais a geisiaf, Arglwydd glân,
Un sain yn unig sy'n fy nghân;
Pechadur wyf, pechadur mawr,
Yn methu cael fy meiau i lawr;
O Iesu byw, dy fywyd di
Fo'n fywyd yn fy mywyd i.

Os ydwyf eiddil, gwael a gwan,
Mi wn am Un a'm cwyd i'r lan;
Mi ddof ryw ddydd yn bur, yn lân,
A sain gorchfygwr yn fy nghân;
O Iesu byw, dy fywyd di
Fo'n fywyd yn fy mywyd i.

John Thomas, Merthyr (1852 – 1911)

HWYR Y SABOTH

O ARHOSED yr eneiniad
Roddwyd inni yn y gwaith;
Peraidd arogl y dylanwad
A'n dilyno i ben ein taith;
Boed i'r dwyfol lais a glywyd
Heddiw ym mynydd sanctaidd Duw,
A'r gogoniant a ddatguddiwyd,
Aros arnom tra fôm byw.

Cael ymdroi'n rhodfeydd y Brenin
Heddiw, O mor hyfryd fu;
Golwg ar ei ddwyfol degwch
Oedd yn newydd wledd i ni:
Syllu ar ei wyneb grasol,
Gwrando ar ei dyner lef,
Lanwai'r dydd, a'i sanctaidd oriau,
Â melyster nef y nef.

Am y melys nefol fanna
Gafwyd yn gawodydd glân,
Am y dŵr o'r graig a lifodd
Fyth i'n canlyn yn y bla'n;
Am bob storom a ostegwyd
Heddiw mewn mynwesau briw,
Am bob gweddnewidiad gafwyd,
Cyd-ddiolchwn byth i Dduw.

William Evans Jones (**'Penllyn'** 1854 – 1938)

Ganed ger y Bala, a daeth yn fardd eisteddfodol amlwg yn ei ddydd. Fe'i hordeiniwyd gan yr Annibynwyr a threuliodd dros ddeugain mlynedd yn weinidog ar eglwys Ebeneser, Hen Golwyn. Roedd yn un o olygyddion Y Caniedydd Cynulleidfaol Newydd *(1921) a cheir 26 o'i emynau yn y gyfrol honno.*

HED, EFENGYL, O GALFARIA

HED, Efengyl, o Galfaria,
Ac amlyga allu'r groes;
Dangos i bechadur noddfa
Yn haeddiannau angau loes;
Cyfyng awr Iesu mawr
Drodd yn gân i deulu'r llawr.

Hed, Efengyl, tros y gwledydd,
Ar adenydd dwyfol ras,
Gan gyhoeddi'r hyfryd newydd
I dylwythau'r ddaear las:
Cariad Duw'n unig yw
Sylfaen gobaith dynol ryw.

Hed, Efengyl, trwy yr oesau,
Arwain fyrdd i lwybrau'r nef:
Dangos Grist i'r cenedlaethau,
Gwisg hwynt â'i gyfiawnder ef;
Doed y byd yn un fryd
I fawrhau ei gariad drud.

ANGYLION Y PLANT

MAE angylion y plant
Yn beraidd eu tant,
Bob amser yn byw
O flaen wyneb Duw;
Ânt ar amnaid i'w taith
Er mwyn plant daear faith,
Ânt ar amnaid i'w taith
Er mwyn plant daear faith.

Yr hawddgaraf o'r llu
Sy'n gwarchod yn gu,
Ar lwybrau rhai gwan
I'w harwain i'r lan;
Rhoddwn fawl ar bêr dant
Am angylion y plant,
Rhoddwn fawl ar bêr dant
Am angylion y plant.

O. R. Owen (1854 – 1908)

FFRWYTHAU'R WLAD

DYRO olau ar dy eiriau,
Dyro afael ar y gwir,
Dyro inni sypiau grawnwin,
  Grawnwin aeddfed Canaan dir,
    Haws yw teithio
  Wedi profi ffrwythau'r wlad.

Os mor felys yw y grawnwin
  Wedi'u cludo ffordd mor bell,
Yn y wlad lle maent yn tyfu
  Diau byddant lawer gwell;
    Anrhaethadwy
  Fydd eu blas yng Nghanaan draw.

Y WLAD WELL

O FY enaid, paid terfysgu,
Bydd yn dawel ennyd fach,
Daw dy Geidwad i'th ymofyn
  I ardaloedd bythol iach,
    Lle ni ddywed
  Y preswylydd, afiach wyf.

Yno mae fy hen gyfeillion
   'N ymddifyrru byth mewn hedd,
Ac yn adrodd eu hatgofion
   Am borth angau du a'r bedd,
      Canant heddiw
   Am yr hyn a ofnent gynt.

Golwg hardd yn awr sydd arnynt,
   Peraidd odiaeth yw eu cân,
Heb frycheuyn chwaith na chrychni,
   Nac un cwmwl du o'u bla'n,
      Canmol Iesu
   A'u gwaredodd byth a wnânt.

Trwy yr Iawn roed ar Galfaria,
   Dygir finnau fyny fry,
Gwerthfawr waed yr Oen a olcha
   Frwnt bechadur, fel myfi;
      Halelwia!
   Teimlaf eisoes rin ei waed.

J. Lloyd Williams (1854 – 1945)

Botanegydd a cherddor, un o sylfaenwyr Cymdeithas Alawon Gwerin Cymru. Casglodd a chyhoeddodd lawer o alawon gwerin.

HOSANNA MWY! HOSANNA MWY!

AM oesau hir, yn llesg a gwan,
Hiraethai'r saint am Grist, eu rhan;
Pa bryd y daw, pa bryd y daw
Â'i gadarn law i'n dwyn i'r lan?

Drwy gaddug tew y dywyll nos
Y doethion aent dros fryn a rhos,
A'r seren wen, a'r seren wen
A aeth uwchben Effrata dlos.

Mewn llety llwyd, mewn preseb tlawd,
Y dwyfol Fab ddaeth inni'n Frawd;
I gadw dyn, i gadw dyn
Daeth Duw ei hun i fyw mewn cnawd.

Cwyd, cwyd dy ben, bechadur gwael,
Mae gwaredigaeth heddiw i'w chael,
Fe anwyd Crist, fe anwyd Crist
I'r enaid trist yn Geidwad glân.

Wel dyma'r dydd, dewch fawr a mân,
Rhowch glod i Dduw mewn newydd gân;
Hosanna mwy! Hosanna mwy!
Daeth bywyd drwy yr Iesu Glân.

Pennill 1: ANHYSBYS
Penillion 2 – 5: J. LLOYD WILLIAMS

J. Machreth Rees (1855 – 1911)

Ganed ger Llanfachreth ym Meirionnydd. Tua deunaw oed symudodd i Flaenau Ffestiniog i weithio yn y chwarel. Ym 1877 derbyniwyd ef i Goleg yr Annibynwyr yn y Bala ac ym 1880 fe'i hordeiniwyd yn weinidog yr eglwys ym Metws-y-Coed, ac yna'n ychwanegol bu'n gofalu am yr eglwys Annibynnol ym Mhentrefoelas. Symudodd ymhen saith mlynedd i Ben-y-groes, Arfon ac yna ym 1895 aeth dros Glawdd Offa i'r eglwys Gymraeg yn Radnor Street, Llundain, ei eglwys olaf. Yn ôl John Thickens 'roedd iddo safle uchel ymhlith beirdd ei genedl. Enillodd Goron yr Eisteddfod Genedlaethol a chyhoeddodd gyfrol o'i gerddi.

EMYN PRIODAS

MEWN priodas gynt yng Nghana
Buost, Iesu mawr, dy hun,
Rho dy bresenoldeb yma
Lle y rhwymir dau yn un.

O'th fodlonrwydd daw cysuron
A dedwyddwch yn y byd;
Ac â'th gariad yn y galon
Y bydd serch yn bur o hyd.

Dysg hwy'n dyner iawn i feithrin
Dy rasusau ar y daith;
Yn eu cartref bydd yn Frenin,
Hwythau'n ffyddlon yn dy waith.

Aros, Iesu, gyda'r ddeuddyn,
Dyro iddynt nawdd dy groes;
A'th dangnefedd fo'n eu dilyn
Tra parhao dyddiau'u hoes.

J. Lloyd Thomas (**'Glynfyr'** 1855 – 1933)

DAIONI DUW YN YR EFENGYL

O LLANWER fy nghalon â'th foliant,
O Arglwydd fy Nghrëwr a'm Duw,
Wrth weled dy waith a'th ogoniant
Clodforaf di tra fyddaf fyw;
Mor fawr yw dy allu a'th ddoniau,
Mor rhyfedd daioni fy Iôr,
Er cymaint gyfranna ef beunydd
Mae cyfoeth anfeidrol mewn stôr.

Cael ffafr yng ngolwg yr Arglwydd,
Cael dod i gymdeithas yr Iôr,
Cael golwg ar ras a gogoniant
Creawdwr y ddaear a'r môr,
Cael derbyn o'i gyfoeth diderfyn
A'i gariad anfeidrol a rhad,
A ddwg im dangnefedd heddychol
A meddiant yn nheyrnas ein Tad.

Chwi oll sydd mewn trallod a gofid
    A phrofedigaethau o hyd,
Yn dioddef dan faich eich pechodau
    Yn nrysni anialwch y byd,
Gwnewch geisio yn ddyfal a ffyddiog,
    Gwnewch guro yn drwm a di-baid;
Fe gewch ddymuniadau eich calon,
    Fe leinw yr Arglwydd eich rhaid.

Efengyl dragwyddol ein Harglwydd,
    Amdani boed sôn drwy y byd,
A deued holl gyrrau y ddaear
    I'w derbyn o galon i gyd:
Aed nerth a dylanwad y marw,
    A rhinwedd y gwaed gollodd ef,
Nes dwyn rhyw fyrddiynau at Iesu
    Sy'n eiriol ar orsedd y nef.

J. Lloyd Williams (1855 – 1928)

Gweinidog gyda'r Bedyddwyr yn Ninbych-y-pysgod.

EMYN PRIODAS

O ARGLWYDD nef a daear,
    Ymgeledd teulu'r llawr,
Tywynned haul dy fendith
    I'th blant sydd yma'n awr:
Dy sêl rho i'w haddewid
    A'u haddunedau gwir,
A gwna holl daith eu bywyd
    Yn ffordd i'r nefol dir.

Dan wenau dy ragluniaeth
   Gad iddynt fyw'n gytûn,
A chaffael diogelwch
   Yn d'ymyl di dy hun;
Amddiffyn hwy a'u cartref,
   Boed Iesu yn y lle;
Pan ballo gorau'r ddaear
   Na pheidied gorau'r ne'.

Ti, Roddwr trugareddau,
   O gwrando arnom ni;
Boed serch y ddau a unir
   Yn deml bur i ti;
Bydd yn gydymaith iddynt,
   A'th Ysbryd yn fwynhad,
Nes troi gobeithion amser
   Yn gân yn nhŷ ein Tad.

Thomas Davies, Tre-lech (1859 – 1952)

GWYN FYD Y GALON BUR

GWYN fyd y galon bur,
   Ei braint yw gweled Duw
A byw yn ei gyfrinach ef
   A thrigfan iddo yw

   Daeth bywyd in a hedd
   Trwy Grist a'i ryfedd ras:
Duw hollalluog er ein mwyn
   A wisgodd agwedd gwas.

   Ymwêl efe o hyd
   Â'r truan yn ei gur;
Dewisol fan ei orsedd yw
   Y galon lân a phur.

O Arglwydd, yn dy ras
A'th fendith arnom ni,
Glanha ein calon fel y bo
Yn addas deml i ti.

JOHN KEBLE (1792 – 1866) a W. J. HALL (1793 – 1861)
cyf. THOMAS DAVIES, Tre-lech

Griffith Penar Griffiths ('Penar' 1860 – 1918)

Brodor o Drecynon, Aberdâr. Collodd ei dad yn ifanc ac aeth i weithio mewn pwll glo yn naw mlwydd oed. Dechreuodd bregethu pan oedd yn 21 oed ac ym 1883 fe'i hordeiniwyd yn weinidog Bethania, eglwys yr Annibynwyr yn Ynysowen islaw Merthyr Tudful. Derbyniodd alwad ym 1887 i fugeilio eglwys yr Annibynwyr ym Mhentre Estyll, Abertawe, ac yno y bu am weddill ei oes. Bu'n barddoni a llenydda ac yn arwain eisteddfodau. Ysgrifennodd Hanes Bywgraffiadol o Genhadon Cymreig *(1897) a* Cofiant Watcyn Wyn *(1915).*

MYND AT YR ORSEDD

AT dy orsedd 'rŷm yn nesu
Ag euogrwydd yn ein llef,
Ar ein deulin yn cyffesu
Inni dorri deddfau'r nef;
Er mwyn Iesu
Gwrando ein hochenaid gref.

Gad in ddyfod heb ein difa
Gan sancteiddrwydd claer dy wedd;
Edrych arnom o Galfaria
Lle gwnaeth Iawn i bechod fedd;
Rho ddyfodfa
I rai gwael sy'n ceisio hedd.

Gad i'n dolef ddringo fyny
    Rhwng y pyrth sy'n goch gan waed,
Ninnau'n aros, ac yn crynu,
    Crynu'n euog wrth dy draed;
        Cofia'r prynu
    Unwaith ar y croesbren wnaed.

PRIODAS

CENWCH, cenwch, glychau gwynfyd,
    Cenwch briodasol gân,
Cenwch bêr garolau hawddfyd
    Dan weniadau'r nefoedd lân.

Cyfrannwr pob daioni sydd
    Drwy'r nef a'r ddaear lawr,
Dy fendith fo'n coroni dydd
    Yr undeb yma nawr.

Cydgyfranned nef a daear
    Eu bendithion yn gytûn
Yn eu trugareddau hawddgar
    Ar y ddau a wnaed yn un.

Mae blodau Eden yn y byd
    A chariad byth yn fyw,
Yn adlewyrchu yn eu gwrid
    Brydferthwch cariad Duw.

Cenwch, cenwch, glychau gwynfyd,
    Cenwch briodasol gân,
Cenwch bêr garolau hawddfyd
    Dan weniadau'r nefoedd lân.

BEDYDD

DOED borewlith dy fendithion,
Arglwydd cu, ar blant y byd,
Bore d'wniad gwawr dy gariad
A gysegro'u hieuanc fryd;
Boed dy wenau
Byth yn dilyn plant dy blant.

Tannau mebyd nefoleiddio
Awyr daear â'u pêr sain,
Tafod diniweidrwydd gano
I'r hwn fu dan y goron ddrain;
Gras a gadwo
Blant i chwyddo côr y nef.

BEDYDD

EIDDO plant bychain yw y nef,
Trwy Grist mae'u hawl i'r fraint,
Ni chollant hon tra'i Aberth ef
Yn sylfaen hedd i'r saint.

Ei wobr ef yw'r blagur pur
Sy'n yfed gwlith y nef,
A boed y blodau llawndwf ir
Yn bersawr iddo ef.

Â'i fraich y casgl ef ei ŵyn
I'w gariad-gorlan bêr,
Mae'n aros plant delynau mwyn
Mewn gwlad uwch llwybrau'r sêr.

BEDYDD

MAE plant yn etifeddion nef,
Danynt mae nerth ei freichiau ef,
Ni chollir un er gwg y byd,
Tra'n dadlau'u hawl bydd Aberth drud.

'Gadewch i blant ddod ataf fi,'
Medd tyner lais ein Iesu ni,
Arweiniwn ninnau'r tyner ŵyn
At feysydd teg y Bugail mwyn.

Gadewch i blant, na rwystrer un,
Bu'r Iesu'n blentyn tlws ei hun;
Ein gwneud fel plant mae gras y nef,
O am ei fwyn gyffyrddiad ef.

Eneinied gwlith y nef ein plant
I ganmol Duw ar fore dant;
Cadwer eu serch tra yn y byd
I bwyntio at y groes o hyd.

BORE SABOTH

TORRODD gwawr y nefol ddydd:
   Fore tawel,
Sŵn telynau engyl sydd
   Yn ei awel;
Daear sydd yn nes i'r nef,
   Byd yn peidio,
Ninnau am ei wyneb ef
   Yn ochneidio.

Ar ei wisgoedd y mae gwlith
   Tragwyddoldeb,
Daeth fel angel glân i'n plith,
   Llawn dwyfoldeb;
Clywaf gerddi gwlad y dydd
   O'r pellterau,
Brysiwch nodau, rhowch fi'n rhydd
   O'm blinderau.

Llanw'r nef sy'n torri 'nghlyw,
Daear lannau,
Mae pob chwa'n beroriaeth Duw:
Nefol dannau;
Taflwn ninnau'n hodlau pêr
I'n cyfarfod,
Boed in Saboth uwch y sêr,
Un diddarfod.

TANGNEFEDD I CHWI

Y GŴR a ddaeth at ei ddisgyblion
I ddwedyd, 'Tangnefedd i chwi,'
Dramwyo drwy'n hoedfa yr awron
I ddweud yr un gair wrthym ni;
O doed ei fêl eiriau ar awel
Sy'n chwythu dros fryniau y nef,
A storom pob mynwes yn dawel,
Dan swyn ei dangnefedd pur ef.

YSBRYD SANCTAIDD, DISGYN

Ysbryd Sanctaidd, disgyn
O'r uchelder glân
Nes i'n calon esgyn
Mewn adfywiol gân.

Arwain ein hysbrydoedd
I fynyddoedd Duw,
Darpar yno'r gwleddoedd
Wna i'r enaid fyw.

Dangos inni'r llawnder
Ynddo ef a gaed,
Dangos inni'r gwacter
Heb rinweddau'r gwaed.

Ysbryd Sanctaidd, dangos
Inni'r Iesu mawr,
Dwg y nef yn agos,
Agos yma nawr.

E. Keri Evans (1860 – 1941)

Ganed ym Mhontceri, y Dre-wen, Castellnewydd Emlyn. Cafodd yrfa lwyddiannus yng Ngholeg y Presbyteriaid, Caerfyrddin a Phrifysgol Glasgow (enillodd M.A. yno), ac aeth ymlaen i astudio ymhellach yn Leipzig. Bu'n darlithio yn Glasgow a Bangor cyn dychwelyd i'w hen goleg yng Nghaerfyrddin a gweinidogaethu yn eglwysi Annibynnol Hawen a Bryngwenith. Ymadawodd â'r coleg ym 1907 a bu'n weinidog eglwys y Priordy, Caerfyrddin am 31 o flynyddoedd.

EMYN CYMUNDEB

Â'N hyder yn yr Iesu mawr,
Ni gofiwn am y sanctaidd awr
Pan rodd ei fywyd drud i lawr,
Hyd nes y daw.

Y corff a ddrylliwyd ar ein rhan
Sy 'nghof yr Eglwys ymhob man,
A'r bara bortha'r enaid gwan
Hyd nes y daw.

Am ffrydiau yr anhraethol loes
Dywalltwyd drosom ar y groes
Y traetha'r gwin o oes i oes
Hyd nes y daw.

Fel yma unir nos ei frad
A'i ail-ddyfodiad a'i fawrhad,
O fewn y rasol ordinhad
Hyd nes y daw.

Hyd nes y seinia'r utgorn mawr –
Hyd nes agora beddau'r llawr –
Ac yn awdurdod *barn* yn awr
Y daw efe.

O obaith hoff! O ddedwydd ddydd!
Na fydded mwy ein bron yn brudd,
Ond awn ymlaen ar ffon ein ffydd
Hyd nes y daw.[1]

GEORGE RAWSON (1807 – 89)
efel. E. KERI EVANS

DINAS DRAGWYDDOL YR IÔR

MAE dinas ag iddi sylfeini
A Duw yn Gynllunydd a Saer;
Am hynny ni syfla ei meini,
Ni threulia ei heol o aur:
A mwy – y mae Duw yn ei chanol
Yn byw gyda'i bobol ei hun;
A gwell na goleuni allanol
Yw'r Oen sy'n goleuo pob un.

Nid ofnwn am hyn pe symudai'r
Mynyddoedd i ganol y môr,
Diogel a sicr yw'm hyder
Yn ninas dragwyddol yr Iôr:
Nid ofnwn pe ciliai'r goleuni
O'r nefoedd a'r bydoedd uwchben,
Mae'r ddinas ag iddi sylfeini
Yn aros heb nos uwch ei nen!

Howell Elvet Lewis (**'Elfed'** 1860 – 1953)

Llenor a bardd, emynydd a phregethwr ac Annibynnwr argyhoeddedig. Un a ddewisodd yr emyn fel hoff gyfrwng ei fynegiant. Enillodd Goron yr Eisteddfod Genedlaethol ym 1888 ac ym 1889, a'r Gadair ym 1894. Sefydlwyd yn Archdderwydd (1923 – 27). Bu'n weinidog yn eglwysi Lloegr a Chymru am y rhan fwyaf o'i oes, ac yn y Tabernacl, King's Cross, Llundain o 1904 hyd 1940. Urddwyd yn Gydymaith Anrhydedd gan y Brenin Siôr VI, a derbyniodd radd LL.D. (er anrhydedd) gan Brifysgol Cymru.

[1] Cymharer llinell olaf pob pennill â sicrwydd dyhead Paul (mewn Aramaeg), yn I Cor. 16:22 μαράν αθά Maran atha: Dere, Arglwydd.

EI DRUGAREDD SYDD YN DRAGYWYDD

ADDOLWN ef sy'n Frenin nef;
Â gwylaidd lef
Cydseiniwn iddo heddiw ganiad newydd:
Pob peth a wna
Yn ddoeth a da,
Cans pery ei drugaredd yn dragywydd.

Creawdwr byw a Cheidwad yw;
O ddaear, clyw,
Ni ddrysir arfaeth dy oruchel Lywydd:
Yr oesoedd maith
Esbonia'i waith –
Cans pery ei drugaredd yn dragywydd.

Goleua'r groes ddyfnderau'n loes;
Ar droeon oes
Daw o Galfaria olau ym mhob tywydd:
Sancteiddia'r Oen
Bob cur a phoen,
Cans pery ei drugaredd yn dragywydd.

O ryfedd fraint myrddiynau'r saint:
Heb ôl un haint,
Cânt byth fwynhau gweithredoedd Duw o'r newydd:
Ni phaid y gân
Yn Salem lân,
Cans pery ei drugaredd yn dragywydd.

AR Y MYNYDD GYDA IESU

AR y mynydd gyda'r Iesu,
Pob peth yn dda:
Gweld y nefoedd arno'n gwenu,
Pob peth yn dda;
Yn y cwmwl ni raid ofni
Ond cael aros yn ei gwmni;
'N ôl tywyllwch daw goleuni,
Pob peth yn dda.

Dros yr Iesu'n helpu'r gweiniaid,
        Pob peth yn dda;
Ac yn galw pechaduriaid,
        Pob peth yn dda:
Gweld y clwyfus wedi gwella,
Ac eneidiau trist yn gwledda,
Dyna ddechrau'r nefoedd yma,
        Pob peth yn dda

Yn y gwaith yng nghwmni'r Iesu,
        Pob peth yn dda;
Dan y groes yn gorfoleddu,
        Pob peth yn dda:
Dilyn Iesu i Galfaria,
Teimlo'r drwg yn cael ei ddifa,
Dyna destun Halelwia!
        Pob peth yn dda.

AT BWY YR AWN?

AT bwy yr awn, O Fab y Dyn,
At bwy ond atat ti dy hun?
I ddwys gwestiynau dynol-ryw
Tydi, tydi yw ateb Duw.

I bawb, pwy ond tydi sy'n frawd?
Tydi yw Cyfaill gorau'r tlawd;
'Cheir neb fel ti i esmwytháu
Y rhai sy'n ysig dan yr iau.

Blinderau'r unig, ofnau'r gwan,
Caledi dynion ym mhob man
Sy'n agos at dy galon di,
O ddwyfol Frawd fu ar Galfari.

Gwna ninnau'n fwy fel ti dy hun,
I'th ddangos yn Waredwr dyn,
Nes dweud o eraill gyda ni –
'At bwy yr awn ond atat ti?'

Tyn atat bawb drwy'r llydan fyd,
Gwna hwynt yn un drwy'r cariad drud;
Dragwyddol Ffrind ein teulu ni,
At bwy yr awn ond atat ti?

CARTREFI DUWIOL

BENDITHIA di, O Dduw, gartrefi'n gwlad,
Amddiffyn hwy rhag pob rhyw haint a brad;
Rhag medd'dod brwnt, rhag pechod o bob rhyw,
Rhag pob gwaradwydd cadw hwynt, O Dduw.

Y Beibl fo 'mhob teulu'n fawr ei barch,
Ac ymhob tŷ'r lle gorau fo i'r arch:
Dyrchafed cân aelwydydd glân i'r nef,
A chadwed Duw ein gwlad yn eiddo ef!

EMYN BOREOL

CRËWR y goleuni glân,
Rhoddwr pob boreddydd ddaw,
Gwrando'n dirion ar ein cân,
  Heddiw tywys ni â'th law.

Cilio wnaeth y dywell nos,
  Yn dy wên deffrodd y dydd:
Diolch am y seren dlos
  Fu'n goleuo llwybrau ffydd.

Rho i ni feddyliau glân,
  Hawddgar fel boreddydd ha';
Heddiw drwy'r munudau mân,
  Cadw ni'n y ffordd sydd dda.

Cadw ni 'mhob dyrys le,
  Yn dy fwyn ddiddanwch, pur
Cadw'n golwg tua'r ne'
  Ymhob loes, a siom, a chur.

Drwy'r boreau ar y llawr,
  Dwg ni'n nes bob dydd i'n gwlad,
Nes i'r glir nefolaidd wawr,
  Nes i'th fynwes di, ein Tad.

LLAWENYDD Y PASG

CYDLAWENHAWN, cyfododd Crist o'i fedd,
Ac ar ein daear torrodd gwawr o hedd;
I'r lan y daeth, ac ni all farw mwy,
Mae heddiw'n harddach am ei farwol glwy';
Mae anfarwoldeb yn ei wyneb ef
Ac yn ei law awdurdod ucha'r nef.

Cydlawenhawn, fe ddaeth angylaidd lu
I'w hebrwng adref i'w orseddfainc fry:
Mewn cwmwl gwyn yr aeth o olwg byd,
Ond cofio mae am Galfari o hyd:
Ar achub dynion mae ei feddwl ef,
Ac achub dynion ydyw gwaith y nef.

Cydlawenhawn, y mae i ninnau waith
I gofio'i achos drwy y ddaear faith;
Ac wedi byw i brofi gallu'r groes
Cawn weld ei annwyl wedd ar ddiwedd oes:
Mewn gwynfyd pur cawn ganu 'Iddo ef!'
A diolch daear fydd yn llanw'r nef.

LLYWYDD Y MÔR

DONNOG fôr, aflonydd li,
Gorffwys ddim ni fynni di,
Weithiau'n lasliw, weithiau'n llwyd;
Heddiw'n chwerthin, yfory mewn nwyd,

Ond mae Llaw uwchben o hyd
Sydd yn dy siglo yn dy grud;
Llywio'r gwyntoedd oll wna hon –
Hi sy'n mesur grym pob ton.

Siglai llong gan rym y gwynt
Draw ar Lyn Tiberias gynt:
Llanwai ofnau du bob bron,
Gan y gwynt ac ymchwydd y don.

Yna cododd Iesu Grist,
Uwchben y cynnwrf dwedodd, 'Ust!'
Plygai'r cefnfor ger ei fron –
Dyma'r Llaw sy'n llywio'r don!

PRIODAS

EIN Duw, i'r ddau sydd ger dy fron
Rho'n gyson gymorth helaeth;
Ac iddynt gwna yn wir fwynhad
Yn wastad dy wasanaeth.

Yn dirion rhoddaist hyd yn hyn
I'w canlyn, dy ddaioni;
Ac eto eu hapusrwydd fo
Cydrodio yn dy gwmni.

I'w haelwyd doed, o ddydd i ddydd,
Gysuron ffydd yn Iesu;
Ac yn holl droeon gyrfa'u hoes
Doed grym o'r groes i'w nerthu.

Dal hwy yn gryf beth bynnag ddaw,
Bob cam dy law a'u cadwo;
Eu hymdaith fo dan wenau'r Nef,
A'u cartref am byth yno.

CONCWEST Y GROES

EIN nawdd wyt ti, O Frenin y brenhinoedd;
Cyfiawnder dy orseddfainc yw ein hedd:
Rho i ni bawb, yn nhwrf a llid drycinoedd,
Drwy'r cwmwl duaf olwg ar dy wedd.
Er pob rhyw frad, er pob rhyw chwerw loes,
Tragwyddol goncwest sydd yng Nghrist a'i groes.

Dy gadarn Law, mewn mynych brofedigaeth,
Fu'n cynnal drwy yr oesau deulu'r saint;
Cynhaeaf gwyn ddaeth o bob erledigaeth,
Carcharau drodd i'th blant yn nefol fraint.
Er pob rhyw frad, er pob rhyw chwerw loes,
Tragwyddol goncwest sydd yng Nghrist a'i groes.

O cofia heddiw Seion a'i blinderau;
Distawed cân yr Oen derfysgoedd byd:
I ryddid pur, i'r eang uchelderau
Dy eglwys dwg mewn cariad oll ynghyd.
Er pob rhyw frad, er pob rhyw chwerw loes,
Tragwyddol goncwest sydd yng Nghrist a'i groes.

CRED YN NUW

ENAID gwan, paham yr ofni?
Cariad yw
Meddwl Duw,
Cofia'i holl ddaioni.

Pam yr ofni'r cwmwl weithian?
Mae efe
Yn ei le
Yn rheoli'r cyfan.

Os yw'n gwisgo y blodeuyn,
Wywa'n llwyr
Gyda'r hwyr,
Oni chofia'i blentyn?

Duw a ŵyr dy holl bryderon:
Agos yw
Dynol-ryw
Beunydd at ei galon.

Er dy fwyn ei Fab a roddodd:
Cofia'r groes,
Ddyddiau d'oes –
"Canys felly carodd!"

Bellach rho dy ofnau heibio;
Cariad yw
Meddwl Duw;
Llawenycha ynddo.

IESU'N RHAGORI

ER teced yw y lili,
A'i gwisg fel eira gwyn,
Mil tecach geiriau sanctaidd
Yr Iesu ar y bryn.

Er cryfed yw'r mynyddoedd,
A'u sail yn ddofn i lawr,
Cadarnach yw'r gwirionedd
Bregethai'r Iesu mawr.

Er teimlo pa mor dirion
Yw llaw ein tad a'n mam,
Tirionach yw llaw Iesu
I'n cadw rhag pob cam.

Y RHEOL AUR

GAN Iesu, gwir Fab Duw,
Cael rheol aur i fyw
Yn ffordd y nef:
Ond dysgu hon yn iawn,
Bydd dyddiau'n hoes yn llawn
O'i ysbryd ef.

Wrth garu eraill cawn
Bob dydd dy nefol ddawn,
O Iesu da;
A dechrau yma nawr
Ar fyw y bywyd mawr
Byth, byth barha.

LLAWENYDD BUDDUGOLIAETH CRIST

HALELWIA! Halelwia! Halelwia!
O'r ymdrech fawr ar Galfari,
Dywysog Bywyd, daethost ti,
Gan ymdaith mewn anfarwol fri: Halelwia!

Ni allai holl ddolurus gur
Y goron ddrain a'r hoelion dur
Wanychu grym dy gariad pur: Halelwia!

Gadewaist froydd brenin braw
Â phob awdurdod yn dy law,
Hyd faith derfynau'r byd a ddaw: Halelwia!

Pyrth uffern gaeaist, Frenin nen;
A disglair byrth y wynfa wen
Agoraist inni led y pen: Halelwia!

Angylion glân, ardderchog lu
A ddaeth yn osgordd ar bob tu
I'th hebrwng i'r orseddfainc fry: Halelwia!

Dyrchafwn ninnau iddo nawr
Glod am ei fuddugoliaeth fawr:
Un gân fo'n llenwi nef a llawr: Halelwia!

LLWYBRAU GWEDDI

I DAWEL lwybrau gweddi,
  O Arglwydd, arwain fi,
Rhag imi gael fy nhwyllo
  Gan ddim daearol fri:
Mae munud yn dy gwmni
  Yn newid gwerth y byd,
Yn agos iawn i'th feddwl
  O cadw fi o hyd.

Pan weli fy amynedd,
O Arglwydd, yn byrhau;
Pan weli fod fy mhryder
Dros ddynion yn lleihau;
Rhag im, er maint fy mreintiau,
Dristáu dy Ysbryd di,
I dawel lwybrau gweddi
Yn fynych arwain fi.

Pan fyddo achos Iesu
Yn eiddil a di-glod,
Pan losgo'r lamp yn isel
Wrth ddisgwyl iddo ddod,
A thwrf y rhai annuwiol
Fel sŵn ystormus li,
Ar dawel lwybrau gweddi
O cadw, cadw fi.

IESU'N CEIDWAD BYTHOL

IESU'N Ceidwad, gwena arnom,
Ac yn awr bendithia ni;
Os ymadael raid â'n gilydd
Nid oes raid dy adael di.

Iesu, cadw di'r gwefusau
Fu i ti yn canu cân,
Rhag un amser arfer geiriau
Fo'n gofidio d'Ysbryd Glân!

Er na fedrwn gadw'r Beibl
Yn ein dwylo ar bob pryd,
Boed ei addysg a'i gynghorion
Yn ein calon ni o hyd.

TEULU IESU

LLAW yr Iesu sy'n gwahanu
Rhwng rhai annwyl ar y llawr;
Llaw yr Iesu ddaw â'r teulu
At ei gilydd gyda'r wawr:
'N ôl ffarwelio rhwng dau olau,
Mynd o un i un o'r byd,
Mawr fydd gweld, ryw hyfryd fore,
Deulu Iesu oll ynghyd.

ER MWYN IESU, TRUGARHA

MADDAU, Arglwydd, ofnau'r fron,
Ofni'r cwmwl, ofni'r don:
Praw o'th gariad a'm hiachâ –
Er mwyn Iesu, trugarha.

Pan fo'r enaid dan ei loes
Wrth atgofio beiau oes,
Estyn law i wella'r pla,
Er mwyn Iesu, trugarha.

Pan fwy'n ofni cilio o'th wedd
Yn y niwl ar gyrrau'r bedd,
Galw f'enw, Fugail da –
Er mwyn Iesu, trugarha.

Rhag im ofni'r farn a fydd,
A rhyferthwy'r olaf ddydd,
Cynnal fi â'r gobaith da –
Er mwyn Iesu, trugarha.

Lladd ein hofnau ni bob un,
Ond dy ofni di dy hun!
Dyma'r ofn a'm llwyr lanha –
Er mwyn Iesu, trugarha.

DILYN FI

MAE llais yr Iesu'n galw'n glir,
Dilyn fi;
Draw dros y môr a thros y tir,
Dilyn fi.
Pan fyddo'r storm yn duo'r nen,
Neu pan fo heulwen deg uwchben,
Daw'r llais i lawr o'r nefoedd wen:
Dilyn fi.

Beth yw y pêr hyfrydlais mwyn,
Dilyn fi?
Y Bugail Da sy'n galw'r ŵyn,
Dilyn fi.
Mor felys, wedi gorffen gwaith,
Fydd moli fry, mewn nefol iaith,
Y llais fu'n cymell ar y daith,
Dilyn fi!

PERERINION YR OESAU

MAE pererinion Seion
O oes i oes ar daith;
Yr Iesu yw ei gobaith
A'u gwynfyd yw ei waith.
Trwy rwystrau lu y teithient,
Trwy'r tân, trwy rym y lli;
Mwy na choncwerwyr fuont
Trwy goncwest Calfari.

Wrth olau'r Gair y rhodient –
Mae'r golau yn parhau;
Wrth orsedd gras y plygent –
Cawn ninnau at hon nesáu:
Er newid gweithwyr Seion
Heb ball o oes i oes,
Byth ni newidir Iesu,
Ni phalla grym ei groes.

Daw gyrfa'r pererinion
　O un i un i ben;
Gorffwysant, ymhyfrydant
　Yng ngwaith y wynfa wen;
Maent yn ein disgwyl ninnau
　I uno yn yr ŵyl:
Yn y gymanfa bery
　Byth mewn anfarwol hwyl.

DIOLCH AM Y BEIBL

MOLWN di, O Dduw'r goleuni,
　Am ein llyfrau da bob un;
Drwy eu darllen dyro inni
　Gael dy feddwl di dy hun.
Diolch iti'n fwy na'r cyfan
　Am y gyfrol orau i gyd,
Sy'n dy ddangos di ym mhobman
　Yn Waredwr i'r holl fyd.

Diolch iti am ddarluniau
　Tywysogion bore ffydd;
Diolch iti am y salmau
　I'n diddanu'r nos a dydd.
Diolch am y dewr broffwydi
　Fu'n cyhoeddi d'enw glân,
A'u hanfarwol genadwri
　Eto'n llawn o'r dwyfol dân.

Diolch am yr hardd ddalennau
　Lle mae'r hanes gorau 'rioed:
Hanes Iesu Grist a'i eiriau,
　Ffrind y plant a Ffrind pob oed!
Am y Beibl cyd-ddiolchwn,
　Ar ei eiriau oll gwrandawn;
Nid oes drysor byth a feddwn
　Fel y trysor ynddo gawn.

YMHYFRYDU YN NUW

MOR hyfryd yw canu,
   Dad nefol, i ti;
Mor hyfryd yw meddwl
   Mai'th eiddo wyf fi;
Awelon dy gariad
   Sy'n llonni pob man;
A golau'th drugaredd
   Yw gobaith y gwan.

Pob meddwl dymunol
   Sy'n llanw fy mryd,
Anadliad dy Ysbryd
   Yw'r cyfan i gyd:
Gorffwysfa fy enaid
   Yw profi dy hedd;
A'm gobaith diddarfod
   Yw gweled dy wedd.

Mewn rhyddid nefolaidd
   Dymunwn gael byw;
O wirfodd yn dilyn
   Ewyllys fy Nuw:
Ohonof fy hunan
   Yn dewis y da;
Nes cael y llawenydd
   Am byth a barha.

Boed meddwl yr Iesu
   Yn feddwl i ni;
I'n gwneud ni, Dad nefol,
   Yn debyg i ti:
Perffeithrwydd y nefoedd
   Fydd gweled dy wedd,
A gwynfyd heb ddarfod
   Fydd byw yn dy hedd.

LLAWENYDD YNG NGWAITH DUW

NA foed cydweithwyr Duw
Byth yn eu gwaith yn drist,
Wrth ddwyn y meini byw
   I'w dodi'n nheml Crist:
Llawenydd sydd, llawenydd fydd
I bawb sy'n gweithio 'ngolau ffydd.

Pam mae'r telynau draw
   Ar helyg Babel bell,
Pan eilw Duw bob llaw
   A thant at amcan gwell?
Ar furiau Seion, gweddus yw
Sŵn mawl wrth weithio gyda Duw.

Mae gweithwyr gorau'r ne'
   Yn marw yn eu gwaith;
Ond eraill ddaw'n eu lle
   Ar hyd yr oesoedd maith:
A ffyddlon i'w addewid fry
Yw'r hwn a fu'n sylfaenu'r tŷ!

Mae'r Iesu eto'n fyw!
   A'r gwaith sydd dan ei law;
Ar gyfer gweithwyr Duw
   Mae bendith oesau ddaw:
Llawenydd mawr ynghyd a gawn
Ryw ddydd, wrth weld y tŷ yn llawn.

NA, NID FY FFORDD FY HUN

NA, nid fy ffordd fy hun;
Mae'th ffordd di'n well i mi:
Dy law i'm tywys rho,
   Y llwybyr, dewis di!
Ai blin, ai esmwyth fydd,
   Ti ŵyr y ffordd i'r nef;
Gwnei di i'w throeon chwith
   Fy nwyn i'n nes i dref.

Ni feiddiaf ddewis dim;
   Ni fynnwn chwaith, pe cawn:
Na, dewis di, a'r ffordd
   Bob cam fydd felly'n iawn.
Ai blodau gaf, neu ddrain,
   Ai'r gawod neu y gwres,
Gad imi drwyddynt oll
   Dy deimlo di yn well.

Fy nghwpan llanw di
   O drallod, neu fwynhad;
Y chwerw'n felys fydd,
   O'i roi gan gariad Tad.
Na, nid fy newis i
   Mewn pethau mawr na bach:
Dy ddewis di a'm dwg
   I'm cartre'n gwbwl iach.

HORATIUS BONAR (1808 – 89)
efel. ELFED

CYFLE'R PLANT

NID oes neb rhy fach i'th garu,
   Neb rhy fach i ganu'th glod;
Neb rhy fach i'th wasanaethu,
   Neb rhy fach i'th winllan ddod.
Addfwyn Iesu, annwyl Iesu,
   Yn dy waith gad inni fod.

Er cyn lleied heddiw wyddom,
   Gwyddom it ein caru ni;
Er bod gofal mawr amdanom,
   Nid oes gofal neb fel ti:
Addfwyn Iesu, annwyl Iesu,
   Dan dy aden cadw ni.

Os cawn fyw flynyddoedd yma
   Dysg ni i'th garu'n well o hyd;
Neu, os byr a fydd ein gyrfa,
   Derbyn ni i'th fynwes glyd;
Addfwyn Iesu, annwyl Iesu,
   Cadw ni'n dy waith i gyd.

GWEDDI'R EGLWYS

O ARGLWYDD Dduw ein tadau,[1]
   Ein Craig a'n Tŵr wyt ti:
O gogonedda eto
   Dy enw ynom ni;
Ni cheisiwn fwy anrhydedd
   Na rhodio'n llwybrau'r groes,
Gan fyw i ddangos Iesu
   A gwasanaethu'n hoes.

Nid oes i ni offeiriad
   Ond Iesu Grist ei hun;
Nac ordeiniadau eraill
   Ond geiriau Mab y Dyn:
I ryddid pur y'n galwyd,
   O cadw ni'n dy waith,
Nes elo cyfraith rhyddid
   Dros wyneb daear faith!

YR OEN DI-FAI

O CANED holl delynau'r byd
   I enw'r Oen di-fai:
Mae ef yn caru pawb erioed,
   Heb garu heddiw'n llai.

[1] Dywed Simon Bartholomeus Jones, 'Dichon nad yw hwn yn un o'i emynau mwyaf, ond fe fynega gystal â'r un argyhoeddiadau'r awdur.'

Yr Oen di-fai, yr Oen di-fai –
O canwn ei glod ynghyd:
Yr Oen di-fai, yr Oen di-fai
Fu farw dros y byd.

Os gwlad y breintiau gawsom ni
Yn gartre 'more oes,
Mae'n fwy o ddyled arnom ddweud
Wrth bawb am Grist a'i groes.

O deued plant y gwledydd draw
I ganu gyda ni,
A boed un gân yn llanw'r byd –
Y gân am Galfari.

Caniadau'r Oen a lanwo'n tir
Cyn hir fel môr di-drai;
Ac na foed ynys fach drwy'r byd
Heb gân i'r Oen di-fai.

DUW YN NODDFA

O DDUW, ein cymorth oesau gynt,
Ein gobaith ddyddiau ddaw,
Ein noddfa rhag ystormus wynt,
A'n cartref maes o law.

Preswylfa gadarn teulu'r ffydd
Fu'th orsedd di 'mhob oes:
Dy fraich yn unig, digon fydd
I'n cadw byth rhag loes.

Cyn seilio'r bryniau uchel ryw,
Cyn rhoi i'r ddaear lun,
O dragwyddoldeb ti wyt Dduw,
A thi wyt byth yr un.

Yn d'olwg, megis hedfa hwyr
  Yw mil o oesau maith;
Fel gwylfa'r cyfddydd beidia'n llwyr
  Pan gyfyd haul i'w daith.

Plant amser, fel ar ffrwd ddi-drai,
  Ânt gyda'r llif i lawr;
I angof ânt, fel breuddwyd frau
  Yn marw gyda'r wawr.

O Dduw, ein cymorth oesau gynt,
  Ein gobaith ddyddiau ddaw,
Bydd inni'n nawdd drwy'n bydol hynt,
  A'n cartref maes o law.

ISAAC WATTS (1674 – 1748)
cyf. ELFED

YR ENW GORUWCH POB ENW

O ENW mawr, goruwch holl enwau daear:
  Yr enw sydd yn concro'r oesau oll;
Ar foelydd llwm, yng nglynnoedd ofn a galar,
  Ei enw ddaw yn ôl â'r gobaith coll.

O enw mwyn, a'r nef yn ei diriondeb –
  Addfwynder, a maddeuant a glanhad;
Trwy dawel eangderau tragwyddoldeb
  Deil enw'r Iesu i ddatguddio'r Tad.

O enw mawr, a saif yn ei gadernid,
  Er crynu o orseddfeinciau balch y llawr;
Yn ei hawddgarwch pery'n ddigyfnewid –
  Hawddgaraf ac anwylaf enw mawr.

Ei enw ef fydd testun cân angylion,
  A chân y saint yn heirdd drigfannau'r nef;
Ac O, bod lle ymhlith y gwaredigion
  I minnau seinio'i annwyl enw ef.

ER MWYN YR OEN

O NEFOL Dad, dy gariad di
Sydd wedi dysgu'n cariad ni;
Gwrando'n drugarog ar ein cri,
Er mwyn yr Oen.

O rho dy law i'r ieuanc sydd
Yn colli'r ffordd ar ganol dydd,
I'w ddwyn yn ôl i lwybrau ffydd,
Er mwyn yr Oen.

Mae llawer heddiw'n rhodio'n dlawd
Ar ôl bradychu eu hannwyl Frawd;
O achub hwy rhag gwarth a gwawd,
Er mwyn yr Oen.

Mae ofnau rhywrai'n eu llesgáu,
Rhag dod, a chael y drws ar gau;
O dyro iddynt ras parhau,
Er mwyn yr Oen.

Bydd di yn gysgod i rai gwan,
Ac i rai addfwyn bydd yn rhan;
A dwg o'r newydd fyrdd i'r lan,
Er mwyn yr Oen.

IESU, Y GOLEUNI GWIR

O IESU, y Goleuni Gwir,
Ar nos eneidiau gwawria'n glir:
Y rhai sydd heb dy adwaen, dwg
I'th gorlan cyn y dyddiau drwg.

O tywys di eneidiau ffôl
A gamarweiniwyd, eto'n ôl;
A'r rhai sy'n dilyn ofer hynt,
Gad iddynt gofio'r dyddiau gynt.

Yn dirion ceisia, Iesu cu,
Yr enaid a'th adawodd di:
Iachâ'r gydwybod glwyfus, wan,
Dod iddi'th nefol hedd yn rhan.

Y byddar glywo'th hyfryd lef,
A dysg i'r mudan iaith y nef,
A galw dy ddisgyblion cudd
I'th ddilyn mwy yng ngolau'r dydd.

Goleua'r deillion oddi fry,
A dwg wrthgilwyr 'nôl i'th dŷ;
Ail-una'r rhai sydd ar wahân;
A'r rhai sy'n cloffi, nertha 'mla'n.

Cânt hwy a ninnau felly flas
Ar ganmol rhyfeddodau gras:
Os melys dechrau'r gân yn awr,
Yn Salem bydd gorfoledd mawr.[1]

JOHANN HEERMANN (1630)
cyf. ELFED (1895)

O SANCTAIDD DDIDDANYDD

O SANCTAIDD Ddiddanydd, clyw weddi rhai gwan,
Rho inni d'oleuni, a'th gwmni 'mhob man:
Mewn blinder a thrallod na wrthod ein llef,
Rho gysgod dy aden, fwyn G'lomen o'r nef.

Dwyn Iesu'n nes atom bob dydd fynni di,
Gwneud Iesu'n fwy golau, mwy annwyl i ni:
Daw weithiau amheuon wna'n calon yn drist –
O, arwain ein meddwl drwy'r cwmwl at Grist!

Rhy fynych yw'r beiau sydd yn dy dristáu,
Ond paid di â'n gadael yng ngafael ein bai:
Aed fflam dy sancteiddrwydd drwy'n henaid yn dân,
Mawr elw yw'r dolur wna'r galon yn lân!

[1] Yn ei ddarlith ar gyfieithiadau Cymraeg o emynau Almaeneg a gynhaliwyd gan Gymdeithas Emynau Cymru (Ebrill 2011), canmolodd yr Athro G. Len Jones gyfieithiad Elfed (uchod) o'r emyn: *O Jesu Christe, wahres Licht.*

O sanctaidd Ddiddanydd, bydd drosom o hyd;
Cysura, rhybuddia, glanha ni i gyd:
Drwy oriau ein diwrnod, rho nabod dy wedd,
Gad inni wrth huno, gael huno'n dy hedd!

YSBRYD Y GRAS

O TYRED, Ysbryd Glân,
Yn fflam o ddwyfol dân
  I'r oedfa hon;
Lladd bob hunanol fryd,
Dilea ôl y byd;
Dy ras yn fwy o hyd
  Sancteiddio'n bron.

Gad inni beunydd fyw
Dan wlith cawodydd Duw
  Yn iraidd hardd;
Dy awel dyner di,
Wrth ddod o Galfari,
A wnelo'n bywyd ni
  Fel nefol ardd.

Golomen nefol fro,
Dy bur dangnefedd rho
  I'n daear drist;
Gwna, yn dy hedd dy hun,
Yr Eglwys oll yn un;
Ac achub deulu dyn
  I gariad Crist.

ANGAU'R IESU

PAN ddisgynnodd grym yr Ysbryd
  Fore'r Pentecost i lawr,
Yn eu dagrau edifeiriol
  Fe achubwyd tyrfa fawr:
    Angau'r Iesu
  Wnaeth i deirmil fynd yn rhydd.

Yng Nghalfaria mae y fendith
    Yn parhau o oes i oes;
Etifeddiaeth anllygredig
    I'r holl fyd, yw ing y groes:
        Angau'r Iesu
    Cân bereiddiaf daear yw.

Cofio'r groes dan bwys euogrwydd
    Ddaw â gobaith i'r rhai pell;
Cofio'r groes ar fryniau tawel
    Wna i'r gorau fyw yn well:
        Angau'r Iesu
    Coron dwyfol gariad yw.

Yn y nef mae myrdd myrddiynau,
    Oll dan aur goronau'r wlad:
Nid oes neb yn llai na brenin
    Erbyn cyrraedd tŷ ein Tad!
        Angau'r Iesu –
    Dyna'r gân frenhinol fry.

CROESAWU IESU

PWY sy'n dod i Salem dref?
        Iesu'n Llywydd:
Taenwn ar ei lwybrau ef
        Gangau'r palmwydd;
Rhoddwn iddo barch a chlod
        Mewn 'Hosanna!'
Atom ni mae heddiw'n dod:
        'Halelwia!'

Pwy sy'n dod trwy byrth y bedd
        Yn Orchfygwr?
Iesu Grist, Tywysog hedd,
        Ein Gwaredwr.
Mae ei fryd ar wella'r byd
        O'i ddoluriau;
Rhoddwn iddo oll ynghyd
        Ein calonnau.

Er i holl delynau'r nef
　　Ei glodfori,
Hyfryd iddo ef yw llef
　　Plant yn moli.
Dewch â'r palmwydd, dewch â'r gân
　　Byth i'r Iesu;
Unwn gyda'r dyrfa lân
　　I'w foliannu.

GAN EDRYCH AR IESU

PWY sydd heddiw'n dwyn y groes
　　Gan ymnerthu
　　Yn yr Iesu?
Iddynt rhoddir wedi'r loes
Wynfyd yr anfarwol oes.

Pwy ar fynydd pell a glyw
　　Lais yr Iesu
　　Yn pregethu?
Pawb i'w deyrnas geisiant fwy,
Gelwir hwy yn blant i Dduw.

Pwy hyd wamal lwybrau'r don
　　Welant Iesu
　　Yn dynesu?
Hedd a wêl eu hofnus fron –
Dafnau hedd Caersalem lon.

Pwy i ardd yr ing nesânt,
　　Yno i blygu
　　Gyda'r Iesu?
Eu gweddïau a'u cryfhant:
Coron y gorchfygwyr gânt.

Pwy gan angel ieuanc fyn
　　Eu diddanu –
　　'Cododd Iesu'?
Ei dangnefedd i'r rhai hyn
Ddyry y Diddanydd Gwyn.

GWEDDI'R IESU YN Y NOS

Y DAWEL nos ymdaena
Dros fryniau Galilea
A'r glas aflonydd lyn,
A'r Iesu'n dringo weithian
Yn araf wrtho'i hunan
I borth y nef ar ben y bryn.

Mae'r adar yn noswylio,
A'r olaf un yn brysio
I'w nyth ar lan y llyn;
Os Iesu Grist fydd heno
Heb le i'w ben orffwyso,
Caiff gwmni'r Tad ar ben y bryn.

Pan gwyd y gwynt yn uchel,
A'r tonnau fel mewn rhyfel
Yn rhuthro dros y llyn,
I achub ei gyfeillion
Daw Iesu Grist yn brydlon
O borth y nef ar ben y bryn.

TANGNEFEDD EIN HARGLWYDD

Y NOSWAITH cyn y groes
Gadawodd Iesu Grist
Dangnefedd ar ei ôl
I'w holl rai annwyl trist:
Ac aeth ymlaen i Galfari
I'r cystudd garwaf drosom ni.

Yn fynych yn y byd
Daw oriau chwerwon iawn,
Ac yn ein hunain mae
Y chwerwaf ofid gawn;
Ond mae tangnefedd Calfari
Ar hyd yr hirnos gyda ni.

O Iesu hawddgar, tyrd
Yn nes na'r drwg i gyd,
Yn nes nag ofnau'r fron,
Yn nes na gwenau'r byd;
Trwy haint a hawddfyd cadw ni
O fewn y babell gyda thi.

Pan ddelo'r awel oer
I'n herbyn yn y glyn,
A'r golau gyda'r hwyr
Yn cilio ar bob bryn,
Bydd cael tangnefedd Calfari
Yn ddigon, digon byth i ni.

EMYN Y CARTREF

YN Llywydd ein cartrefi,
Ein Tad, bydd di dy hun;
Dy gyfraith fo'n rheoli
Plant a rhieni'n un.

Rho di yn llais awdurdod
Diriondeb doeth dy Air;
Prydfertha wedd ufudd-dod
Fel gynt yng nghartre Mair.

I'n merched ac i'n meibion
Rho nawdd bob cam o'r daith;
Gwna'n hawddgar eu hamcanion,
Yn onest boed eu gwaith.

Pob teulu cadw'n gyfan
Yn hedd dy babell glyd;
Pan grwydro rhai o'r gorlan,
Dwg hwy yn ôl mewn pryd.

O'r aelwyd boed tramwyfa
Gyfarwydd iawn i'th dŷ;
Boed drws o'r cartref yma
I'r nefol gartref fry.

CARIAD CYNHWYSFAWR YR ARGLWYDD

YR Arglwydd a feddwl amdanaf,
A dyna fy nefoedd am byth;
Yng nghysgod yr orsedd gadarnaf
Mae'n ddigon i'r gwannaf gael nyth:
Cyn duo o'r cwmwl tymhestlog
Ei adain sy'n cuddio fy mhen;
Caf noddfa'n ei fynwes drugarog
Pan siglo colofnau y nen.

Fy Arglwydd sy'n gwisgo y lili,
Mae'n cofio aderyn y to;
Cyn pallo'i anfeidrol dosturi
Rhaid gollwng Calfaria dros go'.
Os Duw sydd ar f'enaid ei eisiau,
Mae eisiau fy enaid ar Dduw:
O gariad heb ddiwedd na dechrau,
Ar gariad mor rhyfedd 'rwy'n byw![1]

'GAN WNEUTHUR DAIONI'

YR Iesu a gerddai o amgylch y wlad,
Ei air yn oleuni, ei law'n dwyn iachâd:
Ar wneuthur daioni i bawb 'roedd ei fryd,
A heddiw efe yw Gwaredwr y byd.

Yng ngwledd y briodas y dŵr droai'n win;
Ei gysur gyfrannai i'r llwythog a'r blin:
Pob poen a phob dolur, pob ofn a phob braw
A giliai dan dyner gyffyrddiad ei law.

Cyfarfu ag angladd yn dyfod o'r dref,
A'r marw ddihunodd wrth glywed ei lef;
Yr elor adawodd y bachgen heb nam –
Trugaredd yr Iesu a'i rhoddes i'w fam.

---

[1] Ym marn Simon Bartholomeus Jones : 'Dyma un o'r emynau mwyaf yn yr iaith Gymraeg.' *gw. Cofiant Elfed*, Emlyn G. Jenkins (1957).

O na bai i ninnau bob un, megis Mair,
Roi heibio bob gofal i wrando ei air;
Ar wneuthur daioni o hyd mae ei fryd –
Nid oes ond yr Iesu'n Waredwr i'r byd.

Thomas Jones (**'Arfonfab'** 1860 – 1935)

YR ARGLWYDD YN DARIAN

DAN bwys helyntion byd,
Sy'n mynd â 'mryd o'i le,
Pwy all ddarlunio gofal Duw?
Fy nharian yw efe.

Bu yma'n wael ei lun
Yn codi dyn i'w le;
Fe roddodd Iawn dros ddynol-ryw,
Fy nharian yw efe.

Mae'n lloches glyd i'r gwan,
Yn noddfa gadarn gref,
Mi lynaf wrtho tra bwyf byw,
Fy nharian ydyw ef.

Richard Griffith (**'Carneddog'** 1861 – 1947)

DIOLCHGARWCH AM Y CYNHAEAF

CYD-DDYRCHAFWN fawl a diolch
I Gyfrannwr hael y nef
Am ei ofal tadol drosom
Ac am wrando ar ein llef;
Ei drugaredd sydd ddiderfyn,
A'i dosturi yn ddi-drai,
Wrth gyflenwi'r byd â'i roddion,
Nid yw stôr ei gariad lai.

Bu yn dirion a haelionus
  Wrth rai beius fel nyni,
Am ddarparu gras mor helaeth
  Teilwng yw o barch a bri;
Rhoddodd inni nerth ac iechyd,
  Trwyddo ef yr ŷm yn byw,
Doeth Reolwr mawr y bydoedd
  A'n Cynhaliwr ydyw Duw.

Fe goronodd eto flwyddyn
  Â'i fendithion graslawn rhad,
A dyferodd ar y meysydd
  Fraster byw er maeth i'n gwlad;
Rhoddodd hin a heulwen hyfryd
  Inni gael eu casglu 'nghyd,
Ac mae ymborth pob creadur
  Heddiw'n ddiddos ac yn glyd.

O mawrygwn ei ragluniaeth
  Am ei ddeddfau doeth a phur,
Yn ein cadw gyda llawnder
  Yn lle newyn, poen, a chur;
Ffyddiog gredwn yn yr Arglwydd,
  Yn ei 'wyllys fythol, gref,
Yna cawn gyd-wledda'n ddedwydd
  Ar gynhaea' mawr y nef.

AMEN

DWYS ochenaid edifeiriol,
  A maddeuant dan ei llen,
Iaith yr enaid yn datguddio
  Ei holl gynnwys yw 'Amen'.

Sicrhad yr hyn a draethir
  Wrth gyhoeddi Crist yn ben,
Cadarnhau'r gwirionedd dwyfol
  Wna'r dystiolaeth fyw 'Amen'.

Cryf amlygiad ffydd credadun
   Yng ngwrthrychau'r orsedd wen,
Bloedd dylanwad yr Efengyl
   Ar yr euog yw 'Amen'.

Hoffus fyrdwn pererinion
   Sydd â'u nod tu draw i'r llen;
Anthem fer atseinia'r engyl
   Yn ddiddiwedd yw 'Amen'.

J. Crawnon Jones (1861? – 1921)

COFIO ANGAU IESU

AM angau Iesu mawr
   Mi gofiaf byth tra bwy',
Gogoniant nef a llawr,
   Ei ddwyfol, farwol glwy';
Wrth dynnu f'anadl ola' i gyd,
Mi gofiaf am yr Aberth drud.

Os chwerw yw y groes
   I'w dioddef yn y byd,
Gogoniant mawr fy oes
   Yw cario hon o hyd;
A'i chario wnaf o gariad pur,
Tra pery'm taith drwy'r anial dir.

Y SABOTH

CANAF am y Saboth hawddgar
   A'i fendithion hawddgar ef,
Dyma frenin dyddiau'r ddaear,
   Dyma un o ddyddiau'r nef;
Mae'n orffwysfa dawel hyfryd
   I fy natur egwan i,
Mae'n adfywio oriau 'mywyd,
   Ar fy nhaith i'r Wynfa fry.

Heddiw mae y nef yn gwenu
   Mewn sirioldeb ar y byd,
A'r cenhadon yn mynegi
   Am rinweddau'r aberth drud;
Sain 'Hosanna i Fab Dafydd'
   Sydd ym mhebyll Seion wiw,
O am Saboth yn dragywydd
   I addoli'r Arglwydd Dduw.

T. Mafonwy Davies (**'Mafonwy'** 1862 – 1931)

BORE SABOTH

ARGLWYDD tirion, yn y bore
   Trown ein hwyneb atat ti:
Dyro dithau yn ei olau
   O dy wenau arnom ni:
Boed y llewyrch, sydd ar lwybrau
   Anfarwolion glân y nef,
Ar ein llwybrau tywyll ninnau,
   I'n goleuo tua thref.

Boed i'r ddaear faith ddistewi,
   Er mwyn gwrando ar dy lef;
Boed eneidiau heddiw'n holi
   Am dangnefedd pur y nef:
Boed i'n calon flin orffwyso
   Yn dy gyntedd, yn dy hedd,
Pan wnawn gofio'r Gŵr fu'n rhodio
   Fore'r trydydd dydd o'r bedd.

'A'R DYDD YN DARFOD'

O AROS, Iesu, gyda ni
   Adwaenost ti ein trallod;
Diddenaist gynt ddisgyblion prudd,
   Pan oedd y dydd yn darfod.

Ar hwyr dy ddydd bydd yn ein plith,
Rho galon i'th gydnabod;
Goleua di drallodus ffydd
Yn awr, a'r dydd yn darfod.

O Ffrind pechadur, Iesu da,
Dihuna bob cydwybod;
Deffro wrandawyr difraw sydd
Heb Dduw, a'r dydd yn darfod.

Ryw awr tu hwnt i'r olaf hwyr
Ni gawn dy lwyr adnabod,
Lle na bydd ofn, na chalon brudd,
Na'r gân na'r dydd yn darfod.

David Lloyd George (1863 – 1945)

Gwleidydd a gwladweinydd rhyngwladol a aned ym Manceinion, a'i fagu gan ei fam weddw a'i ewythr yn Llanystumdwy. 'Roedd yn gyfreithiwr llwyddiannus yng Nghricieth, ac etholwyd yn Aelod Seneddol dros Fwrdeistrefi Caernarfon yn is-etholiad 1890. Yn y Senedd dringodd i swydd Llywydd y Bwrdd Masnach (1905); Canghellor y Trysorlys (1908 – 15); Gweinidog dros Arfau (1915 – 16); Gweinidog Rhyfel (1916) ac yna ym mis Rhagfyr 1916 yn Brif Weinidog.

Roedd yn ffigur creadigol a deinamig a gafodd ddylanwad aruthrol ar hanes modern Prydain.

DY DEYRNAS DOED, O DDUW

DY deyrnas doed, O Dduw,
Boed Crist yn Llyw yn awr;
Â'th wialen haearn tor
Holl ormes uffern fawr.

Ble mae brenhiniaeth hedd
  A'r wledd o gariad byw?
Pryd derfydd dicter du,
  Fel fry yng ngwyddfod Duw?

Pryd daw yr hyfryd ddydd
  Pan na bydd brwydyr lem,
A thrawster a phob gwanc
  Yn dianc rhag dy drem?

Gwatwarant d'enw mawr,
  Difrodant nawr dy ŵyn;
Gweithredoedd llawn o warth
  Sy'n darth dros gariad mwyn.

Ein gweddi beunydd yw,
  Doed Duw yn ei holl rym,
I nerthu'r enaid gwan
  O dan ddrycinoedd llym.

Dros diroedd maith di-ffydd
  Y caddug sydd o hyd;
Tyrd, seren wen y wawr,
  Goleua'r llawr i gyd.

LEWIS HENSLEY (1824 – 1905)
cyf. DAVID LLOYD GEORGE

John Geufronydd Jones ('Geufronydd' 1863 – 1960)

DUW CARIAD YW

TRAGWYDDOL gariad Duw,
  Yn Ysbryd Mab y Dyn,
Digonedd bywyd yw
  I'r gwaelaf euog un;
Mae Duw yng nghroes yr aberth drud
Yn seilio iachawdwriaeth byd.

Mae ei drugaredd ef
    Yn arch i gadw'r oll,
Anghyflawn fyddai'r nef
    Pe byddai dyn ar goll,
Mae cariad Duw at druan ddyn
Yn ddwyfol megis ef ei hun.

Nid oes i enaid le
    Ond heddwch Duw ei hun,
A delfryd fwya'r ne'
    Yw cynllun achub dyn:
Yn wystl ein hiachawdwriaeth ni,
Nid methiant angau Calfari.

Mae'r groes sy'n dod i lawr
    O'r orsedd wen o hyd
Yn llanw anfeidrol fawr,
    I guddio beiau'r byd,
Ni byddai'r nef yn nef i'n Iôr,
A dyn yn marw wrth ei ddôr.

Agorodd Duw y byd,
    I adael hwnnw wnaed
Yn ben ei waith i gyd
    I farw wrth ei draed?
A roddodd Duw ei Fab ei hun
I farw, a methu cadw dyn?

Ar doriad bore wawr,
    Dydd ei ddatguddiad ef,
Ceir gweld y Bugail mawr,
    Yn dwyn ei 'gant' i dref:
Ni chollir yn yr anial un
O'r rhai a garodd Mab y Dyn.

H. T. Jacob (1864 – 1957)

O DDUW, TYRD AT DY EGLWYS

TI, Arglwydd bendigaid o'r nefoedd,
   Clyw weddi dy bobl yn awr,
Sy'n griddfan yn drist eu hysbrydoedd,
   Mewn hiraeth am doriad y wawr;
Nos dywyll aflwyddiant ymdaenodd
   Dros wersyll byddinoedd y groes.
Ein haul i'r gorllewin a giliodd,
   A'r frwydr i'n herbyn a droes.

Pa hyd y goddefi i'th achos,
   O Arglwydd, i lechu dan len?
O cyfod haul tanbaid, ac aros
   Heb syflyd yng nghanol y nen;
Na symud un cam tua'r gorwel
   Nes dymchwel pob gelyn drwy'r tir;
A dangos mai ti bia'r rhyfel,
   Drwy arddel byddinoedd y gwir.

Tydi, yr hwn wisgaist ein tadau
   Â thanllyd awdurdod y nef,
Gwisg eto drwy'r byd dy genhadau,
   Ac yn eu galwadau rho'th lef,
Fel byddo'r Efengyl yn concro
   Pob gelyn i'r Iesu yn lân,
Ac yna caiff Seion ail daro
   Cyweirnod moliannus i'w chân.

John Morris-Jones (1864 – 1929)

Brodor o Sir Fôn ac ysgolhaig o'r radd flaenaf. Bu yng Ngholeg Iesu, Rhydychen. Penodwyd yn ddarlithydd yn y Gymraeg yng Ngholeg y Brifysgol, Bangor ac yna dyrchafwyd yn Athro'r Gymraeg ym 1895. 'Roedd ei astudiaethau ar orgraff a gramadeg y Gymraeg yn arloesol, awdurdodol a dylanwadol. 'Roedd hefyd yn fardd yn y mesurau caeth a rhydd. Bu'n feirniad eisteddfodol am dros chwarter canrif ac yn aelod gweithgar o bwyllgor golygyddol Llyfr Emynau y Methodistiaid Calfinaidd a Wesleaidd *(1927).*

CYMER, ARGLWYDD, F'EINIOES I

CYMER, Arglwydd, f'einioes i
I'w chysegru oll i ti;
Cymer fy munudau i fod
Fyth yn llifo er dy glod.

Cymer di fy nwylo'n rhodd,
Fyth i wneuthur wrth dy fodd:
Cymer, Iôr, fy neudroed i,
Gwna hwy'n weddaidd erot ti.

Cymer di fy llais yn lân,
Am fy Mrenin boed fy nghân;
Cymer fy ngwefusau i,
Llanw hwynt â'th eiriau di.

Cymer f'aur a'r da sydd im,
Mi ni fynnwn atal dim;
Cymer fy nghyneddfau'n llawn,
I'th wasanaeth tro bob dawn.

Cymer mwy f'ewyllys i,
Gwna hi'n un â'r eiddot ti;
Cymer iti'r galon hon
Yn orseddfainc dan fy mron.

Cymer fy serchiadau, Iôr,
Wrth dy draed 'rwy'n bwrw eu stôr:
Cymer, Arglwydd, cymer fi,
Byth, yn unig, oll i ti.

FRANCES RIDLEY HAVERGAL (1836 – 79)
cyf. JOHN MORRIS-JONES

Ben Davies, Pant-teg (1864 – 1937)

Un o Gwmllynfell, Sir Gaerfyrddin. Aeth i weithio yn y pwll glo yn 12 oed. Dysgodd gynganeddu yn ifanc iawn. Dechreuodd bregethu yn 20 oed. Cafodd fynediad i Goleg yr Annibynwyr yn y Bala ac fe'i hordeiniwyd yn weinidog Bwlch-gwyn a Llandegla ym 1888. Ym 1891 aeth i weinidogaethu ym Mhant-teg, Ystalyfera, lle yr arhosodd am 36 o flynyddoedd. Etholwyd yn Llywydd Undeb yr Annibynwyr ym 1928. Enillodd Goron yr Eisteddfod Genedlaethol ddwywaith (1893 a 1894) yn ogystal â'r Gadair (1896).

BENDITH YR YSBRYD

DYRO'TH fendith, Ysbryd Glân,
  Yma'r awron:
Dyro di y bedydd tân
  Yn ein calon.
Llanw ein heneidiau ni
  Â sancteiddrwydd;
Gwna ni'n eiddo llwyr i ti,
  Dyner Arglwydd.

Cadw'n henaid i fwynhau
  Gwenau'r Iesu:
Cadw'n calon i barhau
  Byth i'w garu:
Tywys ni yng ngolau'r nef
  I'r gwirionedd;
Dyro in ei feddwl ef,
  A'i dangnefedd.

ER MOR FAITH YW'R ANIAL

ER mor faith yw'r anial,
Er mor arw'r hin;
Er cael weithiau'm hatal
  Gan y stormydd blin;
Ond im brofi'r manna
  Llawn o ddwyfol flas,
Canaf: Halelwia!
  Digon yw dy ras!

Heibio hirnos angau
  Gwelaf olau'r Farn,
Pryd y bydd mynyddau
  Daear oll yn sarn;
Nerth i sefyll yno
  Roddi di i'th was,
Minnau ganaf eto:
  Digon yw dy ras!

IESU'N FYW

YN fore iawn y gwragedd aeth
I geisio Crist mewn beddrod caeth,
Gan ofni'r milwyr llym eu gwedd,
Gan ofni'r maen ac ofni'r bedd.

Ond nid oes maen na milwyr chwaith
All atal Crist i wneud ei waith;
Cyhoeddai glân angylion Duw
Y bedd yn wag a'r Iesu'n fyw.

Ei annwyl rai gadd weld y fan
Lle'r hunodd dro ei farwol ran;
Ond gyda'r meirw mwy nid yw,
Mae'r bedd yn wag a'r Iesu'n fyw.

O clywch ei lais yn galw, 'Mair'.
Pwy fel efe i ddweud y gair?
Efe ei hun yn sicir yw:
Mae'r bedd yn wag a'r Iesu'n fyw.

Barac Rees (1865 – 1919)

ER CARIAD YR YSBRYD

SANCTAIDD Ysbryd, 'rwyt yn caru
F'enaid gwan;
Cwyd fi i'r lan,
Gad im byth dy foli.

Pwy faidd fesur lled dy dostur,
Maint dy ras,
Hyfryd flas?
O gwellha fy nolur!

Ysbryd tirion, dangos Iesu –
Hawddgar Frawd –
I rai tlawd,
A rho nerth i'w garu.

Dwg ar gof hoff eiriau'r Ceidwad,
Geiriau byw,
Nefol ryw,
Puraidd eu dylanwad.

I ddiddanu dy ddisgyblion
Daethost ti,
Ysbryd cu;
Imi bydd yn ffyddlon.

CARIAD CRIST

YN faban teg fel angel Duw
Y daeth y Mab i'r byd i fyw;
Prydferthwch oesoedd di-rif yw,
Mae cariad Crist yn *dlws*.

Angerddol fflam o ganol nef,
Y cariad barodd iddo ef
Roi heibio euraidd orsedd gref;
Mae cariad Crist yn *bur*.

Fe aeth trwy demtasiynau croes,
Fe aeth trwy flinder, poen a loes;
O am ei gariad trwy fy oes!
   Mae cariad Crist yn *fawr.*

Wynebodd angau erchyll du,
A maeddodd Satan a'i holl lu,
Bu'n ddiwedd byth i'n hangau ni;
   Mae cariad Crist yn *gryf.*

D. Ambrose Jones (1866 – 1951)

Clerigwr. Bu'n Ganon yn Eglwys Gadeiriol Tyddewi.

O IESU, MI ADDEWAIS

O IESU, mi addewais
   Dy ffyddlon ganlyn di,
Bydd dithau yn Arweinydd
   A Chyfaill byth i mi;
Nid ofnaf sŵn y frwydyr
   Os byddi di gerllaw,
Ni chiliaf draw o'r llwybyr
   Os caf i help dy law.

O bydd yn agos ataf –
   Y byd yn agos sy;
Mi welaf ac mi glywaf
   Ei demtasiynau lu;
Mae'r gelyn byth yn agos,
   O'm mewn ac oddi ma's;
Tyrd ataf, dirion Iesu,
   Rho imi nerth dy ras.

Llefara'n eglur wrthyf,
  Llefara air i'm clyw,
Uwch twrf fy chwantau ynfyd,
  Uwch nwydau o bob rhyw;
Llefara i'm cysuro
  A'm nerthu yn y byd;
O gad im wrando arnat,
  Fy Ngheidwad, ar bob pryd.

O Iesu, ti addewaist
  I bawb a'th ganlyn di,
Y cânt fwynhau mewn gwynfyd
  Dy bresenoldeb fry;
Addewais innau, Arglwydd,
  Dy ganlyn hyd y bedd;
O dyro ras, fy Ngheidwad,
  I aros yn dy hedd.

Gad imi weld y llwybrau
  A gerddaist yn ein byd,
Fy ngobaith wrth dy ganlyn
  Sydd yn dy nerth bob pryd;
O galw, arwain, cynnal,
  Nes gorffen gyrfa'r llawr,
A derbyn fi i'r nefoedd,
  Fy Iôr a'm Ceidwad mawr.

J. E. BODE (1816 – 74)
cyf. D. AMBROSE JONES

Humphrey Jones (**'Bryfdir'** 1867 – 1947)

GOFAL DUW

BETH yw nifer sêr y nen?
Beth yw nifer dail y pren?
Ond y llaw fu'n gwisgo'r seren
Wea fantell werdd y ddeilen!

Beth yw nifer bydoedd Iôr?
Beth yw nifer pysg y môr?
Ond fe wêl Creawdwr bydoedd
Drwy ffenestri'r gorddyfnderoedd!

Beth yw nifer engyl Nêr?
Beth yw rhif yr adar pêr?
Duw yr angel cryf ei edyn
Wêl aderyn to yn disgyn.

Nid ei liw, ei le na'i lun,
Sicrha ddedwyddwch dyn;
Gwasanaethu Duw bob munud,
Dyna'r ffordd i fythol wynfyd.

CYSUR YR YSBRYD GLÂN

RHO dy gwmni, addfwyn Ysbryd,
  Drwy anialwch maith y byd;
Rho dy wenau ar ein bywyd
  Nes ei wneud yn wyn i gyd;
    Yn dy gwmni
  Ni ddiffygiodd neb erioed.

Yn yr heulwen rho dy gwmni,
  Yn y ddrycin bydd gerllaw,
Tywyll ydyw pob goleuni
  Pryd y byddi'n cilio draw;
    Bydd yn agos,
  Bydd yn nes na phawb i ni.

Rho dy gwmni pan fo pryder
  Ar ei aden ddu'n nesáu;
Rho dy gwmni pan fo amser
  Oddi wrthym yn pellhau;
    Yn y nefoedd
  Gwyddom cawn dy gwmni byth.

John Lewis, Blaenycoed (1867 – 1923)

DELED DY DEYRNAS

DELED dy deyrnas, Iesu mawr,
Dros holl derfynau'r ddaear lawr,
Yn dy ddaioni gwrando'n cri,
A gwneler dy ewyllys gref
Drwy'r ddaear oll fel yn y nef,
Er mawl i'th enw sanctaidd di.

Mae Teyrnas Nef mewn grym yn dod,
A thrwy bob rhandir is y rhod
Ymledu mae fel afon gref;
Daw'r hyfryd fore cyn bo hir
Bydd nefol hedd dros fôr a thir,
A'r byd i gyd yn Deyrnas Nef.

'AROS GYDA NI'

Y DYDD sy'n darfod, mae'n hwyrhau,
A niwl y nos o'n cylch yn cau;
Waredwr tirion, gwrando'n cri,
Ac aros, Iesu, gyda ni.

Ni ddaw yr haint sy'n tramwy drwy
Y dywyll nos, i'w blino hwy
A gaiff fwynhau dy gwmni di,
O aros, Iesu, gyda ni.

Ni ganwn yn y dduaf nos,
Gan ddisgwyl am y wawrddydd dlos,
Ond inni gael dy gwmni di,
O aros, Iesu, gyda ni.

Eliseus Williams (**'Eifion Wyn'** 1867 – 1926)

Bardd toreithiog a thelynegwr arbennig. Brodor o Borthmadog, lle bu'n glerc a chyfrifydd mewn swyddfa masnachwyr llechi am dros hanner ei oes. Ysgrifennodd lawer yn y mesurau caeth a rhydd. Ei gyfrol Telynegion Maes a Môr *(1906) a'i gwnaeth yn enwog fel telynegwr. Ym 1919 derbyniodd radd M.A. er anrhydedd gan Brifysgol Cymru.*

CYMRU'R DIWYGIAD

BEDYDD Duw fedyddiodd Gymru,
Pentecost yr Ysbryd Glân;
Nid oes ardal heb ei hallor,
  Nid oes allor heb ei thân;
Cwmwl golau gweddnewidiad
  A gysgododd dros y wlad –
Gwelwyd dyn i Dduw yn blentyn,
  Gwelwyd Duw i ddyn yn Dad.

Clybu cenedl farn a chariad
  Yn cyniwair trwy ei bro;
Ysodd tân o'r nef Gwm Rhondda,
  Oedd â'i galon fel y glo;
Mynwy ddu – Gomorra Cymru –
  Gwyrth o ras ar honno wnaed;
Cadd "gydwybod wedi'i channu'n
  Ddisglair yn y dwyfol waed."

Un yw Cymru 'nghwlwm gweddi,
  Un, er gwahaniaethau oes;
Gyda'r nef a chyda'i hunan
  Fe'i cymodwyd wrth y groes:
Nid oes sôn am Wyddfa mwyach –
  Onid ydyw Calfari
Wedi mynd goruwch y bryniau
  Pennaf yn ei golwg hi?

Gwnaed o Gymru berth yn llosgi,
  Heb ei difa gan y tân;
Ac yn fflam ei phuredigaeth
  Cafodd ddawn a gwefus lân:
Hen emynau'r 'gwaed' a'r 'diolch' –
  Maent i gyd ar lafar gwlad;
"Rhai fu'n fudion sy'n clodfori
  Duw am iachawdwriaeth rad."

Nid oes ardal heb ei hallor,
  Nid oes allor heb ei thân –
Gyda'i dysg y cafodd Cymru
  Bentecost yr Ysbryd Glân:
Os mai marw'i thywysogion,
  Byw ei Phen-tywysog hi –
"Dyma gariad fel y moroedd,
  Tosturiaethau fel y lli."

HOFF YW CANU AM Y CEIDWAD

HOFF yw canu am y Ceidwad
  Aned draw ym Methlem dref;
O na wyddai pawb amdano!
  Cyfaill plant y byd yw ef.

Daeth o'r nef bob cam i'w cadw,
  Ond mae eto fyrdd a mwy
Sydd heb wybod am ei eni:
  Ewch â'r newydd iddynt hwy.

Mae'n eu caru hwy fel ninnau,
  A bu farw er eu mwyn;
Os nad yw ei enw arnynt,
  Maent o rif ei annwyl ŵyn.

Ewch â'r hanes tlws am Iesu
  Dros y moroedd, trosom ni;
Canwn ninnau am ei gariad,
  A gweddïwn trosoch chwi.

TESTUN CÂN PECHADUR

CENIR mwy am Fethlem Jwda,
  Testun cân pechadur yw;
Cofir am y preseb hwnnw
  Fu'n hyfrydwch cariad Duw:
Dwed o hyd pa mor ddrud
Iddo ef oedd cadw'r byd.

Cenir mwy am Gethsemane,
  Lle'r ymdrechodd Mab y Dyn:
Cofir am y weddi ddyfal
  A weddïodd wrtho'i hun:
Dwed o hyd pa mor ddrud
Iddo ef oedd cadw'r byd.

Cenir am y croesbren garw
  Lle y cuddiwyd wyneb Duw;
Lle gorffennodd Iesu farw,
  Lle dechreuais innau fyw;
Dwed o hyd pa mor ddrud
Iddo ef oedd cadw'r byd.

Hymnau Hen a Newydd (1868)

IESU MWYN A THIRION

IESU mwyn a thirion,
  Frenin mawr y nef,
O Iachawdwr graslon,
  Gwrando ar ein llef.

Maddau ein pechodau,
  Dryllia'n rhwymau ni,
Nertha ni i rodio
  Yn dy lwybrau di.

Gwna ni oll yn rhyddion
  Trwy dy gariad cu;
Dwg ni, sanctaidd Iesu,
  I'th drigfannau fry.

Bydd i ni'n Arweinydd
  I'r goleuni clir,
Trwy dywyllwch daear –
  Ti yw'r ffordd yn wir.

Iesu mwyn a thirion,
  Frenin mawr y nef,
O Iachawdwr graslon,
  Gwrando ar ein llef.

G. R. PRYNNE (1818 – 1903)
cyf. HYMNAU HEN A NEWYDD (1868)

J. D. Evans (1869 – 1948)

Gweinidog llengar gyda'r Bedyddwyr.

IESU ANNWYL, FFRIND PLANT BYCHAIN

IESU annwyl, ffrind plant bychain,
  Bydd yn ffrind i mi;
Gafael yn fy llaw i'm harwain
  Gyda thi.

Dangos beth a ddylwn garu,
  Beth ei lwyr osgoi;
Ac o lwybrau drwg, fy Iesu,
  Gad im ffoi.

Rho dy fwynder imi'n drysor,
  Cadw fi rhag cam;
Ac fel lamp sy'n gloywi'r allor,
  Gwna fi'n fflam.

Arwain fi o hyd i fyny
   At y wawrddydd glir;
Doethach, cryfach, gad im dyfu
   Yn y gwir.

O na ad fi, fwyn dywysydd,
   Gad im fyw'n dy hedd;
Bydd dy eisiau arnaf beunydd
   Hyd fy medd.

W. J. MATHAMS (1853 – 1931)
cyf. J. D. EVANS

J. J. Williams, Treforys (1869 – 1954)

Ganed ger Tal-y-bont, Ceredigion. Dechreuodd bregethu yn eglwys Y Tabernacl, Ynys-y-Bŵl ym 1882. Ar ôl iddo fod yn y Colegau, fe'i hordeiniwyd gan yr Annibynwyr ym Methania, Abercynon ym 1895. Bu'n weinidog ym Moreia, Rhymni, a Seilo, Pentre, Rhondda cyn symud i'r Tabernacl, Treforys, lle bu am 29 o flynyddoedd. Etholwyd yn Llywydd Undeb yr Annibynwyr ym 1935. Bu hefyd yn un o olygyddion Y Caniedydd Cynulleidfaol Newydd *(1921),* Caniedydd Newydd yr Ysgol Sul *(1930) a'r* Caniedydd *(1960). Bu'n Archdderwydd Cymru (1936–9) ac yn fardd a beirniad eisteddfodol amlwg. Enillodd y Gadair yn yr Eisteddfod Genedlaethol ddwywaith.*

CANU'R PLANT

CANU mae'r aderyn
   Ar y gangen gu;
Canu mae'r ehedydd
   Yn y nefoedd fry;
Canu mae y gornant
   Loyw yn y pant;
Ond y canu gorau
   Ydyw canu'r plant.

Melys gan yr Iesu
Glywed sŵn y nant,
Ond melysach ganddo
Ydyw canu, canu'r plant.

Canu mae'r aderyn
Alaw felys fwyn,
Am fod ganddo delyn
Fechan yn y llwyn;
Canu mae y gornant
I sirioli'r pant,
Canu am Waredwr
Ydyw canu'r plant.

Canwn foliant iddo
Nes daw'r daith i ben,
Ac ni ganwn eto
Yn y nefoedd wen;
Peidia canu'r adar,
Peidia canu'r nant,
Canu byth ni pheidia
Ydyw canu'r plant.

AMDDIFFYN EIN GWLAD

EIN Tad,
Ni ganwn am y cariad rhad
Sy'n darian inni rhag pob brad;
O cadw'n gwlad yn eiddo i ti,
A nertha hi i'r olaf oes
I gofio'r groes a Chalfari!

Os daw
Gelynion llymion ar bob llaw,
O cadw bob rhyw niwed draw:
Moes di dy law, ac arwain ni
Yn nydd caledi blin a loes
I gofio'r groes a Chalfari!

HWYROL WEDDI

YN nhywyll oriau'r nos,
   O Arglwydd, cadw ni;
A gad i'n henaid orffwys byth
   Yn dy dangnefedd di.

Henry Lloyd ('Ap Hefin' 1870 – 1946)

Bardd ac argraffydd. Ganed yn Nolgellau. Prentisiwyd yn argraffydd yn swyddfa'r Dydd. *Yn y gwaith hwnnw bu'n ymwneud â'r* Darian, Y Tyst, *yr* Aberdare Leader . . . *Yn ddiweddarach sefydlodd ei fusnes argraffu ei hunan a pharhaodd ynddi nes ymddeol ym 1940. Bu'n athro cerdd dafod. Cefnogodd fudiadau Cymraeg a llenyddol. Roedd yn fardd a chynganeddwr llwyddiannus iawn, yn eisteddfodwr brwd a chyhoeddodd ddeunaw o lyfrau amrywiol gan gynnwys ei gerddi ei hun. Un o'i emynau enwocaf yw'r emyn dirwest: 'I bob un sy'n ffyddlon' a osodwyd i'r dôn 'Rachie' yn wreiddiol, 'a dyma'n ddi-os y briodas fwyaf cyfarwydd y tu mewn a'r tu allan i'r cysegr.'*[1]

I BOB UN SY'N FFYDDLON

I BOB un sy'n ffyddlon
   Dan ei faner ef,
Mae gan Iesu goron
   Fry yn nheyrnas nef;
Lluoedd Duw a Satan
   Sydd yn cwrdd yn awr:
Mae gan blant eu cyfran
   Yn y rhyfel mawr.

I bob un sy'n ffyddlon
   Dan ei faner ef,
Mae gan Iesu goron
   Fry yn nheyrnas nef.

---

[1] Delyth G. Morgans: *Cydymaith Caneuon Ffydd* (2006).

Meddwdod fel Goliath
    Heria ddyn a Duw;
Myrdd a myrdd garchara,
    Gan mor feiddgar yw;
Brodyr a chwiorydd
    Sy'n ei gastell prudd:
Rhaid yw chwalu'i geyrydd,
    Rhaid cael pawb yn rhydd.

Awn i gwrdd y gelyn,
    Bawb ag arfau glân;
Uffern sydd i'n herbyn
    Â'i phicellau tân;
Gwasgwn yn y rhengau
    Ac edrychwn fry;
Concrwr byd ac angau
    Acw sydd o'n tu!

MOLWCH DDUW EIN HIACHAWDWRIAETH

MOLWCH Dduw; wybrennau, plygwch;
    Molwch, engyl nefoedd lân;
Haul a lleuad, gorfoleddwch;
    Sêr, rhowch iddo ddawns a chân.

Molwch Dduw: efe lefarodd,
    Clywodd bydoedd ddwyfol iaith;
Cedyrn ddeddfau roes i'w harwain
    Yn eu pell dragwyddol daith.

Molwch Dduw: mae'n ogoneddus;
    I'w addewid saif yn rym:
Yn ei nerth y saint orchfygant
    Bechod du ac angau llym.

Molwch Dduw ein hiachawdwriaeth,
    Dderbyn fry foliannus lef:
Nefoedd, daear, creadigaeth,
    Cyd-fawrhewch ei enw ef!

E. Cefni Jones (1871 – 1972)

Brodor o Sir Fôn. Dechreuodd bregethu yn 19 oed. Bu yng Ngholeg y Bedyddwyr, Bangor ac fe'i hordeiniwyd yn weinidog gyda'r Bedyddwyr yn 25 oed, yn Llanberis a Llanrug ac wedi hynny yn sawl ardal yng ngogledd Cymru. Bu'n ddiwyd yn ysgrifennu gydol ei oes. Roedd yn bwyllgorwr ac yn ddarlithydd neilltuol. Etholwyd yn Llywydd Undeb y Bedyddwyr ym 1934. Roedd hefyd yn un o olygyddion Emynau Llawlyfr Moliant *(1952). Bu farw yn ei gartref ym Mangor ar drothwy ei ben blwydd yn 101 oed.*

'HEB LE I RODDI EI BEN I LAWR'

IORWEDD mewn preseb rhoed Crëwr y byd,
Nid oedd ar ei gyfer na gwely na chrud;
Y sêr oedd yn syllu ar dlws Faban Mair
Yn cysgu yn dawel ar wely o wair.

A'r gwartheg yn brefu, y Baban ddeffroes,
Nid ofnodd, cans gwyddai na phrofai un loes,
'Rwyf, Iesu,'n dy garu, O edrych i lawr,
A saf wrth fy ngwely nes dyfod y wawr.

Tyrd, Iesu, i'm hymyl, ac aros o hyd
I'm caru a'm gwylio tra fwyf yn y byd;
Bendithia blant bychain pob gwlad a phob iaith,
A dwg ni i'th gwmni ar derfyn ein taith.

ANHYSBYS
efel. E. CEFNI JONES

T. Gwynn Jones (1871 – 1949)

Brodor o Betws-yn-Rhos, Sir Ddinbych. Un hunanddysgedig i bob pwrpas. Erbyn 1909 aeth yn gatalogydd yn y Llyfrgell Genedlaethol, ac oddi yno ym 1913 cafodd ei benodi'n ddarlithydd yn Adran y Gymraeg yng Ngholeg Prifysgol Cymru, Aberystwyth. Dyrchafwyd yn Athro yno ym 1919. Ystyrir ef yn un o feirdd pwysicaf yr ugeinfed ganrif.

PÊR FYDD DY GOFIO, IESU DA
Jesu dulcis memoria

PÊR fydd dy gofio, Iesu da,
A'r galon drist a lawenha;
Na'r mêl a'r mwynder o bob rhyw
Bod gyda thi melysach yw.

Ni chenir cân bereiddiach ryw,
Nid mwynach dim a glywo clyw;
Melysach bryd ni wybydd dyn
Nag Iesu, Unmab Duw ei hun.

Ti, obaith edifeiriol rai,
Ti wrth gyfeiliorn drugarhai;
A'th geisio, da wyt iddynt hwy,
I'r rhai a'th gaffo, gymaint mwy!

Ni ddywaid tafod yn y byd,
Nac iaith ysgrifen ynddo i gyd,
O'th ddilyn di pa beth yw'r fraint:
A brofodd hyn a ŵyr ei faint.

Goleuni pwyll, llawenydd bryd,
A ffynnon wyt i'r gwir i gyd;
Mwy wyt na phob boddhad dy hun,
A mwy na holl ddymuniad dyn.

Dymunaf fil o weithiau di:
Pa bryd y deui ataf fi?
Pa bryd y doi i'm llawenhau,
A'th roi dy hun i'm llwyr foddhau?

EMYN LLADIN O'R 12FED GANRIF
cyf. T. GWYNN JONES

SAFAI'R FAM YN DRIST GAN WYLO
Stabat mater dolorosa

SAFAI'R fam yn drist gan wylo
Wrth y groes, a gwasgu dwylo,
Weld ei mab ar bren y groes.
Trwy ei henaid trist, tosturus,
A hi yno yn ddolurus,
Gwanai'r cledd ag ingol loes.

O mor drist, O mor boenedig
Ydoedd hi, yn fendigedig,
Mam yr Unmab ar y pren!
Yno safai a dolefai
Wrth ei wylio lle dioddefai
Boenau blin gan blygu'i ben.

Pwy na wylai, ar a aned,
Weled yno cyn druaned
Fam yr Iesu yn ei chur?
Pa ryw galon nad ymchwelai
Wylio yno'r fam a welai
Boeni mab ei mynwes bur?

Dros yr eiddo a'u pechodau
Hi a'i gwelai dan ddyrnodau
Ac arteithiau ar y pren.
Gwyliai roi ei mab tirionaf
I farwolaeth, oedd greulonaf,
Ac yn angau'n plygu'i ben.

Fam dirionaf, ffynnon cariad,
Fel y gwypwyf gydalariad
Pâr im deimlo grym y loes;
Pâr i'm calon drachynesu
Ato ef, fy Nuw, fy Iesu,
Fel y rhoddwyf iddo f'oes.

Fam sancteiddiaf, boed i'm calon
Gyd-ddioddef ei dreialon
Ef pan grogai ar y groes.
Boed i mi â'th Unmab gwirion
Ran o'r hyn a ddug mor dirion
Erof i â dirfawr loes.

Priodolir i JACOPONE DA TODI (*c*.1250 – 1306)
cyf. T. GWYNN JONES

Y NEFOEDD SY'N DATGAN

Y NEFOEDD sy'n datgan clod y Goruchaf,
A'u seiniau'n adrodd ei enw ef;
Fe'i mawl y ddaear, clodfora'r moroedd,
O derbyn, ddyn, eu dwyfol lef;
Y sêr dinifer, pwy sydd yn eu cynnal?
A'r haul ar rod yr wybren faith?
Fe ddaw yn danbaid, gan loywi'r pellterau,
Fel rhyw bendefig ar ei daith.

C. F. GELLERT (1715 – 69)
cyf. T. GWYNN JONES

Fred Morgan (1872 – 1933)

GWEDDI PLENTYN

IESU annwyl, gwna fi'n brydferth
Megis rhosyn yn yr ardd;
Gwasgar persawr drwy yr awyr
Wnelo 'mywyd glân a hardd.

Byw fel Iesu, dilyn Iesu,
Ydyw cri fy nghalon wan;
Dweud fel Iesu, gwneud fel Iesu,
Yw fy nefoedd ym mhob man.

Iesu tirion, gwna fi'n fendith
Fel yr afon ar ei thaith;
Boed i minnau wneud daioni
Trwy roi f'anian yn dy waith.

Iesu tyner, gwna fi'n siriol
   Fel y wawr ar fryniau'r byd:
Troi pob nos yn hyfryd olau
   Fyddo f'awydd i bob pryd.

Iesu annwyl, gwna fi'n llawen
   Fel aderyn yn y llwyn;
Llenwi'r wlad â mwyn alawon
   Wnelwyf beunydd, er dy fwyn.

John Gwili Jenkins (**'Gwili'** 1872 – 1936)

Un o'r Hendy, Pontarddulais. Addysgwyd gan Watcyn Wyn cyn iddo fynd i Golegau'r Brifysgol ym Mangor a Chaerdydd, ac yna ymlaen i Goleg Iesu, Rhydychen ym 1905, gan raddio mewn Diwinyddiaeth ym 1908. Enillodd raddau ychwanegol: B.Litt. (1917) a D.Litt. (1932). Bu'n Ddarlithydd yn y Gymraeg yng Ngholeg y Brifysgol Caerdydd cyn mynd i Goleg y Bedyddwyr, Bangor yn Athro'r Testament Newydd ym 1923. Cyhoeddodd lawer, ac yn arbennig Hanfod Duw a Pherson Crist *(1931). 'Roedd am flynyddoedd yn olygydd* Seren Cymru. *Enillodd Goron yr Eisteddfod Genedlaethol (1901) a bu'n Archdderwydd Cymru (1932 – 36).*

YR YSBRYD GLÂN – Y DIDDANYDD

DDIDDANYDD anfonedig nef,
   Fendigaid Ysbryd Glân!
Hiraethwn am yr awel gref,
   A'r tafod tân.

Erglyw ein herfyniadau prudd
   Am brofi o'th rad yn llawn;
Gwêl a oes ynom bechod cudd
   Ar ffordd dy ddawn.

Cyfranna i'n heneidiau trist
   Orfoledd meibion Duw;
A dangos inni eiddo'r Crist
   Yn fodd i fyw.

Dy ddawn a ddeno'n doniau oll
   At allor Iôr ynghyd;
Na foed o'n bywyd ddarn ar goll
   Ar ran y byd.

Am wanwyn Duw dros anial gwyw
   Dynolryw, deffro'n llef;
A dwg yn fuan iawn i'n clyw
   Y sŵn o'r nef.

Rho'r hyder anorchfygol gynt
   Ddilynai'r tafod tân;
Chwyth dros y byd fel nerthol wynt,
   O Ysbryd Glân! [1]

IÔR TRUGAROG, DROS EIN GWLAD

IÔR trugarog, dros ein gwlad
   Y llefwn arnat ti;
Er trymhau o'th law, na ad
   Ei llwyr anrheithio hi.
Cofia'r cofio arni fu,
   A dyddiau diosg braich dy nerth;
Dyro lef o flaen dy lu,
   Breswylydd mawr y berth.

Iôr trugarog, cadw'n gwlad
   Rhag cefnu arnat ti;
Er i'r gelyn lunio'i brad,
   Tro heibio'i chystudd hi.
Cyfod ragfur iddi'n glau
   Rhag rhwysg a bloedd y dilyw blin;
Wedi'r cur, boed bur hoff bau,
   A moliant ar ei min.

[1] Hwn yw emyn gorau Gwili, yn ei dyb ef ei hun. Gweler *Gwili: Cofiant a Phregethau* gan E. Cefni Jones (1937).

Iôr trugarog, dod i'n gwlad
  Gadernid ynot ti;
Dros ein hetifeddiaeth fad
  Boed Brenin nef mewn bri.
Megis tonnau maith y môr
  Y bo'i chyfiawnder pur, di-lyth;
Sanctaidd fo i'r Arglwydd Iôr
  Ymysg y gwledydd byth.

George Rees (1873 – 1950)

Englynwr ac emynydd. Ganed yn y Dinas, Cwm Rhondda i deulu â chysylltiadau cryf ag enwad y Methodistiaid Calfinaidd. I Lundain yr aeth, fel nifer o Gymry eraill, i werthu llaeth yn y brifddinas. Roedd yn eisteddfodwr o fri ac yn awdur nifer o emynau gafaelgar.

IESU YR ATHRO DA

FY Athro da wyt, Iesu cu,
  Os caf fy nysgu gennyd
Mi af ymlaen, heb lwfrhau,
  Ar ddyrys lwybrau bywyd.

Y mae dy iau yn esmwyth iawn,
  Dy faich yn ysgawn imi;
A'th Air di-ffael o'm mewn a rydd
  Lawenydd a goleuni.

O cherddaf gyda thi drwy f'oes,
  Try pob rhyw loes yn elw;
A'm nefoedd fydd dibennu'r daith
  Yn berffaith ar dy ddelw.

O DAD, DRWY F'OES FE'M PORTHAIST I

O DAD, drwy f'oes fe'm porthaist i,
  Ni welais eisiau dim;
Bob bore dy fendithion di
  A ddaw o newydd im.

Ni allaf fesur maint dy rad
A ddaw o'r nef i lawr,
Na diolch digon byth, O Dad,
Am dy ffyddlondeb mawr.

Dy drugareddau tyner yw
Na ddarfu amdanaf i;
Dod eto gymorth gras i fyw
Bob dydd i'th ddangos di.

DINAS DUW

O DDINAS gadarn Duw ein Iôr,
Er curo o'r tymhestloedd,
Ei sylfaen gref a'i muriau cry'
A bery yn oes oesoedd.

Ar fynydd Seion gwelir hi
A'i meini'n ymddisgleirio;
Trwy aberth drud y rhoed i'r saint
Yr hawlfraint i'w phreswylio.

Ei saer a'i hadeiladydd yw
Y Duw a wrendy weddi,
Ac yma cawn i'n llawenhau
O'i ddoniau a'i oleuni.

Lle'r ymgynullo dau neu dri
Mewn gweddi'n enw'r Arglwydd,
Yno mae dinas Duw a'i hedd,
A gorsedd ei sancteiddrwydd.

Yng nghanol terfysgiadau'r byd
Mae noddfa glyd i'r eiddo;
A chyn y gedy'r rhai a gâr
Â nef a daear heibio.

I mewn i byrth yr Arglwydd awn
Â chalon lawn o foliant;
Mynychwn beunydd er ei glod,
Breswylfod ei ogoniant.

√

RHODDWR POB TRUGAREDD

TI, Roddwr pob trugaredd,
Ein hyder wyt o hyd,
Gorchymyn dy dangnefedd
Yr awron ar y byd:
Yn ddryswch aeth cynlluniau
Doethineb gorau dyn,
Cans nid oes ffordd i'r golau
Ond ffordd dy Fab dy hun.

O atal rwysg y dynion
Sy'n ymgynghori 'nghyd,
Â dichell yn eu calon
A rhyfel yn eu bryd.
Rho iddynt ras i weled
Mai ofer iawn yw'r cledd,
A dysg hwynt oll i gerdded
Yn llwybrau T'wysog hedd.

Dduw'r heddwch, rho i ninnau
Ffydd fawr y weddi gref,
Y gras, y grym a'r golau,
A'r tafod tân o'r nef:
Drud ddoniau'r Crist goruchel,
I'th Eglwys dyro hwy
Fel na fo sôn am ryfel
Hyd eitha'r ddaear mwy.

John Dyfnallt Owen (**'Dyfnallt'** 1873 – 1956)

Bardd a llenor a aned yn Rhiwfawr ym mhlwyf Llangiwg, Cwm Tawe. Fe'i haddysgwyd yng Ngholeg Prifysgol Gogledd Cymru, Bangor a Choleg Bala-Bangor. Bu'n weinidog gyda'r Annibynwyr ac yn olygydd Y Tyst *o 1927 hyd 1956. Enillodd y Goron yn yr Eisteddfod Genedlaethol (1907). Ymhlith ei gyhoeddiadau ceir:* O Ben Tir Llydaw *(1934)*; Y Greal a Cherddi Eraill *(1946)*; Rhamant a Rhyddid *(1952) ac* Ar y Tŵr *(1953).*

CYMER ATOM

CYMER atom, ein Creawdwr,
   Ymddiriedwn ynot ti;
Ti yw'n Lluniwr a'n Cynhaliwr,
   Gwyddost ein holl ddefnydd ni:
Parod ydym i ymostwng
   I bob triniaeth dan dy law;
Gwyddom na fydd iti'n gollwng
   Byth dros gof, beth bynnag ddaw.

Cymer atom, Athro'n calon,
   I'n hyfforddi ar y daith,
I ryfeddu ar dy berson,
   Ac ymgolli yn dy waith:
Dysgwn, yn dy gwmni tirion,
   Fwy na holl ddoethineb dyn;
Mwy na gwybod pob dirgelion
   Yw d'adnabod di dy Hun.

Cymer atom, fwyn Waredwr
   A fu'n dioddef ar y groes;
Nid oes ond tydi'n Eiriolwr
   Drosom, am bechodau'n hoes:
Cofia ni'n dy ras trugarog,
   Maddau bob afradlon dro;
Tyn o'r gwraidd feddyliau euog
   Sydd yn glynu yn ein co'.

YR WYF AM FYW

YR wyf am fyw, a byw i ti,
O Dduw, a roist y reddf i mi;
O gwared fi rhag codi llef
Am farw, fel y caffwyf nef.

'Rwy'n gweld y drwg heb ei gasáu,
'Rwy'n gweld y da heb ei fawrhau,
'Rwy'n gaethwas i ddifater oes,
A gwan yn wyneb ofer foes.

'Rwy'n aml yn fodlon am a ddaw,
A chrwydro'n ŵyrgam yma a thraw;
Parod i dderbyn wyneb dyn,
A ffoi o ŵydd y gwir ei hun.

Os drwy'r ystorm y daw im hedd,
Os dan y groes y caf dy wedd,
O erlid f'enaid, nos a dydd,
Yn unig cadw, Iôr, fy ffydd.

Yr wyf am fyw, cans byw wyt ti;
Dy fynwes yw fy nghartref i:
Dragwyddol Dad, atolwg, clyw
Fy ngweddi fyth – yr wyf am fyw.

W. Nantlais Williams (**'Nantlais'** 1874 – 1959)

Gwasanaethodd fel gweinidog gyda'r Methodistiaid Calfinaidd yn Eglwys Bethany, Rhydaman o 1900 hyd 1944. Dylanwadwyd arno gan Ddiwygiad 1904 – 5, fel y dywed yn ei hunangofiant O Gopa Bryn Nebo *(1967). Bu'n olygydd* Yr Efengylydd *a* Trysorfa'r Plant, *lluniodd lu o emynau a chaneuon ac ysgrifennodd lawer ar gyfer plant.*

LITANI'R CYNHAEAF

ARGLWYDD cynaeafau'r byd,
Trefnydd y tymhorau i gyd,
Lliwiwr hael y meysydd ŷd,
   Derbyn heddiw'n moliant.

Cofiaist ben Calfaria draw,
Ac agored yw dy law;
Dirion Dad yr haul a'r glaw,
   Derbyn heddiw'n moliant.

Llawn yw'n tai, O Arglwydd Iôr,
Ac mae gweddill yn ystôr;
Mae dy ras fel llanw'r môr,
  Derbyn heddiw'n moliant.

BARA'R BYWYD

ARGLWYDD, wele ni yn dyfod
Yn newynog ger dy fron,
Dyro inni fara'r bywyd
  Yn yr awr sancteiddiol hon;
    Gwledd y gwleddoedd
  Yw ymborthi ar dy Air.

Gogonedda dy wirionedd,
  Dangos pa mor uchel yw,
A datguddia'r rhyfeddodau
  Sydd yn nyfnion bethau Duw;
    Mwy na'r ddaear,
  Mwy na'r nefoedd sy'n dy Air.

Ti dy hun yw ei gyflawnder,
  Ei ddirgelwch mawr a'i flas;
Ti sydd ynddo yn sancteiddio,
  Yn bywhau pob nefol ras;
    Tyred, Arglwydd,
  Ymddisgleiria yn dy Air.

ARGLWYDD Y DYFNDERAU MAITH

ARGLWYDD y dyfnderau maith,
Hwylia'n llongwyr ar eu taith:
Gobaith gwlad a'i hymffrost hi,
Llwydda'u gwaith ar erwau'r lli;
Heriant, diystyrant fraw,
Doed o'r nef neu'r dwfn islaw;
Cofia'r morwyr dewr eu bron,
Sydd â'u gorchwyl ar y don.

Ti yw eu hangorfa gref,
Pan fo distryw'n duo'r nef:
Awdur bywyd, dirion Dad,
Cynnal hwy yng ngwres y gad:
A phan ballo deall dyn,
Llywia'u llong â'th law dy hun;
Cofia'r morwyr dewr eu bron,
Sydd â'u gorchwyl ar y don.

Er y nos, pan hunai'r gwynt
Draw ar fôr Tiberias gynt,
Pan ostegaist ferw'r lli,
Ffrind y morwr fuost ti;
Torred eto ar ei glyw,
Air dy gysur, Arglwydd Dduw;
Cofia'r morwyr dewr eu bron,
Sydd â'u gorchwyl ar y don.

CODODD CRIST O'R BEDD

CODODD Crist o'r bedd yn fyw,
    Halelwia!
Llawen ddydd o foliant yw,
    Halelwia!
Dioddefodd angau loes,
    Halelwia!
Er ein prynu ar y groes,
    Halelwia!

Canwn foliant iddo ef,
    Halelwia!
Crist ein Brenin mawr o'r nef,
    Halelwia!
Dringodd fynydd Calfari,
    Halelwia!
Aeth drwy'r bedd i'n hachub ni,
    Halelwia!

Trwy ei loes a'i boenau mawr,
　　　Halelwia!
Daeth â hedd i blant y llawr,
　　　Halelwia!
Myrdd ar fyrdd o saint y sydd,
　　　Halelwia!
Yn ei foli nos a dydd,
　　　Halelwia!

LYRA DAVIDICA (1708)
rhydd gyf. NANTLAIS

COFIA'R CENHADON

COFIA'R cenhadon, dirion Dad,
Sydd heddiw 'mhell o dir eu gwlad,
Yn dweud am ffordd y cymod rhad
　　Dros Iesu Grist.

Rho yn eu genau newydd gân,
Llanwer hwynt oll â'r Ysbryd Glân,
Rho iddynt nerth i fod ar dân
　　Dros Iesu Grist.

Na foed un enaid is y nef
Heb wybod am ei gariad ef;
O doed y ddaear yn un llef
　　At Iesu Grist.

GOSBER

DISGYN mae'r cysgodion
　Draw dros faes a lli;
Clyw ein hwyrol weddi,
　Arglwydd, cadw ni.

Rhag pob haint echryslon,
　Rhag pob dychryn nos,
Cudd ni yn dy babell
　Hyd y wawrddydd dlos.

Tŵr wyt ti mewn cyni,
Craig mewn storom fawr;
Syrthied sêr y nefoedd,
Sigled bryniau'r llawr.

Boed dy gysgod heno
Dros dy eiddo'n llwyr,
Doed dy hedd, a'th fanna
Gyda gwlith yr hwyr.

DRAW TU HWNT I'R MOROEDD

DRAW, draw tu hwnt i'r moroedd,
Mae brodyr inni'n byw,
Arloeswyr yr anialdir,
Sy'n dal i ofni Duw;
Preswylwyr glannau Camwy,
A godre'r Andes fawr,
O Arglwydd, danfon arnynt
Dy Ysbryd Glân i lawr.

Un ydynt hwy a ninnau,
Un yw ein ffydd a'n hiaith,
Emynau temlau'r henwlad
Yw mawl addoldai'r Paith;
Ond cryf yw'r lli estronaidd
A'u tery ar bob llaw;
O Arglwydd, cofia'r Cymry
Ym Mhatagonia draw.

Gyr dy fedelwyr newydd
I'r maes, dirionaf Dad;
A chalonoga'r gweision
Sydd yno'n hau yr had:
Wrth gadw'u ffydd i losgi,
Ac iaith eu plant yn fyw,
Fe drown holl dir Ariannin
Yn ardd yr Arglwydd Dduw.

CRIST Y CYNHALIWR

MAWR yw'th gariad, Iesu tirion,
Mawr dy loes
Ar y groes,
Marw dros elynion.

Nid oes cariad mwy yn unman,
Cariad Duw
Digon yw
I sancteiddio'r aflan.

Boed i'w anorchfygol ddoniau,
Iesu mawr,
Dorri i lawr
Nerth y canolfuriau.

Profi'i flas a wnelo'r anwar,
Tyrd cyn hir,
Gariad pur,
A chofleidia'r ddaear.

NERTHOEDD YR YSBRYD

NID fel diferion tawel
Y dolydd draw,
Nid fel y gwlith, O Arglwydd,
Ond fel y glaw.

Nid fel y chwaon tyner
Ar ysgafn hynt,
Nid fel yr awel, Arglwydd,
Ond fel y gwynt.

Nid fel y nant sy'n llifo
Yn brin ei stôr,
Nid fel yr afon, Arglwydd,
Ond fel y môr.

Rhaid wrth y corwynt heddiw,
A'r fflamau tân;
Tyrd yn dy rymusterau,
O Ysbryd Glân.

PWYSO AR IESU

PWYSAF arnat, addfwyn Iesu,
Pwyso arnat ti;
Mae dy ras di-drai, digeulan
Fel y lli.

Pwyso arnat am faddeuant,
Pwyso am dy hedd;
Y mae gwawr i'r truenusaf
Yn dy wedd.

Pwyso arnat am sancteiddrwydd,
Plygu wrth dy draed,
Y mae llwyr lanhad i'r aflan
Yn dy waed.

Pwyso arnat am arweiniad,
Ti yw'r Bugail mawr;
Gwrando d'awgrymiadau grasol
Ar bob awr.

Pwyso arnat am gadernid,
Nid wyf fi ond gwan;
Y mae nerth yn dy ddeheulaw,
Dal fi i'r lan.

Pwyso arnat, Arglwydd Iesu,
Digon wyt i mi;
Pwyso'n llwyr am dragwyddoldeb
Arnat ti.

FRANCES RIDLEY HAVERGAL (1836 – 79)
cyf. NANTLAIS

GORSEDD GRAS

TI yr hwn a wrendy weddi,
   Atat ti y daw pob cnawd;
Plaid y truan mewn caledi,
   A dyrchafydd pen y tlawd;
Tyn ni atat yn agosach,
   Ennyn ynom newydd flas
Ar hyfrydwch dy gyfeillach,
   Ar bleserau gorsedd gras.

Difa'r llen sydd ar ein calon,
   Chwâl ein holl amheuon ni;
Dyro'r ffydd a dry dreialon
   Yn ysgolion atat ti;
Ffydd fo'n tynnu yn ddi-ildio
   O gronfeydd dy gariad hael,
Dal i ofyn, dal i guro,
   Dal i geisio hyd nes cael.

Amser yw i'th geisio, Arglwydd,
   Trwm yw'r sychder ar bob llaw;
A'n hieuenctid megis planwydd
   Sydd yn gweiddi am y glaw;
Llanw'r nef â dyfrlestri
   Dy gymylau; clyw ein cri;
Tywallt ysbryd gras a gweddi
   Yn gawodydd arnom ni.

DROS Y MORWR

TYDI fu ar Diberias gynt
   Yn dofi'r môr, yn llaesu'r gwynt,
O cofia'r morwr blin ei fron
Sy'n brwydro heno ar y don.

Tydi fo'i nerth drwy'r storom fawr,
Ei seren glaer hyd doriad gwawr;
A llywia di ei lester gwan
I gysgod craig a thawel lan.

Gad iddo brofi ar y lli
Mai Duw'r ymwared ydwyt ti,
A gweld o hyd drwy niwloedd oes
Y porthladd prydferth wrth y groes.

J. Lloyd Humphreys (1875 – 1947)

Ym Mlaenau Ffestiniog yr oedd ei wreiddiau. Ei waith oedd yn y chwarel lechi fel gweithiwr ac yna fel rheolwr gwerthiant a chludiant ym Mhorthmadog. Symudodd i swydd debyg ym Mlaenau Ffestiniog. 'Roedd yn perthyn i'r Methodistiaid Calfinaidd a chyfrannodd yn hael at fywyd cyhoeddus a diwylliannol ei ardal.

ARGLWYDD EIN HARWEINYDD

ARGLWYDD mawr y nef a'r ddaear,
   Ffynnon golud pawb o hyd,
Arnat ti dibynna'r cread,
   D'ofal di sy'n dal y byd;
Am gysuron a bendithion,
   Cysgod nos a heulwen dydd,
Derbyn ddiolch, derbyn foliant
   Am ddaioni rhad a rhydd.

Pan ddeffrown ni yn y bore,
   Cychwyn rhedeg gyrfa oes,
Bydd yn gwmni ac arweinydd
   Ar bob llwybyr dyrys, croes;
Rho dy wenau, dirion Arglwydd,
   Dysg in gerdded yn dy waith
Ar y llwybyr cul sy'n arwain
   Tua diwedd gwyn y daith.

Am brydferthwch nef a daear,
   Haul a sêr a bryn a dôl,
Ac am gariad mwyn rieni,
   A chartrefu yn eu côl,
Am fwynderau bywyd ieuanc
   A meddyliau pur a glân,
Arglwydd mawr y nef a'r ddaear,
   Derbyn ddiolch drwy ein cân.

William Richards (**'Alfa'** 1876 – 1931)

Ganed yng Nghlydach, Cwm Tawe ac yn ddeg oed aeth i weithio mewn pwll glo, ac wedi hynny i waith alcam. Ar gyfer mynd i'r weinidogaeth aeth i Ysgol Watcyn Wyn ac i Goleg Prifysgol Caerdydd. Fe'i hordeiniwyd yn 1900 yn Ebeneser, Rhydri, Caerffili. Cymysglyd fu ei hanes am getyn: Birchgrove; Gellionnen a Graig Trebannws (dau gapel yr Undodiaid 1906 – 10), cyn dychwelyd at yr Annibynwyr yn Hermon, Brynaman ym 1917, hyd ddiwedd ei oes. Roedd yn fardd cenedlaethol ac yn emynydd llwyddiannus. Bu'n fuddugol yn y Genedlaethol ym 1917 â'r englyn 'Llygad y Dydd'.

'RWY'N CANU FEL CANA'R ADERYN

'RWY'N canu fel cana'r aderyn,
   Yn hapus yn ymyl y lli,
A dyna sy'n llonni fy nodyn,
   Bod Iesu yn Geidwad i mi.

Mae'r Iesu yn Geidwad i mi,
   Mae'r Iesu yn Geidwad i mi,
'Rwy'n canu, yn canu wrth feddwl
   Bod Iesu yn Geidwad i mi.

'Rwy'n gwenu fel gwena y seren
   O'r nefoedd yn loyw ei bri;
A dyna paham 'rwyf mor llawen,
   Mae'r Iesu yn Geidwad i mi.

'Rwy'n wyn fel y lili fach, dyner,
'Rwy'n gwynnu yng ngwawl Calfari;
Gofalu amdanaf bob amser
Mae'r Iesu sy'n Geidwad i mi.

Thomas William Llynfi Davies (1876 – 1937)

Gweinidog gyda'r Annibynwyr, emynydd, cyfieithydd, cerddor, cyfrannwr i Caniedydd Newydd yr Ysgol Sul *(1930)* . . .

HEN REBEL FEL FI

BÛM gynt ar goll heb Waredwr,
'Doedd neb yn aflanach na mi,
A phetrusais os gallai'r Pryniawdwr
Fyth achub hen rebel fel fi.

Mi grwydrais ymlaen mewn tywyllwch,
Ni chododd yr haul arnaf fi;
A llanwyd fy mynwes gan dristwch,
'Does dim gobaith i hen rebel fel fi.

Ar hyn, er tywylled y fagddu,
Daeth llais tyner mwyn ataf fi,
Meddai, 'Edrych i'r groes, dyna allu
I achub hen rebel fel ti.'

Gwrandewais, ac O, Iesu anwylaf
Siaradai mor fwyn wrthyf fi;
Rhoddais lef, 'Fi yw'r pechadur pennaf,
Elli achub hen rebel fel fi?'

Ymddiriedais yn llwyr yn yr Iesu
Ac O, newydd hoen ddaeth i mi;
Fy nghalon gan glod oedd yn llamu
Am achub hen rebel fel fi.

Nid yn hwy mewn twyllwch 'rwy'n crwydro,
  Disgleiria yr haul arnaf fi;
A nawr i rai eraill 'rwy'n tystio
  Fel achubwyd hen rebel fel fi.

A phryd y cyrhaeddaf y nefoedd,
  A gweld fy Ngwaredwr mewn bri;
Mi ganaf ei glod yn oes oesoedd
  Am achub hen rebel fel fi.

CHARLES J. BUTLER (y bedwaredd ganrif ar bymtheg)
cyf. THOMAS WILLIAM LLYNFI DAVIES

DEFFROWN, DEFFROWN

DEFFROWN, deffrown, yn dyrfa fawr,
  I gwrdd â'r wawrddydd dlos;
Mae'n olau dydd dros ddaear lawr,
  Aeth heibio'r dywyll nos:
Mae'r Iesu yn ein galw ni,
Yn galw pawb yn dorf ddi-ri',
  I'w ddilyn ef yn hy
  I'r bryniau disglair fry.

Deffrown, deffrown, fe dorrodd y wawr,
Deffrown, deffrown, awn rhagom yn awr,
Deffrown, deffrown, dilynwn Iesu mawr.

Fe'n harwain ni dros fryn a phant,
  Gwna'n olau'r dyffryn du;
Awn drwy bob coed a thros bob nant,
  Gan goncro rhwystrau lu;
A dringo wnawn yng ngrym ei nerth
Bob mynydd uchel, clogwyn serth,
  Nes cyrraedd gwlad y dydd,
  O bechod byth yn rhydd.

Mae baner buddugoliaeth wen
   Yn llaw yr Iesu mwy;
Efe yw Arwr dae'r a nen
   Yn rhinwedd marwol glwy':
Ac wrth ei ddilyn, fe ddaw'r byd
Yn lân a phur, yn hardd i gyd,
   Yn hardd fel blodau'r llawr,
   Yn bur fel golau'r wawr.

YMDAITH SEION

DRING yng ngrym dy werth
Drum pob mynydd serth,
Deffro, gwisg dy nerth,
   Seion lân;
Mawl i'r Arglwydd Iôr
Danio bawb o'th gôr;
Llanwer tir a môr
   Gan fawl a chân.

Planner baner Crist ar ben y bryniau,
   Duw yw'r Llyw,
      A Christ yw'n cymorth mawr,
Canwn, bloeddiwn ganu o'n calonnau,
   Teyrnas Dduw
      Fo'n deyrnas benna'r llawr.

Taener ymhob gwlad
Sôn am gariad rhad
Duw, ein nefol Dad,
   Gan ei saint;
Codwn ninnau lef
Fyth yn enw'r nef
Dros ei deyrnas ef,
   Yn fawr ein braint.

D. Tecwyn Evans (1876 – 1957)

Gweinidog gyda'r Wesleaid ac yn ffigur amlwg yn ei enwad. Bu'n olygydd Yr Eurgrawn *am ugain mlynedd, yn boblogaidd fel pregethwr, beirniad eisteddfodol, ysgolhaig a darlithydd. Anrhydeddodd y Brifysgol ef â'r radd D.D. ym 1951.*

GWEDDI AM LANHAD

ARGLWYDD, maddau fy anwiredd,
  Mawr a ffiaidd ydyw ef;
'Does a'm gwared o'm amhuredd
  Ond anfeidrol ras y nef.
O dilea fy euogrwydd,
  Er mwyn haeddiant dwyfol glwy';
Difa ynof fy halogrwydd,
  A'i arglwyddiaeth arnaf mwy.

Rho dy Ysbryd i sancteiddio
  Fy nghydwybod aflan i,
I'w thyneru a'i phereiddio
  Yn dy ofn a'th gariad di;
Moes dy ras i rymus weithio
  Yn f'ewyllys, a'i chryfhau,
Fel bo imi mwyach deithio
  Ffordd d'orchmynion heb lesgáu.

GWEDDI AM ARWEINIAD DWYFOL

DUW ein Iôr, yr Hen Ddihenydd,
  Cadarn Lywydd oesoedd byd,
Yn dy nawdd y mae llawenydd,
  Nerth a heddwch oll ynghyd;
Sefyll 'rŷm ar ein disgwylfa,
  Edrych am d'arweiniad di;
Clyw ein llef o'th lân breswylfa,
  Tywys a bendithia ni.

Dwg ni'n ôl o'n holl grwydradau,
   Dod ein traed ar ffordd y nef:
Pâr in fod yn oleuadau
   I ddwyn crwydriaid draw i dref:
Moes dy ras in ddangos nodau
   Crist ein Duw ar lwybrau'r ffydd,
Oni chilio'r holl gysgodau
   A hyd oni wawrio'r dydd.

EMYN: CREU O NEWYDD

HOLLALLUOG Dduw tragwyddol,
   Lluniwr y cwmpasfyd maith,
Rhyfedd ydwyt yn dy gyngor,
   Ac ardderchog yn dy waith;
Daear, wybren a'u gogoniant,
   A'r disgleirwych sêr di-ri',
Dy ewyllys, Iôr, a'u creodd,
   A'u Rheolwr ydwyt ti.

Ti, Greawdwr hollgyfoethog
   Daethost, yn dy air, yn ddyn,
I greu dynion, yng Nghrist Iesu,
   Oll o newydd ar dy lun;
Gorffwys, Arglwydd, drwy dy Ysbryd,
   Ar afluniaidd wagle cas,
Ac yn newydd greadigaeth
   Crea finnau, drwy dy ras.

Aed yr hen annheilwng bethau,
   A'u heuogrwydd heibio nawr:
Yn eu lle doed grymus ddoniau
   A grasusau Iesu mawr;
Moes dy nerthoedd creadigol
   I'r eiddilaf, waelaf un,
Fel y rhodiwyf mwy yn addas
   Er d'ogoniant di dy hun.

HYN OLL A FYDD

HYN oll a fydd, fe gyfyd gwell
Hiliogaeth nag adnabu'r byd;
Fflam rhyddid yn eu henaid hwy;
Gwawr deall yn eu gwedd i gyd.

Rhy dirion dewr, a chryfion hwy,
I dywallt gwaed, ond dwyn i ben
Bob peth a bair arglwyddiaeth dyn
Ar dir a thân a môr a nen.

Daw pob rhyw genedl ym mhob gwlad
I fyw'n heddychol, rhydd cytûn;
Pob calon a phob meddwl fydd
Mewn cytgord ym mrawdoliaeth dyn.

Bydd dyn yn caru dyn â serch,
Mor bur a llawn â'r dyrfa lân
Sy'n pyncio'n unfryd salmau'r nef,
Yng ngŵydd yr Iôr ar beraidd gân.

Daw celfyddydau gwiw a gwell,
Amgenach mawl a draidd drwy'r nen;
Bydd bywyd pawb yn gân pan ddêl
Ein daear yn baradwys wen.

JOHN ADDINGTON SYMONDS (1840 – 93)
cyf. D. TECWYN EVANS

O GARIAD NA'M GOLLYNGI

O GARIAD na'm gollyngi i,
Gorffwysfa f'enaid ynot sydd;
Yr einioes roddaist, cymer hi,
A llawnach, glanach fyth ei lli
Yn d'eigion dwfn a fydd.

O lewyrch yn fy nghanlyn sydd,
Fy nghannwyll wan a rof i ti;
A golau benthyg hon a fydd
Yn t'wynnu'n loywach, decach dydd
  Yn dy glaer heulwen di.

O wynfyd pur a'm cais trwy fraw,
Ni allaf rhagot gau fy mron;
'Rwy'n gweld yr enfys drwy y glaw,
Yn ôl d'addewid gwn y daw
  Diddagrau fore llon.

O groes a gwyd fy mhen, yn awr
Ni feiddiaf ddeisyf d'ochel di;
Mi fwriaf falchder f'oes i'r llawr,
A thardd o'i lwch, â gwridog wawr,
  Fy mythol fywyd i.

GEORGE MATHESON (1842 – 1906)
cyf. D. TECWYN EVANS

AR GYFER PRIODAS

O GARIAD pur, sydd uwch pob dynol ddeall,
  Yn isel plygwn wrth dy orsedd fawr;
Yn eiddo mwyach bydded cariad diball
  I'r ddau a wnaethost ti yn un yn awr.

O fywyd pur, bydd di i'r ddau yn sicrwydd,
  Tyneraf serch, a ffydd ddiffuant fad,
Gobaith parhaus, dewr, ddistaw sefydlogrwydd,
  Hyder heb ofni angau, poen na brad.

Rho di'r llawenydd a dry'r chwerw'n felys,
  Rho'r heddwch a ostega'r storom gref:
Ar ddiwedd oes, rho drannoeth gogoneddus
  I wawrio ar ddi-dranc lawenydd nef.

DOROTHY FRANCES GURNEY (1858 – 1932)
cyf. D. TECWYN EVANS

DE PROFUNDIS – O'R DYFNDER

O'R dyfnder, Iôr, dyrchafaf lef,
Tywyll yw'r nos a'r storm yn gref;
Didostur donnau ar bob tu,
Ar f'enaid cysgod angau sy.

Y sêr a glaer dywynnai drwy
Gymylau braw, nid ydynt mwy;
Distaw yw'r lleisiau, peraidd flas,
A'u galwad gynt at orsedd gras.

Er hyn mae 'ngobaith ynot ti,
Byth bythoedd ni'm gadewi i,
Tra fo'n dy galon fawr dy hun
Dosturi a serch at druan ddyn.

Fel gwylwyr am y bore draw
Yn hwyr neu hwyrach gwn y daw,
A chyda'r wawrddydd, gweld a gaf
Deg hafan tragwyddoldeb braf.

T. A. LINDSAY
cyf. D. TECWYN EVANS

EMYN HEDDWCH

TYDI, Sylfaenydd nefol hedd di-goll,
Ufudd i'th ddoethaf gair yw'r bydoedd rhi;
Pa bryd y paid rhyfeloedd pobloedd oll,
A balch deyrnasoedd byd yn plygu i ti?

Daw cwyn y weddw at dy orsedd fawr,
A llefa'r plant, O Arglwydd, arnat ti;
Diflanna gogoniannau arfau nawr,
O dan gysgodau ein trueni ni.

Golau dy gariad, anfon ef i ma's,
Nes treulio o bawb ei nerth i helpu dyn;
Symud oddi ar eu llygaid lenni cas,
Nes gweld o bawb ei frawd ym mhob rhyw un.

Taena ar d'Eglwys dy oleuni pur
　Nes gweld ohoni dy ewyllys di;
A Seion, yn nhywyllwch byd a'i gur,
　Yn ddinas sanctaidd deg ar fryn boed hi.

Gwared ni rhag meddyliau gwyw a gwael,
　Rhag balch uchelgais ac ariangar fryd;
Yn d'Eglwys ennyn eto fflam ddi-ffael
　Y cariad a fu'n eiddi gynt gyhyd.

Boed in fawrhau gwiw brynedigol ddawn
　Y Gŵr a'n prynodd drwy ei ddwyfol loes;
Nes gweld o bawb ei wyneb hawddgar iawn,
　A ffordd tangnefedd pur islaw ei groes.

T. A. LINDSAY
cyf. D. TECWYN EVANS

John Rees Jones (**'Ioan Rhys', Llannon** 1877? – 1944)

COFIO IESU

ARGLWYDD, gad i ni, rai euog,
　Tra ar yrfa fer ein hoes,
Gael ym mreintiau Seion hyfryd,
　Flas ar gofio angau'r groes:
Cofio Iesu, cofio Iesu,
Ernes deg o'r nefoedd yw.

Cofio Iesu dry awelon
　Glyn marwolaeth oll yn hedd,
Cofio Iesu wasgar flodau
　Ar ymylon oer y bedd:
Cofio Iesu, cofio Iesu,
Ernes deg o'r nefoedd yw.

Cofio Iesu yn ei fywyd,
　Yn ei eiriau, yn ei groes,
Wna fy ngyrfa oll yn goncwest,
　Dyma wynfyd pennaf f'oes:
Cofio Iesu, cofio Iesu,
Ernes deg o'r nefoedd yw.

Ben Bowen (1878 – 1903)

Bardd ac emynydd o'r Pentre, Rhondda a ddaeth yn agos at gipio'r Goron Genedlaethol, ond a fu farw'n ifanc.

GYDA IESU

O MOR felys yw dy foli,
  Iesu annwyl, ar bob pryd;
Dysg ni beunydd i dy garu
  Fel un mwy na'r byd i gyd;
Casglu blodau dy rinweddau
  Fydd yn perarogli'n gwlad,
Byw yr heddwch sy'n eu gwenau
  Fydd o hyd i ni'n fwynhad.

Pan gychwynnwn ar dy lwybrau,
  Iesu, gwylia ni bob cam;
O bydd beunydd â dy freichiau
  Am amddifaid bach heb fam;
Dysga ni i garu'n gilydd,
  Hawdd i bawb dy garu di;
Dysga ni i fyw ein crefydd,
  Dysga Gymru i gadw'i bri.

GWNEUD Y BYD FEL NEF

YR wyf yn ffrind i Iesu,
  Mae 'nghalon fach mor llon,
Yn llamu wrth ei garu,
  O dan y fynwes hon.
Yr wyf yn caru Iesu,
  Gwnaf bopeth fel gwnaeth ef;
Rhaid gweithio a rhaid caru,
  I wneud y byd fel nef.

Anialwch drygau'r ddaear
    Yn Eden eto ddaw,
A blodau'r nefoedd hawddgar
    Yn filoedd ar bob llaw;
O 'rwyf yn caru Iesu,
    Gwnaf bopeth fel gwnaeth ef;
Rhaid gweithio a rhaid caru,
    I wneud y byd fel nef.

Evan Roberts, Y Diwygiwr (1878 – 1951)

Efengylwr ac arweinydd Diwygiad 1904 – 05. Ganed yng Nghasllwchwr, Morgannwg a bu'n gweithio fel glöwr yno ac yn Aberpennar. Prentisiwyd yn of ym 1902. 'Roedd yn ŵr ifanc talentog. Cafodd nifer o brofiadau cyfriniol ar adegau ac yn arbennig yn ei eglwys gartref, Moriah, lle y dechreuodd bregethu yn niwedd 1903. Fe'i derbyniwyd yn ymgeisydd am y weinidogaeth gan y Methodistiaid Calfinaidd. Rhwng Tachwedd 1904 a dechrau 1906 ymledodd deffroad crefyddol grymus drwy Gymru benbaladr ac yntau oedd ffigur amlycaf y Diwygiad. Mawr fu'r straen arno, dirywiodd ei iechyd a dioddefodd am amser hir. Yn ystod ei gyfnod cynnar cyfansoddodd nifer o gerddi ac emynau.

O'R DYFNDER Y GELWAIS ARNAT

AI nid drosof buost farw?
    Credais; crefaf am dy waed,
Mewn cadwyni rwyf yn galw:
    Sathra Satan dan fy nhraed;
Paid â throi dy glust yn fyddar,
    Estyn law a gwna fi'n rhydd;
Canys nid oes ar y ddaear
    Ond tydi yn sail i'm ffydd.

Mae y gelyn yn fy ngwawdio,
    Ac yn dal fy nghorff yn dynn,
Ond er hynny nis gall lwyddo
    'N erbyn gwaed Calfaria fryn;
Pam na ddeui? 'Rwy'n dy garu,
    Mi ro'r cwbl am dy nerth;
Gwna fi'n rhydd i'th wasanaethu
    Drwy y gwaed, ei rin a'i werth.

Am ba ysbaid rhaid im aros –
    Ochain – yn y carchar du?
A pha hyd y ca' y saethau
    Gysgu yn fy nghalon i?
Oni ddeui di yn fuan,
    Oni roddi help dy law,
Cleddir fi ym medd y truan,
    Byth heb Dduw yr ochr draw.

D'wed i mi, a wyt yn clywed?
    A wyt ti yn gwrando 'nghwyn?
D'wed i mi, a wnei fy arbed?
    Ai nis gelli di fy nwyn?
Mewn tywyllwch 'rwyf yn trigo,
    Galw beunydd am y wawr,
Mae fy natur bron ag ildio,
    Tyrd fy Nuw ac arbed nawr.

CHWILIA FI, O DDUW

ANNWYL Ysbryd, chwilia, chwilia
    Holl ddyfnderoedd f'enaid i;
Na foed awr heb waed Calfaria
    Ar fy nghalon euog ddu:
        Drwy ei angau
    Ceisiaf fywyd pur y nef.

Chwilia eto, chwilia'n ddyfnach,
  Dangos bechod, dangos wae;
Gad i nerth dy lân gyfeillach
  Fy marweiddio a'm glanhau:
    Paid â'm gadael,
  Onide 'rwy'n marw'n wir.

Nid oes ynof, 'rwy'n cydnabod,
  Iod o fywyd gwyn na glân;
Undeb perffaith, byw, â'r Drindod,
  Wna fy mywyd llesg yn gân:
    Dyma'r cwmni
  Garaf ac addolaf mwy.

Diolch, diolch, dyma'r fflamau
  Yn fy mhuro'r funud hon;
Yn fy nghalon llosg dy eiriau
  Fy mhechodau oll o'r bron;
    Purdeb geisiaf
  Drwy y gwaed a'th Ysbryd byw.

DYMUNIAD AM YMGUDDIO YN NUW

GAD im lechu yn dy gwmni,
  Gad im guddio yn dy friw;
Dangos im na all gystadlu
  Neb fel gwrthrych, ond fy Nuw:
    Dyma'r Person
  Dâl ei garu tra bo nef.

Gyda Christ yn Nuw ymguddiaf,
  Yma llechaf rhag y ddraig,
Ac mewn stormydd gorfoleddaf,
  Heddiw'n gorffwys ar y Graig:
    Hyn yn unig
  Ddeil yn nerth rhyferthwy'r storm.

Yn yr agen cuddia finnau,
   Gad i'r llais yn agos ddod;
N'ad i'm hochain rwystro'm llwybrau,
   Ar fy nghwbl boed dy nod:
      Ti yn unig
   Biau'r ffordd a'r ddinas aur.

Yn dy glwyfau dyfnaf cuddia
   Wael bechadur fel myfi;
Gad im wybod beth yw ystyr
   Angau creulon Calfari:
      Boddlon ydwyf
   Iti gael dy ffordd dy hun.

Cadw'r ofnau rhag fy rhwystro
   Fynd i'w gwmni dyfnaf ef;
Cadw'r llew yn dawel eto,
   Tra y rhodiaf lwybrau'r nef:
      Iesu, Iesu,
   Digon wyt, a digon byth.

GWEDDI AM NERTH A DATGUDDIAD

GWISG ni, Arglwydd, â dy nerthoedd,
   Dangos bechod yn ei rym;
Dangos bechod ar Galfaria
   Gyda'i holl gleddyfau llym;
      Gwelaf Iesu
   Dan fy meiau'n crymu'i ben.

Rho dy wyneb, Arglwydd grasol,
   Ar ein holl ymdrechion ni;
Gad in deimlo grym dy Ysbryd
   A dylanwad Calfari;
      Tyred, Ysbryd,
   Ti gei'r clod a'r mawl i gyd.

GRYM EI ATGYFODIAD EF

O HOELIA ’mhechod ar dy groes,
A hoelia finnau, drwy fy oes;
Rho nerth dy atgyfodiad di
I weithio mwyach ynof fi.

Wel, dyma’th nerth yn gweithio’n gryf,
Mi dystiolaethaf yma’n hyf;
Rho fflam dy allor ynof fi,
Ac ysbryd tanllyd Calfari.

O! Diolch! Diolch! Dyma wledd:
Cael nefoedd lawn cyn croesi’r bedd;
O! Cymer y gogoniant mwy
Am ryddid drwy dy farwol glwy’.

DYMUNIAD AM YR YSBRYD GLÂN

O YSBRYD sanctaidd, tyrd i lawr
I ogoneddu Iesu mawr;
Plyg yr eglwysi wrth ei draed,
A golch y byd mewn dwyfol waed.

GWEDDI AM YR YSBRYD GLÂN

RHO dy Ysbryd, Arglwydd Iesu,
Yn ein calon bob yr un;
Rho wroldeb yn ein mynwes,
  Rhag in ofni wyneb dyn;
Rho dy eiriau yn ein genau,
  Rho huodledd yn ein llais,
Tyn eneidiau i dy garu,
  Ac i wrando ar dy lais.

ERFYNIAD AM FUDDUGOLIAETH AR Y GELYNION

RHO dy Ysbryd, Iesu, nawr
Yn fy nghalon,
Rho'r gelynion, bach a mawr,
Yn y cyffion;

Os caf hynny, ti gei glod
Yn ddioedi,
A thra'r nefoedd fawr yn bod,
Gwnaf dy foli.

David Evans (1879 – 1965)

Brodor o Flaenpennal, Ceredigion. Yn ddyn ifanc anfonodd yr emyn hwn i'w gyhoeddi yn Trysorfa y Plant *dan y ffugenw 'Aeronian', ac fe'i priodolwyd ar gam i Thomas Levi.*

CÔR CAERSALEM

O GANU bendigedig
Fydd canu'r dydd a ddaw,
Pan una'r holl gantorion
Yng nghôr y Wynfa draw;
Bydd engyl y gogoniant
Mewn syndod oll i gyd,
Pan dery'r côr undebol
Yr anthem fawr ei hyd.

O ganu bendigedig,
Heb ddiwedd byth i'r gân,
Fydd canu teulu'r cadw
Yng nghôr Caersalem lân;
Yng nghôr Caersalem lân,
Heb ddiwedd byth i'r gân,
Bydd canu bendigedig
Yng nghôr Caersalem lân.

Ar fryniau anfarwoldeb,
    Yng nghanol môr o hedd,
Cawn ganu heb ddim diwedd,
    Yn hyfryd iawn ein gwedd:
O Iesu bendigedig,
    Tywysog llawr a nen,
Pa bryd y cawn ni ddyfod
    I'r côr tu hwnt i'r llen?

John Daniel Vernon Lewis (1879 – 1970)

Brodor o Bentre Estyll, Abertawe; ysgolhaig praff, awdur nifer o lyfrau a chyfieithydd medrus. Aeth i Goleg y Brifysgol, Caerdydd a disgleiriodd mewn Astudiaethau Semitaidd, yna i'r Coleg Coffa, Aberhonddu a Choleg Mansfield, Rhydychen. Fe'i hordeiniwyd yn weinidog eglwys Annibynnol Park Road, Lerpwl ym 1909. Wedi hyn bu'n gwasanaethu yn Wrecsam a Brynaman. Penodwyd i'r Gadair Athrawiaeth a Moeseg Cristnogol yn y Coleg Coffa ym 1935 a bu'n Brifathro o 1950 hyd 1952. Ymddeolodd ym 1957.

CHWYTH ARNAF, AWEL IÔR

CHWYTH arnaf, Awel Iôr,
    Dod fywyd ynof fi,
Nes caru'r hyn sydd wrth dy fodd
    A gwneud a wnelit ti.

Chwyth arnaf, Awel Iôr,
    Nes puro 'nghalon frau,
Mewn un ewyllys â thydi
    I wneuthur a pharhau.

Chwyth arnaf, Awel Iôr,
    Mewn undeb diwahân,
Nes cynnau yn fy marwol ran
    O fflam dy ddwyfol dân.

Chwyth arnaf, Awel Iôr,
  Marwolaeth mwy ni ddaw,
Ond byw y bywyd perffaith dardd
  O'th dragwyddoldeb draw.

EDWIN HATCH (1835 – 89)
cyf. J. D. VERNON LEWIS

MAWL I'R ARGLWYDD

MAWL fo i'r Arglwydd, sy'n Frenin gogoniant a mawredd!
Clod i'r Goruchaf, a ddyry i'm henaid orfoledd!
    Tyred â'th gân,
   Salmau, telynau yn lân,
  Seinier ei fawl yn ddiddiwedd.

Mawl fo i'r Arglwydd, Pen-llywydd rhyfeddol pedryfan!
Noddfa dragywydd ei adain sydd drosot yn llydan:
    Cadarn yw'r Iôr,
   Ynddo i'th gynnal mae stôr,
  Amlwg i'th olwg yw'r cyfan.

Mawl fo i'r Arglwydd, bendithia dy ran yn dragywydd!
Tywallt o'r nefoedd mae ffrydiau y cariad ni dderfydd:
    Enaid, erglyw!
   Gymaint yw gallu dy Dduw,
  Cariad hyd fyth a'th gyferfydd.

Mawl fo i'r Arglwydd, a'r cwbl sydd ynof yn ennyn!
Ef yw goleuni dy enaid bob dydd sy'n dy ddilyn!
    Holl lwythau'r byd,
   Cenwch yn llafar ynghyd:
 Moler hyd oesoedd diderfyn!

JOACHIM NEANDER (1650 – 80)
cyf. J. D. VERNON LEWIS

O TYRED DI, EMANŴEL

O TYRED di, Emanŵel,
A datod rwymau Isräel
Sydd yma'n alltud unig, trist
Hyd ddydd datguddiad Iesu Grist:
O cân, O cân: Emanŵel
Ddaw atat ti, O Isräel.

O tyrd, Flaguryn Jesse, nawr
A dryllia allu'r gelyn mawr;
Rho fuddugoliaeth drwy dy wedd
Ar uffern ddofn ac ofn y bedd:

O tyred, olau'r Seren Ddydd,
Diddana ein calonnau prudd;
Gwasgara ddu gymylau braw
A chysgod angau gilia draw:

O tyrd, Fab Dafydd, agor di
Yn llydain byrth y nef i ni;
Palmanta'r ffordd sy'n arwain fry
A chau holl lwybrau pechod hy:

O tyred, Arglwydd, yn dy nerth,
Tydi yr hwn ar Sinai serth
Gyhoeddaist gynt dy ddeddfau glân
Mewn mawredd a chymylau tân:

EMYN LLADIN O'R 18FED GANRIF
cyf. J. D. VERNON LEWIS

Thomas Jones, Pencader (1880 – 1963)

Annibynnwr pybyr a fu'n ffermio yn Esgairdawe a Phencader, ac yn fardd gwlad llwyddiannus yn ogystal. Cyhoeddodd Manion y Mynydd *(1938).*

Y GWEDDNEWIDIAD

YMA'N hedd y mynydd sanctaidd,
Iesu annwyl, wele ni,
Gad i'th weision weld o'r newydd
Fawredd dy ogoniant di.

Cuddier ni dan ddwyfol adain
Yn dy gwmni, Iesu mawr,
Torred arnom drwy'r cymylau
Glaer oleuni'r nefol wawr.

Tyner eiriau'r Tad fo'n disgyn
O'r uchelder ar ein clyw,
Yn cyhoeddi bod i'r euog
Hedd tragwyddol ym Mab Duw.

Gad in weld yng ngolau'r mynydd
Fyd dolurus dan ei bla,
Dysg i ninnau drin ei friwiau
Yn dy nerth, O Feddyg Da!

David Emrys James ('Dewi Emrys' 1881 – 1952)

Bardd a aned yng Ngheinewydd, Ceredigion. Bu yn newyddiadurwr ond ar ôl astudio yng Ngholeg Presbyteraidd Caerfyrddin fe'i hordeiniwyd yn weinidog, a bu'n gweinidogaethu yn Nowlais, Bwcle, Pontypridd a Llundain. Aeth yn ôl at newyddiaduraeth ym 1918 gan fyw bywyd bohemaidd yn Llundain. Dychwelodd i Dalgarreg, Ceredigion ym 1940. Enillodd Goron yr Eisteddfod Genedlaethol (1926) a'r Gadair (1929, 1930, 1943 a 1948). Bu'n olygydd y golofn farddol yn Y Cymro *(1936 – 52).*

EMYN URDDO

HEDDIW, Arglwydd y proffwydi,
   Rho i'th was oleuni'r nef;
Ei wirionedd fyddo'i neges
   A'i ddiddanwch hyfryd ef;
Wrth fugeilio praidd ei ofal,
   Na ddiffygied ennyd awr:
Dyro iddo yn wastadol
   Gymorth cryf y Bugail Mawr.

Boed ei fyfyrdodau dirgel
   Iddo'n ffrwythau pêr eu blas,
Fel y rhodder i'w leferydd
   Rym Efengyl fawr dy ras;
Os bydd gweld y ffordd yn olau
   Iddo'n anodd ambell waith,
Gwybod mai tydi a'i galwodd
   Fo'i lawenydd ar y daith.

Boed i'r Eglwys, wedi'r urddo,
   Dy brydferthwch sanctaidd di;
Glyned persawr Rhosyn Saron
   Beunydd wrth ei gwisgoedd hi;
Llifed allan o'i chynteddoedd
   Nerthoedd pur yr Ysbryd Glân,
Gweld yr anial yn blodeuo
   Fo'i gorfoledd mawr a'i chân.

David Rees Griffiths (**'Amanwy'** 1882 – 1953)

Bardd, ysgrifwr ac eisteddfodwr brwd. Un o blant Betws, Rhydaman. Dechreuodd weithio yn y pwll glo yn 12 mlwydd oed. Clwyfwyd mewn tanchwa ym mhwll Pantyffynnon, a lladdwyd brawd iddo. Ar ôl y ddamwain dechreuodd ymhyfrydu mewn llenyddiaeth gan gystadlu ym mân eisteddfodau'r cylch. Bu'n llwyddiannus yn yr Eisteddfod Genedlaethol hefyd. Cyhoeddwyd ei weithiau prydyddol: pryddestau, caneuon, sonedau ac emynau yn Caneuon Amanwy *(1956). Brawd arall iddo oedd y Gwir Anrhydeddus James Griffiths.*

Erys Amanwy 'yn enghraifft wych o ddiwylliant gwerin ardal y glo carreg yn Sir Gaerfyrddin yn hanner cyntaf yr ugeinfed ganrif.'

EMYN DATHLU

DYRCHAFWN ganiad newydd,
O Arglwydd, ger dy fron
Am dy amddiffyn grasol
I'r demel annwyl hon:
Deisyfwn unwaith eto
Am olwg ar dy wedd
Lle buost drwy'r blynyddoedd
Yn rhoi o rin dy hedd.

Bu'n tadau gynt yn dyfod
O bellter bro a bryn
I blygu mewn addoliad
O fewn i'r muriau hyn:
Datguddiaist iddynt drysor
Dy gariad ar eu taith;
Dod inni ffydd i'w canlyn
Heb wyrni yn dy waith.

Teyrnased dy dangnefedd
Yn amlwg yma mwy,
A rhwyma ein gobeithion
Am Grist a'i groes, a'i glwy':
Dan wenau heulwen hawddfyd
A gwg y chwerwaf chwyth
Boed y golomen nefol
Yn aros yma byth.

Y BEDYDD TÂN

DDUW ein tadau, o'th orseddfainc
  Derbyn offrwm pur ein mawl;
Ar orfoledd ein heneidiau
  Ti yn unig biau'r hawl;
Rhag ein dallu i'th fwriadau
  Gan ein myrdd ofalon mân,
Adfer hen ogoniant Seion –
  Dyro inni'r bedydd tân.

Dduw ein tadau, ti fu'n cynnal
  Sanctaidd fflam allorau'n gwlad,
Ac yn nerthu'r pererinion
  Ddyddiau'r erlid a'r tristâd:
Dod i ninnau dy gadernid
  Rhag i'n byd ein llethu'n lân;
Adfer hen ogoniant Seion –
  Dyro inni'r bedydd tân.

Dduw ein tadau, o'th orseddfainc
  Gwrando ymbil daer ein llef;
Gwedd dy wyneb yw ein hyder
  Wrth gyflawni gwaith y nef;
Cadarnha y llesg obeithion
  A droes lawer cwyn yn gân,
Adfer hen ogoniant Seion –
  Dyro inni'r bedydd tân.

GWISG WISGOEDD DY OGONIANT

GWISG wisgoedd dy ogoniant,
  O Eglwys Mab y Dyn,
A thywys fyd cyfeiliorn
  I'th lwybrau di dy hun;
Llosg fratiau dy amheuon
  A'th ymraniadau mân,
A dos i'th ymgyrch sanctaidd
  Yn nerth yr Ysbryd Glân.

Gwisg wisgoedd dy ogoniant,
O Eglwys Iesu Grist,
A cherdded yr hyfrydlais
Drwy gyrrau'r ddaear drist;
Cyhoedda uwch terfysgoedd
Dynoliaeth yn ei loes,
Mai ffordd y waredigaeth
Yw cymod gwaed y groes.

COFIO'R TADAU

MAWRHAWN dy enw, Arglwydd Iôr,
O fryn i fôr dihenydd,
Am etifeddu ffydd dy saint
A braint eu brwd lawenydd.

Ni flysient hwy bleserau gwael
Y byd a'i hael drysorau,
Eu gwynfyd ydoedd cadw'r tân
Yn fyw ar lân allorau.

Dy gyfraith sanctaidd oedd eu nerth
A'u prydferth waredigaeth,
A gwedd dy wyneb oedd eu gwawr
Yn awr y brofedigaeth.

O, noetha eto rym dy fraich,
A symud faich ein pryder;
Gwna Seion drwy ei bywyd glân
Yn destun cân a hyder..

TELYNAU GLÂN

MELYS ydyw cywair
Ein telynau glân,
Am fod oriau bywyd
Oll yn llawn o gân;
Nid oes gan un plentyn
Hawl i fod yn drist
Yn y fintai ffyddlon
Sydd yn dilyn Crist.

Hosanna! pêr Hosanna!
Dyrchafwn lawen lef:
Câr Iesu gân y galon lân,
Hosanna iddo ef!

Pan fo'r chwarae'n llawen
Yn yr heulwen iach,
Agos iawn yw'r Ceidwad
I bob plentyn bach;
Mae pob gwg yn cilio
Pan fydd ef gerllaw,
Ac mor hawdd yw cydio
Yn ei dyner law.

Gwasgwn yn agosach
Beunydd ato ef,
Ni chawn fyth well cwmni
Ar y ffordd i'r nef;
Ar ei wyneb annwyl
Erys gwên o hyd,
Ac mor hawdd yw caru
Cyfaill plant y byd.

EMYN PRIODAS

MEWN glân briodas wele ni,
O Dduw, yn llawenhau;
Disgynned rhin dy fendith di
Yn dawel ar y ddau.

Rho sêl dy ddigyfnewid hedd
Ar y cyfamod glân,
A llewyrch gwên dy sanctaidd wedd
I'r ddau yn destun cân.

Boed iddynt rannu pob rhyw faich
Ar ddyrys lwybrau'r byd,
A phwyso ar dy gadarn fraich
Sy'n dal yr un o hyd.

Teyrnased ar eu haelwyd glyd
  Dy ras a'th hedd di-lyth;
A'r cariad sydd uwch gwybod byd
  Fo'n eiddo iddynt byth.

DY FRENHINIAETH DI

RHO inni weledigaeth
  Ar dy frenhiniaeth di,
Sy'n estyn o'r mynyddoedd
  Hyd eithaf tonnau'r lli;
Ni fynnwn ni ymostwng
  Yn rhwysg ein gwamal oes
Ond i'th awdurdod sanctaidd
  A chyfraith Crist a'i groes.

Gwisg wisgoedd dy ogoniant
  Sy'n harddach fil na'r wawr,
A thyred i feddiannu
  Dy etifeddiaeth fawr;
A thywys, o'th dosturi,
  Dylwythau'r ddaear las
O grinder llwm anobaith
  I deyrnas bur dy ras.

Dy eiddo ydyw'r orsedd
  O oes i oes o hyd;
Ni syfl ei seiliau cedyrn
  Yn nherfysg gwyllt y byd:
Pan syrth gorseddau'r ddaear
  I'r llwch yn chwalfa sarn,
Bydd gorsedd dy gyfamod
  Yn fywyd ac yn farn.

William Evans (**'Wil Ifan'** 1883 – 1968)

Bardd, gweinidog gyda'r Annibynwyr Saesneg ac awdur toreithiog yn y Gymraeg a'r Saesneg. Enillodd y Goron yn yr Eisteddfod Genedlaethol deirgwaith a bu'n Archdderwydd o 1947 hyd 1950. Cydnabuwyd yn delynegwr swynol.

CRED YN NUW

FY nghalon, cred yn Nuw,
Dy hyder fo'n ddi-goll;
Duw a gyflawna ym mhob dim
Ei addewidion oll.

Fy meddwl, cred yn Nuw,
Os pŵl dy lusern wan;
Bwriadau doeth trugaredd Iôr
Ni wyddost ond o ran.

Fy enaid, cred yn Nuw,
Hyd byth saif croesbren draw,
Ac ni ddwg bywyd, ni ddwg bedd
Ei blant o'i gadarn law.

Grist, gwna fi'n gyfan oll,
Na ro orffwysfa i'th was
Nes gorffwys o'm cyneddfau i gyd
Yn gwbwl gaeth i'th ras.

BRYN AUSTIN REES (1911 – 83)
cyf. WIL IFAN

GRIST BENDIGEDIG

GRIST bendigedig,
Faban y Forwyn,
Grist gwrthodedig,
Arglwydd byd;
Baich ein camweddau
Ddug yr un bychan,
Llwyth ein troseddau
Arno i gyd.

Grist bendigedig,
   Fab iachawdwriaeth,
Ddoe'n ostyngedig
   Yma'n byw:
Heddiw yn eiriol
   Yn y gogoniant
Dros edifeiriol
   Gyda Duw.

Grist bendigedig
   Ddoe ar y ddaear,
Heddiw'n garedig
   Frenin nef:
Dwyfol drigfannau
   Sydd yn ein disgwyl,
Tynion fo'n tannau
   Iddo ef.

MARY MACDONALD (1789 – 1872)
efel. WIL IFAN

BEDYDD

POB rhodd ddaionus yn ein llaw
Oddi wrthyt ti, O Dad, y daw;
A'r unig dâl a geisi di
Yw tâl ein haddunedau ni.

Nid ordeiniedig fysedd gŵr
Na geiriau swyn na rhin y dŵr,
Ond ffyddlon lw y ddeuddyn hyn
A geidw droed eu baban gwyn.

Bob tro y llenwi newydd grud
Fe roir ail gynnig eto i'r byd,
A modd i ninnau ddechrau byw
O'r newydd ar dy fron, O Dduw.

Ar dalcen pawb sydd yn ein plith
Disgynned dafnau'r bywiol wlith;
Ein plentyn cadw ar lwybrau'r nef
A thywys ni i'w dywys ef.

YMDRECHWN I GADW HEDD

YN enw'r ifanc Saer o Nasareth,
O derbyn ni;
Cyflwynwn ein gwasanaeth llwyr, di-feth,
Yn awr i ti.
Mae llawer adfail llwm mewn gwlad a thref;
Rhaid adeiladu yn ei enw ef.

Yn enw'r ifanc Athro a'i lygaid clir,
O derbyn ni;
Rhown orau gwael ein hymchwil am y gwir,
Yn awr i ti.
Â llusern deall a llawn hyder ffydd,
Yng nghadwyn cariad dysgwn rodio'n rhydd.

Yn enw'r ifanc Deyrn a aeth i'r gad,
O derbyn ni;
Gwna ninnau'n gryf i ennill llawer gwlad
Yn awr i ti.
Ymrestrwn yn y fyddin fawr, ddi-gledd
Gan frwydro nos a dydd dros deyrnas hedd.

W. H. Harris (**'Arthan'** 1884 – 1956)

Un o Ddowlais. Addysgwyd yng Ngholeg Dewi Sant, Llanbedr Pont Steffan a Choleg Iesu, Rhydychen. Fe'i hordeiniwyd yn offeiriad ym 1914 a bu'n gwasanaethu yn Ystradgynlais ac Abertawe. Dychwelodd i Lambed a bu'n ddarlithydd mewn diwinyddiaeth yn ei hen goleg. Dyrchafwyd yn Athro'r adran ac ym 1941 penodwyd ef yn Athro Cymraeg y Coleg. Ef oedd ysgrifennydd pwyllgor Emynau'r Eglwys *(1941). 'Roedd hefyd yn gyfieithydd medrus.*

DUW ABRAM, MOLWCH EF

DUW Abram, molwch ef,
Ein dyrchafedig Lyw,
Yr Hen Ddihenydd, Brenin nef,
Duw cariad yw,
I'r Iôr, anfeidrol Fod,
Boed mawl gan nef a llawr,
Ymgrymu wnawn, a datgan clod
Ei Enw mawr.

Duw Abram, molwch ef ,
Ei hollddigonol ddawn
A'n cynnal ar ein taith i'r nef
Yn ddiogel iawn.
I weiniaid fel nyni,
Datguddia'i hun yn Dduw;
Trwy Waed ei Fab ar Galfari,
Fe'n ceidw'n fyw.

Er bod y cnawd yn wan,
Er gwaethaf grym y byd,
Trwy ras cawn ddod i hyfryd fan
Ein cartref clyd;
Cawn fynd trwy'r dyfnder llaith,
A'n trem ar Iesu cu,
Awn trwy'r anialwch dyrys maith
I'r Ganaan fry.

Yr Arglwydd yno drig
Yn Frenin ar ei sedd,
Buddugol ar y byd a'i ddig –
Tywysog hedd;
Ar gaerau Salem fryn,
Fe gynnal hawl ddi-lyth,
Ac yntau gyda'i seintiau gwyn
Deyrnasa byth.

Gerbron y Drindod lân
Mae'r waredigol hil,
Dyrchafant byth eu swynol gân
Am freintiau fil;
A lluoedd rif y gwlith,
Angylion gwynion gwawr,
Sy'n chwyddo'r gân na dderfydd byth
I'r Enw mawr.

Yr hollalluog Dduw
A fawl angylion glân,
A 'Sanctaidd, Sanctaidd, Sanctaidd' yw
Eu gwylaidd gân.
Anfeidrol Frenin mawr
Addolwn yn ddi-gudd,
A fu erioed, y sydd yn awr,
A byth a bydd.

Gerbron Iachawdwr byd
Mae gwaredigion gras
Yn moli, a mwynhau o hyd
Ryw newydd flas.
Pan ddengys ôl ei boen,
Fe'u rhoir ar dân i gyd,
Nes seinio mawl i Dduw a'r Oen
Trwy'r nefol fyd.

Mewn buddugoliaeth cân
Y ddedwydd dorf bob un,
I'r Tad a'r Mab a'r Ysbryd Glân,
Byth yn gytûn.
O henffych well, ein Rhi!
Clodforwn gyda hwy
Dduw Abraham sy'n Dduw i ni,
Heb dewi mwy.[1]

THOMAS OLIVERS (1725 – 99)
cyf. W. H. HARRIS

---

[1] Mae cyfieithiad T. Olivers o'r Hebraeg yn cynnwys deg pennill.

Robert Williams Parry (1884 – 1956)

Bardd, athro ysgol a darlithydd prifysgol. Ganed yn Nhal-y-sarn, Dyffryn Nantlle. Bu'n athro mewn nifer o ysgolion cyn gorffen gradd gyntaf yng Ngholeg y Brifysgol, Bangor ym 1908. Daeth i amlygrwydd ym 1910 pan enillodd Gadair yr Eisteddfod Genedlaethol â'i awdl 'Yr Haf'. Enillodd uwch radd ym Mangor ym 1912. Parhaodd i ddysgu yn yr ysgolion hyd at ei benodiad yn ddarlithydd prifysgol ym 1922. Cyhoeddodd ddwy gyfrol o farddoniaeth: Yr Haf a cherddi eraill *(1924) a* Cherddi'r Gaeaf *(1952).*

IESU, DRUD DDIFYRRWCH DYNION

IESU, drud ddifyrrwch dynion,
Gwrthrych gwiw ein clod a'n mawl,
Hedeg atat wnawn yn union
Fry i'r digreëdig wawl.
Gair ein Duw, enynnaist ynom
Dân dyhead, fel y mynnom
Geisio datrys pethau cudd
'Gylch dy orsedd ddisglair sydd.

Gobaith fydd i ni'n adenydd:
Clywch bereiddiaf nodau'r rhai
Sydd yn yfed o lawenydd
Y ffynhonnau pur, di-drai.
Eiddynt hwy bob gwiw hyfrydwch,
Eiddynt hwy dragywydd glydwch,
Ti a roddi i bob un
O'th dangnefedd dwfn dy hun.[1]

o eiriau MARTIN JAHN (1620 – *c*.1682)
cyf. R. WILLIAMS PARRY

[1] O Gantawd rhif 147, Johann Sebastian Bach (1685 – 1750): *Herz und Mund und Tat und Leben.*

D. Tegfan Davies (1887 – 1968)

EMYN PRIODAS

TI roist urddas ar briodas
   Yng Nghana draw:
Troes y wledd yn rhan o'th deyrnas
   O dan dy law:
Byth ni thry y gwin yn wermod,
Ni thrallodir y gydwybod,
Ond it selio'r glân gyfamod
   Â'th sanctaidd law.

Cofia'r ddau sydd yma'r awron,
   Dad teulu'r byd;
Gwna hwy'n ffyddlon etifeddion
   Stad fwyna'r byd;
Yn dy gariad byddant ddedwydd,
Ynot cânt rinweddau'i gilydd;
Rhannu einioes rydd lawenydd
   Anfarwol fyd.

Thomas Herbert Parry-Williams (1887 – 1975)

Bardd, llenor ac ysgolhaig. Fe'i ganed yn Rhyd-ddu, Caernarfon. Fe'i haddysgwyd yng Ngholeg y Brifysgol, Aberystwyth, Coleg Iesu, Rhydychen a Phrifysgolion Freiburg a Pharis. Tra oedd yn fyfyriwr, ym 1912, enillodd Goron a Chadair yr Eisteddfod Genedlaethol. Gwnaeth yr un gamp eto, dair blynedd yn ddiweddarach. Ym 1914 fe'i penodwyd yn ddarlithydd cynorthwyol yn Adran y Gymraeg. Ymhen chwe blynedd ef oedd yr Athro yn Adran y Gymraeg yn Aberystwyth, ac arhosodd yno nes iddo ymddeol ym 1952. Gwnaeth gyfraniad nodedig i ysgolheictod Cymraeg drwy'r cyfan a gyhoeddodd – ysgrifau a barddoniaeth. Urddwyd yn farchog ym 1958.

EMYN PRIODAS

DY fendith, Iôr, O dyro nawr
Ar uno'r ddeuddyn hyn;
Yr heulwen arnynt doed i lawr
A boed eu byd yn wyn.

A dyro nodded iddynt hwy
Yn rym dan bob rhyw groes,
A'th gariad hefyd, fwy na mwy,
Yn hedd ar hyd eu hoes.

Fel na bo pwys a gwres y dydd
Na'r byd a'i feichiau ef,
Na stormydd ffawd yn siglo'u ffydd
Yn rhinwedd gras y nef.

DYHEAD POB CRISTION

O BOED i holl drigolion
Y ddaear yn gytûn
Gael byw mewn hedd a chariad
Yn enw Mab y Dyn;
A deued plant y gwledydd
I ganu ag un llef
Gan seinio moliant melys
I'r Tad sydd yn y nef.

Disgynned ei fendithion
Ar bawb yn ddiwahân,
Ac uned y cenhedloedd
Dan wenau'r Ysbryd Glân;
A boed i holl drigolion
Y ddaear yn gytûn
Gael byw mewn hedd a chariad
Yn enw Mab y Dyn.

Ezer James, Frondyrch (*fl.*1890)

TROF AT IESU

AT yr Iesu boed fy wyneb,
At yr Iesu boed fy llef,
At bwy'r af i gael trugaredd
Ond yn unig ato ef?
Ganddo ef mae geiriau'r bywyd,
Iachawdwriaeth dynol-ryw,
Dyma gymorth mawr diddarfod
Drefnwyd imi gan fy Nuw.

Arglwydd, dyro nerth i gredu
I'r gwirionedd yma nawr,
Nad oes obaith iachawdwriaeth
Ond yn haeddiant Iesu mawr;
Dyma'r ffordd i dir y bywyd,
Dyma'r ffordd i deyrnas nef,
Gad i minnau gael fy nghadw
Drwy ei ffordd ryfeddol ef.

H. W. Thomas, Brynaman (*fl.*1890)

O DELED Y DRINDOD I'N HOEDFA

DISGWYL yn dy babell ydym
Am dy bresenoldeb mawr,
Iesu da, tosturia wrthym
Ni, drueiniaid gwael y llawr;
Tor dros ben ein hannheilyngdod,
Rho dy deimlo yn ein plith,
Er ein beiau paid â'n gwrthod,
Tywallt arnom nefol wlith.

O amlyga dy ddaioni
Eto unwaith, dirion Dad,
Gwrando'n rasol ar ein gweddi,
Clyw'n hymbiliau wrth dy draed.
Doed awelon tyner bywyd
Drwy y lle i'n gwneud yn llon;
O tywallta dy Lân Ysbryd
Ar dy eiddo'r oedfa hon.

AIL-AGORIAD ADDOLDY

O EIN Duw, rho weld dy wyneb
Yn y babell newydd hon,
A dy hyfryd bresenoldeb
Byth wrth ddyfod ger dy fron,
I addoli,
Dirion Iesu, gwna ni'n llon.

Dyro'r hen orfoledd hyfryd,
Megis yn y deml o'r bla'n,
Hen awelon effro bywyd,
A soniarus, felys gân;
Yn wastadol
Boed dylanwad dwyfol dân.

Enw ein Gwaredwr grasol
Fyddo yn rhyfeddol byth,
A'r holl eglwys yn wastadol
Dan dywalltiad nefol wlith;
Pawb yn moli
Cariad Iesu yn ein plith.

GORFFWYSFA'R CRISTION

RHED fy nagrau o lawenydd
Yn y gobaith am y wlad,
Mewn addewid rhoes yr Arglwydd
I'w ffyddloniaid yr ystad,
Lle ni dderfydd
Canu clod yn nhŷ fy Nhad.

Draw i ddyfroedd oer marwolaeth,
  Draw i derfyn dyrys daith,
Draw mewn hyfryd etifeddiaeth
  Yn y dedwydd wynfyd maith,
    Mi gaf orffwys
  Wedi gorffen tymor gwaith.

Draw mi gaf ryw hir lonyddwch,
  Heb un poen, na chur, na gwae,
Draw y caf fi wir ddedwyddwch
  Sy'n dragwyddol yn parhau;
    Gyda'r dyrfa,
  Sydd o hyd yn llawenhau.

Mi ddymunwn gael adenydd
  Chwim i hedeg tua thref,
I'r gogoniant at fy Arglwydd
  Byth i ganu yn y nef;
    Halelwia!
  Gyda'r dyrfa iddo ef.

Henry Williams, Caernarfon (*fl.*1890)

CLOD I DDUW

ANFEIDROL ryfedd drefn
A roes i ni drachefn
  Gynhaeaf llawn;
Dy lwybrau di, O Dad,
Yn fraster dros ein gwlad
Ddyferoedd inni'n rhad,
  Mawr yw dy ddawn.

O flwydd i flwydd 'r ŷm ni
Yn hollol ynot ti
  Yn byw a bod;
Y flwyddyn hon ni fu
Un haint na newyn du,
Ond llawnder ar bob tu,
  I ti bo'r clod.

Rho nerth i'm henaid gwan,
O Dduw, i wneud ei ran
  Mewn anial maith;
A byw'r bendithion hyn
I'r gŵr fu ar y bryn,
A bwyta o'r manna gwyn
  Ar hyd y daith.

Enoch Davies, Bwlch-y-groes (*fl.* 1891)

Y CYNHAEAF

ARGLWYDD grasol! Ti a'n cofiaist
  Mewn daioni'r flwyddyn hon,
Ti goronaist â bendithion
  Feysydd daear oll o'r bron!
    Rhyfedd, Arglwydd,
  Ydyw dy diriondeb mawr.

Llanw'n calon â diolchgarwch
  Am dy ddoniau maith, di-ri',
Awydd sanctaidd fyddo ynom
  I glodfori'th enw di;
    Ysbryd diolch
  Fyddo'n llanw pawb o'r bron.

J. W. Ebeneser, Abertawe (*fl.* 1891)

MAE GWAED Y PRYNWR

MAE gwaed y Prynwr ar y bryn
Yn sail y gwneir y dua'n wyn;
O Ysbryd Glân, cymhwysa'r gwaed
At galon yr aflana' gaed.

Llifddorau grasol cariad Duw
Agorwyd yn ei fynwes friw,
A llifo wna ei gariad ef
I galon pob etifedd nef.

O hyfryd ddydd pan ddêl ynghyd,
Tu hwnt i gyffro gwag y byd,
Yn bur a glân, a pherffaith wyn,
Rai olchwyd ar Galfaria fryn.

Watkin Morgan, Cwmgarw, Brynaman (*fl.* 1891 – 3)

CYSUR Y CRISTION

FY nghysur i gyd
Wrth fyned trwy'r byd
A'i holl orthrymderau
Sy'n f'erbyn o hyd,
Fod gennyf drwy ffydd
Waredwr a rydd
Ddihangfa dragwyddol
I'm henaid ryw ddydd.

Er bod tan y groes
Mewn blinder a loes
Wrth ymladd â'r gelyn
Holl ddyddiau fy oes,
Caf goncro cyn hir
Fy ngelyn yn wir,
A bloeddio enillais
Y frwydr yn glir.

Fy nghaniad fydd mwy
O gyrraedd pob clwy',
Ymhlith myrdd o seintiau
'N cytuno â hwy,
Yn pyncio mewn hoen
Ym mynwes yr Oen
Gân am fuddugoliaeth
Ar bechod a'i boen.

Mae'r lluoedd di-ri'
O frodyr i mi,
Yn canu yr anthem
Anfarwol ei bri;
O cenwch ymla'n
A'ch mynwes ar dân,
Marwolaeth Calfaria
Yw bywyd y gân.

FFORDD Y GROES

RHOWN ein bywyd yn y byd
I ddyrchafu
Enw'r Iesu mawr i gyd,
Gan ei barchu
Am y ffordd a wnaeth efe
Inni rodio
Trwy'r byd hwn i deyrnas ne',
Diolch iddo.

Drud yw'r ffordd, ond diogel yw
I'n gwaredu
Rhag gelynion o bob rhyw
Sydd yn drygu;
Ffordd hyfrydol ydyw hon,
Ffordd y bywyd,
Ffordd wna'r teithiwr arni'n llon
Mewn dedwyddyd.

Canwn byth am ffordd y groes
Yn y diwedd,
Wedi mynd drwy angau loes
I orfoledd,
Gorffwys gawn mewn tawel hedd
Yn oes oesoedd,
Wedi concro'r byd a'r bedd,
Yn y nefoedd.

J. Tegryn Phillips (*fl.* 1891)

O IESU GWIW

O IESU gwiw, ffynhonnell fawr
Pob bywyd drwy y nef a'r llawr,
Rho inni'r awron yn dy dŷ
Eneiniad sanctaidd oddi fry.

Mae'th bresenoldeb imi'n wledd,
A'm nefoedd yma yw dy hedd,
Ac yn dy wedd fy newid gaf
I'th ddwyfol ddelw di, fy Naf.

Ar fwrdd dy ras daw'r gwan yn gryf,
A'r llesgaf yn y llwythau'n hyf;
Wrth drachtio o'r ffynhonnau byw
Ni ddringwn fry i fynydd Duw.

T. Thomas, Aberystwyth (*fl.* 1891)

IESU I BAWB A DDÊL

O DEUWCH bawb at Iesu Grist,
Y rhai sydd dlawd, y rhai sydd drist,
Y rhai dan faich pechodau mawr,
Dewch ato ef i'w taflu i lawr.

Ni wrthyd neb o'r rhai a ddaw,
Mae'n disgwyl am roi help ei law,
Mor fwyn a grasol yw ei wedd,
I bob rhyw fath mae'n cynnig hedd.

O deuwch bawb yn ddiwahân,
At Iesu dewch i'ch gwneud yn lân,
Ar frys daw prawf o'r pwysig wir,
Y brwnt nid â i'r sanctaidd dir.

Na roddwch glust i fyd na chnawd,
Y rhai a dry eich ing yn wawd,
Dewch at yr Iesu yn ei hedd,
Cewch ganddo ef dragwyddol wledd.

Emyniadur yr Eglwys yng Nghymru (1891)

MI GARAF DDWEUD YR HANES

MI garaf ddweud yr hanes
   Am bethau mawr y nef;
Am Iesu mwyn, fy Ngheidwad,
   A'i ryfedd gariad ef;
Mi garaf ddweud yr hanes,
   Gwirionedd nefol yw;
Mae'n ddigon i'm holl angen –
   Mae'n rhaid ei bod o Dduw.

Mi garaf ddweud yr hanes,
   Hen hanes cariad drud,
Pan fyddwyf yn ei hadrodd,
   Melysach yw o hyd;
Mi garaf ddweud yr hanes
   Wrth rai na chlywsant sôn
Am drefn yr iachawdwriaeth
   Trwy werthfawr Waed yr O'n.

Mi garaf ddweud yr hanes,
   Mae mynych adrodd hon
Yn creu nefolaidd syched
   Am ragor yn fy mron;
A phan gyrhaeddaf wynfyd,
   Y newydd felys gân
A fydd yr hen, hen hanes
   Oedd annwyl im o'r blaen.

ARABELLA KATHERINE HANKEY (1834 – 1911)
cyf. EMYNIADUR YR EGLWYS YNG NGHYMRU (1891)

Seth P. Jones, Penclawdd (*fl.*1891)

CYNHAEAF

BENDITHIODD Duw ni'r flwyddyn hon
   Â'i roddion, lawnder daear;
O na foed diolchiadau'n bron
   Yn brinion nac yn glaear.

Ond boed pob calon yn ei hwyl
   Yn cadw Gŵyl Cynhaeaf,
Gan foli Duw'r bendithion braf
   A gawn bob haf a gaeaf.

Ar Ŵyl Cynhaeaf pennaf pwys
   I bawb yw dwys ymholi,
A wna beunyddiol ofal Duw
   Ni oll i fyw i'w foli?

D. L. (*fl.*1891)

RHINWEDD Y GWAED

I FYNYDD Calfari
   Aeth Iesu drosof fi,
Dros feiau f'oes, ar bren y groes,
   Fe roes ei waed yn lli';
Y gwerthfawr waed, unwaith a gaed,
Wna'm henaid brwnt yn wyn.
'Rwy'n llawenhau fod modd glanhau
A chyfiawnhau yr euog rai
   Drwy angau pen y bryn.

T. Eirug Davies (1892 – 1951)

Gweinidog gyda'r Annibynwyr, llenor a bardd cynhyrchiol (enillodd Goron yr Eisteddfod Genedlaethol ddwywaith: 1932 a 1934). O ran ei emynau isod, mae rhifau 1, 3 a 4 allan o'i gasgliad Cerddi Eirug *(1966), a rhifau 2, 5 a 6 o blith ei lawysgrifau. Gwaith ei chwaer, Mrs Elisabeth Ann Thomas (1897 – 1985) yw'r seithfed emyn. Ei fab hynaf oedd y diwinydd a'r llenor, y Parchedig Dewi Eirug Davies (1922 – 97).*

EMYN GŴYL DEWI

I TI, O Dad cenhedloedd byd,
  Rheolwr trai a llanw'u llwydd,
Ymgrymwn ninnau Gymry ynghyd
  Ar ddydd ein hoffrwm yn dy ŵydd.

Wrth droi yn ôl a chanfod rhawd
  Ein hymdaith i'r gorffennol draw,
Ein hunig ymffrost, druain tlawd,
  Yw dawn dy gariad ar bob llaw.

Etholaist ni i gadw'r sôn
  Am deyrnas nef rhwng bryniau'n gwlad,
A dwys gyhoeddi hedd yr Iôn
  I fyd ar lawr dan loes a brad.

Trofaus, er hyn, a fuom ni,
  A'th Air sy'n ddibris yn ein plith,
A throesom ffordd dy gymod di
  Yn gyfle i'n hymrafael chwith.

Mewn edifeirwch down yn awr,
  A'n pryder am a ddaw'n dwysáu;
Cryfha ni, os dy ewyllys fawr
  Yw galw'n pobloedd i barhau.

Er mwyn cenhedloedd daear faith
  Sy'n blant dy arfaeth di i gyd,
Glanha ni, fel y byddo'n gwaith
  Yn waith dy deyrnas yn y byd.

EMYN

PAN fyddo llawer gofid
  Yn peri in dristáu
A'n gweddi am ymwared
  Yn methu ein rhyddhau;
Tydi, Gynhaliwr bywyd
  A'i olau yn y glyn,
O bydd yn gwmni agos
  I'm henaid y pryd hyn.

PWY

PWY sy'n gyrru'r holl afonydd
  Tua'r môr dros lwybrau gŵyr,
Ac yn agor dôr y bore
  Heb anghofio'i gau bob hwyr?

Pwy sy'n rhifo tonnau'r dyfnder
  Heb fod un erioed ar ôl,
Ac yn rhannu'r gwlith heb unwaith
  Dorri'r gostrel ar y ddôl?

Pwy sy'n dysgu'r llew i ruo
  Ei arglwyddiaeth yn y ffau,
Ac yn rhwymo'r myrdd gwylltfilod
  Wrth ei ddeddfau heb nacáu?

Pwy sy'n troi yr ŵyn i'r bryniau
  Pan fo'r borfa yno'n werdd,
Ac yn arwain côr yr adar
  Pan fo'r coed yn ddawns a cherdd?

Pwy sy'n galw'r plant i godi
  Heb i'w lais frawychu'r un?
Pwy a leinw'u byd â chwarae
  Ac a'u ceidw ar ddi-hun?

'R hwn a'ch dysgodd chwithau i holi,
  Holi'n fore, holi'n hwyr,
Ef a'ch etyb bob yn ronyn,
  Holwch chwithau – ef a ŵyr.

EMYN I'R IFANC

PWY yw Athro mawr yr oesau?
  Iesu ŵyr y ffordd i fyw;
Pwy a'n cyfarwydda ninnau?
  Iesu a ddaeth yn ffordd at Dduw;
Glynwn wrth ei wersi bywiol,
  Awn i'r ysgol heb nacáu,
Ac wrth garu'r Athro addfwyn
  Esmwyth arnom fydd ei iau.

Pwy yw Arwr mawr yr oesau?
  Iesu a ddaeth i goncro'r byd;
Pwy sy'n ben ar gyrrau'r ddaear?
  Iesu drwy ei aberth drud;
Canwn iddo am ei goncwest
  Ar y drwg a'n lletha ni;
Drwy ei gariad mae yn gadarn;
  Ffordd ei nerth yw Calfari.

Pwy yw Ceidwad mawr yr oesau?
  Iesu a ddaeth i geisio dyn;
Pwy a geir i godi'r egwan?
  Iesu'r cyfaill mawr a lŷn;
Seiniwn glod i'w rasol gymorth,
  Ef a'n deil ar hyd y daith,
Ac fe'n cedwir dan ei ofal
  Ar ein cynnydd yn ei waith.

EMYN

TI, Greawdwr mawr y bydoedd,
  Lluniwr holl gynheddfau dyn,
Peri arnom waith dy gariad
  I'n perffeithio ar dy lun,
Dan driniaethau dy ddoethineb
  A'th ddibenion maith eu llwydd
Daw y dydd i ninnau sefyll
  Yn ddianaf yn dy ŵydd.

EMYN O'R BREGETH AR Y MYNYDD

YMDDIFYRRWN gyda'r Iesu
    Yn rhagluniaeth fawr ei Dad.
Gwylio'r lili'n gogoneddu
    Medr y Llaw a'i gwisg yn rhad;
Cofio'r Gŵr sy'n hau a medi
    At gyfreidiau adar bro,
Cofio'r Cariad nad yw'n colli
    Angladd deryn bach y to.

Ymwrolwn gyda'r Iesu
    Yn y drefn sy fyth o'n plaid,
Llethu gofal ac ymnerthu
    Yn y gras i gwrdd â'n rhaid;
Oni chofia Porthwr cyson
    Llysiau'r maes ac adar byd
Am ei blant a dwys anghenion
    Calon friw ac ysig fryd?

CARIAD A HEDDWCH

O IESU, rho dy gariad
    I leddfu poen y byd,
I'th blant sy nawr heb gysgod
    Bydd di yn noddfa glyd;
'Does ond dy gariad grasol
    A'n dysg i fyw'n gytûn,
A rhannu ein bendithion
    I bawb sy'n wael eu llun.

O Iesu, rho dy heddwch
    I ddynion o bob lliw,
Fel na ddêl rhyfel mwyach
    I chwalu dynol-ryw,
A boed i egwyddorion
    Y bregeth roddaist ti
Gael dyfnder daear beunydd
    Yn ein calonnau ni.

ELISABETH ANN THOMAS (1897 – 1985)

Saunders Lewis (1893 – 1985)

Fe'i ganed yn Wallasey, Sir Gaer. Roedd ei dad a'i daid ar ochr ei fam yn weinidogion gyda'r Methodistiaid Calfinaidd.

Erbyn canol y dauddegau roedd wedi ymaelodi â'r Eglwys Babyddol. 'Roedd yn ddramodydd, bardd, hanesydd, beirniad llenyddol, darlithydd ac yna'n uwch ddarlithydd yn y Brifysgol. Fe'i hystyrir yn un o'r athrylithoedd creadigol mwyaf a gafodd ein gwlad erioed.[1]

GŴYL FAIR
Dic, Maria

DYWED, Fair, ai teg ai trist
Neges Gabriel am Grist?
Cathl ehedydd oedd fy nhŷ
Yn canu yn nôr y nefoedd fry;
Yno y trigais, oni bu
A thynnu gorsedd gras i'm bru.

DYWED, FAIR, PA BRYD I'N LLESU
Dic, Maria, quando scisti?

DYWED, Fair, pa bryd i'n llesu
Y derbyniaist i'th fru Iesu?
Gwelais gennad Duw yn canu
Ger fy mron a'm syfrdanu.

Dywed, Fair, pa nefol riniau
Ganodd Gabriel ar ei liniau?
'Afe, ffiol trugareddau
I druenus hil camweddau.'

[1] Mae emynau eraill o'i eiddo wedi'u nodi ym Mynegai 3.

Mil a Mwy o Emynau

Dywed Fair, pa orfod fu
Iti dderbyn Duw i'th fru?
  Rhydd y creodd Duw bob oed
  Ni thresbasodd ef erioed.

Henffych well, O ufudd eiddgar,
Syndod y seraffiaid treiddgar,
  Mam a morwyn, dôr a ffynnon
  Y goleuni a ddaeth i ddynion.

efel. SAUNDERS LEWIS

AVE VERUM CORPUS

HENFFYCH well, wir gorff a anwyd
  o Fair Forwyn erom ni,
Ac â phoenau angau lanwyd
  er mwyn dyn ar Galfari.

Ti, o'th ystlys pan drywanwyd
  yr arllwysodd gwaed yn lli,
Pan ddêl awr y tranc a rannwyd
  inni, rho dy brofi di.

  O f'annwyl, O fwynair,
  O Fab y Forwyn Fair.

EMYN LLADIN (c.1300)
cyf. SAUNDERS LEWIS

O GALON CRIST!

O GALON Crist!
Ein lloches ni a'n nod,
Cawn bwyso arnat tra fôm byw
Ac yna yn eisteddfod Duw
Datganu'th glod.

O galon Crist!
Ein pechod ni fu'r cledd
A drawodd waed o'th fynwes drud
A'th dorri a'th arllwys dros y byd
Yn ffrwd o hedd.

O galon Crist!
Ffynnon pob hedd a gaed,
Mae'n dagrau edifeiriol ni
Yn deillio o dan dy ystlys di
A'r gawod waed.

O galon Crist!
Mae'n hangau ninnau draw,
Boed inni bwyso ar dy fron
A chroesi'r afon olaf hon
Heb frys, heb fraw.

Lewis Valentine (1893 – 1986)

Cenedlaetholwr, gweinidog, ysgolhaig, bardd ac emynydd. Ganed yn Llanddulas, Sir Ddinbych. Sefydlwyd yn weinidog yn y Tabernacl, Llandudno ym 1921. 'Roedd yn un o'r rhai a sefydlodd Plaid Cymru ym 1925, ac ef oedd ei Llywydd a'i hymgeisydd seneddol cyntaf ym 1929. Cyflawnodd ef, Saunders Lewis a D. J. Williams y weithred symbolaidd o losgi siediau'r Ysgol Fomio ym Mhenyberth. Carcharwyd ef am naw mis yn Wormwood Scrubs. Dychwelodd i weinidogaethu yn y Tabernacl am ddeng mlynedd cyn symud i Penuel, Rhosllannerchrugog. Bu'n olygydd Seren Gomer *(1951 – 70) ac yn Llywydd Undeb y Bedyddwyr (1962). Ymddeolodd ym 1970.*

EMYN Y TERFYN

MADDAU feiau'r bore gwridog,
Maddau feiau'r hy brynhawn,
Maddau feiau'r hwyrnos freuol,
Maddau feiau f'oes yn llawn:
Arglwydd Iesu,
Estyn im sancteiddiol ddawn.

O na byddai peraroglau
  Bywyd gloyw'n dwyn fy mryd,
Ac uniondeb gair a gweithred
  Yn pelydru ar bob pryd:
    Rho im wanwyn
  Wrth ddibennu teithio byd.

A phan ddelo'r wŷs ddiwrthod
  I lonyddu miri'r oes,
Ac arafu pob hwsmonaeth,
  A distewi hoen a loes:
    Y pryd hwnnw
  Digon fydd llifolau'r Groes.

S. Nicholas, Treherbert a Blaenrhondda (*fl.* 1893 – 5)

CYFFWRDD, IESU, Â'N HENEIDIAU

CYFFWRDD, Iesu, â'n heneidiau,
  Cyffwrdd â ni'r oedfa hon,
Cyffwrdd fel y byddo'n bleser
  Gennym blygu ger dy fron;
    O meddianna
  Ein calonnau ni yn awr.

Cynorthwya, Iesu hawddgar,
  Cynorthwya yma nawr,
Cynorthwya fel dychwelir
  Atat heddiw dyrfa fawr;
    O mor hyfryd
  Gennyt gadw euog rai.

DYDD Y FARN

MAE dydd y farn yn nesu,
   Dydd annirnadwy fydd,
Dydd rhwymo i drueni,
   Dydd rhoddi myrdd yn rhydd;
Fy Ngheidwad fydd fy Marnwr,
   Rhydd i mi fwy na'm rhan,
Mae hynny heddiw'n gysur,
   A nerth i'm henaid gwan.

Mae'r 'dydd a ddaw' yn dyfod,
   Ond dydd o d'wyllwch fydd
I bawb wrthododd Iesu
   Gan wawdio llwybrau ffydd;
Ond dydd â'i wawr yn olau
   I feibion Seion wiw,
Hwy ganant, 'Halelwia!
   Yr Arglwydd yw ein Duw.'

H. W. Jones (1894 – 1958)

Prifathro ysgol Trawsfynydd o 1932 tan ei farwolaeth, ac ysgrifennydd eglwys yr Annibynwyr yn Nhrawsfynydd; emynydd a chyfieithydd.

EMYN DROS FORWYR

TI, Iesu, 'Ngalilea,
   I'th wan ddisgyblion gynt
A fu'n tawelu'r tonnau
   Ac yn ceryddu'r gwynt,
Clyw heddiw'n dwys ymbiliau
   Dros ein hanwyliaid ni,
Tymhera fin yr awel
   A lleddfa raib y lli.

Ti gynt ar lyn Tiberias
   A gerddaist ar y don,
I ddweud, "Cymerwch gysur,"
   Wrth rai oedd brudd eu bron,
Cerdd eto'r cefnfor llydan
   At forwyr ledled byd,
I'w cynnal mewn enbydrwydd
   A'u glanio i hafan glyd.

Simon Bartholomeus Jones (1894 – 1964)

Bardd, golygydd, gweinidog gyda'r Annibynwyr ac un o deulu'r Cilie. Bu'n forwr, ac ar ôl damwain ddifrifol ar fwrdd llong yn Buenos Aires, daeth yn ôl i Gymru a'i fryd ar y weinidogaeth. Yn ystod y Rhyfel Byd Cyntaf bu'n wrthwynebydd cydwybodol. Enillodd radd yng Ngholeg y Brifysgol, Bangor ym 1930. Bu'n weinidog yn Lerpwl; Carno; a Pheniel a Bwlch-y-corn, Caerfyrddin. Enillodd Goron yr Eisteddfod Genedlaethol ym 1933 a'r Gadair ym 1936. Bu'n un o olygyddion Y Genhinen *o 1950 tan ei farw.*

ADNABOD Y TAD DRWY'R MAB

FE dorrodd golau'r wawr
   Yn brydferth ar y bryn,
A llifodd dros y llawr
   Ei ffrydiau gloywon, gwyn;
Yng ngrym yr haul diflanna'n llwyr
Yr ofn a gasglodd yn yr hwyr.

Atseiniodd utgorn Duw
   Draw ar orwelion pell,
Llais clir ei gariad yw
   Yn galw i fywyd gwell:
Daw cân a lliw i goed a llwyn
A hardd yw'r dolydd sy'n eu dwyn.

Down ninnau heddiw 'nghyd
   Ar alwad gref y wawr,
A rhown ein doniau i gyd
   Yn offrwm i ti'n awr;
Rho inni bawb, drwy'r llon a'r trist,
D'adnabod di yn Iesu Grist.

SALM 23

FY Mugail yw yr Arglwydd Iôr,
   Un eisiau mwy ni ddaw;
Wrth ddyfroedd tawel gorffwys gaf
   Mewn bras borfeydd gerllaw.

Efe a ddychwel f'enaid i;
   Fe'm harwain bob yr awr
Hyd lwybrau ei gyfiawnder ef
   Er mwyn ei enw mawr.

Glyn cysgod angau yn ddi-ofn
   A rodiwn gyda thi;
Cans dy wialen di a'th ffon,
   Hwy a'm cysurant i.

Yng ngŵydd fy ngwrthwynebwyr oll
   Arlwyi 'mord â'th ddawn;
Eneinio 'mhen ag olew wnei,
   Fy ffiol sydd yn llawn.

Daioni a thrugaredd Duw
   A'm canlyn drwy fy nhaith;
Minnau breswyliaf yn ei dŷ
   I dragwyddoldeb maith.

IESU, FUGAIL

IESU, Fugail preiddiau'r llawr
Trwy'r canrifoedd,
Gwrando'n moliant iti nawr
Yn dy nefoedd.
Daethost i'r mynyddoedd pell
I'n bugeilio,
Ac agoraist ffordd sydd well
Wedi'n crwydro.

Adeiladaist derfyn cry'
Trwy'r anialwch,
Ac fe gawsom yn dy dŷ
Ddiogelwch.
I gorlannau'r broydd hyn
Teithiai'n tadau,
A'th lusernau di ynghyn
Ar eu llwybrau.

Aros eto, Iesu da,
I'n bendithio,
Cynysgaedda a chryfha
Nerth ein dwylo.
Yn nhrofeydd ein newydd oes
'Does yn unman
Gysgod arall ond dy groes
Di a'th gorlan.

'Lleufer', Taihirion (*fl.* 1894)

O DDUW EIN CYMORTH

O DYRO'TH nawdd a'th fendith lawn
O ddawn yr Ysbryd Glân,
I'r bugail ac i'r praidd, O Dduw,
I'w tywys yn y bla'n.

Boed ffrwythau'r Ysbryd trwy y gair
 A draethir gan dy was,
Er cynnydd i bob un o'th blant
 A moliant dwyfol ras.

Doed pechaduriaid at dy draed,
 Dan deimlad ingol gri
Am feddu llawn faddeuant rhad
 Trwy'r gwaed ar Galfari.

Albert Evans Jones (**'Cynan'** 1895 – 1970)

Aeth gyda'r R.A.M.C. i Salonica a Ffrainc yn ystod y Rhyfel Byd Cyntaf. Ordeiniwyd yn weinidog gyda'r Methodistiaid Calfinaidd ym 1920. Roedd yn fardd enwog ac yn eisteddfodwr o fri: enillodd y Goron deirgwaith, a'r Gadair hefyd. Gwasanaethodd fel Archdderwydd ddwywaith, a phenodwyd ef yn Llywydd Llys yr Eisteddfod (1967 – 70). Cyhoeddodd amryw o lyfrau. Anrhydeddwyd gan y Brifysgol â'r radd D. Litt. ac fe'i hurddwyd yn farchog ym 1969.

DEFAID AC ŴYN

HWYRDDYDD o Ebrill ydoedd,
 Ebrill a'i awel fwyn;
Ac ar y ffordd y defaid
 Âi heibio gyda'u hŵyn.

Y defaid a'u hŵyn âi heibio
 I fyny am Fwlch-y-Llyw.
Hwyrddydd o Ebrill ydoedd:
 Meddyliais am Oen Duw.

Blin oedd yr ŵyn a chŵynent
 Yn llesg a dynol eu cri.
Am Oen Duw y meddyliais
 Yn myned i Galfari.

Fry yn y glas fynyddoedd
   Mae'r borfa bereiddiaf a gaed:
Gorffwys i'r cyrff bach eiddil.
   Gorffwys i'r egwan draed.

Ond Oen Duw ni chafodd
   Fry yn y bryndir glas,
Ddim ond y groes felltigaid
   Rhwng croesau troseddwyr cas.

Hwyrddydd o Ebrill ydoedd.
   Ar y ffordd i Fwlch-y-Llyw
Y defaid a'u hŵyn âi heibio:
   A chofiais am Oen Duw.

KATHERINE TYNAN (1861 – 1931)
cyf. ALBERT EVANS JONES 'Cynan'

IESU GRASOL

IESU grasol, nerth fy nghalon,
   Iesu, heulwen f'enaid i,
Cod fy enaid uwch gofalon
   I'r goleuni atat ti;
Fel y cyfyd cân ehedydd
Pan fo'r dydd fel sanctaidd fedydd
   Tros y bryniau'n llifo i lawr;
   Canaf innau ym mhorth y wawr.

Rho belydryn ar fy ngweddi,
   Rho belydryn ar fy nghân,
O'r orseddfainc lle'r eisteddi
   Yn yr uchelderau glân;
Hed fy ysbryd uwch pob pryder
Ar awelon heulog hyder
   I'r uchelder sanctaidd, glas;
   Yno molaf rym dy ras.

POB PETH CAIN A PHRYDFERTH

POB peth cain a phrydferth,
A phob creadur byw,
Pob peth sy'n ddoeth a rhyfedd,
Fe'u gwnaethpwyd oll gan Dduw.

Pob blodyn bach sy'n agor,
Pob deryn bach a gân,
Duw wnaeth eu lliwiau gloyw,
Duw wnaeth eu hesgyll mân . . .

Y mynydd dan ei borffor,
Yr afon ar ei thaith,
Y machlud a'r boreddydd
Oleua'r wybren faith . . .

Yr oerwynt yn y gaeaf,
Yr haul sy'n heulo'r byd,
Y ffrwythau yn y berllan,
Duw wnaeth y rhain i gyd . . .

Y prysgwydd yn y gwyrddgoed,
A'r meysydd lle cawn sbri,
Y brwyn ar lan yr afon
Bob dydd a gasglwn ni . . .

Rhoes lygaid inni'u gweled,
A gwefus a barha
I foli'r Hollalluog
A wnaeth bob peth yn dda . . .

CECIL FRANCES ALEXANDER (1818 – 95)
cyf. ALBERT EVANS JONES 'Cynan'
Penillion 1,2,3,4,6
Pennill 5 Y Golygydd

GŴYL DEWI

TYDI, O Dduw, a beraist
 Dy foliant ym mhob iaith,
Ac ym mhob gwlad a godaist
 Broffwydi at dy waith;
Clyw foliant gwlad y bryniau
 Ar dafod ac ar dant
Am anfon atom ninnau
 Golomen Dewi Sant.

Trwy'n gwlad tramwyodd d'Ysbryd
 O'i mynydd hyd ei môr,
Disgleiria blodau'r gwynfyd
 Yn llwybrau saint yr Iôr.
O luniwr glân yr eirlys
 A chennin aur y pant,
Gwna di'n bywydau'n ddilys
 Fel buchedd Dewi Sant.

Y pethau bychain hynny
 A welsom ganddo ef,
O dyro ras i'w dysgu
 Yn awr er teyrnas nef.
Rhag awel bêr Glyn Rhosyn
 Gwasgarer llid a chwant,
Nes uno'n gwlad yn rhwymyn
 Brawdoliaeth Dewi Sant.

Rhoist lamp y Gair i arwain
 Ein gwlad trwy'r hirnos ddu;
Ar weddi'r saint bu d'adain
 Tros fywyd Cymru Fu.
O Arglwydd Dduw ein tadau,
 Bydd eto'n Dduw eu plant,
A chadw'n Cymru ninnau
 Yn Gymru Dewi Sant.

SALM Y BUGAIL

YR Arglwydd yw fy Mugail cu,
  Am hynny llawenhaf,
Gorffwysfa deg mewn porfa ir
  Ger dyfroedd clir a gaf.

Ei ofal ef sy'n adfywhau
  Yr enaid mau bob awr,
Hyd union ffordd y deil i'm dwyn
  Er mwyn ei enw mawr.

Er rhodio glyn y Dychryn Du
  A'r niwl o'm deutu ar daen,
Os oes gelynion yno ynghudd,
  Y Bugail fydd o'm blaen.

Fe'm dwg i'w babell rhag eu clwy
  At arlwy rasol iawn,
Pêr olew croeso fydd fy rhan
  A gwin mewn cwpan llawn.

Daioni 'Mugail sy'n parhau
  A'i drugareddau i gyd,
A byth ni dderfydd croeso'r wledd
  Yn hedd ei babell glyd.

R. E. Jones (**'Tanad'** *fl.* 1896)

IESU, FY ANNWYL WAREDWR

O IESU, fy annwyl Waredwr,
  Nawr tyn fi i redeg ar d'ôl,
Hiraethu mae f'enaid am gefnu
  Ar bopeth anfuddiol a ffôl;
Teg lili'r dyffrynnoedd dy hunan,
  Dwg bellach yn drylwyr fy mryd,
A dal fyth fy llygaid i edrych
  Ar dy brydferthwch o hyd.

Dyheu mae fy nghalon amdanat,
  Taer erfyn amdanat o hyd,
Mae mwyniant di-drai yn dy gwmni
  Yng nghanol helbulon y byd;
Hebot fy Iesu, nis gallwn –
  Nis mynnwn, pe medrwn, mwy fyw,
Aed iechyd, cyfeillion, – aed popeth
  Yn hytrach na'th ffafr, fy Nuw.

Disgleiriach pelydrau yr huan
  O'th hoff bresenoldeb bob pryd
A bâr yr ystorm ddieffeithiol
  I mi'n wir gan dy gwmni drud;
Fy Ngheidwad, gwell gennyf wynebu
  Cynddaredd y storm gyda thi
Na bod mewn tawelwch o'r llyfnaf
  Hebot, fy Noddwr a'm Rhi.

W. Williams, Y Nant, Llŷn (*fl.* 1896)

DIOLCHGARWCH AM Y CYNHAEAF

ATAT, Arglwydd, y dymunem
  Godi'n llef mewn diolch llon,
Am y doreth trugareddau
  Roddaist inni'r flwyddyn hon:
    Gwna'n calonnau
  Yn elfennau pur o fawl.

Ti fu'n peri i'r glaswellt dyfu,
  Ac i'r llysiau o bob rhyw –
I ddigoni pob creadur,
  Ac i gynnal dyn yn fyw:
    Rhyfedd ydyw
  Troeon dy ragluniaeth fawr.

Ti yw Tad yr holl greadigaeth,
  Tad y glaw, y gwynt, a'r gwres,
Tad y gwlithyn gloyw, perlog,
  Sy'n serennu dan y tes:
    Gweithiant allan
  Dy orchymyn dwyfol di.

'Rôl cael llawnder o fendithion
  Ar bob bryn a dôl o'r byd,
Rhoddaist dywydd braf, dymunol,
  Inni gasglu'r ffrwythau ynghyd:
    Dy ddaioni
  Wna i'm calon lawenhau.

Gan ein bod yng nghanol llawnder
  O fendithion dwyfol rhad,
Cyd-foliannwn ac addolwn –
  Mewn llawenydd – Dduw ein Tad,
    Am ei ryfedd
  Drugareddau'r flwyddyn hon.

Gwelwch fel mae'r cariad dwyfol
  A'i dosturi ymhob man,
Fel y môr yn dra mawreddog
  Yn ymchwyddo tua'r lan:
    Bythol ddigon
  Sydd o fewn ystordy Duw.

Stephen J. Williams (1896 –1992)

Ganed ym Mhenwyllt, ger Ystradgynlais, Brycheiniog. Addysgwyd yng Ngholeg y Brifysgol, Caerdydd. Gwasanaethodd yn yr India yn ystod y Rhyfel Byd Cyntaf. Wedi iddo ddychwelyd bu'n athro ysgol ac yna fe'i penodwyd yn ddarlithydd yn y Gymraeg yng Ngholeg y Brifysgol, Abertawe. Dyrchafwyd yn Athro'r Adran Gymraeg ym 1954. Cyhoeddodd lu o lyfrau a golygodd nifer fawr o weithiau nodedig. Fe'i hetholwyd yn Gymrawd yr Eisteddfod Genedlaethol ym 1975.

Y BUGAIL

MOR felys i'r Bugail ei ran
Wrth ymlwybro o fore hyd hwyr;
Mae ei ofal ar ddilyn ei braidd,
  Dros y tirlun a wyddai mor llwyr.
Mae yn effro i fref yr oen bach,
  Ac i ateb y famog fwyn draw;
Mae'n ei gwylied yn pori mewn hedd;
  Gwyddant hwy pan fo'u Bugail gerllaw.

WILLIAM BLAKE (1757 – 1827)
cyf. STEPHEN J. WILLIAMS

R. Ceinwenydd Owen, Lerpwl (*fl.* 1877–97)

DYMUNIAD AM FADDEUANT

ARGLWYDD grasol, estyn imi
  Lwyr faddeuant yn y gwaed,
Edifeirwch duwiol hefyd,
  I gael pechod dan fy nhraed;
    Anian dduwiol
  Dyro yn fy ysbryd gwan.

Unol ydyw â dy natur
  Roi maddeuant cyfan, llawn,
A gogoniant fydd i'th enw
  Faddau beiau yn yr Iawn;
    Gwaredigaeth
  Hollol gaf ar lygredd cas.

Mae fy meiau yn ysgeler,
  A lluosog iawn eu rhi';
Ond dy gariad sydd yn gryfach
  Na fy annheilyngdod i;
    Er mwyn d'enw
  Maddau'r oll yn rhad i mi.

Maddau 'meiau er eu mawredd,
　Maddau am eu bod yn fawr,
Ti gei'r enw a'r gogoniant
　Wedi darfod daear lawr;
　　Byth mi ganaf
　Am yr iachawdwriaeth fawr.

Heb faddeuant nid oes gobaith
　Cyrraedd nefoedd yn y man;
Ofer wylo, ofer gweithio,
　Trwy faddeuant caf y lan;
　　Gad im brofi
　Melys flas maddeuant llawn.

J. J., Ffatri, Clwt-y-bont (*fl.* 1897)

DISGWYL WRTH IESU

GWNA i mi ddisgwyl wrthyt, Iesu,
　Am faddeuant a'm glanhau;
Dyro gymorth im dy garu,
　Gwna fi'n gymwys i'th fwynhau,
　　Rho dy haeddiant
　O fy mhlaid ar lyfr y nef.

Gwaed a lifodd ar Galfaria
　A'm glanha oddi wrth fy mai;
Bywyd a marwolaeth Iesu
　Ni wna imi ronyn llai;
　　Dyna ddigon
　Yn fy rhan yr ochr draw.

Bellach, O fy Arglwydd Iesu!
　Llwyr lanha y galon hon,
Fel bo'r diben a'r cymhellion
　Oll yn gywir dan fy mron;
　　Gwna fi'n gymwys
　I'th wasanaeth tra fwyf byw.

Ifor L. Evans (1897 – 1952)

Prifathro Coleg Prifysgol Cymru, Aberystwyth. Ysgolhaig, dyn awdurdodol a dewr, gyda phrofiad o'r byd a'i bethau, a dealltwriaeth ddiwylliedig o bobloedd ac ieithoedd. Un a gymerodd ddiddordeb angerddol yn y diwylliant Cymreig. Cyhoeddodd lu o gasgliadau a chyfieithiadau, yn eu plith: Blodau Hyfryd *(1945);* Emynau o'r Almaen *(1928);* Mawl yr Oesoedd *(1951).*

ANFEIDROL UN!

ANFEIDROL Un!
Tad a Mab ac Ysbryd Glân:
Y Drindod ddiwahân!
Dan adain dy ogoniant
Cawn ninnau nerth a mwyniant
Y Duw a wnaed yn ddyn.

O Fugail da!
Marw fuost drosom ni
Ar fynydd Calfari;
A dyma'r preiddiau cyfan
Yn gorwedd yn dy gorlan
Heb ofni blaidd na phla.

CRISTNOGION ANNWYL, LLAWENHEWCH

CRISTNOGION annwyl, llawenhewch,
  Cydlanwn â gorfoledd;
Mewn undeb dwyfol gysur, dewch
  Â chân o bur gynghanedd;
Cans talodd Duw, dros euog fyd,
O'i gariad enfawr, Aberth drud,
  A rhoddodd in ymgeledd.

Ac wrth ei Fab dywedodd Duw:
'Mae'r amser wedi dyfod;
Dos lawr, O werthfawr goron wiw
Rho iachawdwriaeth barod
I holl golledig ddynol lu,
A goddef drostynt angau du,
Pâr iddynt fywyd uchod.'

Yn ufudd i'r gorchymyn clir
Cymerodd ef ein hanfod:
O groth y Forwyn landeg, bur,
Fel brawd, daeth i'n cyfarfod:
Ac, wrth ddioddef marwol loes,
Ei fywyd drosom ni a roes,
Rhyddhaodd ni rhag pechod.

Yn Un â'r Tad, ar orsedd nef,
Ein Meistr graslon beunydd,
Fe rydd i ni ei Ysbryd ef
A'n nertha ym mhob cystudd,
Ac fel y gwnaeth efe'n ein mysg,
Cydweithiwn bawb, â'i hyfryd ddysg,
Dros deyrnas Dduw'n dragywydd.[1]

MARTIN LUTHER (1483 – 1546)
cyf. IFOR L. EVANS

DIOLCHWN BAWB I DDUW
Nun danket alle Gott

DIOLCHWN bawb i Dduw
Â chalon, llais a dwylo,
Cans mawredd o bob rhyw
A wnaeth i ni a'n heiddo:–
O'r groth, dan ofal mam,
Yn nyddiau mebyd clyd,
Arweiniodd ni bob cam –
Efe yw'n Llyw o hyd!

[1] Dyma, yn ôl pob tebyg, emyn cynulleidfaol cyntaf Martin Luther.

Yr hollgyfoethog Dduw,
  Yng nghanol byd twyllodrus,
Rydd inni galon fyw
  A heddwch anrhydeddus.
Fe'n ceidw yn ei ras,
  Beth bynnag ddêl i'n rhan,
Rhag nerth pob drycpeth cas
  Am byth ac yn y fan!

Gogoniant fo i Dduw,
  I'r Tad a'r Mab, drwy'r oesoedd!
I'r Ysbryd, cydradd wiw,
  Ar orsedd nef y nefoedd!
I'r Drindod, allu mawr,
  Y byddo uchaf glod
Drwy'r ddaear faith yn awr,
  Hyd byth, ac fel erio'd!

MARTIN RINCKART (1586 – 1649)
cyf. IFOR L. EVANS

I DDUW YN UNIG BYDDO'R CLOD
Allein Gott in der Höh' sei Ehr'

I DDUW yn unig byddo'r clod
A diolch am ei roddion:
Efe a'n ceidw fel erio'd
  Yn sicir rhag trallodion.
Drwy drugareddau mawr ein Duw
Daw heddwch gwir i ddynol-ryw
  A diwedd i'n hymdrechion.

O Iesu Grist, y dyn di-fai,
  Mab Duw yn y ffurfafen,
Iachawdwr mwyn colledig rai,
  Llonyddwr mawr pob cynnen:
Oen Duw, o'th orsedd yn y nef,
O gwrando'n raslon ar ein llef
  A maddau i'r anniben!

O Ysbryd Glân, Ddiddanydd cu,
  Ein heiddo yn dragywydd!
Rhag nerth pechodau cadw ni
  Dan gysgod dy adenydd;
Achubwyd ni gan Iesu Grist
Drwy ddioddefaint angau trist:
  Mae'n gobaith ynot beunydd.

NICOLAUS DECIUS (1485 – 1541)
cyf. IFOR L. EVANS

GWEDDI HWYROL I BLANT

MAE'R coedydd yn tawelu
A'r adar yn distewi,
  Â pawb i'w nyth ei hun;
Mi allaf finnau gysgu
Yn dawel yn fy ngwely,
  Mae'r Iesu'n aros ar ddi-hun.

Y Cyfaill yw sy'n cofio
Pob plentyn bychan heno,
  A minnau yn eu plith;
Er maint ei deyrnas nefol
A'i allu mawr tragwyddol,
  Fe wylia'r deryn yn ei nyth.

O clyw fy ngweddi, Iesu,
Yn awr, a'r nos yn nesu –
  Dy blentyn bach wyf fi –
A gad i mi ymuno
Â'r teulu mawr sy'n huno
  Yn hyfryd yn dy freichiau di.

CÂN SIMEON

O GOLLWNG ni yn awr
Mewn hedd, Lywiawdwr mawr:
  Dy air a sai'n dragywydd.
Am iachawdwriaeth rad
I bawb o ddynol had
  Diolchwn byth i'n Llywydd.

Â'n llygaid ni ein hun
Y gwelsom Dduw yn Ddyn –
  Oleuni'r holl genhedloedd;
Iachawdwr nerthol yw
I ddeiliaid Teyrnas Dduw –
  Gogoniant yr holl bobloedd.

Tangnefedd pur a hedd,
O Dad, rho in yng ngwedd
  Dy unig Fab ganedig.
Cydganed daer a nef
Ogoniant iddo ef
  Y Ceidwad bendigedig.[1]

D. Peters, Y Bala (*fl.* 1898 – 1905)

GYDA IESU

DRWY bob rhwystrau yn y byd
    Af dan ganu,
Mae yn ganol haf o hyd
    Gyda Iesu;
Os gelynion ddônt yn haid
    I'm hwynebu;
Mwy na digon fydd o'm plaid,
    Ond cael Iesu.

Canaf dan fy mhwn heb baid,
    Mae e'n ymyl;
Ac yn rhoddi nerth wrth raid
    I'w rai annwyl;
Ni chaf fwy nag allaf ddwyn
    Gyda'r Iesu,
Gyda'r gwan mae'n cydymddwyn,
    Gan eu helpu.

[1] Efengyl Luc 2 : 29 – 32.

Ymhob trallod, ing a chroes
        Mae'n rhoi cysur;
Ac yn esmwyth leddfu loes
        A phob dolur;
Wedi i allu gorau dyn
        Fy rhoi fyny,
Gwelir Iesu yno'i hun
        Wrth fy ngwely.

Yn yr afon donnog ddofn
        Fyth ni soddaf,
Ar ei chanol heb ddim ofn
        Mi a ganaf;
Yn ddi-fraw i ben fy nhaith
        Gyda Iesu,
Ni raid imi frysio chwaith,
        Ddydd y barnu.

Y LLYWODRAETH AR YSGWYDD EIN CEIDWAD

AR dy ysgwydd mae llywodraeth
    Pob bodolaeth bell a'u bri,
Ac allweddau pyrth marwolaeth
    Grogant wrth dy wregys di;
Mentrwn ar d'addewid dyner,
    Pwyswn ar dy gadarn law,
Gwisg ein henaid â'r cyfiawnder
    Ddeil i'w arddel ddydd a ddaw.

Atat, Geidwad bendigedig,
    Tyn ein henaid eto'n nes;
I'n calonnau oer, gwrthnysig,
    O anadla ddwyfol wres;
Gad in deimlo yn y storom,
    Pan fo barn yn duo'r nen,
Y tragwyddol freichiau danom
    A thrugaredd uwch ein pen.

‘Rhayader’, Siloh, Llandudno (*fl.* 1898)

CRIST YM MHOPETH

CRIST a’m prynodd ar y croesbren,
   Crist a roes anfeidrol iawn,
Crist fu farw dros fy meiau,
   Crist ddarparodd heddwch llawn;
Crist sy’n eiriol yn y nefoedd,
   Crist yn Frenin yno sydd,
Crist a ddaw â’i waredigion
   O’u trallodion oll yn rhydd.

F’enaid, edrych i Galfaria,
   Gwêl dy Brynwr ar y pren,
Yno’n marw dros dy feiau
   Er dy ddwyn i nefoedd wen;
Gwêl yr hoelion yn ei ddwylaw,
   Gwêl hwy yn ei dirion draed,
Gwêl y waywffon a’r bicell,
   Y goron ddrain a’r ffrydiau gwaed.

Rebecca Davies, Llandudno (*fl.* 1898)

BRYN CALFARIA

AR y bryn y boed fy ngolwg,
   Am y bryn y boed fy nghân:
Yn y gwaed a gollwyd acw
   Golchir f’enaid brwnt yn lân;
      Bryn y marw,
   Heddiw bryn y bywyd yw.

Ebenezer Rees (*fl.* 1900)

ADDFWYNDER CRIST

IESU addfwyn tyner,
  Mab yr uchel Dduw,
Geidwad mwyn tosturiol,
  Llef dy blant, O clyw!

Maddau ein camweddau,
  Rho ein rhwymau'n rhydd;
Bwrw i lawr bob eilun
  Yn ein rhwystro sydd.

Dyro ryddid sanctaidd,
  Rho dy gariad cu;
Tyn ni, annwyl Iesu,
  I'r ardaloedd fry.

Ar ein taith, dy hunan
  Inni'n ffordd, O bydd!
Drwy yr hirnos dywyll
  I dragwyddol ddydd.

Iesu addfwyn tyner,
  Mab yr uchel Dduw,
Geidwad mwyn tosturiol,
  Llef dy blant, O clyw!

G. R. PRYNNE (1818 – 1903)
cyf. EBENEZER REES

Anhysbys

EIRIOL DROS GYFAILL

FY hatling gyflwynaf dros enaid dan glo,
  Fy nghannwyll offrymaf yn eglwys y fro,
'R offeren weddïa' saith seithwaith yn daer
Er cadw ei enaid anfarwol, myn Mair.
  Myn Mair, myn Mair.

Sant Pawl a Sant Pedr, holl seintiau y nef,
A Mair, Mam y Duwdod, eiriolwch yn gref
Dros iddo gael heddwch a gwerthfawr ryddhad,
Paradwys agored a breichiau ei Dad.
    Myn Mair, myn Mair.

Mam Iesu'r brydferthaf o ferched y byd,
Morwynig Frenhines y nefoedd i gyd,
Dlos Lili y dyffryn, gwiw Rosyn y nef,
Eiriola dros enaid fy nghyfaill yn gref.
    Myn Mair, myn Mair.

TRADDODIADOL, O'R CEINEWYDD

W. J. Richards, Derwen-las ('Gwilym Maldwyn' 1901 –1951)

Bardd, emynydd a myfyriwr ar gyfer y weinidogaeth. Clafychodd, ac er ei afiechyd blin, ymlafniodd i bregethu'n ffyddlon ar y Suliau, hyd yn oed pan na allai gerdded cam heb gymorth. Derbyniwyd i'r Orsedd ym Machynlleth (1937) gan yr Archdderwydd J. J. Williams. Yn ogystal cyhoeddodd Blagur y Gwanwyn a Chaneuon Eraill *(1928),* Blodau'r Haf *(1930) a* Dail y Dderwen *(1948). Bu farw'n ŵr ifanc.*

Y GWAREDWR DIGONOL

AT bwy yr af yn nydd y ddrycin gref
    Â'm tristwch mawr,
Ond at yr Un sy'n hoff o wrando'r llef
    Ar gyfyng awr?
Mae ef yn aros pan yw pawb yn ffoi,
A chaiff pechadur ato le i droi.

At bwy yr af, yn nydd fy mri a'm llwydd,
    Rhag nerth y lli?
Pan yw anghofio'i ofal imi'n rhwydd
    Fe'm cynnal i;
Efe yn unig yw fy noddfa glyd
Yn wyneb oriog wên a gwg y byd.

At bwy yr af? Mi wn nad oes ond Un
  Yn ddigon mawr
I'm hangen i a grewyd ar ei lun,
  Wyf dlawd yn awr;
Ac am y ddelw hardd a gollais i
Fe dalodd ef yn llawn ar Galfari.

Mi garwn aros yn ei gwmni mwy
  Hyd derfyn oes,
A chuddio 'mhechod yn ei farwol glwy',
  O Ŵr y Groes:
Gwaredwr yw sy'n galw'r euog rai
I gael maddeuant rhad heb gyfrif bai.

EIN DUW TRUGAROG

DAD tyner, cofia'r gwledydd
  Sy'n dy anghofio di;
Cod yn eu plith weledydd
  A wêl dy ffyrdd i ni.

Bydd dirion wrth drueiniaid
  A orwedd yn eu gwaed;
Rho law i godi'r gweiniaid
  Yn gryfion ar eu traed.

Yr ysbryd cystuddiedig,
  Doed hwnnw ger dy fron;
A'r galon drom, glwyfedig,
  O ymgeledda hon.

Dysg inni garu'n gilydd
  Mewn cytgord, a chyd-fyw;
Heb hynny mae'n gywilydd
  In honni caru Duw.

Iorwerth Cyfeiliog Peate (1901 – 82)

Bardd ac ysgolhaig, un o blwyf Llanbryn-mair. Ef oedd Curadur cyntaf Amgueddfa Werin Cymru pan agorwyd hi ym 1948. Parhaodd yn y swydd hyd ei ymddeoliad ym 1971. Cyhoeddodd lawer, ac roedd yn fardd telynegol crefftus a choeth.[1]

FRYNIAU Y GOGLEDD, DOWCH

FRYNIAU y gogledd, dowch,
Chwi nentydd, eiliwch gerdd,
Wrth lais y wawr, deffrowch,
Ddyffryn a gweirglodd werdd:
Er oedi'n hir, yr Iôr a ddaw
Â barn a choncwest yn ei law.

Ynysoedd môr y de
Yng nghwrel hafnau'r lli,
Mud fo pob awel gre'
Dan hud eich tonnau chwi:
Ar eang fyd y rhydd ei drefn
A'ch anial fôr dry'n briffordd lefn.

Bell dir y dwyrain, cwyd,
Rhydd fydd dy blant cyn hir:
Codant o'u trymgwsg llwyd,
A deffro i ryddid gwir:
Dy fryniau oesol, oer a phell,
A wêl y wawrddydd olau, well.

Draethau'r gorllewin dir,
Chwi a arhosodd cyd
Heb ddyn, heb fendith wir,
Caned eich erwau mud:
Rhowch fawl i'r Iesu gwiw a roes
Ei gorff i'ch achub ar y groes.

---

[1] Yr hyn yr oedd Iorwerth C. Peate yn ei ddisgwyl: *Camp bardd yw dywedyd y peth cyffredin yn rhyfeddol a'r anghyffredin yn wyrthiol.* 'Cysgod heb Liw', *Y Genhinen,* XIV, Rhif 3, Haf 1964.

Gwaedd fo wrth fynd tua thre,
   Pob gwefus yn ddi-daw,
Gogledd, gorllewin, de,
   A'r dwyrain oll a ddaw.
Ddinas ein Duw, mae'r caeth yn rhydd,
Ein bywyd ynot oll a fydd.

C. E. OAKLEY (1832 – 65)
cyf. IORWERTH C. PEATE

David Edmund Williams (1901 – 97)

Bardd a heddychwr cadarn. Ganed ar ffarm gerllaw Abergorlech, a'i fagu ar ffermydd yn Aber-craf a Ffaldybrenin. Graddiodd yn B.A. yng Ngholeg y Brifysgol, Caerdydd ac yna'n B.D. yng Ngholeg Aberhonddu. Fe'i hordeiniwyd gyda'r Annibynwyr yn Llanwrtyd ac Abergwesyn ym 1930. Symudodd i Gaersalem, Pontyberem ym 1933 a bu'n weinidog yno tan ei ymddeoliad ym 1968. Roedd yn delynegwr, sonedwr ac emynydd arbennig. Cyhoeddwyd cyfrol o'i gerddi, Sonedau *(1984).*

DYRO, ARGLWYDD, NERTH I GYNNAL

DYRO, Arglwydd, nerth i gynnal
   Hawl y groes gerbron y byd;
Er mor eiddil yw ein gallu,
   Parod yw dy fraich o hyd.
Gad i'th deulu ar y ddaear
   Weled gwerth rhinweddau'r groes;
Llifed balm ei phur rasusau
   I liniaru'r byd o'i loes.

Plyged holl deyrnasoedd daear
   Dan frenhiniaeth Iesu Grist;
Nid oes arall a all dywys
   Teulu'r llawr o lwybrau trist.
Ffordd y groes yw ffordd y bywyd,
   Arni rhodiwn yn gytûn
Nes bo holl dylwythau amser
   Ynddo ef yn cwrdd yn un.

SUL Y BLODAU

MAE sŵn gorymdaith lawen,
  A mawl wrth borth y dref,
Mae lleisiau plant yn canu:
  Hosanna iddo ef!
Dyrchafwn gangau'r palmwydd
  Yn uchel dros ei ben,
A'i hebrwng fel tywysog
  At risiau'r orsedd wen.

Awn ninnau gyda'r dyrfa
  I gyfarch Brenin nef,
Ac unwn yn yr anthem:
  Hosanna iddo ef!

Mor ddedwydd ydyw'r ebol
  A'i dwg ef ar ei daith,
Mae'i fron yn llawn gorfoledd,
  A'i lygaid lleddf yn llaith,
Mae'r palmwydd fel baneri
  Ar hyd yr heol fawr,
A llon yw atsain hyfryd
  Hosanna plant y llawr.

D. N. Jones, Cefn-coed (*fl.*1901)

EMYN-WEDDI

MOR dda wyt ti, O Dduw, i ni
  Am roddi nerth i ddod i'th dŷ
I'th ganmol am dy gariad cu,
Yn marw'n Iawn ar Galfari.

O Dduw, parha dy nerth i ni
I fyw'n fwy agos atat ti;
Clodfori byddom trwy ein hoes
Am gariad Crist a'i farwol loes.

Tom Roberts, **Brithdir** (*fl.*1901)

Y PLENTYN A'R ARGLWYDD

NID wyf ond plentyn bychan,
    O Arglwydd, yn y byd,
Er hyn o hyd mae Satan
    Yn ceisio denu'm bryd:
O'm cylch mae temtasiynau
    Yn fawrion a di-ri',
Ac aml yw fy meiau:
    O Arglwydd, cofia fi.

Nid wyf ond plentyn bychan
    Yng nghanol drwg y llawr,
Ac nid wyf fi ond egwan
    Yn wyneb maint y cawr;
Ond er mor wanned ydwyf
    Ac er mor arw'r lli,
Ymdrechu o hyd a wnelwyf:
    O Arglwydd, cofia fi.

Nid wyf ond plentyn bychan
    Yng nghanol drwg y byd,
Ac er gelynion cyndyn,
    Wynebaf hwynt i gyd;
Ond im gael Iesu i'm tywys
    A'i gael yn ffrind i mi,
Wrth rodio llwybrau dyrys,
    O Arglwydd, cofia fi.

R. Bryn Williams (1902 – 81)

Fe'i ganed ym Mlaenau Ffestiniog. Yn saith oed aeth gyda'i rieni i Batagonia ac yno y bu nes iddo ddychwelyd i Gymru yn 21 oed. Aeth i Brifysgol Bangor a'r Coleg Diwinyddol yn Aberystwyth. O 1932 hyd 1952 bu'n weinidog gyda'r Presbyteriaid. Ymunodd â staff yr Adran Geltaidd yn y Llyfrgell Genedlaethol. Enillodd y Gadair yn yr Eisteddfod Genedlaethol ddwywaith (1964 a 1968) a chyhoeddodd doreth o lyfrau. Roedd yn fardd, llenor, dramodydd, a hanesydd y Wladfa Gymreig ym Mhatagonia.

O COFIA, ARGLWYDD IÔR

O COFIA, Arglwydd Iôr,
Y rhai sydd dros y môr,
Yn dwyn dy groes ym mhellter byd;
Er iddynt groesi'r lli,
Nid aethant hebot ti,
Dy gariad oedd eu nerth o hyd.

I'r Cymry sydd ar daen
Yn eu haddoldai plaen,
Rho iddynt ddawn dy ras a'th hedd;
Sancteiddia di eu cân,
Rho brawf o'r dwyfol dân,
Hiraethu maent am weld dy wedd.

Wrth groesi'r eang baith
Ar fynych, ddyrys daith,
D'oleuni rho i'w harwain hwy;
Ac yn y Wladfa'n awr,
Rho brawf o'th gariad mawr,
A'u bywyd fydd yn nefoedd mwy.

O FUGAIL MAWR EIN HENAID

O FUGAIL mawr ein henaid,
Dwg ni i'th lwybrau'n ôl,
Crwydrasom megis defaid
Hyd ffyrdd y byd yn ffôl;
Corlanna ein meddyliau,
Bugeilia'n hysbryd ni,
A dwg ni i'th gynteddau
Dan dy arweiniad di.

O Fugail hael ein henaid,
Rhoes pechod inni glwy,
Ond portha di dy ddefaid,
Ac ni bydd eisiau mwy;
Rho inni fara'r bywyd,
A gwin dy gariad drud,
A blas maddeuant hefyd
Yng ngwleddoedd gras ynghyd.

O Fugail da ein henaid,
Arweinia ni drwy'n hoes,
Fe roddaist dros y defaid
Dy fywyd ar y groes;
Rhown ninnau iti foliant,
Addolwn di bob awr,
Cans eiddot ti bob haeddiant
I dragwyddoldeb mawr.

RHOWN DDIOLCH I IESU

RHOWN ddiolch i Iesu
Am aelwyd a thân,
Am rai sy'n ein caru,
Am chwarae a chân;
A chofiwn y rheini
Sydd druan a llwyd,
Heb ofal rhieni,
Heb gysgod na bwyd.

Heb gartref bu Iesu
   Pan oedd yn y byd,
Ymofyn am lety
   Mae'n Ceidwad o hyd;
Ein calon a'n haelwyd
   A rown iddo ef,
Ac Arglwydd ein bywyd
   Fydd Brenin y nef.

Gwilym R. Jones, Dinbych (1903 – 93)

Prifardd, awdur a beirniad a enillodd Gadair, Coron a Medal Ryddiaith yr Eisteddfod Genedlaethol. Golygydd diflino Y Faner *am flynyddoedd*

DUW IÔR YR EANGDERAU

DUW Iôr yr eangderau,
A blannodd y planedau
   I harddu gardd y nos,
A denu meibion dynion
Tu hwnt i'w hen orwelion
   Ar lwybrau'r wybren dlos,
Wrth chwilio cyrrau'r cread mawr,
O cofiwn waeau plant y llawr.

Duw Iôr y du ddyfnderoedd,
Mesurydd ein hamseroedd,
   Tydi yw gwraidd ein bod:
Ni'th guddir di yn unlle –
Tydi sy'n llenwi'r gwagle,
   Rhown iti beraidd glod,
Er nad oes eiriau mewn un iaith
A rydd in ias o'th degwch maith.

Duw Iôr, sy'n Dad tosturi,
Trywenaist i'n trueni
O'th gariad atom ni.
Rhoist inni'r Arglwydd Iesu,
A dalodd am ein caru
Eithafbris Calfari:
Ni bu, nid oes rhyfeddod mwy
Na'r hwn a roes i'r angau glwy'.

EMYN YR IFANC

IÔR da, cei'n clod ar ddechrau'r daith
Am obaith dyddiau mebyd;
Mae enfys dy ewyllys da
Fel bwa dros ein bywyd.
I ti, sy'n llywio'r bywyd hwn,
Y seiniwn frwd 'Hosanna!'
Maddeui wall a chyd-ymddwyn;
Iôr addfwyn, ti yw'n noddfa.

Am rai o'u bodd a'n noddodd ni,
Cewri yn nheyrnas cariad;
Am geraint cu a braint ein bro
Hawdd eilio salm addoliad:
Am decaf gwlad y cread crwn
Fe eiliwn gywir foliant;
Am brydferth iaith – O berffaith bwn!
Ni ganwn er d'ogoniant.

Rho dy dangnefedd, rhyfedd ras
Y deyrnas, yn nod arnom;
Hael Iôr, O gad in gael o hyd
Wir olud lle yr elom:
Y ffydd, O Dad, yw'n caer ddi-ffael,
Yn hael rhydd in gynhaliaeth,
A'r Iesu teg ym mhob rhyw stŵr
Yw'n tŵr mewn gwych anturiaeth.

Rho inni ddawn i lwybro'n ddoeth
  At gyfoeth nas dwg gwyfyn;
Dy rad dosturi di sy'n dod
  Yn gafod at bob gofyn.
Am heulwen dysg y molwn di
  Â miri y tymhorau;
Gad in barhau mewn dyddiau du
  I garu'r Cyfaill gorau.

EMYN CYMUNDEB

O ARGLWYDD, gwêl dy blant
  Sydd yma wedi cwrdd;
Tyrd atom, bydd, O Dad,
  Yn westai wrth ein bwrdd.
'Rŷm wedi cau y drws
  Ar anferth drwst y byd
Er mwyn cael profi rhin
  Dy gyfrinachau drud.

At droed y groes y down
  Dan bwn ein beiau du,
Gan ymbil am i'th ras
  Fod inni'n gymorth cry';
Cawn fwyta bara Crist
  A blasu'r dwyfol win,
A chlywed acen bêr
  Maddeuant ar dy fin.

Rho inni nerth i roi
  Pob hunan balch ar grog,
A chyfri'n llai na dim
  Bob bri a nerth a llog,
Nes cael ein traed ar ffordd
  Y dioddefaint trist,
A gweld a phrofi grym
  Glân fuddugoliaeth Crist.

√

YN WYLAIDD PLYGU WNAWN

YN wylaidd plygu wnawn
I Frenin yr holl fyd,
Cans ti, ein Tad, sydd inni'n borth
A'n cymorth cry' o hyd.

Daethom o sŵn y byd
I'th demel dawel di
I brofi yno ryfedd rin
Y gwin a'n cynnal ni.

Cawn rhwng y muriau hyn
Fyfyrio'n hir a dwys
Am dy drugaredd di a'th ras,
A'r deyrnas fawr ei phwys.

O fewn dy dŷ, ein Duw,
Y mae tangnefedd drud
A'n nertha ni i droi yn ôl
I'r llym, herfeiddiol fyd.

Yng nghwmni teulu'r ffydd
Ymbiliwn yn gytûn
Am inni gael yr uchel fraint –
Dy gwmni di dy hun.

Euros Bowen (1904 – 88)

Prifardd ac offeiriad. Ganed yn Nhreorci, yn fab i weinidog Anghydffurfiol. Addysgwyd yng Ngholeg Presbyteraidd Caerfyrddin, Colegau'r Brifysgol yn Aberystwyth ac Abertawe, ac yng Ngholegau Mansfield a'r Santes Catrin yn Rhydychen, cyn mynd i Goleg Dewi Sant, Llanbedr Pont Steffan er mwyn paratoi i wasanaethu fel offeiriad yn yr Eglwys yng Nghymru. 'Roedd yn fardd cynhyrchiol iawn ac yn gyfieithydd nodedig o'r clasuron ac o'r Ffrangeg.

BARA ANGYLION DUW
Panis angelicus

BARA Angylion Duw
dry'n fara plant y llawr;
Nefolaidd fara a rydd
oleuni mwy na'r wawr:
O wledd o ryfedd ryw!
Gwledd gyda'n Harglwydd mawr.
Tlodion, tlodion, gweision a'r isel rai,
Tlodion, tlodion, gweision a'r isel rai.

Bara Angylion Duw
dry'n fara plant y llawr;
Nefolaidd fara a rydd
oleuni mwy na'r wawr:
O wledd o ryfedd ryw!
Gwledd gyda'n Harglwydd mawr.
Tlodion, tlodion, gweision a'r isel rai,
Tlodion, tlodion, gweision, gweision a'r isel rai.

THOMAS ACWIN (1227 – 74)
cyf. EUROS BOWEN

R. Williams, Llanllechid (*fl.* 1904)

DYHEAD AM YR YSBRYD GLÂN

YSBRYD mawr y symudiadau,
Disgyn arnom, crea drefn,
Fel ar ddyfroedd y dechreuad,
Uwch y dyfnder bydd drachefn;
Ennyn heddiw fywyd nefol
Yn fy nghalon galed i,
Rhuthred eto'r gwyntoedd nerthol
Oddi ar fryn Calfari.

Yn ein hangen a'n tywyllwch
   Safwn, Arglwydd, ger dy fron:
O disgleiried dy ogoniant
   Ogylch inni'r funud hon.
Am yr hyfryd lais hiraethwn;
   Ysbryd, dyro'r ddistaw lef
I gyhoeddi llawn faddeuant
   Yn ei haeddiant dwyfol ef.

Tyred, y golomen nefol,
   Na ad in dy darfu di,
Aros arnom i'n sancteiddio
   Er mwyn griddfan Calfari.
Yn ddisymwth ar y dyrfa
   Eistedd yn dafodau tân,
Gwna y ddaear fel y nefoedd
   Trwy y gwaed yn bur a glân.

Tomi Evans (1905 – 82)

Chwarelwr, gwerinwr diwylliedig a phrifardd o ardal Tegryn, Llanfyrnach. Enillodd ei awdl, 'Y Twrch Trwyth', y Gadair iddo yn Eisteddfod Genedlaethol Rhydaman (1970).

EMYN PRIODAS

ARGLWYDD a Thad pob mab a merch
   Drwy'r byd yn ddiwahân,
Bendithia bob cyfamod serch
   A wneir yn d'enw glân.

Bydded y gair, Duw cariad yw,
   Yn fywyd ynom ni,
Gwyn fyd y neb o'th blant a'i clyw
   A'i nabod fel tydi.

Ynot mae gobaith antur oes,
    Y ffydd nad yw'n llesgáu,
Ynot, mewn hawddfyd ac mewn loes,
    Mae'r cariad sy'n parhau.

Ffynnon llawenydd plant y llawr,
    A'u cysgod rhag pob clwy';
Bendithia fab a merch yn awr,
    Ac aros gyda hwy.

NADOLIG

COFIA'R gân, cofia'r geni, – cofia Dduw,
    Cofia ddyn lle byddi,
    Ac wrth gofio dyro di
    Yn haelionus eleni.[1]

EMYN PRIODAS

EDRYCH, Arglwydd, yn dy gariad
    Ar dy blant a'u gwneud yn un,
Ti yw'r hwn sydd yn sancteiddio
    Dyheadau calon dyn;
        Boed dy wenau
    Yma'n olau dechrau'r daith.

Gwiria, Arglwydd, eu gobeithion
    Wrth dy allor lân ynghyd,
Rho d'arweiniad yng ngofidiau
    A mwynderau'r ffordd i gyd;
        Dy ddeheulaw
    Fyddo'u nawdd ar hyd eu hoes.

[1] 'Yr englyn Nadolig gorau y gwn amdano.' Rhan o'r deyrnged a dalwyd gan W. Rhys Nicholas yn y Babell Lên, Eisteddfod Genedlaethol Abertawe 1982.

Aros, Arglwydd, yn benteulu
   Ar eu haelwyd yn dy hedd,
Taena d'adain dros eu cartref,
   Dyro'r cysur sy'n dy wedd;
      Yn dy gariad
   Cynnal hwy, a gwyn eu byd.

Ernest Llwyd Williams, Rhydaman (1906 – 60)

Ganwyd ger pentref Efail-wen, Caerfyrddin. Bu'n weinidog gyda'r Bedyddwyr ym Maesteg a Rhydaman; prifardd a llenor.

DIOLCHWN ITI, NEFOL DAD

DIOLCHWN iti, nefol Dad,
Am olau haul ar liwiau'r wlad,
A gwelwn beunydd mai tydi
Sy'n llunio ei phrydferthwch hi.

Rho inni'r nerth i dyfu'n hardd
Fel blodau'r maes a blodau'r ardd;
Yn deg o liw, yn gain o lun
Fel gwaith dy ddwylo di dy hun.

Â thyner law, O meithrin ni
Yn naear dy brydferthwch di;
A danfon awel fwyn, ddi-loes,
I wasgar peraroglau'n hoes.

BYW MEWN CARIAD

O RHO dy fendith, nefol Dad,
Ar holl genhedloedd byd,
I ddifa'r ofnau ym mhob gwlad
   Sy'n tarfu hedd o hyd.
Rhag dial gwyllt, rhag dyfais dyn,
   Mewn cariad cadw ni,
A dyro inni'r ffydd a lŷn
   Wrth dy gyfiawnder di.

Rho i wirionedd heol glir
Drwy ddryswch blin yr oes,
A chluded ffyrdd y môr a'r tir
Ddatguddiad gwell o'r groes.
Rhag troi y byd yn anial gwyw,
Rhag llygru nwyd a greddf,
Rho inni'r ddawn i fentro byw
A chariad inni'n ddeddf.

Rho inni fyd heb boen a phla,
Heb ing ymrafael trist,
Cynydded rhin ewyllys da
Disgyblion Iesu Grist.
Rhag gwasgar mwy dy deulu di,
A chwalu'r byd â chas,
Cysegra ein brawdgarwch ni
Â holl ddoethineb gras.

PWY FYDD YMA?

PWY fydd yma 'mhen can mlynedd?
Pwy fydd yma'n dyblu'r gân?
Pwy fydd yma yn cyfeilio
Hen alawon Gwalia lân?

Pwy fydd yma'n adrodd darnau
Awen beirdd ein dyddiau ni?
Pwy fydd yma'n cyfansoddi
Yn ôl defod, braint a bri?

Pwy fydd yma'n darllen pennod?
Pwy fydd yma'n dwedyd gair?
Pwy fydd yma'n efengylu
Ac yn sôn am faban Mair?

Pwy fydd yma yn y seddau?
Pwy fydd yn y gadair fawr?
Pwy fydd yma'n gorfoleddu
Gyda chenadwri'r awr?

Pwy fydd yma'n torri'r bara?
  Pwy fydd yma'n rhannu'r gwin?
Pwy fydd yma'n edifeiriol
  Gerbron Duw yn plygu glin?

Pwy fydd yma 'mhen can mlynedd?
  Byddwn ninnau yn y nef,
Ond bydd ffrindiau newydd Iesu
  Yma'n sôn amdano ef.

WRTH EDRYCH AR YR AWYR LAS

WRTH edrych ar yr awyr las
  A gweled sêr y nef,
'Rwy'n cofio am y doethion gynt
  Dan olau'i seren ef.
Bu honno yn eu harwain hwy
  Drwy'r nos at borth y wawr,
A diffodd wnaeth uwchben y crud
  Yng ngolau'r bore mawr.

Mae'r sêr o hyd yn gloywi'r nos
  Wrth hollti'r t'wyllwch trist,
A llwybrau golau'r meddwl doeth
  Yn troi at Iesu Grist.
Pe bawn i'n un o'r miloedd sêr
  Sy'n gloywi glas y nef,
Mi garwn sefyll yn eu plith
  Yn seren iddo ef.

T. H. Hughes, Llanrwst (*fl.* 1906)

AM FWY O'R YSBRYD GLÂN

TYRED, Ysbryd gras a gweddi,
  Yn fwy helaeth ar y byd:
Fel y delo'r holl genhedloedd
  I gofleidio Crist mewn pryd;
    Llanw eu bywyd
  Â dy bethau dwyfol di.

O dychwela'r byd yn gyfan
   I foliannu'th enw gwiw;
Lladd yr hunan gyfanedda
   Yng nghalonnau dynol-ryw;
      Gwna hwy'n dannau
   Yn dy delyn, Iesu mawr.

Diolch am yr hyn a wnaethost
   Ar dylwythau daear las;
Gwasgar o'th oleuni llachar,
   Llanw fwy ag Ysbryd Gras,
      Fel bo rhinwedd
   Yn blodeuo yn y tir.

Robert Owen (1908 – 72)

Brodor o Ddolwyddelan a fu drwy goleg a phrifysgol cyn cael ei ordeinio gan yr Hen Gorff i weinidogaethu yn siroedd Dinbych a Chaernarfon. 'Roedd yn fardd ac yn emynydd llwyddiannus. Cyhoeddwyd cyfrol o'i waith: Y Ffiol *(1973).*

EMYN PRIODAS

DYRO, O Dduw'r llawenydd mawr,
Wenau dy Ysbryd yma'n awr;
Sancteiddia'n myfyrdodau ni
I'w llwyr gysegru oll i ti.

Deuwn i'th byrth yn deulu llon
Ar ddydd y lân briodas hon,
I geisio eto yn gytûn
Dy rasol fendith di dy hun.

Rho'n awr, O Dduw, i'r ddedwydd ddau
Winoedd dy gariad i barhau;
Ac wrth dy allor selia hwy
Yn eiddo bythol i ti mwy.

O'th fawr ddaioni, dysg in oll
Wneuthur d'ewyllys yn ddi-goll,
A doed dy deyrnas, Iesu mawr,
Ynom a thrwom bob yr awr.

O tyrd dy hun i'r ŵyl a'r wledd,
A rho in brofi'n awr o'th hedd,
Llanw'n calonnau tra fôm byw
Â'th gariad di dy hun, O Dduw.

EMYN HEDDWCH

EIN Tad wyt ti, O uchel Iôr!
Yr hwn a wnaethost dir a môr;
Tydi a'n creaist ar dy lun
I'th wasanaethu di dy hun:
  O dysg in fyw, er mwyn dy rodd,
  Yn dangnefeddwyr wrth dy fodd.

Rhag in dristáu dy Ysbryd di,
A throi i wae ein daear ni;
Rhag ymffrost mawrion wŷr y gad,
Rhag cri'r amddifad ym mhob gwlad:
  O Dduw yr hedd, gwna ni bob un
  Yn dangnefeddwyr ar dy lun.

O cymer di bob nwyd a dawn,
Sancteiddia hwynt â'th ras yn llawn!
A rho i'th blant hyd eitha'r byd
Gael gwir fwynhau ei gyfoeth drud:
  Gwna ni, O Dduw, rhag cur, rhag cwyn,
  Yn dangnefeddwyr er dy fwyn.

Rho'n hael i ni dy nerth bob awr
I droi'n baradwys ddaear lawr!
A thyfed blodau'n ôl ein traed
Hyd erwau a fu'n feysydd gwaed!
  Dduw nef, gwna'n holl benaethiaid ni
  Yn dangnefeddwyr ynot ti.[1]

EMYN GWLADGAROL

O DDUW a thrugarocaf Dad,
Dy Ysbryd di fo ar ein gwlad,
I'w llunio'n well o'i hanhrefn hi,
A'i chreu o newydd ynom ni,
Ac enwer hon hyd eitha'r byd
Yn nhir Imaniwel i gyd.

I'n tadau ti a fuost lyw
Mewn cyfyngderau o bob rhyw,
Ac yn dy law ni phallodd un;
O Arglwydd Iôr, tydi dy hun
Fo'n gymorth rhwydd rhag drygau ddaw,
Nid oes in lwydd ond yn dy law.

Dod ar ein calon nefol falm
Ac ar ein gwefus felys salm;
Caned angylion uwch y tir
Tra gweithiwn ninnau tros y gwir;
A chlaer belydrau'r buraf wawr
Dywynno arnom fyth i lawr.

Gwna di ein gwlad yn gain ei bri,
Gwna hi fel gardd o'th blaniad di,
A'i phrennau yno'n deg o bryd,
A'i ffrwythau'n perarogli byd;
A thyrd, O Dduw, yn hardd dy lun
I rodio yn dy ardd dy hun.

---

[1] Cyd-fuddugol yn yr Eisteddfod Genedlaethol – Maldwyn 1965.

Aneurin Edwards

ANNHERFYNOL RAS YR IESU

ANNHERFYNOL ydyw'r digon
   Sydd i'r rhai a'i hofnant ef,
Lleinw ef eu holl anghenion,
   Gwrendy hefyd ar eu llef;
      Ni bydd eisiau
   Byth ar ddeiliaid teyrnas nef.

Annherfynol ydyw'r cariad
   Ddaliodd boen Calfaria fryn,
Cariad drefnwyd cyn y cread,
   Cariad ffyddlon hyd yn hyn;
      Yn ei gariad
   Erys deiliaid teyrnas nef.

Annherfynol yw'r trugaredd
   Inni, bechaduriaid gwael,
Trwy ddigonedd ei amynedd
   Rhoddir rhad faddeuant hael;
      Ei drugaredd
   Yw ein porth i deyrnas nef.

Annherfynol ras yr Iesu,
   Nerth ei saint a'u gobaith yw,
Gras a ddeil ei blant i lynu
   Ar hyd llwybrau glân eu Duw,
      Gras diderfyn
   Sydd i bawb o'i ddeiliaid ef.

Anhysbys

SACHEUS

DYN bach oedd Sacheus,
   Dyn bychan dros ben,
I graffu ar Iesu
   Fe ddringodd y pren.

'Tyrd 'lawr,' mynnodd Iesu,
'I lawr atat fi,
Mae angen Gwaredwr
Yn siŵr arnat ti.'

'Rwy'n dyfod i'th gartref,'
Medd ef wrth Sacheus,
A'r dyrfa yn edrych
Yn hynod amheus.

Maddeuwyd ei feiau
Gan Frenin y nef,
Bu'n ddiwrnod i'w gofio
Am byth iddo ef.

Daw galwad ein Harglwydd
I bawb yma sy:
Awn ato ar unwaith,
Mae'n Geidwad i ni.

Penillion 1 – 4 ANHYSBYS
Pennill 5 Y GOLYGYDD

Owen Morgan Lloyd (1910 – 80)

Gweinidog, bardd, llenor ac eisteddfodwr. Ganed ym Mlaenau Ffestiniog a chodwyd yno yn Ysgol Sul ac Eglwys Annibynnol Jerwsalem. Ym 1928 aeth i Goleg Bala-Bangor a sefydlwyd ef yn weinidog gyda'r Annibynwyr yn Rhos-lan. Bu'n gweinidogaethu mewn nifer o eglwysi: yn Llanystumdwy; yn Nefyn; ym Mynydd-bach, Abertawe; yn Nolgellau; yn Llanelltud ac yn Y Borth. Etholwyd yn Llywydd Undeb yr Annibynwyr ym 1977.

ARGLWYDD IESU, TI FADDEUAIST INNI

ARGLWYDD Iesu, ti faddeuaist
Inni holl gamweddau'n hoes,
A'n bywhau, gan hoelio'n pechod
Aflan, atgas, ar y groes.
Dyrchafedig geidwad, esgyn
Tua'r orsedd drwy y pren;
Daethost ti i'n gwasanaethu,
Cydnabyddwn di yn ben.

Cerdd ymlaen, orchfygwr dwyfol,
  Yn dy fuddugoliaeth fawr,
Gorymdeithia dros y croesbren
  Uwch d'elynion ar y llawr.
Plyg y llywodraethau iti,
  Cei awdurdod dros y byd:
Coron hardd tywysog heddwch
  Haeddaist ti am d'aberth drud.

ARGLWYDD SANCTAIDD

ARGLWYDD sanctaidd, dyrchafedig,
  Wrth dy odre plygaf fi,
Ni ryfyga llygaid ofnus
  Edrych ar d'ogoniant di.
Halogedig o wefusau
  Ydwyf fi, fe ŵyr fy Nuw,
Ymysg pobol halogedig
  O wefusau 'rwyf yn byw.

Estyn yn dy law farworyn
  Oddi ar yr allor lân,
Cyffwrdd â'm gwefusau anwir,
  Pura 'mhechod yn y tân.
Galw fi i'm hanfon drosot,
  Mi atebaf heb nacáu,
Cei fy mywyd fel y mynnych
  Am it wrthyf drugarhau.

IESU, EIN PORTHWR

IESU, porthwr mawr y miloedd,
    Derbyn di
    F'offrwm i
I wneud gwaith y nefoedd.

Rhoddaist ar y Groes dy fywyd
    Drosom ni;
    Derbyn di
Deyrnged fach fy mebyd.

Er nad yw fy rhodd ond bychan,
Yn dy law
Gwn y daw
Bendith fawr o'm cyfran.

Ti gei'r cyfan gennyf, Iesu,
Nerth a dawn,
F'eiddo'n llawn;
Nid a' i'n dlawd wrth rannu.

Cymer gyda'r rhodd, y rhoddwr,
Boed y rhodd
Wrth dy fodd,
Ti yw fy Ngwaredwr.

TI, FRAWD O DDYN

TI, frawd o ddyn, O dwg dy frawd i'th galon;
Tangnefedd Duw, tosturi a'i sicrha;
Addoli gwir yw caru ein cyd-ddynion,
Emyn yw gwên, a gweddi yw tro da.

Dilyn â pharch esiampal Iesu'n ffyddlon,
Gwneuthur daioni oedd ei sanctaidd waith;
Fel hyn salm ddiolch fydd pob byw cariadlon,
A theml ein Tad fydd yr holl ddaear faith.

Fe syrth pob cadwyn, a hen sŵn ystormus
Rhyfelgan wyllt a baid o'r tir a'i medd:
Fe ddiffydd cariad dân digofaint llidus,
Ac yn y lludw blannu coeden hedd.

JOHN GREENLEAF WHITTIER (1807 – 92)
cyf. O. M. LLOYD

John Roberts, Llanfwrog (1910 – 84)

Brodor o Lanfwrog, Môn. Bu'n weinidog gyda'r Presbyteriaid, ac yn emynydd a phregethwr nodedig. Cyhoeddwyd casgliadau o'i waith gan Wasg Gee: Cloch y Bwi *(1958); a* Glas y Nef gol. *Derec Llwyd Morgan (1987).*

I FETHLEM?

Ai ofer mynd i Fethlem
  Â ni mewn gwallgof fyd?
Mae bomiau'n bygwth diffodd
  Y seren uwch y crud.
Ond gwell yw mynd, bydd Duw ei hun
Yn lamp i'r ffordd at Geidwad dyn.

Ai ofer mynd i Fethlem
  Ar ddyddiau mor ddi-gân?
Bu creulon rai yn saethu
  At gôr yr engyl glân.
Ond mynnwn fynd, mae gennym Dduw
A gyfyd garol fud yn fyw.

Ai ofer mynd i Fethlem
  Â'r byd i gyd yn graith?
'Does sicrwydd y cyrhaeddwn
  Â'r treiswyr wrth ei gwaith.
Ond rhaid yw mynd, â Duw a'i lu
I'n cadw rhag y giwed ddu.

Nid ofer taith i Fethlem;
  Eleni fel o'r blaen
Cawn weled Un yn sugno
  Ar fynwes ddiystaen,
A da yw mynd, a'r Dwyfol Air
Yn gariad golau yn y gwair.

MAWL AM YR EGLWYS

AM dy gysgod dros dy eglwys
    Drwy'r canrifoedd, molwn di;
Dy gadernid hael a roddaist
    Yn gynhaliaeth iddi hi.
        Cynnal eto
    Briodasferch hardd yr Oen.

Am dy gwmni yn dy eglwys
    Rhoddwn glod i'th enw glân;
Buost ynddi yn hyfrydwch,
    Ac o'i chylch yn fur o dân.
        Dyro brofiad
    O'th gymdeithas i barhau.

Am dy gariad at dy eglwys
    Clyw ein moliant, dirion Dad;
Grym dy gariad pur yn unig
    Ydyw gobaith ei glanhad.
        Boed gorfoledd
    Dy drugaredd yn ein cân.

EMYN PRIODAS

FE roddaist ddydd i ddedwydd ddau
    A'i oriau i gyd yn llon;
O, dyro iddynt wir fwynhad
    Dy gariad dan eu bron.

Yn haul dy gariad cadw hwy
    Fyth mwy i ti dy hun,
A gwna eu bywyd ar ei hyd
    Yn hyfryd a chytûn.

Parhaed eu cariad fel y rhodd
    A'u dygodd hwy ynghyd,
A llw eu hamod a fo'n rym
    Rhag llym dreialon byd.

Fe roddaist iddynt hwy yn rhad
  Dy gariad heb wahardd;
Bendithia ninnau â'r un gras
  Ar ddydd eu priodas hardd.

AR GYFER WYTHNOS YR HENOED

PAN fyddo ein blynyddoedd yn prinhau,
A hwyr gysgodion einioes yn trymhau;
  Cyn dyfod nos amserau di-lesâd,
  Rho'r gobaith byw i'n hadfer, dyner Dad,
Ac anadl nefol wlad i'n hadfywhau.

Â hiraeth yn trywanu megis cledd,
A'n hysbryd yn dwysáu, boed ynom hedd
  Dy annwyl Fab i'n cynnal ar ein rhawd:
  Rhag gorthrwm byd a hen wendidau'r cnawd,
O, nertha'n bywyd tlawd â gwyrth dy wedd.

A phan fo'n trem yn troi yn ôl o hyd,
A'n cofion yn atgofion bron i gyd;
  Er gwaethaf oer amheuon am a ddaw,
  Gwawr heulwen hyder yw'r gorwelion draw
A ninnau yn dy law yn wyn ein byd.

LLIWIAU

PAN giliodd dŵr y Dilyw,
  Fe ganai'r sêr ynghyd,
A gweodd Duw ei fwa
  Goleulon uwch y byd;
Holl liwiau ei ogoniant
  A saethai drwy y nef,
Yn arwydd o'i gyfamod
  Anniflanedig ef.

Daeth nodau cân angylion
O byrth y nef i lawr
Ar adain golau sanctaidd
A greodd newydd wawr;
Dros wlithog fore'r Geni,
Tywynnai lliwiau byw
A droes yn enfys cymod
Rhwng teulu dyn a Duw.

Mae dilyw balchder eto
Yn bygwth difa'r tir,
A chwmwl hen gasineb
Sy'n cuddio golau'r gwir.
Trwy ddagrau y ffyddloniaid,
Tyrr dwyfol wawr y Crud,
A'i grym i uno'r lliwiau
Yn fwa hedd o hyd.

PWY WYF FI?

'PWY mae dynion yn dywedyd
Fy mod i?' medd Mab y Dyn;
Ti yw y Meseia nefol,
Gwir etifedd Duw ei hun:
Iesu ydyw
Ceidwad mawr fy mywyd i.

Yn nhrafferthion bywyd beunydd,
Pwy fel ef am roi ei law
Ar fy nolur, a thrwy'i gariad
Yn rhoi hedd lle gynt 'roedd braw?
Iesu ydyw
Meddyg mawr fy mywyd i.

Rhydd i'r rhai sydd yn ei ddilyn
Nerth i'w cynnal ym mhob loes;
Mi gaf goncwest ar bob gelyn,
Dim ond edrych ar ei groes:
Iesu ydyw
Cyfaill mawr fy mywyd i.

R. Gwilym Hughes (1910 – 97)

Ganed ym Methesda, Sir Gaernarfon. Addysgwyd yng Ngholeg y Brifysgol, Bangor lle yr enillodd raddau B.A., B.D. ac M.A. Ar ôl cyfnod yng Ngholeg y Bala fe'i hordeiniwyd gan y Methodistiaid Calfinaidd yn Sasiwn Dolgellau, 1938. Bu'n ddiwyd mewn sawl gofalaeth yn y Gogledd ac ymddeolodd ym 1981. Golygodd Y Goleuad, *ac fe'i hetholwyd yn Llywydd y Gymanfa Gyffredinol ar gyfer 1979. Roedd yn fardd a chyhoeddwyd cyfrol o'i waith:* Cerddi *(1994).*

YMRESYMWN

FE welsom ninnau, Arglwydd,
  Ein llety yn rhy lawn,
Ac wrth in gofio hynny
  Yn drist edifarhawn;
Dyddiau ffwdanus brysur
  A'r ddaer yn mynd â'n bryd,
Heb un ystafell gennym
  I Geidwad yr holl fyd.

Dro arall, wrth ein gorchwyl,
  Yn oriau'r nos neu'r dydd,
Fel y bugeiliaid hynny
  Clywem ar donfedd ffydd
Bereiddiaf gân angylion
  O fendigedig ryw,
Am eni gynt ym Methlem
  Grist anfonedig Duw.

A phan fo'n bryd ni arnat
  Gan edrych tua'r nen,
Fe welwn fel y doethion
  Ddigymar seren wen,
A ddengys lwybyr inni
  Â'i lamp yn entrych nef,
I ninnau gael penlinio
  Wrth droed ei breseb ef.

CRIST EIN GOBAITH SICR

MAE gan Iesu waredigaeth
Heddiw i rwygedig fyd,
Â chasineb wrthi'n hogi
   Arfau a'n brawycha i gyd;
      O, na cherddem
   Wrth ei weledigaeth ef.

Iesu a iachâ'n calonnau
   O'r euogrwydd ynddynt sydd,
Rhydd dangnefedd mewn helbulon,
   Cryfder yn nhreialon ffydd;
      Rhodded arnom
   Heddiw ei iachusol law.

Iesu yw ein hunig obaith
   Fod ymlaen foreau gwyn,
Gobaith, nid o ddyn na'r ddaear,
   Ond o goncwest ar y bryn;
      Collodd angau
   Ei frenhiniaeth greulon mwy.

ARGLWYDD Y DDAWNS

MI ddawnsiais y bore pell
Pan grewyd y byd,
Ac mi ddawnsiais dan leuad
   A'r haul a'r sêr i gyd:
A disgynnais o'r nefoedd draw
   I ddawnsio'n ffri,
Ym Methlehem
   Y ganwyd fi.

Dawnsiwch yn llawen iawn eich llef,
Fi ydyw Arglwydd y Ddawns, medd ef;
Deuwch ar fy ôl yn llawen iawn eich llef
Canys fi yw Arglwydd y Ddawns, medd ef.

Mi ddawnsiais i Phariseaid
　Culion a chas,
Ond ni ddawnsien nhw ddim
　Er eu cymell, wŷr di-ras.
Ac mi ddawnsiais i ddau bysgotwr
　Ar lan y môr,
A daeth y ddau
　I ddawns yr Iôr.

Mi ddawnsiais ar Sabath
　Er mai sanctaidd y dydd,
Ac mi wnes i ddyn cloff
　Fedru rhodio'n gwbwl rydd;
Ac fe'm chwipiwyd am hynny
　Gan fy ngadael mewn loes
I farw'n hongian
　Ar y groes.

Mi ddawnsiais ddydd Gwener
　Ar y tywyll brynhawn –
Pan fo'r diafol ar dy gefn
　Mae'n anodd dawnsio'n iawn:
Ac fe'm claddwyd i wedyn
　Yn y bedd dan y maen,
Er hynny aeth
　Y ddawns ymlaen.

Fe fethodd cadwynau'r bedd
　A'm dal yno'n hir,
Canys fi ydyw'r bywyd,
　Byw fyddaf byth, yn wir:
Ac fe bery y ddawns
　O fewn eich calon, mi wn,
Os dewch ar f'ôl
　Drwy'r byd mawr crwn.

SYDNEY CARTER (1915 –2004)
cyf. R. GWILYM HUGHES

AR FIN Y FFORDD I JERICO

NID oes i ni ddihangfa,
O Grist, rhag d'eiriau gynt
Am ŵr yng ngafael lladron
A'i clwyfodd ar ei hynt,
A rhai'n osgoi ei weled o
Ar fin y ffordd i Jerico.

Fe erys ar ein daear
Y lladron mawr eu llid,
A'r teithwyr sy'n mynd heibio
Yr ochor draw'n ddi-hid,
Heb weld y truan, trist y tro,
Ar fin y ffordd i Jerico.

O'th gofio, rho in weled
Y sawl sy dan ei friw,
A'i gludo ar ein hanifail
Ar frys i lety gwiw,
Fel y Samariad dwys un tro
Ar fin y ffordd i Jerico.

FFYDD, GOBAITH, CARIAD

RHO, Arglwydd, ffydd i weled,
Er cynnwrf byd a'i fraw,
Na ddichon undyn gipio'r
Awenau sy'n dy law;
A phan ddêl maith helbulon
A phryder inni'n bwn,
Rho inni ffydd i weled
Mae byd ein Tad yw hwn.

Rho inni'r gobaith bywiol
  Na ddaw o allu dyn,
Ond o ryfeddol goncwest
  Y Ceidwad mawr ei hun,
A ninnau'n gallu teithio
  Mewn hyder diwahardd,
Am nad yw'n Harglwydd mwyach
  Mewn beddrod yn yr Ardd.

Rho inni'r cariad hwnnw
  A gaed yn Iesu gwiw,
I godi baich y gwledydd
  Sydd ar eu hysgwydd friw,
A dod ag oes sy'n ofni
  Y gwêl ei byd ar dân,
I gredu bod dyfodol
  Yng nghariad Iesu glân.

EMYN PRIODAS

TI Dduw teuluoedd Israel
  A'n creodd ar dy lun,
Gwêl yma ffrindiau Iesu
  Mewn oedfa yn gytûn;
A chaed y Gair a'r weddi,
  Y gân a'n moliant ni,
A chwlwm y briodas
  Arddeliad gennyt ti.

Daeth yma ddau a garwn
  I'th geisio yn dy dŷ,
Gan ddiolch am dy ofal
  Drwy bob rhyw ddoe a fu;
A cheisiant dy drugaredd
  Cyn myned law yn llaw
O'r oedfa i wynebu
  Y cudd yfory a ddaw.

Yng Nghana Galilea
　Troes Iesu ddŵr yn win,
Doed ef i'n canol ninnau
　Yn awr â'i nefol rin;
Ac yna rhydd ein hoedfa
　Ei bendith tra bônt byw
I'r ddau sy'n gwneud cyfamod
　Yn awr wrth allor Duw.

Gwilym Morris (1910 – 88)

Ganed yn Hirwaun, a mawr fu dylanwad aelwyd ysbrydol ei deulu yn y Tabernacl, capel yr Annibynwyr yno. Fe'i hordeiniwyd ym 1935 a bu'n gweinidogaethu'n ddiwyd a ffyddlon am ddeugain mlynedd hyd nes ei daro'n wael gan ergyd o'r parlys.

'Roedd yn llenor ac yn fardd. Enillodd y wobr am y soned fuddugol ddwywaith yn y Genedlaethol ac unwaith am y delyneg. Bu'n agos at gipio'r goron yn Llandybïe (1944) ac yn Llandudno (1963). Cafodd ei anrhydeddu gan yr Orsedd â'r wisg wen. Ymhlith llu o sgriptiau radio, erthyglau, ysgrifau . . . cyhoeddwyd y gyfrol: Yr Enfys Drwy y Glaw ac Ysgrifau Eraill *(1981).*

ARGLWYDD, PLYG FI I'TH EWYLLYS

ARGLWYDD, plyg fi i'th ewyllys,
Gwared fi rhag holi mwy.
Beth yw gwerth y blin gystuddiau?
　Beth yw diben siom a chlwy'?
　　Rho felyster
　D' Ysbryd yn fy nghalon friw.

Llai na manlwch y cloriannau
　Ydyw fy ngwybodaeth i;
N'ad im bwyso yn fy nghlorian
　Dy fwriadau dwyfol di.
　　Sibrwd wrthyf
　Gyfrinachau dwyfol loes.

Yn lle'r holi, rho im ddeigryn,
  Yn lle sicrwydd, antur ffydd,
Fel y gwelwyf drwy'r cysgodion
  Olau gwawr ar bethau cudd.
    Gwell na'r gwybod
  Yw'r tangnefedd ddaw trwy'r loes.

Owen Williams (1910 – 2009)

EMYN AR GYFER GŴYL Y GENI

TYDI yw mam y wyrth, fendigaid Fair,
  Tydi esgoraist ar y dwyfol Air;
Mewn clyd gadachau ti a'i rhwymaist ef,
  A phreseb aeth yn grud Eneiniog nef:
Ond gwyrth y gwyrthiau ydyw geni Crist
  Yng nghalon euog pechaduriaid trist:
Moliannus fawl fo i'r goruchaf Dduw
  Am eni Ceidwad i holl ddynol-ryw.

Fe ddaeth yn dlawd er mwyn holl dlodion byd,
  Gwrthodwyd ef, gwrthodir ef o hyd;
Bugeiliaid wylient yn y maes liw nos,
  Disgleiriodd arnynt olau seren dlos;
Newyddion da o wir lawenydd mawr
  A gludwyd gan angylion nef i lawr:
Moliannus fawl fo i'r goruchaf Dduw
  Am eni Ceidwad i holl ddynol-ryw.

Y doethion aethant i Jerwsalem,
  Mewn proffwydoliaeth nodwyd Bethlehem,
Eiddilaf Jwda'n dre Dywysog gwir,
  Gwŷs Herod oedd i'w ddifa ef o'r tir;
Hyd ffordd tangnefedd ac ewyllys da,
  Daw teulu dyn yn iach o'i boen a'i bla;
Moliannus fawl fo i'r goruchaf Dduw
  Am eni Ceidwad i holl ddynol-ryw.

Pennar Davies (1911 – 96)

Bardd, llenor ac ysgolhaig. Fe'i ganed yn Aberpennar, Morgannwg. Addysgwyd yng Ngholeg y Brifysgol, Caerdydd, Colegau Balliol a Mansfield yn Rhydychen a Phrifysgol Yale. Bu'n weinidog yng Nghaerdydd ym 1943, yn Athro yng Ngholegau Bala-Bangor, ac yn Brifathro Coleg Coffa'r Annibynwyr (1952 – 81). Etholwyd yn Llywydd Undeb yr Annibynwyr ym 1973. Ysgrifennodd a chyhoeddodd yn ddiwyd dros gyfnod o ddeugain mlynedd ac erys rhai o'i lyfrau yn glasuron yn yr iaith Gymraeg.

O GARIAD GWYCH

O GARIAD gwych, O Awel fwyn,
  A lonnai Alilea,
O Aberth dinacâd, di-gŵyn,
  A daniai hen Jwdea!

Nid wyt ymhell, yr Awel lân
  A drecha'r holl ganrifoedd,
Ac yn ein bywyd llysg dy dân
  Yn awr ac yn yr oesoedd.

Fe elwaist gynt gymdeithion drud,
  A daethant hwy i'th ddilyn;
A galw 'rwyt, y Crist, o hyd
  Ddisgyblion syn i'th ganlyn.

Cyhoeddaist gynt Efengyl fad
  Daioni Duw a'i Deyrnas;
Cyhoeddi 'rwyt hyd heddiw'r Tad
  A'r Ysbryd a'i gymdeithas.

Iacheaist glaf a chloff a dall,
  Ac ynot byth mae iechyd.
Ysbeiliaist hen garchardy'r Fall:
  Ein Ceidwad wyt a'n bywyd.

Y croesbren yw dy orsedd di,
 A drain dy goron blethog;
Llond ein calonnau yw dy fri,
 Ein Cariad a'n Tywysog.

Dros ein heneidiau diffrwyth chwyth
 Awelon Galilea;
Ar allor dlawd ein heinioes byth
 Fe fflamia tân Jwdea.

Gwilym R. Tilsley (1911 – 97)

Gweinidog a phrifardd. Ganed yn Nhŷ-llwyd ger Llanidloes a'i addysgu yng Ngholeg y Brifysgol, Aberystwyth a Thŷ Wesley, Caer-grawnt. Fe'i hordeiniwyd yn weinidog gyda'r Methodistiaid Wesleaidd ym 1937, a bu am gyfnodau yn bugeilio ledled Cymru. Enillodd Gadair yr Eisteddfod Genedlaethol ddwywaith: 'Moliant y Glöwr' (1950) ac yna 'Cwm Carnedd' am chwarelwyr y Gogledd (1957). Bu'n Archdderwydd (1969 – 72) a chafodd ei ethol yn Gymrawd yr Eisteddfod.

O ADNABOD IESU

MYFI, na fydd yn deilwng byth
 I eistedd wrth dy draed,
A enwaist ti o'th ras yn ffrind,
 O! 'r cariad mwyaf gaed.

Mor egwan ydwyf, rasol Iôr,
 Mor fach yn d'ymyl di;
Mae pwysau'r llwch sydd ar dy draed
 Yn filwaith mwy na mi.

Dy drigfan sydd mewn golau claer
 Tu hwnt i bechod cas:
Ond dygaist faich ein pechod ni;
 O! anhraethadwy ras.

O'th orsedd nefol daethost ti
  O wirfodd yma'n dlawd,
Ac er fy mwyn, o'th gariad hael,
  Cymeraist gorff o gnawd.

Pan bwywyd hoelion drwy dy gorff
  Ni chiliaist rhag y cur;
Pa enw fyth a geir ar Un
  Mor addfwyn ac mor bur?

Do, fe ddaeth cariad er fy mwyn
  Yn ddyn i'r ddaear hon;
Ni allaf edrych ar ei wedd
  Heb gwilydd dan fy mron.

Os ceir un rhinwedd ynof fi,
  Ohonot ti mae'n dod:
Am hynny, Arglwydd, cymer fi
  I'th feddiant fyth i fod.

NARAYAN VAMAN TILAK (1862 – 1919)
cyf. NICOL MACNICOL (1870 – 1952) a GWILYM R. TILSLEY

SICRWYDD BENDIGAID

SICRWYDD bendigaid! Iesu yn rhan,
Hyn ydyw ernes nef yn y man;
Aer iachawdwriaeth, pryniant a wnaed,
Ganed o'r Ysbryd, golchwyd â'i waed.

Dyma fy stori, dyma fy nghân,
Canmol fy Ngheidwad hawddgar a glân;
Dyma fy stori, dyma fy nghân,
Canmol fy Ngheidwad hawddgar a glân.

Ildio'n ddiamod, perffaith fwynhad,
Profi llawenydd nefol ryddhad;
Engyl yn disgyn, dygant i'm clyw
Adlais trugaredd, cariad fy Nuw.

Ildio'n ddiamod, dyma fy hedd,
Allwedd fy nghysur, Iesu a'i medd;
Aros a disgwyl, disgwyl bob dydd,
Llonni yng nghariad Arglwydd y ffydd.

FRANCES J. VAN ALSTYNE (1820 – 1915)
cyf. GWILYM R. TILSLEY

Isaac H. Williams, Talysarn (*fl.* 1911)

DIOLCHGARWCH AM Y CYNHAEAF

MAE'TH drugaredd inni'n amlwg
  Eto yn y flwyddyn hon,
Mae'r ydlannau a'r 'sguboriau
  Wedi eu llanw oll o'r bron;
Ac nis gallwn ddiolch digon
  Iti am dy roddion rhad,
A dy ofal dros ddynoliaeth
  Drwy roi cynnydd yn yr had.

Hawdd i ti fuasai'n cosbi
  Gyda thywydd gwlyb a llaith,
Ond dy gariad tuag atom
  Sy'n ein cynnal drwy y daith;
Ond fel aden ddiogel inni
  Mae dy ragluniaethol law,
Ac fe roddaist yn gymedrol
  I'r hen ddaear haul a glaw.

Dyro inni galon ddiolchgar
  I dy foli di ar dân,
Am dy roddion annherfynol,
  Dyma i Gymru destun cân:
Nid yw hyn ond cysgod bychan
  O dy gariad atom ni,
Ti a roddaist Iesu'n aberth
  Ar bren garw Calfari.

Robert David Roberts (1912 – 93)

Ganed ym Mhenisa'r Waun, Sir Gaernarfon. Addysgwyd yng Ngholeg y Brifysgol, Bangor a Choleg Sant Mihangel, Llandaf i'w baratoi ar gyfer offeiriadaeth ordeiniedig gyda'r Anglicanwyr. Enillodd gryn fri fel bardd a hanesydd Eglwysig. Cyhoeddodd: Clynnog, the Saint and his Church *(1954).*

EMYN HWYROL

Y DYDD a roddaist, Iôr, a giliodd,
   Ar d'alwad di ymdaena'r hwyr;
Ein cynnar gân i ti ddyrchafodd,
   A'th fawl a rydd in orffwys llwyr.

Diolchwn fod dy Eglwys effro
   I'r ddaear ddu yn llusern dlos;
Trwy'r cread maith mae hon yn gwylio
   Heb orffwys byth na dydd na nos.

Dros bob rhyw ynys a chyfandir,
   Yn gyson megis gwawr y dydd,
Ei chân o fawl i ti a glywir,
   Ac nid oes baid ar weddi'r ffydd.

Yr haul wrth beri i ni noswylio
   Sy'n deffro'n brodyr gylch y rhod,
I draethu dy ogoniant eto
   A datgan dy ryfeddol glod.

Dy orsedd, Arglwydd Dduw, a bery
   Pan syrth gorseddau byd a'u bri;
Fe saif dy deyrnas, a chynyddu
   Nes delo pawb i'w haddef hi.

JOHN ELLERTON (1826 – 93)
cyf. R. D. ROBERTS

Emlyn Glasnant Jenkins (1912 – 2002)

Ganed yn Cross Hands, Caerfyrddin. Addysgwyd yng Ngholegau Abertawe a Chaerdydd o Brifysgol Cymru, am radd yn y celfyddydau ac yna yng Ngholeg Presbyteraidd Caerfyrddin am radd mewn diwinyddiaeth. Yn y cyfnod hwnnw derbyniodd alwad i'r Tabernacl, Pencader ac i Alltwalis i wasanaethu fel gweinidog yr Efengyl. Ymhen saith mlynedd derbyniodd alwad o eglwys Ebeneser, Caerdydd, ac yno treuliodd weddill ei weinidogaeth. Ymddeolodd ym 1977. Roedd yn weinidog cyflawn. Gwasanaethodd Annibynia ac Eglwysi Rhyddion Cymru gydag ymroddiad llwyr. Ym 1975 etholwyd yn Llywydd yr Undeb a thua'r un adeg derbyniodd y radd D. Litt. er anrhydedd o Genefa. Ysgrifennodd lawer: Cofiant Elfed *(1957);* Gwennol yn y Tir *(1976) ar y cyd â'r Parchg. Gerallt Jones, sef cyfrol deyrnged i'w ewythr y Parchg. D. J. Peregrine (1980);* Cyfoeth ei Ras *(1982).*

O GARIAD MAWR, I TI DY HUN [1]

O GARIAD mawr, i ti dy hun
Gofio ac arbed euog ddyn;
O dysg i ninnau drwy ein hoes,
Drwy garu dyn, liniaru'i loes.

Fe roddaist ti dy einioes wiw
I wneud pechadur marw'n fyw;
O dysg i ni, drwy d'aberth drud,
Faddau pechodau plant y byd.

Gadewaist breswylfeydd y nef
I achub dyn a'i buro ef;
O ddwyfol gariad, dysg i ni
Ei noddi yn dy Ysbryd di.

I deyrnas nef, ei swydd a'i gwaith,
Fe'n gelwaist o bob llwyth ac iaith;
Rho nerth i ni, O gariad mawr,
I seinio d'alwad dros y llawr.

---

[1] Ymddangosodd yr emyn hwn gyntaf yn *Y Dysgedydd,* Awst 1951.

Roger Jones, Gerazim, Sir Benfro (*fl. c.*1912)

IESU'R CEIDWAD

OS garw'r môr a chryf y gwynt,
A'r nos yn toi y nef,
Mae un sy gryfach ar ei hynt,
Fy Arglwydd ydyw ef.

Try'r gwynt yn awel dyner leddf,
A'r môr fel llyn di-stŵr;
Nid rhaid im ofni'r dyfnder du,
A'r Iesu ar y dŵr.

Daw awel nef yn fwyn o'm tu,
Daw hafan yn y man,
A chaf Waredwr tonnau'r môr
Yn Arglwydd ar y lan.

Morgan D. Jones, Maesteg (1913 – 2011)

Athro, ieithegwr ac awdur. Bu'n ddyfal yn hybu'r Gymraeg drwy ei oes a chyhoeddodd nifer o lyfrau ar yr iaith Gymraeg gan gynnwys Cywiriadur Cymraeg *(1965) a* Termau Iaith a Llên *(1972), a chyfrolau o gerddi crefyddol.*

'FEL Y BYDDONT OLL YN UN'

O PÂR i'th eglwys, ti'r Winwydden wir,
Darddu ohonot yn ganghennau ir,
A llifed trwom ni dy rasol nodd,
Nes inni ffrwytho'n felys wrth dy fodd.

O galw heddiw 'nghyd, ti'r Bugail mawr,
Dy ddiadelloedd llesg o gyrrau'r llawr,
I'th gorlan glyd yn unfryd gad in ddod,
A dyro arnom ni dy ddwyfol nod.

O gwna yn awr yn un, ti Grist ein Pen,
Dy wasgaredig gorff heb rwyg na llen,
A difa mwy ein gwahaniaethau mân
Trwy weinidogaeth glau dy Ysbryd Glân.

O adeilada ni, ti Bensaer nef,
Trwy gyfrwng gras yn un saernïaeth gref,
A gwna ni'n feini bywiol yn gytûn,
I godi Seion eto i ti dy hun.

William Morgan Davies (1912 – 93)

Gŵr diwylliedig o Abergele a fu drwy ei oes yn llafurio'n ddiwyd yn y felin ac ar y tir. Derbyniodd ond ychydig o addysg ffurfiol; er hynny, fe dreuliodd y rhan fwyaf o'i oriau hamdden yn darllen ac ysgrifennu. Bu'n llwyddiannus mewn nifer o eisteddfodau lleol ac yn y Genedlaethol. Ymhlith ei ddiddordebau 'roedd: Maes Llafur yr Ysgol Sul; Cyfansoddiadau a Beirniadaethau *blynyddol yr Eisteddfod Genedlaethol; 'Beirdd y Babell', Dewi Emrys; paratoi 'Papurau' ar gyfer Cymdeithas Lenyddol y capel ac ymroi yn llwyr i fyd 'Y Pethe'.*

EMYN URDDO

ARGLWYDD, anfon o'r uchelder
Nerth yr Ysbryd ar dy was;
Gwisg ei fywyd â'th gyfiawnder,
    Llanw'i galon ef a'th ras;
Dyro i lawr iddo nawr
Olud yr addewid fawr.

Dyro iddo dy oleuni
    I gyflawni gwaith ei oes:
Arddel di ei genadwri
    I gael dynion at y groes:
Frenin Nef, rho dy lef
Ddwyfol yn ei eiriau ef.

Anfon y marworyn tanllyd
   Oddi ar allor lân y nef,
I sancteiddio ei holl fywyd
   Ac i buro'i wefus ef:
Wedi'r hau, a'r tristáu,
Daw y dydd i lawenhau.[1]

EMYN (CERDD BRIODAS)

ARGLWYDD Iesu, ein Cynhaliwr,
   At dy allor deuwn ni
I gyflwyno'r ddeuddyn hapus
   I dy ofal tyner di.
Bu y ddau yn gweithio'n ddyfal
   Yn dy winllan yn y byd,
Dyro iddynt dy arweiniad
   I barhau ymlaen o hyd.

Boed i rin dy gariad grasol
   Gadarnhau eu cariad hwy,
Fel y llifo'n gryf o'u haelwyd
   Gydymdeimlad at bob clwy'.
Ac os daw cymylau weithiau
   I dywyllu'r awyr glir,
Trwy'r cysgodion fe geir gweled
   Golau'r nefoedd cyn bo hir.

Boed i ninnau sydd yn dystion
   O'r briodas hon yn awr,
Roddi iddynt ein cynhorthwy
   I gydgerdded llwybrau'r llawr.
Boed ein hymbil yma heddiw
   Am dangnefedd Duw ei hun;
Ac i rym y cariad dwyfol
   Wneud y ddeuddyn hoff yn un.

---

[1] Gwelir pump o emynau'r awdur yn ei lyfr: *Grawn Cymysg y Melinydd*, gol. Isaac Jones (1988).

EMYN AR GYFER Y PASG

DAETH yn nos ar Mair a Martha
Ar ôl claddu Iesu Grist,
'Roedd eu ffrind yn awr yn gorwedd
Yn y bedd, a phawb yn drist;
Pob gobeithion
Wedi cilio draw ymhell.

'Ond,' medd Las'rus, 'awn i weled
Beddrod Crist ymhen yr ardd,
Awn â thusw bach o flodau,
Carai bopeth oedd yn hardd.
Golau'r nefoedd
A ddisgleiriai'n glaer o'i wedd.'

Ond mewn tridiau cododd Iesu
Gan falurio pyrth y bedd;
A daeth cartref clyd Bethania
Unwaith eto'n llawn o hedd.
Pwy all fesur
Eu llawenydd wedi hyn?

Boed i bawb ohonom heddiw
Ddiolch byth fod Iesu'n fyw;
Ac offrymwn megis Las'rus
Flodau'n bywyd oll i Dduw
Fel cawn ninnau
Brofi grym ei gariad ef.

EMYN AR GYFER Y GWANWYN

DIOLCH, Arglwydd, am yr heulwen
Sy'n tywynnu ar ein tir,
Ac am weld y coed yn deilio
Ar ôl noethni'r gaeaf hir;
Boed i ninnau
Brofi'r bywyd newydd hwn.

Mae yr ŵyn yn prancio'n heini
    Draw ar ddolydd ac ar fryn,
Ac mae'r adar wrthi'n canu
    Mawl i ti y dyddiau hyn;
        Boed i ninnau
    Ganu moliant megis hwy.

Gwelir lliwiau'r blodau gwylltion
    Yn patrymu gallt a llwyn,
Ac fe ddaw eu persawr hyfryd
    Ar bob awel gynnes fwyn;
        Boed i ninnau
    Harddu cornel fach o'r byd.

Y mae holl ogoniant natur
    Yma'n awr o'n hamgylch ni,
A chaiff holl drigolion daear
    Weled gwyrth dy degwch di;
        Boed i ninnau
    Dyfu'n gadarn yn dy ardd.

EMYN AR GYFER Y CALAN

DIOLCH iti, Arglwydd tirion,
    Am gael gweld y flwyddyn hon;
Plygwn yma lin yn wylaidd
    Gyda'n gilydd ger dy fron.
        Tyrd i'n harwain
    Rhag in faglu ar y daith.

Ac wrth ddiolch am dy nodded
    Yn y byd helbulus hwn,
Ceisiwn, Arglwydd, drwy ein bywyd
    Gofio'r gwan, a dwyn ei bwn.
        Fel y delo
    Doniau'r nef i'n bywyd ni.

Boed ein gweddi am dy gymorth
　I gael heddwch yn ein tir;
Dangos di ar ddechrau blwyddyn
　Ffordd cyfiawnder at y Gwir.
　　Rhaid ei cherdded
　Cyn daw bendith Duw i'n byd.

Dwg ni'n ôl at ffydd y tadau
　Wrth addoli yma nawr;
Buont wrthi'n ddyfal beunydd
　Yn dyrchafu'r Deyrnas Fawr.
　　Dysg i ninnau
　Weithio'n dawel drosti hi.

Dyro nerth i adeiladu
　Ar eu sylfaen gadarn hwy
Ac ail-godi eu hallorau
　I aberthu llawer mwy.
　　Fe ddaeth eto
　Gyfle newydd at y gwaith.

William Rhys Nicholas (1914 – 96)

Emynydd, bardd, golygydd; bu'n weinidog gyda'r Annibynwyr yn fwyaf diweddar yng nghapel Y Tabernacl, Porth-cawl. Cyhoeddodd dair cyfrol yn cynnwys emynau, gweddïau a salmau: Cerdd a Charol *(1969),* Oedfa'r Ifanc *(1974) a* Cherddi Mawl *(1980) yn ogystal â nifer o deitlau llenyddol eraill. Bu'n gyd-olygydd* Y Genhinen *ac yn un o olygyddion* Cyfansoddiadau a Beirniadaethau yr Eisteddfod Genedlaethol *am ddegawd. Etholwyd yn Llywydd Undeb yr Annibynwyr ym 1982 a dyrchafwyd yn Gymrawd Anrhydeddus o Brifysgol Abertawe.*

GŴR Y LLETY

A WELAIST ti'r ddau a ddaeth gyda'r hwyr
O Nasareth draw, wedi blino'n llwyr?
Bu raid imi ddweud bod y llety'n llawn,
A chlywais hwy'n sibrwd: Pa beth a wnawn?

A wyt yn fy meio am droi y ddau
I lety'r anifail a hi'n hwyrhau?
Roedd yr awel neithiwr yn finiog oer
A llithrai dieithrwch dros wedd y lloer.

A glywaist ti ganu ynghanol nos
A miwsig fel clychau draw ar y rhos?
Dychmygais unwaith fod rhywrai'n dod
I strydoedd Effrata i ganu clod.

A weli di olau draw ar y bryn
A hwnnw yn ddisglair fel eira gwyn?
Mae'n gwawrio'n araf ym Methlehem dref
A'r dydd newydd-eni yn gloywi'r nef.

A deimli di heddiw fod rhyfedd wyrth
Yn datod y cloeon, yn agor pyrth?
O tyred, O tyred, heb oedi mwy,
I lety'r anifail i'w gweled hwy.

CYMORTH CRISTNOGOL

AGOR di ein llygaid, Arglwydd,
I weld angen mawr y byd,
Gweld y gofyn sy'n ein hymyl,
Gweld y dioddef draw o hyd:
Maddau inni bob dallineb
Sydd yn rhwystro grym dy ras,
A'r anghofrwydd sy'n ein llethu
Wrth fwynhau ein bywyd bras.

Agor di ein meddwl, Arglwydd,
Er mwyn dirnad beth sy'n bod,
Gweld beth sy'n achosi cyni
A gofidiau sydd i ddod;
Dysg in dderbyn cyfrifoldeb
Am ein rhan os ŷm ar fai,
Maddau inni os anghofiwn
Gyflwr yr anghenus rai.

Agor di ein calon, Arglwydd,
  A gwna ni yn gyson-hael,
O perffeithia ein trefniadau
  Fel y llwyddont yn ddi-ffael:
Rhown yn awr ein diolch iti
  Am y rhoddion ddaw o hyd;
Dan dy fendith daw haelioni
  A llawenydd i'r holl fyd.

MOLIANNWN EF

AM iddo gynnig ei iachâd
  A balm i glwyfau'r byd,
A throi'r tywyllwch dilesâd
  Yn fore gwyn o hyd,
Moliannwn ef, moliannwn ef
Sy'n rhoi i'r ddaear harddwch nef.

Am iddo roddi'r Gair a'i nerth
  I'n cynnal bob rhyw awr,
Nes peri inni nabod gwerth
  Ei dosturiaethau mawr,
Moliannwn ef, moliannwn ef
Sy'n rhoi i'r ddaear harddwch nef.

Am iddo beri i galon dyn
  Obeithio a dyheu
Am ei adnabod ef ei hun,
  Yr Ysbryd sy'n ail-greu,
Moliannwn ef, moliannwn ef
Sy'n rhoi i'r ddaear harddwch nef.

YR YMDRECH DEG

BRWYDRA bob dydd, cryfha dy ffydd,
Crist yw dy nerth i gario'r dydd;
Mentra di fyw a chei gan Dduw
Goron llawenydd, gwerthfawr yw.

Rhed yrfa gref drwy ras y nef,
Cod olwg fry i'w weled ef;
Bywyd a'i her sydd iti'n dod,
Crist yw y Ffordd a Christ yw'r nod.

Rho heibio nawr dy bryder mawr,
Pwysa ar Grist bob dydd, bob awr,
Pwysa a chaiff d'enaid o hyd
Fywyd yng Nghrist a'i gariad drud.

Bydd yn ddi-fraw, mae ef wrth law,
Hyd atat fyth ei gariad ddaw;
Cred eto fwy, cei hedd di-glwy',
Crist fydd dy haul a'th bob peth mwy.

J. S. B. MONSELL (1811 – 75)
cyf. W. RHYS NICHOLAS

GWEDDI'R IFANC

BYDD gyda ni, O Iesu da,
Sancteiddia ein cymdeithas;
Glanha'n meddyliau, pura'n moes
Er mwyn dy groes a'th deyrnas.

O arwain ni ar ddechrau'r daith,
Mewn gwaith ac ymhob mwyniant,
Fel bo'n gweithredoedd ni bob un
I ti dy hun yn foliant.

Gwna'n bywyd oll yn ddi-ystaen,
Boed arno raen gwirionedd;
Gwna'n bro gan drugareddau'n hardd,
A'n gwlad yn ardd i rinwedd.

Gwna ni yn dystion tra bôm byw
Dros gariad Duw at ddynion;
Eneinia ni â'th ras o hyd,
Rho d'Ysbryd yn ein calon.

Dysg inni gofio pobloedd byd
   Gan fyw o hyd i'w caru,
Nes delo'r ddaear yn y man
   Yn gyfan i'th foliannu.

CARU CYMRU, CYD-DDYN A CHRIST

DYSG imi garu Cymru,
   Ei thir a'i broydd mwyn,
Rho help im fod yn ffyddlon
   Bob amser er ei mwyn;
O dysg i mi drysori
   Ei hiaith a'i llên a'i chân
Fel na bo dim yn llygru
   Yr etifeddiaeth lân.

Dysg imi garu cyd-ddyn
   Heb gadw dim yn ôl,
Heb ildio i amheuon
   Nac unrhyw ysbryd ffôl;
Wrth imi gofio eraill
   Rho im ewyllys dda,
A chalon fydd yn eirias
   Dros bopeth a'u llesâ.

Dysg imi garu'r Iesu
   A'i ddilyn ef o hyd,
Gan roi fy mywyd iddo,
   Gwaredwr mawr y byd;
Goleued ei wirionedd
   Fy meddwl i a'm dawn,
Doed ysbryd ei anturiaeth
   I'm bywyd i yn llawn.

FY ENAID, GOGONEDDA

FY enaid, gogonedda
  Yr Arglwydd sy'n y nef,
Â'th ddoniau oll bendithia
  Ei enw sanctaidd ef;
Mae'n llwyr ddileu dy gamwedd,
  Mae'n abal i'th iacháu,
Dy wared o'th anwiredd
  Mae'r Duw sy'n trugarhau.

Yn eiddot mae bendithion
  Di-drai yr uchel Iôr,
Tangnefedd fel yr afon,
  Cyfiawnder fel y môr;
Daw rhiniol nerth y nefoedd
  I gadarnhau dy ffydd,
A grym Cynhaliwr oesoedd
  I'th ddal o ddydd i ddydd.

Cei ras i gario croesau
  A dal dy lesgedd dwys,
Pan fyddi yn dy ofnau
  Bydd ef yn dal y pwys;
A phan ddaw dydd dy symud
  O'th babell ar y llawr,
Cei aros mwy yng ngwynfyd
  Ei dragwyddoldeb mawr.

Y CYFOETH GORAU

GWN pa le mae'r cyfoeth gorau,
Gwn pa le mae'r trysor mawr,
Profais flas y bywyd newydd,
  O fendigaid, fwynaf awr;
    Grym y cariad
  A'm henillodd innau'n llwyr.

Gwn pwy yw yr hwn a'm carodd,
   Gwn pwy yw y rhoddwr rhad,
Gwynfydedig Fab y nefoedd
   Ar wael lwch yn rhoi mawrhad;
      O ryfeddod,
   Nerth ein Duw ym mherson dyn.

Gwn pa fodd y prynodd f'enaid,
   Gwn pa fodd y gwnaeth fi'n rhydd,
Dwyn y penyd arno'i hunan,
   Marw drosof, cario'r dydd;
      Clod a moliant
   Fydd yn llanw 'mywyd mwy.

IÔR ANFEIDROL

IÔR anfeidrol, yn dy gwmni
   Daw gorfoledd imi'n llawn,
Ymollyngaf yn dy gariad
   Ac ymgollaf yn dy ddawn;
Dy gadernid sy'n fy nghynnal,
   Mae dy ddoniau yn ddi-ri';
Cyfoeth ydwyt heb ddim terfyn,
   Mae cyflawnder ynot ti.

Iôr anfeidrol, yn dy gwmni
   Mae fy nos yn troi yn ddydd,
Mae rhyfeddod dy oleuni
   Heddiw yn bywhau fy ffydd;
Gwelaf dy sancteiddrwydd dwyfol
   Ym mhob lle yn ddisglair iawn,
Seinia holl ganiadau'r ddaear
   Er dy fwyn, yn foliant llawn.

Iôr anfeidrol, yn dy gwmni
   Daw'r tragwyddol ataf fi,
Clywaf lais fy annwyl Iesu
   Yn cyhoeddi d'eiriau di;
Trwyddo ef daw grym dy gariad
   Imi'n feddyginiaeth gref,
A chaf weled dy ogoniant
   Yn ddiderfyn ynddo ef.

Y BYWYD A GUDDIWYD GYDA CHRIST

LLE bynnag wyt, O Grist,
   Mae bywyd pur ei flas,
Mae ysbryd yno'n rym
   A gloyw ffrydiau gras;
Mae yno fwynder hedd
   I gyfoethogi'n byw;
Lle bynnag wyt, O Grist,
   Cawn weled wyneb Duw.

Lle bynnag wyt, O Grist,
   Symudir baich ein bai,
Bydd sanctaidd olau'r nef
   Ar wedd yr addfwyn rai;
Cawn weld yr hyn sy'n hardd
   Yn eglur heb un llen;
Lle bynnag wyt, O Grist,
   Bydd cariad fyth yn ben.

Lle bynnag wyt, O Grist,
   Mae rhin y dwyfol dân,
Cawn ymfodloni mwy
   Yn y cynhesrwydd glân;
Daw trugareddau'r Iôn
   Yn nerthoedd i'n cryfhau;
Lle bynnag wyt, O Grist,
   Bydd sŵn y llawenhau.

ERFYNIAD

MAE'R gaeaf ar fy ysbryd,
O Dad o'r nef,
'Rwy'n erfyn am dy wanwyn,
Erglyw fy llef;
O achub fi rhag oerfel
Fy mhechod cas,
A dwg fi i gynhesrwydd
Dy nefol ras.

Mae'r byd yn llanw 'nghalon,
Drugarog Dduw,
'Rwy'n erfyn am dy Ysbryd,
Fy ngweddi clyw;
Lladd ynof bob dyhead
Sy'n llygru 'mryd,
Nes delwyf o'm caethiwed
Yn wyn fy myd.

Mae gwacter yn fy enaid,
Fy Arglwydd Iôr,
'Rwy'n erfyn am gyflawnder
Dy ddwyfol stôr;
O gwared fi o'm newyn,
A'm tlodi blin,
Diwalla fi â gwleddoedd
Dy ryfedd rin.

DIOLCH AM GELFYDDYD

MAWRYGWN di, O Dduw,
Am bob celfyddyd gain,
Am harddwch ffurf a llun,
Am bob melyster sain.
Ti'r hwn sy'n puro ein dyheu,
Bendithia gamp y rhai sy'n creu.

Mawrygwn di, O Dduw,
Am ein treftadaeth hen,
Am rin y bywyd gwâr,
Ac am drysorau llên.
Ti'r hwn sy'n puro ein dyheu,
Bendithia gamp y rhai sy'n creu.

Mawrygwn di, O Dduw,
Am wreiddiau i'n bywhau,
Ac am gymdeithas dda
Sy'n cymell dy fawrhau.
Ti'r hwn sy'n puro ein dyheu,
Bendithia gamp y rhai sy'n creu.

MENTRO AR IESU

MI fentraf byth mwy
Ar Iesu a'i glwy',
Fy hoffter a'm hyder yw ef;
Daw rhinwedd i'm hoes
Yn ymyl ei groes,
Dywysog eneiniog y nef.

Fe'm cedwir yn fyw
Trwy gariad fy Nuw
Ar grog y Dihalog ei hun;
Y glanaf erioed
Yn aberth a roed,
Rhyfeddod y Duwdod mewn dyn.

Un arall ni bydd
I hawlio fy ffydd
A'm moliant am haeddiant mor hael:
Fe'm gwelir yn lân,
Fy enaid a gân,
Daw golud y gwynfyd i'r gwael.

AIL-AGOR CYSEGR

MOLWN di, O Dduw'r canrifoedd,
Am bob crefft ac am bob dawn
A fu'n harddu temlau'r ddaear,
A fu'n rhoi hyfrydwch llawn;
Arddel yma waith dy bobol,
Boed pob ymdrech er dy glod,
Llanw'r fangre â'th ogoniant
Drwy'r holl oesau sydd yn dod.

Molwn di, O Iôr ein tadau,
Am i ninnau weld y tir
Lle bu tân yr hen allorau,
Lle bu arddel ar y gwir;
Dyro inni sêl adfywiol,
Anfon y cawodydd gwlith,
Fel bo sŵn y gorfoleddu
Eto'n atsain yn ein plith.

Y PASG

O GORFOLEDDWN oll yn awr,
Daeth golau'r nef i nos y llawr;
Mae'r Gŵr a ddrylliodd rym y bedd
Yn rhodio'n rhydd ar newydd wedd.
Rhown foliant i'r goruchaf Dduw,
Mae Crist ein Pasg o hyd yn fyw.

Nid arglwyddiaetha angau mwy
Ar deulu'r ffydd, gwaredir hwy;
Y blaenffrwyth hardd yw Mab y Dyn,
Mae'r bywyd ynddo ef ei hun.
Rhown foliant i'r goruchaf Dduw,
Mae Crist ein Pasg o hyd yn fyw.

O cadwn ŵyl, mae'r aberth drud
Yn iachawdwriaeth i'r holl fyd;
Mae'r lefain newydd wedi'i roi,
A grym y gwir yn ddi-osgoi.
  Rhown foliant i'r goruchaf Dduw,
  Mae Crist ein Pasg o hyd yn fyw.

Os meirw oeddem, weiniaid trist,
Bywheir ni oll yn Iesu Grist;
Mor wynfydedig fydd ein braint,
Cael etifeddiaeth gyda'r saint.
  Rhown foliant i'r goruchaf Dduw,
  Mae Crist ein Pasg o hyd yn fyw.

Y FFORDD, Y GWIRIONEDD A'R BYWYD

O IESU, y ffordd ddigyfnewid
  A gobaith pererin di-hedd,
O tyn ni yn gadarn hyd atat
  I ymyl diogelwch dy wedd;
Dilea ein serch at y llwybrau
  A'n gwnaeth yn siomedig a blin,
Ac arwain ein henaid i'th geisio,
  Y ffordd anghymharol ei rhin.

O Iesu'r gwirionedd anfeidrol,
  Tydi sydd yn haeddu mawrhad,
O gwared ni'n llwyr o'r anwiredd
  Sy'n gosod ar fywyd sarhad;
Lladd ynom y blas at y geiriau
  Sy'n twyllo'r daearol ei fryd,
A derbyn ein moliant am olud
  Gwirionedd sy'n achub y byd.

O Iesu, y bywyd tragwyddol,
    Ffynhonnell y nerth sy'n parhau,
Rho inni dy weld yn dy allu
    Yn gwneud i eneidiau fywhau;
Mae ynot ddiderfyn rasusau
    Sy'n drech na gelyniaeth y byd,
Moliannwn wrth gofio am fywyd
    Sy'n ras a thrugaredd i gyd.

YR UNIG GYFRYNGWR

O IESU, yr unig Gyfryngwr,
    Dihalog ddatguddiwr y Tad,
'Does neb ond tydi yn ddigonol
    I'm tywys i dir cyfiawnhad.
Wrth edrych ar harddwch dy berson
    Caf weled gogoniant fy Nuw,
Tydi yw y ffordd at y sanctaidd,
    Tydi yw y Gair sydd yn fyw.

O Fab y gogoniant tragwyddol,
    Tydi ydyw gobaith fy oes,
Caf brofi dy nerthoedd cynhaliol
    Wrth gofio Calfaria a'r groes.
Daw rhin y cynhesrwydd i'm calon,
    Dy ras ddaw i'm cynnal bob awr,
Caf brofi dy gryfder yn ddigon,
    Fe'th folaf am gariad mor fawr.

BEDYDD

O RODDWR bywyd, arwain ni
    I'th foli a'th fawrhau,
Ti sy'n bendithio teulu dyn
    A pheri llawenhau.

I ofal ac amddiffyn da
    Dy eglwys yn y byd
Cyflwyno wnawn yr ieuanc rai
    A'n holl obeithion drud.

O arddel drwy dy ddwyfol nerth
    Y sanctaidd ordinhad,
A selia mwy, â'th gariad mawr,
    Adduned mam a thad.

Ein plant a ddygwn ger dy fron
    I'w rhoi i'r bedydd glân,
Erfyniwn ninnau er eu mwyn
    Am rin y bedydd tân.

PWY YW CEIDWAD DYNOL-RYW?

PWY sydd imi'n gadarn sail
Ac yn gryfder heb ei ail?
Pwy sy'n symud ôl fy mriw
Ac yn rhoi i'm bywyd liw?
Yn y cystudd sy'n llesgáu
Pwy yw'r meddyg i iacháu?
    Iesu, Iesu, T'wysog nef,
    Seiniaf fyth ei enw ef.

Pwy sy'n rhoi cynhaliaeth im
Pan fo'r nerth yn treulio'n ddim?
Pwy yw'r Un sy'n dod â'r wawr
Pan fo baich y nos yn fawr?
Pwy sy'n deffro ynof ias
O lawenydd trwy ei ras?
    Iesu, Iesu, T'wysog nef,
    Seiniaf fyth ei enw ef.

Pwy yw'r trysor gorau erioed,
Cyfoeth Duw i ddyn a roed?
Pwy yw'r Perl, mor hardd, mor ddrud,
A gynigir i'r holl fyd?
Yn ôl arfaeth gadarn Duw
Pwy yw Ceidwad dynol-ryw?
    Iesu, Iesu, T'wysog nef,
    Seiniaf fyth ei enw ef.

EMYN DECHRAU BLWYDDYN

TI sy'n llywio rhod yr amser
  Ac yn creu pob newydd ddydd,
Gwrando, Iôr, ein deisyfiadau
  A chryfha yn awr ein ffydd.
Ynot y cawn oll fodolaeth,
  Ti yw grym ein bywyd ni,
'Rwyt Greawdwr a Chynhaliwr,
  Ystyr amser ydwyt ti.

Maddau inni oll am gredu
  Mai nyni sy'n cynnal byd,
A bod gwaith ein dawn a'n clyfrwch
  Dan dy fendith di o hyd.
Gwelwn ffrwyth ein byw rhyfygus
  Wrth in heddiw syllu'n ôl,
Argyhoedda ni o'n pechod,
  Tyn ni'n rhydd o'n balchder ffôl.

Ein gorwelion sydd mor agos
  Fel na wyddom beth sydd draw;
Roddwr graslon y blynyddoedd,
  Rhown ein hunain yn dy law.
Pura'n llwyr ein dymuniadau
  A'n cymhellion ni bob un,
Nes y byddo'n dyddiau'n gyfan
  Yn rhoi clod i ti dy hun.

PRIODAS

TRA bo adduned dau
  Heb golli lliwiau'r wawr,
A'r cymod yn parhau
    O hyd yn drysor mawr,
O Dduw ein Iôr, rho inni ffydd
I gadw'r naws o ddydd i ddydd.

Tra bo anturiaeth serch
Yn llawn o'r gobaith glân,
A delfryd mab a merch
Yn troi yn felys gân,
Rho help i ni, O Arglwydd Dduw,
I gadw'r harddwch wrth gyd-fyw.

Tra byddom hyd yr hwyr
Yn cerdded law yn llaw,
A'n hymddiriedaeth lwyr
Yn falm, beth bynnag ddaw,
Ein Tad o'r nef, O arwain ni
I roddi clod i'th enw di.

MAWRHAD I GRIST

Tydi a wnaeth y wyrth, O Grist, Fab Duw,
Tydi a roddaist imi flas ar fyw;
Fe gydiaist ynof drwy dy Ysbryd Glân,
Ni allaf, tra bwyf byw, ond canu'r gân;
'Rwyf heddiw'n gweld yr harddwch sy'n parhau,
'Rwy'n teimlo'r ddwyfol ias sy'n bywiocáu;
Mae'r Halelwia yn fy enaid i,
A rhoddaf, Iesu, fy mawrhad i ti.[1]

Tydi yw haul fy nydd, O Grist y groes,
Yr wyt yn harddu holl orwelion f'oes;
Lle 'roedd cysgodion nos mae llif y wawr,
Lle 'roeddwn gynt yn ddall 'rwy'n gweld yn awr;
Mae golau imi yn dy Berson hael,
Penllanw fy ngorfoledd yw dy gael;
Mae'r Halelwia yn fy enaid i
A rhoddaf, Iesu, fy mawrhad i ti.

[1] Ym 1990 derbyniodd y Parchg. W. Rhys Nicholas gais gan Bwyllgor Cyfarfodydd Undebol Porth-cawl am eiriau Saesneg o'i emyn mawreddog, 'Tydi a wnaeth y wyrth, O Grist, Fab Duw'. Trodd at ei olynydd yn eglwys Annibynnol y Tabernacl, ac ar ei gais yntau aeth y Parchg. W. Alwyn Lloyd, M.Th. a'i gyfaill y Parchg. Iorwerth Prichard i drosi geiriau'r emyn. 'Roedd y fersiwn Saesneg wrth fodd yr emynydd. Diolch am yr hanesyn hwn oddi wrth y Dr. Eirug Morgan Lloyd (mab y Parchg. W. Alwyn Lloyd).

Tydi sy'n haeddu'r clod, ddihalog Un,
Mae ystyr bywyd ynot ti dy Hun;
Yr wyt yn llanw'r gwacter drwy dy air,
Daw'r pell yn agos ynot, O Fab Mair;
Mae melodïau'r cread er dy fwyn,
Mi welaf dy ogoniant ar bob twyn;
Mae'r Halelwia yn fy enaid i
A rhoddaf, Iesu, fy mawrhad i ti.[1]

TYRD ATOM NI

TYRD atom ni, O Grëwr pob goleuni,
Tro di ein nos yn ddydd;
Pâr inni weld holl lwybrau'r daith yn gloywi
Dan lewyrch gras a ffydd.

---

[1] The wondrous deed was thine, O Christ, God's Son,
A joy for living gav'st me, gracious One,
Held by the healing Spirit, firm and strong,
I cannot while I live but sing the song.
Today I see the beauty that abides,
I feel the holy fervour that revives;
The Hallelujah now is in my soul
And Jesus, thee for ever I'll extol.

Thou art my sun so bright, O Crucified,
My life's horizons thou hast beautified,
The flood of dawn dispels the shades of night,
I once was blind, but now I see the light.
My light comes from thy presence, ever kind,
The high tide of my joy is thee to find;
The Hallelujah now is in my soul
And Jesus, thee for ever I'll extol.

Thou dost deserve all praise, unblemished One,
Life's meaning lies in thee, and thee alone,
Thy word fills every void beneath the sun,
The far draws near in thee, O Mary's Son,
Creation's melodies ring out for thee,
On every hill thy glory there I see.
The Hallelujah now is in my soul
And Jesus, thee for ever I'll extol.

W. RHYS NICHOLAS
cyf. W. ALWYN LLOYD (1924 – 2003)
ac IORWERTH PRICHARD (1898 – 1993)

Tyrd atom ni, O Luniwr pob rhyw harddwch,
  Rho inni'r doniau glân;
Tyn ni yn ôl i afael dy hyfrydwch
  Lle mae'r dragwyddol gân.

Tyrd atom ni, Arweinydd pererinion,
  Dwg ni i ffordd llesâd;
Tydi dy hun sy'n tywys drwy'r treialon,
  O derbyn ein mawrhad.

Tyrd atom ni, O Dad ein Harglwydd Iesu,
  I'n harwain ato ef;
Canmolwn fyth yr hwn sydd yn gwaredu,
  Bendigaid Fab y nef.

GWEDDI AM DDONIAU'R YSBRYD

YSBRYD y gorfoledd,
  Tyrd i'n calon ni,
Fe ddaw cân i'n henaid
  Wrth d'adnabod di:
Cyfaredda'n hysbryd
  Â llawenydd byw,
Nes in lwyr feddiannu
  Cyfoeth mawr ein Duw.

Ysbryd y gwirionedd,
  Rho dy lewyrch clir,
Arwain ni o'r niwloedd
  At oleuni'r gwir;
Rho i ni'r ddoethineb
  Sydd mor lân â'r wawr,
Tyn ein henaid gwamal
  I'r datguddiad mawr.

Ysbryd cariad dwyfol,
   O meddianna ni,
Diogel fydd ein henaid
   Yn dy burdeb di;
Gad in deimlo beunydd
   Rinwedd dy berswâd,
Adfer yn ein henaid
   Ddelw hardd y Tad.

Norah Isaac (1914 – 2003)

Athrawes, prifathrawes, darlithydd a phrif ddarlithydd. Ganed yn Y Caerau, Maesteg. Addysgwyd yng Ngholeg Hyfforddi Morgannwg, Y Barri. Ym 1935 cafodd swydd Trefnydd gydag Urdd Gobaith Cymru, ac erbyn 1939 penodwyd hi yn Brifathrawes yr Ysgol Gymraeg gyntaf yn Aberystwyth. Bu'n Ddarlithydd yn ei hen goleg 1950 – 58, yna aeth i Goleg y Drindod, Caerfyrddin yn Brif ddarlithydd Cymraeg a Drama. Yn ystod ei hoes bu'n hybu addysg drwy gyfrwng y Gymraeg, a mawr oedd ei dylanwad.

DATHLU GŴYL DEWI

CRIST yr Athro mawr a'n dysgodd
   Sut i barchu deddfau Duw,
Dysgu inni werth cymydog
   A gwir werth pob enaid byw.
Yn ein gwlad fe gawsom ninnau
   Ddewi Sant i'n dysgu ni,
A'i anogaeth lawen ydoedd,
   "Cadw'r ffydd a gedwais i."

Gwneud 'y pethau bychain' pwysig,
   Bod yn llawen yn ein gwaith,
Ydoedd gwir ddymuniad Dewi
   Yn ei bregeth ben-y-daith.
Ac wrth Grist y dysgodd yntau
   Beth yw rhinwedd dysg a moes,
Beth yw'r cysur, beth yw'r gobaith
   Gawn wrth ganlyn Crist y Groes.

Ninnau yn ein dathlu heddiw,
   Canwn glod ar uchel dant,
Am mai dilyn gwersi Iesu
   Wnaed ym mywyd Dewi Sant,
Yn gyd-Gymry, ymfalchïwn
   Yn y traddodiadau gwiw,
Wrth eu cynnal yn ddiollwng
   Y sefydlwn Deyrnas Dduw.

Haydn Davies (1914 – 2006)

Gweinidog ffyddlon gyda'r Annibynwyr a fu'n gwasanaethu ei eglwysi yn Nhrefdraeth, Aberpennar, Trebannws, Pontargothi, Cydweli a Mynydd-y-garreg.

Darllenwr eang, meddyliwr craff ac emynydd llwyddiannus.

IESU, Y SEREN

AR hyd yr anialwch yn rymus o draw,
Ymdeithiai Plant Israel, a llwydd ar bob llaw;
A Balaam, Weledydd, o'i wlad gafodd wŷs
I ddod a melltithio'u minteioedd ar frys:
Ond gwelai yn codi ryw ddydd seren wiw,
A methodd roi melltith ar ben bobol Dduw.

Ymdeithio wnâi doethion ymlaen dros y paith
Gan wybod bod seren yn arwain eu taith,
Brenhinoedd o'r dwyrain yn teithio mewn brys
Â golud cenhedloedd, yn aur, myrr a thus
I'r baban mewn preseb, y seren wen, dlos,
A'r golau'n ei wyneb yn ymlid y nos.

Yr Arglwydd i'r demel yn faban a ddaeth;
Cyffroi holl feddyliau'r lle sanctaidd a wnaeth:
Simeon a welodd ddydd mawr ei ryddhad,
Ac Anna, broffwydes, a daenai'i fawrhad.
Y duwdod yn wyneb y Baban ei hun
A seren y bore yn rhodd i bob un.

Ac yntau'n y deml yn fab deuddeg oed,
Fe wyddai mai hon oedd ei gartref erioed;
Er tybied ei golli, a'i geisio cyhyd,
Fu neb erioed sicrach o'i rawd yn y byd.
Fe dyfodd mewn maint a doethineb a ffydd –
A'r seren ddisgleiriai yn loywach bob dydd.

Er weithiau ei cholli yn nüwch y byd,
Mae'n aros heb gilio'n ei hunfan o hyd:
Mae'n aros uwchben llety llwm teulu'r nos
Yn seren ddynolryw, oleulon a thlos.
Gan edrych ar Iesu ymdeithiwn mewn ffydd,
Nes codi'n ein calon y glaer seren ddydd.

PA LE MAE EFE?

EI einioes orffennwyd mewn anfri a loes,
Yr haul a fachludodd dros fryncyn y groes.
Maen tywyll-anobaith a dreiglwyd dros fedd
Y llon addewidion a'r cysur, a'r hedd.

Dwys geisio yn ddyrys, a holi yn drist
Ym mha le y dodwyd corff drudfawr y Crist.
Ad-dreiglwyd y maen, a goleuwyd y lle,
Gwasgarwyd y milwyr ond, 'Ble mae efe?'

Aeth heibio i'r milwyr ar doriad y dydd,
Ail wawriodd y gobaith, ail gynnodd y ffydd.
Mae'n myned o'n blaen yn Arweinydd o hyd,
Yn Ysbryd a bywyd hyd ddiwedd y byd.

TORIAD DYDD

GYDA thoriad gwawr y dydd
Bethlehem yn gyffro sydd.
Beudy gafodd glodwiw le,
Ganwyd yno d'wysog ne'.

Disgwyl maith amdano fu,
Disgwyl llewyrch oddi fry;
Croeso'r greadigaeth sydd
I'r mab bychan, haul ein dydd.

Engyl glân a seren glaer
Nodai lety Baban Mair;
Doethion a bugeiliaid tlawd
Ddaeth yn un wrth grud ein Brawd.

Anna a Simeon, taer
Welsant wawl y dwyfol Aer;
Gwelsant yr Immanuel
A diddanwch Isräel.

LIW NOS

LIW nos yn ninas Bethlehem,
  'R ôl gosteg cyffro'r dydd,
Heb urddas na rhodres daeth Brenin i'n byd
  Yn faban gwridog ei rudd.

Liw nos ar feysydd Bethlehem,
  Yn nhrymder oriau mân,
I ofnus fugeiliaid cyhoeddwyd y Gair
  Â golau disglair a chân.

Liw nos llewyrchodd seren glaer
  I ddoeth frenhinoedd dri,
A'u denu â'u rhoddion o aur, thus a myrr
  I'r Brenin mwyaf ei fri.

Liw nos ar fyd sydd eto 'mhell
  O Fethlehem a'r crud,
Mae'r Baban a'r angel, a'r golau a'r gân
  Yn cymell ni oll o hyd.

'A'R HAUL WEDI CODI'

MAE'N sain buddugoliaeth dros fidog a chledd:
Daeargryn yng nghalon gwarchodlu y bedd.
Eisteddfa i'r angel yw'r maen fu dan sêl,
Fe'i treiglwyd mewn dirmyg, pob enaid a wêl.

Llieiniau yr angau sy 'mhlyg yn y fan,
Arwyddion adfywiad o gylch ymhob man.
Yn angof mae'r ennaint. Mae'r gwragedd yn ffoi
I geisio'r disgyblion – mae'r frwydyr yn troi!

Goleuni y byd eto'n brydferth a dardd;
Ei siriol belydrau sy'n treiddio trwy'r ardd.
Cysgodion y bore sy'n cyson fyrhau –
'A'r haul wedi codi' mae modd llawenhau.

Mae ymdaith yr Iesu yn rymus o hyd;
Cynhaliaeth yr Eglwys, a gobaith y byd.
Daeth Pasg a'i galondid, mae'n rhaid llawenhau –
Mae'r haul wedi codi, a'i wres yn cryfhau.

PASG TIBERIAS

YN ôl at orchwyl bywyd
Y trodd disgyblion Crist
Dan siom a dwys euogrwydd
A gwag eu bywyd trist.
Yn wag eu rhwydau hefyd
Er gwaetha'u medrus drin,
A'u c'lonnau'n anobeithio
Ar wawr ddigysur, flin.

A hwy, 'bysgotwyr dynion',
Ddychwelodd gyda'r dydd,
Eu methiant yn ddauddyblyg:
Dim helfa a dim ffydd . . .
A'r aflwydd enbyd eithaf
A'u daliodd yn y man
Oedd methu nabod Iesu
A safai ar y lan.

Ond gair tosturiol Iesu
    Ddeffrodd ddisgwyliad byw,
Gan ennyn cyffes lawen:
    'Yn wir, yr Arglwydd yw.'
Â llwyddiant yn eu rhwydau,
    A llonder yn eu bron,
'Roedd ynddynt egni parod
    Tra'n llusgo'r helfa hon.

A gwell na gwres y golosg,
    Na blas y pysgod rhost
Oedd presenoldeb Iesu,
    Yn adfer rhwyg mor dost.
Yr alwad, 'Dewch i frecwast,'
    Yn lladd euogrwydd caeth –
Eneidiau blin yn gwledda
    Yng Nghymun Pasg y traeth.

T. Elfyn Jones (1914 – 2008)

Brodor o Drefach, Felindre, Sir Gaerfyrddin. Bu'n weinidog ffyddlon gyda'r Annibynwyr am ddeugain mlynedd a mwy. Roedd yn emynydd, yn eisteddfodwr brwd ac yn dad i'r bardd Menna Elfyn. Cyhoeddodd y gyfrol Seinio Clod *(2005) sy'n cynnwys llawer o'i emynau, carolau, cerddi crefyddol a homilïau.*

EMYN CYNHAEAF

BLODEUODD y ffigysbren,
caed ffrwyth o'r gwinwydd ir,
blagurodd yr olewydd,
a'r had yng ngwely'r tir;
dan fendith haul a chawod
rhoes Duw ei ddoniau glân,
ffyddlondeb ei gyfamod
a ennyn ynom gân.

Ordeiniodd y tymhorau
a'u hebrwng ar eu taith,
cylchynodd hwy â'i ddeddfau
i wneud eu priod waith;
ei newydd wyrth yw'r cynnydd
a'i wên yw'r aeddfed rawn;
a phrofion o'i ragluniaeth
yw bwrdd ac ydlan lawn.

Ynghanol ein digonedd
ystwytha'n llaw, O Dad,
i rannu â'r newynog
yn rhwydd dy roddion rhad,
dod ynom galon effro
i ingol gri ein hoes,
a thro ein mawl yn aberth
dros gyd-ddyn dan ei groes.

'COFIA YN AWR DY GREAWDWR'

COFIA dy Greawdwr
  Ym moreddydd oes,
Canmol dy Waredwr
  O dan gur a chroes;
Arddel ef yn gyson
  Er pob gwg a gwawd,
Fe ddeil e'n fwy ffyddlon
  Na'r un câr na brawd.

Cofia dy Greawdwr
  Ar awr gŵyl a gwaith,
Diolch am Arbedwr
  Ar beryglus daith;
Cadw'n agos ato,
  A chei ras o hyd
I gasáu a choncro
  Temtasiynau'r byd.

Cofia dy Greawdwr
  Fore a phrynhawn,
Haedda dy Eiriolwr
  Oriau'r dydd yn llawn;
Treulia d'einioes drosto,
  Gweina iddo'n llwyr,
A chei hedd wrth huno
  Pan ddaw blinder hwyr.

EMYN PRIODAS

DEISYFWN Iôr, dy fendith
i'r ddau sydd yma 'nghyd
yn lleisio'u haddunedau
a'u serch yn llanw'u bryd;
wrth iddynt fynd i'w siwrnai
rho brofi gwres dy law,
y llaw a all eu cynnal
pa rwystrau bynnag ddaw.

I'w haelwyd doed llawenydd
a hedd y galon lân,
dan nawdd dy fwyn gymdeithas
dy enw pur fo'u cân;
yn ffyddlon i'w haddewid
doed dyddiau braf neu groes,
a fflam eu serch fo'n cynnau
yn eirias drwy eu hoes.

DIOLCH AM Y BEIBL

DIOLCH am y Beibl,
grasol rodd ein Duw,
bara'r nef i dorri
newyn enaid yw;
balm i bererinion
o dan gur a chraith,
llewyrch cyfamserol
ar anwybod daith.

Diolch am y Beibl
a'i drysorau drud,
cana'r engyl ynddo
i Waredwr byd;
dwed na threulia amser
rinwedd angau'r groes,
clwyfau'r Oen yw gobaith
dynion ymhob oes.

Diolch am y Beibl
droswyd gynt i'n hiaith,
diolch am arddeliad
dwyfol ar y gwaith;
tywys di'n myfyrdod.
ar dy Air, rho flas,
a moliannwn d'Enw,
Arglwydd, am dy ras.

GŴYL DEWI

MOLIANNWN di, O Dduw,
am Dewi Sant,
dy gennad di i'n gwlad
a nawdd i'w phlant;
deisyfwn feddwl pur
wrth gadw'r ŵyl,
a'r heniaith ar ein min
yn ennyn hwyl.

Moliannwn di, O Dduw,
am sant a roes
ei ddoniau i ryddhau
dy Air i'w oes;
boed cofio'i aberth ef
a'i fuchedd lân
droi'n her i wneud ein rhan
yng ngwlad y gân.

Moliannwn di, O Dduw,
  am sant a'i sêl
dros gadw'r ffydd yn ffordd
  i'r oes a ddêl;
a'r pethau bychain sydd
  mor fawr eu gwerth,
fe'u gwnawn, er mwyn dy was
  ond cael dy nerth.

EMYN ORDEINIO GWEINIDOG

O ARGLWYDD, anfon newyn
  Am fanna'r nef i'n gwlad,
A chrea ynom syched
  Am brofi'r dyfroedd rhad;
Dy weision gwisg â'th Ysbryd
  I draethu'r fywiol ffydd,
Bendithia di eu llafur
  Drwy ddwyn y caeth yn rhydd.

O Arglwydd, deffro hiraeth
  Am glywed Gair ein Duw,
A thywallt dy faddeuant
  Yn falm ar enaid briw;
Goleua di ein deall,
  Sancteiddia'n bron â'n cân
A gwna ni'n dystion gwrol
  Drwy rym y bedydd tân.

O Arglwydd, cod fugeiliaid
  A roddo'u doniau'n llwyr
I gyrchu'r coll a'r clwyfus
  I'th gorlan cyn yr hwyr;
Ar lwybrau geirwon unig
  O cadw di ein traed,
Pan fyddont ar ddiffygio
  Datguddia ôl dy waed.

EMYN PLANT

PAN glywaf gân yr adar
  yn llifo'n bêr o'r llwyn,
O ennyn ynof angerdd
i'th foli, Geidwad mwyn.

Pan welaf wên y blodau
ar berth a dôl a gardd,
rho weddi'n wres i'm calon
am ras i dyfu'n hardd.

Pan wyliaf braidd ar lechwedd
a'r ŵyn mor sionc eu llam,
O pâr im geisio'r Bugail
i'm tywys i bob cam.

Pan deimlaf rin yr awel
a'i chyffro 'mrigau'r coed,
O galw fi i'th lwybrau
a'r gwanwyn dan fy nhroed.

EIN PRESWYLFA BARHAOL

TI, Arglwydd, fu'n breswylfa
  I'r cenedlaethau gynt,
Ti hwyliaist eu cerddediad
  A'u cynnal ar eu hynt;
Clodforwn d'enw grasol
  Am bob arwriaeth gref
A gaed ar lwybrau bywyd
  Wrth ufuddhau i'th lef.

Ti, Arglwydd, ein preswylfa
  A'n mwyn Waredwr ni,
Pwy sydd mewn nef a daear
  I'n tywys, ond Tydi?
Rho inni sêl y tadau
  I'n cynnal yn dy waith,
Nes dwyn eneidiau lawer
  I'r bywyd ar y daith.

EMYN GŴYL DEWI

TYDI sy'n anfon gweision
i'r maes i daenu'r had,
O pâr i lafur Dewi
ddwyn cynnyrch yn ein gwlad.

Tydi a roes i Gymru
yn nawdd, ddewisol sant,
O dyro eto ddeuparth
o'i ysbryd ar dy blant.

Tydi a roes i'n gofal
drysorau'r heniaith wiw,
O cadarnha'n diofryd
tra bôm, i'w cadw'n fyw.

Tydi sy'n cynnal gobaith
am weled tecach dydd,
meddianna di ein calon
â'th rym i gadw'r ffydd.

J. D. Williams (1915 – 2006)

EMYN Y PLANT

AM imi gael fy ngeni
Ar aelwyd gynnes glyd,
A chariad pur rhieni
Yn gysur im bob pryd,
Arglwydd grasol, derbyn di
Foliant plentyn bach fel fi.

Am imi gael fy ngosod
Mewn bro sydd megis gardd,
A lliwiau glân ei herwau
Yn syfrdanol hardd,
Arglwydd grasol, derbyn di
Foliant plentyn bach fel fi.

Am imi gael fy magu
   Mewn gwlad mor goeth ei llên,
A'r iaith ar wefus plentyn,
   Y canol oed a'r hen,
Arglwydd grasol, derbyn di
Foliant plentyn bach fel fi.

Am imi gael fy nghodi
   Mewn byd sydd, er ei loes,
Yn dal i foli'r Arglwydd,
   Ac Iesu Grist a'i groes,
Arglwydd grasol, derbyn di
Foliant plentyn bach fel fi.

EMYN CADOEDIAD

AM rif y rhai a roddodd
   Eu cyrff yn ebyrth byw,
A thrwy eu hing a geisiodd
   Ddwyn hedd i ddynol-ryw:
Ein diolch, Iôr, O derbyn di,
Am rin eu haberth drosom ni.

Dy falm, O Arglwydd, dyro
   Ar glwy' pob hiraeth hir;
Ac yn y galon ddrylliog
   Rho brawf o'th heddwch gwir;
A chadw ni rhag meddwl mwy
Mai ofer fu eu haberth hwy.

I ganol rhaib a thrachwant,
   A hunanoldeb dyn,
Disgynned, Iôr, yn ebrwydd,
   Dy Ysbryd di dy hun;
A rho in brofi yn ein hoes
Yr heddwch sydd yng Nghrist a'i groes.

EMYN PRIODAS

TI, a roddaist gynt dy fendith
   Ar y ddau yng Nghana draw,
Edrych weithian ar y ddeuddyn
   Sy'n dod atat law yn llaw.
      Gwên dy gariad
   Wawrio'n hyfryd arnynt hwy.

Wrth wynebu y profiadau
   Llon neu drist, all ddod i'w cwrdd,
Dy gymdeithas di a gadwo
   Bob amheuaeth ddu i ffwrdd.
      Gwin dy gariad
   A felyso ddyddiau'u hoes.

Cadw hwy yn ffyddlon iti
   Ar eu haelwyd, yn eu gwaith;
A boed iddynt fod yn ddiogel
   Yn dy law ar hyd y daith.
      Grym dy gariad
   Fyddo'u nerth a'u noddfa mwy.

D. R. Griffith (1915 – 90)

Ganed ym Mans Eglwys Moreia (Bedyddwyr), Pentre, Cwm Rhondda, y pedwerydd o bump o blant i'r Parchedig Robert Griffiths a'i wraig Mimah. Cafodd ei addysg uwch yn Llundain (pedair gradd o Brifysgol Llundain); bardd; ordeiniwyd yn weinidog gan ei enwad; bu'n ddarlithydd coleg a phrifysgol (Caerdydd); yn gyd-olygydd Diwinyddiaeth *(1954 – 68); Arholwr Allanol i Brifysgol Bryste; cyfieithydd gwych . . .*

ARGLWYDD DDUW, A GREAIST FYDOEDD

ARGLWYDD Dduw, a greaist fydoedd
  Trwy anfeidrol air dy nerth,
Rhoist yn rasol i blant dynion
  Eiriau o dragwyddol werth,
    Codwn lef o fawl a diolch,
  Trysor drud yw Gair ein Duw.

Gynt yng nghalon y proffwydi
  Llosgai'r gair fel ysol dân,
A symbylodd bêr salmyddion
  Nes cyffroi soniarus gân,
    Codwn lef o fawl a diolch
  Am ysbrydiaeth Gair ein Duw.

Dyma'r Gair a nerthodd Iesu
  Yn holl gynyrfiadau'i oes,
Gair a gofiodd yn yr anial
  Ac ar gyfyng awr y groes,
    Codwn lef o fawl a diolch
  Cadarn dŵr yw Gair ein Duw.

Dyma Air y cariad dwyfol,
  Gras i'r truan ac i'r trist,
Gair y groes a'r atgyfodiad,
  Golud maith Efengyl Crist!
    Codwn lef o fawl a diolch
  Gobaith byd yw Gair ein Duw.

Dyma'r Gair sy'n chwilio'r galon
  A bwriadau dyrys dyn,
Llusern gwiw ar hyd ein llwybrau,
  Llewyrch disglair Duw ei hun,
    Codwn lef o fawl a diolch
  Golau claer yw Gair ein Duw.

Dyfal lafur y canrifoedd
A'u medelwyr mwyn, di-ri',
Gasglodd in gynhaeaf hyfryd,
Feibl yn ein mamiaith ni,
Codwn lef o fawl a diolch
Am holl weision Gair ein Duw.

EMYN CYMUNDEB

'ER coffa' wele ni
Yn ffyddlon gyd-grynhoi
I gofio'r Gŵr a gaiff y clod
Tra byddo'r rhod yn troi.

Ni gofiwn am y bwrdd,
Ni gofiwn am y brad,
Ac am y weddi yn yr ardd
Offrymwyd at y Tad.

Rho inni fanna pur
O'r bara ger ein bron;
Goruwch ystafell eto gwna
O'r fan sancteiddiol hon.

Rho inni lawenhau
Â'r cwpan yn ein llaw,
Y gwaed a roes i fod yn win
Fydd syndod byd a ddaw.

Yn sŵn yr emyn dwys
Aeth ef dros Gedron drist;
O nertha ni bob dydd sy'n dod
I ddilyn Iesu Grist.

EMYN SUL Y BLODAU

GOGONIANT, mawl, anrhydedd,
  I ti, ein dwyfol Iôr.
Bu lleisiau plant yn canu
  I ti yn beraidd gôr.

Ti ydyw Brenin Israel,
  Mab Dafydd ydwyt ti;
Yn enw'r Arglwydd daethost
  Yn Frenin drosom ni.

Mae cwmni yr angylion
  Yn moli d'enw glân;
O'r ddaear y mae dynion
  Yn uno yn y gân.

Aeth pobl yr Hebreaid
  Â phalmwydd ger dy fron;
Ein moliant a'n gweddïau
  Offrymwn ninnau'n llon.

I ti, cyn dy ddioddefaint,
  Canasant odlau byw;
Cyflwynwn ninnau'n calon
  Yn rhodd wrth orsedd Duw.

Derbyniaist eu molawdau,
  O derbyn eto nawr,
Ein Brenin grasol, tirion,
  Anthemau plant y llawr.

THEODULPH O ORLEANS (9fed ganrif)
cyf. JOHN MASON NEALE (1818 – 66)
cyf. D. R. GRIFFITH

EMYN PRIODAS

O DDUW y cariad tyner
   A fu yn llunio'r byd,
Y cariad sydd yn cynnal
   Y cread oll ynghyd,
O gwena arnom ninnau,
   Lywiawdwr dynol-ryw,
Boed dydd ein mwyn lawenydd
   Yn ddydd a wnaeth ein Duw.

Grist Iesu, ein cydymaith
   Ym mhob rhyw awr o'n hoes,
Dwyfola ein gorfoledd
   Â chariad pur dy groes.
Tyred yn awr yr uno,
   Rho inni weld dy wedd;
Dy bresenoldeb grasol
   Fydd gwin melysa'r wledd.

EMYN YR ATGYFODIAD

O DDYDD yr Atgyfodiad!
   Cyhoedded daear wiw
Y Pasg o fawr orfoledd,
   Y Pasg o drefniant Duw;
O'r bedd i fywyd bythol,
   O'r ddaear hyd y nef,
Aeth Crist â ninnau drosodd
   Mewn goruchafiaeth gref.

Pob calon fyddo'n burlan,
   Nes gweled eto'n syn
Yr Arglwydd yn nisgleirdeb
   Ei atgyfodiad gwyn;
Pob clust fo'n dyfal wrando
   Ar ei acenion pêr;
Ei 'Henffych well!' buddugol
   Fo'n atsain hyd y sêr.

Boed moliant drwy'r ffurfafen,
  Boed daear yn llawn cân,
Sŵn concwest drwy'r cyfanfyd
  A phopeth ynddo'n lân;
Yr anwel a'r gweledig
  Mewn cytgord dwfn, di-glwy';
Cyfododd Crist yr Arglwydd,
  Llawenydd bythol mwy!

SANT IOAN O DDAMASCUS (*c.* 676 – *c.*754)
cyf. JOHN MASON NEALE (1819 – 66)
cyf. D. R. GRIFFITH

EMYN CENHADOL

O IESU Grist, Waredwr glân
Tylwythau'r byd yn ddiwahân,
Wrth deulu'r ddaear trugarha
Â chariad dwfn y Bugail Da.

Nid mewn pellennig gongl draw
Y clwyfwyd dy sancteiddiaf law;
Canolfan gref ein daear ni
Yw bryn bendigaid Calfari.

Nid ond am deirawr ar y groes
Y dioddefwyd dwyfol loes;
Gwelwyd yng ngrym dy gariad mad
Drueni oesol Duw ein Tad.

O'r groes fe gesglaist ti ynghyd
Blant Duw ar wasgar dros y byd;
Un ydym oll, pob llwyth a lliw,
Drwy'r goron ddrain a'r ystlys friw.

Dros gyfandiroedd eang, maith
Mewn llawer modd a llawer iaith
Boed mawl diderfyn iddo ef
Sydd yn cyfannu teulu'r nef.

MI ADDEWAIS

O IESU, mi addewais
  Dy ddilyn drwy fy oes;
Bydd di yn fythol-agos,
  Waredwr mawr y groes:
Nid ofnaf sŵn y frwydyr
  Os byddi di gerllaw;
Os byddi di'n arweinydd
  Ni chrwydraf yma a thraw.

Rho brofi dy gymdeithas;
  Mor agos ydyw'r byd
A'i demtasiynau cyfrwys
  Yn ceisio denu 'mryd;
Gelynion sydd yn agos
  O'm cylch a than fy mron;
O Geidwad, paid â'm gadael
  Ym merw'r frwydyr hon.

Rho glywed sŵn dy eiriau,
  Acenion clir dy lais,
Uwchlaw holl storm fy nwydau
  A murmur hunan-gais;
Llefara di i'm harwain,
  O Geidwad f'enaid drud,
A gwna fi'n ufudd beunydd
  I'r Un a'm carodd cyd.

J. E. BODE (1816 – 74)
cyf. D. R. GRIFFITH

EMYN HEDDWCH

PAN ymderfysgo pobloedd byd
A chefnu ar y Crist ynghyd,
Cofiwn, uwch pob daearol gri,
Mai ef yw ein tangnefedd ni.

Wrth groes yr Iesu tyr y wawr,
Gobaith holl gyrrau'r ddaear fawr;
Arglwydd cariadlon Calfari,
Efe yw ein tangnefedd ni.

Fe wnaeth y bobloedd oll yn un
Trwy roi ei einioes ef ei hun;
Bugail y defaid coll di-ri',
Efe yw ein tangnefedd ni.

Boed Eglwys Crist o oes i oes
Yn dyfal rodio ffordd y groes
Er colli mawl a moeth a bri,
Efe yw ein tangnefedd ni.

Pob dyfais fentrus ddaw i'n rhan.
Boed er llesâd y tlawd a'r gwan;
Diddymwn rym y pethau sy,
Efe yw ein tangnefedd ni.

Deued y byd anufudd, ffôl,
I ffyrdd doethineb Duw yn ôl,
Boed afon hedd yn llawn ei lli,
Efe yw ein tangnefedd ni.

Y CARIAD ANORCHFYGOL

PWY a'n gwahana, Arglwydd da,
  Oddi wrth dy ryfedd gariad?
Ni all holl rwystrau creulon fyd
  Na grym eu hymosodiad.

Ni all gorthrymder dreng nac ing,
  Na newyn nac enbydrwydd,
Nac ymlid, na'r un cleddyf llym
  Ddod rhyngom ni a'n Harglwydd.

Yn holl dreialon dyrys daith
   A'i chyfyngderau anodd
Yr ydym yn goncwerwyr llwyr
   Drwy ras yr hwn a'n carodd.

'Does dim yn yr uchelder fry
   Na'r dyfnder obry yntau
All beri inni ymbellhau
   Mewn bywyd nac mewn angau.

'Does dim drwy'r cread maith yn drech
   Na'th bwrpas di yn Iesu;
Dros bethau sydd a phethau fydd
   Dy gariad sy'n teyrnasu.

TYDI, A DDAETHOST GYNT O'R NEF

TYDI, a ddaethost gynt o'r nef
I ennyn fflam angerddol gref,
O cynnau dân dy gariad di
Ar allor wael fy nghalon i.

Boed yno, er gogoniant Duw,
Yn fflam anniffoddadwy, fyw,
Yn dychwel i'w ffynhonnell fyth
Mewn cariad pur a mawl di-lyth.

O Iesu, cadarnha fy nod
I hir lafurio er dy glod,
I wylio dros y sanctaidd dân
A deffro'r doniau nefol, glân.

Yn ufudd mwy, o ddydd i ddydd
Offrymaf actau serch a ffydd
Nes dyfod angau, d'olaf ddawn,
A gwneud fy aberth tlawd yn llawn.

CHARLES WESLEY (1707 – 88)
cyf. D. R. GRIFFITH

Islwyn Lloyd (1916 –74)

Brodor o'r Gendros, Abertawe, a'i dylwyth gynt o Ddyffryn Tywi. Yn ystod yr Ail Ryfel Byd bu'n gweithio mewn fforestydd ac ar ffermydd. Yna aeth i Goleg Llandrindod, ac am weddill ei oes bu'n dysgu Cymraeg a phynciau cyffredinol yn Ysgol Brynmill, Abertawe. Cyhoeddwyd detholiad o'i ganiadau mewn cyfrol fechan: Emynau a Cherddi *(1977).*

LLAIS YR IESU

CERDDAIST, Iesu, fôr Tiberias,
  A gostegaist rym y don,
Tyred eto â'th dangnefedd
  I'r dymhestlog galon hon.

Gad im glywed yn y ddrycin
  Sain calondid yn dy lef,
A disgleiried yn dy wyneb
  Obaith o gyfeiriad nef.

Llais y nef a fynnaf glywed,
  Peraidd hyfryd lais fy Nuw,
Pe cawn glywed llais yr Iesu
  Dedwydd bellach fyddwn fyw.

Yna'r awn drwy'r nos yn wrol
  I wynebu grym y lli,
Heb un dychryn arnaf bellach
  Am it farw drosof fi.

AM HEDDWCH

DY ofal cu, O Geidwad mawr,
Dros ein cartrefi dyro nawr,
Dy ddeddfau di fo deddfau'n gwlad,
O gwared hi rhag drwg a brad.

Bendithia'n plant â'th ras, O Dduw,
Gad iddynt ddysgu'r ffordd i fyw,
I barchu'r gwir a'r gorau sydd,
Cysegra hwy, cryfha eu ffydd.

Rhag dicter a chenfigen gas,
O llanw ni â'th ddwyfol ras,
Boed nawdd dy gariad drosom ni,
A gwna ni'n ffyddlon iawn i ti.

Rhag rhyfel erchyll, arbed fyd
A fyn anghofio d'aberth drud,
Dwg y cenhedloedd at dy draed
A chadw hwy rhag tywallt gwaed.

CRIST YN NODDFA

IESU mawr, bydd imi'n nodded
 Yn y storm sy'n rhwygo'r lli;
Dyro weledigaeth eto
 I bechadur fel myfi.

Dysg im gerdded yn dy lwybrau,
 Arwain fi ar hyd fy oes;
Gad im gofio ing yr angau
 A wynebaist ar y groes.

Cofio'r gwawd, a chofio'r dirmyg,
 Chwys yr ardd a Chalfari;
Cwpan chwerw yfaist yno
 Dros un euog fel myfi.

Rho im argyhoeddiad bellach,
 Rho im weld fy ffordd yn glir;
Nertha 'nghamre gwan sigledig
 Ar fy nhaith drwy'r anial dir.

Yn dy glwyfau mae fy ngobaith,
　　Ynot ti y mae iachâd,
Nid oes hyder im o unman
　　Ond trwy aberth mawr dy wa'd.

Ti fu'n dioddef ar Galfaria,
　　Gethsemane gynt, a'r brad,
Er mwyn rhoi i bechaduriaid
　　Iachawdwriaeth ddwyfol rad.

CARIAD YR OEN

MEWN dyffryn anobaith o ddagrau a phoen
Y byddem heb wybod am gariad yr Oen.
Crist Iesu yw'n llusern, a ffynnon ein gras,
A thrwyddo daw concwest ar bob pechod cas.

Cysegrwn ein meddwl a'n hysbryd yn awr
I'r Mab a fu farw dros feibion y llawr.
Dioddefodd bob gwarth, pob casineb a loes,
Offrymodd ei hunan ar bren garw'r groes.

Tywysog Tangnefedd a Brenin y nef.
Clodforwn ei enw a'i fendithion ef;
Boed Iesu yn frenin ein bywyd bob dydd,
Yn Geidwad, yn Arglwydd a sylfaen ein ffydd.

DILYN IESU

OS caf Iesu nawr i'm harwain
　　Byth nid ofnaf golli'r dydd,
Yn ei lwybrau byddaf eofn,
　　Yn ei allu, rhof fy ffydd:
　　　　Ef a wybu
　　Anawsterau mawr y daith.

Llwybrau dyrys yr anialwch –
Mi a'u cerddaf yn ei law,
Holl derfysgoedd y tywyllwch,
Ni rydd imi mwyach fraw,
Yn y diwedd,
Buddugoliaeth fydd fy rhan.

Cans fy ffydd sydd yn yr Iesu,
Yn ei ryfedd gariad ef,
Ac yng nghwmni fy Ngwaredwr
Teithiaf bellach tua thref.
Yno gwelir
Hen wynebau annwyl iawn.

CWMNI'R IESU

PROFI'N wastad o'i dangnefedd,
Llwyr faddeuant am bob bai:
Hyn a geisiaf gan fy Arglwydd,
Byth ni allaf ofyn llai;
Ar fy ngliniau
Gwn y byddaf gryfaf fyth.

Crist sy'n cynnig iachawdwriaeth
I'r afradlon gwael ei lun:
Gylch yn lân yr euog aflan
Yn ei werthfawr waed ei hun;
Golch fi, Iesu,
Fel y trigwyf gyda'th saint.

Gad im gerdded llwybrau'r cymod
Sydd yn arwain tua thref,
Llwybrau a balmantwyd eisoes
Gan Dywysog mawr y nef,
Yn dy lwybrau
Hoffwn innau rodio mwy.

D. J. Thomas (1916 – 99)

Brodor o Frynaman Isaf. Bu'n weinidog gyda'r Annibynwyr am ddeugain mlynedd a mwy: bardd, emynydd cynhyrchiol ac eisteddfodwr brwd a llwyddiannus. Cyhoeddodd ddetholiad o'i emynau a charolau dan y teitl Gawn ni Ganu *(1994).*

EMYN PRIODAS

ARGLWYDD, arwain ni yn dirion
   At dy allor yma nawr,
Gad in deimlo naws y cariad
   Sydd yn llonni teulu'r llawr:
Yma cawn brofiad llawn
O gymdeithas Duw a'i ddawn.

Tyred, Iesu, i'r briodas
   I fendithio mab a merch,
Gwened heulwen ar y fodrwy,
   Rho dy sêl ar rwymyn serch;
Ti dy hun, Fab y Dyn,
A all gadw'r ddau'n gytûn.

O sancteiddia di'r cyfamod,
   Dyro'r gwlith o ddwyfol rin;
Gras y nef sydd yn dy eiriau,
   Gyda thi ni phalla'r gwin;
Mae dy wedd yn dwyn hedd
A llawenydd gwir i'r wledd.

Er dy glod boed iddynt rodio
   Ar eu taith yn lân eu moes;
Cadw hwy yn nyddiau hawddfyd,
   A phan ddaw treialon oes:
Bydd yn Llyw, Arglwydd Dduw,
Dangos di y ffordd i fyw.

EMYN URDDO

DEUWN, Iôr, yn ostyngedig,
  Ac ymbiliwn yn gytûn
Am ymweliad o'th Lân Ysbryd
  I'n sancteiddio ni bob un:
    Gwrando'n gweddi
  Yma'n wylaidd ger dy fron.

O mor ddwys yw awr neilltuo
  Cennad newydd at ei waith,
Rho dy gwmni yn wastadol
  I'w gysgodi ar y daith;
    Dyro iddo
  Glywed llais y Bugail Da.

Arddel di, O Dduw, ei lafur,
  A rho iddo d'anian bur,
Boed i ninnau fod yn effro
  Megis gwylwyr ar y mur:
    Gwna ni'n deilwng
  O dreftadaeth teulu'r ffydd.

EMYN PRIODAS

EIN Duw, dyrchafwn foliant
  Gerbron dy allor lân;
A cheisiwn ddawn dy ysbryd
  I seinio llawen gân:
Bendithia di'r cyfamod
  Sy'n rhwymo dau yn un,
A selia'r addunedau
  I gerdded yn gytûn.

Tydi, O Dduw, sy'n rhoddi
Dy drugareddau hael;
Bydd di i'r ddeuddyn yma
Yn gymorth hawdd ei gael;
Gad iddynt weled eto
Y wyrth yn llonni'r wledd,
A llanw di eu bywyd
O hyd â'th hyfryd hedd.

Boed ynddynt rhin dy gariad,
Dan wenau haul y nen;
Ac amlwg ymhob cwmwl
Y llaw tu ôl i'r llen:
Cysegra di eu cartref,
A chadw hwy'n ddi-loes;
Rho iddynt ras i weithio
Dros Iesu drwy eu hoes.

EMYN BOREOL I BLANT

O IESU annwyl, derbyn
Ein salm foreol ni,
Am gael cysgodi beunos
O dan dy adain di;
Bugeilia ni â'th gariad
I'n cadw rhag pob loes,
A nertha ni i'th ddilyn
Yn ffyddlon drwy ein hoes.

Ein braint ydyw dilyn,
Ein braint yw dilyn Crist;
Ein braint ydyw dilyn
Ein braint yw dilyn Crist .

Ym more'r dydd tyrd atom
I'n harwain ar y daith,
Rho degwch yn ein chwarae,
A blas i wneud ein gwaith;
Bendithia di'r athrawon
Sydd am ein dysgu'n iawn
Trwy wersi ac ymarfer,
A dangos gwerth pob dawn.

Os rhodiwn yn dy gwmni
O fore hyd yr hwyr,
Bydd rhwystrau a gofalon
Yn cilio draw yn llwyr:
Y nod yw llwybro'n gywir,
A pharchu deddfau Duw,
Gan wneud y ddaear gyfan
Yn drigfan well i fyw.[1]

DECHRAU OEDFA

O DDUW, yn awr o fewn dy dŷ
Disgynned d'Ysbryd oddi fry,
A gad in deimlo'r oedfa hon
Fod croeso inni ger dy fron.

Rhyw werddon dawel ydyw'r awr
I orffwys rhag blinderau'r llawr,
A melys ydyw profi gwledd
Munudau sydd yn llawn o hedd.

Yn sŵn y Gair a sain y gân
Y deuwn at yr allor lân,
Mae llwybrau gweddi'n dal o hyd
Yn llawer gwell na ffyrdd y byd.

[1] Buddugol yn yr Eisteddfod Genedlaethol – Cwm Rhymni 1990.

Daw Iesu Grist i'n canol ni,
Lle bynnag byddo dau neu dri,
Yn Iesu'n wir mae gras y nef
A bendith gawn o'i gwmni ef.

BEDYDD

O IESU, cyfaill plant drwy'r byd,
Down atat yma nawr,
Mor werthfawr yw dy gwmni drud,
A gwlith y fendith fawr;
Mae cysur yn dy eiriau di:
'Gadewch i blant ddod ataf fi.'

Mae rhinwedd yn yr ordinhad,
Mor bur â gras y nef,
A daw maddeuant a glanhad
O ffrwd yr orsedd gref.
Disgynned y golomen wen
Fel arwydd Duw ei hun o'r nen.

Rho inni eto'r bedydd tân,
A gwres yr afiaith gynt,
Dydd Pentecost yr Ysbryd Glân,
Y llais a'r nerthol wynt;
Mae'r Eglwys heddiw am fwynhau
Y ddawn ysbrydol i'w bywhau.

Y CYMUN

RHODDODD Crist â'i eiriau
Sail i'r ordinhad,
Mewn goruwchystafell
Cyn yr ing a'r brad.

Torrodd ef y bara,
   A bu'n rhannu'r gwin,
Ac yn sŵn yr emyn
   Aeth i'r nos a'r drin.

Deuwn ninnau'n ufudd
   I'w orchymyn ef,
Mae'n ein denu eto
   Â'i ewyllys gref.

Cofiwn am ei gariad
   Ar Galfaria fryn,
Cofiwn am ei goncwest
   Ar y bore gwyn.

Yn y Cymun sanctaidd,
   Daw o hyd i'n cwrdd;
Profwn ei dangnefedd
   Yma wrth y bwrdd.

EMYN CYNHAEAF

TYDI, O Grëwr nef a llawr,
   Mor deilwng wyt o'r clod
Am ryfeddodau'r gofod mawr
   A phob peth sydd yn bod;
Na foed i ni ddifwyno gwaith
Dy ddwylo di drwy'r oesau maith.

Tydi a luniaist ddeddfau cudd
   I'r ddaear roi ei chnwd,
Gan ddarpar bara in bob dydd
   Trwy lafur gweithwyr brwd;
Rho inni, Arglwydd, archwaeth gref,
A gad in flasu Bara'r nef.

Tydi yn dy Ragluniaeth hael
    Sy'n cynnal dynol-ryw,
A rhoi tymhorau yn ddi-ffael,
    Ac awyr iach i fyw;
Dy gariad drud sydd yn ddi-drai,
Yn llifo'n bur er maint ein bai.

Tydi sy'n gwynnu maes y grawn,
    Ac yn bendithio'r ŷd,
Yn rhoddi ysguboriau llawn
    I borthi yr holl fyd;
O planna d'Ysbryd ynom ni,
I rannu'n deg dy wyrthiau di.[1]

EMYN PRIODAS

TYRD atom ni, O Arglwydd,
    Ar ddydd priodas lon,
A gwêl y ddau sy'n plygu
    Yn wylaidd ger dy fron;
Fel gynt yng Ngalilea
    Gad inni brofi blas
Y gwin sy'n llifo'n gyson
    O ffynnon lawn dy ras.

Sancteiddia di y cariad
    A'u dug i'r bore gwyn,
A gwlith y fendith ddwyfol
    Fo ar y ddeuddyn hyn;
Arweinia hwy â'th ysbryd
    Yn ffordd y bywyd pur,
A chadw hwy'n ddiogel
    Rhag drygau'r byd a'i gur.

[1] Buddugol yn yr Eisteddfod Genedlaethol – Dyffryn Conwy a'r Cyffiniau 1989.

Cysegra'r weddi dawel
Sy'n esgyn yn ein cân
Wrth dystio i'r cyfamod
Gerbron yr allor lân;
Doed Iesu Grist yn westai
I'r oedfa drwy y pyrth,
Mor barod ei gymwynas
Yw'r Gŵr sy'n gwneud y wyrth.

DECHRAU OEDFA

YN wylaidd mewn defosiwn
Y deuwn, Arglwydd Dduw,
Gan ddeisyf yn ein gweddi
Am gwmni Iesu byw;
Mae'n barod i ymuno
Lle byddo dau neu dri
Yn disgwyl am fendithion
Gerbron dy allor di.

Yn naws yr orig dawel,
Tyrd, awel fwyn, i'r oed,
A gad i'r gweddill deimlo
Y cyffro fel erioed;
Disgynned dawn yr ysbryd
I'n bywyd fel y gwlith
I roddi inni ragflas
O'th deyrnas yn ein plith.

Pan fyddwn yn ymadael,
A throi i drafael byd,
Ac ofnau a gofalon
Yn pwyso'n drwm o hyd;
Boed hedd y weddi'n aros
Yn agos ar ein taith,
I'n cadw fyth yn ffyddlon
A bodlon yn dy waith.

Owen Thomas Evans (1916 – 2004)

Brodor o Rydlewis, Ceredigion a fu'n weinidog gyda'r Annibynwyr am ddeugain mlynedd a mwy. 'Roedd yn fardd, emynydd ac eisteddfodwr llwyddiannus.

CYN DELO'R HWYR, O GRIST!

CYN delo'r hwyr, O Grist!
A'i gysgod dros ein tir,
Rho in gyfaredd byw
A hoen y rhyddid gwir;
Lle cerdd y fflam yn hy
Rho nawdd dy gryfder glân,
A dwg lawenydd pur
I loriau dawns a chân.

Cyn delo'r hwyr, O Grist!
Ar lwybrau mab a merch,
Uwch twyll allorau'r byd
Cysgoda allor serch;
Rhag chwerw flas y gwin
A siom y breuddwyd brau,
Rho brawf o'th gariad di,
Y cariad sy'n parhau.

Cyn delo'r hwyr, O Grist!
Arfoga ni i'r daith,
Yn ieuanc er dy fwyn,
Yn ieuanc yn dy waith.
Ymddiried ynot mwy
Yw'n gobaith am a ddaw:
Mae golau lle 'rwyt ti
Tu hwnt i'r ffrindiau draw.

EMYN YR URDDO
mewn Cwrdd ordeinio neu sefydlu Merch yn Weinidog.

TI sy'n lledu ein gorwelion
  A'n goleuo oddi fry;
Ti sy'n llunio ein dyfodol
  Wrth allorau hen dy dŷ;
    Rho i'th gennad
  Wefr dy alwad dan ei bron.

Heddiw'n sŵn terfysgoedd daear
  Boed ei hyder ynot ti;
Dyro iddi glust, O Arglwydd,
  Lle bo cwyn i wrando cri;
    Cariad Iesu
  A'i dangnefedd fyddo'i rhan.

Ti sy'n adnewyddu d'eglwys
  Drwy'r canrifoedd ar ei thaith;
Ti sy'n galw'r ferch yn Seion
  I roi bywyd yn dy waith –
    Bywyd newydd
  A sirioldeb d'Ysbryd Glân.

Y GROGLITH

O DDUW y cariad mawr
  A gobaith llwch y llawr,
Rho faich euogrwydd in bob un,
Nyni a grewyd ar dy lun,
  A rhwyga gwr y llen
  Ar Grist ynghrog ar bren,
Fel caffom weld dy aberth di
Uwchlaw ein holl aberthau ni.

Rhoi'r cleddyf yn y wain
Ar gysegredig lain
Yn wyneb gwawd y byd a'i frad
A wnaethost ti yng Nghrist, O Dad.
  Mae rhu y gynnau draw,
  Terfysgoedd ar bob llaw,
Yn edliw in barhad dy loes
A'th ingol gri ar bren y groes.

Dy ysbryd rho i ni,
Mae bywyd ynot ti;
Rho brofi'r grym sy'n drech na chur
Y goron ddrain a'r hoelion dur.
  Mae'r Iesu eto'n fyw,
  Dy anfonedig yw,
A dwg eglwysi cred ynghyd
Mewn cariad, fel y credo'r byd.

HEDDWCH

TYDI a rodiaist fôr Tiberias gynt,
Tawelaist ofnau'r fron a thwrf y gwynt,
Ar donnau'r gwagle draw bydd eto'n llyw,
O Fab Tangnefedd, Anfonedig Duw.

Yn nos y prawf ar gysegredig lain
Dewisaist gladdu'r cleddyf yn y wain,
Yn sŵn terfysgoedd daear clyw ein cri
A phontia'r pellter rhyngom a thydi.

Daethost a'r drysau'n gaead wedi hyn
I adfer gobaith yn y dyrnaid syn,
O tyred atom ninnau, Arglwydd Iôr,
Tydi na ŵyr gaethiwed maen na dôr.

Tydi yw ffordd y cymod ym mhob oes,
A'n hyder anorchfygol dan bob croes;
Yn nos y drin, O cofia'r rhai di-gledd
A rho oleuni mwyn, Dywysog hedd.

BENDITHIA NI, O ARGLWYDD

TYDI ar fôr Tiberias
  Fu'n dofi llid y don,
Goleuaist lwybrau'r dyfnder,
  Tawelaist ofnau'r fron;
Ar fordaith ein blynyddoedd
  Rho nawdd dy gadarn law,
Dwg lu i'r hafan dawel
  O fôr y brwydro draw.

Tydi yn hedd y mynydd
  Benliniaist lawer gwaith,
Dychwelaist yn gryf arfog
  I gerdded eitha'r daith;
Pan fyddo'r groes yn ymyl
  A'r niwloedd dros ein tir,
Rho hedd i'r cwmni bychan
  A mynydd Duw yn glir.

Tydi a grynaist gread
  Un bore wedi hyn,
A dod drwy ddrysau caead
  Gerbron y dyrnaid syn;
Lle byddo'r maen yn pwyso
  A'n llwybrau yn ddi-gân,
Rho rym dy atgyfodiad
  A fflam yr Ysbryd Glân.

YR HEUWR MAWR

TYDI, O Dduw'r amynedd mawr,
Sy'n taenu sanctaidd had ar lawr,
Am fin y ffordd tydi a ŵyr
A'r gobaith sy'n diflannu'n llwyr:
Bendigwn di yng Nghrist, O Dad,
Dy fod yn dal i hau yr had.

Tydi a ŵyr ein crwydro rhydd
Am na ddaliasom wres y dydd,
O maddau'r llw a wnaethom ni
Yng ngwres y fflam i'th ganlyn di:
Bendigwn di yng Nghrist, O Dad,
Dy fod yn dal i hau yr had.

Tydi a wêl ein duwiau ffôl
A'n cyrchu beunydd ar eu hôl,
Goludoedd daear aeth â'n bri
A'n cyfoeth yw ein tlodi ni:
Bendigwn di yng Nghrist, O Dad,
Dy fod yn dal i hau yr had.

Nid oes a ŵyr dy lwybrau draw,
Mae'r grynnau eto dan dy law:
Ti biau'r wyrth, ti biau'r gân
A chynaeafau'r Ysbryd Glân:
Bendigwn di drwy'r cread oll
Am rin y grawn nad aeth ar goll.

YR YSBRYD GLÂN

YNGHANOL temtasiynau'n hoes
   A'i hanghrediniaeth hy
Erfyniwn am dy awel gref
   A'r grymoedd oddi fry.

O maddau'n difaterwch clyd
   A phob hunanol hedd,
Uwch moethau ein gorllewin dir
   Dinoetha fin dy gledd.

Rho ysbryd newydd in o weld
   Bod dyn i ddyn yn frawd,
O cadw ni rhag balchder hil
   Wrth gofio'r gwledydd tlawd.

Mae'r Eglwys hebot ti ar chwâl
    Yn gwywo, ddarn 'rôl darn,
Rho in d'adnabod, Ysbryd Glân,
    Yn gariad ac yn farn.

W. J. Gruffydd (**'Elerydd'** 1916 – 2011)

Un o Ffair-rhos, Ceredigion a fu'n Weinidog gyda'r Bedyddwyr rhwng 1946 a 1980. Bardd llwyddiannus (enillodd y Goron ddwywaith yn yr Eisteddfod Genedlaethol ym 1955 a 1960), ac fe'i dyrchafwyd yn Archdderwydd (1985 – 87). Awdur toreithiog.

ARGLWYDD, RHODDAIST INNI

ARGLWYDD, rhoddaist inni
    Ddawn mewn llais a chân.
Rhoddaist inni hefyd
    Ddoniau'r Ysbryd Glân.
Mae llawenydd bywyd
    Yn dy gwmni di.
Canwn mewn gorfoledd
    Gân ein moliant ni.

Hen ac ifanc ydwyt,
    Y tragwyddol Dduw.
Ti yw'r cariad oesol,
    Ti yw'r grym i fyw.
Rhoddaist Fab dy fynwes
    Dros bechodau'r llawr.
Ciliodd nos gofidiau,
    Daeth y bore wawr.

Nerthu ein cyndadau
    Wnaethost ar eu taith.
Cadw ninnau eto'n
    Ddyfal yn ein gwaith.
Doed yr hen bwerau,
    Doed yr awel gref.
Boed i lwybrau'r ddaear
    Agor llwybrau'r nef.

Y DAITH DRWY'R NOS I'R WAWR

O IESU Mawr, mi fynnaf gerdded mwy
Hyd eitha'r daith,
Gan ddilyn ôl dy draed wrth dramwy drwy
Y niwloedd maith;
Bu rhywrai'n ddewr o'm blaen, teithiasant hwy
Er croes a chraith.
Rhoist imi lewyrch dy oleuni claer
Rhag syrthio ar y ffordd, O Fab y Saer.

Yn deithiwr blin fe gerddaist tithau gynt
Dros lwybrau'r llawr,
Gan ddringo'r mynydd ar dy ryfedd hynt
Rhwng gwyll a gwawr;
Ac yno, ganol nos, bu cwyn y gwynt
A'r weddi fawr.
Rho nerth dy ras i mi, O Fab y Dyn,
I blygu fel y plygaist ti dy hun.

Rhag imi droi'n wrthgiliwr, cadw fi
Drwy'r daith i'r nef;
Os daw i minnau groes a Chalfari
Y storom gref,
Er gwaetha'r byd mi gaf dy gwmni di,
Mor fwyn dy lef.
Fe dry pob tristwch amser yn fwynhad
Gan swyn dy dyner lais, O Fab y Tad.

Tu hwnt i'r nos mae dinas hardd ei gwedd
Fel haul ar fryn,
Yn ei llawenydd hi caf brofi hedd
Y golau gwyn;
Mi gerddaf ati mwy heb ofni'r bedd
Yn niwl y glyn.
Ffarwél, ofidiau'r byd, ymlaen mae'r wawr,
'Rwy'n dod o gam i gam, O Iesu Mawr.

Ann Laura Hughes, Harlech (1916 – 77)

EMYN PRIODAS

TYDI a greodd fab a merch
Ar ddelw Duw ei hun,
Tydi a roddodd iddynt reddf
I gymod yn gytûn;
O cadw'r ddeuddyn hyn o hyd
Yng ngwres y fflam o'th gariad drud.

Tydi a grea'u haelwyd hwy
Yn syml neu yn wych,
Tydi fydd yno gyda hwy
Mewn iechyd ac mewn nych;
O cadw'r ddeuddyn hyn o hyd
Yng ngwres y fflam o'th gariad drud.

Tydi rydd iddynt fraint, O Iôr,
I fod yn fam a thad,
Tydi gyfeiria'u plant bob un
I'w llwybrau, Iesu mad;
O cadw'r ddeuddyn hyn o hyd
Yng ngwres y fflam o'th gariad drud.

Tydi ar hyd eu troellog daith
Wna gymysg fyd yn wyn,
Tydi ar derfyn dyrys oes
Fydd yno yn y glyn;
O cadw'r ddeuddyn hyn o hyd
Yng ngwres y fflam o'th gariad drud.[1]

[1] Buddugol yn yr Eisteddfod Genedlaethol – Y Barri a'r Fro 1968.

GWASANAETH MEWN YSBYTY

TYDI yng Ngalilea draw
Fu'n gwella'r claf o'i glwy',
Tydi wrth lyn Bethesda gynt
Dosturiodd fwy a mwy;
O tyred eto, Feddyg Da,
Â'th falm i wella pob rhyw bla.

Tydi a ŵyr anghenion fyrdd
Dy blant dan friw a phoen,
Tydi rydd nerth i'w hadfer hwy
I iechyd llawn a hoen;
O tyred atom, Feddyg Da,
Â'th falm i wella pob rhyw bla.

Tydi gyfeiria ddwylo cain
Pob nyrs a meddyg mwyn,
Tydi rydd iddynt hyder llawn
Yng ngwaith y dydd i'w ddwyn;
O tyred drwyddynt, Feddyg Da,
Â'th falm i wella pob rhyw bla.

Tydi sy'n cynnal einioes dyn
A gwrando'r ddistaw lef,
'Rwyt ti yn haeddu diolch gwir
Am estyn braich mor gref,
Ac am it ddyfod, Feddyg Da,
Â'th falm i wella pob rhyw bla.[1]

[1] Cyd-fuddugol yn yr Eisteddfod Genedlaethol – Sir Benfro 1972.

David Thomas 'Dewi Tudur', Betws-y-coed (*fl.* 1916)

YN DY GWMNI, ADDFWYN ARGLWYDD

YN dy gwmni, addfwyn Arglwydd,
Gad im dreulio'm horiau'n llwyr;
Yn dy gwmni er pob rhwystrau
Gad im aros hyd yr hwyr:
Yn dy gwmni,
Dyma noddfa f'enaid tlawd.

Yn dy gwmni gad im aros,
Eiddil ydwyf fi yn awr;
Cael dy gwmni wnâi fy mywyd
Yn rhyw nefoedd ar y llawr:
Cael dy gwmni
Dry ofidiau'r daith yn gân.

Yn dy gwmni, Iesu tirion,
Y dymunwn i gael bod;
Mae dy freichiau yn agored
I fy nerbyn – 'rwyf yn dod:
Yn dy gwmni
Ni ddiffygiwn ar y daith.

Yn dy gwmni trwy yr anial
Yn goncwerwr deuaf fi;
Af ymlaen gan gadw 'ngolwg
Ar y groes a Chalfari:
Yn dy gwmni
'Mlaen mi gerddaf ar fy nhaith.

Huw Ethall (1916 – 2013)

Brodor o Gaernarfon a fu'n fyfyriwr yng Ngholeg y Brifysgol, Caerdydd ac yng Ngholeg y Presbyteriaid, Caerfyrddin. Fe'i hordeiniwyd yn Weinidog gyda'r Annibynwyr a bu â gofal eglwysi'r enwad ym Mhorthmadog, Garnant, Caerfyrddin a Sgeti, Abertawe. Llenor ac emynydd.

DERBYN DDIOLCH

O ARGLWYDD, derbyn ddiolch
  Dyledwyr mawr dy dŷ
Wrth gofio hir dystiolaeth
  Ein holl ragflaenwyr cu.
Hwy roddodd inni aelwyd
  Gariadlawn, gynnes, lân
Nes tynnu'r nef 'n agosach
  A rhoi i'n calon gân.

Wrth gofio'r tystion ffyddlon
  Balmantodd ffordd o'r tŷ
Gan ddangos trwy esiampl
  Y ffordd ragorach sy,
Gwna ninnau oll fel hwythau'n
  Ddisgyblion teyrngar, byw
I Arglwydd y gogoniant,
  I Geidwad dynol-ryw. [1]

Dyfnallt Morgan (1917 – 94)

Bardd, llenor, cynhyrchydd BBC, cyfieithydd. Ganed ym Mhenydarren, Dowlais, a magwyd ef yn eglwys yr Annibynwyr yn y Gwernllwyn, Dowlais. Pan ddaeth yr Ail Ryfel Byd, safodd fel heddychwr a gwrthwynebydd cydwybodol. Golygodd nifer o lyfrau a throsodd i'r Gymraeg lu o ganeuon ac emynau.

---
[1] Emyn dathlu pen blwydd Eglwys Minny Street, Caerdydd yn 125 oed yn 2009.

✓

PATERNOSTER

NEFOL Dad, sancteiddier d'enw,
Doed dy deyrnas yw ein cri,
Dy ewyllys di a wneler
Ar y ddaear gennym ni.
Teyrnas nefoedd, teyrnas nefoedd
A'i thangnefedd fo ein rhan.

Nefol Dad, rho inni heddiw
Fara fel y caffom fyw;
Megis y maddeuwn ninnau,
Maddau di i ni, O Dduw.
Dy drugaredd, dy drugaredd
Sy'n dragwyddol ei barhad.

Cadw ni rhag profedigaeth,
Gwared ni rhag drygau'r fall;
Canys eiddot ti yw'r deyrnas,
Eiddot ti yw'r nerth di-ball,
A'r gogoniant, a'r gogoniant
Yn oes oesoedd, Nefol Dad.

D. Eirwyn Morgan (1918 – 82)

Brodor o Ben-y-groes, Sir Gaerfyrddin. Bu'n rhan o eglwys y Bedyddwyr, Saron, Llandybïe o'r cychwyn. Fe'i hordeiniwyd yn weinidog gyda'r enwad ym 1944. Yn ddiweddarach aeth i Goleg y Bedyddwyr, Bangor yn Athro Athroniaeth a Diwinyddiaeth ac yna penodwyd ef yn Brifathro'r Coleg (1971 – 80). Mawr oedd ei ddiddordeb mewn emynyddiaeth, a chyda John Hughes, Dolgellau, cyd-olygodd Mawl yr Ifanc *(1968). Cyfieithodd ac ysgrifennodd nifer o emynau hyfryd. Roedd yn un o sylfaenwyr Cymdeithas Emynau Cymru.*

ABERTH CRIST DROSOF FI

ANWYLAF Grist, dy sanctaidd ben
Dan ddrain fu drosof fi;
Dy fendith tywallt ar fy mhen,
Im feddwl drosot ti.

Anwylaf Grist, dy ddwylo gwyn
  A hoeliwyd drosof fi;
Dy fendith ar fy nwylo boed
  I weithio drosot ti.

Anwylaf Grist, dy sanctaidd draed
  A hoeliwyd drosof fi;
Dy fendith tywallt ar fy nhraed
  Fel y dilynont di.

Anwylaf Grist, dy galon lân
  Drywanwyd drosof fi;
Dy Ysbryd yn fy nghalon dod
  Fel byddwyf byw i ti.

Y TAD ANDREW (1869 – 1946)
cyf. D. EIRWYN MORGAN

IESU'N CEIDWAD A'N CYNHALIWR

ARGLWYDD pob gobaith, ac Arglwydd pob hoen,
Na threchwyd dy ffydd gan na gofal na phoen, –
Bydd yma pan godwn, a dyro yn rhydd
Lawenydd i'n calon ar doriad y dydd.

Arglwydd pob hyder, lafurwr mor daer,
Dy ddwylo fu gryfion wrth offer y saer, –
Bydd yma pan weithiwn, a dyro yn rhydd
Dy nerth i'n calonnau ar ganol y dydd.

Arglwydd mwyneidd-dra, ac Arglwydd pob gras,
A'th ddwylo a'th freichiau mewn croeso i ma's, –
Bydd yma i'n derbyn, a dyro yn rhydd
Dy gariad i'n calon cyn diwedd y dydd.

Arglwydd tiriondeb, dawelwr y don,
Dy lais ddaw â'r balm pan fo braw dan ein bron, –
Bydd yma pan hunwn, a dyro yn rhydd
Dangnefedd i'n calon ar derfyn y dydd.

JAN STRUTHER (1901 – 53)
cyf. D. EIRWYN MORGAN

PAN GYFLAWN SYLLAF AR Y GROES

PAN gyflawn syllaf ar y groes
Lle trengodd ieuanc d'wysog nef,
Colled i 'mryd yw cyfoeth oes
A dirmyg rof ar f'ymffrost gref.

Gwahardd f'ymffrostio, Arglwydd mawr,
Mewn dim ond Crist, Fab Duw, a'i waed!
Pob peth o blith gwageddau'r llawr
A'm swyna, dwg o dan ei draed.

Gwêl di, o'i draed, ei ddwylo, a'i ben
Gariad ac ing – cyd-lifa'r rhain!
Y poen, a chariad nefoedd wen
Ymhleth sydd yn y goron ddrain!

[Gwisg ruddgoch laes yr angau hwn
Sydd am y corff ar Galfari
A'm gwna yn farw i'r cread crwn,
A'r cread crwn yn farw i mi.]

Ped eiddof fyddai'r eang fyd,
Offrwm rhy fychan fyddai hwn;
Cariad mor rhyfedd, ddwyfol-ddrud
A hawlia 'mywyd oll yn grwn.

ISAAC WATTS (1674 – 1748)
cyf. D. EIRWYN MORGAN

'FEL Y BYDDONT OLL YN UN'

SANCTEIDDIA di dy bobol, Iôr,
Dy eiddo drud ar dir a môr,
Gwna ddynion grewyd ar dy lun
Yn deulu'r Arglwydd, oll yn un.

Yn y gwirionedd, boed y saint
Gyfrannog o'r aruchaf fraint
O fod yn bobol Dduw ei hun,
A'i deulu sanctaidd, oll yn un.

Megis y trigodd Duw yng Nghrist,
A'r Mab yn Nuw ar ddaear drist,
Boed undeb rhyngom oll ynghyd
A chariad, fel y credo'r byd.[1]

GALLUOEDD DAIONI

TRWY rasol ddoniau a'n cysgoda'n rhyfedd,
A disgwyl yn hyderus am a fydd,
Gwyddom am nodded Duw bob hwyr a bore,
A'i gyfarch di-nacâd bob newydd ddydd.
Er hyn y galon hon gan yr hen elyn
A boenir, a daw dyddiau blin i'm rhan:
O rho dy iachawdwriaeth i'n heneidiau,
Sydd, er dy rybudd, Iôr, mewn ofn yn wan.

A phan fo llawn y cwpan roddaist inni
Â dioddef chwerw na ddeallwn ni,
Heb gryndod, ac â diolch, fe'i derbyniwn
Yn awr o'th law ddaionus, annwyl di.
Drachefn pan ddaw i'n rhan yn hyn o gread
Orfoledd gawsom, gloyw heulwen ddrud,
Cofio a wnawn holl ddyddiau pererindod,
A thi fydd biau'n bywyd ar ei hyd.

DIETRICH BONHOEFFER (1906 – 45)
cyf. D. EIRWYN MORGAN

Richard Glyndwr Williams (1918 – 2007)

Brodor o Landdewi Aber-arth. Addysgwyd yng Ngholeg Dewi Sant, Llanbedr Pont Steffan, gan ennill gradd B.A. ym 1939, ac yna yn Llyfrgell Ddeiniol, Penarlâg. Fe'i hordeiniwyd gan yr Eglwys yng Nghymru ym 1941. Penodwyd ef yn giwrad i Gydweli. Symudodd fel ciwrad i Landudno. Yna bu'n ficer mewn sawl plwyf ac yn warden Hostel yr Eglwys a chaplan Anglicanaidd Coleg y Brifysgol, Bangor (1962 – 70). Yn ystod y cyfnod cynnar hefyd enillodd radd B.D. Etholwyd yn Ganon Cadeirlan Bangor.

[1] Cyd-fuddugol yn yr Eisteddfod Genedlaethol – Bro Myrddin 1974.

DERBYN EIN HOFFRWM

DERBYN ein hoffrwm,
Arglwydd bendigaid:
Derbyn ein moliant,
Gwrando ein cân;
Ffynnon ein bywyd,
Rhoddwr ein hiechyd,
Cadw ni'n llawen,
Cadw ni'n lân.

Derbyn ein hoffrwm,
Arglwydd bendigaid;
Derbyn o'n heiddo,
Agor ein llaw;
Eiddot yr arian,
Eiddot y doniau,
O'th fawr haelioni
Popeth a ddaw.

Derbyn ein bywyd,
Arglwydd bendigaid;
Derbyn ein llafur,
Cymer ein hoes;
Dysg inni godi
Beichiau ein gilydd
Megis y codaist
Faich trwm dy groes.

Derbyn ein hoffrwm,
Drindod bendigaid;
Bregus ein moliant,
Tlawd yw ein cân;
Mawl i'n Creawdwr,
Mawl i'n Gwaredwr,
Mawl i'n Sancteiddiwr –
Un Drindod lân.

DUW FO YN FY MHEN

DUW fo yn fy mhen ac yn fy ymresymiad;
Duw fo yn fy nhrem ac yn f'edrychiad;
Duw fo yn fy ngair ac yn fy siarad;
Duw fo yn fy mron ac yn fy nirnad;
Duw ar ben fy nhaith, ar fy ymadawiad.

HORE BEATE MARIE VIRGINIS (1514)
cyf. R. GLYNDWR WILLIAMS

Samuel Idris Evans (1918 – 96)

Ganed ym Mlaenannerch, ac aeth yn ifanc i wasanaethu ar ffermydd yn Rhydcymerau a Chrug-y-bar. 'Roedd ei fryd ar fynd i'r weinidogaeth. Wedi cwblhau cyfnod yng Ngholeg y Brifysgol, Abertawe a'r Coleg Coffa, Aberhonddu fe'i hordeiniwyd gan yr Annibynwyr ym Moreia, Bedlinog ym 1944. Symudodd i Gapel Nonni a Drefach ym 1950 ac yna i Hawen a Bryngwenith ym 1958. Ymddeolodd ym 1983. Eisteddfodwr llawen a chymdeithaswr arbennig. Cyhoeddodd gyfrol o'i emynau: Mawl i'r Iôr.

FY ENAID, BENDITHIA YR ARGLWYDD

FY enaid, bendithia yr Arglwydd,
Yr Arglwydd, Creawdwr y byd,
Mawryga ei ddoniau dihafal,
Â'r cwbwl sydd ynot o hyd.
I'w ddoniau anfeidrol rho foliant,
I'w allu rhyfeddol, fawrhad;
O f'enaid, bendithia yr Arglwydd,
Yr Arglwydd, Creawdwr a Thad.

Fy enaid, bendithia yr Arglwydd,
Yr Arglwydd, Cynhaliwr y byd,
Arlwya bob bore o newydd
I gwrdd â'th ofynion mewn pryd.
Uwch ydyw na'th holl gyraeddiadau,
Ac is na dyfnderoedd pob stad;
O f'enaid, bendithia yr Arglwydd,
Yr Arglwydd, Cynhaliwr a Thad.

Fy enaid, bendithia yr Arglwydd,
    Yr Arglwydd, Gwaredwr y byd,
Maddeua dy holl anwireddau,
    Iachâ dy holl lesgedd i gyd.
Mae'n barod i'th adfer o ddistryw,
    Ac estyn diderfyn ryddhad;
O f'enaid, bendithia yr Arglwydd,
    Yr Arglwydd, Gwaredwr a Thad.

Dafydd Owen (1919 – 2002)

Prifardd, awdur toreithiog, athro a gweinidog uchel ei barch gyda'r Annibynwyr. Enillodd Goron yr Eisteddfod Genedlaethol (1943) a'r Gadair (1972). Golygodd golofn farddol Y Tyst *am flynyddoedd. Yn ei gyfrol* O dŷ i Dŷ *(1985) ceir ei emynau ef, ei chwaer Janet Mary Hughes, Prestatyn a'i frawd y Parchedig William Thomas Owen, cyn-weinidog Eglwys y Tabernacl, King's Cross, Llundain.*

EMYN

BENDIGWN di, ein Duw – hannoedd, mi wn,
ohonot ti holl rym y deall hwn.
Rhychwantwn o'n bwrdd gwyn labordy byd
gynnwys dy hafodlasau, led a hyd.
Called, colledus ŷm, syber a sant,
mwy doeth yw diniweidrwydd gwirion plant.
        Dad pob doethineb,
Tydi yn unig wyt ddigonol in.

Bendigwn di, ein Iôr – esblygodd nerth;
ffrwydrodd o'n gwaed yfory gwyrth a gwerth.
Eiddom yr heddwch (cymysg fwy a llai),
ac adeiladwn er y pridd a'r clai.
Mor eiddil ŷm ac euog: gwyddost ti
warth y budreddi sydd a'n llithia ni.
        Dragwyddol Gryfder,
Tydi yn unig wyt ddigonol in.

Bendigwn di, ein Harglwydd, – preswyl gwiw
a dyfodd inni, gloddest llun a lliw.
Holltwyd, o'th ysbryd, gistiau daear dyn
yn waddol yr holl deulu yn gytûn.
Gwag yw celyrnau myrddiwn, gan raib frwd
ynfydion gwâl y gwyfyn, hendre'r rhwd.
        Y Perffaith Olud,
Tydi yn unig wyt ddigonol in.

Tu hwnt i'r dirgel dro mae'r gelyn du:
ni frysia angau, nid oes neb a ffy.
Pwy gennym sydd a'n dwg o'i law yn fyw?
Rhuddin pob dawn a dysg, mor ofer yw;
gwan yw pob golud dyn. Ar randir braw,
yn haeddiant y Crist Croes, moes im dy law.
        I fyw a marw,
Tydi yn unig wyt ddigonol in.

Y NIWL

BENDITHIED Duw y rhai,
Â llen y niwl yn gref,
Sy'n crwydro ar y mynydd mawr
Ar goll, ymhell o dref.

Bendithied Duw y rhai
Sy'n dwyn eu cargo'n stôr,
Gan syllu am oleudy'r bae
Trwy drwchus niwl y môr.

A boed ei fraich yn dynn
Am ddryslyd rai pob plwy'
Fydd heddiw eto'n crwydo 'mhell
dan niwl nas chwelir mwy.

Y TŶ AR EI HANNER

‘DEWCH draw am dro i weld fy nhŷ,
y plas sydd ar y llechwedd fry,
gwaith y penseiri gorau ’rioed,
yn hardd ei feini nadd a’i goed.’

Mor hawdd, Saceus, yw twyllo d’hun,
â’th gartref moethus yn ddi-lun;
tŷ ar ei hanner yw pob un
heb iachawdwriaeth: llecyn blin.

‘Ni ddaw un gelyn, er eich truth,
ar gyfyl y fath balas byth!’
Na, na, mae angau yn un ewn,
er maen a chlo, daw hwnnw i mewn.

‘Rhag angau, pa amddiffyn sydd?
Cwmni? ’Rwy’n unig, ddydd ’rôl dydd.’
Gwahodd yr Iesu ’mewn o’i daith,
nid ofni’r angau wedyn chwaith.

‘Ond ble mae’r iachawdwriaeth hon
wna ’nghartre’n gyfan ac yn llon?’
Am Iesu, chwilia’r wlad a’r dref,
mae’r iachawdwriaeth ynddo ef.

EMYN

GAD i’m hysbryd heddiw saethu
fry yn wynias atat, Dduw,
ffoi dros dro o dynfa’r teulu,
gadael teios bach ein byw:
ymlonyddu
uwch disgyrchiant daear dyn.

Dyro imi brofi pleser
    gorffwys yn dy nodded dur,
gweled toddi yn y pellter
    bob eiddigedd, cas a chur,
        a gweld 'fory
    drwy dy lygaid sanctaidd di.

Yna, 'rôl gweld byd yn dylwyth
    o entrychion gofod nef,
disgyn eto i fôr ei adwyth,
    i ffyrdd d'Eglwys di a'r dref,
        ond â'th 'fory'n
    ysol dân fy nghalon mwy.

EMYN HEDDWCH

HWN ydyw'r byd, aflonydd gan ofynion,
er hynny'n gaeth, heb iddo ffydd na llwydd;
rho iddo'r hedd a dry'n wasanaeth dynion,
    ac yn dyheu am gartref yn dy ŵydd.

Nyni yw'r rhai a ddrylliodd gân pob telyn,
    a heuodd bechod gan newynu'r byd;
O dyro, Dad, yr hedd sy'n maddau i elyn,
    a'r hedd sy'n edifeirwch yr un pryd.

Nyni yw'r rhai sydd beunydd yn ymryson
    â'r bywyd a rydd arnom groes a gwawd;
dod ynom hedd, a ddwg i undeb cyson
    y cystudd a'r addoliad mewn un cnawd.

Hwn ydyw'r byd lle trengaist gan ein gwendid –
    O, doed dy heddwch yn wanwynol wynt,
yn gawod ir a ylch ein holl aflendid,
    er mwyn y cerdded sanctaidd hwnnw gynt.[1]

[1] Cyd-fuddugol yn yr Eisteddfod Genedlaethol – Maldwyn 1965.

BLAENORIAETHAU

’RWY’N mynd yn enw’r eglwys,
yn ddoeth a llawn o gân
i rannu fy maddeuant
a helpu’r mawr a mân.

Pan fyddaf wedi maddau
i’r pechaduriaid hyn,
bydd aelwyd fach fy nghalon
drachefn â’i fflam ynghyn.

Ac yna, tyred dithau,
fy Arglwydd, iddi hi
yng ngrym dy hir amynedd,
a maddau di i mi.

EMYN-WEDDI

YNOF fi y mae fy nryswch,
Arglwydd, ynof mae fy nhranc,
man lle ceisiais drefnu blerwch
cyfoeth papur truan fanc;
gwêl reolwr anatebol
yn ei fraw a gyfyd gri,
y drws clo, a chriw yr heol
fu’n hir ddisgwyl wrthyf fi.

Tyrd, fy Arglwydd, i mewn yno
yn dy anffaeledig ras,
y mae dulliau dy archwilio
ers blynyddoedd at fy mlas.
Dos dy hunan trwy y llyfrau,
gwna fi yn ddigonol rydd
im gael agor eto’r dorau
led y pen i bawb, bob dydd.

E. H. Griffiths (1919 –

Ganed yn Ysgeifiog gerllaw Treffynnon, Sir y Fflint. Ar ôl cyfnod yng Ngholeg Diwinyddol Handsworth, Prifysgol Birmingham a Choleg y Brifysgol, Bangor, derbyniwyd yn weinidog gydag Eglwys y Methodistiaid Wesleaidd. Bu'n aelod gwerthfawr ar lawer pwyllgor:

Cyfieithu'r Beibl Cymraeg Newydd *(1988), un o dîm golygyddol* Yr Atodiad *(1985) a* Caneuon Ffydd *(2001). Cyfieithodd hefyd nifer o emynau Saesneg i'r Gymraeg.*

O YSBRYD BYW, DYLIFA DRWOM

O YSBRYD byw, dylifa drwom,
  bywha dy waith â grym y groes;
O Ysbryd byw, tyrd, gweithia ynom,
  cymhwysa ni i her ein hoes.

O ddwyfol wynt, tyrd, plyg a thrin ni
  nes gweld ein hangen ger dy fron;
ac achub ni â'th hael dosturi,
  bywha, cryfha; clyw'r weddi hon.

O gariad Crist, chwyth arnom eto,
  rho galon ac ewyllys lân;
tyrd, gariad Crist, drachefn i'n huno,
  glanha'r holl dŷ â'th sanctaidd dân.

Bywha ni, Grist: mae'n sêl ar ddarfod,
  mor aeddfed wyn yw'r meysydd mawr;
bywha ni, Grist, mae'r byd yn barod,
  rho inni ras i daenu'r wawr.

ELIZABETH PORTER HEAD (1850 – 1936)
cyf. E. H. GRIFFITHS

Leslie Alun Page (1920 – 90)

Fe'i hordeiniwyd ymhlith yr Annibynwyr Saesneg yn Noc Penfro ym 1945. Ar ôl pedair blynedd yno bu'n weinidog ffyddlon yn Sgiwen; Milo a Mynydd Sion; Pen-y-Groes, ac yn y Priordy yng Nghaerfyrddin. Ychwanegodd at ei ofalaeth ym 1981, Cana (A) a Banc-y-felin (P). Etholwyd yn Llywydd Undeb yr Annibynwyr ym 1978.

Ymddangosodd ei ysgrifau yn Y Tyst, *yn* Y Faner . . . *a chyhoeddodd* Lle Bo'r Gwreiddyn *(1972), a* Cerddi Byd a Betws *(1983). Bu gynt yn un o'r cwmni bach a ddechreuodd* Dock Leaves *yn y pedwardegau.*

EMYN

YR Arglwydd yw cyfaill y bore glas
   Pan fo'r byd yn hyfryd wyn,
Yn taenu gobeithion tanbaid eu blas
   I olwg ieuenctid syn.
Ei gariad sy'n ganllaw a rhyfedd nerth
Wrth gyrchu ar lwybrau'r entrychoedd serth.

Yr Arglwydd sy'n dilyn addewid serch
   I arddel prydferthwch y llw,
Ei fendith sy'n disgyn ar fab a merch
   Pan fo'r cytgord yn gywir ei dw'.
Ei sêl rydd harddwch ar freuddwyd yn llawn,
I'r galon yn gwisgo'r anfeidrol ddawn.

Yr Arglwydd sy'n gwarchod ar ganol dydd
   Pan ddaw gofid a siom a braw,
Efe fydd yn cynnal aelwydydd mewn ffydd
   I gadw'r hen ofnau draw.
Pan gyfyd crochlefain yn hen Gymru wen
Efe fydd yn gysgod i'w bobl rhag sen.

Yr Arglwydd sy'n aros ar ddiwedd y daith
   Pan gilia'r ymrafael tyn,
Ei lamp sy'n goleuo'r hen erwau llaith
   Yn niwloedd dychrynllyd y glyn.
Rho bwysau d'ofalon ar ysgwydd yr Iôr,
Fe'th gynnal heb ddiffyg o'i gyflawn ystôr.

Elwyn Price Howells (1920 – 99)

Ganed yn Nhresalem, ger Aberdâr. Addysgwyd yng Ngholeg Coffa Aberhonddu. Fe'i hordeiniwyd gan yr Annibynwyr ym Methel, Dolwyddelan ym 1945. Symudodd i Seilo, Cwm-gwrach ym 1949, ac oddi yno i Seilo, Melincryddan, Castell-nedd, hyd nes iddo ymddeol ym 1995. Yr oedd yn fardd, yn gyfieithydd emynau ac yn emynydd hefyd. 'Roedd yn eisteddfodwr brwd, yn olygydd Rhaglenni Cymanfaoedd Canu'r Annibynwyr yn ystod yr wythdegau, ac yn gysylltiedig â Bwrdd Golygyddol Y Caniedydd.

DIOLCH AM YR YSGOL SUL

DIOLCHWN am yr Ysgol Sul
   A'r fendith ynddi gawn;
Ein myfyrdodau arddel, Iôr,
   Sancteiddia di bob dawn.

Egined had y bywiol Air
   Yn ein calonnau ni,
I wreiddio'n ddwfn ac yna dwyn
   Ei ffrwyth, er clod i ti.

Mae gwirioneddau d'eiriau di'n
   Goleuo'r ffordd i'n traed,
A thystio wnawn o hyd mai hwn
   Yw'r golau gorau gaed.

GWASANAETHU IESU

MEWN breuddwyd un noson mi welais
Y dristaf olygfa erioed:
Gweld Iesu heb freichiau, heb ddwylo,
A gweld nad oedd ganddo'r un droed.
Mi glywais ei lais yn fy ngalw,
'Tyrd ataf, fy mhlentyn bach hoff;
A fyddi di drosof yn freichiau,
Yn ddwylo, yn draed i Un cloff?'

Gwna fi'n llaw, gwna fi'n droed,
Yn barod i weini'n ddi-oed.
Tyrd, Iesu, i'm calon
A gwna fi yn ffyddlon
Wrth fod iti'n fraich, llaw a throed.

Ni allwn i wrthod ei alwad,
Y gorau a welwyd erioed:
A dwedais, 'Fe weithiaf i drosot
Â'm breichiau, dwy law a'm dwy droed.
Er na allaf wneud rhyfeddodau,
Er nad wyf yn enwog na mawr,
'Rwy'n addo gwneud drosot fy ngorau
I weini ar ddynion y llawr.'

TI, O ARGLWYDD

TI, O Arglwydd, a arweiniaist
Dy ffyddloniaid ymhob oes;
Nerthaist hwy i gerdded llwybrau
Dy wirionedd drwy bob loes;
Rhoddaist iddynt
Ddawn a grym i ddwyn y groes.

Cadw'u golwg arnat beunydd,
Dwyn gogoniant fyth i ti,
Byw er mwyn dy enw wnaethant,
Byw i wneud d'ewyllys di:
Rhoddaist iddynt
Ddawn y Crist i ddwyn eu croes.

Nertha ni i droedio'r llwybrau
  Gynt a gerddwyd gan dy saint;
A bydd di'n Gydymaith inni –
  Cerdded gyda thi'n fo'n braint;
    Boed i ninnau
  Gadw'n cred wrth godi'n croes.

Ifor Rees (1920 – 2004)

Brodor o'r Mynydd-Bach, Abertawe. Addysgwyd yng Ngholeg y Brifysgol, Abertawe a Choleg Presbyteraidd Caerfyrddin. Fe'i hordeiniwyd gyda'r Annibynwyr yng Ngwynfe, Sir Gaerfyrddin ym 1947. Ymhen deng mlynedd ymunodd â'r BBC ym Mangor, ac yna i Gaerdydd at fyd teledu. Ef oedd cynhyrchydd cyntaf Heddiw. *Bu'n aelod o eglwys Bethlehem, Gwaelod-y-garth, yn ddramodydd diwyd ac yn llenor llwyddiannus. Anrhydeddwyd gan Brifysgol Cymru â gradd M.A. ym 1996.*

EMYN I'R PLANT

ATHRO da, ar ddechrau'r dydd
Dysg ni oll yng ngwersi'r ffydd;
Boed ein meddwl iti'n rhodd
A'n hewyllys wrth dy fodd.

Athro da, disgybla ni
Yn dy gariad dwyfol di,
Fel y gallwn ninnau fod
Yn ein bywyd iti'n glod.

Athro da, O arwain ni
Yn ddiogel gyda thi;
Ni ddaw inni unrhyw nam
Wrth dy ddilyn, gam a cham.

ARGLWYDD Y DDAWNS

BU dawns drwy y cread wedi llunio'r byd,
Fe ddawnsiodd yr haul a'r lloerennau i gyd;
Fe ddisgynnais o'r nefoedd i'th gofleidio di,
Ym Methlehem y'm ganwyd i.

Dawns, dawns, a hynny yn ddi-oed,
Arglwydd y ddawns ydwyf fi erioed,
Arweiniaf bawb i fyny tua'r nef,
Ac arweiniaf bawb yn y ddawns, medd ef.

Fe geisiais i ddawnsio gyda'r duwiol lu,
Gwrthododd y rhain ag ymuno gyda mi;
Daeth rhai o'r pysgotwyr bach i gymryd eu siawns,
Gan weiddi'n llon, Awn ymlaen â'r ddawns.

Bu dawns ar y Sabath gyda'r cloffion rhydd,
A'r Phariseaid yn amau grym y ffydd;
Drwy dwyll y bradychwyr fe newidiwyd fy myd,
A'm rhoi ar y Groes i farw'n fud.

Bu dawns mewn tywyllwch ar y Gwener du,
A Satan a'i bwn yn gormesu arnaf fi;
Fe'm rhoddwyd i orwedd yn y bedd yn syth,
Ond dawnsio wnes ac 'rwy'n dawnsio byth.

Disgynnais o'r croesbren ond dyrchefais fry,
A'r atgyfodiad a'r bywyd ydwyf fi;
Arweiniaf fi bawb yn union tua thref,
Cans Arglwydd y ddawns ydwyf fi, medd ef.

SYDNEY CARTER (1915 – 2004)
cyf. IFOR REES

TI DDUW, A FOLWN . . .

TI, Dduw, a folwn am fawredd dy allu,
Ti sydd yn cynnal dy ddeiliaid i gyd,
Grym dy gynhaliaeth nid ydyw yn pallu,
Nerth dy ewyllys a erys o hyd.

Ti, Dduw, a geisiwn ym mhob profedigaeth,
Dysg inni ddisgwyl oddi wrthyt bob dydd;
Yn ein pryderon, ymhob poenedigaeth
Dangos ogoniant diffuant y ffydd.

Ti a ddilynwn hyd lwybr dy ddeddfau,
Felly y deuwn i afael y gwir;
Ti sy'n cysegru a gloywi'n cynheddfau
Fel bo'n tystiolaeth yn helaeth a chlir.

Estyn i'th Eglwys ddiddanwch dy eiriau,
Arwain â'th Ysbryd ei bywyd a'i moes,
Bwrw o'r neilltu ein holl lyffetheiriau,
Rho iddi hyder grymuster y groes.

John Roderick Rees (1920 – 2009)

Ganed yn Bear's Hill, Tregaron. Bu'n ffermio yn llawn amser cyn mynd i'r brifysgol a graddio yno. Dilynodd yrfa athro am chwarter canrif a mwy, yna ymddeol yn gynnar. Llenor ac eisteddfodwr llwyddiannus, prifardd a beirniad eisteddfodol ac amaethyddol (cobiau – yn Sioe Genedlaethol Frenhinol Cymru).

EMYN DECHRAU BLWYDDYN

AR ddechrau pennod newydd
Ym myd y newid mawr,
Gweddïwn am d'arweiniad
Trugarog yma nawr.
Ar rawd diaros mynd a dod
Rho law dragywydd ar y rhod.

'Does ddydd na mis na blwyddyn
Ar galendr ein Duw,
Ei 'fory sydd ddiamser
Am fod yr Iesu'n fyw.
Ar waethaf pob rhyw dreiglad chwim
Ei sicrwydd ef ni syfla ddim.

Ar ddechrau Ionawr daear
Awn rhagom ar ein taith
Yng ngobaith Cristionogion
Na phylodd oesoedd maith.
Pan fyddo'r byd yn rhifo'i oed
Mae'r Tad yn ieuanc fel erioed.

Am hynny, Dduw'r tragwyddol,
O cadarnha ein ffydd
Ar ddechrau blwyddyn newydd
Yn bererinion rhydd.
Na foed credinwyr byd yn drist
Yn nhestament canrifoedd Crist.

EMYN PRIODAS

DY fendith nawr eiddunwn ni
Ar ddau sydd yma'n un,
Rho iddynt nerth wrth ddechrau'u byd
Ynghyd, o'th ras dy hun.

Cynhalied sêl eu cariad hwy
Ar groesffyrdd dyrys byw,
I fynd ymlaen yn rhwymau ffydd
Ar briffordd gadarn Duw.

Llawenydd hael y diwrnod hwn
A fo i'w haelwyd glyd,
A noddfa yno'n gyson fyth
Wrth droi o lwybrau'r byd.

Fel aur y fodrwy, boed eu haul
O hyd yn loyw, lân;
Arhosed yn eu hysbryd hedd
A gwres y cynnar dân.

I'r briodas bell yng Nghana gynt
Y rhoddaist ddwyfol rin;
O dyro wrth yr allor hon
Sancteiddrwydd pêr y gwin.

EMYN DECHRAU BLWYDDYN

IDDUW y dechreuadau
Rhown fawl am ddalen lân,
Am hyder yn y galon
Ac ar y wefus gân.
Awn rhagom i'r anwybod
A'n pwys ar ddwyfol fraich;
Rho nerth am flwyddyn arall
I bobun ddwyn ei faich.

Ar sail ein doe a'n hechdoe
Y codwn deml ffydd;
Yn nosau ein gorffennol
Ni fethodd toriad dydd.
A hithau'n ddyfnder gaeaf
Disgwyliwn wanwyn Crist,
A chlywed llais y durtur
Uwch pob wylofain trist.

Boed blwyddyn gymeradwy
Yr Arglwydd wrth ein dôr,
Dirwyned drwy ein dyddiau
Drugaredd hael yr Iôr.
A ni wrth borth y misoedd
Yn ffyddiog am a ddaw,
Ar drothwy'r daith anesgor
Gafaelwn yn ei law.

Miles Williams, Pontlotyn (*fl.* 1921)

HUNANYMWADIAD

O AM ras i lwyr ymwrthod
Â holl rwysg a gwagedd byd,
Ac ymadael â'r eilunod
    Sydd yn cyson ddenu 'mryd;
Moes i mi, Ddwyfol Ri,
Nerth i rodio gyda thi.

Byw i'r Iesu a'i fawrygu
    Fyddo'm nod tra yn y byd;
Ef yn unig sy'n teilyngu
    Rhoddi arno fy holl fryd;
Byw bob dydd wnaf trwy ffydd,
Hyd nes dof o'm rhwymau'n rhydd.

Fy serchiadau oll a roddaf
    Ar yr Iesu, Brenin nef,
A'm hewyllys a gydblethaf
    Â'i ewyllys ddwyfol ef;
Cario'r groes, er pob loes,
Wnaf tra paro dyddiau f'oes.

William Davies (1921 –

Fe'i hordeiniwyd gan yr Annibynwyr a bu'n gweinidogaethu'n ffyddlon mewn nifer o eglwysi yn Sir Gâr. Mae wedi ysgrifennu sawl emyn crefftus, ac er ei oed anrhydeddus, mae'n dal yn sionc a difyr o hyd.

EMYN PRIODAS

O DAD a Ffrind pob teulu,
    Ein cysgod yn y byd,
Mor dyner yw dy ofal
    Amdanom ni i gyd:
Deisyfwn am dy gwmni
    Yn y briodas hon,
A chofia am y ddeuddyn
    Sydd yma ger dy fron.

Tywynned dy oleuni
    Ar fyd y mab a'r ferch,
Bendithia di y fodrwy,
    Sancteiddia di eu serch
Ac estyn gymorth iddynt
    Drwy'r nerthoedd oddi fry
I garu mwy o'i gilydd
    Wrth fyw i'th garu di.

Rho gysur ar eu haelwyd,
  Rhwyddineb yn eu gwaith;
Dysg hwy i ddilyn Iesu
  Wrth gerdded ar y daith:
A dyro iddynt deimlo
  Tra yn y byd yn byw,
Eu bod o hyd dan aden
  Ymgeledd cariad Duw.

O IESU DA FU'N CILIO GYNT I'R MYNYDD

O IESU da fu'n cilio gynt i'r mynydd,
  A phlygu'n dawel yno yn y gwlith;
O cofia am ein gwendid a'n gofidiau,
  A disgyn yma yn dy ras i'n plith.

O rhoddwn fawl i'r Iesu mawr,
O rhoddwn fawl a chân i'r Iesu mawr.

Fe welaist groes yn sefyll ar y gorwel,
  A thithau'n cael dy hoelio arni hi;
Ac yn yr ardd gweddïaist rhwng y blodau,
  'O Dduw, fy Nhad, fe wnaf d'ewyllys di.'

O dyro nerth i ninnau blant y ddaear
  I gario'r groes heb ofni'r gwawd a'r brad,
A dysg i ninnau yn ein gorthrymderau
  I bwyso ar drugaredd Duw ein Tad.

Pan ddaw y nos a ninnau yn ein hofnau,
  O cadw ni, Waredwr, yn dy law;
Boed ar ein henaid lewyrch gwedd dy wyneb,
  A dwg ni'n ddiogel i'r baradwys draw.[1]

[1] Cyfansoddwyd y dôn 'Catrina' yn arbennig ar gyfer yr emyn hwn gan ei gyfaill W. J. Gravell.

RHODDAIST, ARGLWYDD, GYNT I'R TADAU

RHODDAIST, Arglwydd, gynt i'r tadau
  Weledigaeth gadarn, glir,
Rhoddaist ysbryd i anturio
  Ac i frwydro dros y gwir;
    Diolch iti
  Am eu cynnal yn y gwaith.

Buont, hwy, O Dduw, yn tystio
  I oludoedd gras y nef,
Gan ddyrchafu enw'r Iesu,
  Canu mawl i'w gariad ef;
    Gad i ninnau
  Weld gogoniant Gŵr y Groes.

Diolch am y gweddill heddiw
  Sy'n ymdrechu â'u holl fryd;
Gwared hwy rhag digalonni,
  Rhag eu twyllo gan y byd;
    Dyro iddynt
  Nerth yr Ysbryd i barhau.

Yn ein pryder am yfory
  Cofia'r eglwys, nefol Dad;
Boed i'r ifanc oll gael profi
  Gwanwyn newydd yn ein gwlad.
    Tyred, Arglwydd,
  I adfywio plant y ffydd.

Anhysbys

EMYN CREADIGAETH

Y NEF a ddatgan ei foliant tragwyddol,
  A'i sain a daena'i glod ar led;
Ymuna'r ddaear, a'r moroedd llifeiriol;
  Eu gair, O ddyn, yn wylaidd cred!
Cynhalia'r sêr yn y lasnen yn danbaid,
  Yr haul i'w archiad ufuddha;
Mawrygwn ninnau ei enw bendigaid,
  Ein Duw, mor ddoeth, mor fawr, mor dda!

Efe a seiliodd y talgryf fynyddoedd,
  Ai law a ddeil binaclau'r byd;
Ei enw ef sydd ar dlysni'r dyffrynnoedd
  Ond arnat, ddyn, y mae ei fryd!
Cadarnach na'r creigiau yw ei wirionedd,
  A'i gariad, lletach yw na'r môr:
O enaid, trig yn nirgelwch ei fawredd,
  Mor ddoeth, mor dda yw'r Arglwydd Iôr!

Gwyn Walters, Caerdydd (1922 – 93)

HENFFYCH WELL, FY MHRYNWR

O HENFFYCH well, i ti fy Mhrynwr hael,
Fy Unig Nawdd a Cheidwad f'enaid gwael.
  Ce'st gymaint ing a gwae,
  Ce'st ddioddef yn ddi-fai
  Dros wir bechadur tlawd.
  O'n calon cymer di
  Bob galar bas a chri
  Gofalon ffôl ein rhawd.

Ti wyt yr unig wir addfwynder pur;
'Does ynot chwerwder blin na llymdra dur.
  Gwna in archwaethu'n llawn,
  Rhoi prawf ar felys rawn
  Y gras sydd ynot ti.
  Rho ynom hiraeth dwys
  I aros ar dy bwys,
  Ein hunig Geidwad cry'.

JOHN CALFIN (1509 – 64)
cyf. GWYN WALTERS

Cyril G. Williams (1922 – 2005)

Ganed a magwyd ef yng Nghwm Gwendraeth. Bu'n weinidog gyda'r Annibynwyr; ysgolhaig, Athro Prifysgol yng Nghanada ac yng Nghymru, diwinydd ac awdur. Dengys ei lyfr Crefyddau'r Dwyrain *(1968) ran o'i ddisgyblaeth academaidd a'i ddealltwriaeth feistrolgar o'r maes cymhleth hwn. Roedd yn gwbl ffyddiog taw'r ffordd orau o astudio'r credoau diwinyddol a'r ymarferion crefyddol hyn oedd drwy bersbectif aml-ffydd.*

ATEB DUW

Arglwydd, nid oes newid arnat,
  Heddiw, ddoe a fory'r un:
Nid oes terfyn ar dy gariad
  I rai grewyd ar dy lun.

Nid oes iaith a all fynegi
  Diolch am faddeuant drud;
Gwag yw geiriau, llawnach actau,
  Am it' garu, – caru'r byd.

Clwyfau'r groes a roisom iti,
  Anhaeddiannol ydym oll,
Ond yn rasol, ti a drefnaist
  Nad â'r un o'th blant ar goll.

Halelwia am y Ceidwad!
 Braint ein bywyd yw efe, –
Digon yw ar gyfer deufyd,
 Ar y ddaear, yn y ne'.

CWESTIWN DYN

CYN bod haul i greu goleuni,
 Cyn bod nos yn orchudd gwlad,
Cyn bod dim a welir heddiw,
 Cyn bod sôn am grëwr mad.

Yno 'roeddent mewn dirgelwch,
 Mewn di-frad anfeidredd mud;
Cyn it ollwng egni'r cread,
 A rhoi inni gnawd a byd.

Dyn a'th luniodd ar ei ddelw,
 Gwisgodd di a'i wisg ei hun;
Byddar oedd i dy orch'mynion,
 Dall i ddelfryd Mab y dyn.

Ond y groes: ni allai'r dynol,
 Ei llunio hi na'i weithred ef;
Ynddi hi y gwelwn Dduwdod,
 Bwriad Duw, a'r Gair o'r nef.

PLYG FI, ARGLWYDD . . .

O NA allwn, wrth dy allor,
 Roi fy hun i ti yn llwyr,
Nawr pan fyddo yn blygeiniol,
 Nawr cyn delo'r nos a'r hwyr.
Plyg fi, Arglwydd, pan wyf ystwyth,
 Derbyn fi ym more oes,
Gad im ganlyn drwy fy mywyd
 'R hwn fu farw ar y groes.

Pan fydd ynof anian crwydro
  O'th lân lwybrau ac o'th dŷ,
Bydd di yno ar y groesffordd
  I'm hatgofio am a fu.
Pâr im gofio am Galfaria,
  Am dy aberth er fy mwyn,
Nes im fethu'n lân â chrwydro
  Am fod angor yn dy swyn.

EMYN

TRIGO 'rwyt uchelder nef,
  O Fab y saer, –
Ond er hyn, yng nghyrraedd llef
    Y weddi daer;
Codaist yn dy gorff dy hun
    Holl gread Duw;
Minnau'r annheilyngaf un, –
    Caf eto fyw.

Rhwygaist ti y llen yn ddwy,
    Rhwng nef a llawr;
Sanctaidd ydyw popeth mwy –
    Y nos a'r wawr.
Methodd uffern gadw draw,
    Y gair o'r groes;
Ni ddwg neb ni byth o'th law –
    O rym dy loes!

TRWY EI GLEISIAU EF

YN ei glwyfau ef mae'n heddwch,
  Ôl yr hoelion, 'Amen' Duw;
Creithiau'r groes sy'n drysoredig
  Yn y nef, a'r Iesu'n fyw!

Ffordd tangnefedd oedd ffordd Iesu,
  Heb felltithio gelyn hy;
'Maddau' oedd ei olaf weddi,
  Cariad yn ei fynwes gu.

Os i'r rhain y rhoes ei bardwn
  Nid oes neb na dderbyn ras;
Trwy ei loes, ef a orchfygodd, –
  Trechodd cariad bechod cas.

Bellach, rhaid i minnau gerdded
  Ffordd y nef ar hyd fy nhaith;
Cymorth gaf i ddysgu maddau,
  A gweld trysor ym mhob craith.

Ni ofynnaist i ni, Arglwydd,
  Ddianc fry o'r babell glai
Cyn cyflawni'n dyletswyddau; –
  Caru gelyn, maddau bai.

Os yw'r deyrnas fry yn gyflawn,
  Yma brwydr ac ymdrech yw,
Tra bo disgwyl a hiraethu,
  Disgwyl, disgwyl teyrnas Dduw.

Ond fe ddaethost, Arglwydd, atom,
  Rhoddaist inni help dy law,
Ac o ddyffryn du fel Achor,
  Gobaith newydd eto ddaw.

W. Llywelyn Griffiths (1923 – 94)

Ganed yn Ffair-fach, Caerfyrddin. Addysgwyd yn Ysgol Sir Tregaron. Bu'n rheolwr Cangen Ffair-fach o Gymdeithas Gydweithredol y Ffermwyr am flynyddoedd lawer. Ef oedd 'Llew'r Co-op', yn gymeriad hoffus yn ei filltir sgwâr ac yn gymwynaswr hael. Ei brif ddiddordeb oedd sgrifennu penillion am hyn a'r llall a ddigwyddai ym mywyd ei gymdeithas. Cyhoeddwyd Cerddi Syml Bardd Gwlad, *W. Llywelyn Griffiths,* goln. *Emyr Llywelyn, Guto Llywelyn a William Evans (1995).*

EMYN PRIODAS

FFYDD, gobaith, ynghyd â chariad
Yw sylfaen y dydd hwn,
O flaen yr allor sanctaidd
Dwy galon sydd ynghlwm;
Nid cywir llwybrau bywyd,
Ond digon y tri gair
I goncro anawsterau:
Daw sêl y fodrwy aur.

Tri gair a fydd arweiniad
Wrth gychwyn ar eu taith,
Ac arnynt boed dy fendith
Mewn cartref ac mewn gwaith.
Wrth ddiolch am orffennol
A chysgod cartref clyd,
Dad nefol, cymer ofal
O'r ddau wrth gychwyn byd.

Llawenydd y dydd heddiw
A'r gân o fewn Tŷ Duw,
Amodau y gwasanaeth
Dros oes fo ar eu clyw;
Heb fyth anghofio'r geiriau:
Ffydd, gobaith, cariad cry'
A'r cyfan oll yn rhadlon,
A geir o fewn y Tŷ.

EMYN PRIODAS

TYWALLT di, O Dduw, dy fendith
Ar yr allor sanctaidd hon,
Dau yn uno mewn priodas:
Edrych 'mlaen at ddyddiau llon.
Byddent beunydd
Fyw yn ddedwydd,
Heb anghofio'th lwybrau di.

Ac os weithiau ambell gwmwl
Ddaw i'w blino ar y daith,
Na foed iddynt fyth anghofio:
Nid â neb trwy'r byd heb graith.
Ond ni fetha
Duw eu gwella,
Balm trugaredd sydd yn hael.

Ffydd a chariad ynghyd â gobaith,
Syml eiriau ŷnt ar gân;
Ond mewn difrif dyma'r geiriau
Fyth a'u harwain yn y blaen:
Gwerthoedd bywyd
Ydyw iechyd,
Dyna'n gweddi, Dduw, yn awr.

Anhysbys

ARGLWYDD CLYW EIN GWEDDI

O ARGLWYDD, gwrando yn dy nef
Ein siom a'n hiraeth ni,
A dysg ni yn y dywyll awr
I bwyso arnat ti.

Ni wyddom, Dad, dy drefen ddoeth
Ond plygwn ger dy fron,
Gan ofyn yn ein hiraeth dwys,
'I beth bu'r golled hon?'

Mae gennyt falm i'r galon drist,
    Y claf ollyngi'n rhydd;
Mor drom yw'r groes a ni mor wan.
    O Dad! Cryfha ein ffydd.

Sych, Arglwydd da, ein dagrau drud,
    Tawela'r galon friw:
Does fedd nac angau gennyt Iôr!
    I ti mae pawb yn fyw.

Tudor Davies (1923 – 2010)

Ganed yng Ngwyddelwern, ger Corwen. Dechreuodd bregethu yn 17 oed yng nghapel y Methodistiaid Wesleaidd yng Ngwyddelwern. Ar ddiwedd yr Ail Ryfel Byd ymgeisiodd am y weinidogaeth. Addysgwyd ef yn un o golegau'r enwad, Handsworth, Birmingham. Fe'i hordeiniwyd gan y Methodistiaid Wesleaidd ym 1952. Gwasanaethodd yr enwad yn ffyddlon yng Ngogledd Cymru ac yn eglwysi'r De a'r Canolbarth. Roedd yn un o emynwyr mwyaf cynhyrchiol ei gyfnod. Dyrchafwyd ef yn gymrawd Cymdeithas Emynau Cymru; gwahoddwyd ef yn aelod o Orsedd y Beirdd; ac yntau oedd yn fuddugol â'r emyn 'Cariad' yn yr Eisteddfod Genedlaethol (1998).

ADDFWYNDER

O IESU'R addfwyn Un,
    Mab anfonedig Duw,
Dy bwrpas drud yw achub byd
    I'th ffordd ddi-drais o fyw.

    Rho gryfder mwynder pur
    A dardd o'th ysbryd di,
Pob meddwl cas ddileir drwy ras
    I'n llwyr wareiddio ni.

I’r addfwyn y daw hedd,
Etifedd Cread Duw;
Drwy ddioddef cam heb beri cam
Mae gobaith dynol-ryw.

Gwna ni, O Iesu da,
Yn addfwyn er pob brad;
Gan fyw drwy ffydd o ddydd i ddydd
Yng nghariad Duw ein Tad.

Daethost i greulon fyd,
Gorchfygaist drwy y groes;
Yn wylaidd iawn, rho inni’r ddawn
I newid hinsawdd oes.[1]

CARIAD

O GARIAD pur, rhown iti glod,
Creawdwr rhyfeddodau’r rhod;
Er maint gwrthryfel dynol-ryw
Drwy dy drugaredd fe gawn fyw.
O cymer ni yn awr bob un
I’n creu o newydd ar dy lun.

Dy gread maith mewn gwewyr sydd
Yn disgwyl gwawr y newydd ddydd
Pan fyddo cariad wrth y llyw,
A phawb mewn cariad yn cyd-fyw;
Drwy wyrth dy ras, O gwna ni’n un,
A’n creu o newydd ar dy lun.

[1] Emyn ar ‘Addfwynder’ a gyfansoddwyd ar gais Eisteddfod Genedlaethol Maldwyn a’r Gororau 2003.

Cyflawnder pob cyflawnder yw
Dy gariad hael, sy'n ystyr byw;
Mae grym dy groes a'th aberth drud
Yn obaith cymod i'r holl fyd;
O achub ni, ryfeddol Un,
I fywyd newydd ar dy lun.[1]

DIOLCH AM YSBYTAI

RHOWN ddiolch am ysbytai
  i ti, O Dduw ein Tad,
yn enw Crist a roddai
  i gleifion gynt iachâd;
bydd heddiw'n obaith bywiol,
  i godi'r gwael i'r lan:
o gael dy gwmni nefol
  ni ddaw un drwg i'w rhan.

Bendithia di'r meddygon
  â rhin dy dyner law,
a'r rhai sy'n gweini'n gyson
  i leddfu loes a braw;
dros deulu poen a phryder
  offrymwn weddi'r ffydd;
rho iddynt dawel hyder
  a nerth yn ôl y dydd.

O Feddyg anffaeledig
  i holl glefydau'r byd,
drwy Grist dy anfonedig
  iacheir ni'n llwyr i gyd;
drwy falm dy ddwyfol gariad,
  i ysbryd llesg daw hedd:
drwy'r groes a'r atgyfodiad
  gorchfygwn fyd a bedd.

---

[1] Buddugol yn yr Eisteddfod Genedlaethol – Bro Ogwr 1998.

R. Jones Hughes, 'Cwstenin', Dyffryn Conwy (*fl.* 1918 – 25)

O HYFRYD WLAD

O HYFRYD wlad, cartrefle Duw,
Lle mae'r angylion yno'n byw,
A'r Iesu mwyn ein Brawd ni yw
Ar orsedd wen y nef.

O hyfryd wlad
Yw tŷ ein Tad,
Hyfryd yw'r nefoedd wen;
O hyfryd wlad
Yw tŷ ein Tad,
Halelwia! Amen.

O hyfryd wlad, gorffwysfa'r saint,
Cânt ganu'n iach â phob rhyw haint,
Cael cyd-gymdeithas fydd yn fraint
Mewn cwmni perffaith lân.

I'r hyfryd wlad disgwyliwn ddod
Lle nad oes pechod yno'n bod,
I foli'r Oen a chanu'i glod
Am dragwyddoldeb mwy.

RHYFEDDOD DIDDARFOD!

RHYFEDDOD diddarfod! Ei debyg nid oes,
Y Duw-ddyn ddibrisiodd ei hun ar y groes,
Fe brynodd ein bywyd, fe dalodd yn llawn
Ein dyled trwy rinwedd anfeidrol yr Iawn.

Trugaredd sy'n disgwyl yn awr wrth y drws,
Agorwn ein mynwes, derbyniwn y tlws,
Mae'n abl i wared! Pwy sydd fel efe?
'Does arall yn deilwng i lanw ei le.

Fe genir am Geidwad, O rhown iddo'r clod,
Canmolir ei gariad tra'r nefoedd yn bod;
Ni flinir yn canu, dechreuwn, mae'n bryd,
Bydd canu mewn anthem dragwyddol ei hyd.

PECHADUR WYF, TI WYDDOST

PECHADUR wyf, ti wyddost,
  Tosturia, Iesu mawr,
Yr wyf yn noeth ac euog
  Heb gysur ar y llawr.

Mae yn dy waed di ddigon
  I olchi'r duaf gaed,
O canna fi fel eira
  Yn wyn o'm pen i'm traed.

Mi ganaf wedi hynny
  Am ddwyfol farwol glwy',
A'm gobaith cael ffarwelio
  Â phechod bythol mwy.

David Jones ('Aer Myfyr' Llanymddyfri *fl.*1925)

CYNORTHWYA FI AR FY MHERERINDOD

CHWÂL, O Dad, y myrdd cymylau
  Sy'n tywyllu'r wybren faith;
Fel y delo mwyn belydrau
  Haul dy nefoedd ar fy nhaith.

Pan ddêl nos ar groesffyrdd bywyd,
  Gan fy nal, bydd gyda mi;
Gad im weled yn fy adfyd
  Dawel olau d'wyneb di.

A phan ddêl y temtiwr creulon
  Megis angel teg ei wedd;
Rho dy gymorth hawdd i'm calon
  I'w orchfygu hyd fy medd.

Dyro, Dad, dy olau nefol
   Nes im gyrraedd Canaan dir:
Canaf yno'th foliant bythol
   Dan weniadau wybren glir.

Thomas Alwyn Williams (1926 – 96)

Ganed yng Nglynarthen. Yn gynnar yn ystod ei fachgendod clywodd yr alwad i fynd i'r weinidogaeth, ond ni allai sefyllfa ariannol ei deulu ei gynnal yn y coleg. Dysgodd grefft y saer coed. Ugain mlynedd yn ddiweddarach aeth i'r Coleg Coffa, Abertawe am dair blynedd. Derbyniodd alwad oddi wrth eglwysi Providence, Llangadog a Bethlehem, Dyffryn Ceidrych ac fe'i hordeiniwyd gan yr Annibynwyr yn weinidog yno. Ychwanegwyd Jerwsalem a Chapel Maen, Gwynfe at yr ofalaeth ym 1967. Bu'n ddiwyd a chydwybodol fel gweinidog ac ymdaflodd i holl ddigwyddiadau diwylliannol y fro.

EMYN PRIODAS

AWDUR pur pob gwir gyfamod,
   Dyro fendith yma'n awr,
Selia'r ddolen hon rhag datod
   Wrth dramwyo llwybrau'r llawr;
Ti a fuost gynt yng Nghana
   Ac yn troi y dŵr yn win,
Rhag pob pryder, dyro yma
   Dy arweiniad pur dy hun.

Cyfaneddwr y prydferthwch
   Trwy y greadigaeth fawr;
Gwisg hwynt eto yn dy harddwch
   Fel dy haul ar doriad gwawr,
Fel y medrant mwy gyd-gerdded
   Uwch treialon ddaw o hyd,
Ffiol lawn rho iddynt yfed
   Ar eu ffordd i'r nefol fyd.

EMYN PRIODAS

TYDI 'r hwn greaist yn dy serch
   Bersonau ar dy lun;
Cyflwynwn eto fab a merch
   I'th 'wyllys di dy hun.

Wrth addunedu yma 'nghyd
   I'w gilydd ger dy fron,
Ar y cyfamod mawr fo'u bryd
   Wrth deithio'r ddaear hon.

Addefwn eto wrth dy draed
   Nad oes un gallu mwy
Na'th ddwyfol groes a'th werthfawr waed
   Yn rym i'w cynnal hwy.

Boed iddynt aros yn dy waith
   Beth bynnag sydd mewn stôr,
Datguddia iddynt ar eu taith
   D'anfeidrol gariad, Iôr.

Anhysbys

MOLIANT I'R DUWDOD

TI, O Dduw, a'm gwnaethost i
   A phob peth i'th foli di,
Gwna fi'n barod ym mhob man:
Gorff ac enaid, gwnaf fy rhan.

Caled waith neu chwarae llon,
Doed a ddêl, boed ddewr fy mron;
Ti, O Dduw, a'm gwnelo i
Ym mhob peth i'th foli di.

Ti, O Dduw, a'n lluniodd ni,
Iesu'th Fab a'n prynodd ni,
D'Ysbryd Glân a'n doniodd ni;
Drindod sanctaidd, cadw ni.

Penillion 1 a 2 ANHYSBYS
Pennill 3 Y GOLYGYDD

Edwin C. Lewis (1928 –

DYSG NI IESU

DYSG ni, Iesu, 'nôl dy air,
Ti fu gynt ar liniau Mair;
Gwna ni'n addfwyn fel tydi,
Iesu tyner, cynnal ni.

Clyw, O clyw ein gweddi daer,
Iesu annwyl, Fab y Saer;
Gwna ni'n ufudd, doeth a glân,
Iesu tirion, clyw ein cân.

Rho dy fendith arnom ni,
Iesu, gwir Fab Duw wyt ti:
Gwna ni'n fwy fel ti dy hun,
Iesu, cadw ni bob un.

IESU DA, UWCHLAW Y CYFAN
Quem pastores laudavere

IESU da, uwchlaw y cyfan,
O fwyn fam yn addfwyn faban
Ganed inni'n Frawd mewn caban,
  Dyro ras i'th ddilyn di.

Iesu'n gorwedd yn amddifad,
Rhag enbydrwydd ef yw'n Ceidwad,
'N trigo'n estron heb yr un wlad,
  Frenin cu, addolwn di.

Iesu'n marw dros dy deulu,
Ar Ddydd Pasg grym angau'n maeddu,
Iôr o'r nef sy'n byw i'n caru:
  Cadw ni'n dy gwmni di.

Iesu'n cario'n holl ofidiau,
Ti yw gobaith ein meddyliau,
Dysgaist ni â'th daer weddïau,
  Cymorth ni i'th wrando di.

Arglwydd, cynnal waith ein dwylo;
Gwared ni rhag dim a'n rhwystro,
Gyda'th Ysbryd ni chawn grwydro,
    Awn yn llon i'th ddilyn di.

J. M. NEALE (1818 – 66)
efel. EDWIN C. LEWIS

J. Cybi Matthew (*fl.* 1928)

ATEB Y GROES

IESU, Iesu, dyro gymorth
    I ymchwilio trwy dy Air
Am y gwirioneddau graslawn
    A'r trysorau mawr a gair;
Pan fo holl ofidiau bywyd
    Yn terfysgu f'enaid gwan,
Syllu ar dy groes a'th haeddiant
    Rydd im obaith ym mhob man.

Pan fo'r ddaear a'r planedau
    Yn diffoddi yn eu taith,
Canu, canu yn dragwyddol
    Am dy aberth fydd fy ngwaith,
Gweld dy groes a'i rhyfeddodau
    Yn hongian ar ddeheulaw'r Tad,
Sicr arwydd i'r holl seintiau
    Byth i'r iachawdwriaeth rad.

Marian E. Williams, Treuddyn (*fl.* 1928)

PRIODAS

O DY nefoedd, Dad trugarog,
    Edrych ar y ddau yn awr
Sy'n penlinio wrth dy allor,
    Rho dy bresenoldeb mawr
        I gysegru
    Y cyfamod rhyngddynt mwy.

Ti fu'n trefnu'r pur gysylltiad,
  Ti fu'n plannu 'nghalon dyn
Er yr undeb cynta'n Eden
  Ran o'th gariad mawr dy hun:
    Fel bendithia
  Tad ei blant, bendithia hwy.

O sancteiddia eu calonnau,
  Yn eu cartref trig, O Dduw,
Dwg hwy, drwy'r ymrwymiad heddiw,
  Atat ti yn nes i fyw:
    Arwain, Arglwydd,
  Law yn llaw y ddau drwy'r byd.

Maurice Loader (1929 –

Brodor o Bont Llogel, Sir Drefaldwyn. Aeth i Goleg y Brifysgol Caerdydd a Choleg Presbyteraidd Caerfyrddin ac enillodd raddau B.A. a B.D. Fe'i hordeiniwyd gan yr Annibynwyr a gwasanaethodd ei eglwysi yn ffyddlon ym Mrynaman, Llangennech, Llanelli a Phorth Tywyn. Yn ogystal bu'n Athro goleuedig yn y Coleg Coffa am wyth mlynedd.

Cystadleuydd llwyddiannus aml yn 'Y Genedlaethol', awdur nifer o lyfrau, a chyfrannwr cyson i gyfnodolion Cristnogol. Etholwyd yn Llywydd Undeb yr Annibynwyr ym 1988.

SUL Y BEIBL

ARGLWYDD Dduw, ein dyled dalwn
am ddarparu yn ein hiaith
fywiol eiriau'r Ysgrythurau
inni'n ganllaw ar ein taith.
Trwyddynt cawsom synfyfyrio
uwch y sanctaidd-stori ddrud:
caed Gwaredwr i bechadur,
gobaith i druenus fyd.

Ynddynt clywsom lais y proffwyd
yn cyhoeddi gair ein Duw:
amod twf yw edifeirwch –
'Ceisiwch fi, a byddwch fyw'.
Clywsom hefyd felys atsain
nodau cerdd y salmydd cân
yn dyrchafu'n eneiniedig
fawl i enw'r Arglwydd glân.

Llawer, llawer mwy yw'n dyled
am ddatguddio gwir Fab Duw
wisgodd gnawd mewn isel breseb,
Iesu Grist, ein Harglwydd yw!
Rhoes ei hun yn aberth trosom,
goresgynnodd wawd a phoen,
byth er dydd ei atgyfodiad
trech na'r eryr yw yr Oen.

Dathlwn y rhyfeddol olud
gaed yn waddol drwy dy Air,
talwn iti lwyr wrogaeth
fel disgyblion i Fab Mair;
mwy llawenydd ddaw in eto
pan ddaw Cymru at ei choed,
gan gydnabod Iesu'n Arglwydd
ac ymostwng wrth ei droed.

CYSURWCH, CYSURWCH FY MHOBOL
Carol Plygain

CYSURWCH, cysurwch fy mhobol, a bloeddiwch:
Fe dorrodd y wawr wedi oedi mor hir;
I werin dan orchudd y fagddu fe roddwyd
Cipolwg ar lewyrch o Fethlehem dir:
Y forwyn feichiogodd, ar faban esgorodd,
Imanwel a anwyd, 'mae Duw gyda ni';
Cynghorwr rhyfeddol y'i gelwir, Tad bythol,
Tywysog heddychlon, Duw cadarn o fri.

'Mawrygaf yr Arglwydd,' medd Mair wynfydedig,
'Am wneuthur ohono fawr bethau i mi,
Gwasgarodd wŷr talog a'r beilchion eu calon
A diosg t'wysogion o'u gorsedd a'u bri.
Grymuster ei freichiau sy'n cynnal ein beichiau,
Dyrchafodd Duw Iôr y rhai isel eu stad,
Gan yrru'r cyfoethog o'i ŵydd yn anghenog
A llwytho'r newynog â'i roddion yn rhad.'

Ym Methlem cyflawnwyd addewid yr oesau:
Daeth Iesu i lwyfan helbulus ein byd;
Er gwaetha'r bygythiad gan Herod a'i giwed
Y Baban a orfu, er ised ei grud.
Daeth gwerin cymdogaeth i dalu gwrogaeth,
A doethion o hirbell â'u haur, thus a myrr;
Addewid Duw graslon sydd ddiogel a chyson,
Ei air nid yw wamal, ei amod ni thyr.

'Er cwymp a chyfodiad i lawer yn Israel'
Aeth Iesu â'i neges o bentref i dref;
Fe gwympodd rhagrithwyr dan fflangell ei gerydd,
A chodwyd trueiniaid o'r ffos gan ei lef.
Ei air oedd angerddol, ei wyrthiau yn nerthol,
Ac ildiodd disgyblion i gri'r alwad fawr;
'Roedd yntau'n synhwyro fod rhywrai'n cynllwynio,
Fod croes ar y gorwel, a dyfod ei awr.

Dwy deyrnas fu'n brwydro ar ben Bryn Calfaria,
Llu Cesar yn herio holl rym teyrnas nef;
Fe hoeliwyd y Gwas Dioddefus ar groesbren,
Ond un a orchfygodd, a Iesu oedd ef!
I'r Arglwydd rhown foliant, a seiniwn ei haeddiant,
Mewn carol o fawl i arloeswr ein ffydd;
Y gelyn a drechwyd, cans Iesu a godwyd
O'r bedd a'i dywyllwch i wawr Trydydd Dydd.[1]

[1] Buddugol yn yr Eisteddfod Genedlaethol – Sir y Fflint a'r Cyffiniau 2007.

EMYN PRIODAS

DY wên a geisiwn, Arglwydd Dduw,
Ar ddydd y briodas hon,
A boed pob calon sy'n dy dŷ
Yn ddedwydd ac yn llon.

Nid rhamant bas na ffawd a ddug
Y ddeuddyn hyn ynghyd,
Ond didwyll serch dau enaid gwiw,
A heddiw, gwyn eu byd!

Wrth nesu at dy allor lân,
O Arglwydd, gwrando'n llw,
A dyro glust, fendigaid Iôr,
I'w haddunedau nhw.

Sancteiddia serch, cysegra fryd
Dau enaid hoff cytûn;
Â'th gariad, seria galon dau,
A'u toddi, mwy, yn un.

O cadw hwy yn rhwymyn tynn
Y cwlwm heddiw wnaed,
A boed i'w llwybrau rodio mwy
Yn niogel ôl dy draed.

CARU CYMYDOG

NID fel y ddau yn nameg Iesu gynt
aeth o'r tu arall heibio ar eu hynt,
ond fel trugarog ŵr y galon driw
fu'n ymgeleddu'i frawd a thrin ei friw –
Câr dy gymydog fel tydi dy hun
cans Duw a'i creodd yntau ar ei lun.

Nid yn ddifater, pan fo'r dwrn a'r cledd
yn llethu cyd-ddyn ac yn rhwygo'i hedd,
na phan fo cri'r newynog ar ein clyw
yn datgan eu bod hwythau'n blant i Dduw –
Câr dy gymydog fel tydi dy hun
cans Duw a'i creodd yntau ar ei lun.

Nid fel y sawl sy'n canfod angen draw
heb sylwi ar y tlodi sydd wrth law,
gan bledio hawl y caeth ar orwel pell
a'i anwybyddu gartref yn ei gell –
Câr dy gymydog fel tydi dy hun
cans Duw a'i creodd yntau ar ei lun.

Nid am fod caru'n rhwydd mewn unrhyw oes,
ond am fod caru'n rhaid yng ngolau'r groes,
heb grybwyll ffin nac un gwahanfur chwaith,
na hil, na lliw y croen, na llwyth nac iaith –
Câr dy gymydog fel tydi dy hun
cans Duw a'i creodd yntau ar ei lun.

EMYN DATHLU

O ARGLWYDD, dyledus i ti yw pob clod
am fflam a oleuodd ein taith is y rhod;
nid cannwyll dan lestr fu'r Eglwys o'i chrud,
ond anniffoddadwy oleuni i'r byd.

Clodforwn y mentrus hynafiaid o fri
aeth ati i godi hardd demlau i ti,
a molwn werinwyr, er tloted eu byw,
a fynnai mai'r gorau sy'n gweddu i Dduw.

Drwy hindda a hinddrwg daeth yma ryw rai
i wylaidd addoli, gan arddel eu bai,
a phwyso ar eiriau Efengyl a Salm,
bryd hyn yn eu herio, bryd arall yn falm.

Daeth yma yn ddeuoedd frwd fachgen a merch
at allor yr Arglwydd i bledio eu serch,
a llawer sancteiddiwyd ar ddechrau eu hoes
yn nyfroedd y bedydd, dan arwydd y groes.

Ein braint yw cael diolch am wragedd a gwŷr
â'u hysbryd yn llariaidd, a'u calon yn bur,
a blygodd ewyllys wrth blygu eu glin
yn nwyster sagrafen y bara a'r gwin.

Rhown ninnau, wrth ddathlu, ogoniant i Dduw,
gan gynnig Gwaredwr i'r sawl a rydd glyw;
Crist Iesu yn Arglwydd yw'n cyffes a'n cred,
ei enw cyhoedder, ac eled ar led![1]

CRIST, ADFERWR PWERAU COLL

O TYRED, raslon angel Duw,
   Cynhyrfa'r dyfroedd hyn,
Lle'r erys gwywedigion bro
   Amdanat wrth y llyn.
Ni feddwn neb i'n bwrw i'r dŵr
   I'n golchi a'n hiacháu.
Tydi yn unig fedd y grym:
   O tyred, mae'n hwyrhau.

Yn nhŷ trugaredd aros wnawn
   A hiraeth dan bob bron,
Am nad oes cyffro yn y llyn
   Nac ymchwydd yn ei don.
Pwy ŵyr nad heno ddeui di
   Drwy'r pyrth i lan y dŵr?
Tydi yn unig fedd y grym,
   Atgyfodedig Ŵr.

[1] Buddugol yn yr Eisteddfod Genedlaethol – Meirion a'r Cyffiniau 2009.

PAN GURO'R STORM AR DRAWS EIN BYW

PAN guro'r storm ar draws ein byw,
Ti, Iesu'r Crist, sydd wrth y llyw;
Ti yw ein hangor, blant y llawr,
Ti yw ein craig ar gyfyng awr.

Fry uwch y ddrycin, clyw ein cri,
At bwy yr awn ond atat ti?
Bywyd tragwyddol ynot sydd,
Goncwerwr angau, nertha'n ffydd!

Cerydda'r gwynt, O! Arglwydd Iôr,
Gostega ymchwydd gwyllt y môr;
Rho inni weld y gorwel draw
Tu hwnt i'n dagrau hallt a'n braw.

Daw, fe ddaw'r awr cawn olwg glir
Ar hafan deg mewn arall dir,
Lle mae i'r saint amgenach stad,
Gorffwysfa wiw yr hyfryd wlad.

RHO GYFLE I'R SANCTAIDD

RHO gyfle i'r sanctaidd mewn sgwrs â Duw Iôr,
Trig ynddo'n wastadol â'i Air iti'n stôr;
Plant Duw fydd dy gwmni, rho nodded i'r gwan,
Ym mhob dim cais ganddo ei fendith yn rhan.

Rho gyfle i'r sanctaidd er carlam y byd,
Tydi, yn y dirgel, a Iesu ynghyd;
Os sylli ar Iesu daw delw ei lun
Yn eglur i'th gyd-ddyn yn d'osgo dy hun.

Rho gyfle i'r sanctaidd yng nghydiad ei law,
Paid mentro cam hebddo beth bynnag a ddaw;
Boed wynfyd neu alar, bydd driw i Fab Mair,
A'th olwg ar Iesu, bydd ffyddlon i'w Air.

Rho gyfle i'r sanctaidd, myn heddwch â Duw,
Mewn meddwl a bwriad boed ef wrth y llyw;
Cei'r Ysbryd yn ffynnon, a'th wyneb a dry
At freiniol wasanaeth y drigfan sydd fry.

WILLIAM DUNN LONGSTAFF (1822 – 94)
cyf. MAURICE LOADER

EMYN Y PYSGOTWR

TI aeth â'm bryd, Bysgotwr Galilí
er ceisio droeon foddi d'egwan gri;
nid chwilio amdanat wnes â sanctaidd nwyd,
ond cael fy nal yn nhafliad taer dy rwyd,
a dod dan wingo, fi'r pechadur bras,
yn un o helfa'r dwfn, trwy wyrth dy ras.

Ti, Fab y Dyn, ddatguddiwr meddwl Duw,
a roes im gip ar fawr ddirgelwch byw;
o'r llwch dyrchefaist rywrai'n wyn eu byd
gan gynnal braich y tlawd a'r gwan a'r mud;
O derbyn, lariaidd Ŵr, betruster un
sy'n mentro yn dy gamre di dy hun.

Ti, Frenin Alltud, wnaeth dy orsedd gynt
mewn preseb lle cait loches rhag y gwynt;
ar grwydr fuost dros fyr ddyddiau d'oes
nes dyfod awr teyrnasu ar y groes:
dy ddwyfraich estynedig fry, ar led,
yw'r goflaid sy'n anwesu'r sawl a gred.

Ffyddlonaf Grist, caf bwyso ar dy ras,
mi wn, a phrofi'r un wefreiddiol ias
a deimlais gynt wrth herio tonnau'r môr;
bydd wrth y llyw, 'rwy'n erfyn, Arglwydd Iôr,
cans byw wyt ti, ni all'sai angau'r Pren
dy rwystro fyth rhag dwyn dy waith i ben.

TI, O DDUW, A'N CREODD

TI, O Dduw, a'n creodd ar dy ddelw a'th lun,
Lluniaist fyd yn llwyfan d'arfaeth di dy hun;
Ar dy gyfarwyddyd gweithiwn ninnau nawr,
Bawb â'i briod ran yn nrama'r Antur Fawr.

Ti'r Gwinllannwr oesol, derbyn ein mawrhad,
Trysor roed i'n gofal ni yw Cymru'n gwlad;
Hardd winwydden gawsom, rhoddwn faeth i'w thir,
Cadw hi'n impiedig i'r Winwydden wir.

Cymer, Wehydd dwyfol, edau'n heinioes frau,
Cryf dy afael ynddi, fyth nid yw'n llesgáu;
Nydda ni ar dröell dy ragluniaeth gre' –
Gwna ni'n rhan annatod o'th dragwyddol We.

Rhoddaist in Waredwr, Iesu'r Arglwydd yw,
Mab dy fynwes drengodd fel y caffom fyw;
Hoeliwn lygad arno, darfu'n crwydro ffôl,
Ond cael ef i'n tywys, mentrwn ar ei ôl.

Derwyn Morris Jones

Enillodd raddau B.A a B.D. ym Mala-Bangor ac fe'i hordeiniwyd yn weinidog gan yr Annibynwyr. Bu'n gwasanaethu ei eglwysi'n ffyddlon yn Horeb, Penydarren, Merthyr Tudful (1959 – 66); a Christian Temple, *Rhydaman (1966 – 81). Penodwyd yn Ysgrifennydd Cyffredinol Undeb yr Annibynwyr Cymraeg (1981 – 99). Cafodd ei ethol yn Llywydd Undeb yr Annibynwyr yn 2001. Mae'n dal i ysgrifennu'n gyson i'r* Tyst. *Dyma un o'i emynau.*

EMYN AR GYFER GWASANAETH MEWN YSBYTY

GREAWDWR dynion, clod i ti,
dy ddelw hardd roist arnom ni,
pob peth a luniaist y mae'n dda,
nid ti sy'n anfon poen a phla;
ond ymhob dim, tydi sy Dduw
a'th 'wyllys yw i'th blant gael byw;
O rho i ni mewn tawel ffydd
ymddiried ynot nos a dydd.

O Feddyg dynion, molwn di
am help yn awr ein hangen ni;
cerddodd dy ddawn iacháu ymhell
gan ddwyn i gleifion obaith gwell.
Am feddyg mwyn i leddfu cur,
am ddwylo'n gweini cariad pur,
ac am y ffydd sy'n fwy na'r byd
rhown ddiolch iti, Geidwad drud.

Waredwr dynion, clyw ein cri,
tyred yn awr i'n hachub ni
o'r hunanoldeb sydd yn lladd,
a'r ofn sy'n rhwystro gwir wellhad.
Rho ras i fyw fel plant i ti,
ymnerthu yn dy gariad cry';
maddeuant Tad yn dwyn in hedd,
a chwmni'r Iesu'n llonni'n gwedd.

Dafydd Rowlands (1931 – 2001)

Un o gyn-ddisgyblion Ysgol Ramadeg Pontardawe. Bu yng Ngholeg y Brifysgol Abertawe a Choleg Presbyteraidd Caerfyrddin ac fe'i hordeiniwyd yn weinidog gan yr Annibynwyr ym Mrynaman. Aeth yn athro ysgol; yn ddarlithydd yng Ngholeg y Drindod ac yna yn awdur llawn-amser ym 1983. Enillodd y Goron ddwywaith yn y Genedlaethol yn ogystal â'r Fedal Ryddiaith. Cyhoeddodd nifer o gyfrolau o gerddi ar wahân i gyfrannu sgriptiau i sianel S4C. Etholwyd yn Archdderwydd (1996 – 98).

EMYN AR GYFER GWASANAETH MEWN YSBYTY

O DDUW y tyner ddwylo
A'r cymwynasau hael,
Perffeithia gân ein lleisiau
A mawl ein genau gwael;
Fel gallom bawb, o gelloedd
Y caeth welyau hyn,
Ddyrchafu artaith Iesu
A'i ddioddef ar y bryn.

O Dduw, i'th blant eiddilaf
Rho ddewrder Gŵr y Groes,
Ac yn y nos anesmwyth
Rho falm ar glwyf a loes;
Fel byddo poen pob machlud,
Drwy foddion cryf dy ras,
Yn troi yn wawr o wella,
A'r gwyll yn fore glas.

O Dduw, dy hen addewid
Yw'r gwir a geisiwn ni:
Y Crist ar lwybrau'r tonnau,
Y llaw yn safn y lli;
Fel byddo pob afiechyd
Ar ffordd ein bywyd brau
Yn fodd i ninnau brofi
Dy gwmni, a chryfhau.[1]

[1] Cyd-fuddugol yn yr Eisteddfod Genedlaethol – Sir Benfro 1972.

Meirion Evans (1931 –

Un o gyn-ddisgyblion Ysgol Ramadeg Pontardawe. Addysgwyd yng Ngholeg Bala-Bangor i baratoi ar gyfer y weinidogaeth. Fe'i hordeiniwyd gan yr Annibynwyr ym 1955. Bu'n fugail ffyddlon i'w eglwysi: Capel Isaf, Llechryd a Ffynnon Bedr; Soar, Pen-y-groes, Arfon; Jerwsalem, Pen-bre, Memorial Square *a Phorth Tywyn. Cipiodd y Goron yn 'Y Genedlaethol' (1979). Etholwyd yn Archdderwydd (1999 – 2001), ac yn Llywydd Undeb yr Annibynwyr yn 2003. Cyhoeddodd* Y Corn Olew *(1986);* Straeon Ffas a Ffridd *(1996);* Rhofio a Rhwyfo *(1998);* Cadw Drws *(2011).*

Y FLWYDDYN NEWYDD

AM fod yr oriau'n hedeg fel plu'r gweunydd,
A'r dyddiau'n dirwyn megis edau frau,
Gan nad yw blwyddyn gron ond chwedl undydd,
Gad imi brynu'r amser i'th fwynhau.

Mwynhau dy gwmni pan fo'r dydd yn unig,
Mwynhau d'oleuni pan fo'r nos yn ddu,
Mwynhau d'arweiniad ar y llwybrau llithrig,
Mwynhau dy wenau pan edrychwyf fry.

Edrychaf fry wrth gamu i'r yfory
Sy'n cadw'i gyfrinachau oll dan sêl;
Codaf fy llef i'r nef a thi a'm gwrendy,
Caf nerth i gerdded rhagof, doed a ddêl.

Deued a ddêl, os plygaf i'th ewyllys
A chofio d'addewidion gwir i gyd,
Try'r ofnau'n hyder, try y chwerw'n felys,
A thry y nos yn olau. Gwyn fy myd.

Y PASG

ARWEINIODD brenin angau
Holl rym ei arfog lu
I dorri grym y cariad,
Y cariad mwyaf fu.
Ond wedi'r groes a'r hoelion,
Y goron ddrain a'r cledd,
Fe ffrwydrodd bywyd Iesu
I chwalu craig y bedd.

Carcharu brenin rhyddid
A chladdu bywyd Duw
Ni allodd ystryw angau:
Mae'n rhydd, mae heddiw'n fyw.
Gorchfygodd rym gelynion,
Maddeuodd eu holl frad,
Enillodd Iesu'r frwydr
Trwy rym ei gariad rhad.

Y grym ddymchwelodd angau
A'i gaerau oll i'r llawr
Yw'r grym a'm cyfyd innau
O fedd anobaith mawr.
Am hynny gorfoleddaf
Yng nghoncwest Brenin nef
A gallu anorchfygol
Ei atgyfodiad ef.

GWEDDI'R EDIFEIRIOL

CRWYDRO 'rydwyf yn y t'wyllwch
Trwy gysgodion nos mewn braw,
Methu gweld goleuni d'wyneb,
Ymbalfalu am dy law.
Dysgais mai myfi a rwygodd
Ddogfen y cyfamod hedd,
Ac mai 'nhrosedd wnaeth im gilio
Draw ymhell o olau'r wledd.

Gweled hwnt i ffiniau'r deml
Borfa fras yr ochr draw,
Gweled bod rhyw bell arlwyon
Ganmil gwell na'r wledd wrth law.
Er mor llwythog oedd eu byrddau,
Cael eu ffrwyth yn wenwyn sur,
Nes dyheu gael profi eto
Lawnder blas dy wleddoedd pur.

Rhyfedd, rhyfedd yw dy gariad
Sydd yn maddau 'nghrwydro ffôl,
Ac yn estyn breichiau llydan
I'm croesawu i yn ôl.
'Rôl dod adref 'rwyf am aros
Yn dy gwmni, a mwynhau
Holl ddanteithion dy rasusau
Yn y wledd sydd i barhau.

MOLIANT

PWY sy'n seinio Halelwia
anthem foliant iddo ef?
Ble mae'r dorf a'i phêr Hosanna
i groesawu Brenin nef?
Rho in glywed eto'r alwad
i ymuno yn y côr
sydd yn canmol Iesu'r Ceidwad,
yn dyrchafu enw'r Iôr.

Diolch am y doniau daniwyd
i foliannu d'enw glân.
Diolch am y Gair bregethwyd
i roi Cymru oll ar dân.
Llifed dyfroedd doniau newydd
i felinau Eglwys Dduw,
a phan dry y rhod bydd clodydd
mewn acenion ieuanc byw.

O rho daw ar dwrf anghyfiaith
sydd yn boddi d'eiriau glân,
datod rwymyn tyn amheuaeth
sydd yn bygwth tagu'r gân.
Arglwydd, agor ein calonnau
a rhyddha'r tafodau mud,
nes bod moliant ein hanthemau'n
seinio'n uwch na lleisiau'r byd.

PRIODAS

TI, ffynhonnell pob gwir gariad
Sydd yn dwyn dy blant ynghyd,
Tywallt heddiw dy fendithion
Ar y ddau sy'n dechrau'u byd.
Gafael yn eu llaw i'w harwain
Yma nawr ar ddechrau'r daith;
Paid â'u gadael os daw cwmwl
Nac yng ngwenau'r heulwen chwaith.

Heb un dechrau, heb un diwedd,
Megis cylch y fodrwy hon,
Felly bydded cariad deuddyn
Welir yma ger dy fron;
Pur yw'r fodrwy aur, a gloyw,
Golau'r wledd sydd arni hi;
Purach, gloywach fo'u serchiadau
O dan d'olau sanctaidd di.

Boed ffenestri'u tŷ yn agor
Tua mynydd Duw bob dydd,
Fel bo'r awel oddi yno'n
Hedeg drwy eu cartre'n rhydd.
Cluded ar ei hadain seiniau
Mawl a gweddi pobl Dduw
Yn gyfeiliant i'w hymdrechion
A'u gobeithion tra bônt byw.

Alice Evans (1932 –

Daw'r emynyddes hon o Henllan Amgoed. Fe'i derbyniwyd yn aelod o'r eglwys Annibynnol yno yn 16 oed. Ar ôl iddi briodi aeth hi a'i gŵr i ffermio Cilhengroes yn agos i'w chartref. Mawr fu ei diddordeb erioed mewn emynyddiaeth. Mae ganddi garol yn Caneuon Ffydd, *ac enillodd yn yr Eisteddfod Genedlaethol (1992) ar 'Yr Emyn Cyfoes'. Bu'n gadeirydd ac yn drysorydd Cyfundeb Annibynwyr Gorllewin Caerfyrddin. Mae pum cyfrol o'i gwaith wedi'u cyhoeddi:* Gyda'r Ifanc *(1985);* Grisiau at Grist *(1995);* Cadw Rhod Duw i Droi *(2003);* Ymlaen gyda Duw *(2003);* Wyth Oedfa *(2009). Hefyd, bu'n fuddugol yn yr Eisteddfod Genedlaethol (2011) â Charol Blygain.*

GWAREDWR Y BYD

CAED cyfoeth gras y nefoedd
        yn y crud,
a chariad Tad trwy'r oesoedd
        yn y crud;
caed Duw'n ei holl ogoniant,
o fore dydd y trefniant
yn Eden gyda'i ramant,
        yn y crud,
caed cysgod croes ein pryniant
        yn y crud.

Cyn dydd dy ymgnawdoliad,
        Iesu da,
fe'th folwyd gan broffwydi,
        Iesu da,
yn D'wysog tangnefeddus,
cyfiawnder iti'n wregys,
yn gyfaill i'r trallodus,
        Iesu da,
ond triniwyd di'n ddirmygus,
        Iesu da.

Llawenydd sydd yn Seion
trwot ti,
cans talwyd ein dyledion
trwot ti,
cawn gariad i'n harfogi,
cawn ffydd i'n cyfoethogi
a sicrwydd i'n gwroli
trwot ti,
ond iti gael dy eni
ynom ni.

BENDITHIA, DDUW, YR OEDFA HON

EIN Nefol Dad, tyrd atom ni,
Rho yn ein genau d'eiriau di,
A boed i'th Ysbryd lanw'n bron,
Bendithia, Dduw, yr oedfa hon.

Un parod â'th fendithion rhad
Wyt ti, cans cariad wyt, Dduw Dad:
Pâr inni fod fel ti, yn hael,
Gan roi o hyd heb ddisgwyl cael.
Ein Nefol Dad . . .

O atal ddwylo'r treiswyr blin
Sy'n cael eu boddio wrth gam-drin:
Boed iddynt glywed ingol gri
Pob truan, trwy dy glustiau di.
Ein Nefol Dad . . .

Gwna ni'n garedig iawn bob un
At bawb a grewyd ar dy lun:
Ac wrth roi cymorth, boed i ni
Ei estyn yn dy enw di.
Ein Nefol Dad . . .

Perffeithia di bob dysg a dawn
Sydd ynom ni, a phob peth wnawn:
Ti biau'r cyfan feddwn ni,
Mewn diolch plygwn lin i ti.
Ein Nefol Dad . . .

EIN GWAREDWR

GWNAED gwyrth ym Methlem Jwda
'mhell yn ôl,
pan anwyd ein Meseia
'mhell yn ôl;
'rôl disgwyl hir ac eiddgar
am olau'r seren lachar,
daeth cariad Duw i'r ddaear
'mhell yn ôl,
trwy Iesu'r baban hawddgar
'mhell yn ôl.

Er dioddef ing croeshoeliad
ganddo ef,
lledaenwyd gwyrthiol gariad
ganddo ef;
er ffoi o'r apostolion,
er dicter y gelynion,
fe dalwyd ein dyledion
ganddo ef,
maddeuwyd, er yr hoelion,
ganddo ef.

Mae'n dal i faddau'n raslon,
dyma wyrth!
Rhydd groeso i'r afradlon,
dyma wyrth!
Os plygwn i'w arglwyddiaeth
a derbyn ei ddysgeidiaeth,
cawn hedd ac iachawdwriaeth,
dyma wyrth!
Try'r bedd yn fuddugoliaeth,
dyma wyrth!

DIOLCH ITI, IESU CU

NI ddaethost, Iesu da, i'n plith
i gael daearol fri,
un gwylaidd fuost ti bob cam
o'r daith i Galfari.
Nid llety mewn brenhinol lys
dderbyniodd di i'r byd,
ond stabl lom rhyw asyn bach,
a'i breseb fu dy grud.

Ni cheraist rwysg na chyfoeth byd,
ni cheisiaist uchel dras;
fe olchaist draed y deuddeg gŵr
gan gymryd agwedd gwas.
Ni'th demtiwyd di gan urddas march,
ni welaist rym mewn cledd;
trugaredd, gras a chariad fu
dy arfau hyd dy fedd.

Ni roddaist bwys ar wisg na gwedd
nac uchel swyddi'r byd;
addoli Duw a charu dyn
a aeth yn llwyr â'th fryd.
Diolchwn iti, Iesu cu,
am ddod i'r byd mewn cnawd
i ddangos cariad tadol Duw
a bod i ni yn Frawd.

O IESU, TYRD ATOM

WRTH deithio i'r ddinas newidiwyd Sacheus,
y gŵr ddaeth yn gefnog trwy ddulliau amheus;
derbyniodd ef Iesu i'w gartref yn llon
a'i Geidwad ga'dd groeso am byth yn ei fron.

O Iesu, tyrd atom, a dangos i ni
y ffordd i roi'n hunain yn gyflawn i ti.

Trwy rym ei weithredoedd a thraethiad y Gair,
adnabod ei chyfaill fel Ceidwad wnaeth Mair;
hyfrydwch fu'i chariad at Grist trwy ei hoes,
a'i serch a orlifodd pan goncrodd e'r groes . . .

Erlidiwr yr eglwys oedd Paul pan yn iau,
cyn teimlo yr awydd i edifarhau;
wrth fynd i Ddamascus, fe'i trawyd yn ddall,
ond gwelodd ef Iesu'r Gwaredwr di-wall . . .

Liw nos, Nicodemus yn ofnus a ddaeth,
cans trefniant y cyngor a'i cadwai yn gaeth;
'Dy eni o'r Ysbryd sydd raid,' medd Mab Duw,
ac wedi'i aileni, i'w Geidwad bu'n byw . . .

Bu Tomos yn amau, nes gwawriodd y dydd
pan ddaeth ôl yr hoelion â dyfnder i'w ffydd:
mae galwad ein Harglwydd mor dyner pan ddaw,
ac nid yw e'n galw heb estyn ei law . . .

TYRD ATOM, IÔR

PAN dry atgasedd dyn at ddyn yn drais,
A'r hen, y llesg neu'r du ei groen heb lais,
O Arglwydd, tyrd yn nes a thyrd yn glau
I'n dysgu i gadw drws pob cas ar gau.

Pan fydd cyffuriau caeth yn llethu dyn,
Na foed i'n dirmyg glwyfo'r gwael ei lun;
A phan gystuddir un o'th blant gan haint,
Boed inni gyfrif estyn llaw yn fraint.

Pan glywn am arfau erch ein byd di-foes
A thynged dyn mewn mantol drwy ei oes,
Rho ynom nerth i draethu'n hy, O Dad,
Mai gras, nid grym, yw d'arf yn ddiymwâd.

Pan welwn dristwch gwedd y llu di-waith,
Pan gwyd terfysgoedd a phan sathrir iaith,
A thra fydd dyn yn hawlio mwy na'i ran,
Pâr inni weld bod hyn yn groes i'r plan.

Pan fo d'athrawiaeth di yn destun gwawd,
Y Sul yn sarn a gwisg y sant yn dlawd,
A'n plant yn medi ffrwyth ein llacrwydd ni,
Tyrd i'n cymdeithas, Iôr, a phura hi.[1]

Noel Gibbard (1932 –

Ganed ym Mynyddcerrig, Pontyberem, Sir Gaerfyrddin. Bu'n weinidog gyda'r Annibynwyr, a dilynodd dau o'i frodyr ef i'r weinidogaeth hefyd: Y Parchedig Ithel Gibbard (1935 – 99), a'r Parchedig Hedley Gibbard (1936 – 2001). Mae'r Dr Noel Gibbard yn henuriad yn yr Eglwys Efengylaidd yng Nghaerdydd. Bu'n ddarlithydd yng Ngholeg Beiblaidd y Barri a Choleg Efengylaidd Cymru, Pen-y-bont ar Ogwr. Mae'n emynydd ac yn awdur cynhyrchiol.

CÂR DY GYMYDOG

RHO i ni lygad Crist i weld yn iawn
Y ffiniau ffals a ddrylliwyd un prynhawn,
Er mwyn i ni gael carthu'n rhagfarn cas
A gweld pob lliw yn hardd yn haul dy ras.

O cuddia ni er mwyn dy ddangos di,
Y dyn dros eraill yw ein Harglwydd ni.

Rho i ni ddwylo Crist i wneud ein gwaith,
Rhag mynd ffordd arall heibio ar ein taith,
Yn llawen rhown i'r rhai mewn newyn draw,
A chofiwn am y weddw sydd gerllaw.

Rho galon Crist i ni wrth wely'r claf,
I weini yn ei aeaf wenau haf,
A phrofi o dan faich sy'n drwm i ni
Gymdeithas dioddefiadau Calfari.

[1] Buddugol yn yr Eisteddfod Genedlaethol – Ceredigion Aberystwyth 1992.

Rho i ni 'sgidiau Crist i fynd mewn hedd
    Yng ngrym ei atgyfodiad ef o'r bedd,
I ddwyn y rhai sy'n disgwyl am y dydd
    A ffoaduriaid ffawd i deulu'r ffydd.[1]

John G. E. Watkin (1933 –

Gweinidog ffyddlon gyda'r Annibynwyr. Dechreuodd ei yrfa yn eglwysi'r gogledd, aeth ymlaen i'r canolbarth ac yna i'r de i'r Tabernacl, Treforys. Bu yno am 15 mlynedd cyn troi yn ôl i Landudno a Phenmaen-mawr . . . Fe'i hetholwyd yn Llywydd Undeb yr Annibynwyr ym 1995. Emynydd medrus mewn testun a thôn.

IESU YW FY MHRYNWR

IESU yw fy Mhrynwr,
    Ef yw 'nghyfaill i;
Gwnaeth bopeth drosof,
    Aeth i Galfari;
Bu farw fel na byddwn farw mwy,
Daeth bywyd newydd im o'i farwol glwy'.

Iesu yw fy Arglwydd,
    Dyma 'ngobaith i;
Brenin Brenhinoedd,
    Eiddo ef yw'r bri:
Offrymaf iddo – a rhowch chwithau'n lân
I'r Bendigedig Un – dragwyddol gân.

[1] Buddugol yn yr Eisteddfod Genedlaethol – Bro Delyn 1991.

Harri Owain Jones

Gweinidog ffyddlon, pregethwr grymus, emynydd llwyddiannus, eisteddfodwr brwd ac un o gewri'r Methodistiaid Calfinaidd.

A WELAIST TI YR IESU?

A WELAIST ti yr Iesu
Yn llygaid tlodion gwael
Yn crefu am ein sylw
A chrefu'n rhoddion hael?

A welaist ti yr Iesu
Yn llygaid plant y stryd
Yn crefu am ein cariad
Am help i wella'u byd?

A welaist ti yr Iesu
Ymhlith newynog lu
Yn crefu mewn anobaith
Am hawl i fyw fel ni?

A welaist ti yr Iesu
Yn galw ni'n gytûn
I ddangos bod ei gariad
At bob anghenus un?

EMYN AR GYFER ACHLYSUR ARBENNIG

ARGLWYDD, dyro nawr dy fendith
Ar ein huniad yn dy dŷ;
Boed i'th Ysbryd buro'n priodas,
Tywallt gariad oddi fry;
Gyda'n gilydd
Molwn di, O Dduw ein Tad.

Heddiw, unwn ein harferion
    Gyda gorau ddoe ynghyd;
Boed bendithion cydaddoli
    Yn dyfnhau ein ffydd o hyd:
        Gyda'n gilydd
    Y gweddïwn, Dduw ein Tad.

Gwasanaethwn ein cymuned
    Trwy roi help i'r gwan a'r trist;
Gweini cysur, rhannu cariad
    Trwy esiampl Iesu Grist:
        Gyda'n gilydd
    Helpwn eraill, Dduw ein Tad.

Rhown ein bryd ar ddilyn Iesu,
    Dengys ef y ffordd i fyw;
Arwain eraill ato i brofi
    Pa mor fawr yw cariad Duw:
        Gyda'n gilydd
    Tystiwn iti, Dduw ein Tad.

EMYN DATHLU

CLYW ni, Arglwydd, wrth in ddathlu
    Canmlwydd o'th addoli di,
Cofio wnawn ein dyled heddiw
    I'r ffyddloniaid gynt a fu:
        Diolch iti
    Am y gwir o fewn dy dŷ.

Yma, Arglwydd, clywir traethu
    Am dy ras yn Iesu Grist;
Yma profir grym dy gariad
    Sydd yn llonni'r galon drist:
        Diolch iti
    Am y golau yn dy dŷ.

Yma, Arglwydd, gwelir dysgu
    Plant i garu'r Iesu gwiw,
Yma dysgir yn y Beibl
    Am y ffordd sy'n well i fyw:
        Diolch iti
    Am y Gair o fewn dy dŷ.

Arglwydd, gwrando nawr ein gweddi
    Am barhad dy Achos di;
Fel bydd eto ddathlu canmlwydd
    Gan ffyddloniaid yn dy dŷ:
        Diolch iti
    Am dy gwmni gyda ni.

FE WEDDÏAIST TI

FE weddïaist ti, O Arglwydd,
    Am i'th bobl fod yn un,
Ac i ddangos grym yr undod,
    Rhyngot ti a'th Dad dy hun;
        Arglwydd, maddau
    I ni fethu byw'n gytûn.

Fe ddymunaist ti i'th Eglwys
    Undod cadarn teulu Duw,
A grymuso ei thystiolaeth,
    A bywhau ei ffordd o fyw;
        Arglwydd, maddau
    Iddi fethu byw'n gytûn.

Arglwydd, anfon di dy Ysbryd
    Fel y'n hunir ni i gyd,
A bod undod Crist a'i bobl
    Yn dystiolaeth drwy y byd;
        O bendithia
    Ni, i fythol fyw'n gytûn.

IESU HEDDIW'N FYW

MAE'R Iesu heddiw'n fyw,
Mae inni'n Ffrind a Brawd;
Gwaredwr ydyw ef
I bob rhyw enaid tlawd:

Dyrchafwn gri, ein gweddi clyw,
Am fyw yng Nghrist yn awr, O Dduw.

Mae'r Iesu heddiw'n fyw,
Efe yw T'wysog hedd;
Mae ynddo ef bob gras,
Difetha rym y cledd:

Mae'r Iesu heddiw'n fyw,
Ymhlith newynog lu
Mae ef yn estyn llaw
A rhannu'i gariad cu:

Mae'r Iesu heddiw'n fyw,
Cyhoeddwn ninnau'r gwir
Ei fod yn caru pawb
Ymhob rhyw wlad a thir:

PA BETH A GEISI DI?

PA beth a geisi di, O Dduw,
Gan deulu dyn yn awr
Ond gwir addoliad, parch a bri,
Yn enw Iesu mawr?

Pa beth a geisi di, O Dduw,
Gan fyd cythryblus, trist
Ond bywyd gwir i'r tlawd a'r gwan
Trwy neges Iesu Grist?

Pa beth a geisi di, O Dduw,
Gan Gymru'n gwlad fach ni
Ond gwir ffyddlondeb, sêl a thân
At waith dy deyrnas di?

Pa beth a geisi di, O Dduw?
Rhoi f'ysgwydd dan y groes,
Cenhadu, tystio, estyn llaw
Yw 'ngwaith ar hyd fy oes.

O GRIST FAB DUW

PAM ddaethost ti, O Grist Fab Duw,
I'r byd di-groeso hwn;
Heb lety ond y stabal llwm;
Pam ddaethost ti – ni wn?

Pam ddaethost ti, O Grist Fab Duw,
I'n byd a'i wawdlyd sŵn;
Yn amau'th Air, yn barnu'th waith;
Pam ddaethost ti – ni wn?

Pam ddaethost ti, O Grist Fab Duw,
I fyd a'i bechu'n bwn;
I farw'n greulon ar y groes;
Pam ddaethost ti – ni wn?

Pam ddaethost ti, O Grist Fab Duw,
I garu byd fel hwn;
I achub pawb, i wella'i glwyf
Fe ddaethost – do – mi wn!

YR IESU BYW

YN gwmni buost, Iesu byw,
I ddau ar ffordd Emaus;
Wyt heddiw'n gwmni ar ein taith,
Wyt gyda ni'n barhaus.

Halelwia! Halelwia!
I ti, O Iesu byw;
Halelwia! Halelwia!
Ein Crist, a Mab ein Duw.

Ar lan dy fedd fe glywodd Mair
Ei henw, Iesu gwiw;
O boed i ninnau wrando'r llais
Sy'n galw ni at Dduw.

Fe dystiodd Pedr, er ei wad,
Ei gariad atat ti;
Er inni fethu lawer gwaith,
Dy garu yw ein cri.

O Iesu byw, O Grist ein Brawd,
Yr un wyt ti o hyd;
Dy gariad atom, Iesu da,
Sy'n gwmni yn y byd.

FE WELAF WYNEB CRIST

YN wyneb y newynog tlawd
Fe welaf wyneb Crist
Yn dwedyd wrthyf, 'Estyn law
I helpu'r egwan trist.'

'A dangos iddo gariad Duw
Mewn ymborth maethlon, da,
A rhanna'n hael fendithion lu
I'w arbed rhag pob pla.'

'Apelia wrth arweinwyr byd
I faddau'u dyled hwy;
Fel caffont gyfle newydd, gwell
I dyfu mwy a mwy.'

O tyn dy blant yn nes, ein Tad,
    Cyfoethog bônt neu'n dlawd;
A derbyn o bob gwlad ac iaith
    Bob un, yn chwaer a brawd.

Yng ngrym dy gariad tadol di
    Fe fyddwn oll yn un;
Er mwyn i bawb gael byw yn rhydd,
    Cyfartal a chytûn.

Dafydd Henri Edwards

Un o blant Ffair Rhos. Gweinidog huawdl gyda'r Bedyddwyr ac ar ôl teithio'r byd wedi ymddeol i Gaerdydd. Bu'n Brifardd yr Urdd, golygydd, colofnydd . . . ac awdur y gyfrol O Ffair Rhos i Futaleufu *(2010).*

PRIODAS

DYMA fore gwyn briodas,
    Modrwy aur sydd fel y dur;
Dolen berffaith y berthynas
    Grewyd gan eu cariad pur.

Cariad pur sy'n dal yn gadarn
    Ymhob storm, mewn awel gref;
Nid yw'n gollwng ar y ddaear
    Ac mae'n cyrraedd hyd y nef.

Iesu annwyl, boed eu bywyd
    Yn dy law, heb loes na chur;
Taena d'adain dros eu haelwyd,
    Meithrin byth eu cariad pur.

Drwy eu hoes, rho iddynt nodded,
    Bydd, O Dad, i'r ddau yn fur,
Gydol oes boed iddynt gerdded
    Yn nedwyddwch cariad pur.

DELED DY DEYRNAS

IESU'N Ceidwad gogoneddus
   Ddaeth i lawr o orsedd ne'
A dioddef yn ddolurus
   Warth y groesbren yn fy lle,
      Fe orffennaist
   Waith cymodi dyn a Duw.

Iesu'r Archoffeiriad mentrus,
   Gwna i'r eglwys weld ei gwaith;
Galw ni sy'n rhy gysurus
   I fynd eto ar ein taith
      Nes gorffennir
   Gwaith cymodi dyn a dyn.

Iesu, Brenin yr anghenus,
   Tyrd i'th orsedd yn ein byd;
Rho dy loches i'r truenus
   Dyro'th gysgod inni i gyd,
      Yna gwelir
   Teyrnas nefoedd yn ein plith.

CYMUN

O DIOLCH am gydwybod
   Yn ganllaw yn y byd,
A chlustiau i adnabod
   Dy alwad di o hyd;
Yn awr, wrth fwrdd y cymun
   Dilea bob rhyw rith;
Bydd di mewn gair ac emyn
   A gweddi yn ein plith.

O diolch am yr hiraeth
  Am gael dy gwmni di,
'Rwyt ti uwchlaw dynoliaeth
  Ac eto gyda ni;
Yng ngwin a bara'r swper
  Disgynna nawr i'n mysg
Gan roi dy law yn dyner
  Ar ddoethion a di-ddysg.

O diolch am orfoledd
  Sy'n puro'r llestr pridd
A'i lenwi'n bur â rhinwedd
  Wna enaid caeth yn rhydd:
Yn rhydd o gosb drygioni,
  Yn rhydd o ofnau trist
Heb archoffeiriad inni
  Byth mwy ond Iesu Grist.

Dic Jones (1934 – 2009)

Amaethwr, Prifardd, Archdderwydd, cyflwynydd y gyfres radio boblogaidd 'Talwrn y Beirdd' . . . Mynnodd Syr T. H Parry-Williams yn ei feirniadaeth o'r Awdl fuddugol 'Cynhaeaf' yn Eisteddfod Aberafan (1966); 'Dyma un o'r awdlau gorau ers tro byd; braidd na ddywedwn gan un o'r cynganeddwyr gorau'n fyw.'

Cyhoeddodd Agor Grwn *(1960);* Caneuon Cynhaeaf *(1969);* Storom Awst *(1978);* Sgubo'r Storws *(1988).*

O TYRED, ARGLWYDD MAWR

LLE siglodd y rhyferthwy
  sylfeini Cymru gynt,
'roedd moliant ar yr awel
  a gweddi ar y gwynt,
a'r cedyrn mwya'n plygu
  eu pennau oll i lawr,
a'u balchder wedi'i sigo
  gan rym y Brenin Mawr.

Pwy ŵyr na theimlir eto
  y cyffro fel o'r bla'n
a'r bregeth yn troi'n weddi,
  a'r weddi yn troi'n gân;
pan chwytho 'mrig y morwydd
  wynt teg yr adfywhad,
a llaw yr Hollalluog
  yn ysgwyd eto'r wlad?

NOËL

O SANCTAIDD nos a'r seren fry yn olau,
Y nos y ganwyd Mab y Dyn;
Llwyd oedd y byd dan gwmwl ei gamweddau
Nes ymddangosodd Duw ei hun.
Drwy'r cread oll mae ias o obaith tirion
A newydd wawr yn torri uwch y crud.
Plygwch i lawr i glywed yr angylion,
O ddwyfol nos, pan aned Crist i'r byd.

Seren y Ffydd uwchben y byd yn gwenu,
Â chalon lawn down at breseb y gwair.
Doethion yn dod a'r seren yn eu denu
O'r dwyrain draw i wireddu y gair.
I feudy'r ych daeth Brenin y brenhinoedd
I fod yn ffrind i bawb o'r ddaear hon,
Gŵyr ef am boen a gofid y canrifoedd,
Eich Brenin yw, ymgrymwch ger ei fron.

Dysgodd y byd i garu pawb ei gilydd
A daw â'r caethion o'u rhwymau yn rhydd,
Cariad ei ddeddf, a hedd yw ei efengyl
Ac yn ei Enw tangnefedd a fydd.
Caniadau llon o ddiolch a gyd-ganwn
Boed i ni oll fawrhau ei Enw ef,
Crist yw yr Iôr, a'i Enw fyth a folwn.
Nöel. Nöel. Fe ddaeth Tywysog nef.

PLACIDE CAPPEAU (1808 – 77)
cyf. JOHN SULLIVAN DWIGHT (1812 – 93)
cyf. DIC JONES

W. Eifion Powell (1934 – 2009)

Un o Wauncaegurwen a fu'n ddisgybl yn Ysgol Ramadeg Pontardawe. Enillodd raddau B.A., B.D yn y Brifysgol ac fe'i hordeiniwyd gan yr Annibynwyr. Gwasanaethodd yr enwad yn ffyddlon. Bu'n ddarlithydd yng Ngholeg Cymraeg yr Annibynwyr, Aberystwyth ac yna yn Brifathro llwyddiannus yno. Fe'i hetholwyd yn Llywydd Undeb yr Annibynwyr ym 1996.

DDUW CADARN YR HEN GYFAMODAU

DDUW cadarn yr hen gyfamodau
Fu'n cynnull d'addolwyr ynghyd,
Gan dywys yn dirion gerddediad
Y gwan a'r anghenus o hyd,
Fe gofiaist dy bobol mewn adfyd,
Mewn hawddfyd anghofient dydi,
Ond mawr fu dy ras i'w rhybuddio
A'u harwain yn dyrfa ddi-ri'.

Dduw graslon cyfamod Calfaria,
O gwrando ein clodydd bob pryd
I'r Iesu a'i farw cyfryngol,
A'r gobaith a ddygodd i'n byd;
Pwy arall allasai weithredu
I'n cadw rhag dychryn a bedd?
Pwy arall allasai gymodi
Gelynion mor ffiaidd mewn hedd?

Dduw mentrus yr oesoedd sy'n dyfod,
O arwain ni eto'n dy law,
I herio gwallgofrwydd dynoliaeth
Heb laesu ein dwylo mewn braw;
Ie, cynnal dy bobol â'th bwrpas
Cariadlon, tragwyddol dy hun,
A chadw ni'n gwmni ymroddgar
I ledu dy deyrnas gytûn.

Y PASG

FY Nuw, rho imi'r nerth
I edrych gyda thi,
A gweld fy Iesu 'nglas y dydd
Yn codi o'i gadachau'n rhydd
O'r bedd i'n daear ni.

Fy Nuw, rho imi'r nerth
I godi gydag ef;
O fedd fy hunanoldeb tlawd
Cyfeiria 'ngolwg at fy Mrawd,
O gwrando ar fy llef.

Fy Nuw, rho imi'r nerth
I ddringo trwy ei rym;
O'r gwastad dwg fi i'r bryn serth
Lle gwelaf angen dyn a'i werth,
A difa'i dlodi llym.

Fy Nuw, rho imi'r nerth
I rodio yn ei law;
O lwth fy nifaterwch clyd
Danfon fi allan nawr i'th fyd
I'th ganmol yn ddi-daw. [1]

AR GYFER Y DYRCHAFAEL

DIOLCH am fod yr Iesu'n fyw,
A bod ei ysbryd peraidd, pur
Uwch gafael cas pob poen a chur
A gallu sydd islaw ein Duw.

Diolch am fod yr Iesu'n fyw
Yng ngeiriau coeth emynwyr ffydd,
Yn nodau cain cerddoriaeth rydd
Ac yng nghelfyddyd ffenest liw.

Diolch am fod yr Iesu'n fyw
Mewn llawer gŵr a geneth fwyn
Sy'n codi baich, yn gwrando cwyn
A sugno gwenwyn amryw friw.

Diolch am fod yr Iesu'n fyw
Yng ngwir gymundeb dyn a dyn,
A bod pob dŵr yn troi yn win
Pan rennir ei gymdeithas wiw.

Diolch am fod yr Iesu'n fyw
Yng nghraidd fy mhrofiad i yn awr;
Ni'm rhwymir innau'n un â'r llawr
A Christ Dyrchafael wrth y llyw.[1]

Y SULGWYN

MAE'R Ysbryd Glân yn hesb
Heb allu yn y tir,
A'r Eglwys yn dihoeni sydd
Heb gangen ir.

Aeth grym y Gair yn wan
Heb argyhoeddiad cry',
A'r saint yn eu llochesau llwm
Yn gwywo sy.

O danfon fel o'r blaen
Dy law adfywiol hardd,
Ac ennyn y planhigion byw
Yn nhir dy ardd.

Fel pren canghennog braf
Lleda fy ngwraidd, O Dduw,
A boed pob haenen a phob cainc
I ti yn byw.[2]

[1] Buddugol yn yr Eisteddfod Genedlaethol – Bangor a'r Cylch 1971.
[2] Buddugol yn yr Eisteddfod Genedlaethol – Bangor a'r Cylch 1971.

AR DDECHRAU BLWYDDYN NEWYDD

NI wyddom ni, anfeidrol Iôr,
Am gwrs y flwyddyn hon;
Ond mentrwn dros ei throthwy hi
Dan nawdd dy wenau llon.

Dy bresenoldeb siriol di
Sy'n well na golau mwyn,
Y Tad sy'n rhannu beichiau'i blant
A gwrando ar eu cwyn.

A phan ddaw temtasiynau cry'
Ym mrys a braw y byd,
Fe ddwg amneidiau hoff dy law
Ni'n ôl i'th gysgod clyd.

O byddwn lawen ar ein taith,
Na fydded neb yn drist
Wrth estyn llaw y flwyddyn hon
Yn Ysbryd Iesu Grist.

UN ARGLWYDD DROS Y DDAEAR

UN Arglwydd dros y ddaear gron
Fu'n creu a chynnal dyn,
A haul daionus wena'n llon
Ar bobloedd o bob llun.

Un Crist fu'n gwaedu ar y groes
Mewn dolur enbyd iawn,
Er mwyn i'w weision ymhob oes
Gael blasu'r cwpan llawn.

Un Ysbryd Glân ddisgynnodd gynt
Sy'n disgyn eto nawr,
Gan ymlid draw â'i nerthol wynt
Ddychmygion drwg y llawr.

Un corff i'r Drindod ddiwahân
  Yw'r Eglwys fyw i fod,
A'i llaw, a'i gwedd a'i pheraidd gân
  Yn taenu'r dwyfol glod.

O todded pob rhyw ragfarn gref
  Yn feddal iawn fel cŵyr,
A rhodded Duw ei argraff ef
  Yn sêl i'n hundeb llwyr.

Rebecca Powell (1935 – 93)

Gwraig dalentog W. Eifion Powell a fu farw bymtheng mlynedd o'i flaen. Athrawes nodedig, emynyddes lwyddiannus a chawres ym mudiad Merched y Wawr.

√ CANMOL Y DUWDOD

MAE rhyfeddodau'r cread crwn,
  Perffeithrwydd lliw a llun,
Yn dangos inni'n eglur iawn
  Waith bysedd Duw ei hun.

Fe ddaw pob tymor yn ei dro
  A'r ffrwythau yn eu pryd,
Gan adlewyrchu rhyfedd drefn
  Cynhaliwr mawr y byd.

Yng ngwyrth y Gair a ddaeth yn gnawd
  I achub dynol-ryw,
Cyhoeddwyd y newyddion da
  Am gariad grasol Duw.

Cymdeithas wiw yr Ysbryd Glân
  I ninnau yma nawr
Sy'n profi'r grym a'r bywiol nerth
  A ddaw o'r nef i lawr.

O boed i ninnau ar ein taith,
Ac yn ein mawl a'n cân,
Glodfori enw Duw y Tad,
A'r Mab a'r Ysbryd Glân.

John Arwyn Phillips (1935 – 93)

Pregethwr grymus, emynydd medrus ac arweinydd galluog. Ganed yng Ngarnant ac addysgwyd yn Ysgol Uwchradd Dyffryn Aman, Coleg y Brifysgol, Abertawe, Coleg y Presbyteriaid, Caerfyrddin a Choleg yr Annibynwyr, Abertawe. Enillodd raddau B.A. a B.D. ac fe'i hordeiniwyd gan yr Annibynwyr yn Eglwys Sardis, Ystradgynlais ym 1960. Bu'n gweinidogaethu'n ddiweddarach ym Methlehem, Rhosllannerchrugog ac wedi hynny yng Nghapel Mair, Aberteifi. Enillodd radd uwch M.Th. hefyd.

IESU'R ATGYFODIAD MAWR

DAW dechrau'r dydd a'r wawr yn fyw,
A chyffro'r byd yn drwm ar glyw;
Tydi fu'n gwylio'r oriau maith,
Bydd heddiw'n gwmni yn ein gwaith.

Daw llawnder bwrdd o ffrwyth a grawn,
O'r egin bach daw cnydau llawn;
Tydi gynlluniwr meysydd ir,
O cadw ni rhag llygru'r tir.

Daw'r aelwyd glyd a serch yn lân,
A'r iaith yn fyw yn sŵn y gân;
Tydi gyfrannwr gras a ffydd
Yw'r her i garu pawb bob dydd.

Daw'r weddi fach â'i nerth o hyd
Ym mrwydrau creulon yr holl fyd;
Tydi fu'n glwyfus, ond y groes
Yw'r un sy'n maddau methiant oes.

Daw golau eto gyda'r hwyr
I drechu cysgod nos yn llwyr;
Tydi a'n cwyd ar ddyrys awr,
O Iesu'r atgyfodiad mawr.

John Pinion Jones (1936 – 2009)

Ganed yn Llangoed, Sir Fôn. Bu'n fyfyriwr yng Ngholeg y Bala a'r Coleg Diwinyddol, Aberystwyth. Fe'i hordeiniwyd yn weinidog gyda'r Presbyteriaid a gofalodd yn ffyddlon am eglwysi yn Abergynolwyn, Caerfyrddin, Niwbwrch a Llanidloes. Emynydd arbennig.

DIOLCHGARWCH (Emyn i blant)

DERBYN foliant plentyn,
   Arglwydd nef a byd;
Gwnaethost ni'n gyfoethog
   Â dy roddion drud.

Rhoddaist inni'r gofod:
   Gemau sêr y nos,
Haul y dydd yn gwenu,
   Lleuad hwyrol dlos.

Golud y tymhorau:
   Emrallt gwanwyn byw,
Aur yr haf i'n llonni,
   Rhuddem hydref gwiw.

Ffrwythau'r maes a'r perthi,
   Llysiau iach yr ardd,
Rhoddwn hwynt yn offrwm
   Ar dy allor hardd.

Cawsom gennyt gyfoeth
   Aelwyd mam a thad;
Cyfoeth iaith yn drysor,
   Cyfoeth harddwch gwlad.

Derbyn foliant plentyn,
  Grëwr nef a byd;
Gwnaethost ni'n gyfoethog
  Â dy roddion drud.

EMYN HEDDWCH

MAE'R Iesu'n dal i wylo
Dros wledydd yn eu loes,
Byddinoedd a'u cyflafan
Yn gwrthod ffordd y groes;
O Iesu'r Tangnefeddwr cry',
Diwel dy heddwch oddi fry.

Mae'r Iesu'n dal i wylo
Dros ddyn a'i drais a'i fraw,
A llu o ffoaduriaid
Heb obaith am a ddaw.
A'r Tangnefeddwr ddwed wrth rhain,
'O rho dy gleddyf yn dy wain.'

Mae'r Iesu'n dal i wylo
Wrth weld dialedd byd,
Dial yn ennyn dial –
A'r un yw'r gwae o hyd.
O Iesu'r Tangnefeddwr mawr,
Doed heddwch nef i'n daear lawr.

Mae'r Iesu'n dal i wylo
Dros fyd dolurus, gwael
Na ŵyr ddim am faddeuant
Na'r cymod sydd i'w gael.
O Iesu'r Tangnefeddwr cry',
Diwel dy heddwch oddi fry.

Y PASG

MOLWN Grist, y grym a greodd
Wyrthiau natur daear lawr,
Ac a greodd mewn eiliadau
Holl blanedau'r gofod mawr.
Pwy all fesur
Grym y cariad sy'n bywhau?

Molwn Grist, y grym sy'n deffro
Bywyd wedi'r hirlwm cras,
Ac sy'n troi pob llymder gaeaf
Eto yn orfoledd glas.
Pwy all fesur
Grym y cariad sy'n bywhau?

Molwn Grist, y grym sy'n codi
Pawb o gorsydd gwaetha'u rhyw,
Codi'r gwan yn gadarn eto,
Troi pob marw eto'n fyw.
Pwy all fesur
Grym y cariad sy'n bywhau?

Molwn Grist, y grym sy'n cynnig
Gobaith i'r dyfodol draw,
Bydd pob 'fory yn oleuach,
Â'i ymwared ef gerllaw.
Pwy all fesur
Grym y cariad sy'n bywhau?

O GRIST, EIN CYNHALIWR

O GRIST, ein bara ydwyt ti
Sy'n cwrdd â'n holl anghenion ni,
Rhoist fara i'r newynog blin
A thorraist dorth wrth rannu'r gwin.
Rho fara'r nef i ni yn awr
Yng nghanol gwarth ein newyn mawr.

O Grist, tydi y ffynnon bur
A dyr ein syched, lleddfa'n cur,
Ac ar ein pererindod ni
Gorffwyswn ennyd ger dy li.
Rho'r dyfroedd bywiol in o hyd
Yng nghanol sychder mawr ein byd.

O Grist, tydi yw'r drws at Dduw,
O ddyfod atat ni gawn fyw,
Mae croeso ar dy riniog di
I bawb i mewn i'th fythol fri.
Rho inni weld ar agor nawr
Y drws i mewn i'th deyrnas fawr.

O Grist, goleuni'r byd wyt ti
A dreiddiodd drwy'n tywyllwch ni,
O atal raib y rhewynt mawr
Â dwyfol wres dy fythol wawr.
Rho fwrlwm haf, – gorfoledd ffydd,
A thro bob nos yn olau ddydd.

DIOLCHGARWCH

PLYGWN, Arglwydd y tymhorau,
I gydnabod yn gytûn
Mai tydi, o'th fawr haelioni,
Sy'n diwallu angen dyn.
Ni bu arnom eisiau bara,
Ni bu arnom syched chwaith;
Rhoddaist inni ymborth beunydd
Er ein cynnal ar ein taith.

Diolch, Arglwydd y bendithion,
Am gynhaeaf aur ein tir;
Ti sy'n troi marweidd-dra'r gaeaf
Unwaith eto'n wanwyn ir.
Mae dy atgyfodiad bywiol
Yn dilladu'r tiroedd maith,
Ac mae digon yn dy stordy
Er ein cynnal ar y daith.

Cofiwn, Arglwydd y cyfanfyd,
Am drueiniaid trist a llwyd,
Am y miloedd ar ymylon
Angau du, o eisiau bwyd.
Dyro inni'r ddawn i rannu
Fel y gwnaethost, hyd at graith,
Rhannu'r bara gyda'n gilydd
Er ein cynnal ar y daith.

EMYN I'R IFANC

TI, O Grist, yw'r tân sy'n llosgi,
Ti yw'r bwrlwm sy'n fy ngwaed;
Ti yw'r angerdd sy'n fy nghorddi,
Ti yw'r ysfa sy'n fy nhraed;
Cymer fy mrwdfrydedd i,
Arglwydd ifanc Calfari.

Ti yw menter fawr fy mywyd,
Ti yw'r her i gario'r groes;
Ti sy'n lladd pob awch am hawddfyd,
Ti yw aflonyddwr f'oes;
Cymer fy anturiaeth i,
Arglwydd ifanc Calfari.

Ti yw 'ngweledigaeth ddisglair
Am weld gwawrddydd teyrnas Dduw;
Ti yw'r gobaith sy'n cyniwair
Am gael daear well i fyw.
Cymer fy ngobeithion i,
Arglwydd ifanc Calfari.

Ti yw'r gân sydd yn fy nghalon,
Ti yw'r curiad sy'n cyffroi;
Ti yw'r ddawns a dyr yn deilchion
Holl gadwynau dyn sy'n cloi:
Cymer fy ngorfoledd i,
Arglwydd ifanc Calfari.

EMYN DROS GYMRU

TYWYNNED haul dy gariad, Iesu mawr,
Ac arwain di ein gwlad â'th lewyrch clir,
Gad inni deimlo gwres dy ddwyfol wawr
Yn deffro'n gobaith ac yn harddu'r tir;
Am wawr d'efengyl bur erfyniwn ni,
A deued Cymru oll i'w llewyrch hi.

Rho awydd yn ein calon, Iesu'n llyw,
I'th ddilyn yn ffyddlonach drwy ein hoes,
I sefyll dros gyfiawnder Teyrnas Dduw,
A Chymru yn ymroi i gario'r groes;
Cawn weld yr heniaith hon a garwn ni
Yn gyfrwng i glodfori Calfari.

Wrth inni gofio Cymru ger dy fron,
A diolch am oleuni glân y ffydd,
O gwawried eto dros ein gwlad yn llon
Belydrau'r gobaith ddaeth y trydydd dydd;
O boed i ni d'orseddu di yn ben,
A chymer feddiant llwyr o Walia wen.

E. Eunice Jones

Nid pob gwraig i weinidog sydd yn brydyddes. Bu Mrs E. Eunice Jones yn briod â'r Parchedig J. Pinion Jones. Dyma un o'i hemynau hi.

SUL Y MAMAU

MOLWN di, O Dduw ein Harglwydd,
Derbyn ni sydd yma 'nghyd,
Diolch wnawn, a diolch beunydd
Am ffyddlondeb mamau'r byd.

Molwn di, O Dduw ein Harglwydd,
Am eu gofal tyner, pur,
Am eu haberth a'u tosturi
Tra'n ysgwyddo baich a chur.

Molwn di, O Dduw ein Harglwydd,
Am eu dycnwch a'u mawr ffydd,
Ti yn unig ŵyr eu cyni
A'r doluriau distaw, cudd.

Molwn di, O Dduw ein Harglwydd,
Am eu nerth i gario'r groes,
Dydd llawenydd, dydd yr ingoedd,
Rhan pob mam o oes i oes.

Molwn di, O Dduw ein Harglwydd,
Nid oes pall i'th gariad di;
Cadw'r mamau dan dy adain,
Gwrando, Arglwydd, ar eu cri.

Enoch Rogers, Tudweiliog

BLAEN Y WAWR

WRTH glywed dy blant yn clodfori
  Dy enw a'th gariad, fy Nuw,
Dylifa i'm calon lawenydd
  Na fedd yr holl ddaear mo'i ryw.
Daw bendith ryfeddol wrth glywed
  Cyhoeddi a chanmol dy ras,
Gan rai sydd yn ieuainc yn profi
  Y gwleddoedd na dderfydd eu blas.

Gogoniant i'th enw, fy Ngheidwad,
  Datguddi dy hun yn ein gwlad;
Mae nerthoedd dy Ysbryd yn gweithio,
  Nid oes ond byddariaid a wad.
O chwydda yr anthem waredol
  Trwy Gymru a Phrydain i gyd;
Atseinier pêr foliant y cadw –
  Halelwia i'r Oen – dros y byd.

Eirwyn George (1936 –

Prifardd a llenor o ardal y Preseli, Sir Benfro. Ymadawodd â'r ysgol yn bymtheg oed a bu'n ffermio gartref am ddeuddeng mlynedd. Aeth i Goleg Harlech ac ymlaen i'r Brifysgol yn Aberystwyth. Bu'n athro Cymraeg a Hanes yn Ysgol Uwchradd Arberth, yna yn Ysgol Gyfun y Preseli ac yn hwyrach yn Llyfrgellydd Gweithgareddau yn Llyfrgell y Sir, Hwlffordd. Enillodd y Goron yn y Genedlaethol yn Abertawe (1982) ac yn Llanelwedd (1993). Mae wedi cyhoeddi pymtheg o lyfrau, a daw'r pedwar emyn yma o'i drydydd casgliad o farddoniaeth: Cân yr Oerwynt *(2009).*

CYNHAEAF

I TI, Greawdwr maes a dôl,
   Cyd-ddathlwn fawl a chlod,
I ddiolch am fod dawn ein Duw
   Yn rhan o'n byw a'n bod.

Dy olud di, O Dad di-ffael,
   Yw aur y meysydd ŷd;
A'n golud pennaf yw dy gael,
   Gynhaliwr hael ein byd.

Tydi â'th law ar gylch y rhod
   Fu'n dwyn y tes a'r gwynt,
Gwêl ninnau'r awron yn dy lys
   Ar orfoleddus hynt.

Tydi yw'r Un sy'n llwytho'r coed
   Gan lenwi'r ardd â sawr;
A'n bendith ni yw dwyn y stôr
   O ddwylo'r Meichiau Mawr.

Dirionaf Dad, ymwêl â'th blant
   Ar faes dy winllan di,
A gad in weld yn haul dy wedd
   Dangnefedd Calfari.

YMBIL

O DDUW ein Tad, clyw di ein cri,
Iachawdwr byd, O achub ni
Ym merw'r oes; mae'r gwaed yn lli
  Ar ddwylo'r lleng ar faes y gad;
Mae sŵn difodiant yn y nef,
Dyfeisiau dyn sy'n groch eu llef;
O dwg ni at dy fynwes gref,
  Rho in dy law, O Dduw ein Tad.

Clyw di ein cri, O Dduw ein Tad,
Mae drygau'n dydd yn mygu'n gwlad;
Rho inni'r balm sy'n dwyn iachâd
  Fel awel bêr y salmydd gynt.
Pan fo deniadau'r byd fel draen
Ar lwybrau'r daith, a byw yn straen
I swp o gnawd, dwg ni ymlaen
  I brofi chwa o'r nefol wynt.

O Dduw ein Tad, clyw di ein cri,
Mae'r llygredd yn ein mynwes ni;
O na ddôi'r gwaed o Galfarî
  I dreiddio drwy ein bod a'n byw,
Y Gair a hoeliwyd ar y groes
Yn ysu'n lân bechodau'n hoes
Gan lwyr lanhau ein ffydd a'n moes
  Er mwyn dy glod, ein Tad a'n Duw.

EMYN GWLADGAROL

RHOIST inni, Dduw ein tadau,
Weddïau'r seintiau gynt
I dywys Gair y Bywyd
  Hyd lwybrau'r glaw a'r gwynt,
A chodwyd temlau cedyrn
  Yng nghysgod perth a llain,
I arddel grym dy ysbryd,
  O Grist y goron ddrain.

Rhoist inni, Dduw'r creawdwr,
  Yr heniaith ar ein mant,
Rho inni'r ddawn i'w chadw
  Yn iaith tafodau'r plant;
Ei harfer, doed a ddelo,
  Hyd gyrrau eitha'n gwlad,
A'i chael yn ein paderau
  Yn iaith o fawl i'r Tad.

Rhoist inni, Dduw'r cenhedloedd,
  Ein traddodiadau drud,
Mae'r cyfan yn dy enw,
  Y Duw sy'n fwy na'r byd;
Rho nerth dy fraich i'n cynnal
  Dan bwysau drygau'r oes,
A gad in weld drwy'r niwloedd
  Oleuni clir y groes.

Tyrd atom, Dduw'r cyfanfyd,
  Bywha'r tafodau tân
I droi'n pechodau'n ulw
  Â fflam dy Ysbryd Glân;
Ar lwybrau'r byd anwadal
  Tyrd atom, Fab y Dyn,
I'n dwyn drwy'r ffordd ddihafal
  I'th deyrnas di dy Hun.

EMYN AR GYFER SEFYDLU GOFALAETH NEWYDD O EGLWYSI

TI, Greawdwr Gwlad y Bryniau,
  Clyw yn awr ein diolch ni,
Deuwn ger dy fron yn wylaidd
  I fawrhau dy enw di.
    Gwnawn o'r newydd
  Ein cyfamod gyda'n Duw.

Gwna ni'n fur o fewn dy Eglwys
  Yn ôl deddfau Crist ei hun –
Teulu'r Ffydd yng ngwres d'efengyl
  Yn cydweithio yn gytûn,
    Gwna ni'n deilwng
  O genhadaeth Mab y Saer.

Cofia, Dad, am waith dy gennad
  Yn ein plith, rho iddo'r gras
I'n cyfeirio, doed a ddelo,
  I wrteithio'r winllan las.
    Dwg ein henaid
  I borfeydd y Bugail Mawr.

Cadw'n ffydd, O Dduw, wrth weled
  Dy ddilynwyr yn prinhau,
Pan fo'r nos yn cau amdanom
  Y mae'r wawr yn agosáu:
    Gad in brofi
  Grym y Gair yn nhŷ ein Tad.

Byron Evans (1938 – 2000)

Un o gyn-ddisgyblion Ysgol Ramadeg Pontardawe. Ar ôl cyfnod ym Mala-Bangor, fe'i hordeiniwyd gan y Bedyddwyr, a bu'n weinidog ffyddlon ei eglwysi yng Nghwm Parc, Sir Benfro a Sir Gâr. Penodwyd ef yn Ysgrifennydd Cymdeithas y Beibl yng Nghymru, ac yna yn Bennaeth Cefnogaeth Ryngwladol y Gymdeithas. Bu'n bugeilio Castle Street, Eglwys y Bedyddwyr Cymraeg, Llundain ac Eglwys Bresbyteraidd Seion Ealing.

Dirywiodd ei iechyd, dioddefodd lawer a newidiodd ei bersonoliaeth yn llwyr. Bu farw yn Llundain.

BOED Y DDAEAR FEL Y NEF

TI, O Dduw, a luniaist fydoedd
  Pell yr eangderau maith:
Ti a welaist sêr yr oesoedd
  Oll yn diffodd ar eu taith:
Gwrando arnom, blant y dolur,
  Yn ein gwae yn codi llef
O ddyfnderau byd didostur:
  'Gwna ein daear fel dy nef.'

Ti, a'n gwnaethost o'th ddoethineb
  Ac a'n lluniaist ar dy lun,
O dinistria bob croesineb
  Trwy dy Ysbryd di dy hun.
Gwrando arnom, blant dy deyrnas,
  Yn ein llesgedd, codwn lef:
'Cryf a dengar pechod atgas –
  O cymhwysa ni i'r nef.'

Ti, a'n creaist yn deuluoedd
  O bob lliw ac o bob iaith,
Una bawb yn enw'r nefoedd;
  Un fo'r plant drwy'r ddaear faith.
Gwêl ein hing yn nwyster bywyd
  Dyn a'i anfri anwar ef;
Gad in glywed sain d'addewid,
  'Bydd y byd yn llawn o'r nef.'

Er eu pechod, er eu dicter,
  O tosturia wrth dy blant;
Union lwybyr tor drwy'r trawster,
  Gwastatâ bob bryn a phant.
Dyro wres y fflam ar fryniau
  Uchaf pob rhyw deyrnas gref:
Gad i'r Gwir lewyrchu'n olau
  Pan dyr gwawrddydd teyrnas nef.

Caradog Roberts, Tabor, Porthmadog (*fl.* 1940)

YN DY WAITH MAE'N HEDD A'N BYWYD

O GEIDWAD mawr, er inni d'adael di
Gan ofn dy groes,
A mynd i rwyfo'n cwch hyd erwau'r lli
Dan gelu'n loes,
Ni thycia ddim a'n siom yn gwatwar sydd;
Â'th ddwyfol wedd ail-ennyn fflam ein ffydd.

Trodd ein gobeithion oll yn lludw llwyd
O'th wrthod di;
Galluoedd y tywyllwch yn eu nwyd
A'n heria ni:
Moes inni eto'r weledigaeth fawr,
I'n hachub tyred yn y dduaf awr.

Saf ar y lan i droi ein nos yn wawr
Y newydd ddydd;
Gwresoga ni â thân dy gariad mawr,
A nertha'n ffydd;
Ac i ti mwy, O Wron mawr y groes,
Ein hunain a gysegrwn drwy ein hoes.

Dan dy arglwyddiaeth di dymunem fod,
Waredwr hael,
A'n gwario'n hunain bellach er dy glod
Heb gyfri'r draul;
Cans yn dy waith mae'n hedd a'n bywyd ni,
A'n bythol wynfyd yw dy gwmni di.

Robin Gwyndaf (1941 –

Brodor o Langwm, Sir Ddinbych a dreuliodd dros ddeugain mlynedd o wasanaeth yn Amgueddfa Werin Sain Ffagan, gan orffen yno yn 2006 yn Guradur Llên Gwerin. Bu hefyd yn ddarlithydd anrhydeddus mewn Llên Gwerin yn Adran Gymraeg ei hen Goleg Prifysgol, Bangor, a deil berthynas agos â'r testun yn gydwladol ac o dan nawdd UNESCO. Mae yn fardd, yn llenor ac yn perthyn i enwad y Bedyddwyr.

PRIODAS

YSBRYD cariad anorchfygol
  Sy'n dolennu dau yn un,
Clymu darnau coll afrifed
  Yn un 'enaid hoff cytûn',
Chwyth yn awr fel awel dyner,
  Ymddisgleiria'n heulwen glir,
Nes y teimlo dau o'r newydd
  Wyrth a chyffro'r gwanwyn ir.

Mae tangnefedd a graslonrwydd
  Megis blagur derwen hardd,
Mae maddeuant a thiriondeb
  Megis hyfryd flodau'r ardd.
Deued eto wyntoedd croesion,
  Boed hi'n anodd dringo'r rhiw,
Mwyn fydd rhodio llwybrau bywyd
  Pan fo cariad wrth y llyw.

D. Gerald Jones (1941 –

Ganed yn Horeb, Llandysul. Fe'i hordeiniwyd gan yr Annibynwyr ym 1962 yn weinidog ar Noddfa, Pontiets, Bethel, Carwe a Rehoboth, Pump-hewl; yna symud i Faenclochog ym 1973, cyn symud i'r Amwythig.

Cyhoeddodd y gyfrol Ar Lwybrau Mawl a Myfyrdod *ym 1994.*

YMDDIRIEDAF YNOT, ARGLWYDD

DOF fel teithiwr ar long bywyd
Atat, Arglwydd, yn fy ofn,
Rhaid i tithau bara'n Gapten
Ar y môr a'r afon ddofn;
Gwyddost ti mai brith yw'r tywydd,
Weithiau haul ac weithiau glaw,
Heddiw wybren ddigymylau,
'Fory'r storm yn codi draw.

Diolch roddaf fi o'm calon
Am dy gael yn gadarn lyw,
Er mor gryf y cerrynt tanaf
Yn dy law ces eto fyw;
Weithiau tynnai'r llong i'r aswy,
Berw'r ewyn ger rhyw lan
Oedd yn hudo, ond fe'm llywiaist
Draw o boen terfysgau'r fan.

Mae fy llong, ddiogel Gapten,
Yn nesáu, yr wyf yn siŵr,
At ryw benrhyn, fel yr olaf
Ar fy siwrnai dros y dŵr.
Gad im weld d'oleuni, Arglwydd,
Fel na chaf un golled drist
Wrth droi heibio'r creigle hwnnw,
Ond gweld llewyrch croes fy Nghrist.

Eirene Ambrose Roberts, Porthmadog (*fl.* 1942)

GOLEUNI'R BYD

OLEUNI'R byd, â'th lewyrch dwyfol clir,
O, treiddia drwy'r tywyllwch dudew sydd
O'n hamgylch wedi cau; i ti mae dydd
A nos yr un,
Ond i druenus ddyn
Mewn chwerw ing a loes, mae'r nos yn hir.

Oleuni'r byd, mae'n lampau bychain ni
Bron, bron diffoddi'n llwyr; rho'th nerth, O Dduw,
I'w cadw'n olau, er mor anodd yw.
Er gwaetha'r byd
A'i flin derfysgoedd drud,
Byth ni ddiffoddir dy oleuni di.

Oleuni'r byd, oleuni'r nef ddi-glwy',
Tosturia wrthym, gwrando ar ein cwyn
Yn awr, ac arwain ni, oleuni mwyn,
Drwy'r dywyll nos
Ymlaen i wawrddydd dlos
Y dedwydd ddydd, pan na fydd rhyfel mwy.

J. J., Drenewydd (*fl.* 1942)

GWYLIO'R BYD

MI'TH welaf, ffrind, yn gwylio'r byd,
Ei gylch mewn cylch yn troi;
A mawr dy bryder, ambell bryd,
Cymylau'n ymgrynhoi!

Blinedig yw dy waith yn wir,
'O fore hyd brynhawn';
Heb fedru gweled dim yn glir
Na deall dim yn iawn!

Ond gwylio'r byd mae arall Un
Ar orsedd fawr y nef;
A gwell i ti na gwylio'th hun,
Ymddiried ynddo ef!

Dafydd Iwan (1943 –

'Roedd 'y gân' yng nghalon hwn, hyd yn oed cyn ei eni! Pwy yn ein plith erbyn hyn na ŵyr amdano? Yn sobor a swynol, gwrandewch ar broffes mab y Mans.

MI GLYWAF Y LLAIS

MI glywaf, mi glywaf y llais
yn galw, yn galw yn glir
a minnau ar grwydr, ymhell o'm llwybr,
ymhell o'm cynefin dir,
yn dal i gerdded heb lygaid i weled,
a'r daith yn flin ac yn hir.

Ni wyddom pa beryg a ddaw, estyn i minnau dy law,
aros amdanaf – ni fedraf i gerdded fy hun.

Mi glywaf, mi glywaf y llais
yn galw, yn galw o hyd,
a minnau'n ddihidio, yn dal i fynd heibio
yr ochr arall i'r stryd,
heb aros i feddwl, na phoeni o gwbwl
am bwrpas fy nhaith yn y byd.

Mi glywaf, mi glywaf y llais
yn galw, yn galw mor fwyn,
mae'i lais yn yr awel yn galw yn dawel
ym mrigau y goedlan a'r llwyn,
mae'i lais ar y ffriddoedd, ar erwau'r mynyddoedd,
ar frynie a thyle a thwyn.

Noel Anthony Davies (1943 –

Gweinidog, ysgolhaig, cyfieithydd medrus, awdur. Addysgwyd y 'mab y Mans' hwn ym Mhrifysgolion Rhydychen a Chymru. Fe'i hordeiniwyd yn weinidog gan yr Annibynwyr ym Mryn Seion, Glanaman (1968) ac yna fe'i penodwyd yn Ysgrifennydd Cyffredinol Cyngor Eglwysi Cymru a Chomisiwn yr Eglwysi Cyfamodol, cyn symud i swydd Ysgrifennydd Cyffredinol Cytûn. Dychwelodd i weinidogaethu yn Ebeneser Newydd, Abertawe a bugeilio Hebron a Charmel, Clydach a Salem, Faerdref (P). Etholwyd yn Llywydd yr Undeb ym 1998. Apwyntiwyd yn Gydlynydd Addysg a Hyfforddi yr Undeb yn Ne Cymru yn 2005 ac y mae newydd ymddeol. Cyhoeddodd nifer o gyfrolau sylweddol ym maes crefydd.

ARGLWYDD, NEWID NI Â'TH YSBRYD

BOED i ni dderbyn eraill
fel y derbyniaist ni;
Dysg ni, chwiorydd, brodyr,
oll i gofleidio'n gu.
Bydd yma yn ein plith ni
a dwg ni i gredu'n iawn
Y cawsom ni ein derbyn
er mwyn byw bywyd llawn.

Dysg ni, O Grist, dy wersi
fel, yn ein byw bob dydd,
Y ceisiwn fod yn bobol
llawn gobaith a llawn ffydd.
Rho i ni ddawn gofalu,
dros bawb ac nid dros rai;
I garu'r hyn a fyddant
drwy'r grym sy'n maddau'r bai.

Gad i ni gael ein newid
gan dy dderbyniad di,
I wneuthur y gwirionedd
drwy fyw y cariad cry';
I roi ar gof a chadw,
wrth ddysgu yn d'ysgol di,
Y tabl o faddeuant,
a'r grym mewn chwerthin sy.

Arglwydd, wrth i ni heddiw
wynebu angen byd,
Y newyn am gyfiawnder,
am fara a hedd ynghyd,
Mae eisiau llygaid newydd
a dwylo i ddal yn dynn;
O newid ni â'th Ysbryd:
rhyddha ni, gwna ni'n un.

FRED KAAN (1929 – 2009)
cyf. NOEL A. DAVIES

DA YW BYW: MAWR YW DUW!

DA yw byw! Am hynny heddiw
Seinio cân yn llawen wnawn, –
Bwrlwm bywyd, trefi, pobol,
Pentre', fferm a meysydd llawn,
Da yw byw! Mor rhydd a hyfryd
Yw y bywyd hwn a gawn.

Da yw byw! —beth bynnag ddigwydd
Pan fwy'n llawen neu dan loes,
Pan ddaw tristwch, poen, amheuon,
Diystyriaf rym y groes;
Da yw byw os dengys rhywun
Gariad sydd yn puro f'oes.

Da yw cariad! – serch cariadon,
 Sibrwd hoff a syllu hir,
Dau yn plygu uwch y cawell
 Lle mae gwrthrych cariad gwir;
Pery serch er colli ie'nctid,
 O dan henaint plyga'n ir.

Cariad sydd yn rhoi a derbyn –
 Mab a merch neu ffrind a lŷn,
Cariad sydd yn dwyn a maddau
 Loesau gwaethaf dicter dyn;
Cariad ydyw ffordd y bywyd,
 Ffordd y gobaith mawr ei hun.

Mawr yw Duw! Yng Nghrist fe'n carodd,
 Cariad mwy na'r eiddom yw,
Cariad yn diodde'n ffyddiog
 Â theyrngarwch ffrindiau'n wyw,
Cariad dorrodd afael angau,
 Moliant iddo, y Gŵr byw!

BRIAN WREN (1936 –
cyf. NOEL A. DAVIES ac W. RHYS NICHOLAS

CROESO I'R WLEDD

DEWCH â'ch rhoddion a'ch canhwyllau;
 Dyma'r dydd i ddathlu byw.
Gyda diolch a llawenydd
 Dathlwn waith cyfiawnder Duw.
Molwn Dduw am bob partneriaeth
 Gyda'r tlawd, drwy nerth y Fflam,
Ac am ddig y rhai Crist-debyg
 Safodd i unioni'r cam.

Ond yng ngolau ein canhwyllau
  Gwelwn lwch ein methiant ni:
Grym gormesol, tasg anorffen,
  Pechod y 'cyfoethog cry' '.
Wrth weddïo, 'O Dduw, maddau',
  Dwg i'n cof rai bach ein byd:
Gwŷr a gwragedd, plant a ie'nctid,
  Sydd heb rym, a'u lleisiau'n fud.

Cynnwch gannwyll yn y caddug;
  Treiddia'r fflam y nos i gyd.
Rhannwch lewyrch â'ch cymdogion
  Nes bod golau'n llanw'r byd.
Dros gyfiawnder Duw cydweithiwn
  Er mwyn codi'r tlawd o'u bedd.
Duw – mewn gwendid – a'n derbynia
  Oll i rannu yn eu gwledd.[1]

JANET NIGHTINGALE (1939 – 2001)
cyf. NOEL A. DAVIES

TI DDUW, A FOLWN

DYMA ddydd dechreuad newydd:
  Saif ein gwlad gerbron y byd.
Cym'rwn feddiant o'n dyfodol,
  Rhagom awn yn deulu 'nghyd.
Heriwn genedlaethau newydd
  I ymroi i'r fenter hon
O greu seiliau cadarn heddiw
  A rhoi balchder dan ein bron.

[1] Emyn buddugol Janet Nightingale yng nghystadleuaeth dathlu 50ed pen blwydd Cymorth Cristnogol (1995).

Felly, dygwn ein gobeithion
  At ein Duw sy'n ffordd i ni;
Ceisiwn ganddo ysbrydoliaeth
  I droi Cymru'n deulu cry'.
Ceisiwn ganddo ein cymodi
  Pan mae cecru'n cuddio'r gwir;
Ceisiwn ganddo'r bywyd cyflawn
  A rydd ffyniant drwy ein tir.

Boed i bair y bobloedd heddiw
  Danio'r hiliau'n deulu mawr,
Boed cyfiawnder ym mhob perthyn;
  Boed i gariad ddod i'w awr:
Cariad sy'n rhoi croeso a chysgod,
  Cariad sydd yn nerthu'r gwan,
Cariad sydd yn rhannu cyfoeth
  A chaledi ym mhob man.

Arglwydd, dyro olwg newydd
  Ar orffennol hir ein gwlad,
Lle mae creigiau a mynyddoedd
  Yn troi'n llwch rydd faeth i'r had.
Pan fo'n gwendid yn ein trechu,
  Codwn leisiau oll ynghyd,
Am gael blasu mawredd d'Ysbryd
  Ac ymroi i'n galwad ddrud.

ALAN LUFF (1928 –
cyf. NOEL A. DAVIES

O YSBRYD AMLENWOG!

ENTRYCHOL Ysbryd!
Esgyn ar adenydd rhydd
i ofod pell tragwyddol ddydd!
Anadl cariad Duw,
O llanw'r holl blanedau sy
a symud drwy'r canrifoedd du,
â phoenus, iachus ddawnsiau'r ffydd.

O eryr Ysbryd!
Gelwi o'r clogwyni moel
i'r gwrthodedig, isel, mud.
Chwa'r cariad llon,
tyrd, gwasgar di holl fanion byw,
in ganfod gweinidogaeth Duw
a gwrando gorthrymedig byd.

O nythol Ysbryd!
Cysgod rho â'th esgyll cry'
I'th gywion swnllyd, poenus, blin.
Diorffwys fam,
cyffrô ni, dysg ni hedeg fry
i entrych pell d'yfory di,
yn newydd, bywiol a chytûn.

NOEL A. DAVIES (Hawlfraint 1955)

POPETH YN NEWYDD

HEDDIW yw dydd y dechrau newydd,
Cyfle i gofio a mynd 'mlaen,
I gredu rhoddion hawddgar cariad
A chladdu'r poenau fu o'r blaen.

Trwy wyrthiau byw a marw Iesu
Gall Ysbryd cariad, nawr fel cynt,
Roi inni fyd a bywyd newydd
Pan enir ffydd trwy'r grymus Wynt.

Felly, yng ngrym yr Ysbryd, mentrwn,
Troediwn o'n ddoe, ei siom a'i fai,
Ceisiwn yn hy y llwybrau newydd
Yng nghwmni'r Un sy'n ein mawrhau.

Mae Crist yn fyw! Mae'n cerdded rhagom
I rannu gwyrth ei gariad ef.
Heddiw yw dydd y dechrau newydd
Duw'n creu o newydd ddae'r a nef.

BRIAN WREN (1936 –
cyf. NOEL A. DAVIES
o *Piece Together Praise*

CARIAD A EGINODD

NAWR o'r gronyn gwenith tyfodd blewyn ir,
Hedyn mewn tywyllwch a orweddai'n hir;
Cariad sy'n fyw a gladdwyd yn y bedd,
Cariad a eginodd ar ei newydd wedd!

Yn y bedd fe'i rhoddwyd, fyth i godi mwy;
Cariad a ddioddefodd drosom farwol glwy';
Gorwedd mewn pridd fel grawn a'i hun mewn hedd,
Cariad a eginodd ar ei newydd wedd!

Rhwygodd yr hualau ar y trydydd dydd,
Fel y gronyn bywiol daeth o'i fedd yn rhydd;
Gwelwyd fy Arglwydd, bywyd mwy a fedd,
Cariad a eginodd ar ei newydd wedd!

Os rhaid byw dan oerni, tristwch, loes neu boen,
Gall cyffyrddiad Iesu'n hadfer ni i'n hoen,
Meysydd ein bywyd a fu'n foel a llwm,
Cariad a eginodd: canwn glodydd hwn!

J. M. C. CRUM (1872 – 1958)
cyf. NOEL A. DAVIES

NEFOL DAD, FE'TH GARWN

NEFOL Dad, fe'th garwn,
I ti'n bywyd roddwn:
O fe'th garwn.

Iesu Grist, fe'th garwn,
I ti'n bywyd roddwn:
O fe'th garwn.

Ysbryd Glân, fe'th garwn,
I ti'n bywyd roddwn:
O fe'th garwn.

TERRYE COELHO STROM[1] (1952 –
cyf. NOEL A. DAVIES

[1] Hi hefyd a gyfansoddodd y dôn *Father we adore you* (1972).

CARIAD DUW AMDANOM

PAN fo bywyd wedi'i chwalu,
Pan fo ofnau'n difa'n bri,
Duw sydd yma, grym ei gariad
Yn y düwch gyda ni.
Pan ddaw ing, ein Duw sydd ynddo,
Mewn ansicrwydd, poen a braw,
Mae yn deall ein hunigrwydd,
Mae yn cydio yn ein llaw.

Pan fo dryswch ac anobaith
Yn dwyn pwys a'n gwthia i lawr,
Duw sydd yma'n llwyr uniaethu
Â'n holl gŵyn, â'i weddi fawr.
Pan ddaw methiant byw a charu,
Pan na fedrwn fod yn gry',
Pan fo 'nghau y ffordd o'n blaenau,
Cariad Duw amdanom sy.

Croes, ffolineb, cariad hefyd,
Ynom mae eu hatsain siŵr,
Heria Iesu ein dallineb,
Treiddia at ein twyll a'i stŵr.
Adeilada lle bu dryllio,
Ac fe'n deil rhag codwm cas,
Cymer weddill tlawd ein bywyd
A'n hail-greu â'i ryfedd ras.

ANDREW E. PRATT (1948 –
cyf. NOEL A. DAVIES ac W. RHYS NICHOLAS

DUW A'N SYNNA NI

PWY feddyliai nad ein hangen
I drawsnewid daear Duw
Fyddai cynllun clir neu fyddin
Falch ei bwriad, gwir a thriw?
Pwy feddyliai, er pob gwawdio,
Y câi plentyn ledio'r ffordd?
Duw a'n synna ni â'r nefoedd
Ddydd Nadolig: daw i'n cwrdd!

Daw bugeiliaid a seryddion
 A brenhinoedd oll yn syn,
Am fod man mor dlawd yn gartref
 I'r distadlaf, sanctaidd un.
Sylla gwartheg a dieithriaid
 Ar un bychan yn y gwair.
Duw a'n synna ni â'r nefoedd
 Ddydd Nadolig: daw'n ei Air.

Tyfodd deall a gwyddoniaeth
 Dros ganrifoedd stori'n hil;
Eto holwn, A ddaeth cynnydd
 Â daioni yn ei sgil?
Wrth in geisio cadw ystyr,
 Gobaith, hiwmor yn ein byw,
Synnwyd daear oll â nefoedd
 Ddydd Nadolig: daeth ein Duw!

JOHN L. BELL (1949–) a GRAHAM MAULE (1958 –
cyf. NOEL A. DAVIES

CLODFORWN DDUW

RHOWN glod ynghyd i Dduw y Tad
 A'i ofal dros ein byw,
Am chwaer a brawd, mewn llawer gwlad,
 Sy'n dystion cariad Duw.

Am gariad Duw y Tad,
Am gariad Duw y Mab,
Am fywyd Duw yr Ysbryd Glân
I'n dysgu oll mewn gwaith a chân,
Moliannwn enw Duw.

Rhown glod ynghyd i Dduw a ddaeth
 Yn ddyn i'n daear ni;
I greulon groes yn ufudd aeth,
 Ond codi wnaeth yn gry'.

Rhown glod ynghyd i Dduw a ddaeth
 Â'i nerth i'n cynnal ni;
Boed arnom rym y tafod tân
 I'n gwneud yn dystion hy.

DIRGELION CRIST A'I YSBRYD

TI, Dduw y plygion gofod draw,
  Dirgelwch bod wyt ti,
O'th nerthoedd creadigol daw
  Holl ynni'n daear ni.

Dy feddwl a roes fod i'r sêr
  A chreu yr atom byw,
Dy bwrpas sy'n rhychwantu, Nêr,
  Holl hanes dynol-ryw.

Dy Ysbryd roes i'r celloedd byw
  Eu grymoedd nerthol, cudd;
Y greddfau cry' sydd wrth y llyw,
  Tydi a'u rhoes yn rhydd.

Rhoist yr ymwybod sicir iawn
  A ddaeth i'w oed mewn dyn,
A'i awydd am gynllunio'n llawn
  Mewn patrwm, ffurf a llun.

Yng Nghrist mae golud bywiol gras
  I arwain a rhyddhau
Yn taflu golau ar ein tras
  A grym y trugarhau.

O arwain â'th gariadus ddawn
  Nyni a fu ar goll,
I weld Omega'r bywyd llawn
  Yng Nghrist, sydd oll yn oll.

ALBERT F. BAYLY (1901 – 84) a BRIAN WREN (1936 –
cyf. NOEL A. DAVIES

Peter M. Thomas (1950 –

Brodor o Lanelli ac un o blant Ysgol Gymraeg Dewi Sant. Addysgwyd hefyd yng Ngholeg y Brifysgol, Bangor. Fe'i hordeiniwyd gan y Bedyddwyr yn weinidog yn eglwys Rhydwilym ym 1973. Symudodd i Bethel, Aberystwyth a Horeb, Penrhyn-coch ym 1985. Ymestynnodd yr ofalaeth i gynnwys Bethel, Swyddffynnon a Charmel, Pontrhydfendigaid ym 1994. Penodwyd ef yn Ysgrifennydd Cyffredinol Undeb Bedyddwyr Cymru yn 2005. Mae ef yn emynydd neilltuol.

EMYN PRIODAS

AWDUR daioni
Gad inni brofi
Llewyrch d'oleuni'n
Llifo i lawr;
Ar ein haddoliad
Rho sêl dy gariad,
Hyn yw'n deisyfiad
Yma yn awr.

Gwres dy gymdeithas
Gesyd ei urddas
Ar ddydd priodas
Y ddeuddyn hyn;
Iddynt mewn calon
Gadw yn ffyddlon
Eu haddewidion
Yn gwlwm tyn.

Dan nawdd dy Ysbryd
Rho iddynt wynfyd,
Nerth ymhob adfyd,
Bywyd cytûn;
Hedd a dedwyddwch,
Mwyniant a harddwch,
Dan ddiogelwch
Duwdod ei hun.

EMYN DIOLCHGARWCH

AWDUR pob daioni,
Rhoddwr popeth byw,
Derbyn di ein diolch ni,
Gŵyl o foliant yw;
Lluniwr y cyfnodau,
Pennwr oesau dyn,
Rhoddwn ni ein moliant llwyr
Iti, Ddwyfol Un.

Ti a roist y Gwanwyn
Adeg plannu'r had,
Dygaist gôr i'r goedwig werdd,
Ŵyn i lethrau'n gwlad;
Brigau'r coed sy'n impio –
Blagur ir y dail,
Gwelwyd llaw y Crëwr cu
A'i gymwynas hael.

Haf a ddaeth â'i drysor,
Haul i draeth a bae,
Gwres i liwio'r ŷd yn aur,
Maeth i blisg y cnau;
Gwychder cain y cread
Dweud y mae o hyd
Am yr Un fy'n llwyddo'r gwaith
Sy'n Greawdwr byd.

Hydref ddaw â'i lawnder,
Stôr o ffrwythau iach,
Ysgub i ysgubor glyd,
Cnwd i lenwi'r sach;
Dail y coed sy'n syrthio,
Troi mae cylch y rhod,
Down ynghyd â'n diolch gwir,
Rhoddwn iddo glod.

Gaeaf ddaw â'i fantell
I orchuddio'r byd,
Cysgu wna y ddaear hen
Yn ei gwely clyd;
Disgwyl wna am wanwyn
Grym y deffro gwiw,
Profir eto'r cynnwrf cry'
Sydd yng ngwinllan Duw.

Rhoddwr pob daioni,
Sanctaidd Dduw – Ein Tad,
Deuwn i dy ganmol di
Am fendithion mad,
Am bob llwydd ar ymdrech,
Nerth i hybu dawn,
Seiniwn fawl ar uchel gân
Am dy roddion llawn.

GOFYNNWCH AC FE RODDIR I CHWI, CEISIWCH . . .

PAN fydd gofidiau'n anodd inni gario
A phryder yn ein llethu ar bob llaw,
'Does ond rhaid gofyn, ac fe gawn ni dderbyn
O gymorth Un sy'n medru difa'r braw.

Pan fydd ansicrwydd weithiau bron â'n drysu
A'r ffordd ymlaen yn ddim ond dryswch du,
Ond inni chwilio, mae 'na lwybr yno
I'n harwain ni at Un sy'n Geidwad cu.

Pan fydd pob drws yn cau yn glep i'n herbyn
A chyfle'n troi'n ddisberod ambell dro,
Ond inni guro, fe gawn brofi'r croeso
A chwmni'r Un all agor pob rhyw glo.

Ynghanol bwrlwm cymysg ein profiadau,
Yr oriau lleddf a'r llon a leinw'n byw,
Ond in ymddiried, mae 'na Un i'n harbed,
A rhannu wna o stôr adnoddau Duw.

PWY ALL FESUR?

PWY all fesur lled y cariad
Sydd yn nyfnder calon Duw?
Pwy all ddirnad beth yw'r uchder,
Beth yw hyd y ddyfais wiw?
Ond fe wn ar waetha'r holi
Ei fod yn fy nghofio i
Ac yn fy ngharu, ac yn fy ngharu,
Fy Arglwydd cu.

Ym mha le y ceir tosturi
Fel a geir ym mynwes Duw,
Pryd y rhwyga'r galon ysig,
Pan nad yw bywyd gwerth ei fyw?
Ond mi wn fod un yn gwrando
A'i fod yn fy nghlywed i,
Ac yn tosturio, ac yn tosturio,
Fy Arglwydd cu.

Drwy bob storm a thywydd garw,
Drwy bob gwynfyd pur a ddaw,
Mi fydd ef yn siŵr o gynnal
A'm cysgodi rhag pob braw,
Ac wrth gerdded 'mla'n i'r 'fory
Sydd â'i lwybrau eto'n ddu,
Fe rydd oleuni, fe rydd oleuni,
Fy Arglwydd cu.

TYDI

TYDI yw'r Duw a wisgaist wyneb dynol
Gan roi dy hun yn aberth trosom ni,
A gwelsom ynot Dad yn bradu'i gariad
Wrth dalu'r pris ar groesbren Calfari.

Tydi yw'r Gair oedd yno o'r dechreuad
Yn llunio'r byd yn gelfydd 'gyda Duw',
Dy ddwylo di fu'n gosod y planedau,
Ysgeintio'r sêr yn oleuadau byw.

Tydi yw'r Un sy'n llywio ein presennol,
Gan roi i foment frau ei chyfle chwim,
Ac iddi hi chwistrellaist ras digonol
I'w byw yn llawn, a'i throi yn brofiad im.

Tydi yw Gwawr goleuni ein hyfory,
Yr oesol Dduw sydd ddoe a heddiw'r Un;
Ein hyder wyt i'r daith sydd eto i'w cherdded,
Yn gwmni ac ymgeledd teulu dyn.

Gwynn ap Gwilym (1950 –

Ganed ym Mangor, mae yn offeiriad yn yr Eglwys yng Nghymru, bardd llewyrchus, nofelydd, darlithydd mewn Hebraeg ac Astudiaethau'r Hen Destament . . . Dyfynnir isod o'i gyfrol Salmau Cân Newydd *(2008), sef fersiwn mydryddol cyfoes o Lyfr y Salmau.*

SALM 46: *Duw yn noddfa ac yn nerth*

DUW yw ein noddfa ni a'n nerth,
Ein cymorth yw o hyd,
Ac felly nid arswydwn pe
Symudai yr holl fyd:

Na phe bai'r holl fynyddoedd mawr
Yn cwympo i'r môr islaw;
Na phe terfysgai'r dyfroedd nes
I'r bryniau ffoi mewn braw.

Mae afon deg a'i ffrydiau hi
Yn llonni dinas Dduw,
Y ddinas sanctaidd, lle y mae'r
Goruchaf Un yn byw.

Mae Duw'n ei chanol; diogel fydd;
Yn fore helpa hi.
Pan gwyd ei lais, mae gwledydd byd
Yn toddi o'i flaen yn lli.

Mae Duw y Lluoedd gyda ni,
  Duw Jacob yw ein caer.
O dewch i weld yr hyn a wnaeth,
  Ei ddifrod ar y ddaer.

Gwna i ryfeloedd beidio trwy
  Y ddaear oll achlân.
Fe ddryllia'r bwa a'r waywffon,
  Fe lysg dariannau â thân.

Dysgwch mai ef yw'r unig Dduw,
  Y dyrchafedig, claer,
Mae Duw y Lluoedd gyda ni,
  Duw Jacob yw ein caer.

SALM 24: *Y Brenin gogoneddus*

EIDDO'R Arglwydd yw y ddaear
  A'i holl lawnder hi i gyd.
Ar y moroedd a'r afonydd
  Y sylfaenodd ef y byd.
Pwy yw'r sawl
Sydd â'r hawl
I roi yn ei fynydd fawl?

Yr un glân ei ddwylo a'i galon,
  Un na thwyllodd yn ei fyw.
Fe gaiff fendith gan yr Arglwydd
  A chyfiawnder gan ei Dduw.
Dyna nod
Pawb sy'n dod
Gerbron Duw i seinio clod.

Codwch, byrth, eich pennau'n uchel!
  Ymddyrchefwch, ddrysau mawr!
Y mae'r brenin gogoneddus
  Am gael dod i mewn yn awr.
Ond pwy yw?
Dyma'n Duw –
Arglwydd cadarn, nerthol lyw!

Codwch, byrth, eich pennau'n uchel!
  Ymddyrchefwch, ddrysau mawr!
Y mae'r brenin gogoneddus
  Am gael dod i mewn yn awr.
Ond pwy yw?
Dyma'n Duw –
Arglwydd yr holl Luoedd yw.

SALM 42: *Pam f'anghofio fi?*

FEL y blysia ewig
  Am y dyfroedd byw
Y dyhea f'enaid
  Innau am fy Nuw.

Mae ar f'enaid syched
  Am fy Arglwydd byw;
Pa bryd y caf brofi
  Presenoldeb Duw?

Ddydd a nos bu 'nagrau'n
  Fwyd i mi a'm clyw'n
Llawn o holi'r gelyn:
  'Ple y mae dy Dduw?'

Gofid ydyw cofio
  Mynd mewn torf lawn hwyl
I dŷ Dduw dan ganu:
  Tyrfa'n cadw gŵyl.

Na thristâ, fy enaid,
  Ac na thyrfa nawr!
Wrth Dduw y disgwyliaf,
  Fy ngwaredydd mawr.

Na thristâ, fy enaid.
  Cofiaf Dduw o dir
Hermon a Bryn Misar
  A'r Iorddonen ir.

Dyfnder eilw ar ddyfnder
   Dy raeadrau di.
Mae dy fôr a'i donnau
   Wedi'm llethu i.

Liw dydd ei ffyddlondeb
   A orchymyn Duw.
Liw nos canaf weddi,
   Duw fy mywyd yw.

Duw fy nghraig, a holaf,
   'Pam f'anghofio fi?
Pam fy rhoi dan orthrwm?
   Pam tristáu fy nghri?'

Dirmyg fy ngelynion,
   Cledd yn f'esgyrn yw.
Di-baid y gofynnant,
   'Ple y mae dy Dduw

Na thristâ, fy enaid,
   Ac na thyrfa nawr!
Molaf fy Nuw eto,
   Fy Ngwaredydd mawr.

SALM 130: *Disgwyl wrth yr Arglwydd*

GELWAIS arnat o'r dyfnderau;
   Clyw fi, fy Nuw.
Arglwydd, gwrando fy ngweddïau;
      Clyw fi, fy Nuw.
Os wyt ti yn sylwi ar fethiant,
Pwy a all osgoi difodiant?
Ond mae gyda thi faddeuant.
      Clyw fi, fy Nuw.

Wrth yr Arglwydd y disgwyliaf;
    Clyw fi, fy Nuw.
Yn ei air ef y gobeithiaf;
    Clyw fi, fy Nuw.
Disgwyl 'rwyf am Dduw bob cyfle,
Mwy na'r gwylwyr am y bore,
Mwy na'r gwylwyr am y bore.
    Clyw fi, fy Nuw.

Israel, rho dy obaith ynddo;
    Clyw fi, fy Nuw.
Cans y mae ffyddlondeb ganddo;
    Clyw fi, fy Nuw.
Gydag ef y mae yn helaeth
I bobl Israel waredigaeth
Oddi wrth bob damnedigaeth.
    Clyw fi, fy Nuw.

SALM 128: *Bendithion Duw i'r sawl sy'n ei ofni*

GWYN fyd pob un sy'n ofni Duw,
Yn cadw'i ddeddfau tra bo byw.
Cei fwyta o ffrwyth dy lafur drud
A byddi'n hapus; gwyn dy fyd.

Dy wraig fydd ar dy aelwyd lawn
Megis gwinwydden ffrwythlon iawn,
A'th blant o gylch dy fwrdd, yn wir,
Fel blagur olewydden ir.

Bendithia Duw â'i ddwylaw gref
Y sawl sydd yn ei ofni ef.
Bendithied dithau'n hael fel hyn
O'i deml lân ar Seion fryn.

Fel y cei weld drwy d'oes bob awr
Jerwsalem yn llwyddo'n fawr,
A gweld holl blant dy blant i gyd.
Boed hedd ar Isräel o hyd!

SALM 134: *Bendithio a derbyn bendith*

O DEWCH, a bendithiwch yr Arglwydd,
Chwi weision yr Arglwydd bob un,
Sy'n sefyll yn nheml yr Arglwydd
Yn gwylio liw nos ar ddi-hun.
O codwch eich dwylo yn y cysegr;
Bendithiwch yr Arglwydd o hyd.
Bendithied ef chwithau o Seion –
Creawdwr y nefoedd a'r byd.

SALM 121: *Cymorth gan Dduw*

TUA'R mynyddoedd syllu a wnaf;
P'le y caf gymorth hawddgar?
Fe'i caf oddi wrth yr Arglwydd; ef
A greodd nef a daear.

Nid yw yn goddef llithro o'th droed;
Ni fu erioed yn huno.
Nid ydyw ceidwad Israel gu
Yn cysgu na gorffwyso.

Fe geidw'r Arglwydd dy holl fod;
Rhydd gysgod rhag dy lethu.
Ni chaiff haul llethol y prynhawn
Na lleuad lawn d'anafu.

Fe geidw'r Arglwydd d'einioes di
Rhag pob drygioni beunydd;
Fe wylia dros dy fynd a'th ddod,
A'th warchod yn dragywydd.

Denzil Ieuan John (1951 –

Daw o Henffordd, Sir Benfro. Mae yn weinidog gyda'r Bedyddwyr, yn gyn-Lywydd yr enwad, ac ar hyn o bryd yn bugeilio Eglwys y Tabernacl, Caerdydd. Eang yw ei ddiddordebau: mae'n fardd, yn llenor, yn actor, yn wleidydd . . .

SAMARIAD TRUGAROG

AR hyd y ffordd i Jerico
Disgwyliai lladron cas
Am berson unig ar ei daith
Heb ots beth oedd ei dras.

Gadawyd ef â golwg gwael
I farw wrth y berth
Heb unrhyw un i drin ei friw
Ac adfer peth o'i nerth.

Aeth swyddog teml heibio'r fan,
Aeth ar ei daith mewn braw,
A'r Lefiad basiodd ef ar frys
Gan gadw'r ochr draw.

Samariad ddaeth ar asyn bach
Ac aros gyda'r gŵr,
Gan olchi'r briwiau'n dyner iawn
Yn dawel a di-stŵr.

Fe'i cludodd ef i westy clyd
A thalu am y lle,
A'r Iesu ddwedodd wrth y byd
Mai dyma waith y Ne'.

EMYN AR GYFER SUL 'NÔL I'R EGLWYS'

Arglwydd Iesu, rhoist wahoddiad
I drigolion byd i'th dŷ,
Mae dy fwrdd yn llawn a helaeth
O'r bendithion mwya' sy.
Cofiwn iti wadd cyfeillion
A holl deithwyr ffyrdd y byd
I gyd-rannu o'th ddarpariaeth
Ac i geisio byw ynghyd.

Arglwydd Iesu, wele ninnau'n
Derbyn dy wahoddiad di,
Diolch am dy gwmni grasol
Sy'n ein hanrhydeddu ni.
Rhennaist gariad a llawenydd,
Rhoddaist inni ras i fyw,
Yn dy berson cawn gymdeithas
Sydd yn llawn o Ysbryd Duw.

Arglwydd Iesu, gwyddom hefyd
Fod 'na lu sydd eto i ddod,
Am nad ydynt wedi profi
Cwmni'r Cyfaill gorau'n bod.
Helpa ni i'w tywys hwythau
At dy fwrdd a phrofi'r wledd,
Fel y gallant hwythau dystio
Dy fod tithau'n drech na'r bedd.

DIOLCH ITI DDUW (fersiwn arall)

DIOLCH iti Dduw am Iesu Grist,
Diolch iti Dduw am Iesu Grist,
Diolch iti Dduw am Iesu Grist,
Diolch yma nawr.

Diolch iti Dduw am Ysgol Sul,
Diolch iti Dduw am Ysgol Sul,
Diolch iti Dduw am Ysgol Sul,
Diolch yma nawr.

Diolch iti Dduw am ein caru ni,
Diolch iti Dduw am ein caru ni,
Diolch iti Dduw am ein caru ni,
Diolch yma nawr.

IESU, TI YW'N GOBAITH

IESU, ti yw drws pob gobaith,
Ti yw'r ffordd ymlaen at Dduw,
Drwy dy ddilyn, gwyddom ninnau
Er ein beiau, y cawn fyw.
Fel y bu i'r defaid ddilyn
Ôl dy droed dros lwybrau maith,
Credwn mai diogel fyddwn
Er peryglon mwya'n taith.

Ti yw bugail mawr y defaid,
Sydd o hyd yn ceisio'r praidd,
Ac yn gwarchod bwlch y gorlan
Pa beth bynnag ffurf y blaidd.
Os yw'r rheibus yn ein herio
Neu yn denu ni i'w gôl,
Ymddiriedwn yn dy allu
I'n bugeilio ninnau'n ôl.

Iesu, 'rwyt yn galw heddiw
Ar y sawl sydd yn ddi-ffydd
I ymglywed â'th wahoddiad
A mwynhau'r tragwyddol ddydd.
Ti yw'r ffordd ymlaen at ryddid
Rhag hualau poenau'r byd,
Ti sy'n gwarchod pawb drwy rannu
Grym a gras dy gariad drud.

DIOLCH AM YR YSGOL SUL

IESU'R Athro, clyw ein diolch
Am bob gwers a gawsom ni,
Yn ein helpu ni i ddysgu
Mor arbennig ydwyt ti.

Yn yr Ysgol Sul y clywsom
Am dy air, dy ddysg a'th ddawn,
A bod modd i ninnau ddathlu
Bod yn rhan o'th deulu llawn.

Helpa ni i weld o'r newydd
Sut wyt am i ninnau fyw,
Ac i ddysgu am newyddion
Sydd yn sôn am gariad Duw.

Siôn Aled (1957 –

Ganed ym Mangor. Addysgwyd ym Mhrifysgolion Cymru, Llundain a Birmingham. Enillodd Goron yr Eisteddfod Genedlaethol ym 1981. Bu'n gweithio'n ddygn ar ran sawl enwad yng Nghymru a thu hwnt. Cafodd ei sefydlu'n weinidog cynorthwyol Eglwys Gymraeg Melbourne, Awstralia am dair blynedd. Yna bu'n cydweithio ag Enfys a Chytûn. Mae'n dal i ysgrifennu emynau trawiadol a godidog.

ARGLWYDD, RHO UN FUNUD DAWEL

ARGLWYDD, rho un funud dawel
   i'n rhyddhau o fwrlwm byd,
ennyd gyda'th lais yn unig
   yn meddiannu'r holl o'n bryd:
trech dy sibrwd na chrochlefain
   hysbysebion gwag ein hoes,
ac mae d'eiriau'n llorio'n balchder
   ag awdurdod gwaed y groes.

Dwed bod inni sail ddiogel,
sail a saif yn nryswch byd,
sylfaen gyson er y newid
sy'n prysuro mwy o hyd,
sail sy'n ddyfnach na gwybodaeth
eithaf y ddynoliaeth hy,
ac sy'n dwyn i farn wirionedd
pob rhyw gred ac anghred sy.

Dangos inni fod rhagluniaeth
uwch na holl raglenni byd,
trefn uwchlaw ein hamserlenni
a'n targedau balch i gyd:
dyro gip ar dragwyddoldeb,
agor fymryn fin y llen,
a chyhoedda di dy hunan
ar ein byd a'n bod yn ben.

DDUW'R GALAETHAU OLL A'R GWAGLE

DDUW'R galaethau oll a'r gwagle
â'i bellteroedd uwchlaw rhif,
awdur deddfau dirgel amser
na all neb wyrdroi ei lif,
mymryn bach yw'n daear ninnau'n
cylchu un o'r heuliau lu,
seren sydd ond pigyn golau
yn trywanu'r gofod du.

Ond fe geraist rai fel ninnau
er ein bai o oes i oes,
a choroni'r cariad hwnnw
dan y drain yn ing y groes,
ac fe geraist tithau'n daear
er ein difaterwch ni
a'n glythineb wrth in sathru
cyfoeth hardd dy gread di.

Dduw'r bydysawd, Arglwydd daear,
cofia Gymru brin ei ffydd:
na foed methiant ddoe yn esgus
i osgoi sialensiau'n dydd.
Er dy fawredd cyfaill ydwyt
a chyd-deithiwr yn ein gwaith
o ailgynnau gobaith beiddgar
ar ein darn o'th gread maith.[1]

NID BREUDDWYD YN UNIG MO GOBAITH Y TLAWD

NID breuddwyd yn unig mo gobaith y tlawd
am ddathlu cyfiawnder i bob chwaer a brawd:
mae Iesu yn Arglwydd, yn gyfaill i'r gwan,
a gelyn i ormes bob pryd ym mhob man.

Nid breuddwyd yn unig droi'r cybydd yn hael,
a gostwng y beilchion fel gweision i'r gwael:
mae Iesu yn Arglwydd: gogoniant ei ras
droes borffor y brenin yn lliain y gwas.

Nid breuddwyd yn unig mo'n galwad ynghyd
i droi yn obeithion bryderon y byd:
mae Iesu yn Arglwydd: ei eiriau a'i oes
sy'n rhoi i'n gweithgaredd hygrededd y groes.

Nid breuddwyd yn unig, nes cyrraedd y nef,
fydd canu gogoniant, â llwyddiant i'n llef:
mae Iesu yn Arglwydd, a heddiw yw'r dydd
i ddathlu cyfiawnder, cyflawnder ein ffydd.

[1] Emyn a ysgrifennwyd yn arbennig ar gyfer dathlu hanner canrif o ganu a mawl ar raglen S4C: *Dechrau Canu Dechrau Canmol.*

Mallie Davies Jones (*fl.* 1964)

CWSG, FY MHLENTYN

CWSG fy mhlentyn, cwsg,
Cwsg yn dawel o hyd,
Cwsg fy maban ar liniau dy fam,
Cyn daw gofidiau y byd.

Lw, lwli lw li lw,
li lw lw li lw.

Cwsg fy maban glân,
Ti yw eilun fy mryd,
Mae'r angylion yn canu i ti,
Tra'r sêr yn gwylio o hyd.

Casi M. Jones (1964 –

Ganwyd yn Salamanca, yng nghanol Sbaen . . . Graddiodd yng Ngholeg y Brifysgol Bangor. Bu'n weithiwr ieuenctid gyda'r Presbyteriaid ac yna dychwelodd i'r Coleg Diwinyddol Unedig, ac ymhen y cwrs fe'i hordeiniwyd gan y Presbyteriaid a bu'n weinidog eglwysi Pumsaint, Caeo, Cwrtycadno, Saron, Llansawel, Rhydcymerau a Thalyllychau (1992 – 97). Derbyniodd alwad i wasanaethu yn y Tabernacl, Eglwys Annibynnol Gymraeg y Barri. Mae hefyd yn olygydd Cristion.

MWY GWERTHFAWR YW FY IESU I

MWY gwerthfawr yw fy Iesu i
na'u harian a'u trysorau hwy.
Ei fywyd yn fy mywyd i
rydd elw mwy.

Pe bwyswn dlysau aur y byd
yn erbyn hwn – hwy fyddai'n brin.
Fe'u ffeiriwn oll am drysor drud
fy Iesu gwyn.

Er ennill miliwn yn fy llaw,
heb Grist nid wyf ond trist a thlawd;
A chollwr fyddwn heb yr Un
sydd imi'n frawd.

Pe feddwn fanciau mwya'r byd
er hyn i gyd pa elw gawn?
Ond cyfran bach o'i gariad drud
rydd fywyd llawn.

Mwy gwerthfawr yw fy Iesu i
na'u harian a'u trysorau hwy.
Ei fywyd yn fy mywyd i
rydd elw mwy.

DUW Y DECHREUADAU NEWYDD

DUW y dechreuadau newydd,
Arglwydd ein hyfory gwyn,
dyro inni'r un llawenydd
fu yng Nghymru'n gwlad cyn hyn.
Dwed y Gair – golau ddydd
dyr ar dywyll nos ein ffydd.

Dwed y Gair, a bydd ein hofnau
a'n hamheuon ffôl yn ffoi.
Dwed y Gair, a hyder newydd
ddaw i ni yn ddiymdroi.
Gair ein Duw, digon yw –
daw â'r meirwon eto'n fyw.

Ceri Wyn Jones (1967 –

Bu'n bennaeth adran Saesneg Ysgol Gyfun Dyffryn Teifi, enillodd y Gadair yn Eisteddfod Genedlaethol Y Bala (1997) a'r Goron yn Y Bala eto (2009). Hefyd fe'i penodwyd yn Fardd Plant Cymru (2003 – 2004). Cyhoeddodd Dwli o Ddifri *(2004),* Dauwynebog *(2007) a* Nawr 'Te, Blant *(2008) a* Nawr 'Te, Blant/Now Then, Children *(2009). Yn y gyfres boblogaidd 'Talwrn y Beirdd' BBC Radio Cymru, ef yw'r Meuryn newydd.*

√ YMDDIRIEDAF YN DY GARIAD

PAN ganaf alaw'r emyn-dôn
a glywaf ei chynghanedd hi?
A glywaf uwch y geiriau cain
dy eiriau di?

A phan sibrydaf weddi'r Tad
a glywaf beth ddywedaf i?
A yw fy nghalon ynddi'n un
â'th galon di?

Pan brofaf win a bara'r bwrdd,
ai ing yw dracht fy ngwydr i?
A wyf yn blasu dro 'rôl tro
dy glwyfau di?

Ond os daw awr na chredaf mwy,
fe gredi dithau ynof fi;
O boed i minnau ddeall gwerth
dy gariad di.

PAN WÊL YR HEUWR FFRWYTH EI HAD

PAN wêl yr heuwr ffrwyth ei had
Yng ngolud grawn yr ŷd,
Diolchwn ninnau gydag ef
 Fod Duw yn hael o hyd.

Yn llawen iawn fe rydd o'i law
　Yn arlwy ger ein bron,
Flodeuog dwf y ddaear las
　A chyfoeth erwau'r don.

Nid oes un tymor heb ei wyrth
　O fywiol allu Duw,
A dweud mae'r ysguboriau llawn
　Mor fawr ei gariad yw.

Ond mwy ei werth yw'r trysor drud
　A roes y Tad i ddyn,
Pan wnaeth gyfamod cyfiawnhad
　Drwy groes ei Fab ei hun.

Mae'r holl fendithion inni'n rhodd
　Trugaredd gras y nef,
Ac yn ein mawl a'n gweddi rhown
　Ein diolch iddo ef.

EMYNAU CYFOES

Beryl Davies

Un o Gwmann, Sir Gaerfyrddin, a fu'n chwarae'r ffidil yng Ngherddorfa Ieuenctid Ceredigion. Aeth fel myfyrwraig i'r Coleg Cerdd a Drama, Caerdydd.

Cafodd brofiad eang o fod yn gyfeilydd ac yn organyddes. Gwelir ychydig o'i doniau cerddorol, barddonol ac emynyddol yn ei chyfrol: Emynau'r Mynydd a Dylanwad Bore Oes *(2010).*

GŴYL DEWI

DIOLCH, Arglwydd, am ein Nawddsant
   Fu'n tramwyo drwy ein gwlad,
Gan bregethu, a chynghori
   Sut i warchod ein hystad.

Diolch, Arglwydd, am ei fywyd
   Dreuliodd beunydd er dy glod,
Dyna fu ei bennaf amcan
   Tra yn rhodio is y rhod.

Dyro, Arglwydd, inni barchu
   Ein traddodiad hardd a phur,
Cadw'n hiaith a'n crefydd fynnom
   Yn llewyrchus yn ein tir.

SUL Y MAMAU

DIOLCH, Arglwydd, am y cariad
   Blennaist ti yng nghalon mam,
Mawr ei gofal drwy yr amser
   Rhag i'w phlentyn hi gael cam.

Diolch, Arglwydd, am i'w chariad
 Ddysgu llawer iawn i ni,
Sut i fod yn llai hunanol,
 Ac yn dirion iawn fel hi.

Diolch, Arglwydd, am ddylanwad
 Duwiol fam ar lawer un;
Rhai a ddaeth yn arweinyddion
 Yma 'Nghymru fach ei hun.

Diolch, Arglwydd, am dy gariad,
 Cariad mwy na chariad mam:
Mawr yw d'ofal dithau drosom,
 Arwain ni o gam i gam.

CYFLWYNO PLENTYN

DIOLCHWN am y bychan llon
A welwn yma ger ein bron:
Ffrwyth cariad ei rieni yw
A rhodd yr hollalluog Dduw.

Cyflwynwn ef i'w Arglwydd mawr
Wrth gychwyn ar ei daith yn awr.
Cyflwynwyd Iesu gynt gan Mair,
A Duw fendithiodd Grist, y Gair.

O clyw addewid tad a mam
I'w ymgeleddu rhag pob cam;
Ei feithrin ef ym more oes
A'i ddysgu'n dyner am y groes.

Dyheuwn bydd ei fyw bob dydd
Yn tystio'n eglur iawn i'w ffydd,
A dylanwadau'r Ysbryd Glân
Yn gwneud ei fywyd oll yn gân.

HEDDWCH

DYSG in gerdded llwybr heddwch
 Yn ein cartref gam wrth gam;
Bod yn dyner gyda'n teulu,
 Anrhydeddu tad a mam.

Dysg in rodio llwybr heddwch
 Yn ein chwarae, gwaith a dysg,
Bod yn siriol i'n cyfoedion,
 Parchu'r rhai sydd yn ein mysg.

Dysg in ddilyn llwybr heddwch
 Wrth in deithio yn y byd,
Ac i wneud ein gorau beunydd
 I ymledu hedd bob pryd.

Ar ei lwybr heded heddwch
 Drwy y gwledydd bob yr un:
Boed i'w ddylanwadau, Arglwydd,
 Ddod â'r bobloedd yn gytûn.

Arglwydd heddwch, cerddaist lwybr
 Aeth bob cam i Galfari.
Yno prynaist drwy dy aberth
 Berffaith hedd i'n henaid ni.

EHANGU GORWELION

DYSGA ni i garu, Arglwydd,
 D'achos di yn fwy na'r man,
Er mor annwyl yw ein capel
 Neu hen eglwys fach y llan.
Rhai o hyd nid ydynt fodlon
 Derbyn gwahaniaethau bach,
Fel y gallom bawb addoli
 Mewn awyrgylch llon ac iach.

Glynu'n dynn wrth hen arferion,
Sy'n naturiol inni gyd,
Ac wrth draddodiadau gawsom
Gan gyndeidiau wneir o hyd.
Mae dy deulu'n estynedig;
Cyfrifoldeb arnom sydd
I ofalu am anghenion
Ei aelodau 'nôl y dydd.

GWERTH CALFARIA

EIN Duw yn ei fawredd a greodd y byd,
Fe luniodd yn berffaith y cyfan i gyd.
Paradwys y cread oedd Eden i fyw,
Marwolaeth fu cosb anufudd-dod i Dduw.

'Doedd bellach ddim gobaith i neb yn y byd,
Y gosb ddaeth trwy Adda i'n rhan ni i gyd.
Ond Iesu ddaeth atom ei hunan o'r ne'
I farw ar groesbren Calfaria'n ein lle.

Heb ddydd atgyfodiad Iachawdwr y byd,
Fe fyddai ein ffydd ni yn ofer i gyd.
Mae'r Iesu yn fyw, yna byw fyddwn ni
Drwy gredu heb amau yng ngwerth Calfari.

DIOLCH AM FFYDDLONIAID

ER drwy chwalu llawer chwedl
Siglwyd seiliau ffydd a chred,
Rhyfeddodau newydd beunydd
Welwn drwy y byd ar led.
Anfon neges wnawn mewn chwinciad
O'r fan hon i ben draw'r byd.
Cymorth di ein hanghrediniaeth
Drwy ddatgelu mwy o hyd.

Nertha eto y ffyddloniaid
Sydd yn dal yn iach eu ffydd,
Gyda gobaith yn eu calon
Ar eu taith drwy'r byd bob dydd.
Nid 'r un rhai yw'r anawsterau
A gaed gynt mewn oes o'r blaen,
Ond parheir dy gariad, Arglwydd,
Sydd yn hwb i gario 'mlaen.

BEDYDD

ESTYNNAIST im dy law,
Cymeraf hi yn awr.
Paid gollwng d'afael mwy
Drwy 'mywyd, Geidwad mawr.

I'r daith heb ofni dim
Yr af yn d'ymyl di.
Beth bynnag sydd o'm blaen,
Diogel fyddaf fi.

Darlunia'r bedydd hwn
Yr aberth gym'rodd le
A'r newid ynof fi
Wrth gredu ynddo fe.

Mor llawen fyddaf mwy
Yng nghysgod croes yr Iawn,
A chanu wnaf am hwn
Drwy'r bore a phrynhawn.

David Davies, Penarth

ARGLWYDD, MELYS YDYW CERDDED

ARGLWYDD, melys ydyw cerdded
  Ar y ffordd tua Seion fryn,
Teithio hon y bu ein tadau
  Yn finteioedd heirdd cyn hyn:
    Hapus ydym
  O gael rhodio yn ôl eu traed.

Tebyg iddynt ydym ninnau,
  Hen ac ieuanc o un fryd:
Rhai yn ochain dan eu beichiau,
  Rhai yn canu'n wyn eu byd,
    Cyd-ymbiliwn
  Am dy nawdd ar hyd y daith.

Ofni 'rydym, Dduw ein tadau,
  Mai rhy rwydd yw'n llwybyr ni,
Ac y dichon inni golli
  Awydd am dy gwmni di;
    Gwna ni'n debyg
  I'r ffyddloniaid dewrion gynt.

O RYFEDDOL, DDWYFOL GARIAD

O RYFEDDOL, ddwyfol gariad
  Sy'n fy arwain drwy fy oes,
Cariad o dragwyddol darddiad
  A ddatguddiwyd ar y groes;
Cariad yw heb ffin na mesur,
  Fel y Duwdod yn ei fraint;
Cariad erys yn oes oesoedd
  Yn brif destun mawl y saint.

Dyma sylfaen fy ngobeithion,
  Dyma 'ngobaith, dyma 'nghân,
Dyma 'nghymorth yn y dyfroedd
  A'm diogelwch yn y tân;
Nid oes im o fewn y cread,
  Nid oes im yn nef y nef,
Nid oes im wrth fyw, wrth farw,
  Ond ei ryfedd gariad ef.

Delyth Wyn Davies, Chwilog

Y PASG

CLODFORWN a molwn ein Harglwydd a'n Iôr;
Â ch'lonnau diolchgar, cydganwn fel côr
Am iddo ein caru ac anfon o'r ne'
Ei uniganedig i farw'n ein lle.

Yn ufudd i'w Dad, dioddefodd bob loes,
Fe gafodd ei wrthod, bu farw ar groes;
Ein pechod gymerodd, a'n gofid a'n poen;
Fel dyn cydymdeimla – bu yno o'n blaen.

A dyma'n gorfoledd, 'does dim dan y nef
All ddifa ein gobaith a'n ffydd ynddo ef;
Mab Duw atgyfododd – mae Iesu yn fyw,
Efe yw'n Gwaredwr, gogoniant i Dduw!

Sally Davies, Pontargothi

PRIODAS

ARGLWYDD Iesu, tyrd i'r canol
  Yn yr oedfa hyfryd hon,
Rho dy fendith a'th arweiniad
  I'r ddau ieuanc ger dy fron.
Selia y cyfamod yma
  Gyda sêl dy gariad cry',
A goleua di eu llwybrau
  Gyda'r llewyrch oddi fry.

Ymgeledda hwy, O Arglwydd,
  Bydd gydymaith ar y daith,
Nertha hwy fel byddont ffyddlon
  Yn dy dŷ ac yn dy waith.
Boed i'r cariad welir heddiw
  Ymgryfhau o dan bob croes,
Boed i'r amod gael ei chadw
  Tra y pery dyddiau'u hoes.

YR YSGOL SUL

HYFRYD ar y Sabath
Mynd i deml Duw,
Darllen yr Efengyl
Roed i ddynol ryw.
Dysgu a myfyrio
Yn y bywiol air,
Canu peraidd glodydd
I etifedd Mair.

Hen ac ieuanc geisiant
Ddilyn ôl ei draed,
Clywed am y gwyrthiau
A'r cysuron gaed.
Cofio'r gorchymynion
A'r cynghorion lu,
Diolch am 'r Efengyl
I'n goleuo ni.

GWEDDI PLENTYN

IESU annwyl, gwrando 'ngweddi,
Ffrind pob plentyn bach wyt ti,
Yn y nos pan wyf yn cysgu,
Gwylia, Iesu, drosof fi.

Diolch am bob gofal tyner
Ac am gariad mam a thad,
Am bob ymborth a chysuron
A dderbyniaf fi yn rhad.

Diolch am athrawon ysgol,
Mawr fy nyled iddynt hwy;
Ac am Ysgol Sul i'm dysgu
Sut i'th garu di yn fwy.

Diolch hefyd am gael ffrindiau,
Oriau chwarae, oriau gwaith,
Ac am holl brydferthwch natur
I'm sirioli ar fy nhaith.

Heno pan af nawr i gysgu
A'm dau lygad bach bron cau,
Diolch wnaf i ti am bopeth
Ac am iechyd i'w fwynhau.

'HEDDWCH'

O NEFOL Dad, pwy ond tydi
A wrendy ar ein gweddi ni?
Yn daer erfyniwn am gael hedd
Ac na foed mwyach sôn am gledd.

O dyro heddwch, nefol Dad,
Yng nghalon holl arweinwyr gwlad,
Fel byddo'r gwledydd yn gytûn
A thithau'n frenin ar bob un.

O rho dy hedd a'th gariad mawr
I holl gartrefi daear lawr,
Fel na fydd plant yn dioddef cam
A cholli cariad tad a mam.

A rho i ninnau, nefol Dad,
Yr hedd wrth deithio'r anial wlad,
A phan ddaw'r dydd i groesi'r don
Boed heddwch bythol dan ein bron.

HEDDWCH

O TYRED, fwyn golomen,
Â neges yn dy big
At arweinyddion gwledydd
Sy'n llunio trais a dig,
Dwed wrthynt fod brawdgarwch
Yn well na gwn a chledd,
A chariad dyn at gyd-ddyn
  Yn un o arfau hedd.

Dos i bellterau'r ddaear
Lle mae'r newynog rai
Heb gysgod a heb ymborth,
Na meddyg i'w hiacháu,
Maent hwy yn byw yn ddyddiol
Gan ddisgwyl am yr awr
Bydd heddwch yn teyrnasu –
  Golomen, dos yn awr.

Dwed fel y bu i Iesu
Wrth farw ar y groes
Roi inni ei dangnefedd
Fel pennaf arf ein hoes,
Diolchwn ninnau heddiw
Am werthfawr rodd y Tad,
A boed i dderyn heddwch
  Ehedeg i bob gwlad!

Bil Efans

DILYN FI

DILYN fi, dilyn fi,
gad dy deulu, gad dy dŷ,
gad y rhwydi oll a'r cychod ger y lli,
gad yr hedyn yn y pridd,
gad y cnydau ar y ffridd,
gad y cyfan, gad nhw oll a dilyn fi.

MAE i bob llwynog wâl
ac mae i bob wennol nyth
ond i Fab y Dyn 'does 'run ymgeledd mwy;
nid wyf yn cynnig cysur,
nid cyfoeth yw fy rhodd,
ond gen i, gei di wir lawenydd gwiw.

Os wyt am fy nilyn i,
rhaid rhoi heibio'r ffyrdd a fu,
rhaid ysgwyddo'r groes a dilyn hyd y daith.
Er iti grwydro 'mhell
o deulu ac o dŷ,
fy Nhad fydd â'i groeso'n fawr i ti.

MICHAEL COCKETT (1938 –
efel. BIL EFANS

Dewi Evans, Llwynhendy

ARWEINIAD Y GOLEUNI

RHAG imi golli'r ffordd yn llwyr
Wrth grwydro 'mlaen ym min yr hwyr,
A llenni'r nos yn disgyn draw,
Fy nefol Dad, bydd di wrth law.

O gafael yn fy llaw, Dduw mawr,
Nes gwelaf eto olau'r wawr,
A phan ddaw'n ddydd na ad fi chwaith,
Ond bydd fy nghwmni ar y daith.

Tydi a greaist ddydd a nos,
A luniaist haul a'r seren dlos,
Bob awr o 'mywyd golau'r groes
A gaiff oleuo llwybrau f'oes.

Goleuni wyt, a'th lewyrch sydd
Yn arwain pawb fo'n berchen ffydd,
Nes cyrraedd fry yn nhŷ ein Tad,
A gwawr ddiderfyn nefol wlad.

Gwyneth Evans, Cwmffrwd

Y GOLOMEN FWYN

O IESU, clyw ein gweddi
  Ar ran dy fyd yn awr,
Ac anfon fwyn golomen
  Tangnefedd yma i lawr.
Disgynned ei haddfwynder
  Ar dir yr Ynys Werdd,
A throi y trais a'r dicter
  Yn felys gân a cherdd.

Hyd lannau yr Iorddonen,
  Y tir a droediaist gynt,
Uwch sŵn y brwydro creulon
  Eheded ar ei hynt;
Dros diroedd y Gorllewin
  A thua'r Dwyrain draw
I ddifa'r oer amheuaeth
  A lleddfu'r ofn a'r braw.

A boed i'w hysbryd ddisgyn
  Yn Neau'r Affrig drist,
Fel delo'r gwyn i gredu
  Mai'i frawd yw'r du yng Nghrist;
A bydded iddi nythle
  Yn ein calonnau ni,
Cans hyn a ddwg y ddaear
  Yn nes i'th nefoedd di.

Nansi Evans, Cwmfelinmynach

PRIODAS

O ARGLWYDD Dduw, bydd yma yn yr oedfa,
  A boed dy fendith di
Ar ddau o'th blant sy'n cychwyn ar eu gyrfa,
  Yng nghwmni ffrindiau lu.

Tyrd, Arglwydd Dduw, i ganol awr eu gwynfyd
  A'u haddewidion glân,
A seiniau miwsig peraidd, O mor hyfryd
  Yng ngeiriau'r emyn-gân.

O Dduw, rho rym a chlod i'w haddunedau
  O serch, mewn geiriau pur,
A gras y nef yn arwain eu profiadau
  Heb ofid, poen na chur.

O Nefol Dad, rho nerth ar ddechrau cyfnod
  Sy'n newydd, ar eu taith;
Sancteiddia nawr holl eiriau eu cyfamod,
  Mewn gweithred, cân ac iaith.

SUL Y COFIO

TRIST yw'n calonnau ar yr awr
Wrth gofio ing rhyfeloedd mawr,
Bywydau'n aberth dros eu gwlad
Ymhell o gysgod mam a thad;
Cysura'r holl deuluoedd sydd
Yn byw mewn hiraeth ar dy ddydd.

Wrth blygu'n wylaidd ger y groes
Fe ddaw i'n cof bob chwerw loes,
O'u hanfodd collwyd ffrindiau lu
Mewn cyfnod o anobaith du;
O Dduw, aberthwyd Mab dy hun
Er mwyn ein hachub ni bob un.

Boed heddwch yn teyrnasu mwy
Wrth gofio am eu haberth hwy,
A neges Crist a gweddi 'nghyd
Yn lleddfu ofnau yn y byd;
Ac ysbryd yr anfeidrol Dduw
Yn disgyn heddiw ar ein clyw.

Hywel Griffiths

DATHLU DAUCANMLWYDDIANT AGOR CAPEL[1]

MAE'R llu blynyddoedd heddiw'n dod
A'r holl ffyddloniaid fu erioed
I eilio'r weddi fawr,
I godi'u lleisiau fry i'r nen
A chlywed Duw wrth blygu pen,
Ymunwn ninnau nawr.

[1] Ebenezer, Eglwys y Bedyddwyr, Llangynog (1811– 2011).

Mae ôl paderau ar bob sedd
A lleisiau'r oesau'n un mewn hedd,
A theulu'n llawenhau.
Mae'r ffydd a fu ac sydd i ddod
A chenedlaethau iau yn dod
At ddrws na fydd ynghau.

Margaret Grace Griffiths, Rhostrehwfa (bu *f.* 2001)

GŴYL Y GROGLITH A'R PASG

COFIO Gŵyl y Groglith eto,
Cofio am Golgotha fryn,
Gweld un cyfiawn rhwng dau leidr,
Pwy a all anghofio hyn?
Tyrfa'n dilyn ac yn aros
Wrth y groes, golygfa drist,
Rhwygwyd meini, bu tywyllwch
Diwrnod y croeshoeliwyd Crist.

Sul y Pasg, llawenydd inni
A choncwerwr mawr ei fri:
Nid anghofiwn y Gwaredwr,
Ei glodfori a wnawn ni.
Fe gyfododd. Gwag y beddrod,
Gwelwyd ef yn rhodio'n rhydd,
Buddugoliaeth gafwyd yma:
Do, fe wawriodd Trydydd Dydd.

DIOLCHGARWCH AM Y CYNHAEAF

DAETH eto ddydd i ddiolch,
Cynhaeaf yn ei bryd,
A diolch wnawn i'r Arglwydd,
Cynhaliwr mawr y byd.
Lluosog y bendithion
A roed i ddynol-ryw,
Y cyfan oll sydd yma
Yn dod o ddwylaw Duw.

Holl roddion y cynhaeaf
O wele'r mwyaf Un,
Yr Iesu ar y groesbren,
Rhodd Duw yn aberth drud.
Yn eiriol dros bechadur,
Yn achub euog fyd,
Ac aer y nef a welwyd
Yn dioddef loes a chur.

Aeth tymor arall heibio,
Nid angof aethom ni,
Ond cofio yn rasusol
Am roddion yn ddi-ri'.
Pan gesglir y cynhaeaf
Medelwyr fydd wrth law,
Rho nerth i ni pryd hynny
I weld y Ganaan draw.

TANGNEFEDD

TANGNEFEDD rho, O Arglwydd,
I deulu gwael y llawr,
Sy'n byw mewn dudew adfyd
A llawer cyfyng awr.
O cofia di y gwledydd,
Y newyn yno sydd,
Rhai hynny mewn cadwynau
Yn rhodio eto'n rhydd.

Tra rhwd anrhydedd cleddyf,
Y maes yn rhydd o wa'd
A therfyn ar bob rhyfel,
Tangnefedd fu'n y wlad;
Tydi fu'n gwella cleifion,
Bendithio plant y byd;
Gwyn fyd na welem eto
Genhedloedd oll ynghyd.

Wrth feddwl am eneidiau,
Fil miloedd o rai trist
Sydd eisoes wedi colli
Eu gafael ar y Crist,
O dysg i ninnau eto,
A dwyn ni eto 'nôl,
Y Bugail sy'n y gorlan,
Tangnefedd yn ei gôl.

A phan ddaw'r awr i ninnau
Ymadael draw i'r llen,
A chefnu ar y ddaear,
Yr Arglwydd fydd yn ben;
Tangnefedd gawn pryd hynny,
Cawn wisgo coron gain,
Yr anthem bêr yn seinio,
Diddiwedd fydd y sain.

R. H. Gruffydd, Y Groeslon, Caernarfon

GŴYL DEWI

TI, Dad pob llwyth o dan y rhod,
Bendithia'n cwrdd er mwyn dy blant;
Â chalon wresog rhoddwn glod
I'th enw di ar ddydd ein Sant.

Rho inni'r gras a'i gwnaeth yn gryf
I godi'r gwan a phuro'i foes;
Rho inni'r gred a'i gwnaeth yn hyf
Dros deyrnas Crist yng ngolau'r groes.

Rho inni'r sêl a'i taniodd gynt
I ddifa llygredd o bob rhyw,
A deued eto ar ei hynt
Ei ysbryd ef yn gennad byw.

Rho inni flas ar eiriau'r nef
Yn iaith ein gwlad i'w hachub hi;
Cyfoded cewri eto'u llef
I chwalu niwloedd Calfari.

O Dad pob llwyth o dan y rhod,
Dysg ni ein bod bawb iti'n blant,
A heddwch byd fo uchel nod
Pob Cristion sy'n coffáu ein Sant.[1]

Beti-Wyn James, Y Priordy, Cana a Banc-y-felin

ORDEINIO NEU SEFYDLU MERCH I'R WEINIDOGAETH

DIOLCH wnawn, O Awdur bywyd,
  am y bennod newydd hon
sydd yn agor yn ein hanes
  a'i dalennau'n lân a llon.
Gad in brofi ias yr alwad
  roddaist iddi hi, O Dad,
fel y byddo'n cân yn datgan
  d'enw mawr dros erwau'n gwlad.

Daeth dy bobol mewn llawenydd
  i sancteiddrwydd pur dy dŷ,
rho i'th ferch, drwy'i haddewidion
  deimlo gwres dy gariad di.
Boed i fflam y ffydd ddisgleirio
  yn ei chalon, yn ei gwaith
fel y gwelir trwyddi hithau
  olau Iesu'n gloywi'r daith.

[1] Buddugol yn yr Eisteddfod Genedlaethol – Y Rhyl 1953.

Cadw'i hyder yn d'Efengyl,
   cadw'i geiriau'n bur a glân,
cadw'i halaw, Arglwydd graslon,
   ar gynghanedd d'Ysbryd Glân.
Boed i nodau pur ei phader
   ganu'n swyn dy eiriau di,
fel y bo i'w gweddi dyner
   gyffwrdd tannau Calfari.

Arglwydd Iesu, 'rydym ninnau'n
   addo heddiw ger dy fron
y gwnawn gyda chalon lawen
   rannu'r weinidogaeth hon.
Ti sy'n cynnal ein cenhadaeth
   yn y byd o oes i oes,
ac na foed i'n hymffrost ninnau
   fod mewn dim ond yn dy groes.

Mair James, Capel Mair, Aberteifi

CYMUNDEB

COFIO wnawn am fywyd Iesu
Cyn ei farw ar y groes,
Er i ddynion gwael ei ymlid
Bu yn ffyddlon hyd ei oes.
Gwyddai pan yn fachgen ieuanc
Fod ei dynged yn llaw Duw,
A dioddefodd angau erchyll
Er mwyn achub dynol-ryw.

Cofiwn am y Swper Olaf,
Ef a'r deuddeg yn y cwrdd,
Gwyddai Iesu yr awr honno
Fod bradychwr wrth y bwrdd.
Cofiwn weddi Gethsemane,
Yntau'n ymbil ar ei Dad
Am i'r cwpan fyned heibio
Er mwyn gochel tywallt gwa'd.

Cofiwn yn yr Oedfa Gymun,
Drwy y bara, drwy y gwin,
Am dywyllwch Pen Calfaria
Ac am farw Ceidwad dyn.
Ond fe wawriodd bore newydd,
Codwyd Crist o'i fedd yn fyw,
Ninnau heddiw gorfoleddwn
A mawrygwn wyrth ein Duw.

Morfydd James, Llangynin

SUL Y BLODAU

DAD o'r nef, rhown ddiolch iti
Am y blodau o bob lliw;
Llonni pawb drwy'r holl ardaloedd
Wna'r myrddiynnau hardd a gwiw;
Awn â'r sypiau yn deyrngedau
I'n hanwyliaid ymhob man,
Cofio wnawn ein dyled enfawr
Am gael yn eu bywyd ran.

Daeth yr Iesu'n orfoleddus
I Jerwsalem i'r Ŵyl,
Gyda'r dyrfa'n disgwyl yno
Ac yn lleisio'u clod mewn hwyl.
Clywn, 'Hosanna i Fab Dafydd!'
Yn atseinio dros y wlad,
Pawb yn moli a chlodfori
Tra'n cydnabod Mab y Tad.

Dod ar gefn yr ebol asyn,
Blodau, palmwydd, dan eu traed,
Torf yn gogoneddu'r Arglwydd
Cyn y Grog a'r tywallt gwaed,
Drosom bawb efe fu farw,
Plannwn flodau Cred a Ffydd;
Wedi'r groes daeth buddugoliaeth:
Cododd Crist y Trydydd Dydd.

Y PASG

DAD o'r nef, rhown ddiolch iti
Am y diwrnod newydd hwn,
Am lawenydd yn lle tristwch
Fu'n ein llethu dan ei bwn.
Dydd i godi ein calonnau,
I droi galar yn rhyddhad –
Am i'r Iesu roi ei Fywyd
Daeth i ninnau wir lanhad.

Maddau wnaeth bechodau dynion
Drwy ei boen, ei gur a'i loes,
Ninnau gawsom oll ein hachub
Pan fu farw ar y groes.
Heddiw canwn, 'Halelwia!'
Dydd ei atgyfodiad yw,
Daeth yn gwmni a chydymaith
I bawb oll o ddynol-ryw.

Y mae'n Frawd, yn Ffrind, yn Geidwad,
A dibynnwn arno ef,
Drwy ei Ysbryd Glân cawn rodio
Nes in gyrraedd teyrnas nef;
Dydd i ddathlu, dydd i ddiolch,
Dydd i foli Mab y Tad,
Dyro nerth i ni gyhoeddi'r
Atgyfodiad drwy'r holl wlad.

ER IACHÂD YR HOLL GENHEDLOEDD

ER iachâd yr holl genhedloedd,
Arglwydd, gwrando'n gweddi fawr
Am gael rhannu mewn cyfiawnder
Holl gynhyrchion daear lawr,
Byw â chariad yn gweithredu,
Rhown ein haddewidion nawr.

Arwain ni ymlaen i ryddid,
Trown anobaith yn rhyddhad,
Heb ryfeloedd a chasineb
Daw gwir heddwch rhwng pob gwlad,
Gwelwn fel y gall daioni
Droi pob ofn yn obaith mad.

Pob peth sydd yn llygru bywyd
Dros y byd, dilea hwy,
Balchder, trais, neu'r addysg gafwyd,
Popeth sy'n ein rhwystro'n fwy,
Yn ein cais am dy gyfiawnder
Gwnawn gysegru'n bywyd mwy.

Dduw, Greawdwr, ysgrifennaist
D'enw mawr ar ddynol-ryw,
A thrwy ddod yn debyg iti
Down â bywyd Crist yn fyw,
Drwy ymateb a gwas'naethu
Daear wêl ei thynged wiw.

FRED KAAN (1929 – 2009)
cyf. MORFYDD JAMES

CLOD A DIOLCHGARWCH

GWAWRIODD y bore
Fel y wawr gyntaf,
Trydar ei ore
Wna'r deryn taer;
Clod am y canu!
Clod am y bore!
Clod i rai'n hanu
'N burlan o'r Gair!

Melys yw'r gawod
Heulog o'r nefoedd,
Fel gwlith o'i hanfod
Ar borfa gaed;
Clod i felyster –
Gardd yn ei lleithder,
Llamodd yn gyflawn
O dan ei draed.

F'eiddo yw'r heulwen!
F'eiddo yw'r bore,
Fel caed yn Eden
Rodd rad a rhydd!
Clod a gorfoledd,
Clod, fore bonedd,
Duw'n ail-greu mawredd
Y newydd ddydd!

ELEANOR FARJEON (1881 – 1965)
cyf. MORFYDD JAMES

CEISIO'R YSBRYD GLÂN

O ARGLWYDD da, tyrd atom ni,
Rho d'Ysbryd ym mhob calon,
Fel na foed lle i feddwl drwg
Na dicter yma'r awron;
Enynna eto newydd dân
Yn wyneb anawsterau
A chrea ynom awydd brwd
I rodio dy gynteddau.

O Arglwydd mawr, erfyniwn ni
Am nerth dy Ysbryd hawddgar
I'n cynnal yn ein gwaith i ti
Mewn byd sydd mor annheyrngar;
Dysg ni o fewn dy Eglwys fawr
I wybod am anghenion,
A chymorth rown i'r tlawd a'r gwan
Wrth ledu ein gorwelion.

O Arglwydd graslon, rhoddwn ni
Ein diolch am dy Ysbryd,
A ddaeth mewn cnawd i hwylio'r ffordd
Drwy roi esiampl hyfryd;
Ni fynnwn i arferion gwael
Oresgyn gwir amcanion,
Ond ar ddaioni rhown ein bri
I gyrraedd dy ddibenion.

Arwel Emlyn Jones ✓

MAE'R ANGYLION YN EIN CWMNI

MAE'R angylion yn ein cwmni
drwy bob dydd,
maent yn esgor ar oleuni
drwy bob dydd;
dyma yw'r ryfeddol stori
fod yr Iesu i'w glodfori
a'r angylion yn ein hoffi
drwy bob dydd.

Mae eu gofal yn warchodol
ar ein taith,
mae eu golau yn rhyfeddol
ar ein taith;
deuwn atynt yn feunyddiol,
mae eu neges yn dragwyddol
a'n harweiniad yn ysbrydol
ar ein taith.

Rhaid yw gwrando ar angylion,
dyma'r ffordd,
beth ddywedant mewn sibrydion,
dyma'r ffordd;
maent yn llawn o negeseuon,
cofiwch ddilyn eu harwyddion
yna cyfrif eich bendithion,
dyma'r ffordd.

Dewi Jones, Benllech

GWEDDI AM ARWEINIAD

ARGLWYDD, aneffeithiol ydym
Yn holl waith dy deyrnas ddrud,
Lli drygioni sy'n ymffrydio
Dros obeithion dyn o hyd;
Cynnau ynom
Awydd dwfn am decach byd.

Arglwydd, anystyriol ydym
O gynhaliol rym dy law,
Gweld rhagoriaeth wnawn yn aml
Yn y manion bethau draw;
Dangos inni
Werth y Cariad byw, gerllaw.

Arglwydd, anhaeddiannol ydym
O'r diarbed aberth wnaed
Ar Galfaria pan roes Iesu
Trosom ei sancteiddiaf waed;
Gwna ni'n deilwng
O'r ail gynnig drud a gaed.

TROI AT DDUW

AT bwy y trown mewn cyfnod gwan
A chred ar drai mewn llawer man,
Pan dry y dorf o lwybrau gras
I chwilio am ryw newydd flas,
Pan nad yw'r oedfa'n cael ei lle
A ninnau'n gaeth i lun a gwe?
O, na chaem weld at bwy i droi,
At Dduw sy'n creu, at Dduw sy'n rhoi.

At bwy y trown mewn stormydd blin
Pan sytho dyn ar faes y drin,
Pan laddo brawd ei frawd ei hun
Gan lwgu'r tlawd a'r gwael ei lun,
Pan fo tosturi'n colli'r tir,
A'r gau fel 'tai'n gorchfygu'r gwir?
O, na chaem weld at bwy i droi,
At Dduw sy'n creu, at Dduw sy'n rhoi.

At bwy y trown mewn dyddiau du
Pan ddaw gofidiau byd yn llu
I lethu'n hysbryd, siglo'n ffydd
A'n gobaith yn yr hyn a fydd,
Pan fyddo'n hawydd yn llesgáu
A beichiau bywyd yn trymhau?
O, na chaem weld at bwy i droi,
At Dduw sy'n creu, at Dduw sy'n rhoi.

PRIODAS

DIOLCH am y diwrnod, Arglwydd,
Y daw dau o'th blant ynghyd,
Dau yn un mewn glân briodas,
Dau ar drothwy newydd fyd;
Gad i'th gariad hollgynhaliol
Hidlo i'w hymwybod mwy,
Boed i ysbryd gras a chymod
Lynu wrth eu haelwyd hwy.

Diolch am weld uno, Arglwydd,
Ddeuddyn annwyl yn dy dŷ,
Rho dy fendith ar eu cychwyn,
Aros byth yn sicrwydd cry';
Boed dy air yn lleufer iddynt,
Dy gymdeithas yma'n gefn,
Rho i'r ddau y nerth a'r awydd
I ymserchu yn dy drefn.

O gael nawdd dy ofal, Arglwydd,
Caiff y ddau sydd ger dy fron
Heddiw, sylfaen iach i'w hiwmor,
Didwyll fydd eu croeso llon;
Prysur, dedwydd a digysgod
Fyddo'u llwybr yn y byd,
Rho i'r ddau y wefr anorffen
O fwynhau dy gariad drud.

DIOLCH – Emyn i'r Plant

O DIOLCH i'r Iesu,
O diolch i Dduw
Am ffrwythau y ddaear
I'n cadw yn fyw;
Am fwyd ac am ddillad,
Am deulu a thân,
Am gartref a chapel
Ac adnod a chân.

Wrth godi'n y bore,
Wrth gysgu'n yr hwyr
Mae'r gofal amdanom
Yn dyner a llwyr;
Am bob gwaith a gorffwys,
Mwynhad o bob rhyw,
O diolch i'r Iesu,
O diolch i Dduw.

Am nerth ac am iechyd
I chwarae yn rhydd
Diolchwn i'r Iesu
O ddifrif bob dydd;
Meddyliwn am rai sydd
Mewn tristwch yn byw
A chofiwn amdanynt
Wrth ddiolch i Dduw.

PRIODAS

YN awr, O Dduw, i'th eglwys lân
Daw cariad dau ynghyd:
I ofyn nawdd dy fendith gref
Yn lleufer yn eu byd.

I'r ddau sydd yma, dyro ran
O'th wead hynod di,
I'w huno'n deilwng ger dy fron,
Yn ffyddlon byth i ti.

A rho, O Dad, Benteulu dyn,
Holl rym dy werthoedd drud
Yn batrwm beunydd iddynt hwy
Mewn llym a llawen fyd.

A boed i'r ddau flynyddoedd maith
O siriol gydymddwyn,
A dedwydd deithio law yn llaw
Yn rhin d'oleuni mwyn.

G. Len Jones, Llanilar

Cyn-Athro Almaeneg, Prifysgol Aberystwyth.

DILYNWCH Y FFYRDD NEWYDD

DILYNWCH y ffyrdd newydd
sydd gan yr Iôr i ni,
mae byw yn meddwl symud
  a chrwydro maes o'r tŷ.
Ers inni weld yr enfys
  yn sgleinio fry yn glir,
mae pobl wedi 'madael
  i gyrraedd nefol dir.

Dilynwch y ffyrdd newydd
   a chrwydrwch ar eich taith,
mae Duw yn gofyn ichi
   fendithio'i ddaear faith.
Yr hwn anadlodd ynom
   ei nerth ar ddechrau'r dydd
fydd yn ein tywys beunydd
   i weithio dros ein ffydd.

Dilynwch y ffyrdd newydd
   ddangosodd Duw i ni,
mae ef ei hun yn dyfod
   o hyd i gwrdd â ni.
I bawb sy'n dechrau symud
   daw gobaith a rhyddhad,
mae'r drysau yn agored,
   mae'r ffyrdd yn glir i'r wlad.

KLAUS-PETER HERTZSCH (1989)[1]
cyf. G. LEN JONES (2011)

J. Dennis Jones, Blaenffos, Boncath

FE DDEWISAIST GWMNI DEUDDEG

FE ddewisaist gwmni deuddeg
Er mwyn dweud wrth bobloedd byd
Am y Duw sy'n llawn o gariad –
   Ef yw'r un a'n câr bob pryd;
Gadael gwaith a wnaeth y dyrnaid,
   Ufuddhau i'th alwad fawr
A chenhadu heb ymatal
   Er dy glod bob munud awr.

[1] Daw'r emyn Almaeneg gwreiddiol o ddyddiau'r cyffro mawr yn yr Almaen a dymchwel 'Mur Berlin' . . . Y llinell gyntaf yw: *Vertraut den neuen Wegen.*

Gwelsant wyrthiau eu harweinydd
   Yn iacháu mewn llawer man;
Cyfaill oedd i'r mud a'r byddar,
   Rhoes ei fryd ar godi'r gwan.
Sôn a wnaeth am nerth yr hedyn
   Ac am dwf y lleiaf oll;
Yn wir fugail mynnai chwilio
   Am y ddafad oedd ar goll.

O na chaem ein cyfareddu
   Megis y disgyblion gynt;
Profi cwmni Crist yr Arglwydd
   Yn ein cynnal ar ein hynt.
Gweithiwn drosto yn ddiarbed
   A chyhoeddi ag un llef:
Hwn yn wir yw'r atgyfodiad,
   Bywyd yw, mawrygwn ef.

Y CRIST CYFOES

RHO in, O Grist, i'n cynnal ar ein hynt,
Y ffydd a roddaist i'th ddisgyblion gynt,
Cans cefnu wnaethant ar ddeniadau'r byd
I gerdded ar dy lwybr di bob pryd;
Pâr inni wybod dy fod ti gerllaw
Yn gefn i ninnau ym mhob prawf a ddaw.

Yn awr, O Grist, yn ein calonnau ni
Rho had y gobaith gwyn a greaist ti,
Cans gweld yr ŷm y dyrfa'n amlhau
I blygu'n ufudd gerbron duwiau gau.
O gael dy gymorth medrwn weld ymhell
Tu hwnt i warth ein cyfnod ddyddiau gwell.

Rho brofiad in, O Grist, ar ddechrau'r daith
O'th gariad yn ein cymell at dy waith,
Rho inni weini cysur ar dy ran
Wrth gwrddyd â'r anghenus ym mhob man,
A dweud ar goedd am wyrth dy gariad di
Pan brynaist tithau'r byd ar Galfari.

Jon Meirion Jones

DAN GYSGOD CROES GOLGOTHA FRYN

DAN gysgod croes Golgotha fryn
   A threm yr 'Wythnos Fawr',
A deimlwn bwysau trwm yr iau
   A llusg ei groes tros lawr?

Wrth draed yr ebol groesi'r pyrth
   Ar ei farchogaeth ef,
A daenwn ninnau gangau'r gwŷdd
   Â bloedd 'Hosanna' gref?

Mewn cyfoeth bras a'n delwau aur
   A'n blys am fwy a mwy,
Ai euog ŷm o'n byrddau llawn
   Wrth iddo'u dymchwel hwy?

Mewn byd o newyn blin a gwarth,
   O eisiau, poen a phla,
A dorrwn ni o'r ennaint drud
   A'i droi yn weithred dda?

Mewn porffor wisg dan boer a chur
   A sen y bicell fain,
Ai'n dwylo ni fu'n plethu'r dorch
   A phigau'r goron ddrain?

Ar fryn y grog cyflawnwyd oll
   Er mwyn i ni gael byw;
A buddugoliaeth Calfari
   Yn dyst o arfaeth Duw.

Myfanwy Bennet Jones,[1] Llanfairpwllgwyngyll

EMYN ADFENT

LLEF sy'n llefain yn yr anial –
'Ffordd yr Arglwydd paratowch!
Gwnewch yn union lwybr iddo,
A derbyniad iddo rhowch.'
Dduw ein Tad, gwna ni'n ddisgwylgar
Am ddyfodiad Mab y Dyn,
Â'n calonnau yn agored
I groesawu'r dwyfol Un.

Mawr yw'r angen am Gynghorwr
Fo'n dywysydd ym mhob man,
A chadernid dwyfol anian
Wnelo'n ddewr y galon wan.
Boed in weld ei fawr ddoethineb
Yn goleuo'r llwybrau maith,
A'i dangnefedd yn yr enaid
Fo'n gynhaliaeth ar y daith.

GWEDDI

O'TH flaen, O Arglwydd, dyfod wnawn
Gan blygu â'n calonnau'n llawn
O ddiolch am bob bendith gawn:
O Dad, cofleidia ni.

Boed inni dreulio er dy glod
Bob gallu a dawn sydd inni'n bod,
A llwyr gysegru'n mynd a'n dod:
O Dad, sancteiddia ni.

---

[1] Gweler hefyd ei charol fuddugol: 'Seren wen, pa beth a welaist . . .'

Rhag inni fod yn falch ein bryd,
Yn fodlon ar ein cyflwr clyd,
Gan anwybyddu angen byd,
O Dad, gwareda ni.

Rho gymorth inni wneud ein rhan
I achub cam y tlawd a'r gwan
A'r gorthrymedig ym mhob man:
O Dad, defnyddia ni.

I gadw enw Iesu'n ir,
Lledaenu'i air o fewn ein tir,
A datgan gwerth y da a'r gwir,
O Dad, arfoga ni.

R. Glyn Jones, Llanbedrycennin (1918 – 2010)

Ffermwr a saer coed, ac un â diddordeb mawr mewn barddoni. Ymddangosodd y cyfieithiad hwn o'r emyn Saesneg: 'Be still, for the presence of the Lord' yn *Y Goleuad, Mawrth 1989. Cyhoeddodd lyfr o gerddi:* Cynhaea'r Ysbryd (2001).

DISTEWCH . . .

DISTEWCH, cans mae presenoldeb Crist, y sanctaidd Un gerllaw;
Dewch, plygwch ger ei fron mewn dwfn, barchedig fraw:
Dibechod yw efe, lle saif mae'n sanctaidd le;
Distewch, cans mae presenoldeb Crist, y sanctaidd Un gerllaw.

Distewch, cans gogoniant Crist ei hun o'n cylch lewyrcha'n gry';
Fe lysg â sanctaidd dân, mawr ei ysblander fry:
Brawychus yw ei nerth, Breswylydd mawr y berth;
Distewch, cans gogoniant Crist ei hun o'n cylch lewyrcha'n gry'.

Distewch, cans mae nerth yr Arglwydd Iôr yn symud yn ein plith;
Daw i'n hiacháu yn awr, gweinydda'i ras fel gwlith:
Fe glyw ein hegwan lef, drwy ffydd derbyniwch ef;
Distewch, cans mae nerth yr Arglwydd Iôr yn symud yn ein plith.[1]

DAVID J. EVANS (1957 –
cyf. R. GLYN JONES

Vernon Jones, Bow Street (1936 –

Ffarmwr, adroddwr cenedlaethol, bardd cynhyrchiol, emynydd medrus, blaenor yn Eglwys Bresbyteraidd Y Garn . . . Cyhoeddodd ddwy gyfrol o gerddi: Llwch Oged *(1968);* Gogerddan a Cherddi Eraill *(1982).*

GŴYL DEWI

ARGLWYDD, gwrando'n gweddi heddiw,
I rinweddau pur ein Sant
Gael blaguro gyda'r gwanwyn
Yng nghalonnau gwâr y plant.
Dysg yr ifanc i aredig
Pridd y grynnau caled, llwm,
Lle caiff hedyn yr Efengyl
Ddaear i egino'n drwm.

Tywallt yma wlith dy fendith
Lle bu crino ar ein hiaith,
Fel bo grym y pethau bychain
Eto'n bŵer ar y daith.
Sanctaidd ydyw'r dŵr a darddodd
Ar gyffyrddiad dwys ei law,
Dysg i ni, er pob temtasiwn,
Gadw'r ffynnon rhag y baw.

[1] 'Dyma un o'r emynau mwyaf poblogaidd o blith y caneuon mawl cyfoes,' medd Delyth G. Morgans.

Maddau inni, bererinion
Sy'n gwastraffu'r dorth a'r dŵr,
Am ein bod yn mynnu crwydro
I'r ffordd lydan fawr ei stŵr,
Deued eto ysbryd Dewi
I gynhyrfu tir ein gwlad,
Gyda'i ffydd dilynwn ninnau
Mewn gwyleidd-dra ei grwsâd.

YR ATGYFODIAD

ARGLWYDD, gyda'r trist ddisgyblion
  Rhodiaist unwaith i Emaus,
Ni ddisgwyliwn iti heddiw
  I ymddangos yn barhaus.

Gorfoleddwn fod dy ysbryd
  Yn parhau o oes i oes,
Yng ngweithredoedd hael dynoliaeth
  Sy'n ysgwyddo llawer croes.

Pan ddaw'r Pasg ym mrig y gwanwyn
  Gan oleuo'r trydydd dydd,
Atgyfoda yn ein calon
  Ffrwydrad ffres o egin ffydd.

Gogoneddwn fyth dy fywyd:
  Drwy y bara syml a'r gwin,
Pryd y gwelwn mewn gogoniant
  Rym parhad dy ryfedd rin.

DATHLU AILDDYFODIAD CRIST

MAE'R Iesu'n cyrraedd ar y bws
  Ar fore'r trydydd dydd,
Deuluoedd trist, dewch mas o'r tai
  A llawenhewch yn rhydd.

A chanu wrth ei ddilyn ef
  I'r farchnad fawr a'r ffair;
Nac ofnwch arddel wrth y byd
  Y wyrth o gariad Mair.

Ewch heibio i'r capeli gwag
  A chwyddo nodau'r gân
Nes atsain muriau cysur ddoe,
  Mae Crist yn cerdded mlân.

Ni ddaeth i chwalu silffoedd ffals,
  Na dymchwel byrddau chwaith,
Ond cynnig swm o gariad pur
  I'r enaid ar y daith.

Deuluoedd llon, rhowch iddo le
  Ar eich aelwydydd llawn,
Rhag iddo neidio ar y bws
  A hithau'n dri'r prynhawn.

DYCHWELYD I'R ORUWCHYSTAFELL

MAE'R oruwchystafell yn oer
A gwelw yw golau y lloer,
Mae'r lliain dan lwch ar wyneb y bwrdd
Yn disgwyl i ni'r disgyblion i gwrdd,
  Tra Christ ar gornel y stryd
  Tan goron o ddrain o hyd
A'r dyrfa'n ei wawdio â phoer.

  Crwydrasom o'r stafell i'r byd
  Gan anghofio'r comisiwn drud,
O eneidiau cryf fe lithrodd ein ffydd
O'n gafael i alwad pleserau y dydd,
  Er hyn ni cheulodd y gwaed
  Yn archoll y dwylo a'r traed
Wrth chwilio amdanom cyhyd.

Dewch eto i ailgynnau'r tân
A chlirio'r ystafell yn lân,
Daw'r Gwron curiedig i mewn o'r drin
I dorri'r bara a rhannu y gwin;
Fel y teimlwn un ac oll
Y cariad a fu ar goll
Yng nghuriad y galon yn gân.

Awn allan, ddisgyblion y Crist,
Pob Tomos a Phedr yn dyst
I'r cariad orchfygodd yr hoelion llym
Gan oleuo'r oesau â nerthol rym,
Mae'r drws yn dal heb ei gau,
Dewch mewn i gyd-lawenhau
Dan arwydd y gwaed ar y pyst.

GOFYN MADDEUANT

O ARGLWYDD doeth, ti wyddost
Am faint ein gwendid ffôl
Wrth droi i draffordd bywyd
A'th adael di ar ôl,
Tosturia wrthym, Arglwydd,
Ym mhob trybestod sydd,
Ti wyddost inni faeddu
Ein parch ar lwybrau ffydd.

Nid ydym am gyffesu,
O Farnwr Mawr y byd,
Na chelu ein hwynebau
Mewn stafell gyffes glyd,
Ti ŵyr heb inni arddel
Euogrwydd trist ein rhawd,
Ond derbyn wnawn yn wylaidd
Dy ddedfryd ddydd y frawd.

Drwy lif y gwaed ar groesbren
    Y daw maddeuant rhad,
Ond anodd ydyw plygu
    Mewn edifeirwch, Dad,
Ni ddeuwn mewn sachliain
    A lludw hyd ein traed
Ond fel yr ŷm, gan eiriol
    Am ddefnyn pur o'r gwaed.

MOLAWD I FYD NATUR

O ARGLWYDD natur ddoeth,
    Synhwyrwn rym dy Fod
Yn symudiadau'r creu
    A dirgel gylch y rhod,
Yng ngwyrth yr haul, y gwynt a'r glaw
Cawn deimlo gwres dy gadarn law.

Mae d'arogl ar y maes
    A'th falm yn ffresni'r gŵys,
Aroglau a rydd wefr
    I bawb mewn oriau dwys,
Y tawch wasgarwyd yn yr Ardd
I'n ffroenau ni o hyd a dardd.

Yng nghyffro'r gwanwyn pur
    Daw'r gawod ffres i'r tir
Ac enfys hardd yr hwyr
    I ni'n addewid clir
O weled gobaith a boddhad
Yn atgyfodiad gwych yr had.

A thyner ydyw tant
    Y gwynt sy'n ennyn cân
Yr adar yn y llwyn
    I diwnio nodau glân.
Daw melodïau ffres eu cerdd
I'n clyw yn fawl i'th ddaear werdd.

Tydi a luniodd fyd,
Am hynny profwn flas
Wrth fyw o ddydd i ddydd
'N ail greu yr Eden las,
A diolch heddiw am iachâd
Wrth gynnal byd mor hardd, O Dad.

Y CYNHAEAF

O ARGLWYDD y cynhaeaf,
Braenara eto dir
Ar lymder erwau angen
I'r had 'rôl gaeaf hir.

Anadla dy ddaioni
Ym mhridd ein cynnyrch dwys,
A ffrwydred heulwen gwanwyn
Yr egin dan y gŵys.

Yn oriau'r cynaeafu
Bendithia'r dwylo brwd
Ag awyr las ddilygredd
Wrth drin a chasglu'r cnwd.

Diolchwn am ddarpariaeth
Yr ebran sydd dan do,
Ydlannau o fodlonrwydd
A'th hydre'n sgubo'r fro.

O, maddau holl fydolrwydd
A rhemp ein rhuthro ni
Ar ddaear oedd mor sanctaidd
Unwaith pan luniaist hi.

Dad annwyl y tymhorau,
Rhoist gymorth yn ei bryd,
Dysg ni yn nydd digonedd
I rannu'r bwrdd â'r byd.

DYDD Y COFIO

TYRD atom, Dad trugarog,
Cans tyner yw yr awr
Y daethom i gysegru
Y cof am aberth mawr,
A ninnau wrth y gofeb
Yn gwrando'u henwau hwy
Eiriolwn am ddyfodol
Heb sôn am ryfel mwy.

Tydi yw'r un sy'n lleddfu
Archollion dwfn pob oes,
Tydi sydd yn cysuro
Teuluoedd dan eu croes,
Drwy ddagrau yr atgofion
Rhown arnat nawr ein pwys
Wrth daenu y plethdorchau
Yn oerni'r bore dwys.

Diolchwn am y rhyddid
A daenwyd trosom c'yd,
Wrth droi i'n llwybrau dyddiol
Yn sŵn ymgyrchoedd drud.
O Dduw, eleni eto
Parhaed dy gysgod di
Dros diroedd pell lle gorffwys
Llwch ein hanwyliaid ni.

EMYN BEDYDD

WELE, Arglwydd, blentyn bychan
Heddiw'n llonni'r allor hen,
Rhannwn ninnau y llawenydd,
Dyro dithau, Iesu, wên.

Dyma'r dŵr a dardd o ffynnon
 Yn y graig yn nhir ein bro,
Dŵr sancteiddiwyd gyda gweddi
 Fel ar lan Iorddonen, dro.

Ysgafn, ysgafn fo'r ymgroesi
 Ar dynerwch talcen syn,
Fel bo'r Ysbryd Glân yn cyffwrdd
 Ag ei holl brydferthwch gwyn.

Mager ef ym mreichiau cariad
 Sy'n gwresogi'r aelwyd glyd,
Gwres a gynnal diniweidrwydd
 Cyn wynebu palmant byd.

Dilys Baker-Jones, Bow Street (gwraig Vernon)

PRIODAS

CYFAMOD yw priodas
 Sy'n uno mab a merch,
Ac aur y fodrwy'n symbol
 O ddyfnder pur eu serch.
Boed llewyrch nef yn gwylio
 Eu llwybrau drwy y byd,
A thacna d'adain drostynt
 Yn gynnes ac yn glyd.

O Dduw, bendithia'r ddeuddyn
 Wrth ddechrau ar eu taith,
A chadw eu cymeriad
 Yn ddisglair a di-graith.
Mae blagur cynnar cariad
 I'w weld yn gloywi'u gwedd,
Teyrnasa dros eu haelwyd,
 Bendithia hwy â'th hedd.

Beryl C. Lightfoot

DWYLO

DWYLO fel yr Iesu,
Dwylo glân a phur,
Dwylo all liniaru
Pob rhyw boen a chur.

Dwylo cadarn hefyd,
Rhai all godi dyn
Allan o'r dyfnderoedd
Ato ef ei hun.

Dwylo sy'n garedig
Wrth yr hen a'r gwan
Ac yn estyn cymorth
Iddynt ymhob man.

Dwylo i fendithio
Plant pob lliw a llun,
Dyna sydd gan Iesu'r
Bugail mawr ei hun.

Dwylo creulon dynion
Laddodd Frenin nef,
Drwy roi hoelion erchyll
Trwy ei ddwylo ef.

AR DDIWEDD DIWRNOD YN YR YSGOL

IESU annwyl, cyfaill plentyn,
Diolch rown i ti
Am dy ofal tyner heddiw
Dros ein gwersi ni.

Rhoddwn ddiolch am gael addysg
    Yn ein heniaith ni;
Diolch hefyd am fanteision
    Gawsom yn ddi-ri'.

Diolch, Iesu, am athrawon
    Sy'n ein meithrin ni
Ac yn ceisio'n tywys beunydd
    'R hyd dy lwybrau di.

Wrth droi adref heddiw eto
    Wedi'r hwyl a'r gwaith,
Ceisio'n wylaidd wnawn dy gwmni
    Ar bob cam o'r daith.

TYMHORAU

Y MAE'R ddaear wedi deffro
    O'i thrwmgwsg 'rôl gaeaf llwm;
Prancia'r ŵyn ar hyd y bryniau,
    Nytha'r adar yn y cwm:
        Diolch, Arglwydd,
    Am gael gwanwyn yn ei dro.

Daeth y gog a'r wennol eto
    Ar eu rhawd i Gymru 'nôl;
Mae y gerddi'n llawn o flodau,
    Tyfiant ar bob bryn a dôl:
        Diolch, Arglwydd,
    Am gael hafau yn eu tro.

Dyma adeg diolchgarwch,
    Tymor cynaeafu'r grawn;
Ffrwythau'r coed sy nawr yn aeddfed,
    Mae yr ydlan eto'n llawn:
        Diolch, Arglwydd,
    Am gael hydref yn ei dro.

Yn nhawelwch oer y gaeaf,
  Eira trwm ar fryn a dôl,
Cofio wnawn am eni Iesu
  Draw ym Methlem ’mhell yn ôl:
    Diolch, Arglwydd,
  Am gael gaeaf yn ei dro.

Mari Lisa, Y Priordy

CYNNAL FI, O ARGLWYDD

O FY Arglwydd, maddau’r beiau
Fu’n pentyrru drwy fy oes;
Bûm yn rhodio ’nghysgod angau
Heb oleuni rhin y groes;
Dyro lewyrch,
Dyro lewyrch,
Ar guddfannau’r galon hon.

O fy Arglwydd, clyw fy ngweddi
’Rwyf yn ymbil o dy fl’an;
Rho wreichionen yn fy nghalon
O dy nerthol ddwyfol dân;
Tania f’enaid,
Tania f’enaid,
I weithredu ar dy ran.

O fy Arglwydd, rho im gyfle
I ledaenu’r Eglwys hon;
Byddaf drosot yn lladmerydd
I holl lwythau’r ddaear gron;
Bydd yn llusern,
Bydd yn llusern,
Imi beunydd ar fy nhaith.

ARGLWYDD, CYFOETHOGA NI

RHO ddawn doethineb, Arglwydd mawr,
I lywodraethwyr daear lawr;
A boed i'r winllan fechan hon
Ffrwythloni'n hyfryd ger dy fron.

Er treiglo llawer canrif hir,
Mae eto fyrdd heb weld y gwir;
Boed i'r di-gred a'r isel drem
Gael gweled seren Bethlehem.

Mae gwaith dy ddwylo di dy hun
Tu hwnt i ddealltwriaeth dyn:
Na foed i dechnolegau'r oes
Ein gwneud yn ddall i wyrth y groes.

Yn ein hoedfaon gad i ni
Gael teimlo gwres dy anian di,
Fel bo holl rym yr Ysbryd Glân
Yn llosgi ynom megis tân.

DATHLU CYFEILLGARWCH (MEWN OEDFA GOFFA)

IESU'R ffordd a'r cwmni bythol,
gad in ddiolch ger dy fron
am yr un a fu'n gydymaith
ar y siwrne droellog hon.

Iesu'r saer â'r llaw agored,
diolch am adnabod un
a ddangosodd drwy'i weithredoedd
dy raslondeb di dy hun.

Iesu gwyn, y llusern sanctaidd,
diolch am atgofion cu
ac am wên sy'n para i gynnau'r
gannwyll gynnes ynom ni.

Iesu mwyn, ein ffrind tragwyddol,
fu'n cofleidio plant i'th gôl,
rho dy law yn llaw ein cyfaill
a chroesawa ef yn ôl.

Rhoswen Llewellyn, Cwmfelinmynach

MADDAU, ARGLWYDD

MADDAU, Arglwydd, wyllt wallgofrwydd
Arweinyddion balch di-hid
Yn eu materoliaeth ynfyd,
  Sydd â'u bryd ar sarnu'r byd;
Tyn ni 'nôl o ymyl dibyn
  Armagedon wenfflam, drist,
Tyrd yng ngrym dy ail-ddyfodiad,
  Fel y try y byd at Grist.

Maddau, Arglwydd, ein difrawder
  At y gwan a'r claf a'u loes,
Diniweidrwydd yn dioddef
  O dan sawdl drwm ein hoes;
Todda'r galon oer, ddi-deimlad
  Nes daw eto wres a fflam;
Fel y gwasanaethom gyd-ddyn
  Trwy ddileu pob cas a cham.

Maddau, Arglwydd, ddifaterwch
  Ein bywydau gwamal, ffôl –
Byw heb unrhyw argyhoeddiad,
  Blino cerdded ar dy ôl;
Nertha ni i ymladd beunydd
  O dan faner lân yr Oen,
Nes bod daear greaist, geraist,
  Eto'n ardd o hedd di-boen.

PAN DDÊL Y CRIST

MAE'R byd yn llawn o drais
A grym y cledd,
Gwerinoedd tlawd eu byw
Heb awr o hedd.
Casineb oer yn ben
Rhwng gwyn a du,
Pa bryd dychwelwn, Iôr,
I'th lwybrau di?

Down â'r newyddion da
I fyd o boen a phla,
Pan ddaw Iesu i deyrnasu
Cariad fydd y gân.

Mae'r byd yn llawn o boen
A newyn blin,
Wynebau'r Trydydd Byd
Yn llanw'r sgrîn;
Daw ochain plant o bell
Fel storm i'n clyw,
Pa hyd y crwydrwn oll
O lwybrau Duw?

Daw'r byd yn llawn o gân
Pan ddêl y Crist,
Try dagrau'r byd yn wên,
Ffarwel i'r trist;
Fe gilia gwyll y nos
I blant y llawr,
Cans ni all pechod fyw
Yng ngolau'r wawr.

PRIODAS

O ARGLWYDD, tyrd i'n plith yn awr,
Bendithia'r oedfa hon,
Sancteiddia addunedau pur
Y ddau sydd ger dy fron.

Yn gadarn fu dy law o'u tu
   Yn nyddiau bore oes,
O cynnal eto ddwylo'r ddau
   Tra'n dilyn llwybrau'r groes.

Gad iddynt weld dy wedd o hyd
   Er anawsterau'r llawr,
Gad iddynt weld drwy lygaid ffydd
   Fod gobaith ymhob gwawr.

Boed glesni'r gwanwyn yn eu byw
   A dyddiau dedwydd braf,
A boed i hydref bywyd brau
   Fod yn dragwyddol haf.

Cysgoda'u cartref â dy nawdd,
   Boed yno gytgord gwiw;
Yn allor fo eu haelwyd glyd
   I ryfedd gariad Duw.

EMYN Y GWRAGEDD

TYDI fu gynt yn Faban
   Yng nghôl y wyryf lân,
Bendithiaist ofal tyner
   Pob mam drwy'r oriau mân;
Rho nerth i famau Cymru
   I rodio 'nôl dy Air
Er dwyn bywydau ieuanc
   At lwybrau Mab y Saer.

Tydi fu gynt yn dioddef
   Yr ing a'r chwerw loes,
Bendithiaist ddwys ffyddloniaid,
   Y gwragedd wrth dy groes;
Rho nerth i ninnau heddiw
   I lynu wrthyt ti,
Er dwyn y byd i heddwch
   Trwy aberth Calfari.

Tydi fu gynt yn rhodio
    Yng ngardd y bore gwiw,
Dy fendith roist i'r merched
    Yng ngwyrth cyfrinach Duw;
Rho nerth i ninnau heddiw
    I weld â chadarn ffydd
Trwy wyll y tywyll oriau
    I wawr y trydydd dydd.

PRIODAS

TYDI yw awdur popeth hardd, O Dduw:
Petalau'r rhos ac adain glöyn byw,
Y mynydd dan ei amdo gwyn o iâ,
Neu'r cwm yn frith dan garped blodau'r ha'.
A hardd yw cariad tyner mab a merch
O flaen dy allor yn cyflwyno'u serch;
Bendithia di eu llwybrau yn y byd
Wrth chwilio am dy harddwch di o hyd.

Tydi yw awdur popeth glân, O Dduw:
Y galon lon a'r wefus ddoeth a gwiw,
Y byw di-fai sy'n llawn gweithredoedd da,
Y gair caredig sydd yn lleddfu pla.
A glân yw cariad tyner mab a merch
O flaen dy allor yn cyflwyno'u serch;
Bendithia di bob ymgais dau ynghyd
Wrth chwilio am dy lendid di o hyd.

Tydi yw awdur popeth pur, O Dduw:
Y gwynfyd rydd i fywyd blas a lliw,
Tynerwch mam a chariad cadarn tad,
Yr aelwyd gynnes heb un twyll na brad.
A phur yw cariad tyner mab a merch
O flaen dy allor yn cyflwyno'u serch;
Bendithia di eu hymdrech yn y byd
Wrth chwilio am dy burdeb di o hyd.

Mair Mathafarn, Ynys Môn (1914 – 2004)

Gweithiwr diflino yn y gymdeithas: Ysgrifennydd Eglwys Soar, Rhosfawr, neuadd y pentref a Merched y Wawr, Benllech . . . Derbyniodd Fedal Gee . . . Hybodd weithgareddau'r Urdd, fe'i penodwyd yn gofiadur Gorsedd Beirdd Ynys Môn am ryw ddeugain mlynedd. Bu'n aelod o Orsedd Beirdd Ynys Prydain; bardd ac emynydd.

CYFAILL PLANT Y LLAWR

ARGLWYDD, cyfaill plant y llawr,
Deuwn atat ti yn awr
I roi clod i'th enw glân
Ac i'th foli di ar gân.

Derbyn ddiolch wrth blant bach
Am eu cadw'n fyw ac iach,
Ac am gariad tad a mam
Fyth i'w cadw rhag pob cam.

Diolch wnawn am ffrwythau'r ardd
Ac am flodau lliwgar, hardd,
Am y coed a'r adar mân,
Ac am glust i wrando'u cân.

Diolch am ein bwyd pob pryd,
Am yr haul aeddfeda'r ŷd,
Am bob tymor yn ei dro,
Harddwch natur yn ein bro.

Diolch mwy am Iesu Grist,
Ddaeth i lawr i'n daear drist;
Am bob peth a gawsom ni,
Diolch, diolch mwy i ti.

TYRED IESU

BUOST, Iesu'n faban bychan
Gŵyl dy drem, dan ofal Mair,
Ond 'roedd gobaith cread cyfan
Yno yn y gwely gwair.

Tyred Iesu, tyred eto,
Tyred y Nadolig hwn,
Dyro nerth dy sanctaidd Ysbryd
I ddyniolaeth dan ei phwn.

Tyred eto, fel ym Methlem,
Tyred yn y dawel nos,
Safed uwch ein byd helbulus
Eto'n ddisglair seren dlos.

O na chlywem eto'r engyl
Yn cyhoeddi yn gytûn
Am dangnefedd ar y ddaear
Ac ewyllys da i ddyn.

Gyda'r doethion a'r bugeiliaid
Plygwn ninnau ger y crud,
Taer ymbiliwn am i'th heddwch
Lifo i gyrrau pella'r byd.

WYDDOST TI?

FLODYN bychan yn yr ardd,
Wyddost ti
Pwy a'th greodd di mor hardd,
Wyddost ti?
Pwy rodd i'th betalau sawr,
Roddodd iti liwiau'r wawr
I brydferthu daear lawr,
Wyddost ti?

Ti aderyn ar y brig,
Wyddost ti
Pwy rodd ganig yn dy big,
Wyddost ti?
Pwy rodd sidan yn dy blu
Ac a'th ddysgodd blethu tŷ,
A rhoi nerth i hedfan fry,
Wyddost ti?

Tithau oenig ar y bryn,
Wyddost ti
Pwy a wnaeth dy wlân mor wyn,
Wyddost ti?
Pwy a'th greodd, a phaham
Rhoi it reddf am naid a llam,
Ac adnabod bref dy fam,
Wyddost ti?

Blentyn bychan, gwyn dy fyd,
Wyddost ti
Pwy a greodd rhain i gyd,
Wyddost ti?
Duw rodd liw i'r blodau mân,
Gwisg i'r oen; i'r adar gân,
Cadw'th fywyd dithau'n lân,
Gwyddost ti!

I FETHLEM

I FETHLEM aeth Joseff a Mair,
Yw'r hanes a gawn yn y Gair,
Aeth 'r asyn â'r fam dros y tir,
Yn ddiogel ar siwrnai hir.

Dim lle yn y llety i'w gael,
Fe'i cafwyd mewn stabal oedd wael:
Man geni Gwaredwr y byd,
A gafodd y preseb yn grud.

Bugeiliaid oedd draw ar y bryn
Yn gwrando ar fiwsig yn syn,
A'r neges a gawsant ynghyd:
'Tangnefedd i bawb yn y byd'.

Tri brenin a deithiodd yn hir,
Gan ddilyn y seren wen glir,
Â'u rhoddion i fwyn faban Mair,
Orweddai yn glyd yn y gwair.

Canwn ninnau i Frenin nef,
Canwn i gofio'i eni ef,
Yr Iesu, sy'n Geidwad y byd!
Yr Iesu, sy'n Geidwad y byd!

TYDI A GREAIST BOPETH HARDD

TYDI a greaist bopeth hardd
A phaentio blodau'r maes a'r ardd;
Rho help i ninnau ar bob pryd
Â buchedd lân i harddu'r byd.

Tydi a luniaist adar mân
A'u dysgu sut i seinio cân;
O boed ein rhodiad ar bob awr
Yn ddirfawr glod i'th enw mawr.

Tydi a ddododd seren dlos
Yn ddisglair fflam ar fron y nos;
Rho yn ein mynwes ni bob un
Achosion pawb sy'n wael eu llun.

Tydi a wnaethost ar dy lun
Y greadigaeth olaf un;
Anghyflawn 'nôl dy gynllun di
Fu'r oll, heb Fab i'n cadw ni.

Ceinwen Matthews, Llanfihangel-yng-Ngwynfa

MOLAWD

F'ENAID, rho i'r Arglwydd ddiolch,
  A chlodfora'i enw ef
Am faddeuant o'th anwiredd,
  Am dy wared â'i law gref:
    Arglwydd, diolch,
  Am dy ddoniau im o'r nef.

Am fy neffro o'm hir drymgwsg
  I gael golwg ar y groes,
Am roi gras im werthfawrogi
  Grym a nerth dy ddwyfol loes;
    Arglwydd, diolch,
  Gwna fi'n dyst i ti drwy f'oes.

Am fy ngalw i'th wasnaethu,
  Am gael breintiau pobl Dduw,
Boed f'aelodau oll yn arfau
  I gyfiawnder tra fwy' byw;
    Arglwydd, diolch
  Am dy drefn i ddynol-ryw.

Am dy Air a'i sicrwydd golau
  Dan arweiniad d'Ysbryd Glân,
Am dy iachawdwriaeth gyflawn
  Boed fy nghalon i ar dân,
    Byth mewn diolch
  Am droi 'mywyd i yn gân.[1]

[1] Emyn buddugol Eisteddfod Myfyrwyr Cymru, 1955.

Susan McClellan *et al.* *cyf.* G.M.E.

LLIWIAU Y DYDD

LLIWIAU y dydd sy'n harddu y wawr,
Pelydrau yr haul a'r gwlith ar y llawr,
Dewch allan i'r bore, cread ein Duw,
A chyhoeddwch wrth bob un fod Iesu yn fyw.

Edrychwch i'r chwith, edrychwch i'r dde,
Mynydd a phant, a strydoedd y dre',
Cewch deimlo ei Ysbryd, gweld ei holl waith,
Bod yn fyw yn ei gariad ar hyd y daith.

Canol y dref neu ymyl y don,
Mae'r haul yn bywhau, mae pobman yn llon,
Goleuni y byd sy'n dyfod yn nes,
Dyrchafa dy wyneb a chei deimlo ei wres.

Mwynder yr hwyr sy'n llenwi y fro,
A suddo mae'r haul, ffarwelio dros dro,
Ond aros mae Iesu, haul yr holl fyd,
I chwalu'r tywyllwch i'w ganlynwyr i gyd.

SUSAN McCLELLAN, JOHN PAC, KEITH RYECROFT
cyf. G. M. E.

Rita Milton Jenkins

Emynydd o fri sy'n wraig i'r Parchedig Milton Jenkins, Caerdydd, un o bregethwyr enwog y Bedyddwyr.

CYMUNDEB

ANWYLAF awr yr aberth drud –
o gylch y bwrdd daw'r teulu 'nghyd,
wrth brofi'r wledd, rho ras i mi,
fy Iesu da, i'th gofio di.

Dy sanctaidd gorff roed yn fy lle,
dry'n fara prin dan rin y ne',
y cwpan llawn sy'n fodd i mi,
fy Iesu da, i'th gofio di.

Yr ingol chwys dan goed yr ardd,
a'r dafnau gwaed ar dalcen hardd,
difera hwy ar f'enaid i,
fy Iesu da, i'th gofio di.

Wrth syllu'n ddwys ar bren y groes
a theimlo grym y dwyfol loes,
mor ddynol wan yw f'ymdrech i,
fy Iesu da, i'th gofio di.

Pan ballo cof a meddwl clir
dan bwysau llesg flynyddoedd hir,
a dyfod dydd dy deyrnas di –
fy Iesu da, O cofia fi!

EMYN SEFYDLU

AR fugail praidd dy gariad, Iesu cu,
O tywallt olew pur d'eneiniad gwiw,
Ar lwybrau'r gorlan boed ei gamre'n gry'
A'i fraich yn dynn, i ddal eneidiau briw;
A phan fo'r praidd ar ffo, rho iddo ras
I gyrchu'r gweddill brau i'r borfa fras.

Dros faes ei lafur er mor arw'r hin,
Boed heddiw wlith y Gair yn mwydo'r had,
Ei fraint fo cymell twf y conglau blin,
A chynaeafu ffrwyth y llethrau mad;
A phan fo'r cnwd yn brin, rho iddo nerth
I gynnal egin gwan yr erwau serth.

O cadarnha yn awr ei alwad gref
I warchod rhwydau drud dy deyrnas faith,
Yn oriau'r wylfa hir, boed grym dy lef
Yn cymell bwrw i'r dwfn, heb ildio'r gwaith;
A phan fo'r helfa'n siom, rho iddo ffydd
I gredu daw y wyrth ar doriad dydd.

EMYN DATHLU

DIOLCHWN am atgofion
  sydd heddiw'n fythol wyrdd,
o'r eglwys a'n derbyniodd,
  a'n cadw yn dy ffyrdd;
am gwmni hoff fu'n arwain
  ein traed ym more oes,
a'r seintiau da, a'n dysgodd
  am Iesu Grist, a'i groes.

Diolchwn am gyfraniad
  y rhai a'n blaenodd ni,
fu'n gymaint rhan o'r eglwys
  a'i hanes gloyw hi;
ffyddloniaid dewr, mewn cyfnod
  gwahanol iawn yn byw,
gan arddel ac addoli
  y digyfnewid Dduw.

Diolchwn am ein heddiw,
  a'r alwad arnom sydd
i fentro, ac i dderbyn
  her fawr ein hoes a'n dydd,
am lafur a thystiolaeth
  dy bobl yma nawr,
a'u sicrwydd y daw eto
  adfywiol, nefol wawr.

Diolchwn am addewid
y byddi di gerllaw,
i'n harwain yn ddiogel
i bob yfory ddaw;
yn nerth yr Ysbryd Sanctaidd
anturiwn ar ein taith,
ac Arglwydd y blynyddoedd
a lwyr gyflawna'r gwaith.

EMYN SEFYDLU

DUW a Thad pob oes a chyfnod,
sydd â'r gwaith o dan dy law,
ac yn adeiladu Seion
fel na syfl beth bynnag ddaw;
rho i'th eglwys sicrwydd heddiw
er pob cilio a llesgáu,
fod yn nhrefn yr arfaeth eto
fodd i achub a bywhau.

Arglwydd, cofia'th was a elwaist
i'th wasanaethu yn ein dydd,
dyro iddo nerth dy ysbryd
i anturio 'mlaen trwy ffydd;
cadarnha ei alwad ddwyfol
i bregethu Crist drwy'i oes,
rho'n ei galon rym dy gariad,
rho'n ei eiriau her y groes.

Gad i'th bobl deimlo cyffro
yr efengyl ar ei hynt,
gweld, a phrofi'r wefr ddyrchafol
sydd yng nghôl y nefol wynt;
O bendithia'r weinidogaeth,
estyn dy ddeheulaw gref
i'w dyrchafu a'i chyflawni
er gogoniant Teyrnas Nef.

LLEFARA, IÔR, A'M GEIRIAU I

LLEFARA, Iôr, a'm geiriau i
fo'n adlais byw o'th eiriau di,
boed imi fyw, fel ti dy hun,
i geisio'r gwan a'r gwael ei lun.

O arwain fi, i estyn llaw
i'r rhai sy'n crwydro yma a thraw;
O portha fi, a rhof yn rhad
i dlodion, fanna'r nefol wlad.

O dysg fi, Iôr, rho olau clir
ar gyfoeth drud dy eiriau gwir,
a dangos imi newydd ffyrdd
i gyrraedd at galonnau fyrdd.

Rho orffwys im, a gad i mi
ddweud am yr hedd sydd ynot ti;
dy air all leddfu'r dduaf awr
trwy sanctaidd rin dy gariad mawr.

O llanw fi â'th lawnder, Iôr,
digonedd ynot ti sy'n stôr,
gweithredoedd gras, a geiriau ffydd,
yn salmau moliant iti fydd.

Defnyddia, Iôr, defnyddia fi,
ble mynni, a phryd mynni di,
hyd nes caf weld dy hyfryd wedd
a rhannu balm dy fythol hedd.

efel. o emyn FRANCES RIDLEY HAVERGAL (1836 – 79)
gan RITA MILTON JENKINS

EMYN ORDEINIO

TI yr hwn yng Ngalilea
Gynt a rodiaist ger y lli,
Ac a ddenaist rai i'th ddilyn
Â'th wahoddiad, 'Canlyn fi',
Derbyn eto un sydd heddiw'n
Ymgysegru'n llwyr i'th waith;
Boed ei lygaid ar dy gamre,
Iesu da, ar hyd y daith.

Ti yr hwn ar Fôr Tiberias
A ostegaist sŵn y gwynt,
Rho i'th gennad y diddanwch
Brofodd dy ddisgyblion gynt,
Ym mhob pryder, cur a gofid,
Doed dy hedd i lanw'i fron;
Caffed glywed sŵn dy eiriau
Eto yn tawelu'r don.

Ti yr hwn a fu yng Nghana
Gynt yn troi y dŵr yn win,
Tro oedfaon Seion eto'n
Llawn o rymus, sanctaidd rin.
Cadw'r praidd heb grwydro mwyach,
Yn dy ymyl dal dy was;
Pleser pur ei fywyd fyddo
Dweud am rinwedd dwyfol ras.

R. Maldwyn Jones, Y Rhiw, Groes, Dinbych

GWANWYN NEWYDD

YMDDIRIEDWN yn y gallu
Sydd uwchlaw galluoedd dyn,
Duw rydd obaith mewn argyfwng –
Y gwrthgilio un 'nôl un;
Gyda grym y dwyfol gariad
Fe ddaw eto haul ar fryn:
Llawenychwn, ymwrolwn,
Duw rydd nerth i eiddil ddyn.

'Os gofynnwch, mi a'i rhoddaf,'
Ydoedd ei addewid ef;
Wrth ei draed ymbiliwn heddiw
Am dywalltiad lawr o'r nef;
Megis ffrwd fyrlymus llifed
Dy lân Ysbryd er rhyddhad,
Fel y gwelwn wanwyn newydd
Ar dy achos drwy ein gwlad.

Taer weddïwn yma heddiw
Am gael gweled Seion Lân
Eto'n ffynnu ar ôl sychder;
Tyred, Iesu, megis tân
I ddeffroi calonnau dynion
A dychwelyd at y gwir,
Fel y gwelwn ffydd a chredu
Eto'n amlwg yn ein tir.

Ti sy'n gwrando cri yr egwan,
Ac yn rhoddi yn eu pryd
Holl anghenion mawr ein bywyd,
A rhoi nerth i lonni'n byd;
Clyw ein gweddi heddiw eto,
Doed y nerth o'r Nef i lawr
I'n cryfhau a'n hysbrydoli
Yn y lân genhadaeth fawr.

John Owen, 'Twrog' Llaneilian, Amlwch

Y DEDWYDD FYD

MAE hiraeth arnom ddydd i ddydd
 Am weld yr hyfryd awr
Pan welir holl deyrnasoedd byd
 Yn eiddo Iesu mawr.

Diflanna gofid byd yn llwyr,
 A ffy pryderon trist
Pan blygo pawb drwy'r byd yn grwn
 Wrth orsedd Iesu Grist.

Fe unir cân eiddilaf sant
 Â chân angylion nef;
Ni flina neb fydd yn y côr
 Ar ganu iddo ef.

Ym merw'r byd, ei ing a'i boen,
 Hiraethwn am y wawr;
I'th orsedd wen, heb oedi'n hwy,
 O tyred, Iesu mawr.

John Owen, Rhuthun

CYFFES

DDUW, fe'th siomais fwy nag unwaith
Ar fy llwybr yn y byd;
Siomi'r un sy'n para'n ffyddlon,
Siomi'r un sy'r un o hyd.
Maddau imi
F'anwadalwch yn dy waith.

Gwaedu wnes dy galon dyner
Trwy fychanu d'enw mawr,
Honni wnes aruchel bethau,
Minnau'n ddim ac is na'r llawr.
Maddau imi
Hyfrdra powld fy enaid balch.

D'anwybyddu mewn cymdeithas,
Cefnu ar gyfiawnder drud;
Rhoi fy nghroeso i esmwythyd,
Troi clust fyddar ar y byd.
Maddau imi
Ddifaterwch bras fy mod.

Ofnais wg dy fawr dosturi,
Ofnais ddicter cariad triw;
Ofnais lach dy ddrud faddeuant,
Eto, ynot mae fy myw.
Credu hynny
Ddaw â mi i newydd fyd.

AIL-LEOLI

GWYRGAM yw ein blaenoriaethau,
Newid beunydd wna ein nod;
Gwibio yma, gwibio acw,
D'amddifadu di o'th glod.
Maddau inni
Anghysondeb ôl ein troed.

Dwg ni 'nôl i'r llwybrau union,
Lle mae'r nod yn risial clir,
Gras y cymod yn flaenoriaeth
A chyfiawnder iddo'n dir.
Planna ynom
Ddwfn gonsyrn am urddas dyn.

Boed i Iesu ddal ein llygaid
I'n symbylu 'nôl y dydd;
Boed ei gariad inni'n obaith
Ac yn darddle byw i ffydd.
Ef a'n tywys
I fywyd llawn mewn cyfyng fyd.

GOLEUNI

I'N tywyllwch, Grist y golau,
Tyred, a goleua ni;
Tyn y llen sydd dros ein llygaid
A chawn weld d'ogoniant di.

I'n hanobaith, Ysbryd golau,
Tyred, a chysura ni;
Ysgafnha y baich sydd arnom
A chawn ias d'ogoniant di.

I'n hanwybod, Air y golau,
Tyred i'n haddysgu ni;
Symud ragfarn ac ynfydrwydd
A chawn bwyll d'ogoniant di.

I'n difrawder, Iesu'r golau,
Tyred i'n symbylu ni;
Difa di ein difaterwch
A chawn fyw d'ogoniant di.

ADNABOD

O AM 'nabod wyneb Iesu
ymhob merch ac ymhob dyn;
dod i'w 'nabod mewn gwirionedd
fel dy wyneb di dy hun.

O am 'nabod person Iesu
ymhob person byw sy'n bod;
ei gadernid a'i dynerwch,
mêr ein byw a sail ein clod.

O am 'nabod llais yr Iesu
uwchlaw lleisiau berw'r byd;
er gostegu'r gwyntoedd cryfion
a rhoi inni'th heddwch drud.

O am 'nabod Gair yr Iesu
yn ein geiriau crintach ni;
yn ei gerydd, yn ei gariad,
grymoedd gras dy fywyd di.

Boed dy 'nabod yn gyfrinach
holl feidroldeb brau ein cri;
meddu honno fo'n uchelgais
ac yn her i'n heinioes ni.

DEFFRO

TI sy'n aflonyddu arnom
Yn ein difaterwch bas,
Ti sy'n siglo ein cydwybod
Ac yn herio'r bywyd bras;
Grist, rho inni
Ras i rannu bywyd oll.

Anesmwytha'r galon gyndyn,
Agor ddorau'r meddwl cau,
Llacia afael materoliaeth,
Cydia yn ein bywyd brau;
O Grist, lleddfa
Wewyr dyn mewn byd o wae.

Amser sydd yn gwasgu arnom,
Gan mor brysur yw ein rhawd;
Prynu'r eiliad sy'n rhy gostus,
Anwybyddwn boen ein brawd.
Grist yr awel,
Heria chwyldro gwyllt ein sioe.

Tecwyn Owen

PRIODAS

DIOLCH am heulwen
fore ein huno,
pêr yw alawon
adar y coed;
diolch am gwmni
hyfryd cyfeillion,
haf sydd ar grwydr
hardd fel erioed.

Gwiw addunedau
roddwn i'n gilydd,
seliwn gyfamod
a'n gwna ni'n un;
erfyniwn wenau
tyner yr heulwen –
rhwymyn serchiadau'n
gariad a lŷn.

Ninnau ofynnwn,
Iesu ein Ceidwad,
O dyro eto
o'th gwmni i ni;
Arhosed bendith –
ffynnon pob cariad –
yn fodd i'n cadw'n
ffyddlon i ti.

BEDYDD

FE ddeuwn, annwyl faban,
 mor ddedwydd at dy grud,
rhown ddiolch mawr amdanat
 a'th wenau'n werth y byd;
Dy lygaid tlws ddisgleiriant
 mor fywiog ac mor llon –
Tydi yw'n trysor pennaf
 ar wyneb daear gron.

Fe gefaist ddoniau lawer
 i'th gychwyn gam wrth gam,
cawn ninnau wylio'th gamau
 yn nwylo tad a mam;
Ac wrth i ti ddatblygu
 fel rhosyn bychan hardd,
O boed i'r engyl wylio
 dy lwybrau yn yr ardd.

Heddiw yn llawn llawenydd,
 yn deulu hoff cytûn,
deisyfwn fendith arnat
 yn nwylo Crist ei hun.
Derbyniodd ef blant bychain
 ganrifoedd maith yn ôl –
Boed iddo'th gynnal dithau
 yn gynnes yn ei gôl.

PRIODAS

IESU tirion, Crist y cariad
 mwyaf rhyfedd fu erioed,
heddiw ceisiwn wres dy gwmni
 pan fo dau yn cadw oed;
Tyrd i sefyll yn y canol,
 tyrd â'th wenau, tyrd â'th gân,
rho dy fendith ar yr uniad –
 rhwyma'u serch â'th Ysbryd Glân.

Heddiw, Arglwydd, y mae heulwen
    nef yn gwenu ar y ddau
sydd o'u bodd yn cyfamodi –
    boed i gwlwm serch dynhau;
Bydd yn agos, bydd yn gwmni
    iddynt drwy helyntion oes,
ac os daw rhyw stormydd croesion
    boed eu cysgod wrth dy groes.

O cysegra'r addewidion
    heddiw wnaethpwyd gan y ddau,
ac o heddwch pur dy galon
    dyro iddynt heb nacáu;
Arglwydd Iesu, cadw'r ddeuddyn
    dan dy adain dyner di,
a rho iddynt flas o'r cariad
    brofwyd gynt ar Galfari.

Y GENI

PAN anwyd Crist yn nhrymder nos
    yn sŵn y rhewynt oer,
ar frig y drain blagurai'r rhos
    yng ngolau gwan y lloer;
Daeth llu angylion i roi cân
    a dawnsiai'r sêr yn llon
i eilio mawl i'r Forwyn lân
    a'r baban ar ei bron.

Cynhesu wna calonnau byd
    o wrando'r clychau clir
yn seinio moliant uwch y crud
    i Grist dros fôr a thir;
A chanwn ninnau yn un côr
    i chwyddo'r anthem gref
gan gyd-ddyrchafu enw'r Iôr
    am eni Rhosyn Nef.

M. Elonwy Phillips, San Clêr

EMYN PLANT: DWYLO

BENDITHIA di, O Iesu cu,
Y plant sydd yma yn dy dŷ,
Yn estyn dwylo tua'r nef
Mewn gweddi daer yn codi llef
I ddiolch heddiw i Dduw'r Tad
Am roddion ddaeth i bawb yn rhad.

Tydi dy hunan fu'n iacháu
Y cloff a'r claf, y gwaethaf rai;
Dy ddwylo di yn helpu'r gwan
A'u codi hwy bob un i'r lan,
Y llaw yn ddiweddarach fu
Yn torri bara drosom ni.

Ond gwelwyd eto'r dwylo gwyn
Yn gollwng gwaed o ben y bryn
Pan hoeliwyd Iesu drosom ni
Ar groesbren arw Calfari:
Gwrthod a wnaethant hwy yr Un
A ddaeth i achub euog ddyn.

O annwyl Iesu, cymer di
Ein dwylo yn dy ddwylo di
I'w meithrin hwy i wneud dy waith
A chario'r baich bob cam o'r daith.
Ein dwylo heddiw rown ynghyd
Mewn gweddi dros holl blant y byd.

AR DDECHRAU OEDFA

BENDITHIA ni, O Arglwydd mawr
Gerbron dy orsedd yma nawr.
Erfyniwn am dy gwmni di
I lawenhau'n calonnau ni.

Rhown ddiolch am bob bendith sydd
Yn dod o'th law o ddydd i ddydd;
Am iechyd ac am roddion lu
O Dduw ein Tad, addolwn di.

Ein braint yw arddel Crist fel brawd
Yn ffrind i'r eiddil ac i'r tlawd,
Yr un sy'n caru maddau bai
A chynnal y blinedig rai.

Gwna ni yn addfwyn, nefol Dad
Am bob dim ddaw i ni yn rhad.
Ble cafwyd cyfaill sydd mor hael?
Ble cafwyd cyfaill gwerth ei gael?

Bydd gyda ni bob awr o'r dydd
I'n cynnal a chryfhau ein ffydd:
Ni welir yma 'r un yn drist
Sy'n arddel enw Iesu Grist.

MAIR

HON yw yr un, rhown ein diolch i Fair
Am roi y cyfan i gyflawni'r Gair;
Anrhydedd a gafodd o fod yn fam,
A derbyn ei thynged heb ofyn pam.

Hon roes y cyfle wrth dyfu yn hŷn
I Grist i ddewis ei lwybr ei hun.
Gwyddai o'r dechrau bod rhaid iddo fyw
Yn ôl gair y proffwyd a gwneud gwaith Duw.

Hon a'i dilynai o hirbell o hyd
Ac yntau yn gwneud ei waith yn y byd.
Damhegion eglurwyd i'r dyrfa gref,
A'i syndod o weled ei wyrthiau ef.

Hon gyda'r dyrfa fu'n gweiddi yn gry'
'Cans dyfod yn awr mae dy Frenin di,'
Ac yna wrth groesbren bu'n wylo'n drist
Wrth weled marwolaeth yr Iesu Grist.

Mair glywodd y llais, mae'r Iesu yn rhydd
Ac iddo gyfodi y trydydd dydd,
Fe roes hi ei bywyd i wneud gwaith Duw,
Iddi hi rhown ddiolch, mae'r Iesu'n fyw![1]

O DDUW, RHO IMI NERTH

O DDUW, rho imi nerth
I ddilyn ôl dy droed,
Wrth ddarllen ac wrth ddysgu'r Gair
Fe ddof i 'nabod baban Mair
A'i ddeall, yn ddi-oed.

O Dduw, rho imi nerth
Wrth gydio yn dy law,
I ddringo copa'r mynydd serth –
Ar Galfari caf brofi gwerth
Y Crist, beth bynnag ddaw.

O Dduw, rho imi nerth
I gerdded gyda thi
Ar fore gwyn y trydydd dydd,
A gweled Iesu'n codi'n rhydd
O'r bedd, dros un fel fi.

Fy Nuw, rho imi nerth,
Ti yw fy nerth di-lyth.
Cyhoeddi ym mhob cwr o'r wlad
Bod cariad Duw i'w gael yn rhad
A wnaf, heb flino byth.

[1] Cenir i Siant Troyte.

EMYN GOBAITH

WRTH ddod ynghyd ar sanctaidd awr
i gyd-addoli'n Harglwydd mawr,
na fyddwn isel nac yn drist
oherwydd byw mae Iesu Grist.
Wrth wrando'n gyson ar air Duw
fe ddysgwn ni mai cariad yw.

Os yw y dyrfa'n mynd yn llai
a'n gobaith weithiau yn gwanhau,
mae cyfle newydd i bob un
i efelychu Mab y Dyn.
Mewn cyfnod newydd, plant i Dduw
sy'n credu'n gryf mai cariad yw.

Tyrd, Arglwydd Iesu, nawr i'th dŷ,
amlyga di dy hun i ni.
Cyhoeddi wnawn yn awr ar gân
am Dad a Mab ac Ysbryd Glân.
Ymlaen yr awn yn enw Duw:
fe wyddom ni mai cariad yw.

Y PASG

WRTH gofio'r drain, y poen a'r loes
A Iesu'n marw ar y groes,
Cyfaddef wnawn mai gweithred ddrud
Oedd hon, i geisio gwella'r byd.
A diolch wnawn i ti, O Dduw,
Am fod dy Fab o hyd yn fyw!

Er iddynt hwy ar dduaf awr
Ddarostwng brenin nef i'r llawr,
Fe wawriodd bore'r trydydd dydd:
Y bedd oedd wag – a Iesu'n rhydd!
Fe ganwn ni am gariad Duw
Am fod y Mab o hyd yn fyw!

Wrth edrych draw ar Galfari
A chofio'r hyn wnaed drosom ni,
Ni allwn mwyach fod yn drist
Oherwydd byw mae Iesu Grist!
Ac uno wnawn i foli Duw
Am fod ei Fab o hyd yn fyw.

Dewi W. Thomas, Rhydaman (1917 – 2010)

GŴYL DEWI
(ar gyfer gwasanaeth ysgolion uwchradd)

EIN nefol Dad, O clyw ein cri
Ar uchel ŵyl ein cenedl ni.
Rho gymorth i'th addoli di
Â newydd gân.
I'r rhai a berthyn iddi hi
Rho galon lân.

Dysg inni gadw'n cred a'n ffydd
A rhodio megis plant y dydd,
Nid mewn caethiwed, ond yn rhydd
I wneud ein rhan,
Cans hebot ti 'does arall sydd
A'n deil i'r lan.

Gwna ni yn llawen ar bob pryd
Gan hau goleuni yn y byd,
A chofio am dy gariad drud
Fel na bôm drist.
Fe'n cyfoethogwyd oll i gyd
Gan Iesu Grist.

O Dduw, y gallu inni moes
I ninnau wneuthur yn ein hoes
Y pethau bychain, er pob loes,
A wnaeth y sant.
Yn enw Iesu Grist y groes,
Clyw lef dy blant.[1]

Doreen M. Thomas, **Llandaf, Caerdydd**

EMYN O DDIOLCH

DIOLCH iti, annwyl Iesu,
  Am dy ofal di
Ac am arllwys llu o freintiau
  Arnom oddi fry.

Diolch iti am y blodau
  Sydd yn harddu'r byd:
Diolch am y gwyrddion gloddiau,
  Meysydd gwyn o ŷd.

Diolch am ein gwlad lle medrwn
  Ynddi rodio'n rhydd.
Cofia'r gwledydd lle ceir caethion
  Heb weld golau dydd.

Diolch iti, Iesu tyner,
  Am ein hachub ni
Fel y deuwn, pan ddaw'r amser,
  Adref atat ti.

Y PASG

'HOSANNA!' llefai'r dorf,
  Ac ar y llawr fe roed
Dail arian 'r olewydden dlos
  Yn llwybr dan ei droed.

[1] Buddugol yn yr Eisteddfod Genedlaethol – Bro Madog 1987.

'Hosanna !' llefai'r plant
Yn hapus ac yn bur
I Iesu, a'i bendithiodd hwy,
A'u cadwodd rhag pob cur.

'Croeshoelier!' llefai'r dorf
Ac ar ei ben ei hun
Cymerodd Iesu'r olaf gam
I brynu bywyd dyn.

'Hosanna!' Engyl Iôr
Ynghyd â dynol-ryw
Ymunant yn y nefol gôr
I ddiolch i Fab Duw.

Y PASG

O ANNWYL Iesu Grist,
Ddioddefodd goron ddrain,
A gwawd y bobl yn ei glust,
A phoen y bicell fain.

Yr hoelion hyll aeth drwy
Ei ddwylo sanctaidd, pur.
O gwna im weithio iddo mwy
I wneud yn werth ei gur.

Fe dorrwyd trwy ei draed,
Er mwyn ei gadw fry
Ar groes, lle collodd ef ei waed
I dalu'n dyled ni.

Drylliwyd ei galon ef
Gan bechod dynol-ryw.
Agorodd inni ddrws y nef
I fythol gariad Duw.

EMYN O DDIOLCH

O DIOLCH iti, Arglwydd,
Am gofio dynol-ryw,
Mae d'ofal drosom beunydd
I'n hachub rhag pob briw.
Dy gariad sy'n ein harwain
Wrth droedio ar ein taith;
Ni fyddwn wrth ein hunain,
Ni fydd y ffordd yn faith.

O diolch iti, Arglwydd,
Am annwyl Iesu Grist;
Mor ddewr wynebai'i gystudd,
Mor ddewr, ond, O mor drist.
Ond angau dry'n orfoledd,
Gogoniant fo i ti
Am Basg a'i sanctaidd fawredd,
A diolch byth i ti.

Cyril Treharne, Llangynnwr

Y CYNHAEAF

DIOLCH wnawn am ffrwythau'r ddaear,
Diolch wnawn, ein Harglwydd Iôr,
Ei haelioni sy'n rhyfeddol
Dros y byd – ar dir a môr.
Oddi wrtho daw y cyfan
O anghenion plant y llawr.
O'r fath fraint yw canu moliant:
Moli Duw a'i gariad mawr.

Diolch wnawn a gwerthfawrogwn
Ei fendithion oll yn awr;
Bydded inni beunydd gofio
Cariad Tad – fath gariad mawr.
Ond o'r holl fendithion roddodd
I bob un o blant y llawr,
Boed ein diolch yn ddiddiwedd
Am Waredwr – Iesu mawr.

Er mor bwysig ydy'r lluniaeth
Ddaw o'i law i'n cadw'n fyw,
Llawer iawn pwysicach ydy
Rhodd ei Fab – sef Iesu gwiw.
Diolch wnawn i'n Harglwydd grasol
Am ei aberth drosom ni;
Derbyn wnaeth ein holl bechodau
Ar y groes ar Galfari.

BUDDUGOLIAETH

DYMA drysor dioddefaint,
Pan groeshoeliwyd Iesu Mawr.
Dyma'r tymor pan orchfygwyd
Angau dros holl blant y llawr.
Molwn ef, Brenin hedd,
Molwn Dduw, ein Tad o'r nef.

Diwrnod dudew oedd i ddynion;
Galar mawr ar Galfari.
Ond mewn tridiau trodd y tristwch
Yn llawenydd mawr i ni.
Molwn ef, Brenin hedd,
Molwn Dduw, ein Tad o'r nef.

Colyn angau wedi'i dynnu
Gan y Tad a'r Mab yn awr,
Gelyn dynion wedi'i drechu
Gan ein Harglwydd, Iesu Mawr.
Molwn ef, Brenin hedd,
Molwn Dduw, ein Tad o'r nef.

Gorfoleddwn yn ei fawredd;
Braint yw canlyn Un fel ef.
Dilyn Iesu wnawn dan ganu
Ar ein ffordd i'r nefol dref.
Molwn ef, Brenin hedd,
Molwn Dduw, ein Tad o'r nef.

GALWAD DUW

FE alwodd Duw ar Moses
Wrth droed y mynydd mawr
I arwain holl blant Israel
O'r Aifft un bore wawr.
'Rôl teithio am flynyddoedd
Dros anial dir a môr
Fe ddaethant oll o'r diwedd
I wlad addewid 'r Iôr.

Mae Duw'n ein galw ninnau
I weithio drosto fe
Trwy ddilyn Iesu grasol
Ddanfonodd lawr o'r ne'.
Ac yna ryw ddiwrnod
Ein gwobr ddaw i ni –
Ein tywys gawn i'r nefoedd
Yng nghwmni Iesu cu.

O bydded inni 'styried
Gwir ystyr galwad Duw;
Os gwnawn, fe ddaw yn eglur
Sut fywyd dylem fyw.
Mae Iesu yn ein harwain
Tra gwnawn ei ganlyn ef,
A hyfryd fydd y moli
Tra'n teithio tua'r nef.

Bydd canu bendigedig
I'w glywed ymhob man
Ond inni dderbyn galwad
Ein Duw a'r Oen di-nam.
Mor felys fydd y teithio
Yng nghwmni saint y llawr;
O boed i bawb glodfori
Ein Prynwr, Iesu mawr.

DEWCH AT FWRDD Y CYMUN

MAE tyner lais Iachawdwr byd
  Yn cymell pob un i nesáu
At fwrdd y cymun yn gytûn
  I foli nawr y Tri yn Un.
Tra'n rhannu'i gwmni yn y wledd
Ei fendith roddir inni'n hedd.

Mae galwad beunydd arnom ni
  I dderbyn rhodd sy ddigon hael,
Ddarparodd trwy ei gariad mawr
  Pan wnaeth efe ei aberth fawr.
Tra'n rhannu'i gwmni yn y wledd
Ei fendith roddir inni'n hedd.

Derbyniwn ei wahoddiad ef
  Gan ddiolch am fath gariad rhad
Sy'n maddau inni bob un bai,
  A chanwn glod i'r Oen di-fai.
Tra'n rhannu'i gwmni yn y wledd
Ei fendith roddir inni'n hedd.

HEDD, PERFFAITH HEDD

O DIRION Dad, rho in dy hedd,
  Yr hedd a ddaw o'th gariad mawr.
Ei angen sy ar finteioedd gwan
Dros erwau'r byd ymhob rhyw fan.
Ymbiliwn am dy hedd yn awr,
Dy ddwyfol hedd i blant y llawr.

Addawodd Crist ei heddwch pur
I blant y byd a ganlyn ef.
Mor braf ein byd pe byddem ni
Yn gwrando ar ei addfwyn gri.
O deuwn oll yn fintai gref
A derbyn ei addewid ef.

Deled ei heddwch ef i'n byd,
Ei berffaith hedd i'w blant i gyd.
Mor hapus fydd ein byd pan ddaw
Â phob cyfandir dan ei law.
Mae hyn yn bosib ond i ni
Wrando ar lais yr Iesu cu.

Patricia Turner, Mynydd Garnlwyd, Treboeth

Y PASG

CYDGANWN bawb ynghyd,
  Dydd o lawenydd yw;
Daeth newydd da i'r byd
  Fod Iesu eto'n fyw.
Fe dorrodd rwymau angau llym,
Mor ogoneddus yw ei rym.

Er diodde'r goron ddrain
  A phoen yr hoelion dur;
Er selio'r bedd â maen,
  Cyfododd Iesu'n wir!
Ar doriad gwawr y trydydd dydd
Fe ddaeth o gyffion angau'n rhydd.

Pan gyfyd siom a braw
  Ar ein daearol hynt,
Cawn afael yn y llaw
  A glwyfwyd trosom gynt.
Y fuddugoliaeth inni gaed;
Diolchwn byth am rin y gwaed.

Nac ofned teulu Crist
　Am droedio'r dyffryn du;
Mae'r beddrod gwag yn dyst
　Fod bywyd mwy i ni.
Mor hyfryd fydd cael gweld ei wedd:
Gorchfygwr angau! Concrwr bedd!

GWEDDI DROS GYMRU

DOWN ger dy fron, Drugarog Dad,
Mewn ymbil dwys ar ran ein gwlad;
Gwêl ni yn gorwedd erbyn hyn
Fel esgyrn sychion yn y glyn.

Bydded i Gymru megis cynt
Gael clywed sŵn adfywiol wynt;
Anadla eto nefol chwyth
I'n llwyr fywhau â'th nerth di-lyth.

O deued grym dy sanctaidd dân
I ysu ein pechodau'n lân;
Meiriola oerni'n calon ni
Gan wresog fflam dy Ysbryd di.

Arllwysed arnom olew fydd
Yn llonni'n cân a thanio'n ffydd;
Rho inni hyfdra ar ein taith
A'n hatgyfnertha yn dy waith.

O plyg ni oll yn ddiwahân
A llanw ni â'th Ysbryd Glân
Fel byddo Cymru eto'n dyst
I wir ogoniant Iesu Grist.

DYDD GWENER Y GROGLITH

F'ENAID, cod dy olwg
Tua'r groesbren fry,
Gwêl yr Iesu'n marw
Dros dy gamwedd di.

Ganddo ef bodlonwyd
Dwyfol lid y Tad,
Rhoes ei hun yn aberth
Er dy gyfiawnhad.

Yn ei gorff dihalog
Cariodd pwys dy fai,
Ni chondemnir mwyach
Ei gadwedig rai.

Gwirion waed dywalltodd
Ar Galfaria fryn,
Cannwyd dy bechodau
Fel yr eira gwyn.

Prynodd iti bardwn
Trwy ei farwol loes,
Talodd swm dy ddyled,
Hoeliwyd hwn i'r groes.

Dyma'r prif ryfeddod
Ddaeth erioed i'm clyw –
Am i Iesu farw,
F'enaid, ti gei fyw.

DIOLCH AM Y CYNHAEAF

FY enaid, cân i Dduw!
Bendithia'i enw ef;
Ei waith, rhyfeddol yw,
Yn llunio'r byd a'r nef.
Rho iddo nawr haeddiannol glod
Am bob hyfrydwch sydd yn bod.

Edmyga waith ei law
Yn creu yr wybren faith;
Mae'n trefnu'r gwynt a'r glaw,
Mae'n rhoddi ffrwyth a maeth.
Mewn gwir lawenydd f'enaid, cân,
Rho deilwng fawl i'r enw glân.

Trwy hael ddarpariaeth Duw,
Ei fawredd ef a'i rym,
Diwellir pob peth byw;
Nid byth yr atal ddim.
Bwystfilod lu dros dir a môr
A gânt eu bwyd o ddwylo'r Iôr.

Dewch bawb o bobloedd byd,
Bendithiwch enw'r Iôr;
Mawrygwch ef ynghyd,
Boed mawl o fôr i fôr.
Rhowch iddo nawr haeddiannol glod
Am bob hyfrydwch sydd yn bod.

Y CYMUN

GOFYNNAIST i'th bobol, pan fyddant yn cwrdd,
I gofio amdanat o amgylch y bwrdd.
Ar doriad y bara, ar raniad y gwin,
Ein braint ydyw plygu a'th gofio'n gytûn.

Ni gofiwn amdanat, ein Harglwydd, yn awr
Yn Fab y Goruchaf; yn Dduwdod mor fawr;
Fe luniaist y cread â'th fysedd dy hun,
Tydi sydd yn darpar at reidiau pob un.

Ni gofiwn amdanat yn dyfod i'r byd,
Aberthaist ogoniant y nefoedd i gyd;
Fe brofaist unigrwydd a thristwch y llawr
A rhoddaist dy einioes ar groesbren i lawr.

Ni gofiwn amdanat yn eistedd mewn bri,
A'th ryfedd eiriolaeth dros druain fel ni.
Dy dyner weddïau sydd drosom o hyd
I'n cadw a'n cynnal, a'n harwain drwy'r byd.

Ni gofiwn y rhoddaist addewid i'th blant
Dy fod yn dychwelyd i gasglu pob sant.
Ar ganiad yr utgorn fe ddeui yn ôl
I gipio yr etholedigion i'th gôl.

Ein braint ni, O Arglwydd, pan fyddwn yn cwrdd,
Yw cofio amdanat o amgylch y bwrdd.
Fe blygwn yn wylaidd i gofio tydi
A synnu bod tithau yn cofio nyni.

IESU, Y SYLFAEN GADARN

IESU'i hunan ydyw'r sylfaen
   Adeiladaf arno mwy;
Nid fy haeddiant na'm daioni
   Ond efe a'i farwol glwy'.
Ymhyfrydaf yn y Person
   A groeshoeliwyd yn fy lle;
Colyn angau llym a dynnodd
   Ac agorodd ddrws i'r ne'.

Cloddiwyd allan ffos i'r sylfaen
   Gynt yn nhragwyddoldeb maith,
Ac arllwyswyd ar Galfaria
   Feini'r gorffenedig waith.
Nid oes angen imi geisio
   Trwy weithredoedd da a gwiw;
Mae hi eisoes wedi'i gosod,
   Crist ei hun fy sylfaen yw.

Sylfaen arall ni osodwyd;
  Iesu'n unig ydyw'r sail,
Nid oes enw, nid oes gobaith,
  Nid oes aberth mwy i'w gael.
O am bwyso'n llwyr a ffyddiog
  Arno ef a'i werthfawr waed:
Crist a'r hyn gyflawnodd drosof
  Rydd gadernid dan fy nhraed.

MOR HAWDDGAR YW DY BEBYLL DI

MOR hawddgar yw dy bebyll gwiw,
  O Arglwydd Dduw y lluoedd;
Hyfrydwch ddaw i'n henaid byth
  Wrth ddyfod i'th gynteddoedd.

Tŷ gweddi galwn dŷ ein Tad,
  Mae'n tra'd ar ddaear sanctaidd;
Diosgwn ein hesgidiau nawr
  Wrth blygu lawr yn wylaidd.

Sancteiddiol fri a weddai'r tŷ
  A braint i ni yw'th foli;
Melystra mwy na diliau mêl
  A ddêl wrth gydaddoli.

Er garwed stormydd anial wlad
  Daw'th gariad i'n cynhesu;
Mor werthfawr yw y dawel awr
  Cawn bersawr cwmni'r Iesu.

Rhyw ragflas yw'r gymdeithas hon
  O nefoedd lon ein Ceidwad,
Trwy haeddiant gwaed ein Meichiau pur
  Y cawn yn wir fynediad.

Auronwen P. Williams, Llannerch-y-medd

Y GENI

DAETH Gŵyl y Geni yn ei thro,
Ac fe gawn ninnau yn ein bro
Seinio ein mawl â charol lân;
Rhown foliant iddo ef ar gân.
Ei eni gadd yn faban tlawd,
Yn ôl y Gair daeth inni'n Frawd;
Y preseb gwael roed iddo'n grud
A gwisg ei fam i'w gadw'n glyd.

Y tri gŵr doeth a ddaeth o bell
Gan gyfarch Un oedd llawer gwell
Na dim a roddent iddo'n rhodd,
Ei dad a'i fam oedd wrth eu bodd!
Fe gysgai'r baban bach di-nam
Yng nghesail glyd ei annwyl fam;
A'i dad a wyliai na châi gam
Tra chwiliai Herod am y fan.

Yr engyl ganai fawl i'r Iôr,
Carolau pêr dros dir a môr;
Fe ganwn ninnau ar ein taith
I Fethlem dref i ddechrau'r daith.
A chanwn garol iddo ef
Am iddo ddod o lendid nef,
Gan roi ei gariad drud i bawb
Wrth achub rhan y gwan a'r tlawd.

Delian Haf Williams

CARIAD IESU GRIST

GAD im brofi, annwyl Iesu,
Ronyn bach o'th gariad di,
Ac i'r gronyn bychan hwnnw
Dyfu yn fy nghalon i.

Yn y cariad hwn mae gobaith,
Yn y cariad hwn mae ffydd,
Ffydd i'm cynnal drwy fy mywyd,
A rhoi nerth i'r daith bob dydd.

Diolch, Iesu, am dy gwmni
Ac am lonni calon drist,
Mi a wn y caf ryw ddiwrnod
Weld dy wyneb di, O Grist.

PERTHYN

MAE teulu Duw fel olwyn
Yn troi o gylch y Tad,
Efe sydd yn y canol
Yn rhannu'i gariad rhad.
Nyni yw breichiau'r olwyn
Yn estyn ato ef
I sugno nerth ei gariad
A chryfder pur y nef.

Wyt ti'n perthyn? Wyt ti'n perthyn?
Wyt ti'n aelod o'r teulu mawr?
Wyt ti'n perthyn? Wyt ti'n perthyn?
Wyt ti'n un o deulu Duw?

Beth, meddwch, ydyw ystyr
Un teulu mawr, cytûn?
Wel, cariad Duw'n ymarllwys
A'i ofal am bob un,
Yn dyner a gofalus
Dros bawb o ddynol-ryw,
Pan ddônt yn rhan o'r olwyn
Bydd uno a chyd-fyw.

Braf yw perthyn, braf yw perthyn
Braf yw perthyn i deulu Duw,
Daw hapusrwydd a llawenydd
I bob un o deulu Duw.

'RWYT TI YMA

'RWYT ti yma yn y bore
Pryd y gwawria newydd ddydd,
'Rwyt ti yma yn yr hwyrnos
A phan fyddaf wan fy ffydd.
O fy Iesu, O fy nghyfaill,
Ti sy'n cynnal enaid gwan.

'Rwyt ti yma yn fy nghynnal
Trwy bob storm – beth bynnag ddaw,
Ac yng nghanol tywydd garw
Dim ond ti all leddfu braw.
O fy Iesu, O fy nghyfaill,
Ti yw craig fy mywyd i.

Euryn Ogwen Williams

DIOLCH AM Y CYNHAEAF

GARIADUS Dad sy'n gosod trefn
Ynghanol anhrefn mawr,
Rhown flaenffrwyth ein digonedd ni
O'th flaen yn wylaidd nawr.

Fe wyddom mai dy gynllun di
Yw rhoddi inni'r ddawn
I weld y rhai mewn angen dwys
A'r ysguboriau'n llawn.

Wrth ddiolch am dy roddion hael
Fe gofiwn dy fod ti
Am weld dy blant yn rhannu'r wyrth
Sy'n fyw o'n cwmpas ni.

A'n gweddi y cynhaeaf hwn
Yw am dy ras o hyd
I rannu'r da a roddaist ti
Yn gyfiawn dros ein byd.

CLYW NI, O DDUW

O'R sŵn diystyr sy'n byddaru'n byd
A'r stŵr di-baid o'n cwmpas ni o hyd,
Gad inni ganfod ffordd o hidlo'r sain
I agor tonfedd y llef ddistaw fain.

Mewn byd sy'n oleuadau nos a dydd
Cysgodion tywyll sy'n creu mannau cudd,
Gad inni ganfod dy oleuni di
A'i adlewyrchu drwy'n gweithredoedd ni.

Tra bod pryderon bywyd yn dwysáu
Mewn oes a'i holl ansicrwydd yn llesgáu,
Gad inni ddeall holl lawenydd byw
Trwy brofi peth o'r wyrth ym meddwl Duw.

EMYN I DDECHRAU CWRDD EGLWYS

RHO d'arweiniad inni yma,
Dangos dy ewyllys di,
Planna ynom rym dy bwrpas,
Aros yma gyda ni;
Mae'n cymdeithas
Angen clywed sŵn dy lais.

Ym mhob pryder, ym mhob gofid
Llanw ni â'th obaith mawr,
Yn ein llwyddiant a'n methiannau
'Rydym gyda'n gilydd nawr,
Mae'n cymdeithas
Angen clywed sŵn dy lais.

Gwna ni'n ddoeth ac amyneddgar,
Gwna ni'n ddewr a llawn o ffydd,
Boed ein trafod yn llawn cariad,
Gwna ni'n llawen, gwna ni'n rhydd;
Mae'n cymdeithas
Angen clywed sŵn dy lais.

Gwynne Williams, Pentrebychan, Wrecsam

ACHLYSUR DATHLU SEFYDLU'R ACHOS

ARGLWYDD, wrth i ni ymgynnull
  yn y gornel sanctaidd hon,
dyro ysbryd o wasanaeth,
  dyro hyder ymhob bron.
Boed gwyleidd-dra yn ein meddwl,
  sain gorfoledd yn ein cân,
nes y teimlwn yn ein calon
  gariad pur yr Ysbryd Glân.

O mor gryf oedd sêl ein tadau –
  y cydweithwyr fu o'n blaen –
wrthi'n codi'r capel bychan
  ac yn gosod maen ar faen.
Dyro heddiw rym eu gobaith,
  dyro inni nerth eu ffydd,
fel y deuwn o'n tywyllwch
  trwy dy ras i olau dydd.

Arglwydd, dal ni yn dy gariad
    yn y dasg beth bynnag ddaw;
gwared ni rhag difaterwch
    ac anobaith ar bob llaw.
Boed dy fendith ar ein llafur
    i gael dwyn dy waith i ben
nes ail-droi y gornel yma
    unwaith eto'n winllan wen.[1]

Owen Ellis Williams, Dolwyddelan/Dinbych (1910 – 97)

PRIODAS

O IÔR, dy nodded dyro di
Ar lan y lli a'i donnau,
Ac yn dy law i'r ddeuddyn hyn,
Rho lwybr gwyn i'w camrau.

Boed rhyw ffyddlondeb fel y môr
Yn euraid stôr eu bywyd,
Ac ar eu haelwyd sanctaidd lân,
Dragwyddol gân o wynfyd.

Rho iddynt iechyd, rho dy nerth,
O'u haberth boed llawenydd,
A'r ddau yn gwau cyfamod hedd
Diddiwedd gyda'u Harglwydd.

[1] Daucanmlwyddiant Eglwys Bethlehem, Rhosllannerchrugog (1810 – 2010).

CAROLAU

CAROL Y PLYGAIN

A'R bore yn felyn
I'r delyn y down;
I bêr sain ei thannau,
O ffrindiau! Cyffrown,
Wrth gofio ga'dd plentyn,
Yn Rhosyn, yn rhad,
Ei eni mewn cardod
A duwdod yn dad.

O, clywer y cordiau
A'u seiniau o sawr,
I'r Brenin, i'r Alffa,
Omega, y Mawr;
Fel d'wedodd Eseia,
Y lleia' fo'n llyw;
Yr hwn, er tro garw,
O farw bu fyw.

I'r nodau benthycwn
Ein byrdwn yn bur;
Cyd-ganwn i'r Seilo
Wrth gofio ei gur;
Er mwyn ein heneidiau
Fu gwae y Duw gwyn;
O frad Gethsemane
I frawdle ar fryn.

Yn llon ddigyfeiliant
Rhown loniant yn lân;
Cans Duw ydyw'r delyn,
A'i gymun yw'r gân;
Gorfoledd ei alaw
Ni ddaw byth i ben;
Heb gystudd, heb gwestiwn,
Ymunwn, AMEN.

PEREDUR GLYN

AGORWYD PRIFFORDD RYDD

AGORWYD priffordd rydd
I dir llawenydd llon
I rai dan Sinai sydd
Bob dydd yn brudd eu bron;
Rhai gwael eu gwawr
Dan ofnau mawr
Euogrwydd cry'
Hen galon ddu
I'w llethu i'r llawr.

O wele'r Cyfiawn cu
A lariaidd blyg i lawr
Gael i bechadur du
Ddyrchafu i fyny'n fawr.
Y Meichiau'n gaeth
I dalu y daeth,
A'r euog prudd,
Drwy olwg ffydd,
Yn rhydd yr aeth.

Bu farw'r Oen ei Hun
O ryfedd rin ei ras,
Mab Duw i gadw dyn –
Ei elyn cyndyn cas.
Ca'dd lawer loes
Drwy ysig oes
Dros enaid drud
Tra bu'n y byd,
O'i grud i'w groes.

Gogoniant moliant mawr
Yn awr i'r Tri yn Un
Sy'n llywio nef a llawr
Am ddirfawr ras i ddyn.
Â'r ffordd drwy'r llen
I'r nefoedd wen;
I'w groes a'i glwy'
Rhoed miloedd mwy
Eu mawl. Amen.

ANHYSBYS

AR FORE DYDD NADOLIG

AR fore dydd Nadolig
Esgorodd y Forwynig
Ar Geidwad bendigedig;
Ym Methlem dref y ganwyd ef,
Y rhoes ei lef drosom ni.
O Geidwad aned,
Fe wawriodd arnom ddydd.

Dros euog ddyn fe'i lladdwyd
Ac mewn bedd gwag fe'i dodwyd
Ar ôl y gair 'Gorffennwyd';
Ond daeth yn rhydd y trydydd dydd
O'r beddrod prudd drosom ni.
O Geidwad aned,
Fe wawriodd arnom ddydd.

O rasol Fair Forwynig,
Mam Ceidwad bendigedig,
Yr Iesu dyrchafedig.
Ger gorsedd nef eiriola'n gref,
A chwyd dy lef drosom ni.
O Geidwad aned,
Fe wawriodd arnom ddydd.

TRADDODIADOL O'R CEINEWYDD

DOETHION O'R DWYRAIN

AR fryniau gwlad y dwyrain,
  Yng nghanol gwyll y nos,
Trwy gaddug du yr wybren
  Disgleiriai seren dlos;
'Mae'n arwydd, eglur ddigon,'
  Medd doeth, dysgedig rai,
'Fod brenin wedi dyfod
  A thangnef yn ddi-drai.'

Rhyw ddarlun oedd y seren
  I'w cychwyn ar eu hynt,
Fel colofn yr anialwch
  Fu'n arwain Israel gynt;
Mae Ysbryd Duw yn gweithio
  O hyd, yn nheulu'r llawr,
I'w tywys a'u cyfeirio
  At draed y Ceidwad mawr.

'Rôl dod i balas Herod,
  Rhyw daerni sy'n eu llef
Am Frenin yr Iddewon,
  'Pa le y ganed ef?'
Ond llewyrch Seren Bethlehem
  A lonnodd nos eu bryd,
A'u harwain wnaeth yn ddiogel
  I fro Creawdwr byd.

Syrthiasant yno'n isel,
  Wrth weld yr wylaidd fam,
A'r glaer Seceina'n hofran
  O gylch y bach di-nam;
Offryment eu hanrhegion:
  Trysorau gwerthfawr, drud,
Mewn gwir addoliad dwyfol
  Gerbron Gwaredwr byd.

Mae Duw yn dysgu'r doethion
  Y ffordd yn ôl i'w gwlad,
Er gochel pob rhyw gynllwyn
  O eiddo dyn, a brad;
Glân engyl rydd i wylio
  Y Bychan ar bob llaw,
Nes cwblhau pob bwriad
  Wnaed yn yr arfaeth draw.

Cymru'r Plant, Rhagfyr 1913

WINNIE ROBERTS, Blaenau Ffestiniog

AR GYFER HEDDIW'R BORE

AR gyfer heddiw'r bore
  'N faban bach, yn faban bach,
Y ganwyd gwreiddyn Jesse
  'N faban bach;
Y Cadarn ddaeth o Bosra,
Y Deddfwr gynt ar Sina,
Yr Iawn gaed ar Galfaria
  'N faban bach, yn faban bach,
Yn sugno bron Maria
  'N faban bach.

Caed bywiol ddŵr Eseciel
  Ar lin Mair, ar lin Mair,
A gwir Feseia Daniel
  Ar lin Mair;
Caed bachgen doeth Eseia,
'R addewid roed i Adda,
Yr Alffa a'r Omega
  Ar lin Mair, ar lin Mair,
Mewn côr ym Methlem Jwda
  Ar lin Mair.

Gorffwyswch, bellach, Lefiaid,
    Cafwyd Iawn, cafwyd Iawn,
Nid rhaid wrth anifeiliaid,
    Cafwyd Iawn;
Diflannu a wnaeth y cysgod,
Mae'r sylwedd wedi dyfod,
Nid rhaid wrth ŵyn na buchod,
    Cafwyd Iawn, cafwyd Iawn,
Na theirw na thurturod,
    Cafwyd Iawn.

Ystyriwn gariad Trindod
    O'u gwir fodd, o'u gwir fodd
Yn trefnu'r ffordd y cymod
    O'u gwir fodd;
Y Tad yn ethol meichie,
Y Mab yn fodlon diodde,
A'r Ysbryd Glân ei ddonie,
    O'u gwir fodd, o'u gwir fodd
Yn tywys Seion adre
    O'u gwir fodd.

Diosgodd Crist ei goron
    O'i wir fodd, o'i wir fodd
Er mwyn coroni Seion
    O'i wir fodd;
I blygu ei ben dihalog
O dan y goron ddreiniog
I ddioddef dirmyg llidiog
    O'i wir fodd, o'i wir fodd,
Er codi pen yr euog,
    O'i wir fodd.

O cofiwn Gethsemane
  Lle bu ef, lle bu ef
Yn chwysu'r gwaed yn ddagre,
  Lle bu ef,
Ac am y fflangell greulon
Yn arddu cefn y cyfion
Ar hyd heolydd Seion,
  Lle bu ef, lle bu ef,
A'i gnawd yn gwysi hirion,
  Lle bu ef.

Hawdd olrhain ei gerddediad
  Hyd y llys, hyd y llys,
Gan lwybr coch orlifiad
  Hyd y llys,
Lle cafodd Iesu cyfion
Ei watwar gan elynion
A tharo'i wyneb tirion
  Yn y llys, yn y llys,
Er dirmyg ar ei berson
  Yn y llys.

O'r llys at orsedd Pilat
  Er ein mwyn, er ein mwyn,
Taenellwyd gwaed ein Ceidwad
  Er ein mwyn;
Lle bu y Duw anfeidrol
Yn goddef barn angheuol
Gan ei greadur meidrol
  Er ein mwyn, er ein mwyn,
Yn fud fel caeth troseddol
  Er ein mwyn.

O dacw'r Oen mewn dalfa
Er ein mwyn, er ein mwyn,
Yn esgyn pen Calfaria
Er ein mwyn,
I ddioddef dwyfol loesion
Ar ben y groes rhwng lladron,
Y bicell fain a'r hoelion
Er ein mwyn, er ein mwyn,
A cholli gwaed ei galon
Er ein mwyn.

Gorweddodd yn y beddrod
Er ein mwyn, er ein mwyn,
I dynnu'r damp o'i waelod
Er ein mwyn;
Yn awr mae ar ei orsedd
Yn cynnig rhad drugaredd,
Maddeuant a thangnefedd
Er ein mwyn, er ein mwyn,
I'r adyn mwyaf ffiaidd,
Er ein mwyn .

Cyfiawnder a fodlonwyd
'Waith ei Iawn, 'waith ei Iawn,
A'r ddeddf a anrhydeddwyd
'Waith ei Iawn;
Mae uffern fawr yn crynu
A'r durtur bêr yn canu
A Duw a dyn yn gwenu
'Waith ei Iawn, 'waith ei Iawn,
Mewn hedd yn mherson Iesu
'Waith ei Iawn.

Am hyn, bechadur, brysia
  Fel yr wyt, fel yr wyt,
I 'mofyn am y noddfa
  Fel yr wyt;
I ti'r agorwyd ffynnon
A ylch dy glwyfau duon
Fel eira gwyn yn Salmon,
  Fel yr wyt, fel yr wyt,
Gan hynny tyrd yn brydlon
  Fel yr wyt.

DAVID HUGHES ('Eos Iâl' 1794? – 1862)

AR HANNER NOS YN GLIR Y DAETH

AR hanner nos yn glir y daeth
  Y gân nefolaidd gynt;
I daro'u tannau plygu wnaeth
  Angylion ar eu hynt:
'Hedd trwy y byd, ewyllys da
  Tirionaf Frenin nef.'
Y ddaear mewn distawrwydd dwys
  Wrandawai'r hyfryd lef.

Trwy byrth y nef daw'r rhain o hyd
  Ar edyn hedd i lawr,
A nofia'u mawl o'r nefol fyd
  Uwch holl flinderau'r llawr:
I lawer dyffryn galar prudd
  Ymostwng engyl glân,
Ac uwch na'r holl derfysgoedd sydd,
  Y clywir nefol gân.

Dan bwys ei bai y ddaear brudd
   Riddfanna'n ddwys yn awr;
Dan fawl angylion gormes sydd
   Yn ymlid oesau'r llawr;
Y dyn wna gam â dyn, ni chlyw
   Ganiadau'r engyl glân;
O gwrando nawr, er gadael Duw,
   A chlyw y nefol gân.

E. H. SEARS (1810 – 76)
efel. W. EVANS JONES (1854 – 1938)

RHOSYN DUW

AR hen bren o feddrod Adda,
Du a chnotiog foncyff Jesse,
Impiwyd cainc o nef, a heddiw,
O hosanna, O hosanna,
Wele rosyn Duw.

Yn y nos ddi-sêr, ddiloergan
Pwll y gaea', ym musgrellni
Hen y flwyddyn, dacw Faban,
Mab Maria, O Sibila,
Ganwyd Brenin nef.

Caned robin ar yr eira,
Caned Melchior i'w gamelod,
Caned Fyrsil gyda Bwdha:
Eia Jesu, Alelwia,
Clod i'w enw, clod.

SAUNDERS LEWIS (1893 – 1985)

DIM LLE YN Y LLETY

AR ryfedd daith flinedig, faith
Bu Mair a Joseff, trist yw'r ffaith,
Cyn gweled Bethlem dref;
Mynd heibio iddynt wnâi y llu
Heb ystyr fod y ddeuddyn cu
Ar neges dros y nef,
Ac oerach na'r iâ ar y palmant fu'r gair:
'Dim lle yn y llety i Joseff a Mair.'

Dolefai'r gwynt o lwyn i lwyn
Tra Mair mewn ing sibrydai'i chŵyn
Yn ddistaw wrth y nos;
Yn sŵn gorfoledd tyrfa fawr
Ei grudd oedd laith gan ddagrau nawr
Fel grudd y lili dlos;
Y gair a glybuwyd dywyllodd yr aer:
'Dim lle yn y llety i Joseff a Mair.'

Agorwyd drws y preseb tlawd
I Mair a Joseff, ddrwg ei ffawd,
A'r nos yn duo'r nef,
Ac yno mewn tawelwch trist
A thlodi, ganwyd Iesu Crist
Tu fas i rwysg y dref;
Sisialai yr awel rhwng cangau yr yw:
'Dim lle yn y llety i Iesu Fab Duw.'

Mae'r byd mewn gorymdeithiau fyrdd
Yn dringo hyd drofaog ffyrdd
I wyliau clod a bri;
Ni sylwa ar gardotyn llwm
Yn gam ei gefn o gwm i gwm,
Ni chlyw ei ingol gri,
Cau drws ar y truan wna balchder y byd:
'Dim lle yn y llety i'r Iesu o hyd.'

HUMPHREY JONES ('Bryfdir' 1867 – 1947)

AR ŴYL Y NADOLIG

AR ŵyl y Nadolig, i'r Crist rhoddwn glod.
Ni wybu'r canrifoedd, ni welwyd is rhod
Un wyrth fwy rhyfeddol na'i ddyfod gwyn ef,
Y Baban a anwyd ym Methlehem dref.

Ar ŵyl y Nadolig, dyrchafwn ein cri
At Dduw, dros ein byd a'i drueiniaid di-ri'.
Crist ynddo a erys, a gobaith pob llef
Yw'r Baban a anwyd ym Methlehem dref.

Ar ŵyl y Nadolig, mae'r Iesu ar fynd
Yn achub y byd a throi gelyn yn ffrind;
Gwaredwr yfory a'n Llywiwr i'r nef
Yw'r Baban a anwyd ym Methlehem dref.

DAFYDD OWEN (1919 – 2002)

AWN I FETHLEM

AWN i Fethlem, bawb dan ganu,
Neidio, dawnsio a difyrru,
I gael gweld ein Prynwr c'redig
Aned heddiw, Ddydd Nadolig.

Dyma'r Ceidwad a ddanfonwys
Tad tosturi o Baradwys,
I'n gwaredu rhag marwolaeth
Ac i weithio'n iachawdwriaeth.

Awn i Fethlem, bawb i weled
Y dull a'r modd a'r man y ganed,
Fel y gallom ei addoli
A'i gydnabod wedi'i eni.

Ni gawn seren i'n goleuo
Ac yn serchog i'n cyf'rwyddo
Nes y dyco hon ni'n gymwys
I'r lle sanctaidd lle mae'n gorffwys.

Mae'r angylion yn llawenu,
Mae'r ffurfafen yn tywynnu,
Mae llu'r nef yn canu hymnau,
Caned dynion rywbeth hwythau.

Mae'r bugeiliaid wedi blaenu
Tua Bethlem dan lonyddu,
I gael gweld y grasol Frenin;
Ceisiwn ninnau bawb eu dilyn.

F'aeth y Doethion i gyflwyno
Ac i roi anrhegion iddo;
Aur a thus a myrr o'r gore
A'i offrymu ar eu glinie.

Yn lle aur rhown lwyr gred ynddo,
Yn lle thus rhown foliant iddo,
Yn lle myrr rhown wir 'ddifeirwch,
Ac fe'i cymer trwy hyfrydwch.

Awn i Fethlem i gael gweled
Mair a Mab Duw ar ei harffed;
Mair yn dala rhwng ei dwylo
'R Mab sy'n cadw'r byd rhag cwympo.

RHYS PRICHARD ('Yr Hen Ficer' 1579? – 1644)

DDWYFOL FABAN

AWN i Fethlem gyda'r doethion,
Awn yng ngwawl ei 'Seren ef',
Awn yn wylaidd at y preseb
I groesawu Aer y nef;
Ddwyfol Faban,
Daeth yn dlawd i'n daear ni.

Nid oedd iddo yn y llety
Le i roddi'i ben i lawr,
Ond daeth engyl y Goleuni
At y preseb gyda'r wawr;
Ddwyfol Faban,
Plygent hwythau iddo ef.

Er ein mwyn fel hyn y rhoddodd
   Duw ei briod Fab i'r byd,
Fel na choller neb a gredo
   Ynddo ef, caiff fywyd drud;
      Ddwyfol Faban,
   Ef yw Crist yr Arglwydd Dduw.

Plygwn ninnau ac offrymwn
   Aur a Thus a Myrr yn rhodd,
Rhown ein hun yn gyfan iddo,
   Daeth i Fethlehem o'i fodd;
      Ddwyfol Faban,
   Daeth i farw drosom ni.

ROBERT OWEN (1908 – 72)

BACHGEN A ANED

BACHGEN a aned; Mab rowd in;
   Ei enw sy'n Rhyfeddol;
Ar ei ysgwydd ef llywodraeth ga'd:
   Duw cadarn, Tad tragwyddol.

Chwilio ei Berson hardd a'i waith
   Sy'n orchwyl maith anfeidrol;
Gelwir yma, ac yn y ne'
   Ei enw e'n Rhyfeddol.

Dehonglwch hyn, ddysgedig rai;
   Rhyfeddu mae'r cenhedloedd
P'odd gallsai Mair ei gynnwys ef
   Na chynnwys nef y nefoedd.

Duw mawr, Creawdwr dŵr a thir,
   I gael ei wir genhedlu
Gan forwyn wnaethpwyd ganddo ei hun,
   Fy enaid sy'n rhyfeddu.

Mae holl ddoethineb Duw ynghyd
   Yn cwrddyd yn ei Berson;
Nid rhyfedd bod myrddiynau'r nef
   Yn ei foli ef yn gyson.

'Roedd doniau ein Duw i gyd fel môr
  Dygyfor, heb eu rhifo,
Gynt oll ynghudd, ond yr awr hyn
  Trwy'r Iesu yn disgleirio.

WILLIAM WILLIAMS, PANTYCELYN (1717 – 91)

MOLIANNWN YR ANFEIDROL GRIST

BETH yw'r clychau sydd yn canu?
  Beth yw'r moliant yn y gwynt?
A ddaeth brenin ar ei orsedd
  Yn ei rwysg ar ryfedd hynt?
Do, fe ddaeth un mwy na brenin
  Atom ni, drueiniaid trist,
Gorfoleddwn a moliannwn
  Yr Anfeidrol, Ddwyfol Grist.

A oes iddo wisg frenhinol?
  A yw'n haeddu'n moliant mawr?
A oes iddo balas euraidd
  Yma ar ein daear lawr?
Na, nid palas, dim ond preseb
  Gwael ei lun ym Methlem dref,
Yno'n llwm yn ei gadachau
  Gwelwyd Iesu, T'wysog Nef.

Gawn ni weld y baban bychan?
  Gawn ni blygu wrth ei grud?
Beth a roddwn yn anrhegion,
  Ai trysorau gwerthfawr drud?
Na, rhoi'n bywyd oll yn gyfan
  Ar ei allor ef bob awr,
Dyna'n unig mae'n ei chwennych
  Gan annheilwng deulu'r llawr.

A. L. HUGHES

BETHLEM OEDD YN CYSGU

BETHLEM oedd yn cysgu
Amser maith yn ôl,
Nid oedd gwynt nac awel
Amser maith yn ôl.

Daeth y Baban mwyn i'n byd
A phreseb llwm oedd iddo'n grud
Mor bell, bell yn ôl.

Daeth y doethion ato
Amser maith yn ôl,
Dod â rhoddion iddo
Amser maith yn ôl.

Daeth bugeiliaid ffyddlon
Amser maith yn ôl,
At y Ceidwad tirion
Amser maith yn ôl.

D. WYNNE LLOYD

CAROL PLYGAIN

BEUDY di-nod
a'r rhew a'r ôd ar barwydydd,
dau mewn lludded
geisiai nodded un diwedydd;
esgorodd Mair
yno'n y gwair rhwng magwyrydd
ar Fab Gwyrthiol, –
dod â'r Dwyfol i Dre Dafydd.

Yr eira'n drwch
ar dawelwch hwyr y dolydd,
a'r gwynt atgas
â'i wrym a'i ias ar y meysydd;
taer yw'r broffes
ddaw o fynwes y Negesydd,
a golau cry'
yn ariannu nos wybrennydd.

Daw'r goludog
i anwydog fan annedwydd,
tua'r hofel
ar dri chamel, – tri ymwelydd
yno'n plygu,
ânt at Iesu eu Tywysydd
i'r fangre hon
i roi'u rhoddion cyn boreddydd.

Sêr-ddewiniaid
a bugeiliaid gyda'i gilydd
a'r Mab Bychan –
try eu gaea'n ha' tragywydd;
ninnau ganwn,
â llu unwn mewn llawenydd,
yn ein cyni,
daw i'n geni ni o'r newydd.[1]

IWAN MORGAN, Ffestiniog, Gwynedd

BLANT ADDA 'MBARTOWCH!

BLANT Adda 'mbartowch!
Deffrowch yn yr ysbryd
I ganu mewn gwynfyd,
Tan dristyd na 'mdrowch;
O dowch, dyma'r dydd.
Mewn ffydd mae'n hoff hael
Y gwynfyd o gael
Y golwg ar Grist;
Heb ffydd a'i goleuni
Nid oes ond tywyllni,
Trueni mawr trist.

[1] Buddugol yn yr Eisteddfod Genedlaethol – Maldwyn a'r Gororau 2003.

Pwy bynnag trwy bwyll
Sy'n canfod rhyw fesur
O lygredd ei natur,
Fe deimla heb dwyll
Mor dda yw Mab Duw;
O'i ddyfod mewn cnawd
Yn Frenin, yn Frawd,
Rhyfeddwn ei fri!
Y Duw uchel fawredd
Yn ddyn isel gwaredd,
Mewn agwedd fel ni!

THOMAS EDWARDS ('Twm o'r Nant' 1739 – 1810)

CLYWCH LAIS AC UCHEL LEF

CLYWCH lais ac uchel lef,
Tôn telynorion nef,
I'r Baban byw, Oen Duw, pan anwyd ef:
Yn seinio islaw'r sêr,
Nadolig bwysig bêr,
Gân beraidd flas, tôn addas, foliant Nêr.
O'r llu nefolaidd weddaidd wawr
Fu'n gweld eu Brenin fyddin fawr,
Yn sugno bronnau'n blentyn,
Sef llwchyn gwael y llawr!
Ac wrth weld hwnnw, enw Iôr,
A'i air amgylchai ymylau'r môr,
Yn gwisgo'r natur ddynol,
Fe ganai'r nefol gôr.

Gweld Barnwr mawr y byd,
Y Gair gan Fair yn fud,
Y Gŵr a'i gwnaeth yn cael magwraeth glyd!
Ei fagu i drechu draig,
Ar rinwedd bronnau'r wraig,
Troi'r llwch yn llaeth, er cryf fagwraeth craig!
Fe synnai'r nefol lesol lu
Am wisgo'u Brenin yn y bru
Mewn corff o bridd daearol,
Y natur ddynol ddu!
Ar y rhyfeddod hynod hyn
Mae'r nefol gwmni'n sylwi'n syn,
Sef geni, marw a chladdu
Duw 'mysg ei deulu'n dynn!

EDWARD JONES, Maes-y-plwm (1761 – 1836)

MOLI'R MAB

CLYWCH, O clywch, engyl nef
Yn cyhoeddi'r Gair,
Ag un llef iddo ef,
Sôn am Faban Mair,
Awn bob un, plygwn glun
Wrth y preseb draw,
Daw pob dyn yn gytûn
Fore ddydd a ddaw.

Rhown, O rhown arno'n bryd,
Credwn ynddo nawr,
Ceidwad byd yn ei grud,
Mab y Duwdod Mawr,
Rhydd ei ddawn inni'n llawn,
Dyrchafedig yw,
Ato'r awn, ninnau gawn
Gymorth iawn i fyw.

Dewch, O dewch, llawenhewch,
Brawd a roed i ni,
Ymgryfhewch ac fe gewch
Iesu'n fraint a bri;
Rhown ein Ffydd iddo'n rhydd
Am Nadolig rhad,
Ac am fudd sanctaidd ddydd
Molwn Fab y Tad.

MORFYDD JAMES, Llangynin

EMYN NADOLIG

COFIO wnawn am gân angylion
  Ac anrhegion Bethlehem,
Ac am hanes geni Baban,
  Un â'r nefoedd yn ei drem:
Dwyfol Air yw Mab Mair
Sydd yn gorwedd yn y gwair.

Boed i'r seren fry ddisgleirio
  I'n cyfeirio at y crud,
Lle mae duwdod mewn cadachau,
  Lle mae gobaith yr holl fyd;
Torred gwawr ar y llawr
I oleuo'i deyrnas fawr.

Alaw hudol y Nadolig
  Sydd yn fiwsig fel erioed,
Mae yn dweud fod Iesu'r preseb
  Yn Waredwr i bob oed;
Daeth Mab Duw yma i fyw,
Gorfoledded dynol-ryw.

D. J. THOMAS (1916 – 99)

CAROL

COFIWN am eni ein baban gwyn
A chanu angylion ar ddôl a bryn,
Cofiwn am Fair yn ymbil â Duw
Am nerth i gychwyn rhyferthwy ei fyw,
A chysgai Bethlem a'i theios clyd
Heb wybod fod Iesu yn crwydro'r stryd.

Ond ysigwyd Herod gan siglo'r crud
A chwalodd ei chwerthin ochneidiau'r byd,
Y seren syfrdanodd holl sêr y nef
A'r bugeiliaid yn baglu i'w ddilyn ef,
Y seren fu'n eirias yng ngweithdy'r saer
Yn galw brenhinoedd i'w breseb gwair.

Cofiwn Simeon, hen batriarch llwm,
Yn canu gorfoledd ei henaint i hwn,
Ac Anna unig yng ngwyll ei chell
Yn gweled Gwaredwr y gobaith gwell,
Mynnwn anadlu ei newydd hoen
A syndod ei seren tros erwau'r boen.

Gorchfygwn hen fyd sy'n dragwyddol drist
A synnwn weld Cymru'n croesawu'r Crist.
Daeth mewn cadachau, aeth mewn drain,
Ond heno, a'n hoes dan y bicell fain,
Seiniwn ein salmau, dyblwn y gân,
Mae hedd di-gledd yn ei ddwylo glân.

GWYN ERFYL (1924 – 2007)

HWIANGERDD

'CWSG, f'anwylaf un,
Cwsg yn dlws dy lun.'
Mair sydd yn canu ei lwli-lw:
'Engyl y nef, fy mhlentyn annwyl i,
Yn dawel a ganant lwli-lw.
Holl blant y byd, fy mhlentyn annwyl i,
Yn dawel a ganant lwli-lw.'

'Yma'n dy gawell clyd,
Cwsg yn wyn dy fyd,
Drosot yn gwylio bydd dy fam.'
'Engyl y nef, fy mhlentyn annwyl i,
Yn dawel a ganant lwli-lw.
Holl blant y byd, fy mhlentyn annwyl i,
Yn dawel a ganant lwli-lw.'

GLADYS WHITRED
cyf. JOHN HUGHES, Rhosllannerchrugog (1896 – 1968)

CÂN MAIR I'W PHLENTYN

CWSG, fy maban mewn cadachau,
Cwsg cyn dyfod loes i'th ran;
Hyd at lety'r ych a'r asyn
Ni ddaw niwed o un man.
Cân angylion sydd i'th suo,
Hwyrol gân o arall fyd;
Heno mae ar feysydd Bethlem,
Daeth â Duw a dyn ynghyd.

Gorwedd isod yn y preseb
Wnei gan wenu drwy dy hun
Heb gael profi dim o'r dolur
Ar dy ffordd a roir gan ddyn.
Cân angylion sydd i'th suo,
Hwyrol gân o arall fyd;
Heno mae ar feysydd Bethlem
Daeth â Duw a dyn ynghyd.

Gwyn dy fyd, fy maban mwynlan,
Er pob dolur, er pob croes,
Rhoddwyd iti'r ddawn anfeidrol
I esmwytho ingoedd oes.
Cân angylion sydd i'th suo,
Hwyrol gân o arall fyd;
Heno mae ar feysydd Bethlem,
Daeth â Duw a dyn ynghyd.

TECWYN ELLIS (1918 – 2012)

CAROL NADOLIG

CYDUNED plant dynion i ganu'u hacenion
   Am ddod baban tirion i'n byd,
I'n daear disgynnodd, a'r engyl a ganodd,
   A golau ymdaenodd ar grud.
Bugeiliaid a glywsant y nef yn rhoi moliant
   A pheraidd ogoniant cytûn;
Fe dorrodd goleuni ar fyd o drueni
   Y bore bu geni Mab Dyn;
Y seren wen olau oleuodd y llwybrau
   A throi eu hwynebau i'r dre,
Ac yno mewn llety a gwair iddo'n wely
   Gorweddai yr Iesu, Mab Ne'.

Ti fyd sy'n grwydredig, na fydd yn ystyfnig,
   A chofia Nadolig Mab Duw;
Os hen ydyw'r hanes gwir iawn yw ei neges,
   Rhaid gwasgu i'w fynwes i fyw;
O cofia y geni, a thyrd i'w addoli,
   Fe wêl ef holl gyni y llawr,
A thafl hunanoldeb, gwêl ynddo y purdeb,
   Ac edrych i'w wyneb yn awr;
Mae'n hir ei amynedd, yn fawr ei drugaredd
   A rhydd ei ymgeledd i'r trist,
Mae'n gyfaill i'r unig, yn llyw i'r colledig,
   Mae hedd yn Nadolig y Crist.[1]

D. GLYN LEWIS, Llanwddyn (1916 – 81)

[1] Buddugol yn yr Eisteddfod Genedlaethol – Bro Myrddin 1974.

CAROL

CYWEIRIER telynau a chwydded y clychau
a llafar fo'r genau i'w glod,
cael Rhyfedd-Gynghorwr i wella ein cyflwr,
ein Dyddiwr mewn annedd ddi-nod.
O breswyl goleuni, i barthau trueni
i weini gollyngdod i'r caeth,
o'i wirfodd i'w alwad, a'i hunanymwadiad,
Ffisigwr Gilead a ddaeth.

Doed cân yr angylion a mawl gwaredigion
ar lanw'r awelon i'n byd,
rhoed nabl ac organ ei nodau yn gyfan
i'r baban, digymar ei bryd.
Awn ninnau'n finteioedd dan wenau y nefoedd
at Awdur yr oesoedd achlân,
gan isel ymgrymu a gwylaidd offrymu
i'r Iesu, ein calon a'n cân.

Cyrhaeddodd y newydd hyd gyrrau'r holl wledydd,
i Seion, Gwaredwr a gaed;
rhydd nerth i'r blinderog, esmwythyd i'r llwythog
a'r euog a blyg wrth ei draed.
Dyrchafer ei foliant, cyhoedder ei haeddiant
dan lewyrch gogoniant ei wedd,
yng ngrym ei gyfryngdod, ei ras a'i awdurdod,
i'n daear daw cymod a hedd.

T. ELFYN JONES (1914 – 2008)

CHWI ANGYLION BRO'R GOGONIANT

CHWI angylion bro'r gogoniant
Ar adenydd uwch y byd,
Dawnsiodd cread i'ch cyfeiliant,
Cenwch heddiw gân y crud.

Gloria in excelsis Deo.

Syllwch fry, holl lu'r bugeiliaid,
Tra bo'ch praidd yn cysgu'r nos;
Daeth eich Duw i blith ei ddeiliaid,
Gwelwch olau'r seren dlos.

Yma'n faban mewn dinodedd,
Wele etifedd Duw ei hun,
Daw'r cenhedloedd at ei orsedd,
Heddiw ganwyd Ceidwad dyn.

JOHN RODERICK REES (1920 – 2009)

YR EMYN PLYGAIN

Daeth dwthwn defosiwn, disglair yw'r pelydrau,
  Concrwyd tywyllwch gyda glasiad y dydd;
Lleisiwn yr odlau, tiwnier inni'r tannau,
  Dyrchafwn uchel glodydd i Awdur ein ffydd.

A deuwn, datganwn ddiolch ein calonnau
  Heddiw am faban sy'n Waredwr i ddyn;
Cyd-orfoleddwn, pynciwn ein caniadau,
  Cans atom daeth y Duwdod a dyndod yn un.

Arddelwn ei enw'n bersain mewn cantiglau,
  Offrwm gwasanaeth rown i'r Mab yn ei grud;
Casgler y corau, caner melodïau,
  Cyd-gordier offerynnau i'r Ceidwad ynghyd.

Ymgrymwn, cysegrwn foliant ein côr-ganau,
  Teilwng ohonynt ydyw'r Arglwydd o'r nef:
Ennyd o wynfyd deued o'r carolau
  Sy'n datgan ym mhob cytgan fawrhad iddo ef.[1]

DAFYDD HUGHES JONES (1921 – 2011)

[1] Buddugol yn yr Eisteddfod Genedlaethol – Sir Benfro, Tyddewi 2002.

DAETH Y CEIDWAD, LLAWENHAWN

DAETH y Ceidwad, llawenhawn,
Gyda'r dorf i Fethlem awn;
Gwelwn yno'r Ceidwad cun
Wedi gwisgo natur dyn.

Gloria in excelsis Deo.

Ganed, do, ym Methlem dref,
Grist, eneiniog mawr y nef;
Wele Air y dwyfol Ri,
Iôr y nef, Duw gyda ni.

Clywch! Caniadau engyl sy
Yn datseinio'r nefoedd fry;
Dydd gorfoledd heddiw yw,
Dydd cymodi dyn â Duw.

Dewch, addolwn ger ei fron,
Ef yw Arglwydd daear gron;
Er mor dlawd ei lety yw,
Egwan Ddyn, mae'n gadarn Dduw.

Llafarganed pobloedd byd,
A'r ynysoedd pell ynghyd;
A chydfloeddied côr y nef
Byth ogoniant iddo ef.

D. SILVAN EVANS (1818 – 1903)

√

AR FORE DYDD NADOLIG

DAW tair o longau hardd eu llun,
A hwyliau gwynion i bob un
Ar fore dydd Nadolig.

Yr arwydd ar bob un o'r tair
Yw Iesu, annwyl Faban Mair,
Ar fore dydd Nadolig.

Ac angel disglair wrth bob llyw
Sy'n canu cân i'r neb a glyw
Ar fore dydd Nadolig.

Y blaenaf un, ei garol yw:
'Gogoniant i'r goruchaf Dduw!'
  Ar fore dydd Nadolig.

'Tangnefedd,' gan yr ail, a'r don
Lonydda lle y clywir hon
  Ar fore dydd Nadolig.

'Ewyllys da i ddynion,' yw
Y gân gan drydydd angel Duw
  Ar fore dydd Nadolig.

Daw'r llongau a'u trysorau drud
I'w rhannu'n rhad i bawb drwy'r byd
  Ar fore dydd Nadolig.

Ond llawer un, ni wêl, ni chlyw,
Fe bery'n llwm heb drysor Duw
  Ar fore dydd Nadolig.

Ond pe derbyniai pawb y rhodd,
Fe fyddai'r ddaear wrth ei bodd
  Ar fore dydd Nadolig.

ELFED (1860 – 1953)

DEFFRO! DEFFRO!

DEFFRO! Deffro! Wele'r seren siriol,
Gwrando, gwrando ar y gloch a'r garol;
Gŵyl y Geni biau'r gân,
Mae'r byd i gyd yn moli;
Canwn ninnau gan addoli
Fore dydd Nadolig.

Deffro! Deffro! Daeth y côr angylion,
Gwrando, gwrando ar eu llon newyddion,
Gŵyl y Geni biau'r gân,
Mae'r byd i gyd yn moli;
Canwn ninnau gan addoli
Fore dydd Nadolig.

Deffro! Deffro! Dilyn y bugeiliaid,
'Does dim rhaid gofalu am y defaid,
Gŵyl y Geni biau'r gân,
Mae'r byd i gyd yn moli;
Canwn ninnau gan addoli
Fore dydd Nadolig.

Deffro! Deffro! O'r dwyrain daw'r doethion,
Yn addolgar i gynnig anrhegion;
Gŵyl y Geni biau'r gân,
Mae'r byd i gyd yn moli;
Canwn ninnau gan addoli
Fore dydd Nadolig.

Penillion 1 – 3 ANEURIN JENKINS-JONES (1925 – 81)
Pennill 4 Y GOLYGYDD

√

DEFFRO, DDAEAR, LLAWENHA

DEFFRO, ddaear, llawenha,
Heddiw ddaeth newyddion da;
Seren Bethlem dirion, dêr,
Ddaeth i lawr o blith y sêr.

Henffych well i'r bore cun!
Bore prynedigaeth dyn;
Caned holl Jerwsalem,
Ganed Crist ym Methlehem.

Mae Creawdwr mawr y byd,
Mae Cynhaliwr pawb ynghyd,
Mae Iachawdwr dynol-ryw
Heddiw gyda ni yn byw.

Wele'r awyr oll yn llawn
O aroglau haf brynhawn;
Ar ddisberod syrthiodd cainc
O anthemau'r orsedd-fainc.

Brenin y brenhinoedd yw;
Ble mae'r palas ganed Duw?
Ble mae Baban pur y nef?
Yn y preseb wele ef!

Nage, nid mewn palas gwych
Ond ym mhreseb gwael yr ych;
Yn is na'r tlotaf o'r rhai tlawd
Y disgynnodd Duw mewn cnawd.

Codwyd ninnau hyd y nef,
Yn ei ostyngeiddrwydd ef;
Sych dy ddagrau, enaid trist,
Do, fe anwyd Iesu Grist.

JOHN CEIRIOG HUGHES ('Ceiriog' 1832 – 87)

DEFFROWCH YN LLON

DEFFROWCH yn llon, breswylwyr llwch,
A chodwch, O chwychwi,
Datseiniwch oll, 'Hosanna' â chân,
Mae'n lân wir Jwbili;
Dihunwch chwi, rai tlawd a chaeth,
Hi ddaeth, hi ddaeth y dydd,
Mae'r haul yn glir a'r hwyl i'n gwlad
A'r ffordd yn rhad a rhydd.
O wele'r dydd, Newyddion Da,
Pob tlawd a chla' clywch lef,
Chwi sydd â d'lêd i'ch suddo hyd lawr,
O wynfyd wawr, y Meichiau mawr
A ddaeth yn awr o'r nef.
Tangnefedd sydd, mae'n rhyfedd sôn,
Lles dynion, 'wyllys da
I ddynion drwg o'i ddawn ddi-drai;
Druenus rai, dan bwyse'u bai,
Yn rhyfedd a'i mawrha.

A hwn yw'r Gair a wisgodd gnawd,
Fe wnawd yn Frawd i ni,
Ac yn ei Gnawd ag enwog nerth
Condemniai'r anferth ri.
Yn gymaint oll mai yng nghnawd dyn
Daeth colyn gwenwyn gynt,
Yng nghnawd y dyn y cydiodd dawn,
Bu'n rhyfedd iawn yr hynt:
Er dyfned oedd trueni dyn,
Mab Duw ei hun wnâi hedd;
Aeth dan bob rhan, digofaint pryd,
Olrheiniai ar hyd ei Eglwys ddrud
Trwy'r byd, tu draw i'r bedd:
O'r cariad oedd yng nghalon Duw
Rhyfeddod yw mewn dawn!
Gwaith Cariad rhad, concweriad rhwydd
Yn chwalu chwydd hen sarffaidd swydd
Pob llid euogrwydd llawn

THOMAS EDWARDS ('Twm o'r Nant' 1739 – 1810)

GWRANDAWN, DILYNWN AC ADDOLWN

DEFFROWN a gorfoleddwn,
Fe aned Iesu Grist;
Newyddion o lawenydd mawr
A gaed yn awr i'r trist;
Gwrandawn ar gân angylion llon,
Cyhoeddi maent i'r ddaear gron:
Ceidwad byd ddaeth o'r nef,
Ganwyd y Crist : *in excelsis gloria.*

Fe welodd tri o'r dwyrain
Oleuni newydd Nêr,
A darllen neges gyfrin Duw
Yng ngwiw batrymau'r sêr,
A dilyn rhawd ei olau ef
Nes dod at breseb Bethlem dref:
Ceidwad byd yno gaed,
Ganwyd y Crist : *in excelsis gloria.*

Dan gronglwyd lom y beudy
Plygasant ger y crud;
Cysegru wnaent o galon lawn
Eu dawn a'u rhoddion drud;
Rhown ninnau'n hunain iddo nawr,
Ein denu mae â'i gariad mawr:
Ceidwad byd yw efe,
Ganwyd y Crist : *in excelsis gloria.*

JEAN DE BRÉBEUF (*c.*1641)
cyf. ANHYSBYS

DEFFROWN! DEFFROWN!

DEFFROWN! Deffrown! A rhown fawrhad
Cyn toriad dydd, cyn toriad dydd:
I ddwyfol Aer y nefol wlad
Croesawiad sydd, croesawiad sydd.
Fe ganodd sêr er bore'r byd,
Sef holl angylion Duw ynghyd;
Fe ganodd y Proffwydi i gyd,
Heb fod yn gau, heb fod yn gau;
A pham na chanwn ninnau'n un
Am gael Jehofa mawr ei hun,
Mewn dull fel dyn ac ar ei lun,
I'n gwir wellhau, i'n gwir wellhau?

O ryfedd rad y cariad cu
A ddarfu ddwyn, a ddarfu ddwyn,
I'n plith y Meddyg, Iesu mad,
Samariad mwyn, Samariad mwyn.
Gadawodd orsedd nefol wlad,
Ei 'wyllys oedd, er ein llesâd;
I lawr y daeth o lys ei Dad
I'n hisel dir, i'n hisel dir.
O'n natur lesg cymerodd ran,
Bu iddo 'mostwng ymhob man;
Mewn beudy'n wael, mewn byd yn wan,
Bu'n bod yn wir, bu'n bod yn wir.

Bechadur, heddiw gwêl dy le,
Gad gael dy lais, gad gael dy lais;
Am gael i'th fynwes Frenin ne'
Pob cyfle cais, pob cyfle cais.
Paham yn drist y safwn draw?
Efe yw'n braich rhag ofn a braw;
Mae'n derbyn ato bawb a ddaw
Â'i law ar led, â'i law ar led.
Dim cariad mwy na hwn nid oes,
Ac ni bu 'rioed mewn neb rhyw oes;
Ei fywyd roes ar bren y groes
Dros bawb a gred, dros bawb a gred.

Mae eto'n dod; yn barod bôm
Tra byddom byw, tra byddom byw,
I ymgyfarfod mewn gwir ffydd
Bob dydd â'n Duw, bob dydd â'n Duw.
Rhown gyfrif o'r orchwyliaeth hon,
Ni thâl esgusion ger ei fron;
Mae'n adwaen gwraidd y galon gron
Mewn golwg rhydd, mewn golwg rhydd.
O am ein caffael ynddo fe
Fel gogoneddus blant y ne';
Bydd llon ein lle ar ei law dde
Pan ddêl ei ddydd, pan ddêl ei ddydd.

ROBERT DAVIES ('Bardd Nantglyn' 1769 – 1835)

EMYN NADOLIG

DEUWCH blant ynghyd i ganu
Gerllaw crud y baban Iesu,
Dyma le i ni gael nefoedd
Yn ei greadigaeth ryfedd.

Deuwch oll mewn cân a gweddi
Pawb yn llawen, i'w addoli,
Ef yw ein Gwaredwr tirion,
Ef a'n prynodd dan yr hoelion.

Dysgedydd y Plant, 1920 EOS GERWYN

DEUWCH FFYDDLONIAID
Adeste, fideles

DEUWCH, ffyddloniaid,
Bawb dan orfoleddu,
Deuwch, O deuwch i Fethlehem;
Wele, fe aned Brenin yr angylion!

O deuwch ac addolwn,
O deuwch ac addolwn,
O deuwch ac addolwn Grist ein Duw!

Dduwdod o'r Duwdod!
Olau pob goleuni!
Daethost yr awron o groth dy fam,
Wir Dduw o wir Dduw, Arglwydd cenedledig!

Seren sy'n arwain
Doethion i'w addoli:
Rhônt eu trysorau i'r Brenin mawr.
O rhoddwn ninnau iddo ein calonnau!

Cenwch, gantorion,
Llawen gôr angylion,
Cenwch ei fawl, holl neuaddau nef!
Molwch, clodforwch Dduw yn y goruchaf!

Iesu, i tithau,
Aned inni heddiw,
Boed y gogoniant drwy'r oesoedd maith!
Gair y Tragwyddol nawr yn gnawd a wnaethpwyd –

Priodolir i JOHN F. WADE (1711 – 86)
cyf. IFOR L. EVANS (1897 – 1952)

GOBAITH Y GENI

DEWCH i ganu! Dewch i foli!
Wele, ganwyd Mab y nef,
Daeth i'r ddaear hon i achub
Pawb a gredo ynddo ef,
Nid oedd iddo 'stafell foethus,
Preseb oedd ei grud, ar lawr,
Daeth â chariad yn ei fynwes,
Ef yw trysor mwya'r llawr.

Canwn ar ein taith i Fethlem,
Rhoddwn iddo'n parch a'n bri,
Cawn ein tywys gyda'r seren
Sy'n goleuo'r ffordd i ni,
Yn ei gariad gwelwn ninnau
Gyfle newydd nawr ynghyd,
Drwy gysegru iddo'n bywyd
Mynnwn geisio hedd i'r byd.

Heddiw, canwn a chlodforwn
Ysbryd Crist sydd eto'n fyw,
Y mae'n cymell a chysuro
Drwy roi llaw i ddynol-ryw,
Dewch i ganu! Dewch i foli!
Daeth Nadolig inni'n rhad,
Gwelwn obaith yn y Geni:
Molwn Iesu, Fab y Tad.

MORFYDD JAMES, Llangynin

EI SEREN EF

DOETHION ddaeth o'r dwyrain draw
Ag anrhegion ym mhob llaw,
Teithio, teithio, o dref i dref,
Ar ôl gweld ei seren ef.

Gad i ninnau, Frenin nen,
Ddilyn golau'r seren wen,
Nes dy gael – a gwyn ein byd!
Ti gei'n rhoddion ninnau i gyd.

Croesi wnaethant lawer tir,
Yng ngoleuni'r seren glir,
Nes disgleiriai megis gem
Goruwch baban Bethlehem.

Yno, mewn llawenydd mawr,
Gan ymgrymu hyd y llawr,
Offrymasant iddo, ar fyr,
Roddion: aur, a thus, a myrr.

Mae plant bach mewn gwledydd pell
Eto'n disgwyl golau gwell;
Arglwydd Iesu, gad i ni
Anfon yno'th seren di.

ALBERT EVANS-JONES ('Cynan' 1895 – 1970)

DOS DYWED AR Y MYNYDD

DOS, dywed ar y mynydd,
Ledled y bryn ac ymhob man,
Dos, dywed ar y mynydd
Am eni Iesu Grist.

Tra gwyliai y bugeiliaid
Y praidd drwy'r noson hir
Yn syth o'r nef disgleiriodd
Goleuni dwyfol clir.

A hwythau, wedi'i weled,
Aent ar eu gliniau 'nghyd,
Ac yna mynd ar unwaith
I geisio Prynwr byd.

Pan geisiais innau Iesu,
Fe'i ceisiais nos a dydd;
Erfyniais am ei gymorth,
Arweiniodd fi yn rhydd.

Fe'm gwnaeth yn wyliwr cyson
Ar furiau dinas Duw,
A'm rhawd, fi Gristion eiddil,
Mor ddedwydd, dedwydd yw.

Penillion 1 a 2 JOHN WESLEY WORK (1873 – 1925)
Penillion 3 a 4 a'r gytgan ANHYSBYS
efel. DAFYDD OWEN (1919 – 2002)

DRAW 'MHELL YN Y PRESEB

DRAW 'mhell yn y preseb
Heb wely bach clyd,
Gorweddai y Baban,
Gwaredwr y byd.
Y sêr yn y nefoedd
A wenai ar Mair,
A'r Iesu bach annwyl
Yn cysgu'n y gwair.

Mae'r gwartheg yn brefu,
A'r Baban bach mwyn
Sy'n deffro yn ddistaw
Heb ddeigryn, heb gŵyn.
Fe'th garaf di, Iesu,
O, disgyn o'r nen,
A saf yn fy ymyl,
A'th law ar fy mhen.

ANHYSBYS
cyf. T. H. PARRY-WILLIAMS (1887 – 1975)

DRAW YN NHAWELWCH BETHLEM DREF

DRAW yn nhawelwch Bethlem dref
Daeth Baban bach yn Geidwad byd;
Doethion a ddaeth i'w weled ef,
A chanodd angylion uwch ei grud:
Draw yn nhawelwch Bethlem dref
Daeth Baban bach yn Geidwad byd.

Draw yn nhawelwch Bethlem dref
  Nid oedd un lle i Geidwad byd;
Llety'r anifail gafodd ef
  Am nad oedd i'r Baban lety clyd:
Draw yn nhawelwch Bethlem dref
  Nid oedd un lle i Geidwad byd.

Draw yn nhawelwch Bethlem dref
  Fe anwyd Crist yn Geidwad byd;
Canwn garolau iddo ef,
  A molwn ei gariad mawr o hyd:
Draw yn nhawelwch Bethlem dref
  Fe anwyd Crist yn Geidwad byd.

JOHN HUGHES, Rhosllannerchrugog (1896 – 1968)

Y DOETHION

DRAW yn y dwyrain ar gynfas y nos
Disgleiriodd y seren uwch bryn a rhos;
Gwelwyd ei golau yn pefrio'n glaer
I arwain y doethion at Fab y saer.

Rhaid ydoedd mentro o'r dwyrain a'i hud
I chwilio am Iesu, Gwaredwr y byd;
Dilyn y seren heb wyro un cam
Nes dyfod at lety y Mab a'i fam.

Daeth Melchior ag aur at Iesu yn rhodd,
A phlygu yn wylaidd a wnaeth o'i fodd,
Cydnabod fod Brenin mewn preseb tlawd,
A'r Gair tragwyddol yn ei wisg o gnawd.

Daeth Caspar â thus yn anrheg i Grist,
I ddangos gwrogaeth mewn dyddiau trist;
A myrr ydoedd offrwm Balthasar o bell,
Wrth grymu i Frenin y deyrnas well.

Dychwelodd y doethion o Fethlehem
Â golau o'r nef yn glir yn eu trem;
Yr her yw eu dilyn wrth droi mewn ffydd
I fod yn genhadon dros Grist bob dydd.

D. J. THOMAS (1916 – 99)

DRWY RINWEDD DADLEUAETH

DRWY rinwedd dadleuaeth, eiriolaeth yr Iawn,
Moliannu Duw'r nefoedd yn gyhoedd a gawn,
Am eni'r Iachawdwr, y Prynwr mewn pryd,
Yn Geidwad i ddynion, abwydion y byd.
O deuwn i'w dŷ a lleisiwn yn llu
Mewn cariad gwir frawdol i'w ganmol yn gu.
Diolchwn, da yw, am fod yma'n fyw
I gofio babandod a dyndod Mab Duw.

Cyn gwawriad naturiol wybrennol ryw bryd
Llewyrchai gwawr nefol arbedol i'r byd,
Sef gwawr Haul Cyfiawnder yn nyfnder y nos
I arwain rhai budron i'r Ffynnon o'r ffos.
Yr Iesu, o'i ras, ogwyddai i le gwas
Pan ddaeth yn dlawd arno i'n ceisio, rai cas.
Ni feddai efe un llys yn y lle,
Na gwely na cherbyd, Anwylyd y ne'.

Clodforwn, clodforwn, Duw folwn hyd fedd,
Creawdwr, Cynhaliwr, a Rhoddwr gwir hedd.
Ei drigfa 'mysg dynion, rai noethion, a wnaeth
A'r dynion i undod y Duwdod a ddaeth;
Fe anwyd mewn pryd y Baban i'r byd,
Gogoniant y dwthwn a gofiwn i gyd.
Er gogan a gwawd mae'n Frenin, mae'n Frawd;
Hwn i bechaduriaid yn Geidwad a gawd.

Angylion dihalog (wrth ddisgwyl eu tro),
Fu'n seinio moliannau hyd fryniau y fro
Am eni'r Iachawdwr yn Ddyddiwr i ddyn,
Yn noddfa mewn trallod, yn Gyfaill a lŷn;
A ninnau yn awr a folwn yn fawr;
Cydseinied y nefoedd a lluoedd y llawr:
Tra bôm yn y byd, O rhoddwn ein bryd
Ar ddilyn yr Iesu, a'i garu i gyd.

EBENEZER THOMAS ('Eben Fardd' 1802 – 63)

DRWY'R DWFN DAWELWCH

DRWY'R dwfn dawelwch ar y sanctaidd nos
Daeth cân angylion, gwelwyd seren dlos;
'Dewch fugeiliaid, clywch ein neges,
Wele, heno Crist a aned
Draw ym Methlehem!'

'Cewch ef yn gorwedd ar ei wely gwair,
Ewch i groesawu'r Arglwydd, faban Mair.
Gloria in excelsis Deo,
Ar y ddaear hedd i ddynion,
Wele, ganed Crist!'

Aeth y bugeiliaid draw i Fethlem dref,
Lle gwelsant Iesu, ddaeth at ddyn o'r nef;
'Croeso iti, Geidwad sanctaidd,
Bu proffwydo dydd dy ddyfod,
Wele, daeth yr awr!'

Cân y bugeiliaid folodd Grist yr Iôr
Gyda'r angylion, orfoleddus gôr:
'Gloria in excelsis Deo,
Ar y ddaear hedd i ddynion,
Wele, ganed Crist!'

cyf. AMY PARRY-WILLIAMS (1910 – 88)

AWN HYD FETHLEHEM

DYGIR gyda'r awel bêr
Nodau cân o blith y sêr;
Deffro, f'enaid, llawenha,
Gwrando y newyddion da,
Bloeddiwch drwy Jerwsalem,
Crist a ddaeth i Fethlehem,
Taenwch y newyddion llon
Hyd derfynau daear gron.

Gorfoledda, Isräel,
Wele'th Dduw, Emanŵel!
Chwiliaist ti orseddau'r byd,
Baban yw efe mewn crud;
Dwed dy femrwn na fydd llef
Yn yr heol pan ddaw ef,
A phan ddêl i'r ddinas gâr,
Daw ar ebol asen wâr.

Paid â'i wrthod, Brenin yw,
Tecaf oll o ddynol-ryw!
Ceidwad, dy Waredydd cu,
Gwêl dy ofid, lleddfa'th gri;
Dinas y proffwydi hy,
Dinas y brenhinoedd cry',
Dyma y Meseia, clyw,
Dyma'th ddyn, a dyma'th Dduw.

Dacw'r bobl bell yn dod,
Darllenasant hwy ei glod,
Ar ddalennau wybren dêr,
Yng nghyfrinion dwfn y sêr;
Na foed neb yn brudd ei drem,
Awn, O awn i Fethlehem,
Uned daear gyda'r nef
I roi croeso iddo ef.

Cymru'r Plant, Rhagfyr 1910 — JOHN M. HOWELL (1855 – 1927)

CAROL GOFIO

ETO i'w taith daeth y doethion!
Ust! Clywch angylaidd lef!
Llonder sy'n llenwi pob calon,
  Seren sy'n llenwi'r nef!
Ti, Dduw, a fynnodd nesu
  Atom o dan ein pwn,
Derbyn ein diolch am Iesu
  Eto'r Nadolig hwn.

Hen yw llawenydd y garol,
   Newydd, er hyn, o hyd,
Am ddod i Fethlehem siriol
   Iesu yn Geidwad byd.
Pan fyddwn ninnau'n deulu,
   Ddydd Geni, 'gylch y bwrdd,
Cofia, ein Tad, y rhai hynny,
   'Leni, sy 'mhell i ffwrdd.

DAFYDD OWEN (1919 – 2002)

BETHLEHEM

EWCH yn llawen, ewch â'ch doniau
   Unwaith eto i Fethlem dref,
Gwelwch Faban mewn cadachau,
   Iesu ydyw, D'wysog nef.

Croeso yno, blant y gwledydd,
   Am Un bychan yn y gwair;
Er ei wrthod gan aelwydydd
   Croeso gafodd ar lin Mair.

Rhowch eich dagrau, famau tirion,
   Dros y Ceidwad gwan ei wedd;
O mor oer y byd a'i roddion –
   Coron ddrain, a chroes a bedd.

Gyfaill, a ddoi dithau heno
   I gyfrannu o olud Duw?
Deil yr hen addewid eto
   Fod y Baban yma'n fyw.

JOHN ARWYN PHILLIPS (1935 – 93)

CAROL O WLAD PWYL

FABAN Dwyfol,
   Faban siriol,
Dinod breseb iddo'n grud;
   Ych yn brefu
   Wrth ei wely,
Yntau'n huno'n wyn ei fyd;
   Cain acenion
   Chwim angylion
   O'r uchelion
   Ar ei glyw,
'Iesu Grist yw Ceidwad byd!'

   I'r bugeiliaid
   Wyliai'r defaid
Ganol nos, a phawb yn fud:
   Daeth goleuni,
   Clywsant stori
Droes eu hofnau'n gân i gyd.
   O'r llawenu
   A'r moliannu,
   Pêr-groesawu
   Llawen fryd;
'Iesu Grist yw Ceidwad byd!'

O'r Bwyleg
cyf. E. M. G. REED (1885 – 1933)
cyf. W. D. WILLIAMS (1900 – 85)

NADOLIG
Ich steh' an deiner Krippen hier

FE safaf yma wrth dy grud –
   Fy mywyd wyt, O Iesu –
A dof â phopeth yn y byd
   A roddaist dithau imi:
Fy meddwl, 'nghalon, f'enaid i –
Fe rof y cwbl nawr i ti:
   O dyro groeso iddynt.

Yng nghanol trymgwsg angau du
   Fel haul y buost beunydd,
Yn dod â golau glân i mi,
   Goleuni gwir lawenydd.
O Haul a ddyry olau ffydd
I mi, bechadur, nos a dydd,
   Mor hardd yw dy belydrau!

Edrychaf arnat ti yn llon,
   Dy weld ni allaf ddigon:
Am ran mewn gwyrth mor fawr â hon
   Diolchaf byth o'm calon.
O nad âi 'mryd uwch bryniau'r byd
A thros y moroedd yn eu hyd
   Er mwyn im afael ynot!

PAUL GERHARDT (1607 – 76)
cyf. IFOR L. EVANS (1897 – 1952)

BETHLEHEM

FE wawriodd dydd uwch Bethlem dref
   Pan oedd angylion ag un llef
Yn seinio moliant pêr ynghyd
Am eni Ceidwad mawr y byd.

Ni wyddai gwraig wrth gynnau tân
Na fu erioed bereiddiach cân;
Ni wyddai gŵr wrth droi i'w waith,
Ni wyddai'r hen na'r plant ychwaith

Ni wyddai'r llon, ni wyddai'r prudd
Mai hwn oedd y rhyfeddol ddydd
Pan roes bugeiliaid ar eu hynt
Anfarwol gân ar flaen y gwynt.

Ni wyddai mawrion balch eu trem,
Ni wyddai'r tlawd fod "Bethlehem"
Yn enw nad âi'n angof mwy
Ar fôr na thir – ni wyddent hwy.

T. ROWLAND HUGHES (1903 – 49)

GANED BACHGEN INNI OLL
Puer nobis nascitur

GANED bachgen inni oll,
Brenin mawr y bydoedd;
Daeth i geisio'r crwydraid coll,
Gwaredwr i'r cenhedloedd.

Yn y preseb cafwyd ef,
Gyda'r ychen mudion;
Gwelsant hwy etifedd nef,
Y tecaf o'r holl feibion.

Herod oedd yn llawn o fraw,
Wedi'r newydd rhyfedd;
Lladdodd ef ym Methlem draw
Y plant yn ei gynddaredd.

Boed i Fab y Forwyn Fair,
Ceidwad cryf yr oesoedd,
Arwain pawb trwy nerth ei air
I wynfyd pur y nefoedd.

Alffa ac Omega yw,
Seiniwn foliant iddo;
A dyweded pob dyn byw:
Benedicamus Domino.

15fed ganrif
cyf. WILLIAM HENRY HARRIS (1884 – 1956)

GANED CRIST YM METHLEHEM

GANED Crist ym Methlehem,
Yn y beudy isel;
Ych ac asyn wyliai'n fud
Uwch ei grud yn dawel;
Hwn sy Dduw er lleied yw,
Brenin, Arglwydd dynol-ryw.
Doed y byd o'r bron
I'w foliannu'n llon,
Codwn lef
Iddo ef,
Un ac oll i'w foli,
Pawb i'w gydaddoli.

Dug brenhinoedd gwledydd pell
Heirdd anrhegion iddo,
Seren ac angylion glân
A'u harweiniodd ato.
Rhoddion a gyflwynant hwy,
Aur a thus a myrr a mwy,
Doed y byd o'r bron
I'w foliannu'n llon,
Codwn lef
Iddo ef,
Un ac oll i'w foli,
Pawb i'w gydaddoli.

Sanctaidd Faban Bethlehem,
Dod dy fendith arnom;
Gwna ni'n deulu mawr cytûn,
Rho dy heddwch ynom.
Yn dy gariad boed ein nyth,
Gweld dy wedd fo'n cysur byth:
Doed y byd o'r bron
I'w foliannu'n llon,
Codwn lef
Iddo ef,
Un ac oll i'w foli,
Pawb i'w gydaddoli.

Aralleiriad o'r Ffrangeg gan THOMAS ARMSTRONG (1898 – 1994)
efel. W. D. WILLIAMS (1900 – 85)

CAROL PLENTYN

GANRIFOEDD maith yn ôl fe ddaethost ti
Yn blentyn bychan fel myfi,
Ac uno wnaeth y doeth a'r engyl glân
I gynnig iti, oll yn ddiwahân –
Eu mawl a'u cân.

A thyfu wnest yn ddyn a chrwydro'r wlad
Gan godi'r truan ar ei dra'd,
A rhannu'n rhad o fodd dy galon lawn
A gwella'r afiach trwy dy ddwyfol ddawn –
Moli a wnawn.

O cymer fi i'th gôl a rho dy law
I'm tywys inne rhag pob braw
A boed i rym a gwres dy Ysbryd di
Oleuo imi'r ffordd o'i cherdded hi.
O clyw fy nghri.

PETER M. THOMAS

GOGONIANT YR ARGLWYDD DDISGLEIRIODD

GOGONIANT yr Arglwydd ddisgleiriodd,
O'r nefoedd y llifodd i'r llawr,
A seren y dwyrain a wenodd
A'r ddaear ryfeddodd yn fawr;
Pan welid y tecaf flodeuyn
Esgorodd y forwyn yn fyw:
Mewn preseb gorweddai y plentyn,
Teg febyn yn ddyn ac yn Dduw.

O'i amgylch y gwyliai angylion,
Mil myrdd o anwylion y nef,
Ar euraid gymylau digymar
Y canent yn llafar eu llef:
'Gogoniant i'r Arglwydd Goruchaf,
Y blaenaf a'r olaf Air yw,
I'r Mab a'r Glân Ysbryd rhown foliant,
Gogoniant, addoliant i Dduw.'

'Gogoniant!' medd hoffus seraffiaid
Mewn gwisgoedd gwiw-gannaid i gyd;
'Gogoniant!' medd côr y cerwbiaid,
'O wele Ben-ceidwad y byd.'
'Gogoniant!' medd gwylaidd fugeiliaid,
'Bendigaid yw Duw yn y cnawd!'
Mae'r forwyn yn dal ar ei deulin
Ein Harglwydd, ein Brenin a'n Brawd.

Gorlenwid y nef â gorfoledd,
Tangnefedd i'r ddaear a ddaeth,
A chariad ar loywon adenydd
Pob calon o newydd a wnaeth;
A Meichiau pechadur dyledog
Sydd faban gwynwridog yn awr,
Ond cyfyd yn Haul i'r ddaearen,
Siriolach na seren y wawr.

O! Wele Iachawdwr a Cheidwad,
Anfeidrol ei gariad, gwir yw,
Arweinydd i fywyd tragwyddol
A nefol a dwyfol Oen Duw:
Gogoniant i'r Arglwydd a roddwn,
A chanwn tra byddwn ni byw
Â'n lleisiau a'r delyn a'r dectant
Bêr foliant, addoliant i Dduw.

ANHYSBYS

GWROGAETH A DALWN
Carol Plygain

GWROGAETH a dalwn i Grëwr ein byd,
Ac Awdur ei frith greaduriaid i gyd;
Uchafbwynt a champwaith ei gread yw Dyn
A luniwyd gan Dduw ar ei ddelw a'i lun;
Darganfu yn Eden baradwys wir hardd,
Ac yna ei cholli yng nghodwm yr ardd,
Cans torrwyd y cwlwm rhwng dynion a Duw,
Pan lygrwyd dynolryw gan bechod a'i friw.

Cyfamod o'r newydd, medd proffwyd, a wneir,
O bren crin y boncyff blaguryn a geir,
A changen addawol a gyfyd o'r gwraidd:
Cyff Jesse rydd eto Ben-bugail i'r praidd,
A hen ddinas Dafydd, er lleied ei maint,
Yn ddinas frenhinol drachefn – y fath fraint!
Cans yno y genir Gwaredwr y byd,
Crist Iesu, cyflawnder yr oesau i gyd.

Mil a Mwy o Emynau

Mor amrwd ei breseb ac isel ei stad,
A Herod yn unben ar fywyd y wlad;
Er hynny, fe gafodd ar fynwes ei fam
Lochesu rhag dichell a'i gadw rhag cam;
I'r stabal daeth atynt o'r meysydd gerllaw
Y gwylaidd fugeiliaid mewn arswyd a braw,
A hwythau'r seryddion, gan ddwyn offrwm drud
Yn deyrnged haeddiannol o amgylch ei grud.

Prif fyrdwn ei neges pan dyfodd yn ddyn
Oedd Duw yn teyrnasu ar fywyd pob un,
Boed bonedd neu werin, boed satyr neu sant,
Yr un oedd ei bwyslais, gan daro'r un tant;
Estynnai drugaredd i'r truan a'r gwan,
A cherydd yn llym i'r trahaus ymhob man,
Heb flewyn ar dafod fe heriodd bob drwg,
Heb geisio gwên dynion nac ofni eu gwg.

Nid dedfryd gan Peilat na Chaiaffas chwaith
A bennodd ei dynged ar ddiwedd y daith,
Ond dwyfol ragluniaeth a drefnodd mai'r groes
A ddwg fuddugoliaeth ar bechod pob oes;
Mor flin fu'i ddioddefaint ar drostan o bren,
Mor bigog y ddraenen yn bleth ar ei ben;
Ond coron y cyfan, a sylfaen ein hedd,
Yw gwyrth atgyfodiad Crist Iesu o'r bedd.

MAURICE LOADER

EMYN NADOLIG

GWYN fyd na welem eto
Y seren honno gynt
Fu'n olau nos y geni
I'n harwain ar ein hynt.

Gwyn fyd na theimlem eto
Gynhesrwydd preseb tlawd;
Y byd yn aelwyd eilwaith
A'r gelyn gynt yn frawd.

Gwyn fyd na chlywem eto
Gôr yr angylion glân
Ar deithiau llwm yr ysbryd
Yn rhoi i'r enaid gân.

Gwyn fyd na chaem ryfeddod
Nadolig plentyn bach,
A dyfroedd ffynnon Bethlem
Yn troi pob claf yn iach.

JOHN RODERICK REES (1920 – 2009)

HEDD I'R HOLL FYD

HEDD i'r holl fyd, fe ddaeth ein Duw,
  Rhown groeso iddo ef,
Efe yn wir yw'n Ceidwad ni.
  O caned nef a llawr,
  O caned nef a llawr,
O caned, O caned nef a llawr.

Hedd i'r holl fyd, fe wnaeth ein Duw
  Ffordd glir yn syth i'r nef.
Efe yn awr yw'n Bugail ni:
  Dilynwn ef bob cam,
  Dilynwn ef bob cam,
Dilynwn, dilynwn ef bob cam.

Hedd i'r holl fyd! Diolchwn, Dduw
  Am ein bendithion lu,
A gaed drwy boen ac aberth Crist:
  Ar groesbren Calfari,
  Ar groesbren Calfari,
Ar groesbren, ar groesbren Calfari.

Y GOLYGYDD

HENFFYCH ITI, FABAN SANCTAIDD

HENFFYCH iti, faban sanctaidd,
  Plygu'n wylaidd iti wnawn,
Gan gydnabod yn ddifrifol
  Werth dy ddwyfol ras a'th ddawn;
O ymuned daearolion
  I dy ffyddlon barchu byth,
Gyda lluoedd nef y nefoedd
  Yn dy lysoedd – Iôn di-lyth.

Henffych iti, faban serchog,
  Da Eneiniog, ein Duw ni,
Rhaid in ganu iti'n uchel,
  Ac, ein Duw, dy arddel di:
Ein Gwaredwr, a'n Hiachawdwr
  Wyt, a'n Dyddiwr gyda'th Dad,
Ac am hynny taenwn beunydd
  Iti glodydd drwy ein gwlad.

Wele seren deg yn arwain
  Doethion dwyrain at dy draed,
Aur a thus a myrr aroglus,
  Rhoddion costus iti gaed;
Tywysogion a ymgrymant
  Ac addolant di, O Dduw!
At y Silo pobloedd ddeuant,
  Gwelant dy ogoniant gwiw.

Bendigedig yn dragywydd!
  Ti yw'n Llywydd a'n Duw llad;
Iti'n ufudd yr ymgrymwn
  Ac y rhoddwn bob mawrhad;
Ti a wnaethost ryfeddodau
  Eang barthau'r nef uwchben,
Ac ni ganwn it ogoniant,
  Clod a moliant byth – Amen.

ROBERT (MONA) WILLIAMSON ('Bardd Du Môn' 1807 – 52)

CAROL PLYGAIN : RHOWN FOLIANT

I GYNNIG dedwyddwch i fyd mewn tywyllwch,
daeth Baban â'i heddwch o'r nef,
yn Fab diargyhoedd, yn Frenin brenhinoedd
a Cheidwad i'r bobloedd oedd ef;
ni chafodd ond beudy anifail yn llety,
a'i wely oedd preseb o wair,
ond yn ei breswylfod, caed bendith y Duwdod
ar bennod yr Ysbryd a Mair.

Er rhif ei fendithion tra'n byw ymhlith dynion,
gelynion a'i hoeliodd ar bren,
ond ni thâl i'w hepgor, cans ef yw y porthor
sy'n agor drws gras led y pen;
mae'r Bachgen a aned yn barod â'i nodded
pan geisir ymwared gan ddyn;
fe'n golchir o'n pechod, cawn fyw yn ei wyddfod
mewn cymod â'r Crëwr ei hun.

Y gân fu uwch Bethlem sy'n seinio yn Salem,
mae'r anthem o fawl yn parhau;
mae gwreng yn penlinio a bonedd yn uno,
a'r gytgan yn Seilo'n cryfhau;
rhown foliant i Iesu, y Brawd sy'n ein caru;
yr Un a'n hadnabu ni yw,
ac ef sy'n cyfeirio ein henaid rhag gwyro,
trwy bontio rhwng dynion a Duw.

ALICE EVANS, Henllan Amgoed

CAROL PLYGAIN

I WANU'R nos ar fryn a dôl
doed dwyfol dywyniadau
Ac engyl glân i foli'r Iôr
fel cynt ar faes y preiddiau;
Yn hyglyw fo'r newyddion da
am faban newydd eni.
Yn Ffrind a Brawd dynoliaeth dlawd
i'w gwared o'i thrueni.

I olau'r tŷ, mewn gwlad a thref
 ynghyd doed pererinion
Yn ŵyl eu gwedd i brofi hedd
 wrth draed yr Iesu gwiwlon;
Ei weled ef, digonedd fydd,
 cans deffry obaith bywiol
Mewn enaid crin am gael o'i rin
 i'w fywiocáu'n dragwyddol.

Dros fôr a thir dyrchafer cân
 ar led, O aed yr hanes
Am Aer y nef ym Methlem dref
 o'i fodd heb rwysg na rhodres,
Dros byth, disgleiria'i seren ef,
 diddarfod mawl angylion,
A'i aberth drud dros euog fyd
 fydd anthem gwaredigion.

T. ELFYN JONES (1914 – 2008)

EMYN NADOLIG

LLAWEN Nadolig ar ei hynt,
 Ieuainc a hen yn cyd-foli;
Mewn cân a ddysgodd yr engyl gynt,
 Mae'r plant i gyd yn addoli:
Ar bren y bywyd canhwyllau chweg
 A'u golau yn ymlid prudd-der;
Y plentyn a fedo lawenydd teg,
 Ni chyll ef byth mo'i londer.

Llawenydd heddiw a ddaeth i'r byd
 Gyda'r Brenin-Faban o'r nefoedd;
Aderyn to, llawenha ynghyd
 Â'r glomen pan daenir y gwleddoedd!
Dawnsia, Faban, ar lin dy fam,
 Cans dyma foreddydd gwiwlwys;
Ganed it heddiw Waredwr rhag cam
 A gwawrio yn awr mae paradwys!

Yn blentyn y ganed Iesu ei hun,
  Mewn preseb gorweddai'n Faban;
Mor agos yr ardd ar y bore cun,
  Lle mae engyl Duw yn hofran;
Yn awr gyda ni trig Brenin Nef,
  Llonder Nadolig sy'n hanu;
Pob bron ddi-frad a lŷn wrtho ef,
  Ac â'r angylion yn canu.

O'R DDANEG
cyf. R. C. GILLESPIE a D. TECWYN EVANS (1876 – 1957)

NOS Y GENI

MAE pob seren heno'n pefrio
  Yn fwy claer yng nglas y nef,
A phob oen ar hyd y meysydd
  Yn fwy byw a llon ei fref;
Mae tynerwch yn yr awel,
  Cyfrin wawl ar lenni'r nos,
Mae rhyw arfaeth fawr ar esgor
  Heno yn Effrata dlos.

Ciliodd trymder y bugeiliaid,
  Effro maent yn gwylio'u praidd,
Cyd-chwedleuant yn ddibryder,
  Pell yw'r llew, a mud yw'r blaidd;
Hawdd yw sôn am obaith Israel
  A gwynfydau'r dyddiau gwell,
Diau nad yw tymor euraid
  Y Goruchaf ddim ymhell.

Gwasga'r nef mor glòs i'r ddaear,
  Dan y pwysau rhwyga'r llen,
Dacw angel drwy yr adwy,
  Angel cryf ar adain wen;
Wele gorau yn ei ganlyn,
  Cylch ar gylch yn canu'n un:
Halelwia! Halelwia!
  Ganwyd heddiw Geidwad dyn.

W. NANTLAIS WILLIAMS ('Nantlais' 1874 – 1959)

BORE MAIR

MAE'N gwawrio'n araf, a'r awel lem
Yn treiddio i bobman ym Methlehem,
Ond yn y stabl y mae'n parhau
Naws hyfryd gynnes y llawenhau.

Cwsg, ein hanwylyd, ein trysor ni,
Si lwli lwli, si lwli li.

Rhyw ddydd, adroddaf i'm bychan llon
Holl hanes gwyrthiol y noson hon:
Y doethion deithiodd, cân engyl ne'
A'r llu bugeiliaid yn llenwi'r lle.

Pan giliodd pawb, daeth cwsg yn nes,
Tra gwyliai Joseff, breuddwydio wnes,
'Roedd drain tros wely fy mebyn tlws
Ond cân gorfoledd oedd ger y drws.

Bu'n hyfryd deffro a gweld dy drem
O wair y preseb ym Methlehem.
Ond cwsg, er dyfod y wawr ar daen,
Mae taith helbulus drachefn o'th flaen.

DAFYDD OWEN (1919 – 2002)

'MAE'N WIR'

'MAE'N wir,' medd bugeiliaid
Wrth fynd ato ef,
'Fe glywsom y newydd
Gan angel o'r nef;
Rhaid teithio i Fethlem
Lle ganed Mab Duw,
Mae'n rhaid ei addoli,
Ein Ceidwad ni yw.'

'Mae'n wir,' medd angylion,
A'u cân uwch y tir,
'Mae'n wir,' medd yr Arglwydd,
'O credwch, mae'n wir.'

'Mae'n wir,' medd y doethion
Wrth syllu i'r nen,
'Mae'r seren ryfeddol
Yn ddisglair uwchben;
Rhaid inni ei geisio
I'w foli o hyd,
Fe'i ganed yn frenin
Brenhinoedd y byd.'

'Mae'n wir,' meddai Joseff,
'Mae'n wir,' meddai Mair,
'Rhoed inni'r addewid
A chredwn y Gair;
Mae bellach yn gorwedd
Mewn preseb mor glyd,
Yn faban bach annwyl,
Gwaredwr y byd.'

W. RHYS NICHOLAS (1914 – 96)

PWY'N Y BYD YW HWN? ✓

MAE'R gwestai'n llawn ym Methlehem
heblaw am feudy llwm,
O'r gwyll daw wylo baban bach.
Pwy'n y byd yw hwn?

Tywynna seren ddisglair wen
goruwch y beudy llwm,
Llawenydd dau; gorfoledd lu,
Iesu Grist yw hwn!

Angylion lu hedfanant fry
uwchben y beudy llwm,
Eu cân a loywa'r preseb moel.
Pwy'n y byd yw hwn?

Bref dafad sydd i'w glywed nawr
gerllaw y beudy llwm,
Bugeiliaid nerfus sy'n troi mewn,
Pwy'n y byd yw hwn?

Cyfarchion tri o'r dwyrain pell
  a lenwa'r beudy llwm,
Cynhyrfwyd Herod hyd ei fêr.
  Pwy'n y byd yw hwn?

DAFYDD JONES, Pencoed Ucha, Pwllglas

CAROL : Y DISGWYL

MAE'R miloedd sêr yn ddawns i gyd
Yn wybren danbaid Bethlehem
A doethion dwys y dwyrain gwâr
Â disgwyl yn eu trem.
A ddaeth Meseia Duw,
Addewid hael pob proffwyd gynt,
Yn hedd y noson hon
I lawr i'w plith i fyw?

Mae'n cychwyn nawr, ei seren ef,
Yn ddisglair iawn drwy'r awyr fud,
A'r doethion yn ei dilyn hi
Yn ufudd at y crud.
Yn mynd ar sicr daith
Gan siantio salmau hen eu cred
I denau glust yr hwyr,
Wrth droi i'w siwrnai faith.

Arafa'r seren ar ei rhawd,
Daw newydd gyffro eto i'w cam
O'i gweld yn sefyll yn y nef
Yn llonydd, loyw fflam.
Aroglant sawr y gwair
A phlygu pen wrth isel ddrws,
Gan ddwyn eu rhoddion drud
At breseb Baban Mair.

JOHN RODERICK REES (1920 – 2009)

MAE'R NOS YN DDU

MAE'R nos yn ddu, a gwynt nid oes,
  Un seren sy'n y nef,
A ninnau croesi maes a bryn
  I'r fan y gorwedd ef,
  Holl obaith dyn yw ef.

Nid oes ogoniant yn y fan,
  Dim ond yr eiddo ef,
A'r golau mwyn ar wyneb Mair
  Fel gweddi tua'r nef,
  O galon mam i'r nef.

Nid mangre geni t'wysog yw,
  Nid man i lawen lu;
Er hynny, clywodd nef a llawr
  Ganiadau'r engyl fry,
  Orfoledd engyl fry.

O Faban glân, mor brudd yw'n bron
  Gan wae sy'n gwywo'n gwedd!
O canwn iti'r bore hwn
  Ganiadau newydd hedd,
  Ganiadau bythol hedd!

ARTHUR L. SALMON (1865 – 1952)
cyf. T. GWYNN JONES (1871 – 1949)

MAE'R NOS YN FWYN

MAE'R nos yn fwyn ym Methlehem
  A chlyd yw'r gwely gwair,
Mae'r llusern fach yn bwrw gwawl
  Dros wyneb baban Mair.

O'r dwyrain pell daw doethion dri
  I geisio Brenin nef,
Gan roi yr aur a'r thus a'r myrr
  Yn offrwm iddo ef.

Ar faes y preiddiau dan y sêr
　Yn hedd y dawel nos,
Bugeiliaid sydd yn oedi'n syn
　I wrando'r anthem dlos.

Mae'r clychau'n anfon dros y tir
　Eu melodïau glân,
A daw'r angylion tua'r fan
　I ganu geiriau'r gân.

'Gogoniant i'r Goruchaf Dduw,
　Tangnefedd i'r holl fyd,
Ewyllys da a fyddo rhan
　Y ddaear oll i gyd.'

W. RHYS NICHOLAS (1914 – 96)

MAE'R NOS YN OER A DU

MAE'R nos yn oer a du,
A rhua'r gwynt trwy'r tŷ
　Lle ceir, ar lawr, â'i lygaid mawr,
Y Maban bychan cu;
　Medd rhai a fu, â'i gledd a'i lu,
Dôi Un i'n rhoi yn rhydd:
　Mae'r nos yn ddu, oer ydyw'r tŷ,
Ac mae'r gwynt yn rhuo'n brudd.

Mae'r du gysgodion mawr
Yn ffoi rhag tonnog wawr,
　A'r gwynt a daw, a chân a ddaw
O'r nef ddi-sêr i lawr;
　Ond bod uwchben un seren wen
Drwy'r canu'n nofio'r nef:
　A'r nos a ffy, claer ydyw'r tŷ,
Ac mae'r gân fel lwlian lef.

Mae'r nos yn oer a du,
Ond hedd a leinw'r tŷ;
    A'r seren wen o hyd uwchben,
A'r gân fel gynt y bu;
    Nid Un a ddaeth â'i gledd a'i saeth
I wared teulu dyn:
    Boed nos yn ddu, claer ydyw'r tŷ,
A'u rhyddhad yw'r addfwyn Un.

T. GWYNN JONES (1871 – 1949)

CAROL Y CREFFTWR

MEWN beudy llwm eisteddai Mair
Ac Iesu ar ei wely gwair;
Am hynny, famau'r byd, yn llon
Cenwch i fab a sugnodd fron.

Grochenydd, eilia gerdd ddi-fai
Am un roes fywyd ymhob clai;
Caned dy dröell glod i Dduw
Am un a droes bob marw yn fyw.

Caned y saer glodforus gainc
Wrth drin ei fyrddau ar ei fainc;
Molianned cŷn ac ebill Dduw
Am un a droes bob marw yn fyw.

A chwithau'r gofaint, eiliwch gân,
Caned yr eingion ddur a'r tân,
Caned morthwylion glod i Dduw
Am un a droes bob marw yn fyw.

Tithau, y gwehydd, wrth dy wŷdd,
Cân fel y tefli'r wennol rydd;
Caned carthenni glod i Dduw
Am un a droes bob marw yn fyw.

Llunied y turniwr gerdd yn glau
Wrth drin y masarn â'i aing gau;
Begwn a throedlath, molwch Dduw
Am un a droes bob marw yn fyw.

Minnau a ganaf gyda chwi
I'r Iddew gynt a'm carodd i;
Caned y crefftwyr oll i Dduw
Am Iesu a droes bob marw yn fyw.

IORWERTH CYFEILIOG PEATE (1901 – 82)

NI ANED NEB

NI aned neb erioed i'r byd
  Fel Iesu Grist;
Ni fu un gŵr o'i fewn i gyd
  Fel Iesu Grist;
O'r holl greadigaeth, gorau gwawr,
Sydd yn y nef a'r ddaear lawr,
Nid oes, ni fu yr un mor fawr
  Ag Iesu Grist;
A chofio geni hwn yw'r gân
Sy'n gwneud y nefol deulu'n dân,
Yn don o glod i'w enw glân,
  O Iesu Grist!

Ac nid yn unig yn y nef
  Mae'r gân i gyd:
Datseinia'r ddaear lafar lef
  I Brynwr byd.
Ar ôl y codwm mawr a'i loes,
O Eden draw y dyn a droes
I weled Iesu Grist a'i groes
  A chael iachâd;
Edrychai'r tadau hwythau'n hir
Am Iesu gwiw, Feseia gwir,
Ar ddiwrnod byddai'n dod i dir
  O dŷ ei Dad.

EBENEZER THOMAS ('Eben Fardd' 1802 – 63)

ADDOLWN GER Y CRUD

NID gyda cherbyd tân
   A rhwysg daeargryn cry',
Neu gorwynt i frawychu'r fro,
   Y daethost atom ni,
Ond ar hyd ffordd y plant,
   Mewn crud, yn faban llon,
A dagrau ar dy emrynt pur,
   A chryndod dan dy fron.

Awn, awn hyd Fethlehem,
   Addolwn ger y crud,
Y Baban dynol dwyfol hwn
   Yw Crist, Gwaredwr byd.

Mae cofio Nasareth,
   Ac aelwyd syml dy fam,
Yn gwneud i'm hysbryd prudd iacháu,
   I'm calon roddi llam;
Ti geraist gyfaill pur,
   Ti lonnaist gwmni'r wledd,
Ac ym Methania, serchus le,
   Ti wylaist uwch y bedd.

Ond mae anfeidrol rym
   Yn aros yn dy fraich,
Ac yn dy galon Gariad Duw,
   Ni fethaf dan fy maich;
Bûm ger y preseb gwael,
   Ac O, y Baban-drem!
Mae'm Ceidwad nid mewn nefoedd bell,
   Mae yma'm Methlehem.

Cymru'r Plant, Rhagfyr 1912 JOHN M. HOWELL (1855 – 1927)

CAROL

O BOED i werin daear
Fel y bugeiliaid gynt,
Gael clywed cân angylion
Yn dod o flaen y gwynt,
Gan ddwyn newyddion nefol
I lonni'r galon drist,
A'u harwain at y preseb
Lle ganwyd Iesu Grist.

O boed i ddoethion daear
Gael gweld ei seren glir
Yn bwrw ei goleuni
Dros wyneb môr a thir;
Ymbiliwn am i'r seren
Eu tywys hwy i gyd
I Fethlehem Effrata
Gerbron Gwaredwr byd.

O boed i minnau, Arglwydd,
Fod yn bererin taer
Sy'n chwilio am y Baban
A gaed ar fynwes Mair.
Gad imi weld rhyfeddod
Y Duwdod yn y cnawd,
Gweld Ceidwad yn y preseb,
Yn Frenin ac yn Frawd.

WILLIAM DAVIES (1921 –

O DEUED POB CRISTION

O DEUED pob Cristion, cewch gennyf gysuron,
Cydganwn o galon i gyd
O glod i'r Mab bychan fu ar liniau Mair wiwlan,
Daeth Duwdod mewn Baban i'r byd;
O ddyfnder rhyfeddod! O drefen y Duwdod!
Tragwyddol gyfamod a fu!
I agor ffordd rasol i achub ei bobl
'Mostyngodd Duw freiniol oedd fry:
'Mostyngodd mor isel dan wreiddyn ein llygredd
Nes dyfod â'i agwedd fel gwas;
Er llwyted y llety, er gwaeled y gwely,
Fe anwyd yr Iesu trwy ras.

Pan anwyd y Bachgen mor siriol fu'r seren,
Daeth doethion o'r dwyrain cyn dydd;
'Nôl gair y proffwydi hwy gawsant yr Iesu
Yn Geidwad i'n rhoddi ni'n rhydd.
Ond Herod annhirion, y gelyn o galon,
Ac ymddwyn yn greulon a wnaeth:
Ow! Mamau'r babanod, fe'u drylliwyd gan drallod
Wrth ddioddef trwy syndod y saeth;
Er maint ei elyniaeth yr oedd trefn iachawdwriaeth
A'i gallu yn fwy helaeth o hyd;
Er cymaint o gynnwrf fwriadai'r hen fradwr
Byw eto yw Barnwr y byd.

Ni fedraf mewn geiriau fyth draethu mo'i wyrthiau,
Rhy fychain yw doniau pob dyn,
Na'r seintiau sydd uchod, yn gwbl 'rwy'n gweled
Neb ond y Duw hynod ei hun.
Roedd mab y wraig weddw ar elor yn farw,
Fe 'mwelodd â hwnnw mewn hedd,
Fe'i cododd i fyny, i'w fam cadd ei roddi
Yn lle mynd i bydru mewn bedd.
Bryd arall trwy wyrthiau'n troi'r dŵr yn win gorau,
Pam byddwn ni a'n bronnau mor brudd?
Rhown arno ein pwysau, er mynd i nos angau
Cawn olau fel haul hanner dydd.

Wrth gofio am ei loesau yng ngardd Ge'semane
Pa galon na ddrylliai yn ddwy?
Er chwerwed y cwpan fe'i hyfodd ei hunan:
Yn lle'r aflan, un glân aeth dan glwy'.
Daeth llu o Iddewon o dwllwch fel deillion,
Ei gymryd yn union a wnaed;
Fe'i dygwyd o deirgwaith i'w holi'n dra helaeth,
Dim achos marwolaeth ni chaed;
Ond fel 'roedd yn Feichiau, deffroi wnâi'r cleddau
A'i enaid hyd angau trist oedd,
Ein pechod yn pwyso, a Duw yn ymguddio,
Gan faint oedd yn flino rhoes floedd.

Fe waeddodd, 'Gorffennwyd!' a'n dyled a dalwyd
A'n biliau ni a groeswyd gan Grist;
Llawenydd fydd eto, a moliant fydd iddo
Gan filoedd wrth gofio'r awr drist.
Pan ddelo fe â'i Eglwys i'r buredig Baradwys
Ei foli fe'n felys a fydd;
Fe ddaw â'i blant adre o'r moroedd a'r beddau,
Oddi ar angau fe'u rhoddir hwy'n rhydd.
Wrth gofio llawenydd sy 'Nghaersalem newydd
Anghofio 'rwy 'nghystudd yn awr,
'Rwy ynddo'n ymddiried, fe'm dwg o'r caethiwed,
Hiraethaf am weled y wawr.

Rhown glod yn dragywydd, daeth hanes ein Harglwydd
Mewn Testament newydd i ni;
Mae seintiau, angylion, cerwbiaid 'run moddion,
Yn moli'r Iôr cyfion, Dduw Tri;
Dymunwn o galon gael meddu'r un moddion
I foli Duw'n ffyddlon drwy ffydd.
O dyro inni adnabod, er camwedd, fod cymod
Trwy'n Priod cyn darfod ein dydd,
I glirio ein heuogrwydd sy'n boen inni beunydd;
Ein Llywydd o tu draw i'r llen,
Mae hedd yn ei haeddiant, rhoi iddo'r gogoniant
Mae miloedd mewn moliant. Amen.

JANE ELLIS (*fl.* 1840)

CAROL PLYGAIN

O DEUWCH blant Duwiol, a'r gân yn blygeiniol
Eleni i ganmol y Gŵr:
Ein Llyw hollalluog, yr Iddew mawreddog,
Efe yw'r Tywysog a'n Tŵr.

Dan seren llawenydd sy'n harddu y wawrddydd
Y down at ein gilydd i gyd
I weled dan olau y grym ddaeth o rwymau
I leddfu holl boenau y byd.

O lwch y llwm loches telyneg o neges
Rhoes seren o hanes mor wych;
O wybod fod baban yn nh'wyllwch tai allan
Dan rastal yn ebran yr ych.

Y grasol fab Iesu, â'n cathl cawn ddathlu
Ei ganfod mewn llety mor llwyd,
Yn iach mewn cadachau, a swyn yn ei synau
Yn cogran heb olau na bwyd.

Â dau ar awr dawel yn huno'n yr anwel
Daeth un o lu Gabriel drwy'r gwyll,
A gwŷs yn ei gysgod, yn archu i'w warchod
Rhag llid brenin Herod, ŵr hyll.

Y dwyfol a dyfodd a'i allu ni phallodd,
Y llencyn a synnodd y saint.
Iachawdwr pechadur! O geisio ei gysur
Cawn gariad difesur ei faint.

O! Feddyg rhyfeddol a'i fedr anfeidrol,
Orchfygwr y diafol mewn dyn;
Gwae wedyn, y gwawdio a hoelio ei ddwylo
I'r groes a'i hysgwyddo ei hun.

Gwae'r archoll o'i golli, ond awn i gyflawni
Ei waith, drwy gyhoeddi y Gair
Yn aeddfed ac addfwyn ein baich ond heb achwyn
Dros blentyn y lân Forwyn Fair.

VERNON JONES, Bow Street

O DDINAS FECHAN BETHLEHEM

O DDINAS fechan Bethlehem,
A'i llety llwm mor llawn,
Uwchlaw pob stryd y sêr i gyd
A droellai'n dawel iawn.
Ond ar dy strydoedd cysglyd, cul,
Daeth golau'r nef yn lli;
Gobeithion llon y ddaear gron
Gydgwrddodd ynot ti.

Fe anwyd ynot Geidwad dyn,
Ac wele engyl nef
Oll ar ddi-hun, er trymgwsg dyn,
I wylio'i wely ef.
Cydgenwch, sêr y bore i gyd,
Cyhoeddwch eni'r Crist;
Boed mawl eich côr i'r Arglwydd Iôr
Am gofio'n daear drist.

Mor dawel, O mor dawel gynt
Y daeth y Mab i'n byd.
A chlust ni chlyw lle dyry Duw
Ei rad o'r nef o hyd.
Ond er bod dyn yn fyddar fyth,
Ac er bod byd dan glwy',
Yr Iesu a gâr bob enaid gwâr;
Ymwêl o hyd â hwy.

O Sanctaidd Faban Bethlehem,
Ymwêl â ninnau nawr;
Sancteiddia'n bron i'n gwneud yn llon
Ar Ŵyl dy gariad mawr.
Rhown groeso i'th Nadolig glân
Mewn anthem a barha,
A'n cartref ni a'th dderbyn di
Yn llawen, Iesu da.

PHILLIPS BROOKS (1835 – 93)
efel. ALBERT EVANS JONES ('Cynan' 1895 – 1970)

CAROL MAIR

O EDRYCH, Joseff, fe ddaeth toriad gwawr,
Ond erys rhyfeddod ein noson fawr.
A deimli dithau mai gwyn yw ein byd
A bod rhyw gyffro o'n cwmpas i gyd?

Mor dda oedd dy gael yn gwmni i mi,
Fe deimlwn gadernid dy gariad di;
Ond gwyddwn fod Rhywun mwy yn y lle
Yn llanw'r holl noson â golau'r ne'.

Ni fedraf anghofio'r doethion yn dod
Â'u rhoddion gwerthfawr a'u geiriau o glod,
A hwythau'r bugeiliaid o lethrau'r bryn
Yn dod i benlinio a syllu'n syn.

A glywaist ti nodau'r garol o'r nef
A'r geiriau bendigaid amdano ef?
Daeth gwên i sirioli fy Iesu mwyn
Pan glywodd y miwsig a'i ryfedd swyn.

Yr oeddem ein dau o dan fendith Duw
Wrth inni anwylo'r trysor bach byw,
Mor freiniol wyf finnau y funud hon
A Mab y Goruchaf yn sugno 'mron.

W. RHYS NICHOLAS (1914 – 96)

GANOL GAEAF NOETHLWM

OER oedd gwynt y gaeaf,
Cwynai dan ei gur,
Oer oedd dŵr a daear,
Caled megis dur;
Ôd oedd ar lechweddau,
Ôd ar fryn a dôl,
Oer oedd gwynt y gaeaf,
Oesau'n ôl.

Mwy ein Duw na'r nefoedd,
Mwy na'r hollfyd crwn,
Derfydd nef a bydoedd
Pan deyrnasa hwn;
Ganol gaeaf gerwin,
Llety tlawd a thrist
Roed i'r Duw anfeidrol
Iesu Grist.

Diau fod angylion
Wedi dod ynghyd;
Cerwbim a seraffim
Gylch ei grud;
Dim ond Mair y Wyry,
Wyliai'r Un di-nam,
Allai droi'n addoliad
Gusan mam.

Minnau yn fy nhlodi,
Beth a rof i hwn?
Pe bawn i yn fugail
Rhoddwn oen, mi wn:
Rhoes y doethion iddo
Gynt drysorau mawr;
Minnau rof fy nghalon
Iddo nawr.

CHRISTINA ROSSETTI (1830 – 94)
cyf. H. J. HUGHES (1912 – 78)

PA BETH YW'R GOLAU MAWR . . .

PA beth yw'r golau mawr a glân
   Uwch llewyrch haul y nef?
Pa beth yw sŵn yr hyfryd gân
   Gerllaw hen Fethlem dref?
Angylion nef a ddaeth i lawr
   O lys yr uchel Dduw,
I ddatgan geni Ceidwad mawr
   I achub dynol-ryw.

A dyma'r gân: 'Na foed i'ch bron
  Un ofn ar hyn o bryd,
Mynegi 'rwyf newyddion llon
  A berthyn i'r holl fyd:
Cans ganwyd Ceidwad teg ei wedd
  Yn ninas Dafydd wiw,
Yr hwn yw Crist, hardd Frenin hedd
  A Mab y bythol Dduw.

'A hwn yw'r arwydd wrth ba un
  Y gwelwch Faban Iôr,
Mae wedi'i rwymo'n wael ei lun
  A'i ben ar wellt y côr:
Efe yw'r gwaelaf yn y dref,
  Ni welwyd neb mor dlawd,
Er hyn i gyd mae'n Frenin nef,
  Mae'n Dduw er bod mewn cnawd.'

Ar hyn dyrchafodd lleisiau fil
  Yn gytgor fwyn i'r gân,
O gariad at y ddynol hil
  A mawl i'r Baban glân:
'Gogoniant yn yr uchel nef
  I'r Duwdod mawr ei hun,
Tangnefedd ar y ddaear gref,
  Ewyllys da i ddyn.'

I Faban Mair a ddaeth yn dlawd
  Er dwyn in olud ncf;
I'r unig Dduw a ddaeth mewn cnawd
  Dyrchafwn ninnau lef
O fawl, a rhoddwn goron cân
  Yn barchus ar ei ben,
Mae'n haeddu y gogoniant glân
  A'r moliant byth. Amen.

JOHN WILLIAMS ('Ab Ithel' 1811 – 62)

PA BETH YW'R MAWL A'R CANU MWYN . . .

PA beth yw'r mawl a'r canu mwyn
Cyn toriad gwawr y dydd?
Newyddion da sy'n cael eu dwyn
Fod dyn yn awr yn rhydd.

Ymunwn ninnau yma nawr
Ar gyhoedd yn y gân,
A seiniwn fwyn Hosanna fawr
O glod i'r Baban, i'r Baban glân.

Dros lawer blwydd bu disgwyl blin
Am weld y dwyfol Air;
Wel dacw'r Baban bach ar lin
Y fwynaidd Forwyn Fair.

Mae Bethlem dir yn olau dân
O naws gogoniant nef,
A'r lle i gyd yn llawn o gân
Yn dweud ei gariad ef.

Hwn ydyw dwyfol had y wraig
Addawyd fore'r byd;
Daeth i ysigo pen y ddraig,
A'r preseb yw ei grud.

Efe yw'r Proffwyd, ef yw'r Sant,
Gogoniant Israel Duw,
Efe yw Prynwr mawr ei blant
A Christ yr Arglwydd yw.

Gadawodd wlad y nefol wledd,
Yr ardal brydferth fry,
A daeth i boen, a'i daith i'r bedd,
I'n dwyn yn ôl i'w dŷ.

Pan oedd bugeiliaid ar y rhos
Yn gwylio'u defaid claf,
Yn olau nawn y daeth liw nos
A'r gaeaf droes yn haf.

Tywynnai seren uwch y dref
Fel lamp yn nhemel Duw
I ddatgan geni Brenin nef
Yn Geidwad dynol-ryw.

Ehedai engyl disglair Iôn
I lawr ar Fethlem dref,
A chanent ar soniarus dôn
Ei gân Nadolig ef.

Gogoniant yn yr uchel sedd
I enw mawr ein Duw,
Ac ar y ddaear hyfryd hedd
O ras i ddynol-ryw.

JOHN WILLIAMS ('Ab Ithel' 1811 – 62)

MYFYRION NADOLIG

PA le, Jerwsalem,
Mae'r Brenin Iesu?
Gawn ni, genhedloedd pell,
Ddod i'th addoli?
O gyrrau tir y dwynen,
Er pan gollasom Eden,
Teithiasom wrth ei seren,
I'ch dinas mawr-fri.

Mae'r seren yn y de
Uwch dinod dreflan,
Yn gwenu gyda Mair
Ar blentyn egwan:
Efe yw'n Brenin tirion!
Rhown ar ei ben bob coron!
Cyflwynwn iddo'n calon!
O ddwyfol Faban!

JOHN M. HOWELL (1855–1927)

CAROL NADOLIG

PA le mae y seren â'i llewych mor llawen
 A arweiniodd y doethion i'w hynt?
A pha le mae anthem yr engyl uwch Bethlem
 A seiniai ar adain y gwynt?
Mae'r sêr oll yn gwenu, a daliant i dynnu
 At breseb yr Iesu o hyd;
A cheir is eu golau hen fiwsig carolau
 Am ddyfod Nadolig i'n byd.

Pa le mae'r anrhegion a ddygodd y doethion
 I'w gosod wrth draed Baban Mair?
A oes i'r bugeiliaid yr awron gymheiriaid
 I blygu wrth wely o wair?
Fel ar Ŵyl y Geni fe welir eleni
 Rai'n hael iawn wrth roi iddo ef:
Ac fel gwŷr y werin a blygodd i'w brenin,
 Addolwn Etifedd y nef.

A oes yn y llety well cysgod i'r Iesu
 Nag ydoedd ym Methlehem draw?
A pha le mae Herod, ŵr creulon ei ddyrnod,
 Fu'n difa'r diniwed mewn braw?
Nid erys gorchymyn na gweithred un gelyn
 Fel Herod yn hir ym myd Duw;
A heddiw rhown groeso i'r hwn sy'n ei hawlio
 A'i enw'n oes oesoedd i fyw.

JOHN ROBERTS, Llanfwrog (1910 – 84)

PA MOR BELL YW BETHLEM DREF?

PA mor bell yw Bethlem dref?
 Nid pell yw hi.
Gawn ni olau'r seren glir
 I'n harwain ni?
Gawn ni weld ei lety llwm,
 Os yno'r awn?
Os agorwn ni y drws,
 Pa groeso gawn?

Gawn ni gyffwrdd oen neu ych,
  Neu asyn blin?
Gweld y fam a'r Baban bach
  Gwsg ar ei glin?
Os cyffyrddwn yn ei law
  Â dwylo mwyn,
Ddeffry ef a'n gweled ni –
  Ddaeth er ei fwyn?

Dygwyd aur a thus a myrr
  Gan ddoethion hen.
Dyma'n hunig roddion ni –
  Deigryn a gwên;
Er na feddwn roddion drud
  I'w rhoi i ti,
Rhown ein calon fach yn llwyr
  O cymer hi.

Baban Mair i'r byd a ddaeth
  Yn Dduw a dyn;
Rhydd efe i galon plant
  Fendith mewn hun.
Huno wedi blino mae
  Holl blant y byd:
Gwylia cariad dwyfol glân
  Drostynt o hyd.

FRANCES CHESTERTON (1875 – 1938)
cyf. G. WYNNE GRIFFITH (1883 – 1967)

PRYDER MAIR

PAHAM y daethost, nefol aer,
At Joseff mwyn a mi?
Y duwddyn yma'n fab y saer!
Ond heno, cysga di.

Anesmwyth ydyw cwyn y gwynt
A thrwm fy nghalon i;
Mae milwyr Herod ar eu hynt,
Ond heno, cysga di.

Ceir aur a thus yn arwydd hedd
Gan dywysogion dri;
Ceir chwerw fyrr, a chroes a bedd
Ond heno, cysga di.

Bugeiliaid ddônt oddi wrth eu tasg
Gan ddwyn oen bach heb gri;
Tydi, fy oen, tydi yw'n Pasg!
Ond heno, cysga di.[1] √

STEPHEN JONES, Ponciau, Wrecsam

CAROL

PAM mor llachar, sêr y nos,
Pleiades a Seirios?
Christus natus hodie,
Goleuni'i hun, yn Dduw a dyn, a anwyd.
I bwy mae'r môr yn canu'i rŵn,
Awel leddf yw lwlian sŵn?
Ex Maria Virgine,
I faban nef ym Methlem dref a gafwyd.

Noël. Noël. Noël.
Ar ganolnos gudd, serennog,
Heb na chri na gwewyr esgor,
Llithrodd Iesu, berl y nef, o groth ei fam.
Noël. Noël.

Seraffin a Cherwbin,
Pa ryfeddod aned in?
Ecce qui creavit nos,
Mae'r nef yn salm, fe gafwyd balm Gilead.
Sabwlon a Nafftali,
Darfu'ch hir gystuddiau chwi,
Lux fulgebit super vos,
Fe heuwyd gwawr fel gwlith ar lawr y cread.

[1] Buddugol yn yr Eisteddfod Genedlaethol – Wrecsam a'r Cylch 1977.

Noël. Noël. Noël.
Ar ganolnos gudd, serennog,
Heb na chri na gwewyr esgor,
Llithrodd Iesu, berl y nef, o groth ei fam.
Noël. Noël.

SAUNDERS LEWIS (1893 – 1985)

IN EXCELSIS GLORIA
Christo pavemus canticam In excelsis gloria.

PAN aned Crist ym Methlehem dref,
O Fair drwy fendith wen y nef,
Canodd yr engyl ag un llef:
In excelsis gloria.

Gwelodd bugeiliaid, cyn y wawr,
Yr engyl mewn goleuni mawr.
Llefasant: "Ganwyd Crist yn awr:
In excelsis gloria."

Rho, ein Harglwydd, inni'r wledd
O edrych ar dy nefol wedd
A'th foli di tu draw i'r bedd:
In excelsis gloria.

Y Dysgedydd, Rhagfyr 1942

HYWEL DAVIES
Carol o'r Saesneg Canol (*c.* 15fed ganrif)

IN EXCELSIS GLORIA

PAN anwyd Crist, ein Harglwydd Iôr,
Ym Methlehem ar draws y môr,
Llanwyd y nef â'r newydd da:
In excelsis gloria.

Cyhoeddodd engyl uwch ei grud
Dangnefedd dwyfol i'r holl fyd,
Gobaith cenhedloedd blin tan bla:
In excelsis gloria.

Cyduned daear â llu'r nef
I ganu croeso iddo ef.
Iesu yn unig a'n hiachâ:
    In excelsis gloria.

Er bod y gwledydd heddiw'n sarn
Mewn arswyd rhag taranau'r Farn,
Gras y Nadolig a barha:
    In excelsis gloria.

Fy enaid, derbyn dithau'r gair
A ganwyd gynt am Faban Mair.
Gyda'r angylion llawenha:
    In excelsis gloria.

ALBERT EVANS JONES ('Cynan' 1895 – 1970)

YSBRYD Y NADOLIG

PAN fydd ysbryd y Nadolig
    Yn ymledu dros y tir,
Clywir clychau eto'n canu,
    Gan atseinio neges glir
Am y geni yn y preseb
    Draw yn ninas Bethlehem,
Mair yn suo'r Baban addfwyn
    Oedd â'r dwyfol yn ei drem.

Cofir am y llu angylion
    Â'u newyddion yn y nos,
Yn rhoi syndod i'r bugeiliaid
    Wrth y gorlan ar y rhos;
Hwythau'n mynd at wyrth yr oesau
    Yn y llety yn y dref,
A dychwelyd at y preiddiau
    Â llawenydd yn eu llef.

Cofir am y seren ryfedd,
  A'i goleuni'n arwain tri
O frenhinoedd at y Brenin
  Sydd yn cynnig hedd i ni;
Daethant hwy o bell â'u rhoddion,
  Aur a thus a myrr yn rhad,
Yna'n troi ar hyd ffordd arall
  I genhadu yn eu gwlad.

Mae yr ŵyl o hyd yn dangos
  Y goleuni gwir i'r byd,
Ac yn tywys nid at orsedd
  Ond at Faban yn ei grud;
Yno ganwyd inni Geidwad,
  Yn ôl addewidion Duw;
Mae yn deilwng o'r gogoniant
  Am ei ddod i'n plith i fyw.

D. J. THOMAS (1916 – 99)

BOED NOËL

PRAIDD ar y twyn yn gryno,
Gwyliai bugeiliaid yno,
Draw ar y twyn,
Tawel a mwyn:
  Boed Noël Noël Noël.

Yna'r oedd cân yn hoyw,
Awyr y nos yn loyw,
Llawen y gân
Yno a glân:
  Boed Noël Noël Noël.

Golau uwchlaw'n ymdaenu,
Rhyfedd uwch bro'n lledaenu,
Gwylwyr mewn braw,
Plygu gerllaw :
  Boed Noël Noël Noël.

Engyl yn awr yn canu,
Newydd oedd dda'n datganu:
Brenin sy fawr
Yma i lawr:
   Boed Noël Noël Noël.

Mab oddi fry a rodded,
Preseb sy'n wyn o'i nodded;
Ceisiwch yn hy,
Seren o'n tu:
   Boed Noël Noël Noël.

Gwylwyr yn hir ryfeddu,
Aethant dan ogoneddu,
Noson yn ir,
Seren glir:
   Boed Noël Noël Noël.

Baban yn llun gogoniant,
Hwythau am Dduw a soniant:
Crymai pob un,
Plygai pob clun:
   Boed Noël Noël Noël.

EUROS BOWEN (1904 – 88)

'ROEDD YN Y WLAD HONNO

'ROEDD yn y wlad honno fugeiliaid yn gwylio
   Eu praidd rhag eu llarpio'n un lle;
Daeth angel yr Arglwydd mewn didwyll fodd dedwydd
   I draethu iddynt newydd o'r ne',
Gan hyddysg gyhoeddi fod Crist wedi'i eni,
   Mawr ydyw daioni Duw Iôr;
Bugeiliaid pan aethon' i Fethlem dre dirion
   Hwy gawson' Un cyfion mewn côr:
Mab Duw tragwyddoldeb yn gorwedd mewn preseb,
   Tri'n undeb mewn purdeb heb ball,
Cydganwn ogoniant yn felys ei foliant,
   Fe'n tynnodd o feddiant y fall.

Ni chafodd Mair burwen o amgylch ei bachgen
  Na rhwymyn, na gwlanen yn glyd,
Na pherlau, na pharlwr, na seigiau, na siwgwr,
  I Brynwr a Barnwr y byd.
Hi roes am yr Iesu gadachau i'w g'nesu,
  A'r preseb yn wely'n ddi-wad,
O gwelwch Mair ffyddlon mor isel, mor raslon
  Yn magu'n dra thirion ei thad;
Rhoes laeth i famaetha ei Brenin o'i bronnau,
  A'i drin ar ei gliniau drwy glod;
O'i chroth yr esgorodd, o'i dwyfron y porthodd
  'R hwn ydoedd cyn bydoedd yn bod.

Fe wybu'r sarff wrthun 'r ysigid ei cholyn
  Pan anwyd anwylddyn y ne',
A'r ddraig a ddechreua ryw filain ryfela,
  Ei harfau'n rhai llyma'n mhob lle:
Rhoed diafol yng nghalon yr hen Herod greulon
  I ladd y Mab ffyddlon heb ffael,
Ond Mair gyda'i phlentyn i'r Aifft aeth yn sydyn
  Lle methodd y gelyn ei gael:
Ca'dd bechgyn bach Jwda eu lladd yn glanedda'
  Wrth geisio cael difa Mab Duw,
Er cymaint o'r bechgyn a laddodd y brenin
  Mae Crist gyda'i fyddin yn fyw.

Ei erlid a'i gablu a'i ddirfawr ddiystyru
  A gafodd ein Iesu yma o hyd,
Rhyw dlodion o ddynion oedd felly ei gyfeillion
  Nid mawrion na beilchion y byd;
Mae fe eto'r un moddion trwy ryfedd ymadroddion
  Ymhlith y rhai gwaelion i'w gael:
I'r cloffion a'r deillion, byddarion a mudion,
  Mae'n feddyg da ffyddlon heb ffael,
Mae'n Frenin trugarog, mae'n porthi'r newynog,
  Mae'n galw rhai llwythog 'n un llu:
I'r gwan mae'n Frawd ffyddlon, mae'n Dad i'r afradlon;
  Fe'u derbyn yn dirion i'w dŷ.

Mae Crist yn wir briod i'r Eglwys, Oen eurglod,
 Ceir canfod rhyw ddiwrnod a ddaw;
Fe fyn ei ddyweddi yn bur wedi ei golchi
 Heb arni na brychni na braw:
Sain utgorn uchelder a glywir ar fyrder
 A'r meirw o bob dyfnder yn dod,
A'r bachgen bach Iesu, oedd Mair yn ei fagu
 Fydd eto yn ein barnu ni'n bod;
Pan fo'n byd yn llosgi a'r moroedd yn berwi
 Pob defnydd yn toddi mewn tân,
Bydd holl blant yr Arglwydd yng Nghaersalem newydd
 Lle y pery'n dragwyddol eu cân.

Arch Noah pan ydoedd uwchlaw y mynyddoedd
 Ni chadwodd o'r dyfroedd ond wyth,
Crist ydyw'r arch nerthol rhag dilyw tragwyddol
 Bydd bywiol a llesol y llwyth;
Pob enaid nas daethon' i'r arch at No' ffyddlon
 Boddason' o fawrion i fân:
Pob enaid nas gwelir yng Nghrist yr arch cywir
 Mae'n bur wir y llosgir yn lân:
Fe lysg yr annuwiol mewn ffwrnais uffernol
 Lle bydd yn dragwyddol eu gwae,
Mewn carchar diddiwedd holl ddrysau trugaredd
 Yn caffael o'u cyrraedd, eu cau.

At Grist a'i bur gariad mae heddiw wahoddiad:
 Mae lle i bechaduriaid gael dod,
I'r farn rhaid ein galw, gwell Crist y dydd hwnnw
 Nag aur wedi ei gadw mewn cod;
Ffown, ffown i'r 'mddiffynfa fel Lot a Sodoma,
 Rhag caffael ein difa'r un dydd;
O'r Aifft gwell ymado er cael ein gw'radwyddo
 Na boddi fel Pharo ddi-ffydd,
Gwell myned i'r bywyd fel Laz'rus o'i adfyd
 Oedd rywbryd yn nychlyd ei nyth
Na Deifas o'i fawrfri yn gorfod bod wedi
 A'r fflamau'n ei boeni fe byth.

Nac ofnwch, blant Seion, fe welir duwiolion
  A'u gynau'n dra gwynion i gyd,
Yn lân wedi'u cannu yng ngwerthfawr waed Iesu
  Er maint fu i'w baeddu'n y byd:
Yn rhyddion o'u cystudd yn canmol eu Harglwydd
  Yn cario hardd balmwydd bob un
Mewn teyrnas uwch daear, fel haul yn dra hawddgar,
  Heb garchar na galar na gwŷn:
A'r bachgen bach Iesu fydd testun y canu,
  Fu'n gwaedu i'n prynu ar y pren;
Yn ffyddlon gantorion, o nifer plant Seion,
  Bôm ninnau'r un moddion, Amen.

JOHN RICHARDS ('Siôn Ebrill' 1745 – 1836)

CAROL

'RWY'N barod am y daith dros fôr a thir
  Fel doethion ddaeth o'r dwyrain ddyddiau gynt;
Fry uwch fy mhen mae golau seren glir
  Yn gyfaill a thywysydd ar fy hynt.
Lle bynnag saif y seren uwch ein byd
Mi wn y byddi yno'n siglo'r crud.

Creulondeb a chasineb ymhob man
  A Herod wrth ei waith dros wlad a thref,
Ond gwn fod Brenin newydd, baban gwan,
  Sy'n dod â chariad Duw i'w fyd o'r nef.
Lle bynnag saif y seren uwch ein byd
Mi wn y byddi yno'n siglo'r crud.

Y doniau roddwyd inni gan ei Dad
  A roddaf yn anrhegion i Fab Duw,
A phan ddaw'n bryd dychwelyd i'r hen wlad
  Mi fydd y ffordd yn newydd a chaf fyw.
Fe safodd seren Bethlem uwch ein byd
A thithau gyda ni yn siglo'r crud.[1]

EURYN OGWEN WILLIAMS

[1] Buddugol yng nghystadleuaeth Carol 2010, *Y Tyst,* Rhagfyr 16, 2010.

SEINIAU GORFOLEDD

SEINIAU gorfoledd o Fethlem a glywir,
Peraidd eu hatsain dros lechwedd a bryn,
Tyr eu cynghanedd ar draws tiroedd Cymru,
Gobaith a ddygant i'r gwyw erwau hyn;
Ganwyd in Brynwr, a chadarn Iachawdwr,
Rhown iddo lety, yr Arglwydd a'i myn.

Cefnu ar olud y nef a wnaeth Iesu,
Rhannodd ein newyn a'n syched fel brawd;
Rhyfedd ei osod mewn preseb anifail,
Syndod ei eni mewn beudy mor dlawd;
Canwn ei glodydd, ein gwrol Achubydd,
Dygodd o'i wirfodd ein dirmyg a'n gwawd.

Dygwn at ymyl ei breseb anrhegion,
Ddwyrain, Gorllewin, a Gogledd a De;
Ddoethion, offrymwch ddyledus wrogaeth,
Chwithau fugeiliaid – mae digon o le!
Hwn yw'r Gwaredwr, ein hunig Waredwr,
Ef gaiff y moliant a neb ond efe.

Dathlwn ryfeddod y geni o wyryf,
Ceidwad yn cysgu mewn crud yn y gwair;
Ynddo ef gwelwyd gwir ddelw y Duwdod,
Stamp y tragwyddol ym mherson Mab Mair.
Iddo bo'r moliant, y clod a'r gogoniant,
Daeth i'n gwaredu, a gwir yw y Gair!

MAURICE LOADER

SEREN WEN

SEREN wen, pa beth a welaist ar dy rawd?
Mab y Duwdod mewn cadachau,
Aer y nef yn wan mewn rhwymau,
Brenin daear heb drysorau
Yno'n dlawd.

Seren wen, pa beth a welaist ar dy hynt?
Golau gwyn o wlad gogoniant,
Engyl glân yn seinio moliant,
A'u hanthemau yn llifeiriant
Ar y gwynt.

Seren wen, pa beth a welaist yn ein byd?
Doethion daear yn ymgrymu,
Syn werinwyr yn rhyfeddu,
Ceidwad dyn ynghwsg mewn beudy,
Trysor drud.

Seren wen, llewyrcha ar ein llwybrau nawr,
Â'th sirioldeb yn ein llonni,
A'th belydrau'n ysbrydoli,
Tywys ninnau i oleuni
Dwyfol mawr.[1]

MYFANWY BENNETT JONES, Llanfairpwllgwyngyll

SI-LWLI, SI-LWLI, FY MABAN

SI-LWLI, si-lwli, fy Maban mor wych,
Mae preseb i'r asyn, mae llety i'r ych;
Cei gysgod, fy Maban, o'r nefoedd, fan hyn,
Si-lwli, si-lwli, fy Maban bach gwyn.

Si-lwli, si-lwli, fy Maban mor bur,
Mor welw yw golau y lamp ar y mur;
Tywynnu o'r nefoedd mae golau sydd well
I arwain y doethion a deithiodd o bell.

Si-lwli, si-lwli, fy Maban, medd Mair,
Mae Joseff yn taenu dy wely o wair;
Cei gysgu yn dawel ym mreichiau dy fam,
Yn ddiogel rhag adfyd a gofid a cham.

E. J. FALCONER
cyf. D. EIRWYN MORGAN (1918 – 82)

[1] Cyd-fuddugol yn yr Eisteddfod Genedlaethol – Abergwaun a'r Fro 1986.

HWIANGERDD MAIR

SUAI'R gwynt, suai'r gwynt,
Wrth fyned heibio i'r drws:
A Mair ar ei gwely gwair
Wyliai ei baban tlws:
Syllai yn ddwys yn ei wyneb llon,
Gwasgai Waredwr y byd at ei bron:
Canai ddiddanol gân,
Cwsg, cwsg, f'anwylyd bach,
Cwsg nes daw'r bore iach,
Cwsg, cwsg, cwsg.

Cwsg am dro, cwsg am dro,
Cyn daw'r bugeiliaid hyn:
A dod, dod i seinio clod,
Wele, mae'r doethion syn;
Cwsg cyn daw Herod â'i gledd ar ei glun,
Cwsg, fe gei ddigon o fod ar ddi-hun;
Cwsg, cyn daw'r groes i'th ran;
Cwsg, cwsg, f'anwylyd bach,
Cwsg nes daw'r bore iach,
Cwsg, cwsg, cwsg.

W. NANTLAIS WILLIAMS ('Nantlais' 1874 – 1959)

TAWEL NOS

TAWEL nos, sanctaidd y nos,
Eira ail dail y rhos
Sydd yn llathru'r to, a Mair
Ar ei gliniau yn y gwair;
Wele mewn preseb mae Duw.
Wele mewn preseb mae Duw.

Tawel nos, sanctaidd y nos,
Llonydd wyn, llyn a ffos;
Cariad biau'r awr, mae'r ŵyn
Difref cyntaf ger y twyn;
Wele, fe anwyd Oen Duw.
Wele, fe anwyd Oen Duw.

JOSEPH MOHR (1792 – 1848)
Cyfaddasiad o'r Almaeneg STILLE NACHT gan SAUNDERS LEWIS (1893 – 1985)

TRAMWYWN AR GYFLYM ADENYDD

TRAMWYWN ar gyflym adenydd
  Myfyrdod i Fethlem yn awr,
I weled ffynhonnell llawenydd
  Angylion a lluoedd y llawr.

Os canu yn fwyn ac ardderchog
  Wnâi engyl wrth weled eu Duw,
Ai ni roddwn ninnau fawl serchog
  I'r Iesu? Ein Prynwr ni yw!

Cans er ein mwyn ni ei wael ddynion
  Gadawodd bob mawredd a bri,
Ac er ein mwyn ni ei elynion
  Y daeth ef i lawr i'n byd ni.

Ac er ein mwyn ni mewn gwael feudy
  Y ganwyd e'n faban tylawd,
Ac O, er ein mwyn y bu'n gwaedu
  Ar groesbren mewn dirmyg a gwawd.

Er gwared rhyw adyn colledig
  A llwyr felltigedig fel fi,
Y gwelwyd yr Iesu'n hoeliedig
  A'i waed ef yn rhedeg yn lli.

O, rhyfedd oedd gweled Creawdwr
  A Llywiwr y bydoedd i gyd
Yn dyfod i fod yn Iachawdwr
  I brynu pechadur mor ddrud.

O, gwyliwn rhag bod yn golledig
  Ar ôl y fath gymod a gaed,
Ar ôl i'n Creawdwr caredig
  Ein caru a'n prynu â'i waed;

Os daliwn i wrthod galwadau
  Yr Iesu tra'n galw y mae,
Ni wna ei holl ddrud ddioddefiannau
  Ond echrys 'chwanegu ei wae.

Pwy bynnag a ffy am dderbyniad
   At Iesu, ein Pabell wir gref,
Gan roddi iawn serchog ymlyniad
   Wrth ei orchymynion pur ef,

Ei sylfaen bob awr fydd safadwy,
   Ni chryn ei adeilad un dydd,
Er rhuo holl stormydd ofnadwy
   Y fagddu – diogel a fydd.

RICHARD FOULKES EDWARDS ('Rhisiart Ddu o Wynedd' 1836 – 70)

TRI ŶM NI O'R DWYRAIN DRAW

TRI ŷm ni o'r dwyrain draw,
Dygwn roddion yn ein llaw,
Dros fynyddoedd, trwy ddyffrynnoedd,
Canlyn a wnawn heb fraw.

O, seren ryfedd, seren nos,
Seren freiniol, brydferth, dlos,
I'r gorllewin, wrth dy ganlyn,
Yn dywysydd inni, dos.

[1] *Melchior:*
Aur a roddaf iddo ef
Aned draw ym Methlem dref,
Brenin oesol, a thragwyddol,
Byth bo ei deyrnas gref.

[2] *Caspar:*
Wele thus yn rhodd i Dduw,
Arwydd gwir o weddi yw,
Mawl a gweddi fo'n cyfodi
Byth o hil dynol-ryw.

[1,2,3] Mae'r dystiolaeth ysgrifenedig gynharaf ynglŷn â'r enwau hyn i'w gweld mewn brithwaith o'r 5ed ganrif yn Eglwys San Apollinaire Nuovo, Padua, Yr Eidal.

[3] *Balthasar:*
Myrr a roddaf innau'n wir,
Dengys ofid, poen a chur,
Ei gystuddiau dwys a'i angau
Gafodd dan hoelion dur.

Atgyfododd, torrodd gwawr,
Brenin, Duw ac aberth mawr,
Halelwia! Halelwia!
Canu mae daear lawr.

J. HENRY HOPKINS (1820 – 91)
cyf. J. DAVIES ('Isfryn' 1861 – 1948)

TYDI FU'N CYNNAU'R SEREN

TYDI fu'n cynnau'r seren
Â fflam dy gariad drud,
O galw ni i rodio'n
Ei llewyrch at dy grud.

Tydi fu'n donio'r engyl
I foli Aer y nef,
O dwg eu cân i'n tywys
Drwy'r daith i Fethlem dref.

Tydi fu'n dewis morwyn
I eni'r dwyfol Air,
O rho in ras i weled
Dy lun ar liniau Mair.

Tydi fu'n pennu cymod
I'r byd drwy'r crud a'r groes,
O pâr i enw'r Iesu
Fod arnom drwy ein hoes.[1]

T. ELFYN JONES (1914 – 2008)

[1] Cyd-fuddugol yn yr Eisteddfod Genedlaethol – Abergwaun a'r Fro 1986.

CAROL

UN noson oer o dan y lloer
   Flynyddoedd maith yn ôl,
Tri gŵr a ddaeth 'r ôl dyrys daith
   Dros fawnog fryn a dôl
I Fethlehem, i lety'r ych,
A chynnig eu hanrhegion gwych.

Ar drywydd hir dan seren glir
   O'r dwyrain daeth y tri
Yn wylaidd ddod i gynnig clod,
   Ufudd-dod, mawl a bri.
Ym Methlehem, caed baban bach
Mewn preseb llwm, o ddwyfol ach.

Ar lethrau'r bryn, bugeiliaid syn
   Fu'n gwarchod praidd liw nos
Pan glywyd cân angylion glân
   Yn treiddio uwch y rhos;
I Fethlehem y cyrchwyd hwy
I ganfod Un i'w foli mwy.

Rhoed trefen glir a chymod gwir
   Rhwng pobloedd bach a mawr,
Tangnefedd gaed, cyfamod wnaed
   Rhwng Duw a Dyn yn awr.
Ym Methlehem fe dorrodd gwawr
Yn obaith mwy i ddaear lawr.

PETER M. THOMAS

UNWAITH CODODD SEREN RYFEDD

UNWAITH cododd seren ryfedd
   Ar ein byd cyn toriad gwawr,
A dewiniaid welodd bigau
   Honno'n pwyntio tua'r llawr.
Yn y fan yr oedd bugeiliaid
   Ar eu traed drwy'r oriau mân
Yn gweld gwyrth y geni roddodd
   Eu calonnau oer ar dân.

Fel diferion gwêr y gannwyll
   Yn y gwynt drwy dyllau'r ddôr
Toddodd garwedd eu hwynebau
   Yn yr awel grwydrai'r côr;
Gweled rhywun mewn cadachau,
   Clywed cân angylion nef,
Teimlo'r grym a gerddai'r ddaear
   Yn ei enedigaeth ef.

Sbïai llygaid llaith yr ychen
   Gyda hwy drwy giliau'r dellt
Ar ryfeddod pob rhyfeddod,
   Baban Mair mewn gwely gwellt:
Perl mewn preseb, gem mewn rhigol,
   Aur y byd mewn tlodi roed,
Holl belydrau'r cread gneitiodd
   Ar y t'wyllwch mwya' 'rioed.

MOSES GLYN JONES (1913 – 1994)

CAROL

UNWAITH eto 'rŷm yn cofio
Gŵyl y geni megis gynt.
Draw ym mhentre Bethlem dirion
Heibio'r drws y chwytha'r gwynt.
Wele drysor yma'n huno:
Iesu Grist ar wely gwair.
T'wysog heddwch, y Meseia,
Ein Gwaredwr, dyma'r Gair.

Addewidion a gyflawnwyd:
Newyddion Da i bob un.
Deuwn ninnau i'w addoli
Tua Bethlem yn gytûn.
Clywed cân yr engyl eto
Yn atseinio'n swynol glir.
Rhoddion gwerthfawr gan y doethion
Ar eu taith o bell yn wir.

Megis galar gynt yn Rama
Torri egin ir i lawr.
Cais y brenin ydoedd hwnnw
Do, bu yma alar mawr.
Duw a ofalodd am Iesu:
Baban egwan yn ei grud,
Brawd a Chyfaill welir yma
A Gwaredwr i'r holl fyd.

MARGARET G. GRIFFITHS, Llaingoch, Caergybi

WEL DYMA'R HYNOD ŴYL NADOLIG

WEL dyma'r hynod ŵyl Nadolig
A haeddai ei chadw yn barchedig;
Hwn yw'r boreddydd! Mab a roddwyd
Yn feddyg inni, ac fe'i ganwyd!
Mawr ryfeddod sydd i'w ganfod
Â pharod lygaid ffydd,
Awdwr odiaeth Iachawdwriaeth
Mewn cnawdoliaeth cyn y dydd;
Wele'n wiwlan Fab sancteiddlan
Nawr yn ein hanian ni,
Rhyfedd burdeb a disgleirdeb,
Anfeidroldeb Un yn Dri.

O waith fod Adda'n ddyn syrthiedig
A'i hil i gyd yn halogedig,
Daeth Iesu Grist i'r byd i rodio
Gan wisgo natur dyn amdano;
Mae'r hanes hynod yma'n barod
Ar dafod gan bob dyn,
Yn y beudy ganwyd Iesu,
Pob dyn sy'n gwybod hynny ei hun;
Mae hanes hefyd am ei fywyd,
Ei flinfyd ef a'i loes,
A chyfyng gyflwr ein Hiachawdwr
A'n Gwaredwr ar y groes.

'Does neb yn gweled gwerthfawrogrwydd
A gogoniant Crist ein Harglwydd
Ond yr enaid trallodedig
Ar fôr o wydr sy'n friwedig;
'R hwn sy'n profi ei ddaioni
A all werthfawrogi ei ras,
A'r hwn sy'n gweled ei ddrwg waeledd
A'i ffiaidd lygredd, camwedd cas;
Dyma gwynfan enaid truan,
'Pechadur aflan wyf,
Wedi soddi mewn trueni,
Yn fy ngh'ledi, dan fy nghlwyf.'

Mae Duw yn newid dyn annuwiol
Ac yn ei ddwyn o'r Aifft ysbrydol;
Lle mae'r enaid llwm ar rynnu,
Mewn halogrwydd yn ymlygru,
Mae fe'n aros mewn anwiredd
A môr o lygredd maith,
Nes cael troad a dychweliad,
Cyfnewidiad cyfiawn waith;
Nid oes gallu dwys nac 'wyllys
Daionus mewn un dyn,
Ac ni all eiddil, gwannaf llwyddiant,
Gyda'i haeddiant gadw ei hun.

Pan welo dyn ei stad golledig
Mae'n gwyro'n adyn llwyr grynedig,
Fe gwyd y truan gwan anghenus
At frenin nef ei lef wylofus:
'Bywyd! Bywyd im, f'Anwylyd!'
Hyn yw ei grynllyd gri,
'Arglwydd nefol, Dad tosturiol,
Edifeiriol ydwyf fi!'
O breswylfod bur y Drindod
Daw iddo ollyngdod llawn,
Gwaredigaeth rhag marwolaeth
Ac Iachawdwriaeth, uchaf dawn.

Ffordd y groes yw ffordd y Cristion,
Ffordd sy'n llawn o bob peryglon:
Rhaid mynd drwy ganol llu'r gelynion
At dir Beulah drwy'r helbulon;
Rhaid yw croesi ffordd drygioni,
Trueni plant yr oes,
Rhaid tan flinion, fawr drallodion
I gywir Gristion godi'r groes;
Ffydd iachusol gadwedigol
Hynodol ras y nef
Sy'n taflu pechod o'i awdurdod,
Ni all ymgydfod gydag ef.

Golwg ar yr Iesu gwaedlyd
O dan ein pwn yn dwyn ein penyd
A weithia ynom edifeirwch,
Ufudd-dod gwir a diolchgarwch;
Gweld rhinweddol waed aberthol,
Offrymol, llawn o ffrwyth,
A gweld y Meichiau'n dioddef poenau
O dan ddialeddau Adda a'i lwyth,
Cael amlygiad a datguddiad
O gariad Iesu gwiw
A bair i greulon galed galon
Y mab afradlon fynd yn friw.

Cyd-ddylem ninnau holi'n helaeth
Beth yw gwreiddyn ein tystiolaeth;
A welwn achos gwirioneddol
Yma i ganu mawl plygeiniol?
Rhyfedd odiaeth yw cnawdoliaeth,
Dynoliaeth Mab Duw ne',
Gwir ail Adda, llew o Jwda
Aeth i'r lladdfa yn ein lle;
Moliant, moliant a gogoniant
Dda lwyddiant yn ddi-lyth,
Halelwia! Halelwia!
I'r Oen fu ar Galfaria fyth.

Dyma destun cân odidog,
Sef goddefaint Iesu'n T'wysog,
Ni fedd un sant na seraff purwyn
O fewn y nef ragorach testun;
Holl ufuddion weision Iesu
Sy'n pyncio canu pêr,
Cof sy'n ddiau am ei glwyfau
Yng nghôr y seintiau yng nghaer y sêr!
Bydd gorfoledd pur diddiwedd
A chlod i'w fawredd fe,
Effeithiol ffrwythau o les ei loesau
Sy'n cynnau holl ganiadau'r ne'!

DAVID THOMAS ('Dafydd Ddu Eryri' 1759 – 1822)

WELE CAWSOM Y MESEIA

WELE cawsom y Meseia,
  Cyfaill gwerthfawroca' 'rio'd;
Darfu i Moses a'r proffwydi
  Ddweud amdano cyn ei ddod:
Iesu yw, gwir Fab Duw,
Ffrind a Phrynwr dynol-ryw.

Hwn yw'r Oen, ar ben Calfaria
  Aeth i'r lladdfa yn ein lle,
Swm ein dyled fawr a dalodd
  Ac fe groesodd filiau'r ne';
Trwy ei wa'd, inni ca'd
Bythol heddwch a rhyddhad.

Ca's cyfiawnder ei foddloni,
  Ca's y gyfraith ei chwblhau,
Duw a minnau fu'n elynol,
  Yn heddychol gwnaeth y ddau;
Fe wnaeth ben, nawr mae'r llen
Wedi'i rhwygo o'r ddae'r i'r nen.

Dyma gyfaill haedda'i garu,
  A'i glodfori'n fwy nag un:
Prynu'n bywyd, talu'n dyled,
  A'n glanhau â'i waed ei hun:
Frodyr, dewch, llawenhewch,
Diolchwch iddo, byth na thewch!

Nawr mae yn y nefoedd uchod
  Yn par'toi i'w briod le,
Pan ddêl hon i fod yn aeddfed,
  Hi gaiff fyned ato fe;
Fe a'i tyn, fyny i'r bryn,
Lle 'roedd ei chalon hi cyn hyn.

Pechod, blinder a phob gelyn
  A ffy wedyn byth i ffwrdd,
Cawn ddiddanwch a llawenydd,
  Ni ddaw cystudd mwy i'n cwrdd,
Cawn mewn hoen, byth heb boen,
Ganu concwest gwaed yr Oen.

DAFYDD JONES o Gaeo (1711 – 77)

CAROL Y GENI

WELE y tragwyddol Air
Yn un bach ar wely gwair,
Yn yr ystabl gyda Mair,
  Halelwia!

Wele y bugeiliaid tlawd
Yn y preseb yn cael brawd,
Yn addoli Duw mewn cnawd,
  Halelwia!

Wele ddoethion yn y dref
Wedi dod i'w geisio ef,
Gwelsant seren yn y nef,
  Halelwia!

Clywch y dorf angylion glân
Yn rhoi'r nef i gyd ar dân,
Canu maent eu newydd gân,
Halelwia!

Wele hedd rhwng Duw a dyn,
Nef a daear sy'n gytûn,
Yn y man daw pawb yn un,
Halelwia!

W. NANTLAIS WILLIAMS ('Nantlais' 1874 – 1959)

Y BORE HWN, DRWY BURAF HEDD

Y BORE hwn, drwy buraf hedd,
Gwir sain gorfoledd sydd
Ymhlith bugeiliaid isel-fri,
Cyn torri gwawr y dydd.

Gwrandawed pob pechadur gwan
Sy'n plygu dan ei bla,
Angylion nef, â'u llef yn llon
Yn dwyn newyddion da.

I Fethlem Jwda, dyma'r dydd,
Daeth newydd da o'r ne',
Duw ymddangosodd yn y cnawd,
Ein brawd, yn dlawd ei le.

Mewn preseb ych, a'i ddrych yn wael,
Yr Iesu hael a roed,
'R hwn oedd yn Llywydd nef a llawr,
Ac Arglwydd mawr erioed.

O wele'r Bod sy'n dal y byd,
Yn fud ar lin ei fam;
Newydd ei eni'n nawdd i ddyn,
Yn hŷn nag Abraham.

Rhyfeddwn byth, tra byddwn fyw,
  Ddaioni Duw i ddyn;
Yr Iesu'n aberth roed i ni,
  Trwy nodded Tri yn Un.

JOHN THOMAS, Pentrefoelas (1742 – 1818)

LLAIS Y GWAREDWR

Y LLEF a ddaeth yn sylwedd
Yn y Gair.
Duw cadarn yn ymgeledd
Yn y Gair.
Ffordd newydd wnaed yn union
I mewn i fywyd dynion;
Daeth Crist a'i holl fendithion
Yn y Gair.
O, llawenhaed pob calon
Yn y Gair.

Gogoniant ymddangosodd
I'r holl fyd;
Pob cnawd ynghyd a'i gwelodd
Trwy'r holl fyd.
Pant gormes a gyfodir,
Bryn balchder a ostyngir,
A gwyrni dyn gymhwysir
Trwy'r holl fyd,
A llwybyr Crist unionir
Trwy'r holl fyd.

Os gwellt oedd holl ogoniant
Teulu dyn,
Gair Duw yn awr yw llwyddiant
Teulu dyn.
Ni wywa mwy mo'r gwelltyn;
Ni syrthia mo'i flodeuyn;
Gair Crist a gynnal wreiddyn
Teulu dyn,
Ac Ysbryd Crist a feithrin
Deulu dyn.

Yr Efengyles Seion,
Dros dy Dduw,
Dring rhagot i'r uchelion
Dros dy Dduw.
Holl nerth dy lais dyrchafa,
O, cod dy lef, nac ofna,
Yn llawen nawr cyhoedda'r
Neges wiw;
Dwed wrth ddinasoedd Jwda:
'Wele'ch Duw![1]

HAYDN DAVIES (1914 – 2006)

CAROL PLYGAIN

YM Methlem datguddiwyd y Gair a broffwydwyd
 ganrifoedd cyn ganwyd Mab Duw;
ond nid yw ef yno, trwy'r byd mae yn crwydro
 gan geisio rhoi'i law ar ein llyw;
cans tyfodd y Bachgen a gwelodd ein hangen,
 anturiodd yn llawen ei ras,
gan roi inni'r cyfan ohono ei hunan
 trwy weithio'n y Winllan fel gwas.

Dros gyd-ddyn bu'n brwydro, ond ca'dd ei ddibrisio,
 a'i ddedfryd oedd 'i hoelio ar groes,
er iddo ledaenu ei gariad o'i ddeutu,
 a'i fryd ar waredu 'mhob oes:
rhoed Mab Duw, yr unplyg, 'rôl dioddef y dirmyg,
 mewn bedd wedi'i fenthyg gan ddyn;
ond nid yw ef yno, gadawodd ei amdo
 heb geisio cael clod iddo'i hun.

---

[1] Seiliwyd y garol ar Eseia 40 : 3 – 9.

Daw atom yn dawel, fel miwsig yr awel,
  yn gyson i ddiwel ei hedd;
trwy ddyfnder ei gariad derbyniwn wahoddiad
  dihafal ein Ceidwad i'w wledd:
boed inni ei ganfod a dod i'w adnabod
  yn Gyfaill diddarfod drwy'n hoes,
gan chwennych ei gwmni a dathlu ei eni
  trwy foli Gorchfygwr y groes.[1]

ALICE EVANS, Henllan Amgoed

CAROL NADOLIG

YM Methlem Effrata y Llew o Lwyth Jwda
A ddaeth yn Feseia i'w fyd;
Mewn oes mor ysgeler cyflawnwyd yr amser,
Caed crëwr pob cryfder mewn crud;
Hwn gafodd ei eni yng nghanol trueni,
Dioddefodd ein cyni a'n cur
I ddwyn caethion Satan i ryddid anniflan
A gwneud bywyd aflan yn bur.

Llu'r nefoedd gadd syndod wrth weled y Duwdod
Yn dyfod i'n gwyddfod fel gwas;
A ninnau ryfeddwn, ein mawl iddo roddwn,
Clodforwn, mawrygwn ei ras.

Caiff Joseff ddal Meichiau dynolryw'n ei freichiau,
Y Meichiau sy'n dwyn beiau'r byd,
A Mair ddod i nabod bachgennyn y Duwdod,
Rhyfeddod y gofod i gyd;
Daw llygaid yr Iesu i weld byd y pechu
Y daeth i'w waredu mor wiw,
Y llygaid fu'n syllu i ffynnon y gallu,
A'r tân sy'n gwyniasu yn Nuw.

[1] Buddugol yn yr Eisteddfod Genedlaethol – Wrecsam a'r Fro 2011.

Tywysog y bywyd mewn beudy a gafwyd
Ei dras a enhuddwyd dros dro;
Daeth Duw tragwyddoldeb i orwedd mewn preseb
Caed holl-bresenoldeb mewn bro;
Fe'i ganwyd yn geidwad; caed brawd i'r amddifad,
Mabwysiad i'r lleiddiad, a lle
Byth bythoedd mewn urddas fel deiliad ei deyrnas
Mewn palas yn ninas y ne'.[1]

D. G. MERFYN JONES, Tywyn (1916 – 98)

DOETHION A BUGEILIAID

Yn dawel olau yn y nos
Symudai seren glir
Trwy oerni du y nefoedd wag,
Seren y cariad hir.
Yn llwybyr hon y teithiai tri
O bellter mawr y byd,
Yn ddoeth yn dilyn tua'r fan,
At faban Duw mewn crud.

Ar faes y nos y wlad gerllaw
A thwllwch oer y lle
Yr oedd bugeiliaid wrth eu gwaith
Dan lygad maith y ne'.
A golau angel arnynt hwy
Ddisgleiriodd yno'n fawr,
A dychryn enbyd, ofnau dwfn,
A'u bwriodd hwy i lawr.

Ond neges addfwyn, neges Duw
Dawelodd boen eu braw,
A lliw yr angel lanwai'r nos
Fel cawod aur o law.
'Ewch tua Bethlehem yn awr
Ar wawr y bore mud,
Ewch at y preseb at y Mab,
At Dduw a ddaeth i'r byd.'

[1] Buddugol yn yr Eisteddfod Genedlaethol – Nedd a'r Cyffiniau 1994.

Ar las y dydd at breseb Mair
Yng ngwair y stabl dlawd
Y closiodd dynion gwych a llwm,
I weled Duw o gnawd.
Mae'r uchel fore wedi dod
Ar ôl yr aros hir,
Mae golau'n tyfu yn y nos,
A bywyd trwy ein tir.

GWYN THOMAS

YN GYNNAR HEDDIW'R BORE

YN gynnar heddiw'r bore,
O dewch i gyd
O bob cwr o'r byd,
Yn gynnar heddiw'r bore,
O dewch i Fethlem dref yn awr,
O dewch i Fethlem dref.

A rhown ein rhoddion gorau
I Faban Mair
Ar ei wely gwair,
A rhown ein rhoddion gorau
A'n cariad iddo ef yn awr,
A'n cariad iddo ef.

Hosanna heddiw'r bore,
O canwn glod
I'r anwyla'n bod;
Hosanna heddiw'r bore,
I Iesu, Frenin nef, yn awr,
I Iesu, Frenin nef.

AMY PARRY-WILLIAMS (1910 – 88)

CAROL

YN nyddiau'r teyrn gaed draw
Blentyn Mair, mewn preseb,
Hwn fyddai Ceidwad dyn
Maes o law.

Yn y bryniau draw,
Roedd gwythiennau haearn,
A wnaethpwyd yn hoelion
Maes o law.

Ar y bryniau pell draw,
Llwyni drain a dyfent
Plethwyd o'u gwraidd goron
Maes o law.

I'r hen fryniau pell draw,
Dynion daeth â'u bwyeill
I naddu o'r pren groes,
Maes o law.

O llawenhawn mewn ffydd,
Ein Crist a orchfygodd,
Pob croes, a phob anfri
Daeth y dydd!

Imaniwel yw ef!
Nid yn y bryniau pell
Ond yma lle rydym –
Wele'r nef.

CYRIL G. WILLIAMS

YN NHAWEL WLAD JWDEA DLOS

YN nhawel wlad Jwdea dlos
Yr oedd bugeiliaid glân
Yn aros yn y maes liw nos
I wylio'r defaid mân;
Proffwydol gerddi Seion gu
Gydganent ar y llawr,
I ysgafnhau y cyfnos du,
Gan ddisgwyl toriad gwawr.

Mil a Mwy o Emynau

Ar amnaid o uchelder nef
   Dynesai angel gwyn,
Ac mewn disgleirdeb safai ef
   O flaen eu llygaid syn;
Dywedai, 'Dwyn newyddion da
   Yr wyf i ddynol-ryw,
Fe anwyd ichwi Geidwad rhad,
   Sef Crist yr Arglwydd Dduw.'

Ac ebrwydd unai nefol lu
   Mewn hyfryd gytgan bêr,
Nes seinio moliant ar bob tu
   O'r ddaear hyd y sêr:
'Gogoniant yn y nefoedd fry
   I Dduw'r goruchaf Un;
Tangnefedd ar y ddaear ddu,
   Ewyllys da i ddyn.'

Rhoed newydd dant yn nhelyn nef
   Pan anwyd Iesu Grist;
A thelyn aur o lawen dôn
   Yn llaw pechadur trist.
Telynau'r nef sy'n canu nawr
   'Ewyllys da i ddyn';
A chaned holl delynau'r llawr
   Ogoniant Duw'n gytûn.

ELLIS ROBERTS ('Elis Wyn o Wyrfai' 1827 – 95)

MYNEGEION

GEIRIAU CYNTAF POB EMYN

TEITL POB EMYN

EMYNWYR, CYFIEITHWYR A FFYNONELLAU

GEIRIAU CYNTAF POB CAROL

DIOLCHIADAU

Diolchaf

i nifer o'm cyfeillion am ganiatâd parod i gyhoeddi rhai o'u hemynau yn y gyfrol hon, i eraill ohonynt am gael benthyg llyfrau di-rif o'u heiddo, a hefyd i un neu ddau am gynnig ambell air doeth neu sylw craff;

i lyfrgellwyr llengar Llyfrgelloedd Caerfyrddin a Llanelli am iddynt uniaethu â'r testun;

i ddarllenwyr 'Y Pedair Tudalen' gydenwadol, am ymateb i wahoddiad y Cyhoeddwyr i anfon eu hemynau atynt i'w hystyried ar gyfer 'Emynau Cyfoes' y casgliad;

i Mrs Eirlys Harries am ei gofal a'i diddordeb llwyr wrth baratoi a gosod y llawysgrif ar gyfer yr argraffwyr.

Cydnabyddir a gwerthfawrogir caniatâd yr Eisteddfod Genedlaethol i gynnwys yn y gyfrol hon, englyn, emynau a charolau arobryn a wobrwywyd yn ystod yr hanner can mlynedd diwethaf:

1953 Eisteddfod Genedlaethol Frenhinol Cymru – Y Rhyl
1965 Eisteddfod Genedlaethol Frenhinol Cymru – Maldwyn
1966 Eisteddfod Genedlaethol Frenhinol Cymru – Aberafan a'r Cylch
1968 Eisteddfod Genedlaethol Frenhinol Cymru – Y Barri a'r Fro
1971 Eisteddfod Genedlaethol Frenhinol Cymru – Bangor a'r Cylch
1972 Eisteddfod Genedlaethol Frenhinol Cymru – Sir Benfro
1974 Eisteddfod Genedlaethol Frenhinol Cymru – Bro Myrddin
1977 Eisteddfod Genedlaethol Frenhinol Cymru – Wrecsam a'r Cylch
1986 Eisteddfod Genedlaethol Frenhinol Cymru – Abergwaun a'r Fro
1987 Eisteddfod Genedlaethol Frenhinol Cymru – Bro Madog
1989 Eisteddfod Genedlaethol Frenhinol Cymru – Dyffryn Conwy a'r Cyffiniau
1990 Eisteddfod Genedlaethol Frenhinol Cymru – Cwm Rhymni
1991 Eisteddfod Genedlaethol Frenhinol Cymru – Bro Delyn
1992 Eisteddfod Genedlaethol Frenhinol Cymru – Ceredigion Aberystwyth
1994 Eisteddfod Genedlaethol Frenhinol Cymru – Nedd a'r Cyffiniau
1998 Eisteddfod Genedlaethol Frenhinol Cymru – Bro Ogwr

Mil a Mwy o Emynau

2002 Eisteddfod Genedlaethol Cymru – Sir Benfro, Tyddewi
2003 Eisteddfod Genedlaethol Cymru – Maldwyn a'r Gororau
2007 Eisteddfod Genedlaethol Cymru – Sir y Fflint a'r Cyffiniau
2009 Eisteddfod Genedlaethol Cymru – Meirion a'r Cyffiniau
2011 Eisteddfod Genedlaethol Cymru – Wrecsam a'r Fro

LLYFRYDDIAETH

ap Gwilym, Gwynn gol. *Gogoneddus Arglwydd, Henffych Well!* Cytûn (1999).
Salmau Cân Newydd Gomer (2008).

Caneuon Ffydd Pwyllgor y Llyfr Emynau Cydenwadol (2001).

Caniedydd, Y Undeb yr Annibynwyr, Abertawe (1960).

Caniedydd Newydd yr Ysgol Sul dan nawdd Undeb yr Annibynwyr (1930).

Caniedydd yr Ifanc Undeb yr Annibynwyr (1984).

Charnell-White, Cathryn A. *Detholiad o Emynau Iolo Morganwg* Canolfan Uwchefrydiau Cymreig a Cheltaidd Prifysgol Cymru (2009).

Cross, F. L. & E. A. Livingstone *eds. The Oxford Dictionary of the Christian Church,* O.U.P. (1997).

Cyfansoddiadau a Beirniadaethau Yr Eisteddfod Genedlaethol:1953;1961 – 2011.

Davies, James 'Iago ab Dewi' *Myfyrdodau Barddonol* (1858).

Davies, Owen *gol. Gweithiau y Parch Christmas Evans,* Cyf. 1 Caernarfon (1895).

Davies, Pennar *Cudd fy Meiau gol.* R. Tudur Jones, Tŷ John Penri (1998).

Davies, T. J. *Ieuan Gwyllt (1822 – 77),* Gwasg Gomer, Llandysul (1977).

Davies, Tudor *Cofio Tecwyn* 'Pregethwr dan eneiniad', Gwasg Pantycelyn (2002).

Diwygiad a'r Diwygwyr, Y Hanes Toriad Gwawr Diwygiad 1904 – 05, E.W. Evans, Dolgellau (1912).

Edwards, Owen M. *gol. Gwilym Marles* (1905).

Ellis, Tecwyn *Canu Cynnar,* Cyhoeddiadau Curiad (2000).

Emynau Catholig, Y Cylch Catholig (2006).

Emynau'r Eglwys (1941).

Evans, Ifor L.a David de Lloyd *Mawl yr Oesoedd,* Gwasg Prifysgol Cymru (1951).

Evans, O. T. *Clymau,* Gwasg Gwynedd (1991).

Evans, Tomi *Y Twrch Trwyth a Cherddi eraill,* Gwasg Gomer (1983).

Gibbard, Noel A. *Cofio Hanner Canrif (1948 – 98),* 2000.
Caniadau'r Diwygiad, Gwasg Bryntirion, Pen-y-bont ar Ogwr (2003).

Griffith, D. R. *Defosiwn a Direidi, gol.* Robin Gwyndaf, Gee (1986).

Gruffydd, R. Geraint *gol. Cerddi Saunders Lewis,* Gwasg Prifysgol Cymru (1992).
Y Ffordd Gadarn Ysgrifau ar Lên a Chrefydd *gol.* E. Wyn James, Gwasg Bryntirion (2008).

Hopwood, Mererid *gol. Cerddi Sir Benfro*, Gwasg Gomer (2002).

Hughes Jones, D. *gol. Detholiad o Farddoniaeth ac Emynau o'r 'Goleuad',* Gwasg Pantycelyn (2000).

Hughes, Medwin *gol. Blodeugerdd Barddas o Gerddi Crefyddol* (1993).

Hughes, R. Gwilym *Cerddi,* Gwasg Pantycelyn (1994).

Ifans, Rhiannon *Yn Dyrfa Weddus* Carolau ar gyfer y Plygain, Cymdeithas Lyfrau, Ceredigion (2003); *gol. Cerddi Jane Ellis,* Clasuron Honno (2010).

James, E. Wyn *Carolau a'u Cefndir*, Gwasg Efengylaidd Cymru (1989).

Jones, Bobi *gol. Pedwar Emynydd,* Llyfrau'r Dryw, Llandybie (1970).

Jones, Edward *Hymnau ac Amrywiau Destunau ac Achosion* (1810).

Jones, Emrys *gol. Odlau Moliant* – Carolau a Cherddi Siôn Ebrill (1987).

Jones, J. Graham a Goronwy Wyn Owen *goln. Gweithiau Morgan Llwyd o Wynedd,* cyf. 3 Nodiadau a Rhagymadrodd R. Tudur Jones (1994).

Jones, Gwilym R. *Y Syrcas a Cherddi Eraill,* Llyfrau'r Faner (1975).

Jones, J. R. Kilsby *gol. Holl weithredoedd Prydyddawl a Rhyddieithol William Williams, Pantycelyn,* Mackenzie, Llundain (1810).

Jones, T. Elfyn *Seinio Clod* (2005).

Kinney, Phyllis a Meredydd Evans *goln. Canu'r Cymry,* Cymdeithas Alawon Gwerin Cymru; *Hen Alawon: Carolau a Cherddi* (1993).

Lewis, D Geraint *Clywch Lu'r Nef,* Gwasg Pantycelyn (2001).

Llawlyfr Moliant Newydd, Y Undeb Bedyddwyr Cymru a Mynwy, Abertawe (1955).

Lloyd, Islwyn *Emynau a Cherddi*, Tŷ John Penri, Abertawe (1977).

Llyfr Emynau a Thonau Y Methodistiaid Calfinaidd a Wesleaidd (1929).

Llyfr Emynau a Thonau – ATODIAD, Y Methodistiaid Calfinaidd a Wesleaidd (1985).

Mawl yr Ifanc Undeb Bedyddwyr Cymru a Mynwy, Abertawe (1968).

Morgan , Derec Llwyd *Meddwl a Dychymyg Williams Pantycelyn,* Gomer (1991).

Morgan, Dyfnallt, *gol. Gŵyr Llên y Ddeunawfed ganrif a'u cefndir,* Abertawe (1977).

Morgans, Delyth G. *Cydymaith Caneuon Ffydd* (2006).

Morys, D, Lledrod *Cân y Pererinion Cystuddiedig* (1773).

Nicholas, W. Rhys *Cerdd a Charol,* Gwasg Gomer (1969).
Cerddi Mawl, Tŷ John Penri(1991).

Owen, Dafydd *Crist Croes,* Abertawe (1977).
O dŷ i Dŷ – Caniedydd, Bangor (1985).
Owen, Goronwy P. *gol.Ffrydiau Gorfoledd,* Emynau'r ddau David Charles (1977).

Phillips, D. M. *Evan Roberts a'i Waith,* Dolgellau (1912).

Roberts, Brynley *O Fab y Dyn: Emynau a Cherddi Caeth George Rees* (1976).
Roberts, Gomer M. *Dafydd Jones o Gaeo,* Aberystwyth (1948).
Caneuon Amanwy, Gomer (1956).
Gweithiau William Willimas, Pantycelyn, cyf. 1 Gwasg Prifysgol Cymru.

Saer, D. Roy *gol. Caneuon Llafar Gwlad,* Amgueddfa Genedlathol Cymru (1994).
Student's Hymnal, A (Emynau'r Myfyrwyr) O.U.P. (1938).

Thickens, John *Emynau a'u Hawduriaid* (diwygiwyd) Gomer M. Roberts,. Llyfrfa'r Methodistiaid Calfinaidd (1961).

Vaughan-Jones, Geraint *(casglwyd) Hen Garolau Plygain.* Lolfa (1987).

Watcyn Wyn *Odlau'r Efengyl* (1882).
William Williams, Pantycelyn *Aleluia,* (1744). Argraffiad Diplomatig Ll. Jones a Syr John Morris Jones, Lerpwl (1926).
William Williams, Pantycelyn *Hymnau ar Amrywiol Destunau,* Argraffwyd gan William Jenkin, Caerfyrddin (1837).

CYFNODOLION:

Cymru'r Plant
Dysgedydd y Plant
Seren Gomer
Y Cerddor
Y Diwygiwr
Y Drysorfa
Y Dysgedydd
Y Geirgrawn
Yr Adolygydd
Yr Athro

Soli Deo Gloria